KB192678

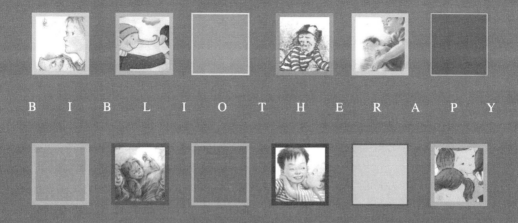

BIBLIOTHERAPY

독서치료의 실제

김현희 · 김세희 · 강은주 · 강은진 · 김재숙 · 신혜은
정선혜 · 김미령 · 박연식 · 배옥선 · 신창호 · 이송은
이임숙 · 전방실 · 정　순 · 최　경 · 홍근민　공 저

한국독서치료학회

학 지 사
www.hakjisa.co.kr

한국독서치료학회

www.bibliotherapy.or.kr

독서치료는 미술치료나 음악치료처럼 처음에는 심리치료의 보조수단으로 쓰였지만 이제는 하나의 독립된 치료 영역으로 발전해 가고 있는 추세이다. 이 책은 독서치료에 대한 이론서(한국어린이 문학교육학회, 2001)를 펴낸 이후 실제로 독서치료를 할 때 필요한 자료와 그 자료를 가지고 할 수 있는 질문 유형과 활동들이 필요하다고 생각하여 만든 책이다. 물론 집필자 모두가 독서치료에 실제 경험이 많은 사람들이 아니라는 제한점을 안고 있다. 그러나 독서치료를 실제로 하려고 할 때 가장 먼저 부딪히는 여러 상황들에 대한 답을 찾아보고자 하였다. 즉, 내담자의 문제를 진단하고 원인을 파악한 후에 도움을 주기 위하여 어떤 자료를 쓸 것인가? 그리고 그 자료를 읽거나 본 후에 어떻게 내담자들을 도와줄 것인가? 이를 위해 주제별 책(을 포함한 자료)들의 목록과 그 자료를 가지고 상호작용할 때 가장 중요한 발문 유형들과 관련 활동들을 탐색해 보았다.

서문에서는 독서치료에 관한 간단한 설명과 이 책이 어떻게 구성되었는지를 다루고자 하였다. 먼저 독서치료에 대하여 현재 가장 많이 받아들여지고 있고 강조되고 있는 정의를 소개하였다. 그리고 독서치료와 비슷하게 사용하고 있는 용어들을 비교함으로써 독서치료라는 말을 보다 정확하게 사용하기 위한 바탕을 제공하고자 하였다. 마지막으로 이 책이 어떻게 구성되었는지를 그 내용의 목적과 아울러서 기술하였다.

1. 독서치료의 정의

독서치료(Bibliotherapy)란 말의 어원은 'biblion(책, 문학)'과 'therapeia(도움이 되다, 의학적으로 돕다, 병을 고쳐 주다)'라는 그리스어의 두 단어에서 유래되었다. 문학이 치료적인 특성을 가졌다는 기본 가정에서 출발한다고 볼 수 있다. 따라서 독서치료가 무엇인지 가장 단순하게 정의를 내린다면 책을 읽음으로써 치료가 되고 도움을 받는다는 것이다.

독서치료는 고대부터 알려지고 실시되어 왔지만 그 용어를 처음으로 사용한 것은 1916년에 Crothers에 의해서였다. 그리고 Dorland's Illustrated Medical Dictionary(1941)에서는 독서치료를 "신경증을 치료하기 위해 책들을 골라서 읽는 것"이라고 처음으로 정의를 내렸다. 또한 처음으로 독서치료에 대한 박사학위 논문을 썼던 Shrodes(1949: 28)는 독서치료를 "독자의 인성과 문학작품 사이에 이루어지는 역동적인 상호작용 과정이며, 인성을 측정하고 적응하며 성장하는 데 사용될 수 있는 심리학 분야"로 정의하였다.

Webster's Third New International Dictionary(1961)에서는 정신의학과 의약분야에서 치료의 보조수단으로 읽기 자료를 사용하고, 지시받은 대로 읽음으로써 개인적인 문제를 해결하도록 안내하며, 적응을 잘 못하는 사람들을 사회에 복귀시키기 위한 치료이고, 사회적인 긴장을 없애기 위한 활동이라고 정의를 내렸다.

1960년대에 이르러서 독서치료에 대한 정의가 심리치료에서 임상적으로 사용되는 것과 학교에서 교사나 상담자가 교육적인 목적으로 사용하는 것으로 구별되기 시작하였다.

최근에 가장 많이 받아들여지고 있는 독서치료의 정의는 책을 읽은 후 구체적인 활동을 강조하고 있는 것과 치료자와 집단구성원 간의 상호작용을 강조하는 경우로 볼 수 있다. 구체적인 활동을 강조한 Hebert(1991), Pardeck(1994), Rosen(1987) 등에 의하면 독서치료는 자료를 읽거나 본 후에 토론이나 역할놀이, 창의적인 문제해결 활동 등 구체적으로 계획된 활동을 함으로써 그 자료로부터 문제에 대한 통찰력을 이끌어 내도록 돕는 것이다. 다시 말하면 책을 읽은 후에 구체적인 활동이 반드시 함께 일어나야 한다는 것이다.

상호작용을 강조한 Hynes와 Hynes-Berry(1994: 17)는 "상호작용적 독서치료에서 훈련된 치료자는 임상적(clinical) 또는 발달적(developmental) 독서치료에 참여한 내담자의 감정과 인지적 반응을 통합하도록 도와주기 위하여 선택된 문학작품-인쇄된 글, 시청각자료, 참여자 자신의 창의적인 글쓰기 작품 등에 대한 토론을 유도하고 이끌어 나간다."고 하였다.

즉 처방적 읽기치료에서처럼 치료자가 권해 준 책을 내담자가 읽기만 하는 것이 아니라 책이나 다른 자료를 읽거나 본 후에 치료자와 내담자, 혹은 참여한 내담자들(집단독서치료인 경우) 사이에 활발한 상호작용을 함으로써 치료효과를 더 크게 할 수 있다.

정의들을 종합하여 볼 때, 일반적으로 독서치료는 정상적으로 발달하고 있는 과정 중에 갈등을 겪고 있는 내담자나 특정하고 심각한 문제를 가지고 있는 내담자가 다양한 문학작품들을 매개로 하여, 치료자와 일대일이나 집단으로, 토론, 글쓰기, 그림 그리기, 역할극 등의 여러 가지 방법의 상호작용을 통해서, 자신의 적응과 성장 및 당면한 문제들을 해결하는 데 도움을 얻는 것을 뜻하는 넓은 의미로 해석할 수 있다. 다양한 문학작품들에는 인쇄된 글 외에도 영화나 비디오 같은 시청각자료, 자신의 일기 등 글쓰기 작품들이 모두 포함될 수 있다(한국어린이 문학교육학회, 2001).

2. 독서치료와 비슷하게 사용되는 용어들과의 비교

독서치료와 비슷하게 쓰이고 있는 용어로는 문학교육, 독서지도, 독서교육, 심리치료, 독서클리닉, 독서요법(김현희, 2001), 이야기치료, 글쓰기치료 등이 있다. 이러한 용어들을 서로 구별해 보면서 표현예술로서의 미술치료와 음악치료와의 공통점과 차이점, 그리고 표현예술치료 부분에서 다루어질 수 있는 이야기치료와 글쓰기치료를 독서치료와 비교해 보려 한다(김현희, 2003).

1) 문학교육과 독서치료

문학교육은 교육 현장인 학급에서 학생과 문학작품과 교사 사이에 상호작용이 일어나는 과정을 통하여 이루어지며, 일반적으로 문학작품이 도구(tool)라기보다는 토론의 대상(object)으로 간주된다. 따라서 교사의 목표는 학생들이 문학작품의 의미와 가치에 대한 통찰을 할 수 있도록 도와주는 것이다. 이때 이루어지는 토론은 역사적인 맥락과 장르의 특성과 이야기 구조와 은유 등의 언어사용과 중요한 주제가 어떻게 제시되었는지에 초점이 맞추어진다.

그러나 독서치료는 자아를 보다 잘 이해하도록 하는 것에 초점을 두고 있다. 그러므로 독서치료에 쓰이는 자료에 대한 의미를 참여자가 지적으로 이해하는 것보다는 참여자 개인의 감정이나 정서적 반응을 더 중요하게 여기게 된다. 그리고 독서치료에서는 자신을 이해하는 것과 관계가 있는 감정이나 통찰력을 유발시킬 수만 있다면 본문에 대해 다소 잘못된 해석을 해도 괜찮다고 본다.

2) 독서치료와 심리치료

독서치료와 고전적인 의미에서의 심리치료 사이에도 다른 점이 있다. 대부분의 치료 상황에서 치료자와 참여자는 심리적인 문제에 직접적으로 초점을 맞추어 참여자가 가지고 있는 문제를 인식하게 함으로써 그 문제를 해결하게 한다. 이러한 심리치료는 참여자-문제-치료자와 같은 삼자 관계로 표시가 될 수 있으며, 이런 맥락에서는 중간에 개입되는 자료가 없다. 그러나 독서치료는 참여자-문학작품-치료자와 같이 치료 상황에서 문학작품 등이 치료의 자료나 도구로써 사용된다.

3) 독서지도 및 독서교육과 독서치료

우리나라에서 성행하고 있는 독서지도와 독서교육은 언어교육이나 국어교육과 맥을 같이 하고 있다고 볼 수 있다. 엄격한 의미에서의 독서교육과 독서지도는 어떻게 하면 어린이들이 책을 즐겁게 읽고 책을 좋아하고 책 읽는 자체를 즐길 수 있게 할 것이냐에 대한 질문에 답변을 줄 수 있어야 한다. 따라서 독서지도와 독서교육은 아이들의 독서수준이나 흥미 등을 고려하여 좋은 책을 선정해서 올바른 방법으로 책을 읽도록 하는 것이라고 본다. 그러나 우리나라에서 이루어지고 있는 독서교육은 어떻게 하면 독서 감상문을 잘 쓰게 할 것이냐에 초점이 맞추어지고 있다. 독서 감상문을 잘 쓰게 하기 위하여 여러 가지 방법이 동원되는데, 예를 들면 인형극을 보여주고 동극을 해 보고 그림을 그려 보는 등의 다양한 활동을 통하여 책 내용을 충분히 다루어 보도록 한 후에 독후감을 쓰게 하는 것이다. 결과적으로 기능적인 면을 지나치게 강조하고 있다.

그러나 독서치료는 책을 읽은 후에 다양한 활동을 하거나 책 내용에 대하여 토론을 하는 과정을 통하여 자신을 더 잘 이해하게 하며 자신의 문제를 파악하여 결국에는 그 문제를 해결하도록 하는 것이다. 독서지도와 독서치료는 책을 읽은 후의 활동은 같을 수 있으나 그 목적과 효과에 차이가 있다고 볼 수 있다.

4) 독서클리닉과 독서치료

우리나라에서 실시되고 있는 독서클리닉은 주로 읽기 부진아나 읽기 장애아가 그 대상이 되고 있다. 읽기 부진아란 정상적인 지능을 가진 어린이가 신체 · 인지 · 정서 · 환경 · 교육적 요인 등 다양한 요인 때문에 해당 학년의 읽기 수준에 못 미치는 것을 말한다. 이러한 읽기 부진아의 원인을 진단하여 그에 맞는 처방을 내려주는 것이 독서클리닉이다.

그러나 독서치료는 읽기 부진아도 그 대상이 될 수 있으나 그 외에 정서장애나 주위가 산만한 아이뿐 아니라 정상적으로 자라나는 어린이라도 성장과정 중에 겪는 갈등이 있는 경우에 그 대상이 될 수 있다. 실제 치료가 적용되는 현장에서는 책을 좋아하고 잘 읽는 어린이가 훨씬 그 치료 효과가 크다.

실제로 독서치료를 받았던 어린이 중에 주의가 산만하여 연구소에 왔던 초등학생이 있었다. 그 어린이는 호기심이 많고 질문거리가 생기면 참지 못하고 계속 질문을 하기 때문에 수업에 방해가 되어 선생님께 계속 지적을 당하였다. 그러나 그 어린이는 책 읽기를 매우 좋아하고 잘 읽어서 독서치료의 효과를 본 사례이다. 독서치료의 대상은 또한 유아부터 노인에 이르기까지 모두 포함이 된다. 따라서 독서치료의 대상이 더 포괄적이라고 할 수 있겠다.

5) 독서요법과 독서치료

초기에 심리치료(psychotherapy)를 일본에서 정신요법으로 번역한 것을 그대로 사용했던 것처럼 독서요법은 일본에서 1937년부터 bibliotherpy를 독서요법으로 번역하여 사용하던 것을 우리나라에서 그대로 받아들여 사용한 것으로 보인다. 따라서 독서치료와 독서요법은 bibliotherapy를 다르게 번역했을 뿐 같은 의미이다.

6) 미술치료, 음악치료와 독서치료

요즘 독서치료는 미술치료와 음악치료처럼 표현예술치료 범주 안에서 다루어지기도 한다. 위 세 가지 치료는 본질적으로 세 가지 공통점이 있다. 첫째, 과학으로서 심리학적 지식이 필요하다. 둘째로, 예술을 통해서 이루어지는데, 주관성과 개별성과 창의성과 아름다움의 요소가 포함된다. 이때 독서치료는 문학, 미술치료는 미술, 음악치료는 음악활동을 통해 이루어지는 것이 차이점이라고 할 수 있다. 가끔 독서치료에 사용되는 자료가 자가 치료서(self-help book)인 경우는 비문학 도서류가 포함되기도 한다. 마지막으로, 가장 중요한 대인관계 과정이 필요하다. 치료자와 참여자 간에 상호작용이 잘 이루어져야 한다는 것인데, 공감 · 친밀감 · 의사소통 능력 등이 포함된다고 할 수 있다.

7) 이야기치료, 글쓰기치료, 시치료와 독서치료

이야기치료와 독서치료와 글쓰기치료는 이야기가 사람을 변화시키는 힘이 있다는 것을 전제로 하고 있다. 이야기치료는 내담자와 치료자가 직접 대화를 통해 이야기를 만들어가는 과정을 통해서 치료가 되는 반면 독서치료는 이미 만들어진 이야기를 매개로 한다는 점이 다르다. 즉, 이야기치료는 이야기를 만들어 가는 과정을 통해서 문제를 해결하거나 상처가 치료되는 것을 말한다.

글쓰기치료는 정신적, 육체적, 정서적, 영적으로 더 나은 건강과 행복을 위하여 반성적인 글쓰기를 사용하는 것이다(http://www.journaltherapy.com). 글쓰기가 모두 치료 효과가 있는 것은 아니지만 자신에게 상처가 되었던 과거의 사건을 자세히 묘사하고 그때 느꼈던 감정과 그때 사건을 보는 현재의 느낌을 함께 쓸 때 치료의 효과가 컸다는 것이 밝혀지고 있다. 구체적인 예로서, 갑작스런 동생의 죽음을 받아들이지 못하여 힘들어하던 다섯 살 난 남자아이가 어느 날 아버지에게 토끼 이야기를 하게 되는데, 그 이야기를 끝내면서 동생의 죽음을 수용하고 그 슬픔을 극복하게 된다는 것이다. 그 이야기 내용을 아버지가 글로 쓰고 그림을 그려서 된 그림책(Joeri Breebaart, 2002, 죽으면 아픈 것이 나을까요?, 느림보)이 출간되어 있다. 나이가 어려서 직접 글로 쓰진 못했지만 글쓰기 치료의 좋은 예라고 볼 수 있다.

Widroe와 Davisdon(1961)은 내담자가 치료자에게 받은 지시 사항들을 지키면서 글을 쓰면 특정 표현들에 관계된 감정들을 지속적으로 스스로 숙고해 볼 수 있는 방법을 배울 수 있다고 하였다. 특히 정신분열증 환자들에게는 글쓰기가 그들의 일상생활 속에서 질서와 현실성을 표현할 수 있는 도구가 됨으로써 치료에 도움이 될 수 있다고 하였다. 글쓰기치료는 표현예술치료 쪽에서도 활용되고 있고 미국에서는 매우 활성화되어 있다.

시치료는 문학작품 중에서 주로 시를 가지고 치료를 하는 것인데, 독서치료 보다 그 매체가 한정되어 있지만 미국에서는 거의 독서치료와 동의어로 쓰일 정도로 대중적이다.

3. 책의 구성

1) 주제

독서치료를 위한 자료로서 우리나라의 기존 자료들은 그다지 많진 않지만 그중에는 문제유형이나 상황별로 분류된 것이 몇 가지 있다. 하지만 문제의 유형별로 접근하다 보면 결국 문제를 일으키는 원인을 찾아서 그 원인을 고쳐 주거나 줄이는 데 도움이 되는 자료를 찾아야 했다. 그러다 보니 여러 문제 유형의 원인들이 중복되는 경우가 많았다. 따라서 실제 현장에서 적용하려 할 때는 주제별로 접근하는 것이 더 바람직하다고 생각되어 Spirt(1990)와 Beaty(1993)의 책을 참고로 하였다.

Spirt(1990)는 8세에서 12세까지의 어린이를 위하여 책을 소개하면서 가족 간에 잘 지내기, 친구삼기, 가치관 발전시키기, 신체와 정서 문제 이해하기, 세계관 형성하기, 생명체 존중하기, 사회문제 이해하기, 어른의 역할 확인하기, 책을 좋아하기 등 아홉 가지 주제로 나누어 그에 맞는 좋은 책들을 소개하고 있다. Beaty(1993)는 유아들을 위한 그림책과 구연하기와 문학 활동들을 소개하면서 나, 가족, 친구, 애완동물, 공룡과 괴물이야기 등으로 나누어 그림책과 관련 활동들을 소개하였다.

위의 자료들과 주요 논문들과 인터넷 사이트를 검토하고 아울러 우리나라 어린이들이 보이는 주요 문제들에 대해 유치원과 초등학교 교사들과 면담하여 알아본 결과를 반영하여 여섯 개의 큰 주제로 나누게 되었다. 즉, 나, 가족, 친구삼기, 나와 다른 사람들에 대한 이해, 질병과 죽음, 그리고 생명, 사회문제의 이해가 그것이다. 각 주제가 포함하는 소주제가 셋 혹은 네 가지로 세분화되어 문제유형별로도 자료를 찾기 쉽도록 하였다. 여섯 가지 주제를 하위 소주제로 나눈 것은 다음의 〈표 1〉과 같다.

〈표 1〉 각 장별 주제와 하위 소주제

장	주제	하위 소주제
1	나	자아존중감 다른 사람과 관계 맺기 성취감
2	가족	I. 일반 가족 어머니/아버지/형제/조부모 II. 특수 및 위기 가족 맞벌이 가족/입양 가족/이혼(한부모) 가족/재혼 가족/학대 가족/알코올 중독 가족
3	친구삼기	새로운 환경에서 친구사귀기 아름다운 우정 쌓기 친구가 없는 아이
4	나와 다른 사람들에 대한 이해	신체적인 특징 : 외모/신체장애 정서적 특징 : 불안과 두려움/정서장애 문화적 특징
5	질병과 죽음 그리고 생명	생명의식 – 생명존중/ 환경보존 질병 죽음
6	사회문제의 이해	정치 경제 성 편견 직업의식

주제와 관련된 자료를 구체적으로 소개하기 전에 주제에 대한 간단한 설명을 하고 각 주제별로 어린이들의 심리적 요구와 발달적 특징을 소개하였다. 그리고 각 주제에 따라 주제에 맞는 적합 대상 어린이의 특성을 기술함으로써 문제 유형별로 자료를 찾는 데 도움을 주고자 하였다. 소주제별로 나누어 자료를 소개할 때도 소주제가 포함하는 내용과 소주제별로 다루어질 자료를 개괄적으로 기술하였다.

2) 연령

이 책에서 다루는 자료들은 유아에서부터 초등학교 고학년 어린이까지를 대상으로 한 것이다. 주제를 나누어 자료를 소개하는 과정에서 연령별로 분류할 필요가 있어 유아, 초등학교 저학년, 초등학교 고학년 어린이로 나누게 되었다. 그러나 주제의 특성상 사회문제의 이해를 다룬 제6장에서는 유아와 초등학교 저학년 어린이를 묶어서 초등학교 고학년 어린이와 분류하였다. 그 연령별로 책을 선정한 기준은 자료 속에 등장하는 주인공들의 연령과 아이들의 발달특징과 이해수준 및 흥미와 관심사 그리고 난이도를 고려하여 선정하였다.

3) 자료정리

자료정리는 기본정보, 저자소개, 줄거리, 글과 그림, 관련 질문 및 활동, 연관 주제 순서로 하였다. 기본정보에는 저자(글 작가, 그림 작가, 옮긴이), 출판사와 출판년도(원작, 한국판), 전체쪽수, ISBN, 장르를 포함시켰다. 저자소개에서는 글 작가, 그림작가를 모두 소개하였다. 장르는 가능하면 다양한 장르를 포함시키려고 노력하였다.

글과 그림 부분에서는 그림의 기법뿐 아니라 글과 그림과의 관계에서 주제와 분위기를 어떻게 표현하였는지 글의 내용이 치료적 관점에서 어떤 도움을 주는지를 설명하고자 하였다. 연관주제는 같은 이야기라 하더라도 다른 주제와 관련이 있을 수 있으므로 관련된 주제를 소주제까지 세분화하여 포함시켰다.

관련 질문 및 활동에서 질문의 유형은 Hynes & Hynes-Berry(한국어린이문학교육학회, 2001 재인용)의 독서치료 단계를 토대로 4단계로 구분하였다. 질문을 만들 때 질문의 구체적인 내용은 주제나 소주제에 초점을 맞추면서 만들었다. 예를 들면 〈내 귀는 짝짝이〉라는 책은 '자아존중감'의 주제에서도 선정되어 있고 '나와 다른 사람들에 대한 이해'의 주제에서도 선정되어 있다. 이것은 같은 책이라도 다른 주제로의 접근이 가능한 좋은 예이다. 따라서 필연적으로 각 주제에 대한 효과적인 치료적 접근을 위해서는 질문의 내용이 달라져야 한다고 생각하였다. 또한 동일한 이야기이지만 이야기를 읽고 난 후에 풀어나가는 초점의 방향은 많이 다를 수 있다는 것을 감안하여 주제 관련 문제를 충분히 반영할 수 있는 질문을 만들고, 어린이들이 이해할 수 있는 문장으로 기술하려 노력하였다. 아울러 관련활동도 이러한 방향에서 주제에 맞게 제시하였다.

각 단계에 대한 설명과 구체적인 예는 다음과 같다.
① 전반적인 인식을 돕는 질문의 유형
　책에 대한 전반적인 주제 및 책에 대한 이해 및 개인적인 가정을 파악하는 질문유형이다.
　- 등장인물과 사건에 대한 인식과 느낌에 대한 질문
　- 책의 전반적 인상에 대한 질문
　- 전에는 인정하지 못했던 자신의 느낌에 대한 인식
　　예 〈까마귀 소년〉
　- 〈까마귀 소년〉을 읽으면서 생각나는 게 있었니? 생각나는 게 있었으면 그것이 무엇이니?
　〈깃털 없는 기러기 보르카〉
　- 보르카에게 해 주고 싶은 말이 있니?
　- 〈깃털 없는 기러기 보르카〉를 보고 나서 떠오르는 생각이 있니?
　〈내 귀는 짝짝이〉
　- 〈내 귀는 짝짝이〉를 읽으면서 생각나는 게 있었니?

② 이해 및 고찰을 돕는 질문의 유형
　책의 내용을 구체적으로 살펴보고 사건들 간의 관계, 책 내용과 자신의 생각을 보다 심도 있게 연결지어 보는 단계이다. 대상 아동의 문제와 관련 있는 특정 부분의 이해를 도와주는 질문유형이다.
　- 등장인물이 지닌 문제에 대한 질문
　- 등장인물이 한 행동과 동기에 대한 질문
　- 책에서의 문제해결 방법에 대한 질문, 보통 '왜?' '어떻게?' 형태의 질문 유형
　　예 〈까마귀 소년〉
　- 왜 다른 아이들은 이 아이를 땅꼬마라고 불렀을까?

- 땅꼬마는 왜 사팔뜨기 놀이를 시작했을까?
- 이소베 선생님은 땅꼬마에게 어떻게 해 주었니?

〈깃털 없는 기러기 보르카〉

- 보르카가 다른 기러기와 어떤 면이 크게 다르다고 생각하니?
- 왜 보르카가 다른 기러기들과 어울리지 못했을까?
- 왜 선장은 보르카를 함께 데려가지 않고 큐가든에 데려다 놓았다고 생각하니?
- 보르카는 무엇 때문에 큐가든 공원에서 행복했을까?

〈내 귀는 짝짝이〉

- 놀림을 당할 때 리키는 자기 모습에 대해 어떻게 생각했을까?

③ 기존의 해결방법에 대한 다각적인 평가와 새로운 접근을 시도해 보게 하는 질문유형
본문에서 일어나지 않았던 사건이나 일어났음직한 다양한 사건을 생각해 보고 결과를 예측하는 단계이다. 등장인물이 책 속의 이야기와 정반대로 해결을 했다고 생각하고 결과를 예측하면서 해결방법을 평가해 보는 질문유형이다.
- 가능한 다른 해결책을 생각해 내고 비교해 보면서, 새로운 대안도 만들어 보기
　예 〈까마귀 소년〉
- 만일 까마귀 소년이 이소베 선생님을 만나지 못했다면 어떻게 되었을 것 같니?

〈깃털 없는 기러기 보르카〉

- 보르카가 가족과 함께 남쪽으로 날아갈 수 있었다면 어떻게 되었을까?
- 큐가든에 있는 온갖 이상야릇한 새들은 어떤 특징을 가지고 있을 것 같니?
- 큐가든에 있는 새들은 보르카를 어떻게 대해 주었을까?

〈내 귀는 짝짝이〉

- 리키가 자신 있게 나서지 않았다면 어떻게 되었을까?
- 리키의 어떤 모습이 가장 마음에 드니?

④ 자기적용을 돕는 질문유형
책을 통해 얻은 느낌이나 인식한 감정이 실제 자기에게 어떤 의미가 있는지 탐구하는 과정으로 등장인물이 지닌 문제와 자신의 문제 사이의 유사성을 발견하도록 돕는 단계이다. 즉 통찰과 자기적용을 돕는 질문 유형이다.
　예 〈까마귀 소년〉
- 땅꼬마 아이가 같은 반 아이였다면, 너는 어떻게 했을 것 같니?

- 네가 만약 땅꼬마 아이였다면 아이들이 어떻게 대해 주길 바랐을까?

〈깃털 없는 기러기 보르카〉

- 보르카처럼 너의 신체 부위가 남과 다르다면 네 기분은 어떨까?
- 그리고 너는 어떤 일을 겪었을 것 같니?
- 만약에 네 집에 다른 새들과 함께 보르카처럼 깃털이 없는 새가 섞여 있다면 너는 보르카에게 어떻게 해 주었을 것 같니? 그리고 어떻게 해 주어야 한다고 생각하니?

〈내 귀는 짝짝이〉

- 네가 남과 다르다고 생각된 적이 있니? 언제 그런 생각이 들었니?
- 남과 다른 것이 창피하거나, 속상하게 느껴진 적이 있었니?
- 네가 짝짝이라면 너 자신을 어떻게 생각했을까? 부끄러워했을까?

위의 관련 질문과 활동은 광범위한 것으로부터 세부적인 내용으로 진행하도록 하였는데, 주의할 점은 이 책에서의 관련질문과 활동은 가능한 경우를 모두 생각하여 기술하였으므로 순서대로 모두 실시할 필요는 없다는 것이다. 즉 독서치료의 대상과 상황에 따라 융통성을 가지고 선택하여 활용하는 것이 바람직하다고 할 수 있다.

주제별로 책을 소개하였지만 소개한 책 외에도 관련된 책과 부모나 교사가 읽어야 할 책, 그리고 비디오 등 다른 자료들은 부록에 연령별, 소주제별로 분류하여 실었다. 부록에 실린 자료도 유용하게 잘 사용될 수 있기를 바란다.

끝으로 이 책을 만드느라 오랫동안 같이 수고한 모든 집필진들과 독서치료 홈페이지를 운영하며 독서치료의 발전을 위해 많은 격려를 해 주신 이영식 목사님과 이 책이 나오기를 오랫동안 기다려 주신 독서치료 관련자분들, 관련 질문과 활동에 창의적인 아이디어를 많이 주신 성균관대학교 독서치료전문가 과정 학생들, 그리고 학지사 사장님과 편집부 여러분들께 깊은 감사를 드린다.

2003년 9월

김 현 희

차 례

제4장 나와 다른 사람들에 대한 이해 신혜은, 최경, 정순

제1장
나

1. 자아존중감
    쇠똥 구리구리
    세상에서 가장 큰 아이
    내 귀는 짝짝이
    '미운 돌멩이'〈미운 돌멩이〉
    마당을 나온 암탉
    여우 씨 이야기

2. 다른 사람과 관계맺기
    너, 정말 이러기야?
    크릭터
    새 친구가 이사 왔어요
    오른발, 왼발
    공주는 등이 가려워
    옆집 할머니는 마귀 할멈

3. 성취감
    으뜸헤엄이
    나도 캠핑 갈 수 있어!
    우리 모두 꼴찌 기러기에게 박수를
    꼬마 거북 프랭클린2-자전거 타기
    나는 고도슴치야

제1장

나

　어린이가 자기 자신에 대해 갖고 있는 생각은 그 어린이의 정서적 발달은 물론 사회성 발달에도 많은 영향을 미친다. 어린이가 자신에 대해 갖는 개념은 어린이가 자신에 대해서 느끼고 있는 생각, 관념, 태도, 신념이라고 할 수 있다. 즉 그것은 어린이가 자신의 특성인 신체적 외모, 성, 행동 경향, 정서능력, 흥미 등에 대해서 느끼는 상세하고도 개인적인 평가인 것이다. 이러한 자신에 대한 평가인 자기 인식은 자아개념(self-concept), 자아(ego), 자아지식(self-knowledge), 자아정체성(self-identity), 자기이해(self-understanding), 자아상(self-image) 등으로 혼용되기도 한다(이은화 · 김영옥, 1993).

　어린이의 자아에 대한 개념은 매우 일찍부터 발달한다. 영아가 자신과 자신이 아닌 것에 대해 구별하게 되는 것은 대상개념이 발달하는 6~8개월경부터로 알려져 있다. 이 시기에 영아는 자신이 독립된 존재이며 지속적으로 존재한다는 것을 알게 된다. 18~24개월경이면 거울 속의 자신을 알아보거나 사진 속의 자신을 다른 사람보다 더 오랫동안 쳐다보거나 이름을 부를 수 있다(이은화 · 김영옥, 1993; 이영자 · 유효순 · 이정욱, 2001).

　만 2세에서 5세 사이에 어린이의 자아 인지는 크게 발달하여 2세가 되는 유아는 성이나 인종, 신체 기능의 차이에 주목하기 시작한다. 이 시기의 어린이는 외형적으로 드러나는 특징을 바탕으로 객체로서의 자기를 정의하는 범주적 자아에 대한 개념을 형성하는 것이다.

　3세가 되면 언어 능력이 급격히 발달하면서 자신의 여러 특성에 대해 언어적으로 표현한다. 이러한 자신에 대한 자기 진술은 자아개념을 이해하는 좋은 수단이 된다. 3~5세의 어린이들이 자기에 대해 진술하는 것을 분석하면 주로 자신의 신체적 특징, 자신이 가지고 있는 것, 좋아하는 것, 인간관계 등 외현적 특성에 관한 것이 많다. 4세 정도의 어린이도 자신의 심리적 특성에 대한 진술은 거의 하지 않는 것으로 보아 내재적 특성을 고려하지 못한다는 것을 알 수 있다. 그러나 어린이의 자아개념이 외현적인 물리적 자아로부터 내재적인 심리적 자아로 발달해 가는 과정이라고 볼 때 3~5세 유아의 물리적 자아 인지는 초등학교 시기에 발달하는 심리적 자아 인지의 중요한 기초가 된다(박찬옥 외, 2001).

이와 같이 유아기 어린이의 자아 인지는 매우 자기 중심적이고 개인적이다. 그러나 아동 중기에 들어서면서 어린이들은 자기를 묘사하는 데 있어 자신의 신체 특성을 넘어서 자신의 정서나 자신이 속해 있는 범주를 사용하고 종종 또래와의 비교도 하게 된다. 즉 또래, 친구와 비교하여 자신을 기술하고 자신의 능력에 대해서도 설명을 할 수 있게 되는 것이다.

청소년기가 되면 자아에 대한 묘사는 보다 추상적이고 가설적인 용어를 사용하게 된다. 그래서 자신을 표현할 때도 신체적 특성이나 행동특성, 능력보다는 자신의 태도, 성격적 특성, 신념 등으로 설명하게 된다(이영자 · 유효순 · 이정욱, 2001).

자아에 대한 개념에는 자신과 다른 사람이 별개의 존재임을 알고 서로 구분할 수 있는 능력이 포함된다. 그리고 자신의 이미지에 대한 사회의 일반적인 평가를 기초로 자신의 가치에 대해 스스로 내리는 평가인 자아존중감이 포함된다. 어린이의 자아존중감은 주변 인물들의 반응과 행동에 따라 영향을 받게 된다(장선철, 1993). 자아존중감이 높은 어린이는 자신에게 긍정적 가치를 부여하게 되나 자아존중감이 낮은 어린이는 중립적이거나 부정적 가치를 부여하게 된다.

어린이의 자아존중감은 개인의 행동에 많은 영향을 미칠 뿐만 아니라, 일상생활의 적응과도 깊은 관계를 맺고 있다. 따라서 다른 어떤 발달 영역보다 성격과 정신 건강에 직접적인 영향을 주면서 아주 어릴 때부터 발달하게 되는 개념이다.

어린 유아들은 매우 자기 중심적인 특성을 가지고 있어서 영아기부터 사람들의 관심을 자기 자신에게만 끌기 위해 울고, 웃고, 말을 하며 행동한다. 이 것은 스스로 생존할 수 없는 영아기나 걸음마기 아이들의 중요한 생존 기제라고 할 수 있다. 예를 들어 영아들은 울음을 통해 배고픔과 불편함을 표현하고 그것을 충족하게 된다. 아기들의 웃음은 주변에 있는 성인들의 즐거운 반응을 이끌어 내게 되고, 새로 배우게 된 어휘들은 무엇인가를 요구하게 하기도 하고 요구를 들어 주게도 하는 매체가 된다. 이러한 반응들이 긍정적으로 이루어져 어린이들의 욕구와 필요를 만족스럽게 충족시키면 그들은 자신에 대해 좋은 느낌을 갖게 된다. 그러나 그렇지 못하게 될 경우 어린이들은 자신의 가치에 대해 회의를 품게 되고 자신에 대해 긍정적인 느낌을 갖지 못하게 된다(Beaty, 1997).

　Coopersmith는 자아존중감의 형성에 있어 두 요소가 중요하게 작용한다고 하였다. 첫째는 개인의 삶에 있어서 중요한 타인으로부터 개인이 받는 존경심과 수용, 대우받음의 양이고, 둘째는 개인의 성공과 실패의 역사, 즉 개인이 성취한 객관적인 지위와 사회적 위치가 그것이다(이영자 · 유효순 · 이정욱, 2001 재인용).

　유아기 어린이들은 자신들의 과거 경험을 바탕으로 스스로 형성한 자신의 본질에 대한 태도와 느낌을 가지고 있다. 어린이들이 유아교육기관 같은 곳에서 집단 생활을 시작하게 되면 자신이 살고 있는 세계 안에 자신과 비슷한 다른 사람들이 존재한다는 것과 그 사람들은 자신과 마찬가지로 즐겁게 지내기를 원한다는 것을 이해해야 한다. 이와 함께 어린이들은 다른 사람과 여러 가지를 함께 공유하고, 서로 돌보며 자신만이 우선이 아니라는 것을 배워야 한다. 어린이들에게 있어 이러한 경험은 매우 흥분되고 기대되는 일이기도 하지만 혼란스럽고 상처를 받을 수도 있다. 어린이가 경험하는 혼란이나 상처가 비록 성장하는 과정에서 자연스럽게 발생하는 것이라 할지라도 누군가의 도움을 받아 긍정적인 자신의 이미지를 발달시켜 자신을 가치 있는 존재라고 생각하게 할 필요가 있다(Beaty, 1993; Sawyer, 2000).

　자신에 대해 긍정적으로 생각하는 어린이는 다른 사람에 대해서도 긍정적으로 생각하게 된다. 어린이는 다른 사람들이 자신의 의견에 관심을 보여주고 흥미와 즐거움을 가지고 반응해 주며, 자신의 성취에 대해 인정해 줄 때 자신에 대해 좋은 느낌을 갖게 된다. 이렇게 자기에 대해 긍정적인 생각을 갖고 있는 어린이는 다른 사람에게도 긍정적 반응을 보이고 존경심도 표현할 줄 알게 된다.

발달적으로 적절한 그림책이나 문학작품은 어린이들의 자아존중감을 발달시키는 데 도움을 줄 수 있다. 이 장에서는 어린이의 자아존중감을 높이는 데 도움을 주는 자료를 소개한다. 이를 위한 범주는 자아존중감, 다른 사람과 관계 맺기, 성취감으로 나누었다. 어린이가 긍정적인 자아개념을 형성하는 데는 이 세 가지 범주가 서로 긴밀하게 상호작용하면서 중요한 요소로 작용하기 때문이다. 따라서 자신에 대해 긍정적으로 생각하지 않거나, 자신감이 부족한 어린이, 다른 사람을 인정하고 다른 사람에게 인정받기에 어려움을 갖는 어린이들에게 도움이 될 수 있을 것이다. 〈표 2〉는 '나' 와 관련하여 독서치료를 위해 선정된 자료목록이다.

<표 2> '나' 에서 다루어지는 소주제별 · 대상별 자료

소주제	대 상	자 료
자아 존중감	유 아	쇠똥 구리구리 세상에서 가장 큰 아이
	초등학교 저학년 어린이	내 귀는 짝짝이 미운 돌멩이
	초등학교 고학년 어린이	마당을 나온 암탉 여우 씨 이야기
다른 사람과 관계맺기	유 아	너 정말 이러기야? 크릭터
	초등학교 저학년 어린이	새 친구가 이사왔어요 오른발, 왼발
	초등학교 고학년 어린이	공주는 등이 가려워 옆집 할머니는 마귀 할멈
성취감	유 아	으뜸헤엄이 나도 캠핑갈 수 있어!
	초등학교 저학년 어린이	우리 모두 꼴찌 기러기에게 박수를 꼬마 거북 프랭클린 2-자전거 타기
	초등학교 고학년 어린이	나는 고도슴치야!

1. 자아존중감

좋은 그림책이나 동화책은 어린이의 자아존중감을 발달시킬 수 있을 뿐 아니라 다른 사람과의 관계를 증진시킬 수 있도록 도와주고 독립심을 길러 준다. 어린이들은 문학작품을 읽으면서 등장인물이나 등장인물이 접하는 사건을 통해서, 그리고 적어도 이야기 전개를 위한 상황이 친숙하기만 해도 동일시를 통해 자아존중감을 발달시키게 된다.

유아

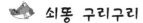 **쇠똥 구리구리**

(1) 기본정보

저자: 유애로 글, 그림
출판사: 보림출판사
전체쪽수: 32
ISBN 89-433-0052-2
장르: 그림책(정보책)

(2) 저자소개

유애로는 숙명여자대학교 및 동 대학원에서 그래픽 디자인을 전공하였고, 현재 그림책작가로 활동하고 있다. 1996년 창작 그림책 〈갯벌이 좋아요〉로 어린이 문화 대상 미술부문 본상을 수상했다. 대표작으로는 창작그림책 〈갯벌이 좋아요〉, 〈쪽빛을 찾아서〉, 〈반짝반짝 반디각시〉 등이 있고, 전래동요 그림책 〈하늘이랑 바다랑 도리도리 짝짜꿍〉, 〈으악 도깨비다!〉가 있다.

(3) 줄거리

쇠똥구리 아줌마는 열심히 쇠똥을 만들어 굴린다. 언덕길을 오르다 일곱 번이나 굴러 떨어지며 겨우 올라가 따뜻한 땅속 집으로 먹이공을 나른다. 먹이공 안에 있는 단단한 풀뿌리를 가려내어 잘 다듬은 후 하얀 알을 한 개씩 넣는다. 알에서 깨어난 애벌레들은 따뜻한 햇빛을 받고 먹이공을 먹으며 무럭무럭 자라나 옷을 벗게 되고, 마침내 먹이공 밖으로 빠져 나온다. 그리고 아기 쇠똥구리는 해님께 감사드린다.

(4) 글과 그림

비웃음 속에서도 꿋꿋하게 자신의 쇠똥을 힘들게 굴리는 쇠똥구리 엄마. 산비탈에서 여러 번 미끄러지는 장면은 웃음을 자아내게도 하지만 쇠똥구리의 끈질긴 면과 진지함을 엿볼 수 있으며, 쇠똥구리 아기가 탄생하여 허물을 벗고 처음으로 해를 보는 장면에서는 쇠똥구리 엄마의 눈물겨운 사랑을 느끼게 해 주어 감동을 더해 준다. 과학적인 상식을 편안하고 재미있게 표현한 점이 돋보이며 여러 가지 곤충들이 등장하여 유아들의 흥미를 돋우어 준다.

화려한 채색의 밝고 희망적인 느낌을 주는 그림은 엄마의 따뜻하고 헌신적인 사랑과 새 생명에 대한 신비감을 나타낸 줄거리와 잘 어울린다. 짧고 간결한 문장은 유아들이 쉽게 이해할 수 있게 해 주어 책을 읽는 유아로 하여금 자기 자신의 출생에 대한 호기심과 더불어 자아존중감을 느끼게 해 준다.

(5) 관련 질문 및 활동

☑ 관련 질문

① 전반적인 인식을 돕는 질문

- 이 책을 읽고 생각나는 게 있었니?
- 이 책에 나오는 쇠똥구리를 실제로 본 적이 있니?(언제, 어디에서)
- 이 책의 이야기 중에 가장 기억에 남는 장면은 어떤 것이니?

② 이해 및 고찰을 돕는 질문

- 친구들이 엄마 쇠똥구리를 놀릴 때 엄마 쇠똥구리는 어떤 생각을 하였을까?
- 엄마 쇠똥구리는 어떤 마음으로 먹이공 속에 알을 넣어 두었을까?

③ 기존의 해결방법에 대한 다각적인 평가와 새로운 접근을 시도해 보게
  하는 질문
  - 해님의 도움이 없었다면 먹이공 속에 있는 아기 쇠똥구리는 어떻게 밖으로 나
    올 수 있을까?
  - 네가 엄마 쇠똥구리라면 어떤 방법으로 알을 키울 수 있을까?
  - 알을 먹이공이 아닌 아무데나 놓아두고 돌보지 않는다면 어떻게 될까?

④ 자기적용을 돕는 질문
  - 네가 태어나기를 간절히 원하고 기다렸던 사람은 누구일까?
  - 너도 엄마 쇠똥구리처럼 누군가에게 도움을 줄 수 있을까?

◇ 관련 활동
① 찰흙으로 먹이공 빚기
  준비물: 찰흙
  - 찰흙 한 덩이를 주고 엄마 쇠똥구리가 찰흙을 고르고 주물러 먹이공을 만드는
    것을 생각하며 찰흙을 자유롭게 주물러 본다.
    예 주무르기, 손가락으로 떼어보기, 두 손바닥으로 굴려보기, 바닥에 납작하게
       눌러보기, 길쭉하게 늘여보기
  - 알 모양의 작은 돌멩이를 속에 넣고 먹이공처럼 동그랗게 빚어보기
  - 다음은 찰흙을 이용해 아기 쇠똥구리가 태어나면 줄 선물을 만들어 보자(목걸
    이, 반지, 자동차, 먹이), 이때 "아가야, 아가야 어서어서 알에서 나와라, 엄마가
    네 선물을 준비 했단다." 하며 선물을 만들어 보기로 한다.

② 아기 쇠똥구리에게 편지쓰기
  - 먹이공 속에 있는 아기 쇠똥구리 알에게 엄마의 기다리는 마음을 편지로 써본다.
  - 엄마 쇠똥구리가 아기를 위해 한 일을 생각하며 감사 편지쓰기

③ 어머니께 감사편지 쓰기
  - 자신이 태어났을 때 엄마의 노력과 고생에 대해 이야기를 듣고 친구들과 이야
    기나누기
  - 자신의 출생을 위해 부모님이 어떤 노력을 했는지 알아보고, 감사의 마음을 편
    지로 쓰기

(6) 연관주제
가족(일반 가족)

🐟 세상에서 가장 큰 아이

(1) 기본정보

저자: 케빈 헹크스 글/낸시 태퍼리 그림/이경혜 역
출판사: 비룡소(원작: 1995, 한국판: 1999)
전체쪽수: 38
ISBN 89-491-1050-4
장르: 그림책(환상동화)

(2) 저자소개

케빈 헹크스(Kevin Henkes)는 1960년에 미국 위스콘신에서 태어났고, 해롤드 시리즈로 유명한 크로킷 존슨의 그림책을 읽으며 자랐다. 〈토끼의 결혼식〉을 지은 가스 윌리엄즈를 존경한다고 한다. 형제간의 경쟁심, 새 친구 사귀기, 길을 잃었던 일 같은, 어린 시절의 경험을 바탕으로 하여 아이들 세계를 따뜻하고 재치 있게 표현해냈다. 대표작으로는 〈내 사랑 뿌뿌〉, 〈웬델과 주말을 보낸다고요?〉가 있다.

낸시 태퍼리(Nancy Tafuri)는 1946년에 미국 뉴욕 브루클린에서 태어났다. 뉴욕에 있는 '더 스쿨 오브 비주얼아트'에서 어린이책 일러스트레이션을 전공했다. 지은 책으로는 〈아침 일찍 농장에서〉와 〈한 해 내내〉의 글을 썼으며, 〈세상에서 가장 큰 아이〉의 그림을 그렸다. 〈내 아기오리 못 보셨나요?〉로 칼데콧 상을 수상하기도 했다. 태퍼리는 깨끗하고 사실적인 그림 속에 호기심을 끌어내는 장치를 숨겨 놓아 재미를 더한다는 평을 얻었다. 지금은 코네티컷에서 활동하고 있다.

(3) 줄거리

빌리는 이제 밥먹기, 옷입기, 장화신기, 전화받기, 설거지 돕기 등을 혼자서 할 수 있게 되었다. 엄마와 아빠는 빌리가 벌써 이만큼 자란 데에 대해 무척 대견해 한다. 빌리는 앞으로 훨씬 더 커서 세상에서 가장 큰 사람이 되는 상상을 하게 되는데 '빌리의 모자가 지붕이 되고', '소매는 창문이 되고' '윗도리는 벽이 되며, 강아지와 고양이는 주머니 속에 사는 그렇게 큰 빌리. 목이 마르면 호숫물을 마시고, 배가 고프면 사과 한 상자를 한 입에 먹고, 구름을 후~ 날려보내고, 빌리의 목에 무지개 목걸이를 걸고, 해님으로 공놀이하고, 초승달 수염을 달고 있는 세상에서 가장 큰 거인이 되는 꿈을 꾼다. 하지만 빌리의 엄마와 아빠는 지금 딱 빌리의 나이만큼 크고 그 나이 어린이들이 해야 할 일을 알려 준다. 꿈속에서 빌리는 "내가 세상에서 가장 커" "정말로 그래!" 하며 곤히 잠을 잔다.

(4) 글과 그림

세상에서 가장 큰 아이 빌리를 표지에 커다랗게 배치하고, 나무와 호수와 집 같은 주위 배경은 장난감처럼 조그맣게 그려 주인공을 더욱 강조하고 있다. 책도 워낙 크지만 그림도 크고 시원하게 그려져서 보기에 좋으며, 구름을 날려 보내고, 벽을 옷처럼 몸에 걸치고, 해님으로 공놀이를 하는 등 세상에서 가장 큰 사람만이 할 수 있는 일들이 과장과 대조 속에 유쾌하게 나타나 있다.

빨리 어른이 되고 싶고, 어른처럼 크고 어른처럼 모든 일을 자기 마음대로 하고 싶어 하는 아이들의 꿈을 시원하고 유쾌하게 그리고 있어서 독자로 하여금 자기 존재에 대한 자부심을 갖게 해 줄 뿐 아니라 세상에서 가장 크고 싶은 아이의 바람도 들어 있다. 엄마와 아빠는 이러한 아이의 바람을 이해하고 맞장구를 쳐주고 있어 엄마 아빠와 아이의 유쾌한 한때가 잘 표현되어 있는 따뜻한 책이다. 또한 검은 잉크로 깔끔하게 그려진 선과 노랑, 초록, 파랑 등 수채 물감으로 선명하게 채색된 색상은, 아이들의 상상력이 좁고 답답한 지면을 벗어나 책 바깥의 세상으로까지 확대되도록 자극하기에 충분하다.

(5) 관련 질문 및 활동

☑ 관련 질문

① **전반적인 인식을 돕는 질문**

- 이 책을 읽으니 어떤 생각이 드니?

- 빌리가 세상에서 가장 큰 아이가 되고 싶은 것에 대해 어떻게 생각하니?

② 이해 및 고찰을 돕는 질문
   - 빌리는 왜 세상에서 가장 큰 사람이 되고 싶어 했을까?
   - 빌리가 밥먹기, 옷입기, 찬장에서 컵 꺼내기 등을 혼자 할 수 있게 된 것에 대해서 엄마와 아빠는 어떻게 생각할까?

③ 기존의 해결방법에 대한 다각적인 평가와 새로운 접근을 시도해 보게 하는 질문
   - 빌리가 세상에서 가장 큰 사람이 된다면 친구들과 어떻게 지내게 될까?
   - 빌리가 아주 큰 사람이 되고 싶다고 하였을 때 엄마와 아빠가 반대하였다면 빌리에게 무슨 말을 하였을까?

④ 자기적용을 돕는 질문
   - 네가 만약 세상에서 가장 큰 아이가 되면 어떤 일을 할 수 있을 것 같니?
   - 너도 빌리처럼 커지고 싶었던 적이 있었니? 왜 그런 생각을 하게 되었니?
   - 세상에서 가장 큰 사람이 아니어도 지금 네가 혼자서 할 수 있는 일은 무엇이니?

⊗ 관련 활동
① 내가 세상에서 가장 큰 아이라면
   준비물: 도화지, 크레파스, 물감
   - 활동대상 어린이가 세상에서 가장 큰 아이가 되었을 때 자신이 하고 싶은 일을 그림으로 그려보게 한다.

② 내가 세상에서 가장 잘할 수 있는 것은 ~입니다.
   - 대상 어린이에게 자신이 잘하는 것을 이야기해 보게 한다.
   - 네가 그렇게 할 때 엄마, 아빠는 뭐라고 말씀하시니?

③ 빌리에게 편지쓰기
   - 빌리에게 세상에서 가장 큰 사람이 되어서 하고 싶은 일을 편지로 써 본다.

④ 거인신발과 내 신발 신고 달리기
   준비물: 아빠 신발이나 커다란 신발 한 켤레, 내 신발 한 켤레
   - 두 명의 아이가 한 명은 거인신발을 신고, 한 명은 자기신발을 신고 동시에 출발해 목적지까지 빨리 달려 갔다 온다.
   - 누가 빨리 갔다 왔을까? 왜 그럴까?
   - 거인신발과 자기신발을 신고 갔다 온 느낌이 각각 어떻게 다르니?

(6) 연관주제

가족(어머니, 아버지), 나와 다른 사람들에 대한 이해

초등학교 저학년 어린이

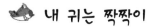 내 귀는 짝짝이

(1) 기본정보

저자: 히도 반 헤네흐텐 글/장미란 역

출판사: 웅진닷컴(한국판: 1999)

전체쪽수: 26

ISBN 89-01-02829-8

장르: 그림책(환상동화)

(2) 저자소개

히도 반 헤네흐텐은 하셀트 미술원에서 그림과 그래픽, 사진을 공부했다. 〈내 귀는 짝짝이〉로 세계적인 어린이 책 그림작가에게 주는 하세트 일러스트레이터 상을 받았으며, 유럽에 널리 이름이 알려져 있다.

(3) 줄거리

리키는 다른 친구들과 달리 한쪽 귀가 아래로 처진 토끼이다. 리키는 이 처진 귀를 세워 보려고 나무에 거꾸로 매달리기도 하고, 귀에 당근을 넣어 세우기도 한다. 또 귀에다 풍선을 달아 보기도 하는 등 노력을 하지만 친구들은 여전히 웃기만 한다. 끝내는 병원에 가서 친찰을 받고 오른쪽 귀가 조금 힘이 없는 것 외에는 이상이 없다는 것을 알게 된다. 리키는 의사로부터 원래 모든 귀들은 다르게 생겼다는 이야기를 듣고 비로소 자신감을 가지고 친구들에게 자신 있게 나선다. 나아가 친구들에게 자기처럼 당근을 한쪽 귀에 달아 보도록 하여 모두를 즐겁게 한다.

(4) 글과 그림

아크릴 그림으로 두껍고 거칠게 터치를 했음에도 오히려 표현이 부드럽고 자연스럽고 토끼의 표정이 선명하면서도 인간의 표정으로 그려져 있다. 그러나 그림에 비해 글자의 크기가 작아 조금 아쉽다.

처진 오른쪽 귀로 인해 친구들에게 놀림을 받던 리키가 어떻게 해서든 만회하려고 찾아낸 기발하고 다양한 발상이 우습기도 하며 안쓰럽기도 하다. 남과 다른 것 때문에 처음에는 힘들어했지만 그것이 다른 사람보다 열등한 것이 아니므로 자신 없어할 필요가 없다는 것을 보여주는 그림책이다.

(5) 관련 질문 및 활동

☑ 관련 질문

① 전반적인 인식을 돕는 질문

- 이 책에서 가장 기억에 남는 것은 무엇이니?
- 토끼를 직접 보거나 만져 본 적이 있니? 그때 느낌은 어땠니?

② 이해 및 고찰을 돕는 질문

- 왜 리키가 처진 귀를 세우려고 했을까?
- 리키의 귀처럼 네가 남과 다르다고 생각되는 게 있니? 왜 그렇게 생각하니?"

③ 기존의 해결방법에 대한 다각적인 평가와 새로운 접근을 시도해 보게 하는 질문

- 너라면 처진 귀를 세우려고 어떤 노력을 했을 것 같니?
- 네가 리키라면 이 작품 속에서 찾아간 의사 선생님 말고 또 누구를 찾아갈 수 있을까?
- 너와 다른 점을 갖고 있는 친구가 있니? 그 친구는 네가 다르다고 생각하는 그 부분에 대해서 어떻게 생각할까?

④ 자기적용을 돕는 질문

- 네가 어렵고 힘들 때 가장 먼저 찾아가고 싶은 사람은 누구니?
- 네가 남들과 달라서 속상했던 것은 무엇이 있니?
- 네가 남들과 달라서 좋은 점은 어떤 것이 있니?
- 누가 너에게 너에 대한 나쁜 이야기를 했을 때 너는 어떤 마음이 들까?

관련 활동

① 내가 가장 잘하는 것

　준비물: 종이, 연필, 지우개

　- 어린이들이 농담이나 장난으로 하지 않고 진지하게 자신의 장점을 찾아보도록
　　차분한 분위기를 조성한다.

　- 사람은 누구나 한 가지 이상 잘하는 것을 가지고 있으므로 각자 잘하는 것을 찾
　　아 구체적으로 적어보게 한다.

　- 네가 들어본 것 중에서 가장 좋았던 말(칭찬)은 무엇인가?

　- 네가 가장 잘 만드는 것은 무엇인가?

　- 네가 생각하는 너의 매력은 무엇인가?

(6) 연관주제

　나와 다른 사람들에 대한 이해(신체적 특징 – 신체장애)

 '미운 돌멩이'(미운 돌멩이)

(1) 기본정보

　저자: 이현주, 어린이도서연구회 편

　출판사: 오늘(1996)

　전체쪽수: 191

　ISBN: 89-355-0252-9

　장르: 사실동화

(2) 저자소개

　이현주는 1944년 충주 출생, 감리교 신학대학교를 졸업했다. 본명은 이현
주, 호는 관옥(觀玉), 필명은 '이 아무개'이다. 19세에 동화작가 이원수의 추
천으로 등단하였다. 목사이자 동화작가, 번역 문학가이기도 한 그는 동서양을
아우르는 글들을 집필하는 한편 대학과 교회에서 강의도 맡고 있다.

　지은 책으로 〈사람의 길, 예수의 길〉, 〈한 송이 이름 없는 들꽃으로〉, 〈젊은
세대를 위한 신학〉, 〈칼아 너 갈 데로 가라〉, 〈무구유언〉, 〈성서와 민담〉, 〈뿌
리가 나무에게〉, 〈나의 어머니, 나의 교회여〉, 〈호랑이를 뒤집어라〉, 〈돌아보

면 발자국마다 은총이었네〉, 〈그래서 행복한 신의 작은 피리〉, 〈장자산책〉,
〈대학 중용 읽기〉 등이 있으며, 동화집으로 〈알게 뭐야〉, 〈날개 달린 아저씨〉
등이 있다. 15년간의 절필 이후 〈외삼촌 빨강 애인〉을 출간한 바 있다.

(3) 줄거리

이 작품은 13편의 이야기들 중 한 편이다. 미운 돌멩이는 개울가의 돌멩이
중에 못생긴 돌멩이다. 이곳에 다녀가는 사람들은 예쁘고 특이한 돌멩이만 가
져가고, 못생긴 돌멩이들은 거들떠보지도 않아 미운 돌멩이는 너무나 실망스
럽게 하루하루를 보낸다. 사람들은 가져간 멋진 돌멩이들로 집안에 온갖 아름
다운 장식을 한다. 그것을 알게 된 미운 돌멩이는 선택되지 못하는 자신의 신
세를 한탄하며 새벽에 울음을 터뜨리고 만다. 그때 그곳을 지나던 하늬바람은
겨우 방 한 칸을 꾸미는 멋진 돌멩이들보다 이 지구를 아름답게 꾸미고 있는
못생긴 돌멩이들이 훨씬 멋진 일을 하고 있는 것이라며 위로한다.

(4) 글과 그림

이 작품은 여러 단편을 모아둔 책의 작품 중 한편으로 그림을 통해 맛볼 수
있는 감흥은 없다. 하지만 이야기마다 간간이 들어 있는 삽화들이 이제 막 책
읽기에 흥미를 가진 어린이들에게 책 읽는 재미를 느끼도록 돕고 있다.
'미운 돌멩이'는 어린이도서연구회가 1930대부터 1990년대의 동화 중에서
엄선한 13편의 단편 중 하나다. '주인된 나'라는 주제로 나 자신은 매우 중요
한 존재이고, 나를 귀하게 여기는 것이 다른 이의 삶과 진심으로 나눌 수 있는
내성을 기르는 출발이 된다는 것을 보여주고 있다. 다른 이와 비교되지 않는
자신만의 특성과 자신감을 키워나가는 일이 그 어떤 것보다 중요하다는 점을
강조하고 있다. 아무리 하찮은 존재라고 할지라도 자기만의 장점과 역할이 반
드시 있다는 희망을 주고 있다.

(5) 관련 질문 및 활동

☑ 관련 질문

① 전반적인 인식을 돕는 질문

- 이 책을 읽고 나서 가장 많이 떠오르는 장면은 무엇이니?
- 강가에 가서 돌멩이를 주워 본 적이 있니?

② 이해 및 고찰을 돕는 질문

- 다른 사람의 말 한마디가 너에게 크게 도움이 된 적이 있었니?
- 미운 돌멩이는 주로 무엇을 하는 데 사용될 거라고 생각하니?

③ 기존의 해결방법에 대한 다각적인 평가와 새로운 접근을 시도해 보게 하는 질문

- 우리 주변에 있는 사물들 중에서 생김새(모양)는 아름답지 않아도 생활에 유용하게 사용되는 것들은 어떤 것이 있을까?
- 오른쪽의 그림은 어떻게 보이니?
- 못난 돌멩이들끼리만 함께 있으면 어떤 생각이 들까?

④ 자기적용을 돕는 질문

- 네가 다른 친구들과 다르게 보이는 것이 있다면 기분이 어떻겠니?
- 누구에게 이 사실을 속 시원히 이야기할 수 있을까?
- 너도 미운 돌멩이처럼 느꼈던 적은 없었니?

☑ 관련 활동

① 돌멩이 줍기

준비물: 사진기, 비닐주머니

- 산이나 강변, 해안가 등에 가서 어떤 돌들이 많은지 살펴보고 사진에 담아본다.
- 이야기에서처럼 정말 미운 돌멩이들만 있는지 알아본다.
- 자신이 좋아하는 돌멩이를 골라보고, 왜 좋은지 이야기해 본다.

② 돌멩이에 글쓰기. 얼굴 그리기

준비물: 수정 화이트, 투명 매니큐어나 에나멜

- 자신이 주워 온 돌멩이의 이름을 짓거나 또는 하고 싶은 말들을 화이트를 이용해 돌멩이에 쓰거나 그림을 그린다.
  - 예 꿈은 이루어진다. 하나님은 당신을 사랑합니다.

(6) 연관주제

나와 다른 사람들에 대한 이해(신체적 특징 – 신체장애)

초등학교 고학년 어린이

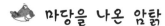 마당을 나온 암탉

(1) 기본정보

저자: 황선미 글/김환영 그림

출판사: 사계절(2000)

전체쪽수: 199

ISBN 89-7196-677-7

장르: 환상동화

(2) 저자소개

황선미는 1963년 충청남도 홍성에서 태어나 서울예술대학에서 문예창작을 공부했다. 1997년 제1회 탐라문학상 동화부문을 수상했고, 〈내 푸른 자전거〉, 〈앵초의 노란집〉, 〈여름나무〉, 〈샘마을 몽당깨비〉, 〈나쁜 어린이 표〉, 〈목걸이 열쇠〉, 〈까치우는 아침〉, 〈초대받은 아이들〉, 〈들키고 싶은 비밀〉, 〈약초할아버지와 골짜기 친구들 1, 2〉 등과 같은 동화를 썼다. 주제가 뚜렷하고 등장인물의 심리를 자세히 묘사하는 개성 있는 작품을 쓰고 있다.

김환영은 1959년 충청도에서 태어나 서울에서 자랐다. 홍익대학교에서 서양화를 공부했고, 만화와 애니메이션도 공부했다. 한겨레 문화센터 아동문학 작가학교 8기를 수료했고, 지금은 경기도 가평에서 그림책 작업에 몰두하고 있다.

(3) 줄거리

잎싹은 양계장의 암탉이다. 잎싹의 소원은 자신이 낳은 알을 품어 병아리를 부화시키는 어미닭이 되어 보는 것이다. 잎싹은 가까스로 양계장을 빠져나와 마당에 있는 토종닭의 무리와 어울리려 하나 그들에게 거부당하자 혼자 들로 나가 살게 된다. 그러다가 마당에서 알게 된 야생오리 나그네의 알을 품게 된다. 나그네의 알을 낳은 암오리가 족제비에게 잡아먹힌 것이다. 잎싹은 여러 가지 의문 속에서 나그네가 지켜주는 가운데 오리알인지도 모른 채 나그네의 알을 품는다. 알이 부화되기 며칠 전 나그네는 잎싹과 알을 구하기 위해 족제비에게 잡아먹힌다. 잎싹은 자신이 품었던 알이 오리라는 것을 알고 놀랐지만 족제비가 항상 둘을 노리고 있는 가운데 정성을 다해 아기오리를 키운다. 아기오리는 자라서 철을 따라 날아온 자신의 동족과 어울린다. 잎싹은 마음이 아프지만 아기오리를 동족과 함께 남쪽 나라로 날려보내고 자신은 족제비의 먹이가 된다.

(4) 글과 그림

이 글은 자신의 알을 품어 병아리의 탄생을 보고 싶어 하는 양계장의 암탉에 관한 이야기이다. 암탉은 닭장 속에서 자신의 새롭게 솟아오르는 소망을 담아 잎싹이란 이름을 짓는다. 이 동화는 잎싹이 자신의 소망을 이루고, 암탉으로서의 참모습을 찾기 위해 갖은 고난과 역경을 슬기롭게 이겨나가는 과정을 그리고 있다. 잎싹은 자신의 참된 모습을 찾는다는 것이 얼마나 힘들고 어려운 일인가를 경험하게 되지만 그것은 또한 얼마나 의미 있는 일인가도 보여주는 것 같다.

암탉으로서의 진정한 삶을 살기 위해 편안한 양계장을 빠져 나와 항상 자신의 목숨을 노리고 있는 족제비의 위협 앞에서 자기의 새끼도 아닌 오리를 훌륭하게 키워내어 동족에게로 보내는 모습은 읽는 이에게 많은 생각거리와 감동을 줄 수 있을 것이다. 자신의 정체성이나 자아존중감이 부족한 어린이들에게 삶이라는 것은 누구에게나 매우 소중한 것이며, 그 삶을 의미 있게 만들어가는 것은 자신이라는 것을 일깨워 줄 수 있을 것이다.

그림은 장편동화를 읽어나가기에 지루하지 않을 정도로 다양한 크기로 적절하게 배치되어 있다. 글의 진행에 따라 페이지의 일부를 차지하기도 하고, 펼쳐진 두 페이지 모두를 사용하여 메시지의 전달을 강조하기도 한다. 색은 대체로 부드러운 파스텔 톤을 사용하고 있으나 실루엣의 선을 강하고 굵게 함으로써 윤곽을 강하게 하고 있다. 한 폭의 채색된 동양화를 보는 것 같기도 하나 등장인물의 묘사가 약간 거칠어 보인다.

(5) 관련 질문 및 활동

☑ 관련 질문

① 전반적인 인식을 돕는 질문

- 〈마당을 나온 암탉〉을 읽으니 어떤 생각이 드니?
- 잎싹에게 해 주고 싶은 말이 있니?

② 이해 및 고찰을 돕는 질문

- 잎싹은 왜 그렇게 알을 품고 싶어 했을까?
- 잎싹은 왜 그렇게 힘들게 양계장을 나와 아기오리를 키우는 데 온 힘을 기울였을까?
- 왜 잎싹은 초록머리를 떠나보내고 지독히 외롭고 슬펐는데도 행복했다고 말할 수 있었을까?
- 초록머리의 탄생을 앞두고 족제비에게 잡아먹힌 나그네와 초록머리를 멀리 보내고 잡아먹힌 잎싹은 어떤 점이 같은 것 같니? 또 어떤 점이 다른 것 같니?

③ 기존의 해결방법에 대한 다각적인 평가와 새로운 접근을 시도해 보게 하는 질문

- 만약 잎싹이 자기가 품은 알이 오리알이라는 것을 알고 초록머리를 돌보지 않았다면 잎싹은 어떻게 살아 갔을까?
- 만약 나그네가 잎싹이 품고 있는 알이 자기와 뽀얀 오리가 낳은 알이라고 알려 주었다면 잎싹은 어떻게 했을까?

④ 자기적용을 돕는 질문

- 만약 네가 잎싹이라면 단지 알을 품고 싶다는 생각으로 그런 힘든 일을 할 수 있었을까?
- 너도 네가 원하는 것을 이루기 위해, 아니면 네가 보람 있다고 생각하는 일을 위해 힘들고 어렵지만 이루어 보려고 노력해 본 적이 있니?
- 네 친구 중에 잎싹같이 자신이 보람 있다고 생각하는 일을 어렵게 해 나가는 친구가 있다면 어떻게 하겠니? 어떤 말을 해 주겠니?
- 잎싹은 자신의 소망을 담아서 잎싹이라고 이름을 붙였어. 그 이름에 대해서 집오리들도 인정을 해 주었고, 족제비도 인정을 해 주었어. 네가 너의 이름을 다시 짓는다면 무엇이라고 짓고 싶니? 왜 그런 이름을 지으려고 하니?

⊘ 관련 활동

① 내가 잎싹이라면 이런 말을 하고 싶다.

　– 활동 대상 어린이를 잎싹과 동일시시켜 그 상황에서 자신이 하고 싶은 행동과 태도를 선택해 보게 한다(이 활동은 역할놀이가 아니라 짧은 글짓기나 이야기 나누기의 형식으로 진행한다).

　　📌 내가 잎싹이라면 마당의 암탉과 오리들이 내쫓으려 할 때 이렇게 하겠다.

　　　내가 잎싹이라면 나그네에게 이런 말을 해 주겠다.

　　　내가 잎싹이라면 족제비에게 이런 말을 해 주고 싶다.

　　　내가 잎싹이라면 초록 머리가 자기 곁을 떠나려 할 때 이런 말을 해 주겠다.

　　　내가 잎싹이라면 초록 머리가 종족을 따라 떠날 때 이렇게 말해 주겠다.

　　　내가 잎싹이라면 족제비에게 이런 말을 해 주겠다.

　　　내가 잎싹이라면 마지막에 족제비에게 잡아먹힐 때 이렇게 해 주겠다.

② 잎싹에게 편지쓰기

　– 책을 읽고 내용에 대한 토의를 끝낸 후 잎싹이 한 일에 대해서 잎싹에게 편지를 써 보게 한다.

③ 생활선(life-line) 만들기

준비물: 8절지 정도의 종이

　– 종이에 선을 그리고 현재까지의 연령을 표시한다.

　– 어린이에게 즐겁고 기쁘고 보람 있었던 일을 생각해 보고 그것이 언제였는지 종이에 표시해 보게 한 후 왜 기뻤는지, 왜 보람을 느꼈는지 이야기해 보게 한다.

　– 같은 방법으로 가장 슬펐던 때, 가장 억울했을 때, 가장 초라해졌을 때를 표시하고 이야기 나눈다.

　– 앞으로 해 보고 싶은 일은 어떤 것인지 생각해 보고 그 일은 어떻게 하면 이룰 수 있는가에 대해 이야기 나눈다. 어린이가 생각한 여러 가지 방법에 대해 함께 평가해 보고, 현재의 상황에서 가능한 것들을 찾아 실행에 옮기도록 격려해 주고 실행해 본 다음 그 결과에 대해 함께 평가해 보고, 다시 실행에 옮기는 계획을 세워 보도록 한다. 이 과정은 순환적으로 반복할 수 있다.

(6) 연관주제

가족(어머니, 아버지), 나와 다른 사람들에 대한 이해(신체적 특징–신체장애, 문화적 특징)

🦊 여우 씨 이야기

(1) 기본정보

저자: 요제프 라다 글/햇살과 나무꾼 역

출판사: 비룡소(원작: 1993, 한국판: 1999)

전체쪽수: 26

ISBN 89-491-7017-5

장르: 환상동화

(2) 저자소개

요제프 라다(Josef Lada)는 1887년 체코의 후르시체라는 작은 마을에서 가난한 구두 수선공의 아들로 태어났다. 라다는 열네 살까지 고향에서 학교를 다니다가, 아들의 재능을 알아본 아버지의 권유로 무대 미술을 공부하기 위해 프라하에 갔다. 그러나 한 달 만에 그만두고, 책 만드는 일을 배우면서 야간 학교에서 그림 공부를 했다. 체코 근대 회화사에서 가장 체코적이고 독창적인 화가 가운데 한 사람이라고 평가받는 라다는 1907년부터는 잡지에 만화를 그리기 시작했다. 라다는 일찍부터 단순하고 개성적인 자기만의 그림 스타일을 갖고 있었다. 처음에는 속담이나 민담, 전설을 바탕으로 한 유머러스한 그림을 주로 그리다가 자신의 아이들에게 들려주기 위해 이야기를 짓기 시작했고, 말하는 검은 수고양이의 이야기인 〈미시케〉 같은 어린이 책을 썼다. 라다는 그림을 그릴 때와 다름없이 성실하고 간결하며 쉬운 글을 썼는데 그의 작품 세계는 어린 시절과 고향 후루시체의 추억에 뿌리를 두고 있다. 1947년에는 나라에서 주는 '국민 예술가' 칭호를 받았다. 평생 112권의 어린이책에 그림을 그렸고, 15권의 어린이책을 쓰고 그림을 그렸다.

(3) 줄거리

호몰리 산의 산지기인 보비누시카 씨는 영리하고 머리가 좋은 새끼여우를 잡아 자기의 아이들인 예니쿠와 루젠카에게 돌보게 한다. 아이들은 여우를 무척 좋아하였고, 루젠카는 매일 여우에게 동화책을 읽어 주고 글을 가르쳐 주어 여우는 사람말을 알아듣고 할 줄 알 뿐 아니라 글도 쓰게 된다. 그러다 그 집의 사냥개 술탄과 헥토르가 아이들의 사랑을 독차지하는 여우를 미워하자 여우는 보비투시카 씨의 집을 나와 돌란의 숲에 있는 오래된 떡갈나무 옆의 굴에서 혼자 살게 된다. 여우는 돌란 숲의 산지기 부제지나 씨의 집에 갔다가 부제지나 씨가 자기 아이들에게 들려주는 이야기를 듣고 자기도 이야기 속의 여우처럼 여러 가지 방법으로 먹이를 구하려다 실패한다. 여우는 부제지나 씨의 행동을 잘 관찰한 후 자기도 전화를 사용하여 마을의 고깃간 주인인 시페이리쿠 씨에게 햄을 주문하여 먹는다. 여우에게 속은 줄을 알게 된 시페이리쿠 씨는 여우를 잡으려고 여러 가지 방법을 사용하나 실패하고 오히려 햄만 빼앗긴다. 이러한 일이 마을에 알려지면서 여우는 여우 씨로 불리게 되고 유명해진다. 어느 날 여우는 길에서 많은 돈이 들어 있는 가방을 줍게 되는데 이것을 주인인 시페이리쿠 씨에게 돌려준다. 이 일을 알게 된 숲의 주인 할라파르트 영주는 여우와 재미있는 일을 겪게 되고 여우는 바라던 산지기가 된다.

(4) 글과 그림

 사람의 말을 하고 글을 쓸 줄 아는 여우가 여러 가지 사건을 겪은 후 여우 씨라는 칭호를 듣게 되고, 마침내 바라던 숲 속의 산지기가 된다는 이야기이다. 이 이야기의 주인공 여우는 말을 할 줄 알고 글을 쓸 줄 아는 자신에 대해 자만심이 아닌 긍정적인 생각을 가지고 있다. 산지기 보비누카의 사냥개들이 자신을 싫어하여 여러 가지로 괴롭히지만 거기에 맞서기보다는 여러 인물에게 피해를 주지 않는 바람직한 방향으로 상황을 이끌어 나감으로써 고깃간 주인인 시페이리쿠 씨나 등장하는 여러 인물들이 즐겁게 살 수 있도록 한다. 자신에 대해 좋은 생각과 느낌을 가지고 세상을 바라보게 되면, 모든 일을 순조롭고 바람직하게 이끌어 나가게 되고, 그렇게 되면 결국은 자신에게도 좋은 일이 생길 수 있다는 것을 보여주고 있다. 따라서 이 이야기는 자기 자신에 대해 좋은 느낌을 가져야 할 필요가 있는 어린이들이 읽음으로써 긍정적으로 다른 사람과 세상을 바라보도록 도와주는 데에 사용하면 좋은 책이다.

(5) 관련 질문 및 활동

☑ 관련 질문

① 전반적인 인식을 돕는 질문

- 이 책을 읽으니 어떤 생각이 드니?
- 시페이리쿠 씨는 나중에 여우에 대해 어떤 느낌을 가지게 되었니?

② 이해 및 고찰을 돕는 질문

- 여우는 왜 자기가 산지기가 될 수 있다고 생각했니?
- 여우는 여러 가지 일에 실패도 하고 실수도 했어. 그럴 때마다 자기에 대해 어떻게 생각하고 있었니?
- 여우가 자신을 훌륭하다고 생각하는 것과 잘난 척하는 것은 어떻게 다른 것 같니?

③ 기존의 해결방법에 대한 다각적인 평가와 새로운 접근을 시도해 보게 하는 질문

- 만약에 여우가 헥토르와 술탄을 혼내주고 그냥 보비누시카 씨의 집에서 살았다면 어떻게 되었을까?
- 만약에 여우가 자기를 잡으려고 했던 시페이리쿠 씨를 미워했다면 어떻게 되었을까?
- 만약에 할라파르트 영주가 자기를 혼내주었다고 여우를 산지기에 임명하지 않았다면 어떻게 되었을까?

④ 자기적용을 돕는 질문

- 네가 여우라면 술탄과 헥토르에게 어떻게 대해 주었을 것 같니? 너도 여우처럼 자기를 괴롭혔던 술탄과 헥토르를 도와줄 수 있었을까? 여우는 어떤 성격이기에 그런 일을 할 수 있었을까?
- 너도 여우처럼 해 보고 싶은 일이 있니? 그 일을 한다면 잘할 수 있을 것 같니? 왜 그렇게 생각하니?
- 네가 어떤 일을 하다가 실패하거나 실수를 하면 너는 너에 대해서 어떻게 생각하니? 그런 생각이 너에게 도움이 되니?
- 너도 네가 하고 싶은 것을 누구에게 부탁해 본 적 있니? 그럴 때 창피하지 않았니? 창피하지 않았다면 왜 그랬니? 창피했다면 왜 창피하다고 생각했니?

⊙ 관련 활동

① 등장인물들에게 편지쓰기

- 어린이에게 여우가 한 일들, 다른 등장인물들이 여우에 대해 생각하는 점, 산지기가 된 점에 대해 느낀 것을 편지로 쓰게 유도한다.

② 나는 이런 점이 좋아요

- 대상 어린이에게 자신의 좋은 점을 적어 보도록 한다.
- 그런 자신의 특성이 왜 좋은지 이야기해 보게 한다.
- 자신의 특성 중 좋지 않다고 생각되는 점들을 적어본다.
- 그 특성이 왜 좋지 않다고 생각하는지 이야기 나눈다.
- 좋지 않은 특성을 어떻게 고칠 수 있는지 이야기 나누고 고치게 노력하도록 격려한다.

③ 나는 나에 대해 이렇게 생각해요

준비물: 작은 수첩

- 어린이에게 자기 자신이 싫었을 때의 기억을 목록으로 만들어 수첩에 적게 한다.
- 그 목록이 벌어진 상황을 간략하게 적게 한다.
- 현재의 자기의 입장에서 그 상황을 보면서 과거의 자기 자신에게 다른 사람이라고 생각하고 편지를 써 보게 한다.
- 각 상황에 대해 같은 방법을 사용해 본 후 자기 자신이 어떻게 달라지면 자신을 좋아하게 될까를 모색해 보게 한다.

(6) 연관주제

친구삼기(아름다운 우정 쌓기)

2. 다른 사람과 관계맺기

어린이에게 있어서 자아존중감과 다른 사람과 좋은 관계 맺기는 동전의 양면과 같아서 서로에게 영향을 주게 된다. 자아존중감이 높은 어린이는 다른 사람과 쉽게 좋은 관계를 맺을 수 있고, 다른 사람과 좋은 관계를 잘 맺을 수 있는 어린이는 자아존중감도 발달하게 된다. 다른 사람과 좋은 관계를 맺기 위해서 어린이는 다른 사람에게 관심을 가져야 하고, 그들을 수용해야 할 뿐 아니라 그들에게도 받아들여져야 한다. 문학작품은 어린이들에게 다른 사람과 관계를 맺기 위해 필요한 사회적 기술들을 발달시키도록 도와줄 수 있다.

유아

🐾 너, 정말 이러기야?

(1) 기본정보

작가: 러셀 호번 글/릴리언 호번 그림/이경혜 역

출판사: 비룡소(원작: 1970, 한국판: 2001)

전체쪽수: 63

ISBN 89-4916-058-7

장르: 그림책(사실동화)

(2) 저자소개

러셀 호번(Russell Hoban)은 1925년 미국 펜실베이니아에서 태어났다. '필라델피아 뮤지엄 스쿨 오브 인더스트리얼 아트'를 졸업했고, 영화 스토리 보드 화가, 텔레비전 아트 디렉터, 일러스트레이터, 카피라이터 같은 다양한 일을 했다. 〈잘 자라, 프란시스〉, 〈프란시스는 잼만 좋아해〉에서 잠투정 부리 는 아이나 편식하는 아이가 스스로 자신의 버릇을 깨닫고 고쳐나갈 수 있도록 도와주는 이야기를 만들었던 러셀 호번과 릴리언 호번 부부의 그림책이다. 이 번에는 친구들과 사이좋게 지내는 비법을 알려준다.

편식, 새로 태어난 동생, 우정처럼 아이들이 성장 과정에서 한 번쯤 부딪히 는 문제들을 섬세하고 재치 있게 표현했으며, 성인책도 활발하게 쓰고 있다. 대표작으로 〈프란시스는 잼만 좋아해〉, 〈쥐와 아이(The Mouse and His Child)〉, 〈리들리 워커〉 등이 있다.

릴리언 호번(Lillian Hoban)은 1925년 미국에서 태어났다. '필라델피아 뮤 지엄 스쿨 오브 인더스트리얼 아트'를 졸업하고, 무용수로 잠시 활동했다. 리 얼리즘에 기반한 그의 그림은 연필 선 몇 개만으로도 대상의 표정과 감정을 풍부히 살려 낸다는 평을 받고 있으며, 남편 러셀 호번과 함께 작업한 〈프란 시스는 잼만 좋아해〉, 〈프란시스의 거래〉는 많은 사람들에게 사랑받았다.

(3) 줄거리

프란시스와 델마는 친한 친구이지만 프란시스는 늘 델마의 속임수에 넘어가곤 한다. 조심하라는 엄마의 말에 프란시스는 절대로 속지 않겠다고 결심하지만, 이번에도 영락없이 마찬가지이다. 프란시스는 갖고 싶어 하는 찻잔 세트를 사기 위해 모아두었던 돈을 델마에게 주고 델마의 헌 플라스틱 찻잔 세트를 산다. 곰곰히 생각해 보다가 자신이 속았다는 걸 깨닫는 프란시스, 하지만 무르지 않기로 이미 약속까지 한 터이다. 마침내 프란시스는 델마로부터 도자기 찻잔 세트를 얻어낼 묘수를 짜낸다. 그리고 계획은 멋지게 성공!

자기 위주로 생각하고, 친구랑 쉽게 말다툼하는 유아들에게 적당한 그림책이다. 무조건 참고 양보하고 사이좋게 지내야 한다는 가르침 대신 유쾌한 이야기를 통해 아이 스스로 나는 어떤 사람인가를 생각해 보게 한다.

(4) 글과 그림

유쾌한 이야기를 통해 나는 어떤 친구인가를 생각해 보게 한다. 색연필로 가늘고 연하게 채색한 그림은 유아가 직접 그린 것 같이 정감을 준다. 유아가 쉽게 그려보고 싶은 도전을 하도록 한다. 델마와 프란시스가 아주 많이 닮게 표현된 그림은 둘이 아주 단짝 친구인 것을 잘 나타내고 있다. 프란시스가 얄미운 델마를 혼내주는 순간 통쾌한 느낌도 준다.

끝부분에 프란시스가 남은 돈 천 원을 가지고 델마와 함께 풍선껌과 사탕을 사 먹는 모습은 방금 싸우고도 금방 아무 일도 없었단 듯이 넘어가는 유아들의 행동특성을 잘 나타내 주고 있어 유아들의 공감을 불러일으킬 것으로 보인다. 프란시스가 친구와의 우정을 해치지도 않고 슬기롭게 자신의 파란색 그림이 있는 도자기 찻잔을 되찾게 되는 기쁨을 맛보며, 아름다운 우정도 배우게 해 주는 책이다.

(5) 관련 질문 및 활동

☑ 관련 질문
① 전반적인 인식을 돕는 질문
- (책표지 그림을 보여주면서) 이 책 속에 어떤 이야기가 들어 있을 것 같으니?(책

을 읽어주기 전에 물어본다)

 - 프란시스와 델마는 평소 어떤 사이일까 ?

 - 프란시스 엄마는 델마에 대해 어떻게 생각할까? 왜 그런 생각을 하셨을까?

② 이해 및 고찰을 돕는 질문

 - 델마에게 속은 걸 알게 된 프란시스는 어떤 마음이 들었을까?

 - 델마가 도자기 찻잔세트를 다시 프란시스에게 갖다 줄 때 어떤 마음이었을까?

 - 프란시스가 자신의 찻잔세트를 글로리아에게 보여주었을 때 어떤 마음이었을까?

③ 기존의 해결방법에 대한 다각적인 평가와 새로운 접근을 시도해 보는 질문

 - 프란시스가 자신이 속은 것 알고 당장 도자기 찻잔세트를 들고 델마에게 달려가 무르자고 했다면 프란시스와 델마는 어떤 사이가 되었을까?

 - 프란시스가 갖고 싶어 하던 도자기 찻잔세트를 델마가 그냥 주겠다고 하였다면 프란스시는 어떻게 하였을까?

④ 자기적용을 돕는 질문

 - 너도 다른 사람에게 "너 정말 이러기야?" 하고 말하고 싶었던 적이 있었니?

 - 네가 친구를 속여 친구를 속상하게 했던 적이 있었니? 친구의 마음이 어땠을까?

◉ 관련 활동

① 등장인물에게 편지쓰기

 - 프란시스, 델마, 엄마에게 편지 써 보기, 각각의 사람에게 해 주고 싶은 이야기를 편지로 써 보도록 한다.

② 동극하기

 - 등장인물: 프란시스, 델마, 엄마, 동생 글로리아, 가게 주인

 - 배역을 정하고, 주된 대사를 다시 한 번 들려준 다음 동극하기

 - 동극을 하고 나서 자신이 맡았던 역할의 등장인물에 대하여 어떤 느낌이 들었는지 이야기해 보기

③ 동시짓기

 - 제목 〈너, 정말 이러기야?〉

 > 예 나랑 놀기로 한 친구가 다른 친구랑만 놀고 나랑 안 놀아 주어서 속상한 마음이 들었다고 생각하면서 동시를 지어보자.

(6) 연관주제

　　친구삼기(아름다운 우정 쌓기)

 　크릭터

(1) 기본정보

　　저자: 토미 웅거러 글, 그림/장미란 역

　　출판사: 시공사(원작: 1973, 한국판: 1996)

　　전체쪽수: 36

　　ISBN 89-7259-271-4

　　장르: 그림책(환상동화)

(2) 저자소개

　토미 웅거러(Tomi Ungerer)는 1931년 스트라스부르크에서 태어났다. 그때의 스트라스부르크는 제2차 세계 대전으로 인한 폭격과 독일군의 알사스 지방 점령으로 매우 혼란스럽고 위험한 곳이었다. 웅거러는 그곳에서 가난과 죽음의 그림자 속에서 어린 시절을 보냈다. 또한 그는 지하실에서 3개월 정도 산적이 있는데 이 때에 그가 보고 느낀 점은 너무나 많았다고 한다. 섬뜩하고 무서운 것을 좋아하는 그의 취향은 이때의 경험에 뿌리를 두고 있다. 전쟁이 끝나자 그는 유럽여행을 떠났다. 돈이 떨어지면 잡일을 하거나, 그림을 그리고, 그래픽 디자인도 해서 돈을 벌었다.

　웅거러는 1956년 미국 뉴욕으로 이민을 갔다. 처음에는 스포츠 일러스트레이터로 일을 하게 되었으나 1957년 〈멜롭스 하늘을 날다〉를 시작으로 그림책 작가로 활동하게 되었고, 〈크릭터〉로 유명해졌다. 그는 뱀, 악어, 낙지, 박쥐, 강도처럼 외형적으로 볼품없으며 악이나 부도덕을 연상시키는 대상을 등장인물로 등장시킴으로써 기성사회의 선입견을 뛰어넘는 새로운 이미지를 창출해낸다. 또한 절제된 이미지를 보여주는 작품과 등골을 오싹하게 하는 놀라운 상상력을 발휘하고 있다. 이러한 치밀한 풍자가 어른들에게는 섬뜩함을 주지만 아이들에게는 즐겁고 밝은 웃음을 주어 현대 그림책 작가 중 최고의 한 사람으로 평가받는 데 큰 몫을 하고 있다.

(3) 줄거리

뤼즈 보도 할머니의 아들은 아프리카에서 파충류를 연구하고 있다. 아들은 할머니의 생일선물로 보아뱀을 보내온다. 할머니는 그 뱀 이름을 크릭터라 부르고, 엄마처럼 정성껏 보살펴준다. 그 덕분에 크릭터는 점점 자라 길어지고 힘도 세진다. 우유를 주고 기다란 스웨터도 짜주는 할머니 곁에서 사랑을 받고, 할머니께 도움도 주며 생활하던 크릭터는 어느 날 할머니를 따라 학교에 간다. 그 곳에서 크릭터는 자기 몸으로 알파벳과 숫자모양을 만들며 공부도 하고 친구들이랑 놀이도 하여 사람들에게 도움을 주는 뱀이 된다.

그러던 어느 날 보도 할머니 집에 도둑이 들자 크릭터가 용감하게 달려들어 도둑을 잡는다. 이 일로 크릭터는 멋진 훈장을 받게 되고, 시에서는 '크릭터 공원'을 짓는다. 어떤 조각가는 크릭터에게 감동을 받아 크릭터 동상을 만들어 세운다.

(4) 글과 그림

어린 마음에도 뱀은 징그럽고 나쁜 동물이라는 생각이 뇌리에 박혀 있기 쉬운데 주인공 크릭터를 아이들에게 친근하고 귀여운 동물로 느끼도록 하는 점이 이 책의 장점인 것 같다. 크릭터는 뱀이 할 수 있는 갖가지 선행과 실제 어린이가 해야 할 여러 책임과 의무를 수행한다. 그리고 자기 몸을 아끼지 않고 다른 사람을 위해 용감히 악에 맞서는 미덕까지 갖추었다. 또 옷을 짜는 할머니께 책을 받쳐주는 크릭터, 매듭 묶는 법을 가르쳐 주는 크릭터 등 크릭터의 선행을 표현하는 데도 기발한 상상력이 포함되어 있다.

밑그림과 배경을 매우 절제하여 표현함으로써 중요 부분으로 시선을 집중시키고 글과 그림이 잘 어울린다는 느낌을 준다. 등장인물 또한 꼭 필요한 사람들만 그렸고 중요하지 않은 사람은 1인 3역까지 하도록 표현하고 있는 것을 볼 수 있다. 그 한 예가, 우체부 아저씨(6쪽)와 동물원 아저씨(8쪽), 교통경찰 아저씨(12쪽)가 똑같은 모습을 하고 있는 것이다. 또한 전체적인 색조는 검정과 초록이 주를 이루고 있으나 가끔 붉은 색이 나오기도 한다. 그러나 색이 시선을 집중시키지는 않으므로 이야기가 진솔하게 느껴져 나 아닌 다른 사람과 사물에 대해 진지하고 소중히 여기는 마음을 갖게 해 준다. 구불구불하게 장식한 크릭터 몸의 선은 크릭터를 더욱 친근감 있게 해 준다.

(5) 관련 질문 및 활동

☑ 관련 질문

① 전반적인 인식을 돕는 질문
- 〈크릭터〉를 읽으니 어떤 생각이 드니?
- 크릭터에게 해 주고 싶은 말이 있니?

② 이해 및 고찰을 돕는 질문
- 할머니는 왜 그렇게 크릭터를 정성껏 보살폈을까?
- 크릭터가 점점 커가면서 할머니를 잘 따르게 된 이유는 무엇일까?

③ 기존의 해결방법에 대한 다각적인 평가와 새로운 접근을 시도해 보는 질문
- 만약 할머니가 크릭터를 징그러운 뱀이라고 생각하고 돌보지 않았다면 크릭터는 어떤 마음이 들었고, 어떻게 살아갔을까?
- 만약 크릭터가 할머니를 거부하고 집을 나갔다면 할머니의 마음은 어땠을까?
- 할머니가 데리고 간 학교에서 친구들이 모두 크릭터를 무서워하며 도망쳤다면 크릭터의 마음이 어땠을까?

④ 자기적용을 돕는 질문
- 만약 네가 크릭터라면 할머니가 정성껏 보살펴 줄 때 어떤 마음이 들었겠니?
- 할머니가 크릭터를 보살펴주는 것 같이 너를 보살펴 주시는 분이 있다는 것을 생각해 본 적이 있었니?
- 크릭터가 처음 학교에 갔을 때처럼 너도 처음 가본 곳에서 주변 사람들에게 어떻게 대하고 싶니?

◈ 관련 활동

① 크릭터에게 편지 쓰기
- 크릭터에 대해 어떻게 생각하고 있는지 편지를 써 보게 한다.

② 크릭터 실뜨기
준비물: 실뜨기용 실, 흰 도화지
- 실뜨기용 실로 크릭터 그림책에서 크릭터가 보여 주었던 모양을 도화지에 만들어 보기

 할머니에게 안겨 우유 먹는 모습

할머니 뒤를 따라 시장 갈 때 모습

할머니가 스웨터를 짤 때 할머니가 읽을 수 있도록 책을 받치고 있는 모습

크릭터 몸으로 알파벳과 숫자 모양을 만든 모습

– 그밖에 내가 크릭터라면 사람들을 위해 해 줄 수 있는 일을 이야기해 보고 굵은 색실로 그 모습을 만들어 보기

③ 나와 크릭터 비교해 보기

준비물: 종합장

– 종합장에 크릭터와 내가 잘할 수 있는 장점을 찾아 적어보기(또는 그림으로)

– 종합장에 크릭터와 내가 힘을 합쳐서 해 볼 수 있는 일을 찾아 적어보기(그림으로)

(6) 연관주제

친구삼기(아름다운 우정 쌓기)

초등학교 저학년 어린이

🐟 새 친구가 이사 왔어요

(1) 기본정보

저자: 레아 골드버그 글/ 슈무엘 카츠 그림/박미영 역

출판사: 중앙 M&B(원작: 1972, 한국판: 1999)

전체쪽수: 56

ISBN 89-8375-207-6

장르: 그림책(환상동화)

(2) 저자소개

1931년 리투아니아에서 태어난 레아 골드버그(Lea Goldberg)는 이스라엘의 위대한 시인이자 아동문학가이다. 소설가, 연극 평론가, 문학 교수로도 활동했던 그는 1970년 세상을 떠난 후, 그 업적을 인정받아 이스라엘 문학상을 받았다. 저서로는 우리 어린이들에게 익숙한 〈새 친구가 이사 왔어요〉가 있다.

(3) 줄거리

한 5층짜리 건물에는 1층에 암탉, 2층에 뻐꾸기, 3층에 고양이, 4층에 다람쥐, 5층에 생쥐가 살고 있었다. 그러다 어느날 갑자기 생쥐가 사라진다. 나머지 식구들은 생쥐가 살던 5층에 다른 식구를 들이려 한다. 개미, 토끼, 돼지 등 여러 동물들이 그 집을 보러 찾아왔지만 그 집에 살고 있는 다른 동물들의 단점을 들추며 이웃들이 마음에 안 들어 살 수 없다고 가 버린다.

하지만 그들 중 비둘기는 이웃 동물들의 장점을 찾아내며 함께 살고 싶다고 한다. 비둘기는 이웃들이 마음에 들어서 방이 좁아도 부엌이 좁아도 이 집에서 살고 싶다고 한다. 비둘기는 암탉은 볏이 아름답고, 뻐꾸기는 예쁘게 생겼고, 그리고 검은 고양이는 깔끔해서 좋고, 끝으로 다람쥐에게는 열심히 호두까는 모습이 멋있다고 하며 이렇게 좋은 이웃과 함께 살고 싶다고 이야기한다.

(4) 글과 그림

이스라엘에서 가장 인기 있는 고전으로 평가받고 있는 세 편의 이야기가 소개된 책이다. 남의 단점보다는 장점을 볼 줄 아는 눈과 마음을 엿볼 수 있으며, 다른 이들과 더불어 사는 지혜를 엿볼 수 있다. 페이지마다 색을 달리해서 환상적인 분위기를 보여주고 있고, 등장하는 가축과 동물들은 간결하게 표현하고 있다. 글의 내용과 짜임새에 비해 상황에 따른 동물들의 표정을 세밀하게 드러내지 못한 아쉬움이 있고, 내용을 고려하여 좀더 따뜻한 분위기로 표현했으면 좋았으리라 생각된다. 이웃과 더불어 살아가기 위해서 어떤 태도를 가져야 하는지를 배울 수 있는 이야기다.

(5) 관련 질문 및 활동

☑ 관련 질문

① 전반적인 인식을 돕는 질문

- 이 책을 읽고 가장 생각나는 것은 무엇이니?
- 등장하는 동물이나 곤충 중에서 가장 큰 것과 가장 작은 것은 무엇이니?
- 여러 동물, 곤충이 와서 이야기를 하고 갔는데 네가 보기에 가장 마음에 들지 않는 동물이나 곤충은 누구이며, 이유는 무엇이니?

- 여기에 나오는 주인공들을 실제로 본 적이 있니?

② **이해 및 고찰을 돕는 질문**
- 암탉이 개미의 이야기를 들었을 때 어떤 생각이 들었을까?
- 비둘기가 이웃에게 장점을 들어 이야기해 주었을 때 이웃들은 어떤 생각이 들었을까?

③ **기존의 해결방법에 대한 다각적인 평가와 새로운 접근을 시도해 보게 하는 질문**
- 비록 네가 그 집에 살지 않더라도 살고 싶지 않은 이유를 어떻게 표현하면 좋겠니?
- 모든 이웃(암탉, 뻐꾸기, 고양이, 다람쥐)들의 장점을 찾아보자.

④ **자기적용을 돕는 질문**
- 다른 사람과 이야기할 때 배워야 할 중요한 점은 무엇이니?
- 네가 만약 이곳에서 산다면 어떤 이웃과 살고 싶니?
- 네가 이사를 한다면 가장 중요하게 생각하는 조건은 무엇이니?
- 좋은 집이란 어떤 집이라고 생각되니?

⊗ **관련 활동**

① **그림활동 생각해 보기**
- 내가 살고 싶은 곳은 어디이며, 누구와 함께 살고 싶은가에 대해 이야기 나눈다.
- 누구와 가장 좋은(나쁜) 관계를 맺고 있는지 이야기 나누어 본다.

② **종이로 만든 5층집**
  준비물: 골판지나 두꺼운 종이, 풀, 가위, 자
- 5층까지 지으려면 기초공사를 튼튼히 해야 함을 미리 이야기한다.
- 다섯 개의 종이 상자를 준비한다(크기가 다른 것으로).
- 큰 것부터 밑에서 시작하며 겹쳐지게 놓는다(8개의 꼭짓점이 생기도록).
- 문은 중앙에 직사각형을 그려 만들고 가운데를 자른 후 위아래를 잘라 양쪽으로 벌린다.

③ **동시 짓기**
- 우리집(아파트, 단독주택, 우리동네)이라는 제목으로 동시 지어보기
- 현재 살고 있는 집에 대한 이야기를 나눈 다음 동시를 지어본다.
- 앞으로 살고 싶은 집에 대한 이야기를 나눈 다음 동시를 지어본다.

(6) 연관주제

가족(일반 가족), 친구삼기(새로운 환경에서 친구 사귀기)

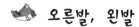 **오른발, 왼발**

(1) 기본정보

저자: 토미 드 파올라 글, 그림/정해왕 역

출판사: 비룡소(원작: 1980, 한국판: 2000)

전체쪽수: 48

ISBN 89-491-1034-2 77840

장르: 그림책(사실동화)

(2) 저자소개

토미 드 파올라(Tomie de Paola)는 미국 코네티컷 주 메리든에서 태어나 프랫 인스티튜트에서 미술과 공예 부문 석사학위를, 캘리포니아 미술대학에서 역시 같은 부문 박사학위를 받았다. 어린이책 북 아티스트이자 작가이며, 지금은 뉴잉글랜드 대학에서 미술과 극장 예술을 강의하고 있다. 지은 책으로 〈위층 나나와 아래층 나나〉, 〈기사와 용〉 등이 있다. 〈마법사 노나 할머니〉로 1976년 칼데콧 명예상을 받았다.

(3) 줄거리

보비는 할아버지와 매우 사이가 좋다. 할아버지는 보비가 어렸을 때 걸음마를 가르쳐 주었고 함께 많은 놀이도 해 왔다. 둘은 블록 쌓기를 무척이나 좋아한다. 둘은 서른 두 개의 블록을 마지막까지 쌓아 성공할 때도 있지만, 할아버지의 재채기 때문에 하나를 남겨두고 무너지는 경우도 많다. 보비는 할아버지가 자기의 걸음걸이를 어떻게 가르쳐 주셨는지 참으로 궁금해서 묻기도 한다.

보비의 다섯 번째 생일날 두 사람은 놀이동산에서 여러 가지 놀이기구도 타고 아이스크림, 사진 촬영, 불꽃놀이 구경들을 하고 돌아오는 길에 할아버지는 어떻게 걸음마를 가르쳤는지 이야기해 준다. 오른발 왼발하며 따라서 하도록 했다는 것이다. 이날 이후 할아버지는 병원에 입원하게 된다. 뇌졸중이라 한다. 식구들은 아무도 알아보지 못하는 할아버지를 보며 보비에게 이제는 할아버지와 옛날처럼 놀 수 없을 거라고 걱정한다. 그러나 보비는 전에 할아버지와 함께 했던 것들을 하나하나 해 가며 할아버지에게 받았던 도움을 고스란히 돌려준다. 이러한 보비의 행동은 할아버지의 회복에 도움을 주어 보비의 여섯 번째 생일에는 같이 블록 쌓기도 하며, 할아버지에게 보비가 오래 전에 배웠던 것처럼 오른발 왼발을 따라하게 하여 함께 걷기 시작한다.

(4) 글과 그림

소박하고 단순하게 그려진 그림이다. 차분하고 화려하지 않아서 이야기를 자연스러운 발걸음처럼 조용히 인도하고 있다. 미술공예 박사이기도 한 저자의 그림에는 화려함이 전혀 없다. 모나지 않은 둥근 선, 마치 동양의 수묵담채화를 보는 느낌이 우리를 다음 장으로 넘기도록 인도한다.

지금의 내가 있기까지의 가족관계를 생각나게 하는 그림책이다. 어린이들로 하여금 우리 할아버지는 나에게 어떻게 걸음마를 가르쳤을까를 생각해 보게 한다.

(5) 관련 질문 및 활동

　　☒ 관련 질문

　　① 전반적인 인식을 돕는 질문

　　　- 이 책을 읽고 나니 어떤 생각이 드니?

　　　- 이 책에 나오는 주인공 보비처럼 할아버지와 함께 살아 본 적이 있었니?

　　　- 이 책에서 가장 좋았던 장면(부분)은 어디니?

　　② 이해 및 고찰을 돕는 질문

　　　- 이 이야기와 비슷한 이야기의 그림책을 본 적이 있었니?

　　　- 할아버지 하면 너는 주로 어떤 생각이 떠오르니?

　　　- 할아버지와 함께 놀아본 기억이 있니? 있다면 무엇을 하고 놀았니?

　　③ 기존의 해결방법에 대한 다각적인 평가와 새로운 접근을 시도해 보게 하는 질문

- 보비에게 할아버지가 없었다면 걸음마를 어떻게 배웠을까?

- 네가 할아버지라면 어떤 식으로 걸음마를 가르쳐 주었을까?

- 할아버지와 함께 놀기에 좋은 놀이는 무엇이 있을까?

④ 자기적용을 돕는 질문

- 너는 할아버지와 무엇을 함께 해 본 적이 있니?

- 이 책에 나오는 할아버지처럼 아플 경우 너는 무엇을 할 수 있을까?

- 할아버지께 전화 드린 적이 있니? 얼마나 자주 전화를 드리니?

- 할아버지께 편지 보내는 것도 좋은 사랑의 표현이야. 편지를 보낸 적이 있니?

◇ 관련 활동

① 인터뷰하기

준비물: 녹음기, 사진, 메모지, 연필 등

- 할아버지에 대해서 알아보기

  예 언제 태어났나, 가보고 싶은 곳은? 해 보고 싶은 일은? 어떤 음식을 좋아하는지? 소원이 있다면? 젊었을 때 가장 잘했던 운동은? 가장 기억에 남는 여행이 있다면? 즐겨 부르는 노래? 재미있는 습관? 좋아하는 색깔 등

- 제일 기억에 남는 것이 무엇인지 알아보고 가족신문 기사로 작성해 보기

② 소식을 전해요

준비물: 편지지, 편지봉투, 우표, 풀, 주소, 우편번호, 연필, 지우개 등

- 가족에게 편지나 전화로 안부를 묻거나 소식을 전해드리기

- 편지를 보내는 것이 힘은 들지만 더욱 큰 기쁨을 줄 수 있다는 것을 알려준다.

③ 추억 만들기

준비물: 사진, 액자 프레임, 칼이나 가위

- 할아버지와 추억 만들기

  명절 때나 가족이 함께 할 때 할아버지와 단 둘이서 사진을 찍어 작은 액자에 담아둔다.

(6) 연관주제

가족(일반 가족)

초등학교 고학년 어린이

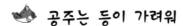 **공주는 등이 가려워**

(1) 기본정보

저자: 수지 모르겐스턴 글/세르주 블로흐
　　　그림/이은민 역
출판사: 비룡소(원작: 1992, 한국판: 1997)
전체쪽수: 36
ISBN 89-491-6031-5
장르: 환상동화

(2) 저자소개

수지 모르겐스턴(Susie Morgenstern)은 1945년 미국 뉴저지에서 태어났다. 프랑스 수학자인 남편과 결혼하면서 프랑스 남부의 니스에 정착하여 박사 학위를 취득한 후 대학에서 비교 문학을 가르치고 있다. 두 딸을 낳아 기르면서 어린이 문학에 관심을 갖기 시작한 그녀는 지금까지 40여 권의 어린이, 청소년 소설을 발표하였으며 수많은 문학상을 수상하였다.

세르주 블로흐(Serge Bloch)는 1956년 프랑스 콜마르에서 태어났다. 스트라스브르의 장식 미술 학교에서 공부했고, 지금은 바이아르 출판사의 「아스트라피」 잡지의 편집장으로 활동하고 있다. 틈틈이 어린이와 어른을 위한 그림을 그리고 있으며, 특히 유머가 풍부한 그림을 좋아한다. 〈공주도 학교에 가야 한다〉 등의 작품에 그림을 그렸다.

(3) 줄거리

도리춰 공주는 자기 방에서 책읽기를 무척 좋아한다. 어느 날 책을 읽던 공주는 모기에게 등을 물려 등 한복판이 미칠 듯이 가려워진다. 하지만 오른손도 왼손도 그 자리에 닿지 않자 결혼을 생각하고 있던 공주는 가려운 등을 긁어 줄 수 있는 왕자와 결혼하기로 한다. 잘생긴 왕자, 지적인 왕자, 시인 왕자, 공학 박사 왕자 등 여러 왕자를 만나지만 아무도 공주의 등을 시원하게 긁어 주는 왕자가 없다. 그러다 공주는 서점에서 별로 뛰어난 재주도 없는 평범한 또또 왕자를 만나게 된다. 도리취 공주는 왕자와 함께 시간을 보내다 결혼을 한다. 또또 왕자는 도리취 공주의 등을 아주 정성껏 긁어 주었던 것이다.

(4) 글과 그림

이 글은 가려운 등을 긁어줄 왕자를 찾는 공주의 이야기이다. 여기서 등을 긁어 준다는 것은 외현적으로 등을 긁어 준다기보다 서로에게 필요한 일을 정성을 다해 해 주고자 하는 배려의 마음을 의미하는 것이다. 공주는 가려운 등을 긁어 달라고 여러 왕자들에게 부탁을 하지만 전문적인 능력을 가지고 있다고 하는 박사, 시인, 의사, 법률가 등등의 왕자들은 자신의 능력만을 드러내려고 하지 상대방이 필요로 하는 것이 무엇인가에 대해서는 무관심하다. 작가는 사람이 함께 살아가는 데 있어서 등을 긁어 주는 것과 같은 단순한 것일지라도 남을 배려해 준다는 것이 그 사람을 얼마나 행복하게 해 줄 수 있는가를 상징적이고 유머러스하게 표현하고 있다. 이 이야기는 상대방이 필요로 하는 것들을 찾아보고 그에 대한 배려를 해 줌으로써 그 사람에게 수용되고 새로운 인간관계를 형성할 수 있다는 것을 보여주고 있다.

이야기 속의 삽화는 그다지 많은 부분을 차지하고 있지 않다. 흑백의 선으로만 표현한 그림으로서 이야기의 내용에 걸맞게 유머러스한 곡선을 사용하면서도 구체적이고 자세하게 묘사하지 않고 간략하게 표현하여 독자로 하여금 등장인물에 대해 생각해 보게 하는 여운을 남기고 있다.

(5) 관련 질문 및 활동

☑ 관련 질문

① 전반적인 인식을 돕는 질문

　- 공주가 등을 긁어달라고 했을 때 왕자들은 어떤 생각을 했을까?

　- 공주가 생각한 훌륭한 왕자와 보통 사람들이 생각하는 훌륭한 왕자는 무엇이 다른 것 같니?

② 이해 및 고찰을 돕는 질문
- 뤼시앙 왕자는 공주가 등을 긁어달라고 했을 때 왜 긁어 주지 못했을까?
- 공주는 왜 또또 왕자가 시인도 과학자도 아닌 보통 사람인데 결혼을 했을까?
- 다른 왕자들이 공주에게 거절당한 이유가 무엇일까?
- 공주가 정말 원한 것은 등을 긁어 주는 것이었을까? 다른 무엇이 있다면 그것은 무엇일까?

③ 기존의 해결방법에 대한 다각적인 평가와 새로운 접근을 시도해 보게 하는 질문
- 만약에 공주가 그레고르 왕자와 결혼을 했다면 어떻게 되었을까?

④ 자기적용을 돕는 질문
- 공주와 결혼하지 못한 왕자들 가운데서 너와 닮은 사람이 있니? 어떤 점이 닮았니?
- 너도 함께 책을 읽고 이야기를 나누면 행복한 사람이 있니? 있다면 그 사람과 함께 있는 것이 왜 행복한 것일까?
- 너도 누가 너를 위해 어떤 일을 해 주었기 때문에 행복했던 적이 있었니?
  그 사람은 어떤 마음으로 그 일을 해 주었을까?
  너도 누구를 행복하게 해 주기 위해 노력한 적이 있니?

⊙ 관련 활동

① 도와줄 수 있어요
- 활동 대상 어린이를 둘러싸고 있는 성인이나 친구, 선생님, 동네분들, 친척 등 주변 인물들을 종이에 써 본다.
- 그들에 대해 어린이가 알고 있는 성격이나 특성, 현재 처한 상황, 그들이 좋아하는 것, 싫어하는 것 등에 대해 이야기를 나눈다(이는 어린이들이 자신의 주변인물에 관심을 갖도록 자극하기 위한 것이다).
- 대상 어린이가 그들에게 도움을 주거나 배려해 줄 수 있는 것들이 무엇이 있는지 찾아보고 실천해 보도록 격려한다.

② 공주가 청혼을 거절한 이유 분석표 만들기
준비물: 작은 수첩
- 공주와 결혼하려고 찾아왔으나 실패한 왕자들의 이름을 수첩에 적어둔다.
  수첩의 한 페이지에 한 사람씩 적는다.
- 공주는 각 왕자들의 어떤 모습을 보고 결혼하기를 싫어했는지 적어본다.

- 각 왕자들이 공주와 결혼하기 위해서는 어떤 점을 고쳐야 하는가를 생각하고 적어본다.
- 각 왕자들이 가지고 있는 모습과 나의 모습이 닮은 점은 없는지 이야기 나누어 본다.

(6) 연관주제

친구삼기(아름다운 우정 쌓기)

🐋 옆집 할머니는 마귀할멈

(1) 기본정보

저자: 제임스 하우 글/멜리사 스위트
　　　그림/김영진 역
출판사: 시공주니어(원작: 1991, 한국판: 1998)
전체쪽수: 53
ISBN 89-7259-601-9
장르: 사실동화

(2) 저자소개

제임스 하우(James Howe)는 1946년에 태어났다. 어렸을 때 말을 타는 기수가 되고 싶었으나 키가 커서 그 꿈을 포기하고 어머니의 제안에 따라 글을 쓰기 시작했다. 아홉 살 때 이미 희곡을 썼고, 그 후로 계속 희곡 작업과 함께 무대에 오르며 직접 연출을 하기도 했다. 그는 1970년대 중반에 드라큘라를 다룬 영화를 보다가 영감을 얻어, 흡혈귀 토끼를 주인공으로 처음 어린이 책을 썼다. 〈곰인형의 스크랩북〉, 〈병원 이야기〉 등의 작품이 성공을 거두면서 본격적으로 어린이 책을 쓰기 시작했다. 그의 글에는 따뜻한 인간미와 함께 스스로 '독자들에게 줄 수 있는 가장 소중한 선물'이라고 표현한 유머가 가득하다. 작품으로는 〈흡혈귀 토끼〉, 〈곰인형의 스크랩북〉, 〈침대 밑에 괴물이 있어요〉, 〈핑키와 렉스 시리즈〉 등이 있다.

멜리사 스위트(Meelissa Sweet)는 뉴저지 주에 있는 위코프에서 태어나 시티 미술 대학에서 미술을 공부하였다. 요즘은 어린이 책과 카드 일러스트레이터로서 활발하게 활동하고 있다.

(3) 줄거리

핑키와 렉스, 아만다는 이웃에 사는 모건 할머니를 마귀할멈이라고 부른다. 왜냐하면 놀다가 할머니 집으로 넘어간 공을 집어오려고 하면 할머니는 빗자루를 들고 때릴 듯이 달려나오기 때문이다. 할머니는 이웃과는 거리를 둔 채 혼자 조용히 살고 있다. 그러다가 자기 집 정원에 아이들이 들어오려고 하면 마귀처럼 돌변한다. 핑키와 렉스, 아만다는 할머니를 골려줄 방법으로 할머니의 우체통에 끈끈이풀을 뿌려놓기로 한다. 드디어 작전 개시일. 핑키는 할머니집으로 몰래 들어가 우체통에 끈끈이풀을 뿌리려는 순간 창문 너머로 멍하니 허공을 바라보고 있는 할머니를 발견하고는 그냥 돌아온다. 그 날 저녁 핑키는 아빠와 쿠키를 구우며 할머니에 대해 이야기한다. 아빠는 할머니가 오랫동안 혼자 살았기 때문에 사람을 사랑하는 방법을 잊어버린 것 같다고 이야기해 준다. 다음날 핑키는 아빠와 구운 쿠키를 할머니께 가져다 드린다. 그 후 할머니는 공을 주우러 정원에 들어가도 아이들을 쫓아내지 않게 된다.

(4) 글과 그림

이 이야기는 매우 짧게 구성되어 있지만 사람들이 서로에게 관심을 가지면서 사랑을 나눈다는 것이 얼마나 중요하며, 그것이 사람들의 살아가는 태도를 어떻게 바꾸게 하는지를 보여주고 있다. 오랫동안 혼자 살아온 할머니는 사람들을 귀찮아한다. 특히 아이들을. 그러면서 할머니는 사람들과 관계맺는 방법을 잊어버리게 되고 맺고 싶어 하지도 않으면서 살아간다. 그러나 핑키가 건네준 여섯 개의 쿠키는 할머니로 하여금 사람들과 함께 산다는 것과 서로에게 관심을 가지고 이해하면서 살아가는 것이 얼마나 소중한 것인지를 일깨워 준다. 자신을 거부하는 사람에게 복수 대신에 관심과 사랑을 표현한다는 것이 상대와 자신에게 어떤 결과를 가져올 수 있는가를 작은 에피소드를 통해 보여주는 아주 좋은 책이다. 하찮은 쿠키 여섯 개가 오랫동안 세상으로부터 고립되었던 할머니를 세상 속으로 나오게 하는 아주 큰 선물이 되었

듯이. 이 책은 어린이들에게 다른 사람의 입장에 서서 문제를 보고, 그 입장
에서 가장 바람직한 해결방법을 모색해 보도록 하여 다른 사람을 수용하는
마음을 갖게 하려 할 때 사용하기 좋은 책이다.

　이야기 속의 그림은 아주 밝은 원색을 사용하여 발랄하고 생동감 넘치는
어린이들의 세계를 표현하고 있다. 원색을 사용하였으면서도 화려하거나 유
치하지 않게 엷은 담채화로 처리하였고 이로 인해 환하고 맑은 느낌을 준다.
등장인물인 핑키와 렉스, 아만다의 순수함과 사랑을 나눌 줄 아는 맑은 마음
을 소재로 하는 이 이야기의 주제에 잘 어울리는 그림이라 생각된다.

(5) 관련 질문 및 활동

　☒ 관련 질문

　① 전반적인 인식을 돕는 질문
　　- 네 주위에도 이런 할머니 같은 사람이 있니?

　② 이해 및 고찰을 돕는 질문
　　- 아이들은 왜 할머니를 마귀할멈이라고 불렀니?
　　- 할머니는 쿠키를 선물로 받은 후에 아이들이 공을 주우러 와도 그냥 두었어. 할
　　　머니가 아이들을 보는 마음이 어떻게, 왜 바뀌었을까?
　　- 핑키는 왜 다음번에 할머니가 고맙다는 말을 하실 거라고 생각했니?

　③ 기존의 해결방법에 대한 다각적인 평가와 새로운 접근을 시도해 보는 질문
　　- 만약에 핑키가 할머니의 우체통에 끈끈이풀을 뿌렸다면 어떻게 되었을까?
　　- 만약에 핑키가 혼자서 멍하니 허공을 바라보는 할머니를 바라보지 못했다면 어
　　　떻게 되었을까?
　　- 핑키가 할머니에게 쿠키를 선물하지 않았다면 어떻게 되었을까?

　④ 자기적용을 돕는 질문
　　- 너도 남의 입장에서 생각해 본 적이 있니? 네 입장에서 볼 때와 그 사람 입장에
　　　서 볼 때 생각이 어떻게 달라지니?
　　- 너도 미워하는 사람에게 복수를 하기보다는 사랑과 관심을 보여준 적이 있니?
　　　복수를 하려고 할 때와 미워하는 사람에게 사랑과 관심을 보여줄 때 네 마음은
　　　어떻게 다른 것 같니? 복수할 때와 사랑을 줄 때 중에 언제 네 마음이 편하고 행
　　　복하니?
　　- 네가 복수 대신 사랑과 관심을 줄 때 그 사람의 태도는 어떻게 달라졌니? 왜 그

렇게 달라진 것 같니? 그 사람은 어떤 마음으로 그 일을 해 주었을까?

- 너를 좋아하지 않는 사람이 있니? 그 사람은 왜 너를 좋아하지 않는 것 같으니?
그 사람과 사이좋게 지내기 위해 노력해 본 적이 있니?
그 사람과 잘 지내기 위해 어떻게 하면 좋을까?

⊗ 관련 활동

① 노력할 수 있어요

- 어린이를 둘러싸고 있는 성인이나 친구, 선생님, 동네 분들, 친척 등 주변 인물들 중 어린이가 싫어하는 사람의 이름을 종이에 써 본다(종이 한 장에 한 사람씩 쓴다).
- 그 사람들이 왜 싫은지 이유를 구체적으로 나열한다.
- 그 이유들이 그 사람이 가진 요인 때문인지 아니면 어린이 스스로의 문제인지 구체적으로 분석해 보게 한다(이때 여러 질문을 통해 어린이가 객관적으로 분석하도록 도와준다).
- 싫어하는 이유가 그 사람 때문이라면 단지 싫어하는 것이 아니라 그 사람으로 하여금 자신의 좋지 않은 태도와 행동을 고치도록 도와줄 수 있는 바람직한 방법이 무엇인지 찾아보게 하고, 어린이의 문제라면 어린이가 자신의 문제를 인식하도록 도와준다.
- 위에서 찾은 방법을 실행에 옮기도록 도와주고 그 결과에 대해 함께 평가하면서 여러 다른 방법을 적용해 보도록 격려한다.

② 주인공 할머니께 편지 쓰기

- 할머니께 할머니의 행동에 대해 어린이들이 어떻게 생각하고 있는지, 할머니가 어떻게 바뀌었으면 좋을지 편지를 써보게 한다.

③ 할머니의 일기

- 이야기의 각 사건이 있을 때 할머니가 일기를 쓴다면 어떻게 썼을지를 생각해 보고 할머니가 되어 일기를 써 보도록 한다.

  사건의 예: ~ 처음 아만다가 공을 찾으러 왔을 때 빗자루를 휘두르고 난 후
  ~ 두 번째 공을 찾으러 왔을 때 렉스가 공을 찾아 가면서 자신을 마귀할멈이라고 소리치며 간 후
  ~ 핑키가 쿠키를 선물로 주고 간 후
  ~ 마지막으로 아이들이 공을 다시 찾으러 왔을 때 바라보기만 한 후

④ 역할극 하기
- 갈등상황을 골라 그 상황에서 할머니와 아이들의 입장에서 역할극을 해 보게
  한다.

상황 1) 렉스는 씩씩거리며 잔디밭을 가로질러 걸어갔습니다. 그리고는 깊게 심호
흡을 하고서 모건 할머니네 정원에 성큼 발을 내디뎠습니다. 그런데...
"경고했을 텐데!" 바로 그 순간 모건 할머니의 고함 소리가 들려왔습니다.
모건 할머니는 눈 깜짝할 사이에 빗자루를 꼭 쥐고, 무섭게 계단을 뛰어
내려왔습니다. 그리고는 바로 렉스의 코 앞에서 찌를 듯이 빗자루를 마구
흔들어 댔습니다. "훠이 가라, 훠이 가." 모건 할머니의 눈에는 렉스가 성
가신 파리쯤으로 보이는 모양이었습니다. "어서 나가지 못해!" 렉스는 공
을 들고 도망치며 소리를 질렀습니다. "할머닌..."

상황 2) 핑키는 모건 할머니 댁 초인종을 눌렀습니다. 할머니는 현관문을 열더니
수상쩍다는 눈길로 핑키를 쳐다보았습니다. "도대체 무슨 일이냐?" 할머
니는 핑키를 잡아먹을 듯 노려보며 물었습니다. 그리고는 뒤에 서 있는
렉스와 아만다에게 눈길을 돌렸습니다. "분명히 경고 했을 텐데. 한 번만
더 내 집 정원에 발을 들여놓으면 경찰을 부르겠다고. 그럼 이제 그렇게
해야겠지!" 할머니가 막 현관 문을 닫으려는 순간이었습니다. 핑키는 꿀
꺽 침을 삼키고는 말을 꺼냈습니다. "할머니께 드리려고 쿠키를 가져왔어
요." 그 말에 모건 할머니는 물론, 렉스와 아만다까지 깜짝 놀랐습니다.

- 위의 상황을 읽어준 후 각자의 입장에서 어떤 행동과 말을 할지 생각해 보고 역
  할을 맡아 역할놀이를 해 본다.
- 자신이 맡은 역할을 했을 때 취한 행동과 대화에 대해 왜 그렇게 행동을 하고 말
  을 하게 되었는지 이야기해 보게 하고, 그 사람의 입장에 대해 변호해 보게 한다.

⑤ 법정 놀이
- 주인공들이 이야기 속에서 했던 행동을 문제 삼아 법정 놀이를 해 본다.
- 어린이들에게 재판관, 피고, 검사, 변호사의 역할을 맡게 하여 역할극 형태로
  한다.

예) 1) 피고가 할머니인 경우

검사 : "피고는 어린이는 물론 다른 사람에게 친절하지 못하고, 핑키와 렉스, 아만다
가 놀이를 하다가 공이 피고의 집으로 들어가 가져오려 할 때 빗자루를 들고
때리려고 하였다. 그 공은 어린이들의 것이고 실수로 피고의 집으로 들어간 것
이므로 당연히 어린이들이 가져가도록 해야 했다. 그러나 피고는 그렇지 않았
다. 이것은 잘못된 것이다. 그러므로 피고에게 유죄를 주어야 한다고 본다."

변호사 : "그렇지 않습니다....."(이후부터 각자의 역할을 맡은 어린이들이 각자의 역할 속에서 재판을 진행해 보도록 한다. 재판관은 판결을 하되 왜 그러한 판결을 내렸는가를 밝히도록 한다.)

📝 **2) 피고가 핑키인 경우**

검사 : '피고는 할머니 집에 들어가 할머니께 부탁을 드린 후 공을 찾아왔어야 했다. 그런데도 할머니가 피고를 야단치자 할머니께 할머니는 마귀할멈이라고 소리까지 질러 할머니를 마음 아프게 하였다. 이 점은 잘못된 것이다. 그러므로 피고에게 유죄를 내려야 한다."

변호사 : "그렇지 않습니다......"

(6) 연관주제

친구 삼기(아름다운 우정 쌓기, 친구가 없는 아이), 나와 다른 사람들에 대한 이해(정서적 특징 – 정서장애)

3. 성취감

어린이들이 자신에 대해 긍정적인 느낌을 갖기 위해서는 성취감을 느낄 수 있는 경험이 풍부해야 한다. 이러한 자조적 기술(self-help skill)은 옷입기, 밥먹기, 교실 정리하기와 같은 일상생활과 관련된 것뿐 아니라 학급에서 필요한 여러 가지 활동을 성공적으로 수행했을 때 발달하게 된다. 이러한 경험이 없는 어린이는 자신의 일을 수행하려 노력하지 않고, 또 수행하려고 시도를 해도 성공하기가 어렵다. 이를 도와주기 위해서는 성취를 어렵게 만드는 요소가 무엇인지를 인식하는 것이 필요하다. 따라서 성취감 형성을 도와주기 위해 사용되는 자료에는 이러한 요소들이 포함되어 있는 것이 좋다.

유아

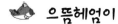 으뜸헤엄이

(1) 기본정보

저자: 레오 리오니 글, 그림/이명희 역

출판사: 마루벌(원작: 1968, 한국판: 1997)

전체쪽수: 32

ISBN 89-85675-67-2

장르: 그림책(사실동화)

(2) 저자소개

레오 리오니(Leo Lionni)는 1910년 네덜란드 암스테르담에서 태어났다. 어려서부터 그림에 재능이 있어 암스테르담 박물관에 전시된 유명 화가들의 그림을 따라 그리면서 놀기를 좋아했다. 이태리 제노바대학에서 경제학 박사학위를 받았다. 독학으로 그림과 디자인을 공부하여 미술활동을 하다가 나치의 박해로 1939년 미국으로 건너갔고, 1984년 인스티튜트 오브 그래픽아트 금메달을 수상하면서 어린이 책 작가, 디자이너, 조각가로 국제적인 명성을 얻었다.

그는 주로 개인과 개인, 개인과 공동체, 그리고 자기 인식이라는 주제에 대하여 개성적인 캐릭터를 창조하여 이야기를 전개해 나갔다. 작품으로는 〈으뜸헤엄이〉, 〈조금씩 조금씩〉, 〈프레드릭〉, 〈생쥐 알렉산드라와 태엽 장난감 쥐 윌리〉 등으로 칼데콧 명예상을 네 번이나 수상하여 세계적으로 인정받는 그림책 작가가 되었다. 그밖에 〈신기한 알〉, 〈내 꺼야!〉, 〈세상에서 제일 큰 집〉, 〈까마귀 여섯 마리〉, 〈티코와 황금날개〉 등이 있다.

(3) 줄거리

작고 새까만 '으뜸헤엄이'는 다랑어의 위험에서 혼자 살아남게 되어 바다 속으로 깊이 헤엄쳐 들어간다. 그는 무섭고 외롭고 몹시 슬펐다. 하지만 바다 속은 신기한 것들로 가득 차 있어 여기저기 구경하며 헤엄쳐 다니다 자기와 똑같은 작은 물고기 떼를 만난다. 그들은 큰 물고기가 두려워 자유롭게 헤엄 치지 못하고 숨어서 큰 물고기가 오지 않나 지키고 있다. 결국 작은 물고기들 은 으뜸헤엄이의 아이디어로 서로 힘을 합쳐 큰 물고기를 물리치고 넓은 바다 를 향해 헤엄치며 나간다.

(4) 글과 그림

〈으뜸헤엄이〉는 자기존중이 타인존중과 상호존중으로 발전하는 과정을 이 야기하고 있다. 환상적인 바다 속의 풍경들과 물고기들의 모습을 통해 생명 의 신비와 소중함을 깨닫게 하며, 작가 특유의 그림이 우정과 인간애를 잘 표현하고 있다. 으뜸헤엄이는 다른 물고기와 색깔이 다름에도 위축됨이 없이 당당할 뿐 아니라 두려움을 극복하려는 용기를 가지고 있었고, 나아가 쉽게 포기하지 않는 의지를 가지고 깊이 생각하여 해결책을 찾아 행동으로 옮기 는 실천력을 가지고 있다. 이러한 으뜸헤엄이의 정말 멋진 모습은 무엇이든 주저하고 새로 시도하기 어려워하는 유아들에게 큰 위안과 용기를 줄 것이 다. 어린이들로 하여금 '여럿이 힘을 합쳐서 어려움을 이겨내는' "협동"의 의미를 이야기 속에서 자연스럽게 배울 수 있게 하면서, 새롭고 낯선 일도 과감히 도전하면 성취할 수 있을 것이란 생각을 갖게 한다.

그림의 기법도 특이하다. 분위기가 다소 어수선하고 어둡지만 찍기의 기법 이 주는 느낌이 흔히 접하는 다른 그림책과 다르고, 특히 물풀 숲은 깊은 바다 속에서 물살에 하늘거리는 느낌이 그대로 전해지는 듯하다. 판화 또는 도장찍 기, 수채화 등 다양한 기법을 사용하여 표현한 그림은 환상적인 바다 속의 풍 경들과 물고기들의 모습을 보여주고 있어 생명의 신비와 소중함을 깨닫게 해 준다.

(5) 관련 질문 및 활동

☑ 관련 질문

① 전반적인 인식을 돕는 질문

　- 이 책을 읽고 가장 기억에 남는 장면은 어떤 것이니?

　- 빨간 물고기 떼가 으뜸헤엄이의 좋은 생각을 따라 모두가 협동하기로 하였을

때 너는 으뜸 헤엄이에 대해 어떤 마음이 들었니?

② **이해 및 고찰을 돕는 질문**

- 친구들을 모두 잃고 으뜸 헤엄이 혼자 살아남은 것을 보고 어떤 생각이 들었니?
- 으뜸헤엄이가 친구들과 힘을 모아 만든 커다란 물고기를 보고 큰 물고기들이 도망치는 모습을 보며 너는 어떤 마음이 들었니?

③ **기존의 해결방법에 대한 다각적인 평가와 새로운 접근을 시도해 보게 하는 질문**

- 숨어 있던 친구들이 으뜸헤엄이의 좋은 생각에 따르지 않았다면 어떤 일이 생겼을까?
- 큰 물고기들이 으뜸헤엄이와 친구들이 만든 커다란 물고기 모양을 보고 도망치지 않고 물고기 친구들에게 공격해 왔다면 어떤 일이 벌어졌을까?

④ **자기적용을 돕는 질문**

- 네가 만약 으뜸헤엄이라면 친구들을 모두 잃었을 때 어떻게 했겠니 ?
- 너에게 어려움이 있을 때 친구들이 모두 너를 믿고 도와주었던 일이 있었니? 언제 그런 도움을 받았니?
- 네 생각이 여러 사람들의 생각 중에서 가장 좋은 생각으로 뽑힌다면 네 기분이 어떨까?
- 으뜸헤엄이와 친구들처럼 힘을 합쳐 해내고 싶은 일이 있었니? 언제 그런 생각을 해 보았니?

관련 활동

① 모루 도장 찍기

준비물 : 여러 가지 물고기 모양의 모루도장, 물감, 도화지

- 도화지에 여러 가지 물고기 모양의 모루도장을 찍어 바다 속 물고기를 그려보고, 그중에서 으뜸헤엄이를 가려보고 이름 지어주기(예를 들어 힘센 헤엄이, 날쌘 헤엄이 등)
- 왜 이 물고기가 힘센 헤엄이(또는 날쌘 헤엄이) 라고 생각하니?
- 이 으뜸헤엄이는 친구들 중에 가장 뛰어난 점이 무엇이니?
- 네가 만약 이 물고기라면 친구들에게 어떤 일을 하고 싶니?

② 이야기 다시 짓기

준비물 : 작은 공책

- 네가 지은 이름의 물고기가 주인공이 된다.
- 다랑어에게 쫓겨 겨우 살아난 날쌘 헤엄이는 ~ (다음 장면의 이야기를 다시 지어보기
- 으뜸 헤엄이와 친구들에게 쫓겨난 [커다란 물고기]가 주인공이 되는 이야기 짓기
- (커다란 물고기의 여행) 이란 제목으로 이야기 짓기

③ 바다 속에서 제일 큰 물고기
- 내 몸으로 물고기를 만들 수 있는 방법을 찾아보기
- 손가락으로 물고기 모양 만들기, 손과 팔을 이용해 물고기 모양 만들기 – 온몸으로
- 두 명의 유아가 함께 물고기를 만든다면, 세 명, 다섯 명.... 점점 많은 유아가 하나의 물고기를 만들어 본다면
- 혼자서 할 수 없던 일 중에서 이렇게 큰 물고기가 되어 할 수 있게 되는 일은 무엇이 있을까 ?

(6) 연관주제

친구삼기(새로운 환경에서 친구 사귀기)

 나도 캠핑 갈 수 있어!

(1) 기본정보

저자: 하야시 아키코 글, 그림/엄기원 역
출판사: 한림(원작: 1984, 한국판: 2000)
전체쪽수: 104
ISBN 89-709-4307-2
장르: 그림책(사실동화)

(2) 저자소개

하야시 아키코(Akiko Hayashi)는 일본 도쿄에서 태어나 요코하마 국립대학 교육학부 미술과를 졸업했다. 잡지 「엄마의 친구」(후쿠잉칸쇼텐 발행) 등에 컷을 그리면서 그림책에 관해 공부하였고 현재 일본 도쿄에 살고 있다.

1980년 〈오늘은 무슨 날?〉로 제2회 그림책 일본상을 받았고, 1983년에는 〈목욕은 즐거워〉로 산케이 아동출판문화상 미술상, 1988년에 〈나도 캠핑 갈 수 있어!〉로 프랑스 그림책상, 1990년과 1992년에는 〈은지와 푹신이〉로 고단샤 출판문화상과 미국 Reading-Magic Awards에 각각 당선되었다.

그림책으로 〈순이와 어린 동생〉, 〈병원에 입원한 내 동생〉, 〈이슬이의 첫 심부름〉, 〈오늘은 소풍가는 날〉, 〈혼자 가지마〉, 〈달님 안녕〉, 〈손이 나왔네〉, 〈싹싹싹〉, 〈구두구두 걸어라〉, 〈열까지 셀 줄 아는 아기염소〉, 〈숲 속의 요술 물감〉, 〈숲 속의 나뭇잎 집〉, 〈숲 속의 숨바꼭질〉 외 다수가 있다.

(3) 줄거리

어린 소라가 이웃 언니인 윤지 언니와 그 밖의 여러 언니 오빠들과 함께 캠핑을 떠나는 이야기이다. 모두들 소라가 너무 어려서 캠핑을 갈 수 없을 거라고 하는데, 소라는 꿋꿋하게 무거운 배낭도 매고 밥 지을 나무도 해 오고 깜깜한 밤에 혼자서 쉬도 하면서 캠핑을 무사히 마친다. 작지만 다부진 소라, 그 옆에서 슬쩍 신경을 써주는 윤지 언니와 여러 오빠 언니들, 그리고 캠핑의 즐거움을 더욱 크게 만드는 아기자기한 에피소드들이 그림과 잘 어우러진다. 아이든 어른이든 '해냈다'는 성취감과 거기에 더해지는 자신감은 살아가는 데 없어서는 안 될 힘이 되는데, 아기가 처음 목을 가누고, 몸을 뒤집고, 앉고 기는 등 생명이 주어지면 하나씩 해낼 수 있고, 또 해내야 하는 것들은 무수하다.

이제 갓 영아기를 벗어나 4, 5세경이 되면 밥먹기, 옷입기, 양말신기 등 무엇이든 '내가 할 거야' '나도~ 나도~' 하며 해 보고 싶어 하거나, 언니나 오빠 등 바로 손위 형제가 하는 모든 것은 자신도 할 수 있다고 여기고 꼭 같이 해보려는 욕구를 강하게 나타내는 유아들이 공감하는 내용이다. 캠핑가고 싶어 할 만한 5세 유아에게 가장 흥미진진하겠지만 그보다 적은 나이의 유아들에게도 도움이 되는 내용이다.

(4) 글과 그림

더불어 사는 것, 도와주고 도움을 받고, 그렇게 배우고 느끼며 한걸음 한걸음 성장을 거듭할 수 있도록 돕는 내용이다. 5~6세 유아에게는 자기 스스로

를 책임지는 것이 어떤 것인지 말로 표현해 주거나 가르치기가 무척 힘이 드
는데, 이 책은 캠핑이라는 소재를 통해 밥 짓기와 먹기, 밤에 혼자서 소변보기
등 일상생활을 주인공 소라와 소라가 캠핑을 함께 가는 것을 반대하는 언니와
오빠들을 통해 자연스럽게 표현하고 있어 혼자 하는 것이 왜 중요한지 깨닫게
해 준다.

그림은 간결한 선으로 인물의 개성적인 캐릭터를 잘 살리고 있다. 노란색을
주된 색으로 쓰면서 캠핑의 경쾌함을 잘 살려내고 있다. 흰색 배경에 간결하고
짧은 글은 어린 유아들도 쉽게 접할 수 있게 해 준다. 친근감, 굳센 의지, 자랑
스러움 등을 나타내는 소라의 표정 변화가 그림책을 더욱 생생하게 해 준다.

캠프파이어의 빨간 불빛과 밤이 되어 까만색이 된 텐트 안의 노란색 불빛,
언니의 이야기 속에 나오는 파란 불빛 정도가 이 책에 나오는 색깔인데, 그렇
게 절제된 채색의 그림들은 책장을 금방 넘기게 하면서 그림에 집중할 수 있
게 만든다. 주인공 소라는 너무 귀엽고 앙증맞다는 느낌을 주도록 표현되어
있고 등장인물들의 풍부한 표정을 통해 아이들의 따뜻한 마음을 아주 잘 나타
내고 있다.

(5) 관련 질문 및 활동

☑ 관련 질문

① 전반적인 인식을 돕는 질문
- 캠핑을 무사히 마친 소라의 기분이 어땠을까?
- 소라가 캠핑을 무사히 마쳤을 때, 언니와 오빠들이 소라를 어떻게 생각하였
  을까?

② 이해와 고찰을 돕는 질문
- 큰 아이들이 소라의 캠핑을 반대하였을 때 소라의 마음은 어땠을까?
- 캠핑을 막 떠날 때 짐이 무거웠지만 소라가 꾹 참고 걸은 이유는?
- 소라가 제 키보다 몇 배나 되는 아주 큰 나뭇가지를 끌고 가며 어떤 생각을 했을까?

③ 기존의 해결방법에 대한 다각적인 평가와 새로운 접근을 시도해 보게
  하는 질문
- 윤지 언니가 소라의 캠핑을 허락하지 않았다면 소라의 마음이 어땠을까?
- 소라가 캠핑에서 자기 할 일을 잘 해내지 못했다면 큰 아이들은 소라에게 어떻

게 대했을까?

- 소라가 강물에 풍덩 빠지고 엉엉 울었다면 모두들 어떻게 하였을까?

④ **자기적용을 돕는 질문**

- 너도 소라처럼 캠핑을 다녀온 경험이 있다면, 캠핑을 가기 전에 네 마음과 다녀
  온 후에 마음은 어땠니?

- 처음으로 너 혼자서 집을 나가 해 본 일은 무엇이었니?

  예 슈퍼마켓에 심부름가기, 엄마와 떨어져서 혼자 유치원에 가기 등

- 그때의 네 기분은 어땠니? 엄마와 아빠는 너에게 어떻게 대하셨니?

- 네가 만약 소라라면 캠핑을 무사히 마치고 난 느낌이 어땠을까?

⊗ **관련 활동**

① **콜라주**

준비물 : 잡지책, 가위, 도화지, 풀

- 잡지 그림에서 캠핑 갈 때에 필요한 물건 그림을 오려 배낭 모양 종이에 붙여
  보기

- "왜 그 물건이 필요하니?", "캠핑 가서 어떤 일을 하고 싶니?"

② **상상화 그리기**

준비물: 도화지, 크레파스

- 내가 가고 싶은 캠핑장을 그리고, 누구와 함께 가고 싶은지 함께 가고 싶은 사람
  그리기

- "왜 이런 곳에 가고 싶니?" "이 사람과 왜 함께 가고 싶니?"와 같은 질문을 하면
  서 활동을 진행한다.

③ **밥짓기, 빨래하기**

- 쌀 씻기와 전기밥솥에 밥 지어 보기, 밥을 먹은 후 먹은 그릇 설거지 해 보기

- 손수건, 양말 빨기, 인형옷 빨기

- 텐트 속에 들어가 소꿉놀이하기

- 극놀이 후에 이야기 나누기

- 밥짓기, 빨래하기를 하고 난 느낌은 어땠니? 혼자서도 이런 일을 할 수 있게 된
  느낌은?

(6) 연관주제

나와 다른 사람들에 대한 이해(신체적 특징 – 신체장애)

초등학교 저학년 어린이

🐤 우리 모두 꼴찌 기러기에게 박수를

(1) 기본정보

저자: 한나 요한슨 글/케티 벤트 그림/문성원 역

출판사: 시공주니어(원작: 1989, 한국판: 1999)

전체쪽수: 117

ISBN 89-527-0192-5

장르: 환상동화

(2) 저자소개

한나 요한슨(Hanna Johansen)은 1939년 독일의 브레멘에서 태어나 현재 취리히 근처에 위치한 킬히베르크에서 살고 있다. 자신의 아이들에게 들려 주던 이야기들을 '한나 무슈크'라는 필명으로 출간하다가 그 동화들이 아이들에게 인기를 끌면서 유명해졌다. 그녀가 쓴 동화들은 여러 국제 어린이 상들을 받았고, 많은 나라 말로 번역 소개되고 있으며, 우리나라에 소개된 작품으로는 〈펠리스 펠리스〉가 있다.

케티 벤트(Karhi Bhend)는 1942년 스위스 울텐에서 태어났고, 후고 벨티에서 그래픽 디자이너 과정을 수료하였다. 2년간 그래픽 아틀리에에서 일했으며, 취리히와 얼튼에서 프리랜서 그래픽 디자이너로 활동하면서 어린이 책그림들을 그리기 시작했다. 벤트의 그림은 세심한 관찰을 통한 정확한 묘사가 빼어나며, 깊이 있는 삶의 이야기들을 풍부한 상상력으로 재치 있게 그려 내고 있다. 대표적인 그림책으로 〈난 황금 알을 낳을 거야!〉, 〈바람이 휙, 바람이 쏴〉, 〈펠리스 펠리스〉가 있다.

(3) 줄거리

주인공은 엄마기러기의 정성 어린 보살핌 끝에 맨 마지막으로 알에서 태어났다. 그 때문인지 막내는 무엇을 하든지 늘 처진다. 새끼들은 날기 위한 배움을 시작한다. 주인공은 걷는 법, 헤엄치는 법, 하늘을 나는 법 등 그 어느 것 하나도 쉽게 배우지 못한다. 막내도 결국은 많은 시간을 들인 후에 배우지만 많은 형제들이 이것으로 인해 불편함을 감수해야 한다. 막내가 걸어오는 것과 목적지까지 날아오기를 모두가 기다려야만 한다. 그래서 꼴찌인 막내 기러기를 다들 귀찮아한다. 여러 기러기 새끼들 중에서 막내는 무엇에든 항상 꼴찌다.

언니와 오빠 기러기들하고는 비교가 되지 않는 막내 기러기는 자신이 늘 처진다는 사실에 항상 마음이 무겁다. 이때 남쪽 나라로 가기 위해 하는 여행의 피곤함을 달래기 위해 모두들 안착하면서 쉴 때였다. 피곤하기에 모두들 깊은 잠을 자고 있을 때, 막내는 인기척을 느끼고는 크게 소리를 질러 무리들을 깨워 도망가게 한다. 아마도 막내의 도움이 없었다면 많은 기러기들이 피해를 보았을 것이다. 이 사건을 통해 꼴찌기러기인 막내는 다른 기러기들에게 도움이 될 수 있다는 것을 깨닫게 된다.

(4) 글과 그림

그림책은 아니지만 가느다랗게 그린 그림들이 상상하며 읽어가는 데 재미를 더해준다. 간단하게 그렸기에 세밀화는 아니지만 느낌은 고스란히 전달 될 수 있다. 그러나 글 내용이 사뭇 진지하기 때문에 저학년 어린이들이 얼마나 책장을 자연스럽게 넘길지는 의문이다.

아무리 부족하고 작은 존재라도 그 무엇인가 도움이 될 수 있다는 것을 보여준다. 우리는 더불어 살아야 하고 함께 살아야 한다. 그 누구도 항상 잘할 수만은 없으며 항상 처진다는 법도 없다. 우리는 함께 걸어가야 할 존재라는 것을 보여주는 작품이다.

(5) 관련 질문 및 활동

☑ 관련 질문
① 전반적인 인식을 돕는 질문
- 이 책을 읽고 나니 어떤 생각이 드니?
- 막내가 형제들과 다른 점들은 무엇이니?
- 막내가 다른 형제들보다 뒤떨어질 때 어떤 느낌이 들었을까?

② 이해 및 고찰을 돕는 질문

- 막내 하나로 인해 가족 모두가 불편할 때 막내는 어떤 느낌이 들었을까?
- 여러 가지로 형제들과 비교가 될 때 어떤 생각이 들까?

③ 기존의 해결방법에 대한 다각적인 평가와 새로운 접근을 시도해 보게 하는 질문

- 너도 잘할 수 있거나 형이나 언니들보다 뛰어난 부분이 있다는 것을 생각해 본 적이 있니?
- 막내가 기러기 무리들에게 도움을 주지 않았다면 어떻게 되었을까?
- 빨리 배우는 것만이 좋은 것일까?

④ 자기적용을 돕는 질문

- 네가 해 보지도 않고 두려워하거나 힘들어하는 것이 있니? 있다면 무엇이니?
- 네가 지금까지 들어본 칭찬 중에서 가장 기분 좋았던 것은 무엇이니?
- 지금의 네가 있기까지 도움을 준 사람들에게 고마움을 표현할 수 있는 방법은?

⊘ 관련 활동

① 추억의 보석함 열어보기

- 나도 잘한 적이 있어요
  내가 받아본 상장, 트로피, 메달, '참 잘했어요' 도장이 있는 노트, 쪽지 편지 등을 모아 다시 한 번 보면서 생각해 보기

② 삼행시

- 내 이름으로 삼행시 지어보기
  예 방정환
  방정환 선생님은 우리 어린이들을 그 누구보다
  정말로 사랑하신 분이다.
  환경이 어려운 세상에 사시면서도 어린이들에게 희망과 웃음을 주신 분이다.

③ 음악감상 및 불러보기

- 아래 두 곡을 읽어보고 배워 봅시다.

기러기

윤석중

달 밝은 가을 밤에 기러기들이
찬 서리 맞으면서 어디로를 가나요.
고단한 날개 쉬어 가라고
갈대들이 손을 저어 기러기를 부르네.
산 넘고 물을 건너 머나먼 길을
훨훨 날아 우리 땅을 다시 찾아왔어요.
기러기들이 살러 가는 곳
달아 달아 밝은 달아, 너는 알고 있겠지

기러기

박태준 곡

울 밑에 귀뚜라미 우는 달밤에
길을 잃은 기러기 날아갑니다.
가도가도 끝없는 넓은 하늘로
엄마엄마 찾으며 흘러갑니다.

오동잎이 우수수 지는 달밤에
아들찾는 기러기 울고 갑니다.
엄마엄마 울고간 잠든 하늘로
기럭기럭 부르며 찾아갑니다.

(6) 연관주제

가족(일반 가족), 나와 다른 사람들에 대한 이해(신체장애)

 꼬마 거북 프랭클린 2-자전거 타기

(1) 기본정보

저자: 폴레트 부르주아 글/브렌다 클라크 그림/
　　　조은수 역

출판사: 웅진닷컴(원작: 1997, 한국판: 2000)

전체쪽수: 30

ISBN 89-01-03117-5

장르: 그림책(환상동화)

(2) 저자소개

폴레트 부르주아(Paulette Bourgeois)는 기자로 활약하다가 어린이를 위한 책을 쓰기 시작했다. 〈꼬마 거북 프랭클린〉 시리즈는 TV에서 좁고 어두운 곳을 무서워하는 주인공을 보고 영감을 받아 처음 만들게 되었다고 한다. 지금까지 30권이 넘는 프랭클린 이야기를 써 오고 있다.

브렌다 클라크(Brenda Clark)는 어릴 때부터 그림 그리기를 좋아해서 빈 종이만 보면 어디에나 그림을 그렸다고 한다. 클라크는 대학에서 일러스트레이션을 공부하고 처음에는 광고 일을 했다. 그러다 우연히 의뢰받은 프랭클린 이야기를 보고 커다란 감동을 받아 지금까지 〈프랭클린 시리즈〉에 그림을 그려 오고 있다.

(3) 줄거리

프랭클린은 수영도 잘하고 야구도 잘해서 홈런을 치기도 하고, 구름사다리를 잘하며 그네도 높이까지 잘 타는 편이다. 하지만 올 봄 들어 자전거 타기를 배우는 문제로 마음이 복잡하다. 비버리가 가장 먼저 보조바퀴를 떼고 타는 것을 시작으로 친구들 모두 보조바퀴 없이 자전거를 타기 시작한다. 엄마에게 잡아 주기를 부탁하며 연습을 하지만 잘 되지 않는다.

프랭클린은 엄마에게 "나만 힘들어 내 친구들은 쉽게 하던데"라고 투정을 한다. 이때 엄마는 다음과 같은 질문을 한다. "정말 네 친구들은 다른 것도 다 쉽게 하니?" 이 질문에 프랭클린은 친구들이 놀고 있는 곳으로 가보게 된다. 놀이터의 비버리는 구름사다리를 할 때 겨우 세 번째 막대기에서 손을 놓아 모래바닥으로 떨어진다. 오소리도 수영을 힘들어 하고 야구를 하는 여우도 힘들어한다. 프랭클린은 누구나 하기 어려운 것들이 있다는 것을 깨닫는다. 다시금 용기를 얻은 프랭클린은 보호 장비를 다 갖추고 연습을 하여 마침내 한 손으로 잡고 한손으로 경적을 울리는 연습까지 하게 되어 친구들 앞에서 선을 보이다 넘어진다. 하지만 결국 프랭클린은 이루어 내고 만다.

(4) 글과 그림

책을 읽기 전에 그림만 보아도 아이들에게 한동안 인기 있었던 린자거북이를 생각나게 하는 캐릭터이어서 친숙해 보인다. 유아 또는 초등학년 어린이들은 대부분 토끼와 거북이라는 우화를 통해 거북이가 주는 인상을 갖고 있으리라 본다. 이 책에서도 선명한 컬러의 그림이 글과 조화를 이루어 책장 넘기기를 훨씬 가볍게 만들어 주며 푸른색 계통의 색이 많아서 안정감을 준다. 책이 긴 하나 짤막한 만화 같아서 책읽기 싫어하는 아이들도 재미있게 읽을 수 있을 것이다.

하루하루 새로운 것을 배우며 나도 할 수 있다는 자신감을 키워 가는 우리 아이들. 그런데 새 일에 도전하여 무엇인가 이루어 내기 위해서는 끝없는 노력이 필요하다. 아직 어린 아이들에게 있어서 힘든 일을 포기하지 않고 다시 노력하는 일은 그리 쉽지 않다. 실망하고 움츠러들게 마련이다. 귀여운 꼬마 거북이를 주인공으로 하는 〈프랭클린 시리즈〉 제2권은 어려워도 포기하지 않고 더욱 노력하는 의지를 아이들 마음에 심어 주는 이야기이다.

(5) 관련 질문 및 활동

☒ 관련 질문

① 전반적인 인식을 돕는 질문
- 이 책을 읽고 나니 어떤 생각이 드니?
- 동네에서 혼자만 보조바퀴 있는 자전거를 탈 때의 느낌은 어떨까?

② 이해 및 고찰을 돕는 질문
- 왜 프랭클린만 보조바퀴 있는 자전거를 타고 있을까?
- 이런 비슷한 이야기를 들어본 적이 있니?
- 네가 지금 배우는 것이 있니? 그것을 배우기가 어렵지는 않니?
- "나만 힘들어 내 친구들은 쉽게 하던데"라는 말에 엄마의 "정말 네 친구들은 다른 것도 다 쉽게 하니?"라는 질문을 듣고 프랭클린은 무엇을 깨달았을까?

③ 기존의 해결방법에 대한 새로운 접근을 시도해 보게 하는 질문
- 프랭클린이 자전거를 잘 타기 위해서 필요한 것이 무엇인가를 친구에게 물어보면 어떻게 되었을까?
- 프랭클린이 자전거 배우기를 포기했다면 어떻게 되었을까?

④ 자기적용을 돕는 질문

- 프랭클린이 자전거 타기를 통해서 배운 것은 무엇일까?
- 네가 자전거 타기처럼 배우기를 두려워하는 것이 있다면 그것은 무엇이며 잘
  할 수 있는 방법은 무엇일까?

◇ 관련 활동

① 찾아보기

- 거북이가 주인공으로 나오는 것은 어떤 것들이 있나 찾아본다.
- 거북이가 나오는 그림책이나 만화영화는 어떤 것이 있는지 찾아본다.

② 찾아보며 해 보기

- 자신이 배우기 두려워하는 것들은 무엇이 있는지 찾아보게 한다.
- 위에서 찾은 두려운 것을 할 때 어떤 생각이 드는지 말해 보게 한다.

③ 나의 가치는

- 나와 같은 사람은 이 세상에 꼭 한 사람밖에 없다. 그러므로
  나의 가치를 값으로 매긴다면 어느 정도일까?
  돈만 있으면 살 수 있는 것일까?

(6) 연관주제

친구 삼기(아름다운 우정 쌓기)

초등학교 고학년 어린이

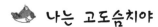 나는 고도슴치야

(1) 기본정보

저자: 딕 킹스미스 글/김유대 그림/
     햇살과 나무꾼 역

출판사: 사계절(원작: 1987, 한국판: 1999)

전체쪽수: 122

ISBN 89-7196-706-4

장르: 환상동화

(2) 저자소개

딕 킹스미스(Dick King-Smith)는 영국에서 태어나 브리스틀 대학에서 교육학을 공부하였다. 동물에 대한 애정 어린 이해를 바탕으로 뛰어난 동물 환타지를 꾸준히 발표하여 베아트릭스 포터의 뒤를 잇는 위대한 동물 환타지 작가라는 평가를 받고 있다. 대표작으로는 1984년 가디언 상 수상작이자 영화 〈꼬마 돼지 베이브〉의 원작인 〈양치기 돼지〉, 1984년 올해의 어린이책 상을 수상한 〈뻐꾸기 아이와 헤리엇의 토끼〉, 〈쥐 푸줏간〉 등이 있다.

김유대는 1974년 서울에서 태어나 경원대학교에서 시각디자인을 공부했다. 1997년 한국 출판 미술대전에서 특별상을 받았다. 그린 책으로는 〈학교에 간 개돌이〉, 〈말박사 고장수〉, 〈롤러브레이드를 타는 의사 선생님〉 등이 있다.

(3) 줄거리

주택가 정원에서 살고 있는 고슴도치네 가족 중 막내인 맥스는 영리하고도 용감한 어린 고슴도치이다. 맥스네 집 길 건너편에는 공원이 있는데, 그곳에서는 고슴도치들이 좋아하는 맛있는 먹이를 손쉽게 얻을 수 있다. 공원으로 가려면 찻길을 건너야 하는데 길을 건너다 많은 고슴도치들이 죽는다. 그래서 맥스는 길을 안전하게 건너는 방법을 알아내기 위해 집을 나와 무작정 길을 건너다 달려오는 자전거에 부딪힌다. 엉금엉금 기어서 겨우 집까지 온 맥스. 그러나 맥스가 잠을 자고 일어나니 고슴도치를 고도슴치라 하고 길을 질이라고 하는 등 말을 온통 뒤죽박죽으로 하게 된다. 그러나 맥스는 안전한 길 찾기를 포기하지 않고 또다시 집을 나섰다가 공중전화 박스 문에 부딪혀 정신을 잃는다. 다시 정신을 차리고 보니 이번엔 말이 제대로 된다. 맥스는 깨어난 후 다시 안전한 길을 찾기 위해 길을 나선다. 이번에는 온 가족은 물론 옆집 아저씨까지 나서서 찾아본 결과 아주 흥미 있는 방법으로 안전하게 길 건너는 방법을 발견하게 된다.

(4) 글과 그림

주인공 맥스는 비록 어리지만 고슴도치들이 길을 건너다 교통사고로 죽어가는 모습을 그대로 둘 수 없어 안전한 길을 찾으려 두려움을 무릅쓰고 모험을 해 나가는 고슴도치이다. 비록 자전거에 부딪혀 말이 뒤죽박죽이 되는 어려움을 겪지만 좌절하지 않고 안전한 길을 찾기 위해 다시 도전을 하는 용기를 가지고 있다. 작가는 실패에도 불구하고 이를 두려워하지 않고 다시 도전을 하는 꼬마 고슴도치의 모습을 통해 끈기를 가지고 힘껏 노력하면 성공할 수 있다는 것을 보여주려 하고 있다.

그림은 처음부터 끝까지 갈색조의 크레파스로 그린 후 스크레칭하는 기법을 사용하고 있다. 사건이 전개되는 계절이 초겨울이므로 전체적인 그림의 톤을 갈색으로 처리한 것으로 보인다. 크레파스에 스크레칭을 함으로써 거칠고 날카로운 느낌을 주는 면이 없지 않으나 크레파스를 문질러 색을 퍼지게 하여 그 거침과 날카로움을 가라앉히고 있다. 이러한 모든 처리가 이야기 내용의 이미지를 잘 전달하도록 돕는 것으로 보여진다.

(5) 관련 질문 및 활동

☑ 관련 질문

① 전반적인 인식을 돕는 질문
- 맥스에 대해 어떤 생각이 드니?
- 맥스는 안전한 길을 찾기 위해 어떤 생각들을 했니?

② 이해 및 고찰을 돕는 질문
- 맥스는 목숨을 잃을 뻔한 사고를 당했으면서도 왜 안전한 길을 찾는 것을 포기하지 않았을까?
- 왜 어른 고슴도치들은 맥스처럼 안전한 길을 찾으려고 하지 않았던 것일까?
- 왜 맥스는 어른들에게 도움을 청하지 않고 안전한 길을 찾아보라고 요구하지 않고 자신이 직접 했을까?

③ 기존의 해결방법에 대한 다각적인 평가와 새로운 접근을 시도해 보게 하는 질문
- 만약에 맥스가 안전한 길 찾기를 포기했다면 어떻게 되었을까?
- 만약에 맥스의 부모님이 맥스에게 안전한 길 찾기를 하지 못하게 했다면 맥스는 어떻게 했을 것 같니?
- 만약 교통정리원 아줌마가 맥스 일행을 위해 차들을 막아주지 않았다면 어떻게 되었을까?

④ 자기적용을 돕는 질문
- 네가 맥스라면 안전한 길 찾기를 위해 얼마나 노력했을 것 같니?
- 안전한 길찾기에 성공한 맥스가 안전하게 길을 건널 때의 기분은 어땠을까?
  그때 너라면 어떤 말을 할 것 같니?
- 너도 맥스처럼 어떤 일을 끝까지 노력해서 성공한 적이 있니?
- 네가 끈기 있게 열심히 노력해서 성공했을 때의 기분은 어땠니?

⊗ 관련 활동
① 맥스에게 편지 쓰기
- 끈기 있게 노력해서 안전한 길찾기를 성공한 맥스에게 격려의 편지를 써보도록
  한다.
② 인명사전 만들기
준비물 : 수첩
- 수첩에 끈기를 가지고 노력을 하여 어려움을 극복하고 자신의 목적을 달성한
  사람들을 기억나는 대로 적어 본다.
- 그 사람들이 겪은 어려움과 그 어려움을 극복한 힘은 어디서 나왔는지 또 그 사
  람들은 왜 그렇게 힘든 일을 하려고 했었는지 이야기 나누거나 적어 본다.
- 자신의 목적을 달성하는 데는 여러 가지 어려움을 극복해야 하고 그것을 극복
  했을 때에 비로소 성취감을 맛볼 수 있다는 것을 느낄 수 있도록 상호작용한다.
③ 나도 할 수 있어요
준비물 : 수첩
- 어린이가 성취하고 싶은 일들을 수첩에 적어 본다.
- 그 일들을 하는 데 어려운 점을 순서대로 적어 본다.
- 그 어려움을 어떻게 극복할 것인가도 적어 본다.
- 현실적으로 가능하다고 판단되는 일을 실행에 옮기도록 격려해 주고, 그 과정을
  볼 수 있다면 함께 평가해 주면서 성취할 수 있도록 도와준다.

(6) 연관주제

질병과 죽음 그리고 생명(생명의식)

제2장
가족

제 2 장

가족

1. 가족의 정의와 기능

가족은 가장 중요한 사회적 제도이다. 가족은 사회의 한 부분으로서 성·애정 기능, 자녀생산 등 인간의 기초적인 욕구를 해결해 주고, 자녀를 보호, 양육함으로써 사회에 필요한 인력을 공급할 뿐만 아니라 경제 생산과 소비기능을 함으로써 우리들이 속한 사회의 유지와 존속 그리고 발전의 중요한 기반을 제공한다. 비록 가족의 역할과 기능은 사회 및 시대적 상황에 따라 다양하며 오늘날과 같은 급격한 사회변동에 적응해야 하는 여러 가지 요구가 있지만, 아직도 많은 사람들은 복잡한 현대사회를 이끌어 줄 핵심적 기능을 가족에게 기대하고 요구한다(김양희, 2000; 유영주 외, 1990).

어린이는 가족의 테두리 안에서 많은 것을 보고 배운다. 어린이들은 그들의 걸음걸이, 옷 입는 법, 행동, 식습관, 기호 등에 가족의 영향을 많이 받는다. 대가족과 핵가족, 빈부의 차이, 편부모, 맞벌이 부부, 그리고 문화적으로 다양한 가족적 배경 등, 이 모든 요인들이 어린이에게 상당한 영향을 미친다. 그러므로 가족은 어린이들의 행동을 이해하는 데 놓쳐서는 안 되는 중요한 요인이다.

교사는 어린이의 가족은 아니지만, 이제 막 가족을 떠나 새로운 공동체인 학급, 또는 학교라는 사회에서 새로운 시작을 하는 어린이들에게는 역시 영향

을 미치는 중요한 역할을 하게 된다. 왜냐하면, 어린이의 가족과 교사는 서로
협력하여 어린이의 최적의 성장과 발달을 돕고 지원하는 역할을 하기 때문이
다(Beaty, 1993). 그러므로 교사는 학생들의 가족구조와 유형 그리고 문제 등
에 대해 충분히 이해하고, 그 바탕 위에 독서치료를 수행해 나가야 한다.

어린이들의 가족을 존중하는 것은 그들의 자존감을 더해주는 일이다. Head
Start의 부모참여 프로젝트를 처음으로 창안해내었던 Polly Greenberg
(1989: 62-66)는 부모참여 프로그램의 성패는 교육기관에서 이루어지는 부모
교육이나 부모참여에 부모들이 얼마나 참가하는가의 정도가 아니라 기관이나
사회가 얼마나 부모를 존중해 주느냐에 따라 좌우된다고 지적하고 있다. 즉
어린이의 가족을 존중해 줌으로써 어린이가 자신의 자존감을 높이게 되고 그
로 인해 학습 성취도가 높아질 수 있다(김양희, 2000; Beaty, 1993).

가족의 유형은 가족의 구성원과 크기, 결혼의 형태, 그리고 여러 특수한 문
제나 위기에 처한 가족 등에 따라 분류된다. 이 장에서는 전통적인 가족의 형
태를 지닌 일반 가족과 혈연관계가 아닌 특별한 만남으로 이루어진 가족, 그
리고 위기에 처한 가족의 형태로 나눈다.

일반적인 가족의 유형에는 어린이와의 친밀도 정도에 따라 어머니, 아버지,
형제, 조부모에 대한 사랑과 관계, 그리고 역할 이해 등을 돕기 위한 자료들을
소개하고자 한다. 그리고 특별한 만남에 의한 가족 유형에서는 입양 가족, 재
혼(계부모) 가족, 맞벌이 가족을, 그리고 가족 간의 정신적, 신체적 정서적 손
상을 초래할 위기에 처한 가족에는 학대 가족, 이혼(한부모) 가족, 비행 청소
년 가족 등을 포함하여 그에 대한 자료들을 소개하고자 한다.

각 가족의 유형에 따라 유아, 초등학교 저학년, 그리고 초등학교 고학년별로
독서치료에 적합한 도서나 시를 두 작품씩 소개하였으나, 이혼, 학대 등의 특
수 및 위기 가족에 대한 자료는 출간된 작품이 적을 뿐만 아니라 유아의 발달
단계상 이혼하는 부모의 입장을 이해하고 객관화시키는 데 어려움이 있다고
판단되어, 초등학생들을 위주로 추천하였음을 밝힌다. 〈표 3〉은 '가족'과 관
련하여 독서치료를 위해 선정된 소주제별, 대상별 자료 목록이다.

〈표 3〉 '가족'에서 다루어지는 소주제별·대상별 자료

소주제		대 상	자 료
일 반 가 족	어머니	유 아	너를 사랑해, 우리 아기 꼬질이 '개구장이' 〈우산 속〉
		초등학교 저학년 어린이	'엄마의 마음' 〈아버지의 커다란 장화〉 마법의 설탕 두 조각
		초등학교 고학년 어린이	엄마의 마지막 선물 엄마는 파업 중
	아버지	유 아	아빠랑 함께 피자놀이를 '아빠 그네' 〈우리 아이 말 배울 때 들려 주는 동시〉
		초등학교 저학년 어린이	우리 아빠는 내 친구 잔소리 해방의 날
		초등학교 고학년 어린이	'아버지의 구두' 〈시를 찾는 아이들〉 구슬이네 아빠 김덕팔 씨
	형제	유 아	피터의 의자 나도 아프고 싶어
		초등학교 저학년 어린이	난 형이니까 우리 언니
		초등학교 고학년 어린이	나는 너랑 함께 있어서 좋을 때가 더 많아 '얄미운 동생' 〈아빠, 우리 엄마 맞아?〉
	조부모	유 아	할머니가 남긴 선물 오른발, 왼발
		초등학교 저학년 어린이	할머니 선물 고마워요 할아버지의 하모니카
		초등학교 고학년 어린이	할머니 '할머니' 〈선생님이 추천하는 맛깔 동시집: 5·6학년 감상동시〉
특 수 · 위 기 가 족	맞벌이 가족	유 아	'혼자 있을 때' 〈파아란 꿈 고운 동시〉
		초등학교 저학년 어린이	'사랑받고 싶어요' 〈엄마의 런닝구〉
		초등학교 고학년 어린이	목걸이 열쇠
	입양 가족	유 아	다른 세상에서 온 아이 파스텔
		초등학교 저학년 어린이	너는 특별해
		초등학교 고학년 어린이	꽃바람
	이혼 가족	초등학교 저학년 어린이	따로따로 행복하게
		초등학교 고학년 어린이	너도 하늘말나리야
	재혼 가족	초등학교 저학년 어린이	나답게와 나고은
		초등학교 고학년 어린이	'엄마 만나는 날' 〈김치를 싫어하는 아이들아〉
	학대가족	초등학교 고학년 어린이	내 친구에게 생긴 일
	알코올 중독가족	초등학교 고학년 어린이	'문식이의 일기' 〈김치를 싫어하는 아이들아〉

2. 일반 가족

1) 어머니

자녀는 출생 전부터 어머니와 긴밀한 유대관계를 맺고 살아간다. 출생 직후부터 평생을 통해 어머니는 자녀에 대한 사랑과 염려를 하고 있고, 자녀 또한 어머니를 의지하고 사랑의 긴밀한 관계를 계속적으로 맺으며 살아간다. 그러나 하루 종일 자녀양육과 가사에 전념할 수 있었던 전통적인 가족과는 달리 취업주부의 경우, 사회생활과 자녀양육의 이중의 역할을 감당해야 하는 문제를 안고 있다. 여기서 어린이들을 하루 중 정해진 시간에만 어머니와의 제한된 접촉을 통해 어머니-자녀관계를 맺는다. 어머니도 과거의 전통적 역할을 수행하기에는 과중한 가사노동 외 직장 업무가 있으므로 어머니의 역할에 대한 새로운 시각과 이해를 가져야 한다(김양희, 2000; Beaty, 1993). 여기에서는 어머니의 사랑을 확인할 수 있는 내용의 책을 소개하고 있다.

유아

 너를 사랑해, 우리 아기 꼬질이

(1) 기본정보

저자: 리사 맥콜트 글/시드 무어 그림/김현애 역
출판사: 신인류(원작:1997, 한국판: 2001)
전체쪽수: 37
ISBN 89-88576-12-8
장르: 그림책(환상동화)

(2) 저자소개

리사 맥콜트(Lisa McCourt)는 〈The Rain Forest Counts!〉를 비롯하여 어린이들을 위한 수많은 책을 썼다. 그녀는 어린이 출판사에서 계속 일해 왔으며 지금은 책을 만드는 'Boingo Books'라는 회사를 운영하고 있다. 현재 그녀는 남플로리다에서 아이와 남편과 함께 살고 있다.

시드 무어(Cyd Moore)는 어린이들을 위한 십여 권의 책에 그림을 그렸다. 'Early Childhood News' 디렉터가 선정한 상을 수상한 바 있는 〈A Frog Inside My Hat〉 등은 아메리칸 북 판매 리스트 3위를 차지하기도 했다. 현재 그녀는 미시건 주 버클리에서 두 아들과 함께 살고 있다.

(3) 줄거리

잠들기 전에 잘 씻지 않는 아이 꼬질이는 엄마에게 자기가 만약 무시무시한 인물이 되면 어떻게 할 거냐고 묻는다. 계속되는 아이의 질문에 엄마는 이렇게 대답한다. 무서운 원숭이라면 털에 빗질을, 스컹크라면 목욕을, 이빨이 날카로운 악어라면 큰 칫솔로 매일 닦아줄 것이며, 육식 공룡이라면 고기를 주고, 늪 괴물이라면 늪 옆에 집을 짓고 살 것이고, 외계인이라면 푸른 피부에 맞는 옷을, 외눈박이 괴물이라면 커다란 눈이 잠들 때까지 자장가를 불러주겠다고. 꼬질이는 비로소 "엄마! 사랑해요"라고 외치며 잠이 든다.

(4) 글과 그림

전체적으로 "만약 내가 ~라면 어떻게 하실 거예요?"라는 아이의 질문과 그에 대한 엄마의 답으로 이루어져 있다. 아이 자신이 상상할 수 있는 여러 상황을 예로 들어 말하며, 여기에는 엄마의 사랑을 확인하고 싶어 하는 아이의 심정이 잘 나타나 있다. 푸른색과 보라색을 많이 사용하여 밤의 신비로운 배경을 잘 나타내 주고 있으며 외계인, 괴물 등 인물 자체는 괴기스럽지만 밝고 화려하고 따뜻한 분위기로 그려 무섭기보다는 친근감을 준다.

(5) 관련 질문과 활동

☑ 관련 질문

① 전반적인 인식을 돕는 질문

　- 이 책을 읽으니까 어떤 생각이 떠오르니?

　- 꼬질이는 몇 살쯤 된 것 같니?

② 이해 및 고찰을 돕는 질문
- 꼬질이는 왜 엄마에게 자기가 스컹크나 무서운 괴물이 된다면 어떻게 할 거냐고 물었을까?
- 늪가의 괴물이나 외눈 거인은 아주 무서울 텐데 왜 엄마는 다정하게 돌봐줄 거라고 했을까?

③ 기존의 해결 방법에 대한 다각적인 평가와 새로운 접근을 시도해 보게 하는 질문
- 꼬질이가 자라서 초등학생이 되었을 때 책에 나오는 질문을 매일 똑같이 한다면 엄마 기분이 어떨까?

④ 자기적용을 돕는 질문
- 넌 엄마가 어떻게 해 줄 때가 가장 좋으니?
- 엄마에게 물어보는 것 말고 사랑을 알 수 있는 방법은 어떤 것이 있을까?

⊗ 관련 활동

① 내가 바로 꼬질이
- 유아가 꼬질이가 되고 교사(또는 엄마)가 엄마가 되어 대답한다. 여러 가지 괴물이 되는 책의 상황 중 장면을 선택해서 역할놀이를 시작하고 놀이가 잘 이루어지면 역할을 서로 바꾸어서 해 본다. 그 다음 단계로 꼬질이의 책에 없는 새로운 상황을 대입하거나 현실의 문제를 대입해 본다. 이때 유아의 나이가 어리다면 해당 장면의 그림이나 '빗', '칫솔' 등이 그려진 그림카드의 도움을 받는다.

② 나는 꼬질이 엄마

상황 1)

🙂 ①에서 했던 역할을 바꾸어서 한다.

교사(엄마): 만약 내가 무섭고 털이 낳은 원숭이라고 해도 날 안아줄 건가요?
유아: (빗 그림을 보며)그럼, 널 예쁘게 빗질해 줄 거야.
교사(엄마): 만약 내가 날카로운 이빨을 가진 악어라면요?
유아: (칫솔 그림을 보며) 매일 밤 이빨을 닦아줄게.

③ 우리 집은 이렇게 해요.
- 여러 가지 상황을 그림카드로 제시하면 엄마(또는 교사)가 적절히 긍정적인 반응을 한다. 이때 예시되는 상황은 유아의 실생활과 관련된 것과 상상의 것을 고루 대입할 수 있다.

유아: 내가 유리 컵을 와장창 깨뜨린다면 어떻게 하실 거예요?

엄마(또는 교사): 아프지 않게 얼른 치워주지.

유아: 내가 너무 너무 배고프다면 어떻게 하실래요?

엄마(또는 교사): 맛있는 걸 빨리 만들어 주지.

유아: 내가 만약 풍선을 타고 하늘 높이 날아간다면 어떻게 하실 거예요?

교사(또는 엄마): 더 큰 풍선을 타고 날아가지.

② 너를 사랑해, 우리 아기 OOO

　- 별명 넣어 책 만들기

　- 책 표지의 〈너를 사랑해, 우리 아기 꼬질이〉 제목 부분 중 '꼬질이' 대신 유
　아의 애칭(예: 똥강아지, 초롱이)를 넣고 책 속에는 엄마와 함께 찍은 사진이
　나 짤막한 글을 덧붙인다.

　- 사진은 유아가 직접 고르게 하는 게 좋다.

(6) 연관주제

나(성취감), 나와 다른 사람들에 대한 이해(신체적 특징–외모, 정서적
특징–불안과 두려움)

 '개구쟁이' 〈우산 속〉

(1) 기본정보

저자: 문삼석 글, 그림

출판사: 아동문예(2001)

전체쪽수: 123쪽 중 98~99쪽

ISBN 89-7798-008-9

장르: 동시

(2) 저자소개

　문삼석은 1942년 전라남도 구례에서 태어나 광주사범학교 졸업했다.
1963년 조선일보 신춘문예에 동시 〈시골학교 난롯가에는〉이 당선되어 문단
에 데뷔했으며 계몽사아동문학상, 한국동시문학상, 전라남도문화상, 세종아
동문학상, 대한민국문학상, 소천아동문학상, 박홍근아동문학상, 이주홍아동

문학상, 가톨릭아동문학상, 방정환문학상 등을 수상했다. 동시집으로 〈산골물〉, 〈가을 엽서〉, 〈바람과 빈 병〉, 〈아가야 아가야〉, 〈우산 속〉, 〈도토리 모자〉, 〈엄마랑 읽는 아가 동시〉 등이 있다.

(3) 내용

개구쟁이

문삼석

개구쟁이래도 좋구요.
말썽꾸러기래도 좋은데요.
엄마,
제발 '하지 마. 하지 마. 하지 마세요.'
그럼 웬일인지
자꾸만 더 하고 싶거든요.

꿀밤을 주셔도 좋구요.
엉덩일 두들겨도 좋은데요.
엄마,
제발 '못 살아. 못 살아.' 하지 마세요.
엄마가 못 살면
난 정말 못 살겠거든요.

(4) 글과 그림

시집 전체가 시화집 형식으로 되어 있다. 이 시의 경우 사진과 색종이를 콜라주 기법을 사용하여 개구쟁이를 커 가는 나무로 상징화하고 군데군데 직선으로 긁어내어 시에 나타난 아동을 얽어매고 간섭하고자 하는 환경적 제약을 잘 드러내고 있다.

(5) 관련 질문과 활동

☑ 관련 질문

① 전반적인 인식을 돕는 질문

- 이 시를 읽으니까 무슨 생각이 나니?
- 이 그림의 아이가 무슨 말을 하고 있는 것 같니?(123쪽의 그림을 가리키며)

② 이해 및 고찰을 돕는 질문
- 여기 이 아이의 엄마는 어떨 때 '하지 마, 하지 마.' 할 것 같니?
  그 말을 들을 때 이 아이의 기분이 어떨까?
- "제발 '못 살아, 못 살아' 하지 마세요. 엄마가 못 살면 난 정말 못 살겠거든요"
  라고 말할 때 이 아이의 기분이 어떨까?(그때 얼굴표정을 한번 그려볼까?)

③ 기존의 해결 방법에 대한 다각적인 평가와 새로운 접근을 시도해 보게
  하는 질문
- 엄마가 이 아이에게 어떤 행동을 정말 하지 말라고 전해 주고 싶을 때 '하지 마.
  하지 마' 라고 말하는 대신 어떤 다른 방법이 있을까?

④ 자기적용을 돕는 질문
- 넌 엄마가 무슨 말을 할 때 제일 싫으니? 엄마는 왜 그렇게 말씀하시는 것 같니?
- 네 엄마가 정말 속상하실 때는 언제일까? 왜 그렇게 속상해하실까?
- 네가 만약 엄마라면 속상할 때 '못 살아, 못 살아' 대신 무엇이라고 말하겠니?

⊗ 관련 활동

① 우리 엄마 얼굴 그리기
- 엄마 얼굴을 기분 좋을 때와 기분 나쁠 때의 모습 두 가지로 그려본다. 그 때가
  어떤 상황인지 설명도 적는다.

② 엄마 역할해 보기
- 아이가 제일 듣기 싫어하는 말과 그 상황을 선정한다.
- 아동이 역할에 대한 이해가 충분치 않을 경우 역할 맡기에 있어 교사가 엄마
  역, 아동이 아이 역을 먼저 하고 나중에 역할 바꾸기를 한다.
- 아동과의 상호작용이 충분하면 역할 바꾸기로 바로 들어갈 수도 있다. 이때
  머릿수건, 앞치마 등 소품을 이용하면 역할 속으로 몰입하는 데 효과적이다.

상황 1)
예 미술학원 갔다가 친구랑 놀다가 늦게 돌아왔다.
  엄마 : 얘가, 얘가, 지금이 몇 시야, 이제 오면 어떡하니?
  아이 : 죄송해요. 친구랑 놀았어요.
  엄마 : 누가 마음대로 놀랬어? 영어학원 버스 놓쳤잖아.

내가 못 살아, 못 살아.

아이 : 엄마 자꾸 못 살아, 하지 마세요.

엄마 : 뭐라구?

아이 : 그럼 나도 슬프단 말이에요.

(6) 연관주제

나(자아존중감)

초등학교 저학년 어린이

 '엄마의 마음' 〈아버지의 커다란 장화〉

(1) 기본정보

저자: 윤수천 글/권문희 그림

출판사: 웅진(1999)

전체쪽수: 147

ISBN 89-01-02811-5

장르: 사실동화

(2) 저자소개

윤수천은 1942년 충북 영동 출생으로 한국 아동문학상과 경기문학상을 수상하였다. 〈도깨비 마을의 황국산〉, 〈천사의 선물〉, 〈노래 도둑〉, 〈돈키호테 소방관〉, 〈최봉철 할아버지는 못말려〉 등이 있다.

권문희는 1965년 서울에서 태어나 서울대학교에서 동양화를 전공하였다. 〈엄마 없는 날〉, 〈까치와 호랑이와 토끼〉, 〈토끼 섬〉, 〈깜둥 바가지 아줌마〉 등에 그림을 그렸다.

(3) 줄거리

혜주는 강아지 복실이를 너무 귀여워하여 '복실이 엄마'라는 별명을 갖고 있다. 어느 날 동네 언니와 친구들을 따라 백화점 나들이를 간 혜주는 인형구경을 하다 정신이 팔려 너무 늦게 귀가를 해서 엄마에게 야단을 맞는다. 너무 심하게 야단친다고 불평하던 혜주는 복실이가 없어진 사건을 통해 엄마로서의 애끓는 감정을 경험한다.

(4) 글과 그림

전체적인 글이 주제를 선명하게 군더더기 없는 문체로 전개했다. 두 엄마의 마음을 통해 모성의 절박함을 효과적으로 대비하였다. 옴니버스 스타일의 책이지만 한 편, 한 편 글의 특성에 맞게 정성껏 그림을 넣었다는 인상을 준다. 평범한 아이들의 모습이 담긴 동양화풍의 그림이 친근감을 주며 복실이를 안고 있는 혜주의 표정이 생동감 있다. 페이지마다 길다랗게 찍혀 있는 강아지 문양은 재미는 있지만 내용을 읽는 데는 오히려 불필요하게 느껴진다.

(5) 관련 질문과 활동

☑ 관련 질문

① 전반적인 인식을 돕는 질문

- 읽고 나서 생각나거나 이야기하고 싶은 것이 있니?
- 그 외에 어떤 장면들이 머릿속에 떠오르니?

② 이해 및 고찰을 돕는 질문

- 혜주가 말없이 외출했다가 늦게 돌아올 때까지 엄마는 무슨 걱정을 하셨을까?
- 혜주가 돌아왔을 때 엄마는 어떤 기분이었을까?
- 혜주가 복실이를 찾으러 다니다가 마침내 복실이가 가슴에 뛰어들었을 때 혜주는 왜 때리는 시늉을 했을까?

③ 기존의 해결 방법에 대한 다각적인 평가와 새로운 접근을 시도해 보게 하는 질문

- 복실이가 돌아오지 않았다면 혜주의 마음은 어땠을까?
- 복실이가 없어지는 사건 외에 혜주가 엄마의 마음을 이해할 수 있는 다른 방법은 무엇이 있을까?

④ 자기적용을 돕는 질문

- 너는 엄마에게 꾸중 듣거나 평소에 듣기 싫은 말이 있다면 어떤 게 있니? (8절지를 책 모양으로 절반으로 접어 한쪽에는 상황, 다른 한쪽에는 그에 따른 말을 적

는다.)

> 예) 학교에서 놀다가 늦게 들어왔을 때: "뭐하느라고 돌아다니다 이제 왔어?"
>
> 시험 성적이 나쁠 때: "넌 누굴 닮아 그렇게 머리가 나쁘니? ____좀 봐.
> 얼마나 잘하냐?" 등

- 네가 엄마라면 그와 같은 상황에서 어떻게 말할 것 같니?

(어린이가 원하는 말을 교사가 또는 어린이가 이미 써 놓은 말들 밑으로 다른
색깔 펜으로 나란히 적는다.)

⊗ 관련 활동

① 역할놀이

준비물: 앞치마, 머릿수건, 인형, 전화기 등

- 어린이가 혜주 엄마, 상담자(또는 다른 어린이)가 혜주 역할을 한다. 이때 엄마
  역할을 맡은 어린이는 보자기 등으로 머릿수건이나 앞치마를 하면 역할 몰입이
  더 쉽다. 단서가 되는 첫 해설과 중간 부분의 연결고리 해설은 교사가 한다.
- 시간과 상황에 따라 역할을 바꿔 다시 한 번 더 한다.

(혜주는 학교가 끝난 지 몇 시간이 지나도 돌아오지 않고 있다. 엄마는 여기 저기
찾아다니고 전화도 걸어본다.)

> 엄마: 애가 전화도 없이 어디 갔나? 여보세요? 수미네 집이죠? 거기 우리 혜주 안
> 왔나요?

(한편 혜주는 백화점에서 인형을 보다가 갑자기 집 생각이 난다).

> 혜주: 어머, 시간이 벌써 이렇게 됐나? 빨리 가야겠다.

(혜주와 엄마가 버스정류장에서 딱 마주친다)

> 엄마: 너 지금 몇 신 줄 아니? 정신이 있는 애니?
> 혜주: 엄마, 죄송해요. 깜박했어요.

- 질문: 혜주 엄마가 되어 보니 기분이 어땠니?

※ 엄마와의 관계에 문제가 있는 경우 당연히 부모상담을 병행하는 것이 효과적
  이다. 이 경우 아동의 기록을 기본 자료로 해서 역할놀이에서 엄마는 혜주 역
  할을, 상담자는 엄마 역할을 한다.

(6) 연관주제

가족(특수 및 위기 가족-맞벌이 가족)

마법의 설탕 두 조각

(1) 기본정보

저자: 미하엘 엔데 글/진드라 차페크

그림/유혜자 역

출판사: 소년한길(원작: 1991, 한국판: 2001)

전체쪽수: 91

ISBN 89-356-5279-2

장르: 환상동화

(2) 저자소개

미하엘 엔데(Michael Ende, 1929~1995)는 독일 남부 가르미슈 파르텐키르헨에서 초현실주의 화가 부부 사이에서 태어났다. 1960년 첫 작품 〈기관차 대여행〉을 발표한 이래로 환상문학의 고전이라 할 〈모모〉와 〈끝없는 이야기〉를 내놓음으로써 20세기 후반의 독일 청소년 문학을 풍요롭게 했다. 평생을 연극배우, 연극평론가, 연극 기획자, 저자로서 살다가 65세 나이로 사망하였다.

진드라 차베크(Jindra Capek)는 1953년 체코슬로바키아에서 태어나 스위스 취리히와 독일 프라이부르크에서 그림을 공부했다. 1977년부터 동화책에 그림을 그리기 시작했으며 2000년 IBBY Honor List 일러스트레이터 부문에 올라가는 영예를 얻었다. 오스카 와일드의 〈별아이〉와 러시아 전래동화 〈불새〉에도 그림을 그렸고 현재 프라하에 살고 있다.

(3) 줄거리

렝켄은 자신의 생각을 무시하고 명령만 하는 부모 때문에 요정을 찾아간다. 빗물의 거리에 있는 꼭대기 방에서 푸른 호수를 건너 만난 요정은 마법의 설탕 두 조각을 주는데 그것은 부모가 렝켄을 무시하거나 소리 지를 때마다 부모의 키를 절반으로 작아지게 한다. 마침내 부모가 손가락 크기만큼 작아지자 렝켄은 보호자를 잃었음을 깨닫게 된다. 마침내 바람의 거리에 있는 요정을 찾아가 부모를 다시 돌릴 수 있도록 이번엔 자신이 설탕조각을 먹는다. 힘들지만 부모의 원상복귀를 선택한 렝켄은 그 후 가족들과 터놓고 이야기함으로써 의사소통의 합의점을 찾게 된다.

(4) 글과 그림

저자는 현실-환상-현실의 연결고리를 흥미 있게 전개하고 있다. 현실의 사건으로 시작하지만 빗물의 거리, 바람의 거리, 여섯 손가락의 요정 등 비현실적인 환상의 세계를 등장시켜 아이의 억눌린 자아를 분출시킨다. 어른들의 압박에 시달리는 아이들의 정서를 정화시키면서 동시에 부모가 사라졌을 때 생길 수 있는 일 들을 제시함으로써 현실에 대한 자각을 함께 담고 있다. 테두리선을 쓰지 않은 세밀화 기법과 인물들의 기묘한 분위기의 표정이 동화의 환상적인 내용과 잘 어울린다.

(5) 관련 질문과 활동

☑ 관련 질문

① 전반적인 인식을 돕는 질문

- 어떤 부분이 제일 기억에 남니?
- 이 책을 읽고 나니 어떤 생각이 떠오르니?

② 이해 및 고찰을 돕는 질문

- 렝켄은 왜 요정을 찾아갔을까?
- 손가락 만하게 작아진 엄마, 아빠에게 고양이가 덤벼들었을 때 렝켄은 기분이 어땠을까?
- 렝켄이 손가락을 다치자 꼬마가 된 엄마, 아빠가 위험을 무릅쓰고 반창고를 발라 주었었지. 왜 그러셨을까?
- 마지막에 렝켄은 자신이 작아질 거라는 위험을 무릅쓰고 마법의 설탕을 삼켰어. 어떻게 그렇게 할 수 있었을까?

③ 기존의 해결 방법에 대한 다각적인 평가와 새로운 접근을 시도해 보게 하는 질문

- 마법의 설탕 아닌, 다른 방법으로 부모님에게 렝켄의 마음을 전한다면 어떤 방법이 있을까?

④ 자기적용을 돕는 질문

- 렝켄처럼 너도 엄마 아빠의 말 중에 정말 듣기 싫은 말이 있니? 어떤 말들이니?
- (아빠가 왜 작아졌는지 설명하려는데) 엄마가 '어린애가 뭘 안다고 그래?' 라고 말했을 때 네가 렝켄이라면 엄마와 아빠에게 뭐라고 말해 주고 싶니?
- 마법의 설탕 사건 이후 렝켄은 부모님 말씀을, 부모님은 렝켄의 말을 무턱대고 반대하지 않게 되었는데 그렇게 바뀐 렝켄의 집을 네가 별명을 붙여 준다면? (_____집)

⊘ 관련 활동

① 연극놀이

렝켄의 상황을 자신이 체험하면서 카타르시스와 문제해결 방법을 찾는다.

준비물: 마스킹테이프, 항아리, 보자기

교사 : 지금부터 렝켄이 찾아갔던 것처럼 요정을 찾아가 보는 거야. 먼저 요정에게 할 말을 카드에다 적어 보자.

아동 : ("엄마, 아빠의 이런 말, 이런 행동은 정말 싫어요" 카드에 자신의 불만을 적고 주머니나 옷 속에 넣는다.)

- 큰 사각형 형태로 붙인 마스킹테이프를 따라 빗물의 거리-푸른 호수-바람의 거리 – 꽁꽁 언 강 위 등을 교사와 아동들이 함께 지난다. 이때 상황설정을 하면서 지나가면 훨씬 활동이 흥미 있고 몰입이 잘 된다(예: 빗물의 거리에서는 "비가 정말 많이 온다", "우산이 날아갈 것 같아", "에구- 옷이 다 젖었네", "얘들아, 뭐가 보이니?" 등의 말들과 표정, 몸짓이 도움이 된다).
- 출발점에 다시 도착하면 "요정님"을 부르고 보조 교사(또는 교사)는 보자기를 쓰고 요정이 되어 들어온다. 아이들은 항아리에 준비한 카드를 넣는다. 이때 요정은 엄숙한 표정으로 그 항아리를 들고 교실 밖으로 사라진다. 다시 돌아온 교사는 현실의 교사가 되어 이야기 나누기를 한다.

교사 : "요정 잘 만났니? 이제 렝켄이 우리에게 보내온 상자를 뜯어보자"(그 안엔 빨간 카드통과 하얀 카드가 있다. 빨간 카드통에는 부모가 흔히 하는 유형의 잔소리가 적혀 있고, 하얀 카드 통에는 숨을 들이키고 한 번, 두 번, 세 번, 참은 다음 '제 생각은- '말하세요.' '저도 힘들어요, 명령하지 마세요' 등의 내용이 적힌 카드가 들어 있다.

- 교사가 빨간 카드 중 하나를 읽으면 어린이가 하얀 카드 하나를 뽑고 대답한다.

(6) 연관주제

나(자아존중감), 가족(일반 가족–아버지)

초등학교 고학년 어린이

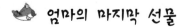 엄마의 마지막 선물

(1) 기본정보

저자: 문선이 글/고광삼 그림

출판사: 계림(2002)

전체쪽수: 155

ISBN 89-533-0291-9

장르: 사실동화

(2) 저자소개

문선이는 서울 출생으로 경희대 대학원 국어교육을 전공하였다. 문화일보 신춘문예와 눈높이 아동문학상에 동시가 당선되었고 2000년 MBC 창작동화 대상에 장편동화 〈나의 비밀 일기장〉이 당선되어 동화작가로 활동하기 시작했다. 그의 작품으로는 〈제키의 지구 여행〉, 〈나의 비밀 일기장〉, 〈양파의 왕따 일기〉 등이 있다.

고광삼은 1966년 전남 함평 출생으로 추계예술대 동양화과를 졸업하였다. 대표작으로는 〈종이비행기〉, 〈아버지를 찾아서〉, 〈겨울방〉, 〈하늘의 별은 몇 개일까?〉 등이 있다.

(3) 줄거리

수입은 별로 없지만 연극배우로서 열심히 살아가는 아버지와, 가계를 거의 책임지다시피하며 바쁘게 살아가는 분장사 어머니, 그리고 미진이와 어린 동생 민철은 이제 막 새집으로 이사를 하고 행복한 생활을 하게 된다. 일이 잘 풀려 어머니는 방송국의 전속 분장사로서 일도 하게 되고 아버지도 주연급 역할을 맡아 행복이 무르익어가는 즈음 어머니는 뇌종양이라는 불치병이 발견되어 병마와 싸우게 된다. 온 가족은 어머니의 병이 낫기를 학수고대하며 가족이 할 수 있는 최선을 다해 보지만 결국 어머니는 돌아가시게 된다. 어머니 자신이 30대에 돌아가신 친아버지의 젊은 모습밖에 기억할 수 없음을 아쉬워하면서 사후에라도 가족과 함께 늙어가는 자신의 모습을 남기 위해 자신의 50대, 60대, 70대의 모습을 직접 분장하여 찍어놓은 사진과 학자금 통장, 그리고 일기장을 유물로 남기고 세상을 떠난다.

(4) 글과 그림

이 글은 뇌종양이라는 암이 발견되어 병마와 싸우는 과정에서 어머니의 가족에 대한 사랑과 책임 그리고 헌신을 끝까지 이루기 위한 삶에 대한 의지, 사랑, 아픔, 분노, 가족의 소중함 그리고 헌신적인 아버지의 돌보심이 잘 표현되어 있다. 다른 초등학생과는 달리 엄마가 돌아가신 후 엄마의 빈자리를 잘 감당해 나가야 할 큰딸 미진에게 부과되는 여러 가지 역할과 철모르는 민철이의 투정 부리는 모습이 대조를 이루어 묘사된다. 이 책은 엄마의 역할과 존재에 대한 인식이 필요한 어린이에게 적합한 책으로 추천된다. 죽음 또는 투병 중이신 가족에 대한 이해가 필요한 어린이들을 대상으로 추천할 만한 책이다.

가족 간의 평범하면서도 은은한 사랑, 투병하는 어머니의 고통과 가족의 안타까움을 잘 반영하듯 전체적으로 어두운 황토빛과 가라앉은 분위기를 수채화와 파스텔톤으로 잘 묘사하고 있다. 각 인물의 표정과 몸짓에 대한 묘사가 그들의 심리상태를 잘 보여주고 있다.

(5) 관련 질문과 활동

☒ 관련 질문

① 전반적인 인식을 돕는 질문들

– 이 책을 읽고 미진이네 가족에 대해 어떤 느낌을 받았니?

② 이해 및 고찰을 돕는 질문들

– 미진이 엄마가 왜 세 장의 사진을 마지막 선물로 남겨주었을까?

- 미진이네 가족이 엄마의 존재를 가장 깊이 느꼈던 때는 언제이며 왜 그랬을까?

③ **기존의 해결방법에 대한 다각적인 평가와 새로운 접근을 시도해 보게 하는 질문**

- 만약 미진이 엄마가 돌아가시지 않고 계속 병중에 계셨다면 그 가족에게 어떤 일들이 생겨나게 될까?
- 아버지의 직업 때문에 외할머니와 사이가 나빠졌는데 아버지가 어머니를 극진히 간호하지 않았다면 어떻게 다시 좋은 관계가 되었을까?

④ **자기적용을 돕는 질문**

- 이와 같은 일이 너희 가족에게도 일어난 적이 있니?
  (가족 간의 사병을 경험한 어린이에게)
- 네 ○○가 돌아가신 후 가족이 가장 쉽고 빨리 정상적인 생활로 돌아갈 수 있는 일들은 무엇이 있을까?
- 너희 가족이 정말로 행복하기 위해 필요한 것은 무엇인가?
- 네가 만약 불치의 병으로 고통을 받는 시한부 인생이라면 네가 가족과 친구들에게 줄 수 있는 선물은 무엇인가?

⊗ **관련 활동**

① **생활선 만들어 보기**

- 한 직선위에 나의 10대, 20대, 30대, 40대, 50대, 60대, 70대까지의 인생계획과 모습 적어보기

② **나의 20대, 30대, 40대, 50대, 60대, 70대까지의 얼굴 분장해 보기**
  준비물: 아이펜슬, 수염, 돋보기안경, 중절모, 밀가루(흰머리 분장), 노인 복장과 소품(지팡이, 파이프 담뱃대) 등

③ **가족 건강진단 해 보기**

- 가까운 보건소나 건강진단센터에 가서 가족 모두가 건강진단을 받아보고 무관심했던 가족의 건강에 대해 서로 배려할 수 있는 일 찾아 실천하기

④ **비밀일기쓰기**

- 엄마에 대한 나의 감사한, 섭섭한 마음을 일기로 써 보고 시일이 지난 후 내가 이해하지 못했던 어머니의 행동과 나의 추측이 어떻게 같은지 다른지 대조해 보기

사건발생시

날짜	감사한 마음	날짜	시간이 지난 후 나의 마음의 변화
날짜	섭섭한 마음	날짜	시간이 지난 후 나의 마음의 변화
날짜	화가난 마음	날짜	시간이 지난 후 나의 마음의 변화

(6) 연관주제

질병과 죽음 그리고 생명(질병, 죽음), 가족(특수 및 위기 가족-맞벌이 가족)

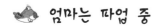 엄마는 파업 중

(1) 기본정보

저자: 김희숙 글/김상섭 그림

출판사: 푸른책들(2001)

전체쪽수: 176쪽 중 39~53쪽

ISBN 89-88578-37-6

장르: 사실동화

(2) 저자소개

김희숙은 1958년 전남 장성 출생으로 광주교대를 졸업하여 현재 초등학교 교사로 재직 중이다. 1995년 새벗문학상과 교육평론에 동화가 당선되어 저자로 활동하기 시작하였다. 그 외에 「교육평론」 신인상, 전주일보 신춘문예 등에 당선되었다. 대표작으로는 〈팽이치기 챔피언〉, 〈그리고 상수리 나무는〉, 〈오순이와 영이〉, 〈솔지의 꿈〉, 〈하늘나라에서 온 새〉, 〈형아지기〉 등이 있다. 〈엄마는 파업 중〉은 저자의 첫 창작동화책이다.

김상섭은 1963년 경남 밀양에서 태어나 홍익대학교에서 동양화를 전공하였다. 1990년부터 많은 단체전과 개인전을 가졌고 현재 경기도 양평에 살면서 좋은 그림을 그리기 위해 애쓰며 동화책의 그림을 그리고 있다.

(3) 줄거리

가족의 협조가 전혀 없이 다섯 식구의 살림을 맡아 하다 지친 엄마가 갑자기 집안일을 모두 거부하면서 은지네 아지트에 하루 종일 올라가서는 내려오지 않는다. 은지가 엄마처럼 동생들에게 잔소리를 하며 하루 동안 엄마의 역할을 대신해 보지만 엄마의 일은 만만치가 않다. 아빠도 집안일에 전혀 무관심하다가 모처럼 집에 일찍 들어와 된장국을 끓이지만 전혀 맛이 안 나고 집안은 엉망이 된다. 온 가족이 엄마의 일을 각자 도와드릴 것을 약속하며 협상하여 엄마는 파업을 중단하고 내려와 가족과 함께 지낸다.

(4) 글과 그림

초등학교 선생님이 그린 우리 아이들의 살아가는 이야기로 총 12편으로 이루어진 단편 동화집이다. 그중에서 〈엄마는 파업 중〉은 은지네 집에서 엄마가 갑자기 집안일을 모두 거부하면서 일어나는 은지네집 반나절 동안의 소동을 다루면서 그 속에 가사노동의 소중함과 가족의 협조문제를 재미있게 그리고 있다. 물과 공기가 그렇듯 가장 필요한 것은 평소 그 존재의 가치를 느끼기 힘들다는 평범한 진리를 가족들이 깨달아 가는 과정을 그렸다.

(5) 관련 질문과 활동

☑ 관련 질문

① 전반적인 인식을 돕는 질문

- 이 글을 읽고 무슨 생각이 들었니?

② 이해 및 고찰을 돕는 질문

- 엄마는 왜 파업을 했을까?
- 왜 엄마는 가족을 위해 하루 종일 고단하도록 열심히 일하셔야 하지?
- 왜 가족들은 평소에 고생하시는 엄마를 도우려는 생각과 노력을 하지 않는 걸까?

③ 기존의 해결방법에 대한 다각적인 평가와 새로운 접근을 시도해 보게
하는 질문
- 만약 엄마가 매일 집안 일이 귀찮다고 불평을 하신다면 우리집은 어떻게 달라
졌을까?

④ 자기적용을 돕는 질문
- 네가 엄마였다면, 아무 도움 없이 가정의 일을 매일 혼자 해야 할 때 어떻게 했
을까?
- 엄마가 집에서 하시는 일이 가장 고맙고 행복하게 느껴졌을 때는 언제이며 그
이유는 무엇인가?
- 너희들 엄마도 엄마가 하는 일을 그만두고 쉬고 싶다는 말씀을 하신 적이 있니?
- 엄마가 하시는 일이 이렇게 많은데 왜 우리는 그것을 전혀 못 느낄까?

⊗ 관련 활동
① 한 달에 한 번 가족 취미생활하기
- 영화, 연극, 미술관람, 유람선 타기 등 엄마를 즐겁게 해 드릴 수 있는 일을 찾아
엄마 즐겁게 해 드리기

② 엄마 휴가 보내기와 하루 주부되어 보기
- 한 달에 하루 엄마에게 휴가를 드리고 다른 식구들은 하루 동안 아침 식사준비
부터 저녁 청소까지 하루 주부되어 보기

③ 우리 가족이 함께 만드는 음식
- '재료 구매 → 재료 다듬기 → 요리하기 → 상차리기 → 설거지하기' 등 음식을
만드는 과정에서 각 사람마다 역할 분담하여 우리 가족의 공동 음식을 만들고
시식하기도 하며 서로의 수고 칭찬하기

④ 가정일 역할분담하기
- 쓰레기 버리기, 자기방 청소하기, 화장실 청소하기, 세탁기 돌리기, 옷 널고 개
기, 다림질하기, 설거지하기, 집안 먼지 떨기 등 가족이 할 수 있는 일의 목록을
만들어 역할 분담하기

(6) 연관주제

사회문제의 이해(성 편견, 직업의식)

2) 아버지

아버지의 역할은 한 가정의 가족형태, 부부관계의 역할이나 권력구조를 좌우하는 축이 된다. 최근 핵가족화된 부부중심의 가족형태에서 편모가정, 이혼가정, 빈곤가정 등 아버지 부재 또는 아버지 역할이 오히려 약소화되는 가족이 날로 늘어가면서 성장기 어린이들은 그들의 바람직한 성역할 수행과 사회화를 학습하기 위해 바람직한 아버지의 역할과 모델을 필요로 한다(Beaty, 1993).

유아

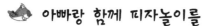 아빠랑 함께 피자놀이를

(1) 기본정보

저자: 윌리엄 스타이그 글, 그림/박찬순 역
출판사: 보림(원작: 1998, 한국판: 2000)
전체쪽수: 31
ISBN 89-433-0407-2
장르: 그림책(사실동화)

(2) 저자소개

윌리엄 스타이그(William Steig)는 1907년 미국 뉴욕의 예술가 집안의 태생의 뛰어난 만화작가로서, 그림책 저자로 명성을 얻었다. 뉴욕 시립대학과 국립디자인 아카데미 등에서 공부하였으며 60년을 넘는 오랜 기간 동안 주간지 「뉴요커」에 그린 카툰은 전 세계 만화가들에게 큰 영향을 끼쳤고 목각저자로도 유명하다. 60세에 이르러 어린이책을 만들기 시작했는데 경쾌한 문장과 치밀한 캐릭터 구성, 유머감각이 돋보이는 작품을 여럿 출간하였다. 대표작 〈실베스터와 요술 돌맹이〉, 〈멋진 뼈다귀〉 등으로 칼데콧 상을 수상하였으며 〈아빠랑 함께 피자놀이를〉은 28번째 작품으로 딸 매기와 함께 놀던 이야기를 옮긴 것이다.

(3) 줄거리

비 때문에 밖으로 놀러나갈 수 없어 우울해 하는 피트에게 아빠는 몸으로 하는 피자놀이를 시작한다. 반죽을 굴리고 반죽을 늘이고 반죽을 돌리며 땀띠 파우더와 물을 밀가루와 기름처럼, 장기 말을 토마토로 종이조각을 치즈처럼 뿌린다. 오븐(사실은 소파 위)에 구웠다가 피자를 테이블로 안고 와 썰어야겠 다고 하자 이번엔 피자가 굴러가는 게 아닌가? 그새 날씨가 개어 피트는 밖으 로 놀러 나간다.

(4) 글과 그림

저자의 놀이체험을 소재로 한 간결한 문장이 상상력을 북돋운다. 검정 선으 로 윤곽을 처리하고 수채화로 거실 및 집안의 바닥 무늬만을 배경으로 처리하 여 인물들이 부각되고 표정의 변화가 잘 드러난다.

(5) 관련 질문과 활동

☒ 관련 질문

① 전반적인 인식을 돕는 질문
- 이 책에서 어디가 제일 재미있었니? 왜 그렇게 생각하니?

② 이해 및 고찰을 돕는 질문
- 피트의 아빠는 왜 피자놀이를 시작했을까?

③ 기존의 해결 방법에 대한 다각적인 평가와 새로운 접근을 시도해 보게 하는 질문
- 피자놀이 말고 피트가 집안에서 아빠랑 어떤 놀이를 할 수 있을까?

④ 자기적용을 돕는 질문
- 너는 아빠랑 어떤 놀이를 해 봤니? 그중에 뭐가 제일 재미있었니?
- 너는 언제 '아빠가 날 사랑하는구나' 라고 알 수 있니?
- 너는 '아빠 사랑해요' 라고 느낄 때 어떻게 표현하니?

⊗ 관련 활동

① 내가 누군지 알아 맞혀 보기(책을 소개하기 전에 도입으로 하는 활동)

- "내가 누군지 알아 맞혀 보세요. 난 동그래요. 난 먹는 거예요. 나눠 먹으면 더 맛있어요. 조각으로 먹어요. 콜라랑 먹으면 더 맛있어요. 난 누구일까요?"

② 난 둥글둥글 피자예요.
- 그림책에 소개된 내용을 기본으로 교사(또는 아빠)와 함께 몸으로 피자 만들기를 한다.
- 테이블에 유아를 눕히고 교사(또는 아빠)가 반죽을 굴리고, 늘리고, 돌리고 종이조각을 뿌리고... 오븐에 굽고(책상 밑 등의 공간에 들어감)
- 피자 이름 붙여 팔러다니기: 유아를 안고 다니며 집안 식구들에게 "피자 사세요, 동글 몽실 피자 사세요."라고 외친다(전래놀이 중 '똥장군 사세요' 놀이를 응용한 것).

(6) 연관주제

나 (자아존중감)

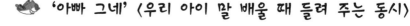

✿ '아빠 그네' 〈우리 아이 말 배울 때 들려 주는 동시〉

(1) 기본정보

저자: 윤석중 글/이수정 그림
출판사: 삼성출판사(1999)
전체쪽수: 95쪽 중 62~63쪽
ISBN 89-15-01925-3-74810
장르: 동시

(2) 저자소개

윤석중은 1911년 5월 25일 서울 출생으로 호는 석동(石童)이며, 양정고보를 거쳐 일본 조오치대학 신문학과를 졸업하였다. 동요 '봄'이 「신소년」에, 동요 '오뚜기'가 「어린이」지에 입선(1924)됨으로써 문단에 데뷔하였으며 「어린이」, 「소학생」 등 아동잡지에 수많은 동요와 동시를 발표하였다. 3·4조, 7·5조의 민요풍 작품을 써 한국 동요, 동시 발전에 크게 이바지하였고 1956년 '새싹회'를 창립하여 소파상, 장한 어머니상, 해송동화상, 새싹문학상 등을 제정하였다. 한국문인협회 아동문학분과 위원장(1949), 민족문화협회 이사 및 한글분과 위원장, 한국문협 이사, 난파 기념사업회 이사장, 한국아동재단 이사 등을 역임하였고, 3·1문화상 예술부문상(1960)과 문화훈장(국민장), 대한민국문학상 등을 수상하였다. 작품으로는 동시 '봄 나들이', '키 대보기', '똑같아요', '앞으로 앞으로', '지구 마을' 등 다수가 있으며 〈윤석중 전집 30권〉(웅진출판, 1988)에 많은 작품이 실려 있다.

(3) 내용

아빠그네

윤석중

아빠 그네 타고 가기
나는 나는 좋아요

먼 데를 볼 수 있어
나는 나는 좋아요

다리가 안 아파서
나는 나는 좋아요

신에 흙이 안 묻어서
나는 나는 좋아요

내가 내가 이 다음에
아빠보다 더 커지면

내가 내가 아빠를
그네 태워 드릴 테야

(4) 글과 그림

유년기에 경험하는 아빠와의 놀이를 그네타기로 재미있게 나타냈다. 커다란 아빠와 조그만 나비 같은 아이의 모습이 부드럽고 따뜻한 분위기의 유화로 잘 나타나 있다.

(5) 관련 질문과 활동

☒ 관련 질문

① 전반적인 인식을 돕는 질문

- 이 시를 읽으니까 무엇이 생각나니?
- '아빠' 하면 제일 먼저 무엇이 떠오르니?
- 아빠그네 타 본 적 있니? (있다면) 그때 기분이 어땠니?

② 이해 및 고찰을 돕는 질문

- (아빠 목말 탄 그림을 보이면서) 아빠가 뒤돌아보며 아이에게 뭐라고 말하는 것 같니?
- (아빠그네 타는 그림을 보이면서) 이 아이가 말을 한다면 뭐라고 말할 것 같니?

③ 기존의 해결 방법에 대한 다각적인 평가와 새로운 접근을 시도해 보게 하는 질문

- 만약 아빠가 그네를 태워 줄 수 없다면 아빠에게 무엇을 해달라고 할 수 있을까?

④ 자기적용을 돕는 질문

- 네가 커서 어른이 되면 어떤 아빠가 되고 싶니?
- 아빠에게 하고 싶은 말이 있니? 어떤 것이니?

  (아빠에 대한 두려움 등으로 유아가 방어나 저항을 나타내는 경우는 '아빠가 보면 꼭 그대로 할 수밖에 없는 마법의 상자가 있다면 그 안에 어떤 쪽지를 넣고 싶니?' 등으로 완곡하게 물을 수도 있다('특수 및 위기 가족' 중 〈혼자 있을 때〉 관련활동 ① 참조)

☑ 관련 활동

① 아빠랑 놀기

(아빠와 함께) 아빠그네, 비행기, 방아타기, 서울 구경, 무등타기 등을 한다.

② 아빠와 닮은 곳 찾기

- 아빠와 나의 닮은 점을 찾아 적어 본다(신체특징, 이름의 성, 버릇, 식성 등)

(6) 연관주제

나 (자아존중감)

초등학교 저학년 어린이

 우리 아빠는 내 친구

(1) 기본정보

저자: 노경실 글/심은숙 그림

출판사: 시공주니어(2002)

전체쪽수: 89

ISBN 89-527-2313-9

장르: 사실동화

(2) 저자소개

노경실은 1958년 서울 출생으로 서울예술전문대학 문예창작과를 졸업했다. 1982년 중앙일보 소년중앙문학상에 동화 〈누나의 까만 십자가〉가 당선되면서 동화를 쓰기 시작했고, 1992년에 〈오목렌즈〉로 한국일보 신춘문예 소설 부문에 당선되면서 저자로서의 자리를 굳혔다. 작품으로 〈아버지와 아들〉, 〈지하철을 탄 천사〉, 〈상계동 아이들〉, 〈동화책을 먹은 바둑이〉, 〈천사야 울지마〉 등이 있다.

심은숙은 1971년 서울에서 태어나 숙명여자대학교에서 회화를 전공했다. 〈보리 아기 그림책〉, 〈여우 누이〉 등에 그림을 그렸고, 공연에 쓰이는 영상 동화 작업도 계속하고 있다.

(3) 줄거리

현호가 들려주는 다섯 가지 이야기이다. 목욕탕에 가서도 잠자기 바쁜 아빠, 어쩌다 아침 달리기를 한 번 하고는 다음 날 회사도 못 가는 아빠, 현호와 라면 먹기 시합을 해 주는 아빠, 게다가 엄마에게 "당신이 고작 초등학교 2학년짜리 친구밖에 안 돼요!"라는 야단을 맞기도 하는 아빠와 아들은 진정한 우정을 나누는 친구가 된다.

(4) 글과 그림

현호 아빠의 모습도, 현호의 모습도, 가족들의 모습도 어느 집 일상과 다르지 않아 많은 공감을 자아낸다. 경쾌한 글쓰기와 아이다운 글쓰기가 돋보이며, 현호와 현호 아빠 이야기가 유쾌하다. 빠른 이야기 전개와 재치 있는 묘사, 잔잔한 감동이 잘 어우러졌다. 주인공 현호가 아빠의 사랑을 확인하는 과정이 잘 표현되고 있는 작품이다.

(5) 관련 질문과 활동

☑ 관련 질문

① 전반적인 인식을 돕는 질문

- 현호와 아빠의 이야기를 읽고 나서 어떤 생각이 드니?
- 현호의 이야기를 읽으면서 그 가족에게 붙여주고 싶은 별명이 있다면 무엇이니?

② 이해 및 고찰을 돕는 질문

- 현호가 아빠와 닮은 점은 어떤 것일까?
- 현호와 아빠는 어떻게 그렇게 친한 친구가 될 수 있을까?

③ 기존의 해결방법에 대한 다각적인 평가와 새로운 접근을 시도해 보게 하는 질문

- 현호 아빠의 어렸을 때 모습은 어떠했을까? 현호와 비슷한 점은 어떤 것일까?
- 현호가 아빠와 함께 할 수 있는 것은 어떤 것들이 있을까?

④ 자기적용을 돕는 질문

- 네가 아빠가 된다면 너는 아이들과 어떤 것들을 할 수 있을까?
- 아빠와 함께 잘 할 수 있는 것은 무엇이니?
- 그중에서 아빠와 함께 내가 하고 있는 것은 무엇이니?
- 그중에서 아빠와 내가 못하고 있는 것은 무엇이니?

☺ 관련 활동

① 아빠를 위해 할 수 있는 일 적어보기

- 아빠가 우리 집과 우리 가족을 가장 편안하게 생각하며, 편안하게 쉴 곳, 많은 일과 사람들로 힘든 마음을 위로받을 수 있는 곳으로 만드는 방법에는 어떤 것

이 있을지 적어본다.

- 내가 할 수 있는 일 _____

- 우리 가족이 함께 할 수 있는 일 _____
  _____

(일주일에 한 가지씩 실천하기, 실천하지 못했다면 어떤 규칙을 적용할 것인지
도 이야기를 나누며 규칙을 적어 본다)

② 아빠에게 사랑이 가득 담긴 편지 써보기

- 책을 읽고 나서 아빠에게 하고 싶은 말을 편지로 쓴다.

잔소리 해방의 날

(1) 기본정보

저자: A. 노르덴 글/A. 핀케넬레 그림/
경기대학교 아동-청소년 문학연구실 역

출판사: 온누리(원작: 1981, 한국판: 1997)

전체쪽수: 95

ISBN 89-8367-010-X

장르: 사실동화

(2) 저자소개

A. 노르덴(Annemaie Norden)은 베를린 태생으로 경제학을 전공하였고,
1954년부터 단편소설과 아동도서를 집필하였다. NDR의 어린이방송과 교육
방송에서 일하였으며 1960년부터 함부르크에서 프리랜서 저자로 활동하고
있다. 대표작으로는 〈잔소리 해방의 날〉, 〈그 애는 멍청하지 않아〉, 〈안나가
사라졌을 때〉 등이 있다.

(3) 줄거리

매일매일 부모님으로부터 잔소리를 듣고 산다고 생각하는 푸쉘은 부모님께 잔
소리 해방의 날을 달라고 부탁한다. 그 날은 엄마 아빠가 푸쉘의 모든 것에 대해

참견을 하면 안 되는 날이다. 마침내 잔소리 해방의 날이 오고 푸쉘은 마음대로 일을 벌인다. 그러나 그 날을 보내며 엄마 아빠 잔소리의 의미를 깨닫게 된다.

(4) 글과 그림

부모님의 잔소리를 지겨워하여 잔소리 해방의 날을 원하는 주인공 푸쉘의 말과 행동이 흥미롭게 보여지고 있는 작품이다. 잔소리 해방의 날 하루 동안에 일어난 사건들이 시간순서대로 자세하게 서술되고 있다. 푸쉘의 말과 행동은 푸쉘의 뒤를 쫓아가면서 보고 있는 듯 하다.

(5) 관련 질문과 활동

☑ 관련 질문

① 전반적인 인식을 돕는 질문

- 이 책의 주인공인 푸쉘은 잔소리 해방의 날을 어떻게 보냈는지 책 내용을 생각해 보며 얘기해 보자.
- 〈잔소리 해방의 날〉 이라는 이 책의 제목을 보았을 때 어떤 느낌이 들었니?

② 이해 및 고찰을 돕는 질문

- 푸쉘의 부모님이 자주 하는 잔소리는 무엇이니?
- 왜 푸쉘 부모님은 그렇게 많은 잔소리를 하실까?
- 잔소리 해방의 날을 보낸 푸쉘의 느낌은 어떠했을까?

③ 기존의 해결방법에 대한 다각적인 평가와 새로운 접근을 시도해 보게 하는 질문

- 잔소리 해방의 날이 없었다면 푸쉘이 잔소리에서 해방될 수 있는 방법은 어떤 것이 있을까?
- 잔소리 해방의 날이 없었다면 푸쉘은 과연 부모님의 잔소리의 참 의미를 깨달을 수 있었을까? 없었다면 다른 방법은 무엇이 있을까?

④ 자기적용을 돕는 질문

- 왜 부모님들은 우리에게 잔소리를 하실까?
- 부모님이 너에게 자주 하시는 잔소리는 무엇이니? 그때 너의 기분은 어떠니? 우리 부모님의 마음은 어떠실까?
- 네가 부모라면 자식에게 어떻게 대할 수 있을까?

- 부모님께서 너에게 잔소리를 딱 한 가지만 하신다면 어떤 말이 듣고 싶으니?

☉ 관련 활동

① 잔소리 해방의 날에 하고 싶은 일 적어보기/그려보기

- 잔소리 해방의 날에 하고 싶은 일 다섯 가지를 적어보세요(그려보세요).

② 부모님께 쪽지 보내기

- 부모님께 부탁하고 싶은 말, 하고 싶은 말 다섯 가지를 적어보세요.

③ 잔소리하는 부모가 되어 볼까요?(아동-부모, 선생님-아동)

- 아동은 부모, 선생님은 아동이 되어 주변에서 일어나는 실제 상황들을 재현해 본다.

부모 : 저녁에 군것질 많이 했으니까 잘 때 이 닦고 자라.

아동 : 또.. 잔소리.. 몰라요. 귀찮아요. 그냥 잘 거예요.

부모 : 나중에 치과 다니면서 고생하려고 그래? 지금 귀찮은 건 잠깐이지만, 지금 이를 닦지 않아서 나중에 이가 아파 치과에 다니는 건 정말 훨씬 귀찮은 일이야.

아동 : 정말, 그런 잔소리 좀 그만 하세요. 그만!!!!(귀를 막는다.)

부모 : 우리라고 너한테 '이래라, 저래라', 하는 게 재미있어서 그렇겠니? 그렇게 하지 않으면, 네가 어떻게 되겠어?

- 부모님의 잔소리가 없다면 어떻게 될까요? 이야기를 나누어 보세요. 이야기를 나눈 후 글과 그림으로 표현해 보세요.

(6) 연관주제

가족(일반 가족-어머니)

초등학교 고학년 어린이

 '아버지의 구두'〈시를 찾는 아이들〉

(1) 기본정보

저자: 박윤호 편/이아름 · 황혜전 그림

출판사: 프로방스(2002)

전체쪽수: 196쪽 중 118~119쪽

ISBN 89-89239-18-4

장르: 동시

(2) 저자소개

박윤호는 대구사범학교 본과와 영남대학교 법과를 졸업하고 계명대학교 교육대학원에서 유아교육을 전공하였다. 초등학교 교사와 유아담당 장학사로 근무하였고 1997년 계성초등학교 교장으로 재직하였다. 그의 저서로는 〈유치원 장학이야기〉, 〈유치원〉, 〈유아교육 이야기〉 등이 있다.

이아름과 황혜전은 홍익대 대학원에서 그림을 전공하고 있는 미술학도이다.

(3) 내용

아버지의 구두

박윤호

바쁘고 고된 일이
먼지가 되어 묻어 있는
아버지의 구두를 닦는다

아버지의 구두에 손을 넣는다
우리 집 식구들 무게가 얹혀
크고도 무겁다

솔질을 한다
구두약을 바른다

아버지가 딛고 다닌 하루가
반질반질 윤이 나도록
정성을 다해 닦는다

땀이 나는 내 얼굴을 비춰 본다
거기, 환히 웃으시는
아버지의 얼굴이 보인다

그러기에
구두에서 묻어나는
아버지의 발 냄새도 싫지 않다

식구들 신발과
나란히 놓는다

윤이 나는 아버지의 구두가
자랑스럽고 미덥기만 하다.

(4) 글과 그림

　가족에 대한 아버지의 아낌없는 사랑을 구두를 닦으며 가슴으로 느끼는 자녀의 감사한 마음을 세심하고 애잔하게 그린 시이다. 단 한 편의 배경 그림이지만 아버지의 사랑을 담아 땀이 나도록 거울처럼 반짝거리게 닦은 구두 앞머리에 비친 소년의 모습에서 가족을 위하는 아버지의 사랑에 대한 진심어린 자녀(아들)의 행복에 찬 감사의 얼굴을 잘 들여다 볼 수 있다.

(5) 관련 질문과 활동

　☑ 관련 질문

　① 전반적인 인식을 돕는 질문

　　– 이 시를 읽고 무슨 생각이 드니?

　② 이해 및 고찰을 돕는 질문

　　– 왜 아버지는 가족을 위해 하루 종일 고단하도록 열심히 일하셔야 하지?

　　– 왜 주인공은 아버지의 구두를 닦으면서 발 냄새가 싫지 않고 오히려 자랑스러웠을까?

　③ 기존의 해결방법에 대한 다각적인 평가와 새로운 접근을 시도해 보게 하는 질문

　　– 주인공이 만약 아버지 구두에서 나는 발 냄새를 견디지 못해 불평을 했다면 상황은 어떻게 달라졌을까?

　　– 아버지가 가장 왜소해 보이고 부끄럽게 생각될 때는 언제이며 그 이유는 무엇인가?

　④ 자기적용을 돕는 질문

　　– 아버지 구두를 닦아 본 적이 있니? 그때 기분이 어떠했니?

　　– 아버지의 가족에 대한 헌신을 가장 깊이 느낄 때는 언제이며 왜 그럴까?

　　– 네가 주인공이었더라면 아버지를 위해 할 수 있는 일이 무엇일까? 그때 아버지는 어떻게 하실까?

– 정말 힘들 때도 아버지의 사랑 때문에 참을 수 있던 일은 무엇인가? 또한 아버지를 너무나 사랑하지만 이것만은 절대 용서할 수 없다고 생각하는 것이 있니? 있다면 무엇이니? 왜 용서할 수 없니?

– 네가 아버지와 닮고 싶은 모습과 그렇지 않은 모습은 어떤 것이며 왜 그런가?

⊗ 관련 활동

① 가족 우체통 만들기

– 가족 간에 서로 표현하고 싶은 이야기들을 편지로 써서 가족이 모두 잘 볼 수 있는 우체통을 만들어 주고받기

② 사랑의 우편배달부

– 주말에 가족이 함께 모이는 시간에 가족 중 한 사람이 사랑의 우편배달부가 되어 가족우체통에 모인 편지를 한꺼번에 모아 각 가족에게 배달한다. 각자 자기에게 온 편지를 읽고 반드시 일주일 안에 답장을 써서 그 다음 주일 우편배달부가 수거할 수 있도록 우체통에 넣어놓는다.

③ 우리 가족이 함께 할 수 있는 여가활동

– 가족여행을 떠나고 싶은 곳의 목록과 정당한 이유 만들기

– 우리 가족이 함께 할 수 있는 여가활동의 연간계획 짜보기

– 가족이 함께 짠 목록과 스케줄에 따라 주말 또는 시간이 있는 날 언제라도 가족 모두 도시락을 싸서 가까운 시외로 나가 가족여행하기

– 여행 전후의 가족 간의 사랑과 의사소통 등 변화에 대해 이야기 나누기

– 다음 여가활동을 위해 서로가 주의하고 배려해야 할 점 기록하여 나누기

(6) 연관주제

사회문제에 대한 이해(경제)

🐚 **구슬이네 아빠 김덕팔 씨**

(1) 기본정보

저자: 소중애 글/손창복 그림

출판사: 대교출판(2002)

전체쪽수: 207

ISBN 89-395-1442-4

장르: 사실동화

(2) 저자소개

소중애는 1952년 충남 서산 출생으로 현재 초등학교 교사로 재직 중이다. 1976년 「교육자료」에 이원수 선생의 동화추천으로 문단에 나와 해강아동문학상, 한국 아동문학상 등을 수상하였다. 대표작으로는 〈개미도 노래를 부른다〉, 〈개구쟁이 일기〉, 〈아빠의 가르침〉, 〈햄스터 땡꼴이의 작은 인생이야기〉, 〈천사와 드래곤〉 등이 있다. 〈구슬이네 아빠 김덕팔 씨〉는 문화관광부 추천도서이기도 하다.

(3) 줄거리

농촌 마을 서림리에 실속 없이 인정만 많아서 남의 일을 돕느라 분주한 김덕팔 씨네는 순상, 순애, 그리고 야무진 막내 구슬이와 엄마가 소박하고 행복하게 산다. 늘 가계가 넉넉지 못해 고생하는 동생을 불쌍히 여기는 구슬이네 외삼촌과 주위의 도움을 거부하고 사는 남편의 자존심 때문에 외삼촌과 사이가 좋지 않은 남편을 이해하며 살려는 구슬이 엄마, 자녀들 앞에 돈과 실속이 없어도 아버지로서의 위상을 잃지 않기 위해 허풍이랄 만치 위세를 부리려는 아버지의 허전한 몸부림이 잘 묘사되어 있다. 그리고 그런 아버지를 인정하며 따르는 소박하고 평범한 한 농촌의 자녀의 모습이 잘 드러난다. 모처럼 중고 경운기를 몰고 우여곡절 끝에 뜨거운 여름날 바닷가에 놀러간 순애네 가족의 하루의 고단함과 행복함을 통해 가족간의 사랑과 이해 그리고 서로 서로를 아끼는 모습이 잘 묘사되어 있다.

(4) 글과 그림

터덜터덜 뜨거운 프라이팬 같은 경운기를 타고 바닷가에 놀러간 구슬이네 가족의 소탈한 행복과 즐거움이 여러 사건들을 통해 위기를 맞는다. 그러나 그 과정 속에 가족들을 서로 이해하며 인정하는 가족 간의 사랑과 결국 아버지의 자리를 지키려는 아버지 자신과 그 노력을 인정하고 세워 주는 가족의 모습이 잘 드러난다.

(5) 관련 질문과 활동

☒ 관련 질문

① 전반적인 인식을 돕는 질문

- 이 글을 읽고 구슬이 아빠를 생각하면 어떤 생각이 떠오르니?
- 왜 사람들은 구슬이 아빠를 '덕팔'이라고 불렀을까?

② 이해 및 고찰을 돕는 질문

- 구슬이네 아빠의 직업은 무엇일까?
- 왜 순상이는 아버지에게 늘 불만을 가졌을까?
- 구슬이네 아빠가 특별한 직업이 없는데도 항상 멋쟁이로 바쁘신 이유는 왜일까?

③ 기존의 해결방법에 대한 다각적인 평가와 새로운 접근을 시도해 보게 하는 질문

- 구슬이네 아빠가 만약 경운기를 타고 바다에 가다가 경운기로 고생한 것을 후회하고 외삼촌 차를 타고 편안히 바다에 갔다면 바다 여행은 어떻게 달라졌을까? 또 아버지가 만난 고향 친구를 반갑게 맞아서 그 모텔에서 온 가족이 잤더라면 구슬이네 가족 여행은 어떻게 달라졌을까?
- 아버지가 평소 가정일에 성실하고 책임 있게 가계를 위해 애쓰셨다면 이 가정의 모습은 어떻게 달라졌을까?

④ 자기적용을 돕는 질문

- 우리 아버지가 만약 구슬이 아빠라면 우리 가족은 어떻게 살고 있을까? 그리고 아버지를 어떻게 대할까?
- 가족이 모두 행복하기를 바라는 아버지의 마음은 다 같을 것이다. 그렇지만 정작 고생을 하는 가족을 볼 때 아버지의 마음은 어떨까? 그런 아버지를 위로할 수 있는 말은 무엇일까?

⊗ 관련 활동

① 아버지와 편지 주고받기

- 아버지에게 감사하는 마음을 편지로 써서 아버지에게 드리고 아버지 답장받아보기

② 아버지가 가족을 위해 하시는 일의 목록을 만들어 오고 아버지께 감사하기

③ 아버지 안마해 드리기

(6) 연관주제

　　사회문제에 대한 이해(경제), 가족(일반 가족-어머니, 형제)

3) 형제

　　형제자매들은 빈번한 언어-사회적 상호작용을 통해 강한 결속감을 갖게 되고 서로의 성장 발달에 중요한 영향을 미치게 된다. 그러나 형제자매간에도 갈등과 경쟁심을 볼 수 있다. 부모의 인정을 서로 받으려 한다든지, 부모의 편애와 일관되지 못한 양육태도로 형제들을 서로 비교하여 형제 자매간의 갈등을 고조시키게 되므로 부모의 공평하고 명확한 규범과 양육태도가 필요하다. 나이든 형, 누나 때문에 늘 손해를 본다든지, 또는 아기 동생을 돌보는 경우, 어린이들은 이야기 속에서 만난 인물과 사건들을 동일시하거나 자신과 유사한 갈등을 겪고 있는 타인들을 지각함으로써 자신의 문제를 좀더 객관화시켜 문제해결의 실마리를 얻을 수 있게 된다.

유아

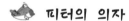 **피터의 의자**

(1) 기본정보

　　저자: 에즈라 잭 키츠 글, 그림/이진영 역
　　출판사: 시공사(원작: 1967, 한국판: 1995)
　　전체쪽수: 33
　　ISBN 89-7259-200-5
　　장르: 그림책(사실동화)

(2) 저자소개

　　에즈라 잭 키츠(Ezra Jack Keats)는 1916년 뉴욕에서 태어나 1983년에 사망했다. 뉴욕 브룩클린 빈민가에서 식당 급사의 아들로 태어난 키츠는 가난해서 정규 미술교육을 받지 않고 독학으로 화가의 꿈을 키워나갔다. 키츠에게는 도서관에 꽂혀 있는 책들이 유일한 선생님이었다. 1946년에 한 잡지사에서 일하게 되면서 일러스트레이터로 첫발을 내디뎠으며, 1962년 자신이 쓰고 그린 〈눈 오는 날〉을 발표하여 어린이 그림책 계에 일대혁명을 일으킨다. 흑인 꼬마가 주인공으로 등장한 최초의 그림책이었고, 아이의 일상생활을 있는 그대로 표현하였으며 화법도 혁신적인 것이었다. 그는 백인이지만 작품에는 항상 흑인 꼬마를 주인공으로 등장시키는데 그것은 인종문제에 민감해서라기보다 전형적인 서민의 일상을 그대로 표현하기에 알맞기 때문이었다. 아이들을 사랑했던 일러스트레이션의 혁명가로 불리우는 그는 〈눈 오는 날〉로 칼데콧 상을 수상했으며, 그 외에 〈피터의 의자〉, 〈휘파람을 불어요〉, 〈아파트 3호실〉, 〈편지〉 등의 대표작이 있다.

(3) 줄거리

피터는 여동생 수지가 태어난 이후 큰 소리로 놀지도 못 하고 자신이 쓰던 물건과 가구들이 동생 것으로 바뀌는 것을 보고 심술이 난다. 마지막 남은 가구인 어릴 적 쓰던 의자를 빼앗기기 싫어 가출을 시도하지만 그 의자는 자신이 앉기엔 이제 너무 작다는 것을 깨닫는다. 창문으로 엄마가 부르자, 못이기는 척 들어간 피터는 자신의 의자를 동생에게 주자고 제안하게 되고 아빠와 함께 즐겁게 의자에 분홍페인트를 칠한다.

(4) 글과 그림

오빠가 쓰던 물건을 동생에게 물려주기 위해 손질을 하는 상황이 전형적인 서민 가정의 모습을 담고 있다. 부모가 부르면 들릴 만한 위치인 창문 바로 밑에 자신의 공간을 만드는 것이나 커텐 밑으로 신발만 놓고 살짝 속임수를 쓰는 장면에서 사랑과 관심을 받고 싶어 하는 유아의 욕구가 드러난다. 또 의자가 이미 자기에게는 너무 작아져 버렸다는 것을 깨닫고 분홍칠을 해 가는 과정은 동생을 본 유아들이 갖는 심리적 박탈감에서 벗어나 현실에 대한 자각, 나아가 형으로서의 역할을 찾아가는 건강한 심리적 발달이 잘 나타나 있다. 유화를 기본으로 벽지, 색종이, 신문지, 레이스 등을 콜라주 기법을 써서 다양한 질감을 나타냈으며 채색 위주의 기존의 그림과는 달리 자유롭고 장난스러운 느낌을 주고 있다.

(5) 관련 질문과 활동

☑ 관련 질문

① 전반적인 인식을 돕는 질문

- 이 책을 읽은 후 느낌이 어떠니?
- 피터는 처음과 나중에 기분이 어떻게 달라졌니?

② 이해 및 고찰을 돕는 질문

- 피터는 처음에 왜 의자를 가지고 밖으로 나갔을까?
- 나중에 피터가 의자를 분홍색으로 칠할 때 기분이 어땠을까?

③ 기존의 해결 방법에 대한 다각적인 평가와 새로운 접근을 시도해 보게 하는 질문

- 만약 피터가 끝까지 의자를 주지 않겠다고 했다면 어떤 일이 일어났을까? 그때 엄마와 아빠의 기분은 어땠을까?

④ 자기적용을 돕는 질문

- 피터의 의자처럼 너에게도 네가 커버려서 쓸 수 없게 된 물건이 있니? 어떤 것이니? 그 물건을 어떻게 쓰면 좋을까?
- 너에게 동생이 태어나서 좋은 점은 무엇이니? 싫은 점은 뭐니?
- 네가 동생을 도와줄 수 있는 것에는 어떤 것이 있을까?

✓ 관련 활동

① 피터가 되어 보기

처음엔 어린이가 피터역을, 교사가 부모역할을 하고 이 활동이 잘 이루어지면 다음엔 어린이가 부모가 되고 교사가 피터역을 맡는다(실제 부자지간에 할 수도 있다). 상황은 책의 내용 중에서 피터와 부모간의 갈등요소가 있는 것으로 택한다. 해설은 교사가 한다.

상황 1)

예 해설: 어느 날 피터가 밖에서 돌아와 보니 깜짝 놀랄 일이 벌어지고 있었어요. 아빠가 피터의 침대에다 분홍페인트를 칠하고 있지 뭐예요? 피터에게 물어 보지도 않고 말이에요. 피터는 버럭 화가 났어요.

피터 : 아빠, 그건 내 침대예요.

아빠 : 안다. 하지만 이제는 안 쓰잖아?

피터 : 그래도, 물어보지도 않고 동생 주면 어떡해요?

아빠 : 형제끼리 같이 쓰면 좋지 않겠니? 또다시 안 사도 되니까 돈도 절약할 수 있어.

피터 : 그래도 내 건데. 아빠는 아기만 좋아하시죠?

아빠 : 아니, 아기는 어려서 더 보살펴 줘야 하니까 그렇지.

피터 : 할머니랑 엄마랑 모두 아기만 쳐다보는 것 같애.

아빠 : 피터야, 네가 어렸을 때도 마찬가지였어. 네가 어렸을 적 사진을 보면 우리 가족이 널 보며 얼마나 좋아했는지 알 수 있을 거야. 어쨌든 네게 미리 허락 받지 않은 건 실수한 거야. 미안하다, 피터. 칠하는 것 좀 도와주겠니?

(6) 연관주제

나(자아존중감), 가족(일반 가족 – 아버지/어머니)

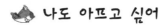

나도 아프고 싶어

(1) 기본정보

저자: 프란츠 브란덴베르크 글/알리키 브란덴베르크
   그림/이수연 역

출판사: 시공사(원작: 1976, 한국판: 1995)

전체쪽수: 32

ISBN 89-7259-183-1

장르: 그림책(환상동화)

(2) 저자소개

프란츠 브란덴베르크(Franz Brandenberg)는 1929년 미국출생으로 필라델 피아 미대에서 그림을 전공한 후 상업 미술 분야에서 일해 왔다. 그 후 그림책 에 관심을 갖게 되자, 직접 글을 쓰고 그림을 그려 그림책을 만들기도 하고, 그림만을 그리기도 하면서 많은 작품을 발표하였다.

알리키 브란덴베르크(Aliki Brandenberg)는 주로 쥐, 고양이 같은 동물 가족을 가벼운 터치로 그렸으며, 자신의 가족을 모델로 한 그림책들도 많다. 스위스 출신의 저자 프란츠 브란덴베르크와 결혼한 후로는 남편의 글에 자신의 그림을 조화시킨 작품을 만들게 된다. 또 결혼 후 아이들을 바라보면서 느끼는 일상의 사소한 감정들을 살려 아이들의 심리 표현에 적극적인 작품들을 만들어 내고 있다. 그 대표작인 〈나도 아프고 싶어〉는 자기 아이들의 성장을 지켜 보면서 얻어 낸 이야기를 소재로 하여 어린이의 단순함과 순수함을 솔직히 묘사하였다.

(3) 줄거리

오빠 에드워드가 병이 나자 가족들은 모두 각별한 관심을 보여준다. 엄마는 음식을 갖다 주고, 아빠는 차가운 물수건을, 할머니는 책 읽어주기, 이모와 이모부는 안부전화를 걸어 준다. 반면 동생 엘리자베스는 혼자 옷을 입고 이불을 개고 숙제와 피아노 연습을 하고 설거지에 거북이 먹이도 주어야 한다. 엘리자베스는 불공평하다고 샘을 내고 마침내 자기도 병에 걸리고 만다. 그런데 이번엔 자신이 그렇게 싫어했던 일상생활이 오빠가 하니까 재미있어 보이고 부러워진다. 결국 병은 나아야 하는 것이지, 부러워해야 할 상황이 아니라는 걸 깨닫고 엘리자베스는 한결 의젓해진다.

(4) 글과 그림

오빠의 발병-동생의 발병-동생의 쾌유와 깨달음 등 크게 세 부분의 내용이 반복형태로 되어 있어 유아로 하여금 이야기를 예측 가능케 한다. 스케치하듯 펜으로 윤곽과 음영을 나타내고 수채물감을 위주로 한 그림은 군데군데 색연필과 파스텔을 가미해 아이들이 낙서한 그림 같은 편안한 느낌을 준다. 전반적으로 오빠를 시샘하는 동생의 표정 변화가 잘 나타나 있는데 특히 문 뒤에 숨어 오빠가 전화받는 광경을 훔쳐보는 9쪽 그림은 아픈 오빠에게 쏠리는 가족의 관심으로 인한 불안심리가 잘 나타나 있다.

(5) 관련 질문과 활동

☑ 관련 질문

① 전반적인 인식을 돕는 질문

- 이 책을 읽고 떠오르는 생각이 있니? 무엇이니?

② 이해 및 고찰을 돕는 질문

- 엘리자베스는 왜 아프고 싶었을까?
- 자기가 원하던 대로 정말 아프게 되었을 때 건강한 오빠를 보며 어떤 생각이 들었을까?

③ 기존의 해결 방법에 대한 다각적인 평가와 새로운 접근을 시도해 보게 하는 질문

- 오빠가 병이 났을 때 엘리자베스가 더 심하게 불평을 했다면 어떤 일이 벌어졌을까?

④ 자기적용을 돕는 질문

- 너는 엄마나 아빠가 너보다 오빠(또는 다른 형제)를 더 사랑하는 것 같다고 생각될 때가 있었니? 언제니? 왜 그렇게 생각했니?
- 너랑 오빠(또는 다른 형제)랑 닮은 다른 점은 무엇이니?
- 너랑 오빠(또는 다른 형제)랑 무엇을 할 때가 가장 재미있니?

☑ 관련 활동

① 미완성 문장 완성하기(책을 읽기 전 형제나 부모에 대한 아동의 평소의 느낌을 알아보기 위한 활동)

우리 오빠(또는 다른 형제)는 _____.

우리 엄마는 나를 _____.

우리 아빠는 나를 _____.

② 엘리자베스가 되어 보기

(준비물: 앞치마, 머릿수건 등 소품)

책을 읽고 난 후 처음엔 어린이가 엘리자베스가 되고 교사가 부모역할을 하고 나중엔 어린이와 교사가 역할을 바꾼다.

상황 1)

예 책 6, 7쪽의 내용을 재현해 본다. 아파 누운 에드워드 오빠(인형이나 베개 등으로 대용)에게 엄마(교사)가 머리를 짚어보고 간식을 먹이면서 엘리자베스를 부른다.

엄마(교사) : 아이구! 우리 아들, 얼마나 아프니? 어서 일어나서 이것 좀 먹자. 엘
리자베스! 뭐하고 있니? 물 좀 빨리 갖고 오래두. 오빠 약 먹어야지.
전화 빨리 받지 않고 뭐하니?

엘리자베스(어린이) : 나도 바쁘단 말이에요. 엄마는 오빠만 좋아하죠?

상황 2)

(예) 상황 1과 역할을 바꾼 상태에서 엘리자베스가 된 교사가 부모 역할을 하는
어린이에게 말한다.

교사 (엘리자베스) : 난 왜 이렇게 심부름 많이 해야 해?/ 오빠 병원에 보내./옷
입혀줘. 싫어, 싫어/나도 아파버릴 거야./오빠만 좋아하지?
난 다 알아./등의 말을 던진다.

(6) 연관주제

질병과 죽음 그리고 생명(생명의식-생명존중), 가족(일반 가족-어머니,
아버지, 조부모)

초등학교 저학년 어린이

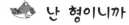 **난 형이니까**

(1) 기본정보

저자: 후쿠다 이와오 글, 그림/김난주 역
출판사: 아이세움(원작: 2000, 한국판: 2002)
전체쪽수: 30
ISBN 89-378-1176-6
장르: 그림책(사실동화)

(2) 저자소개

후쿠다 이와오(Iwao Fukuda)는 1950년 일본 오카야마 현 구라시키 시에
서 출생하였다. 후쿠다 이와오는 일본 아동출판 미술가 연맹회원이며, 가장
권위 있는 그림책 상인 에호 니폰 상을 수상한 저자이다. 대표작으로는 〈방귀
만세〉, 〈할머니의 신기한 난로〉, 〈세 개의 알〉, 〈카리짱 코리짱〉 등이 있다.

(3) 줄거리

유이치에게는 다카시라는 귀찮은 동생이 있다. 책가방에 쓰레기를 넣는가 하면 공책에다 낙서를 하는 골칫거리 동생이다. 둘 사이에서 동생이 무얼 잘 못해도 형이니까 참아야 하고, 형이니까 용서해야 하고, 야단은 형의 몫이 되고 만다. 심지어 유이치는 따돌림받고 있다고 느껴 부글부글 끓는 팥빙수 꿈을 꿀 정도다. 그러나 철없는 동생이 떠돌이 광고맨을 따라가는 사건이 벌어지자 동생의 부재를 통해 그 아이가 악의가 있는 게 아니고, 아직 세상을 너무 모르는 철부지임을 깨닫는다. 그리고 사실은 자신이 동생을 무척 사랑하고 있다는 것을 발견한다.

(4) 글과 그림

유아가 동생이 생기면서 가장 많이 듣게 되는 말 중의 하나가 '형(또는 언니, 오빠, 누나)이니까'일 것이다. 형이니까 참아야 하고 잘해야 한다는 주변 사람들의 기대와 요구는 어린이에게는 감당하기 어려운 부담이 될 수 있는데 저자는 그런 처지에 처한 어린이라면 누구나 공감할 수 있도록 크고 작은 사건들을 잘 엮어나갔다. '동생의 행방불명'이란 소재는 형제관계를 다룬 여러 작품에서 흔히 다뤄지는 것이지만, 이 작품에서는 단순히 '상실을 통해 깨닫는 사랑' 정도에 머물지 않고 그 사건을 계기로 자신이 미워했던 동생의 여러 행동들이 사실은 동생의 미성숙함에서 비롯되었음을 깨닫게 되고, 나아가 형으로서 동생의 미성숙을 받아들이고 사랑하게 되는 과정까지 다루었다는 것이 다르다.

낚시를 가는 형이 양동이를 뒤집어쓰고 따라오는 동생에게 눈을 흘기는 속표지 그림은 전체 내용을 잘 담고 있다. 혼자 따돌림을 당하는 꿈 장면에서는 동생으로 인한 주인공의 불만과 스트레스가 상징적으로 집약되어 있다. 눈동자와 눈썹 등을 흑백으로 단순하게 나타냄으로써 인물들의 표정이 부각되어 보인다.

(5) 관련 질문과 활동

▣ 관련 질문

① 전반적인 인식을 돕는 질문

- 〈난 형이니까〉를 읽으면서 생각나는 게 있었니?
- 다카시는 유이치에게 어떤 동생이라고 생각하니?

② 이해 및 고찰을 돕는 질문

- 유이치가 아끼는 글라이더가 망가졌는데 엄마가 "형이니까 그 정도는 참아야
  지."라고 했어. 그때 유이치 기분이 어땠을까? 네가 유이치라면 엄마에게 뭐라
  고 말하고 싶니?
- 동생이 사라졌다는 쪽지를 본 후, 왜 유이치는 초코파이가 먹고 싶지 않았을까?
- 동생을 찾았다는 전화에서 "형이니까, 뭐" 하는 엄마의 이야기에서 유이치는
  왜 화가 나지 않았을까?

③ 기존의 해결방법에 대한 다각적인 평가와 새로운 접근을 시도해 보게 하는 질문

- 만일 동생을 못 찾았거나, 찾았지만 사고가 났다면 유이치의 기분은 어땠을까?
- 잃어버렸던 동생과 다시 만나는 장면을 상상해 보자. 유이치가 동생에게 한 말
  과 행동은 어떤 것일까?
- 이 사건을 통해서 유이치는 어떤 모습으로 변했니?

④ 자기적용을 돕는 질문

- 네 동생이랑 다카시랑 비슷한 점이 있니? 어떤 것이니?
- 만약 유이치처럼 네 동생을 잃어버린다면 네 기분이 어떨 것 같니?
- 너는 동생이 있어서 좋은 점이 뭐니? 동생이 있어서 싫은 점은 어떤 게 있을까?
- 네가 동생에게 어떻게 해 주는지, 말해 보겠니?

⊘ 관련 활동

① 유이치와 다카시 되어보기

(속표지에 있는 따라가려는 동생과 떼 놓으려는 형 그림을 보여주면서)

- 이 그림이 어떤 이야기인지 설명해 볼까?
- 우리가 그림에 나오는 유이치(형)와 다카시(동생)인 것처럼 해 볼까?

② 마법의 편지를 써 보기

("이 편지는 마법의 힘을 통해 상대방에게 꼭 전해진단다.")

- 동생에게(형에게)
- 부모님께

③ 나의 생각을 쓰고 그려보기

동생과 함께 할 수 있는 것 적어 보기

동생의 어떤 모습이 가장 귀엽고 사랑스러운지 적어 보기, 그리기

정말 동생이 없어진다면 어떤 일이 벌어질까? - 이야기 나누기, 쓰기

(6) 연관주제

가족(일반 가족-어머니)

🐟 우리 언니

(1) 기본정보

저자: 샬로트 졸로토 글/마사 알렉산더 그림/
　　　김은주 역

출판사: 언어세상(원작: 1966, 한국판: 2002)

전체쪽수: 24

ISBN 89-5585-021-2

장르: 그림책(사실동화)

(2) 저자소개

샬로트 졸로토(Sharlotte Zolotow)는 1915년 미국 버지니아 주 노포크 출생으로 위스콘신 대학에서 영문학을 전공했다. 졸업 후 뉴욕 시 어린이책 편집자와 작가로서 일상생활에서 어린이들이 겪는 감정을 따뜻하고 사실적으로 다룬 70여 권이 넘는 책을 썼다. 대표작으로 그림책 〈폭풍〉과 〈토끼 아저씨와 멋진 생일선물〉로 칼데콧 상을 받았다. 그 외 〈윌리엄의 인형〉, 〈바람이 멈출 때〉, 〈벤의 오랜 친구〉 등의 작품이 있으며 특히 〈바람이 멈출 때〉는 1962년에 출간된 이래 세 번째 다른 그림으로 그려졌다. 1988년에는 어린이 책 분야에서 이룩한 졸로토의 업적을 기려 그 해의 뛰어난 그림책 저자에게 주는 샬로트 졸로토 상이 제정되었다.

마사 알렉산더(Martha Alexander)는 1920년생으로 많은 유명 동화작가의 글에 그림을 그렸으며, 자신이 직접 글을 쓰고 그림을 그리기도 하였다. 연필과 물감을 이용한 부드러운 수채화풍의 그림은 풍부한 상상력을 보여줄 뿐 아니라, 어린 시절의 기쁨과 슬픔, 아련한 추억을 이끌어내는 매력을 지니고 있다. 대표작으로 〈내가 여동생을 원하는지 누가 물어봤나요?〉, 〈보보의 꿈〉, 〈사브리나〉, 〈릴리와 윌리〉 등이 있다.

(3) 줄거리

동생을 잘 보살피는 언니, 언니는 뭐든지 동생보다 잘했고 동생이 어리광을 부리면 다 받아주었다. 하지만 동생은 갑자기 자신보다 다 잘 하는 언니, 자신에게 이렇게 해라 저렇게 해라 말하는 언니에게 싫증이 난다. 언니의 말들이 문득 잔소리처럼 여겨져 몰래 집을 나온다. 그리고는 언니가 못 찾게 데이지 꽃밭에 숨어 버린다. 언니는 애타게 동생을 찾고, 동생을 찾지 못해 허둥대는 언니는 울고 만다. 그러나 자신 때문에 우는 언니의 모습을 보는 동생은 마음이 아프다. 늘 언니는 자신을 달래 주었는데, 정작 언니에게는 힘든 언니를 달래 줄 누군가가 없다는 사실을 알게 된다. 동생은 이제 언니가 자신에게 해 주었던 그대로 언니를 달래 주고 안아 준다. 동생은 자신도 언니에게 줄 사랑의 자리가 있음을 알게 된다. 그리고 둘은 서로가 서로를 보살펴 주고 사랑해 주어야 한다는 사실을 깨닫는다.

(4) 글과 그림

데이지 꽃밭에 누워 있는 두 아이의 이야기가 〈우리 언니〉이다. 연록의 부드러운 꽃밭에 살랑이는 바람결, 행복하게 웃고 있는 자매. 서정적인 표지이다. 큰 나무에 매단 그네를 나란히 타는 자매의 모습, 한 침대에 정답게 앉아 책을 읽는 모습이 그려진 면지까지 세심하다. 사랑을 의미하는 듯한 분홍빛과 순수를 상징하는 듯한 연록빛 두 가지 색감으로도 서정성을 풍부하게 살려내고 있다. 엄마처럼 동생을 챙기고 돌보는 언니, 그런 보살핌이 가끔은 귀찮은 동생. 동생의 깜찍한 반항은 언니에 대한 사랑을 확인하는 해피엔딩으로 매듭지어진다.

(5) 관련 질문과 활동

☑ 관련 질문

- 미완성 문장 완성하기

내가 언니라면 _____

나와 언니는 _____

언니는 나에게 _____

나는 언니에게 _____

만약 언니가 없다면 _____

① 전반적인 인식을 돕는 질문

- 〈우리 언니〉를 읽고 나서 가장 기억에 남는 장면이 있다면?

② 이해 및 고찰을 돕는 질문

- 언니는 동생에게 어떻게 해 주었나요? 어떤 언니였나요?
- 동생은 왜 혼자 있고 싶어졌을까?
- 언니는 동생을 찾다 지쳐서 울음을 터트렸다. 언니는 왜 울었을까요?

③ 기존의 해결방법에 대한 다각적인 평가와 새로운 접근을 시도해 보게 하는 질문

- 언니의 동생에 대한 관심과 사랑을 동생이 쉽게 이해할 수 있는 방법에는 무엇이 있을까?
- 나에게 언니(또는 다른 형제)가 없다고 상상해보자. 어떤 일들이 있을 수 있을까?

④ 자기적용을 돕는 질문

- 언니가 있어서 좋은 점과 나쁜 점이 있다면?
- 언니랑 무엇을 할 때가 가장 좋아?
- 나는 언니를 위해서 무엇을 할 수 있을까?
- 그리고, 나는 언니와 무엇을 함께 할 수 있을까?
- 나와 언니와 닮은 점이 있다면?

⊗ 관련 활동

① 언니를 위해서 할 수 있는 모든 일, 말 적어보기, 일주일에 2~3가지 실천하기

	내가 언니를 위해서 할 수 있는 말과 행동	실천여부(○, ×)	실천 후 변화
1			
2			
3			
4			
5			
6			

② 인상깊은 부분 그려보기

- 언니와 함께 〈우리 언니〉를 읽고 인상깊은 부분 여러 가지 재료를 이용하여 그리기

③ 언니(오빠, 누나, 형)와 함께 멋진 요리사가 되어 보기

- 언니와 함께 하면 더 신나게 할 수 있는 것 찾기

  예 요리를 함께 하고 요리이름 붙이기

④ 언니에게(오빠, 형, 누나) 마음을 표현해 보기

- 언니가 필요한 것, 좋아하는 것, 주고 싶은 것을 생각해 본다.

  그 물건을 준비하여 언니에게 고마움을 표현한다.

(6) 연관주제

나(성취감, 자아존중감)

초등학교 고학년 어린이

 ### 나는 너랑 함께 있어서 좋을 때가 더 많아

(1) 기본정보

저자: 구두룬 멥스 글/로트라우트 주잔네 베르네르
그림/문성원 역

출판사: 시공주니어(원작: 1985, 한국판: 1999)

전체쪽수: 134

ISBN 89-527-0191-7

장르: 사실동화

(2) 저자소개

　구두룬 멥스(Gudrun Mebs)는 1944년 메르케트하임에서 태어나 프랑크푸르트에서 어린 시절을 보냈다. 17세까지 연극 교육을 받고, 18세에 가진 첫 공연으로 주목받는 배우가 되었다. 1962년부터 1982년까지 각종 공연과 라디오, TV 등 방송일을 하다가 1980년 라디오 방송용으로 쓴 동화 〈가, 아마 넌 곰을 만날지도 몰라〉를 출판하였다. 이 책을 시작으로 글을 쓰기 시작하여 〈구해 줘, 죽음에 대한 이야기〉와 〈일요일의 아이〉로 독일 아동문학상을 수상하면서 독일 최고의 저자가 되었다. 〈나는 너랑 함께 있어서 좋을 때가 더 많아〉는 전세계 어린이들이 좋아하는 그의 대표작이다.

　로트라우트 주잔네 베르네르(Rotraut Susanne Berner)는 1948년 독일 슈트트가르트에서 태어났다. 뮌헨의 전문대학에서 디자인을 공부하고 그래픽 디자이너로 취직했다. 1977년부터 프리랜스 일러스트레이터로 활동하기 시작했으며, 1996년 위르그 슈비거의 〈세상이 아직 어릴 때〉에 그림을 그려 독일 아동문학상을 수상하면서 일러스트레이터의 자리를 굳혔다. 전세계 어린이들이 좋아하는 책 〈나는 너랑 함께 있어서 좋을 때가 더 많아〉, 〈내 옷이 제일 좋아〉, 〈우리 아빠〉의 그림을 그렸다. 독일 한저 출판사에서 나온 책에 일러스트레이션을 담당하기도 하면서 하이델베르크에서 살고 있다. 강렬한 색깔과 재치 있는 그림이 특징인 이 저자의 작품들은 어린이와 어른들로부터 동시에 사랑을 받고 있다.

(3) 줄거리

　형은 동생이 요양원에 가고 나서 동생 때문에 안고 있었던 무겁고 귀찮던 일상의 짐은 잠시 벗게 된다. 하지만 곧 요양원에서 동생이 겪을 외로움과 무서움을 떠올리며 동생이 꼭 다시 집으로 돌아오길 바란다.

(4) 글과 그림

　동생을 떠나보내고 나서 홀가분해하던 아이가, 자기도 모르는 사이에 그 동생을 그리워하는 모습을 자연스럽게 그린 이 동화를 읽으면 저절로 가슴이 따뜻해진다. 차분하고 섬세한 심리묘사가 그 감동을 더하고 있다.

(5) 관련 질문과 활동

☑ 관련 질문

① 전반적인 인식을 돕는 질문

- 이 책을 읽고 떠오르는 생각은 무엇이니?

② 이해 및 고찰을 돕는 질문

- 주인공은 동생의 어떤 점이 마음에 들지 않는 걸까?
- 동생이 요양원으로 간다니까 주인공의 기분은 어떠했니?
- 하지만 요양원에 있을 동생 생각에 주인공의 기분은 어떠했니?

③ 기존의 해결방법에 대한 다각적인 평가와 새로운 접근을 시도해 보게 하는 질문

- 2주 동안 요양소로 떠나 있는 동생이 요양소에 계속 머물게 되었다면 주인공은 어떤 마음과 행동을 보였을까?
- 동생이 있는 요양소로 주인공이 직접 찾아간다면 주인공이 동생에게 해주고 싶은 말과 선물은 무엇일까?

④ 자기적용을 돕는 질문

- 네가 평소에 귀찮게 생각하던 동생(형 등)도 다른 곳으로 가서 며칠간 너와 떨어져 있었던 적이 있니? 그때 너의 기분은 어땠어?
- 넌 동생의 어떤 점이 마음에 들지 않니?
- 책 속의 주인공과 너는 어떤 점이 비슷하고 어떤 점이 다르니? 왜, 언제 동생이 너를 귀찮게 한다고 생각하니?
- 이 책의 주인공과 동생에게 하고 싶은 말이 있다면?

⊗ 관련 활동

① 동생과 함께 있어서 좋을 때가 언제인지 그때를 기억하며 그림이나 글로 표현한다.
② 동생과 함께 찍은 사진을 모아서 사진첩을 만든다.

(6) 연관주제

나(자아존중감)

'얄미운 동생' 〈아빠, 우리 엄마 맞아?〉

(1) 기본정보

저자: 오보민 글, 그림

출판사: 시공주니어(2002)

전체쪽수: 240 중 173

ISBN 89-950066-9-2

장르: 동시

(2) 저자소개

오보민은 1990년 서울출생으로, 우면산 기슭 우암 초등학교에 다니고 있는 4학년 어린이이다. 특히 글짓기를 좋아해 교내외 수상경력이 많으며, 그림 그리기와 책읽기도 좋아한다. 너그러우신 아빠, 보민이를 사랑하지만 화가 나면 무섭게 혼을 내는 엄마, 여섯 살 어린 개구쟁이 여동생과 함께 살고 있으며, 오늘도 부지런히 일기를 쓰고 있고 장차 시인이 되기를 희망한다.

(3) 내용

얄미운 동생

오보민

엄마랑 아빠는
내가 로봇인 줄 아나 봐

동생이 잘못한 것까지
내가
매로 다 맞게

치, 엄마랑 아빠는
너무해

내가 이집의 큰 딸인데
동생한테

장녀처럼 대해 주고

저 얄미운 동생
볼이라도 쫘 – 악
꼬집어 주고 싶은데

경호원처럼
내 동생 곁에 서 있는
아빠 엄마

(4) 글과 그림

어린 동생이 태어남으로써 부모님의 관심이 온통 동생에게 몰려 시샘하는 누이의 마음을 잘 표현하였다. 그런 누이가 동생에게 혹여 기회를 얻어 심통을 부려 한번 볼을 꼬집어 줄까봐 철통같은 경호를 서고 있는 부모님과 누이의 사랑스런 긴장감을 잘 묘사하고 있다.

(5) 관련 질문과 활동

☑ 관련 질문

① 전반적인 인식을 돕는 질문
  – 이 시를 읽고 나서 생각나는 일이 있니?

② 이해 및 고찰을 돕는 질문
  – 왜 부모님이 동생이 잘못한 일인데도 장녀인 주인공을 혼내실까?
  – 왜 부모님은 주인공의 억울한 사정을 들어보지도 않고 주인공이 화풀이할 동생을 오히려 보호하는 것일까?

③ 기존의 해결방법에 대한 다각적인 평가와 새로운 접근을 시도해 보게 하는 질문
  – 동생도 주인공도 각자 잘못한 만큼 공정하게 야단을 맞는 방법을 어떻게 부모님께 설득시킬 수 있을까?
  – 만약 부모님이 주인공 말을 끝까지 듣고 판단하셨더라면 어떻게 되었을까?
  – 만약 주인공이 잘못한 일로 동생이 혼이 났다면 주인공은 어떻게 행동했을까?

④ 자기적용을 돕는 질문
- 부모님이 동생이 잘못했는데도 불구하고 동생을 감싸고 형(누나)인 나를 오히려 경계하거나 야단쳐서 억울한 적이 있었니? 그때 기분은 어떠했니?
- 네가 주인공이라면 너는 부모님이 혼내시기 전이나 후에 무엇을 하였을까?
- 네가 부모라면 이런 상황에서 어떻게 판단하여 둘을 야단치겠니?
- 네가 부모라면 네 판단에 대해서 자녀가 반대하고 따르지 않을 때 너는 어떻게 하겠니?

⊗ 관련 활동
① 가족 규칙 만들기
- 동생(형제)과 다투는 일에 대한 목록 만들기
- 가족규칙판에 잘못된 행동목록과 그에 상응한 벌점, 처벌조항 만들기
- 벌점, 처벌이 아니더라도 대화로 풀 수 있는 일에 대한 규칙 적어 보기

② 동시 짓기
- 내가 만약 _____라면
  _____한 일이 생겼을 때
  _____하겠다.

③ 그래프 만들기
- 동생과 내가 싸우지 않고 잘 지낼 수 있는 일 목록을 만들어 지킬 때마다 스티커 붙여 각 항목마다 다 찼을 때 부모님께 큰 선물 사달라고 요청하기

(6) 연관주제

가족 (일반 가족-어머니, 아버지)

4) 조부모

유아

 **할머니가 남긴 선물**

(1) 기본정보

저자: 마거릿 와일드 글/론 브룩스 그림/최순희 역

출판사: 시공사(원작: 1995, 한국판: 1997)

전체쪽수: 32

ISBN 89-7259-562-4

장르: 그림책(환상동화)

(2) 저자소개

마거릿 와일드(Magaret Wild)는 영국 요하네스버어그에서 태어나 1972년 오스트레일리아로 이주하였다. 저널리스트, 편집자, 그리고 저자로 다양한 활동을 하고 있으며 동화책에서 다소 어려운 소재를 다루는 노력을 아끼지 않는 용기있는 저자로 알려져 있다. 〈할머니가 남긴 선물〉은 한국에 처음으로 소개되는 그녀의 작품이다.

론 브룩스(Ron Brooks)는 오스트레일리아의 버지니아 섬에서 성장하였다. 오스트레일리아 그림책 상을 두 번 수상했고 디자인과 디자인 강의도 하고 있다. 브룩스는 오스트레일리아의 동화책을 세계적인 무대로 확장시켰다는 평을 받고 있다.

(3) 줄거리

할머니 돼지와 손녀 돼지는 함께 일하고 식사준비를 하며 호숫가에서 정답게 살았다. 나이가 든 할머니는 기력이 쇠해져 잘 일어나지도 못하는데 죽음을 예감하고 도서관에 책을 반납하고, 통장을 해지하고, 외상값을 갚고, 손녀

와 함께 산책을 한다. 눈에 띄는 모든 것을 깊이 느껴본 다음 할머니는 기진맥
진해서 침대에 눕는데, 손녀는 할머니를 위해 첼로를 연주하고 할머니가 무섭
지 않게 마지막 밤을 침대에서 함께 껴안고 잠이 든다.

(4) 글과 그림

시간의 흐름과 죽음을 준비하는 할머니의 모습이 상징적으로 점진적으로
전개되어 있다. 도서관에 책 반납하기, 통장의 해지, 마지막으로 자연을 만끽
하기, 무섭지 않게 침대에서 껴안고 자기 등은 슬프지만 죽음을 담담하게 이
해하고 맞이하는 할머니와 손녀의 사랑을 읽을 수 있게 한다.

연필로 부드럽게 윤곽을 그리고 수채물감으로 여러 번 덧칠하여 따뜻한 느
낌을 준다. 가끔 파스텔로 환상적인 분위기를 낸 곳도 있는데 전체적으로 아
이들이 낙서하듯 부드럽고 편안한 느낌의 그림이다. 8, 9쪽은 봄에서 가을로
배경 장면이 바뀌면서 세월의 흐름을 잘 보여주며 30, 31쪽의 하얀 연기와
흰 새는 할머니의 죽음을 상징적으로 보여주며 32쪽의 손녀돼지가 하늘의 새
를 보는 장면은 할머니 사후의 성숙된 손녀의 정신세계를 연상시킨다.

(5) 관련 질문과 활동

☑ 관련 질문

① 전반적인 인식을 돕는 질문

- 이 책을 읽고 나니 어떤 느낌이 드니? 왜 그런 느낌이 드니?

② 이해 및 고찰을 돕는 질문

- 손녀 돼지는 왜 혼자 호숫가에 서 있을까? 할머니는 어디로 가셨을까?
- 할머니 돼지는 돌아가시기 전에 왜 여러 가지 일을 하며 돌아가실 준비를 하셨
  을까?

③ 기존의 해결 방법에 대한 다각적인 평가와 새로운 접근을 시도해 보게
   하는 질문

- 만약 할머니 돼지가 아무런 준비 없이 갑자기 돌아가셨다면 어떤 일이 일어났
  을까? 손녀 돼지의 기분은 어땠을까?

④ 자기적용을 돕는 질문

- 오늘이 할머니에게 마지막 날이라면, 넌 할머니랑 무얼 하고 싶니? 왜 그걸 하

고 싶니?

– 네가 할머니를 기쁘게 해 드릴 수 있는 방법에는 어떤 것이 있을까?

– 너는 할머니 생신 때 어떤 선물을 드리고 싶니?

⊘ 관련 활동

① 우리 할머니를 소개하기

– 사전 또는 사후 활동으로 종이 한 장을 여러 번 접어 소책자로 만든다.

– 할머니의 이름은?

– 할머니의 나이는?

– 할머니가 제일 좋아하시는 음식은?

– 할머니가 좋아하시는 노래는?

– 할머니는 어렸을 때 커서 뭐가 되고 싶으셨을까?

– 할머니가 좋아하시는 텔레비전 프로그램은?

– 할머니가 가 보시고 싶은 곳은 어디일까?

② 우리집 가족 나무 어때요?

– 할머니와 부모님, 본인 등의 가족관계를 나무로 그려 본다.

(6) 연관주제

죽음과 질병 그리고 생명(생명의식–생명존중), 가족(일반 가족–조부모)

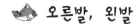 오른발, 왼발

(1) 기본정보

저자: 토미 드 파올라 글, 그림/정해왕 역

출판사: 비룡소(원작: 1980, 한국판: 2000)

전체쪽수: 48

ISBN 89-491-1034-277840

장르: 그림책(사실동화)

(2) 저자소개

토미 드 파올라(Tomie de Paola)는 어린이책 북 화가이자 저자이며, 뉴잉

글랜드 극단의 무대 및 의상디자인 작업도 하고 있다. 〈오른발, 왼발〉의 자매편 〈위층 나나와 아래층 나나〉를 비롯, 〈빌과 피트〉, 〈기사와 용〉 등을 냈고 〈도버산의 고양이〉, 〈하늘을 난 어린 수도사〉, 〈딩켈스벌에서의 한때〉, 〈이상한 직업과 네 가지 무서운 이야기〉 들의 삽화를 그리기도 했다. 대표작 〈마법사 노나 할머니〉(1976)는 1976년 칼데콧 명예도서로 선정되었다.

(3) 줄거리

보비 할아버지는 보비가 어렸을 때 걸음마를 가르치고 함께 놀아주던 분이다. 어느 날 할아버지가 병으로 쓰러져 말과 거동이 불편해지자 다른 가족들은 불치병이라고 포기한다. 그러나 보비는 할아버지에게 이야기를 걸고 함께 놀이하던 장면을 재현한다. 드디어 보비가 코끼리 블록을 놓는 순간 할아버지는 예전의 버릇대로 재채기를 하신다. 그래서 보비는 할아버지의 치유를 더욱 확신하게 되고 보비는 할아버지에게 말과 걸음마를 가르쳐 준다.

(4) 글과 그림

아이와 할아버지의 관계를 걸음마 연습과 이야기 들려주기, 블록쌓기 등 세 가지 연결고리로 잘 풀어주고 있다. 와병 중인 할아버지가 블록쌓기에서 희미하게 재채기소리를 내는 장면은 감정적이다. 엄마의 만류로 상징되는 이성적 판단과 재채기로 대변되는 감성적 교류의 대비가 뛰어나다.

블루와 브라운, 두 가지 톤의 색깔과 흑백 스케치로 전체적으로 차분하고 맑은 느낌을 준다. 단순하고 절제된 배경으로 인해 인물의 표정이나 심리상태가 잘 나타난다. 저자는 이 작품에서 특히 음영효과를 많이 쓰고 있는데 가령, 와병중일 때는 얼굴에 그늘을 가득 넣고, 쾌유된 얼굴엔 그늘을 말끔히 없앰으로써 작중 인물의 건강상태와 심리상태를 동시에 보여주고 있다.

(5) 관련 질문과 활동

☒ 관련 질문

① 전반적인 인식을 돕는 질문

– 내용 중 어디가 제일 기억에 남니? 왜 그렇게 생각하니?

② 이해 및 고찰을 돕는 질문

- 할아버지가 병이 났을 때 처음에 보비는 할아버지가 무시무시한 소리를 지른다고 도망갔어. 그때 할아버지 기분이 어땠을까? 할아버지는 도망가는 보비에게 어떤 말을 하고 싶었을까?

③ 기존의 해결 방법에 대한 다각적인 평가와 새로운 접근을 시도해 보게 하는 질문

- 엄마, 아빠처럼 보비도 할아버지 병은 낫지 못한다고 포기해 버렸다면 어떤 일이 일어났을까?

④ 자기적용을 돕는 질문

- 보비 할아버지처럼 걸음이나 말이 불편한 사람을 본 적 있니? 그걸 보면 너는 어떤 생각이 드니?
- 네 할아버지가 보비 할아버지처럼 병에 걸리신다면 너는 무얼 해 드리고 싶니?
- 너는 할아버지랑 있을 때 함께 무얼 하니?
  할아버지는 네가 어떻게 할 때 가장 좋아하시니?
- 너는 할아버지가 어떻게 해 주실 때가 가장 좋아?

⊙ 관련 활동

① 우리 할아버지 수첩('할머니가 남긴 선물'의 관련활동 참조)
② 가계 나무 그리기('할머니가 남긴 선물'의 관련활동 참조)

(6) 연관주제

질병과 죽음 그리고 생명(생명의식-생명존중), 나와 다른 사람들에 대한 이해(신체적 특징-신체장애, 정서적 특징-불안과 두려움)

초등학교 저학년 어린이

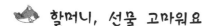 할머니, 선물 고마워요

(1) 기본정보

저자: 메러디스 후퍼 글/
엠마 퀘이 그림/창작집단 바리 역
출판사: 중앙출판사(원작: 2000, 한국판: 2002)

전체쪽수: 35

ISBN 89-451-1839-X

장르: 환상동화

(2) 저자소개

메러디스 후퍼(Meridith Hooper)는 런던에 살고 있는 호주 출신 저자이다. 지은 책으로 〈꿀꺽, 한 모금〉, 〈왓킨 스텐치〉, 〈탑의 토끼〉 등의 작품을 썼다.

엠마 퀘이(Emma Quay)는 영국에서 태어나 지금은 호주에서 일러스트레이터와 판화가로 활동하고 있다. 그린 책으로 〈똑똑한 오리 퍼즐 덕〉 등이 있다.

(3) 줄거리

어느 날 할머니가 찰리에게 소포를 하나 보낸다. 신이 난 찰리는 쌩쌩 헬리콥터일까, 튼튼한 잠수함일까, 들뜬 마음으로 포장을 풀렀지만 할머니가 보내신 선물은 할머니가 손수 짜신 무지갯빛 스웨터였다. 하지만 스웨터는 찰리의 눈으로부터 멀어져 어딘가로 숨어들어가 옷장 꼭대기에 있기도 하고, 마당으로 떨어지기도 한다. 다음 날 밤 스웨터는 찰리에게 다가와 바깥으로 나가자고 한다. 그러면서 찰리는 놀라운 모험과 발견을 하게 된다.

(4) 글과 그림

할머니로부터 싫어하는 선물을 받게 된 아이의 심리가 섬세하게 표현된 그림책이다. 상상의 세계에서만 가능한 환상을 화려한 무지개 색을 사용해 표현했다. 책 제일 첫머리에 등장하는 스웨터를 뜨는 할머니의 정겨운 표정과 제일 마지막 장에서 세탁기에 빠는 스웨터를 바라보는 손자의 장난스런 표정에서 '말'로 표현할 수 없는 따뜻함을 느낄 수 있다.

(5) 관련 질문과 활동

☑ 관련 질문

① 전반적인 인식을 돕는 질문

– 찰리와 할머니의 이야기를 읽고 느껴지는 것이 있다면 무엇이니?

② 이해 및 고찰을 돕는 질문
- 할머니의 선물은 무엇이었지?
- 이 책에서 할머니는 찰리에게 어떤 마음과 생각으로 선물을 주셨을까?
  찰리는 그 선물을 받고 어땠지? 왜 그랬을까?
- 찰리는 선물을 받고 할머니에게 전화를 걸어서 "마음에 정말 안 들지만, 아무튼 고마워요" 라는 찰리의 말에 할머니 마음은 어떠했을까?
- 할머니는 찰리에게 줄 스웨터를 어떤 마음으로 짰을까?

③ 기존의 해결방법에 대한 다각적인 평가와 새로운 접근을 시도해 보게 하는 질문
- 만일 찰리가 끝까지 할머니의 선물을 이해하지 못하였다면 할머니의 마음은 어떠셨을까?
- 다른 사람이 주는 선물이 전혀 마음에 들지 않지만 상대방에게 감사한 표현을 할 수 있는 방법은 무엇이 있을까?

④ 자기적용을 돕는 질문
- 너와 할머니 사이에 있었던 최근의 일을 이야기해 보겠니?
- 너에게 할머니는 어떤 분이니?
- 할머니에게 선물을 받아 본 적이 있니? 그중에서 가장 기억에 남는 선물은 무엇이었니?
- 너는 할머니에게 선물을 드린 적이 있니? 어떤 선물을 드렸니?
- 찰리처럼 할머니를 이해하지 못했던 적이 있었니?
- 그때 할머니가 어떻게 하셨니?

⊗ 관련 활동

① 미완성 문장 완성하기

할머니는 나에게 _____

나는 할머니를 _____

우리 할머니는 _____

② 스웨터가 찰리에게 쪽지 보내기
- 버려진 스웨터가 찰리에게 하고 싶은 말이 있다고 상상해 보기
- 스웨터는 찰리에게 무슨 말을 했을까?

> ♥ 버려진 스웨터가 찰리에게

③ **할머니를 위한 특별한 선물을 준비하기**
  – 할머니를 위한 선물을 직접 만든다.

(6) 연관주제

나(다른 사람과 관계맺기)

🐢 할아버지의 하모니카

(1) 기본정보

저자: 헬렌 그리피스 글/
  제임스 스티븐슨 그림/서필봉 역
출판사: 새터(원작: 1986, 한국판: 1999)
전체쪽수: 61
ISBN 89-87175-30-8
장르: 사실동화

(2) 저자소개

헬렌 그리피스(Helen Griffith)는 미국 동부의 델라웨어에서 자라 지금도 그곳에 살고 있다. 작품으로는 〈알렉스와 고양이〉가 유명하며 새의 관찰에 열중하는 한편 틈틈이 집필을 하고 있다.

제임스 스티븐슨(James Stevenson)은 미국잡지 「New York」을 통해 잘 알려진 화가이며 작가이다. 그림을 그리고 있는 동시에 많은 저작활동도 하고 있다.

(3) 줄거리

어느 여름, 조지아 주 시골에 홀로 사는 할아버지에게 볼티모어에 사는 외

손녀가 내려온다. 농사일을 같이 하며 새들과 장난도 하며 하루를 보내면 저녁에는 풀벌레들이 음악을 들려 준 데 대한 보답으로 할아버지가 하모니카를 들려주곤 한다. 여름이 지나 가을이 되자 이듬해 여름에 다시 만나기로 하고 헤어진다. 이듬해 여름 다시 만난 할아버지는 노쇠하고 지쳐 있어 볼티모어로 모시고 온다. 도시로 온 할아버지는 심히 허전해 하는데 짐 속에서 하모니카를 찾아낸 소녀는 할아버지를 위해 하모니카를 열심히 분다. 조지아의 추억을 되살린 할아버지는 다시 기력을 회복한다.

(4) 글과 그림

이 글에는 주인공은 특별한 이름이 없다. 할아버지와 소녀라고만 나올 뿐인데 그럼으로써 조지아와 볼티모어라는 배경과 자연이 도드라져 보이는 효과가 난다. 인물이 자연 속의 일부로 스며들어서 결국 자연을 그리워하는 할아버지의 손녀의 심리가 잘 드러나 있다. 이야기의 전반부는 한국 영화 〈집으로〉(2002)와 모티브가 흡사하다.

펜 스케치와 수채화가 어우러져 맑고 담백한 느낌을 준다. 글과 그림의 관계에 있어 '한쪽 글 – 다른 한쪽 그림'의 대칭적 관계를 위주로 하되 내용을 압축하여 상징하는 배경이 없는 개별적인 그림 컷 – 수레, 하모니카, 메뚜기 등, 철로 표지판 – 이 많이 들어 있다. 여백이 많은 이런 기법은 시화전을 보는 듯 이미지 연상을 쉽게 한다. 글을 방해하지 않고 자유롭게 흘러가는 삽화를 보는 듯 하다.

(5) 관련 질문과 활동

☑ 관련 질문

   (책 읽기 전 질문: 할아버지에 대한 아동의 관심정도 및 태도 파악하기)
   – ○○네 할아버지 성함이 뭐니?
   – 할아버지 연세는 얼마나 되셨니?
   – ○○이는 '○○이 할아버지' 하면 제일 먼저 뭐가 떠오르니?
   – 할아버지가 요즘 자주 가시는 곳이 어디야?
   – 할아버지가 요즘 관심을 보이는 것은?

① 전반적인 인식을 돕는 질문
  - 〈할아버지의 하모니카〉를 읽으면서 떠오르는 장면이 있다면 무엇이니?

② 이해 및 고찰을 돕는 질문
  - 소녀가 시골로 할아버지를 찾아왔을 때 할아버지 기분이 어땠을까?
  - 처음에 소녀가 밭일을 잘 못하는데도 왜 할아버지는 "네 덕분에 오늘 일은 잘 되고 있구나."라고 하셨을까?
  - (39쪽 그림에 말풍선을 삽입한 복사본을 주며) 지금 이 할아버지(또는 소녀)는 무슨 말을 하고 있을까?
  - 다음해 여름 다시 만났을 때 할아버지는 지치고 힘이 없었는데 이유가 무엇일까?
  - 할아버지는 왜 하모니카 소리를 듣고 힘이 다시 나셨을까?

③ 기존의 해결방법에 대한 다각적인 평가와 새로운 접근을 시도해 보게 하는 질문
  - 할아버지에게 하모니카의 노래 소리가 아닌 다른 어떤 것으로 힘을 드릴 수 있을까?

④ 자기적용을 돕는 질문
  - 너는 할아버지랑 살았거나 같이 가 본 곳 중에서 기억나는 곳 있니? 거기서 무엇을 했니?
  - 너의 할아버지가 좋아하는 노래가 무엇이니?
  - 너는 할아버지랑 무슨 일을 함께 할 수 있니?

⊗ 관련 활동

① 책 만들기
  - '우리 할아버지를 소개합니다' 책 만들어 발표하기
  - 그것을 할아버지께 선물하기 전과 선물한 후에 생긴 일 발표하기
    (내용: 할아버지의 이름, 고향, 나이, 젊었을 때 하신 일, 좋아하는 노래, 음식 등)

※ 내용 중에 등장하는 조지아(시골)와 볼티모어에 대한 이해가 먼저 필요하며 아울러 내용에 대한 이해가 불충분한 경우 다음의 순서를 선행시키거나 병행할 수도 있다.

② 이야기 나누기 - 그림그리기 - 말풍선 만들기
  - 할아버지가 살던 조지아 주는 어떤 곳일까?
  - 볼티모어(49쪽 그림을 보여주며)는 어떤 곳일까?

- 할아버지가 살던 조지아 숲을 그려 볼까?
- (생각나는 대로, 또는 책을 참조하여) 17, 31, 39, 51, 56쪽 그림에다 차례로 말
  풍선 넣기

(6) 연관주제

나(다른 사람과 관계맺기, 성취감)

초등학교 고학년 어린이

 할머니

(1) 기본정보

저자: 페터 하르틀링 지음/
　　　페터 크노르 그림/박양규 역

출판사: 비룡소(원작: 1975, 한국판: 1999)

전체쪽수: 124

ISBN 89-491-8005-7

장르: 사실동화

(2) 저자소개

페터 하르틀링(Peter Hartling)은 1933년 독일 켐니츠에서 태어났으며, 지금은 헤센 주의 발도르프에서 살고 있다. 1953년부터 어린이 책과 시, 소설, 수필들을 발표했고, 1976년에는 〈할머니〉로 독일 청소년 문학상을 받았다. 그 외에도 〈욘 할아버지〉, 〈그 아이는 히르벨이었다〉 등의 작품이 있다. 그의 어린이 책들은 20여 개의 언어로 번역되었다.

페터 크노르(Peter Knor)는 1956년 독일 뮌헨에서 태어나 마인츠에서 미술교육학을 공부했다. 많은 어린이 책에 그림을 그렸고, 지금은 마인츠 근교 니어슈타인에서 살고 있다.

(3) 줄거리

할머니와 손자가 서로를 이해하고 사랑을 나누는 슬프고 아름다운 이야기
이다. 교통사고로 갑자기 부모님을 잃은 칼레는 할머니와 살게 된다. 목소리
도 크고 바른 소리를 잘 하는 할머니는 칼레와 생각이 너무나 다르다. 심한 욕
설도 잘 뱉기 때문에, 칼레는 할머니를 부끄러워하기도 한다. 하지만 칼레는
살아갈수록 할머니의 따스한 사랑을 배운다.

(4) 글과 그림

독일 청소년 문학상 수상작이며, 이 세상에 하나뿐인 손자를 위해 사는 할
머니의 삶과 사고방식의 차이로 티격태격하던 할머니와 손주가 차츰 서로를
이해하는 과정을 그렸다. 생각이 너무도 다른 사람들이 함께 살면서 조금씩
마음을 맞추어 가는 과정을 잘 그려 놓았다. 탄탄한 구성 속에 따뜻한 이야기
가 잘 담겨 있다.

(5) 관련 질문과 활동

☑ 관련 질문

① 전반적인 인식을 돕는 질문

- 칼레와 할머니의 이야기에서 어떤 장면이 제일 먼저 떠오르니?
- 칼레의 마음과 할머니의 마음이 서로 어떠한지 이야기해 보자.

② 이해 및 고찰을 돕는 질문

- 칼레에게 중요한 것, 관심분야는 무엇이었지?
- 할머니에게 중요한 것, 관심분야는 무엇이었지?

③ 기존의 해결방법에 대한 다각적인 평가와 새로운 접근을 시도해 보게
하는 질문

- 칼레에게 할머니가 없다면 어디에서 어떻게 살게 될까?
- 칼레가 할머니를 더 잘 이해하고, 함께 잘 지낼 수 있는 방법에는 어떤 것들이 있
을까?

④ 자기적용을 돕는 질문

- 너에게 중요한 것은 무엇이지?

－우리 할머니에게 중요한 것은 무엇인지? 나와 할머니가 중요하게 생각하는 것
　을 서로 비교해 보자.

⊙ 관련 활동

① 미완성 문장 완성하기
　　－나는 할머니에게 ＿＿＿＿＿＿＿＿＿＿＿＿＿＿＿＿＿＿
　　　우리 할머니는 ＿＿＿＿＿＿＿＿＿＿＿＿＿＿＿＿＿＿＿
　　　나는 할머니를 ＿＿＿＿＿＿＿＿＿＿＿＿＿＿＿＿＿＿＿

② 할머니에게 중요한 것을 마인드맵을 이용하여 표현한다. 내가 할머니
　를 위해서 할 수 있는 것을 적어보고 실천한다.

③ 우리 할머니 자서전(자서전을 기록하면서 할머니를 이해하고 알아가는
　데에 좋은 기회로 삼는다.)

(6) 연관주제

가족(일반 가족－특수 및 위기 가족), 나(다른 사람과 관계맺기)

🐢 '할머니' 〈선생님이 추천하는 맛깔동시집: 5·6학년 감상동시〉

(1) 기본정보

저자: 이성관 저(김종상 편)/
　　　김세진 · 김윤주 · 민은경 그림
출판사: 기탄출판(2002)
전체쪽수: 전체 155쪽 중 138~141쪽
ISBN 89-7959-815-7
장르: 동시

(2) 저자소개

　송림 이성관은 1946년 전남 장흥 출생으로 장흥고교와 광주교대를 졸업하
였다. 1983년 아동문학 평론에 동시 '밤열차'로 등단하였다. 1984년 월간문
학에 〈산촌〉이라는 작품으로 신인상을 수상하였다. 1983년 전남 아동문학가

상, 1985년 교원예술상, 제6회 새벗문학상을 수상하였다. 저서로는 〈새끼손가락〉, 대표작으로는, 동시 '산촌', '소망', '나무와 새' 등이 있다.

(3) 내용

할머니

이성관

1. 주름살 은머릿결
   손마디야 거칠어도

   손길은 다사로와
   봄날 아침 양지쪽

   손자들 느는 재롱에
   눈꽃 환히 핍니다

2. 깨물어도 싫잖을 듯
   안아주고, 얼러주고

   떼를 써도 재롱인 듯
   치마폭 감싸주고

   어쩌다 아빠 화내면
   아서라, 말려주고

3. 비 온 날을 아픈 허리도
   씻은 듯 나은 걸까

   때 놓칠까, 산밭 들밭
   모종내고, 거름 주고

흥건히 온몸 젖어도
이랑마다 푸른 꿈

4. 밤마다 졸라대면
   "옛날 옛날 옛적에...."

   귀 기울여 듣다 보면
   자장가가 되었지

   얘기 속 산짐승들이
   꿈 속 함께 노닐고

5. 아파도 괜찮은 척
   걱정될까 숨기시고

   고기 반찬 오른 날은
   자꾸만 밀어내고

   누군가 앓아 누우면
   머리맡에 잠 안 자고

6. 식구 중에 밤 깊어도
   소식 없이 들잖으면

숟갈 아예 안 드시고
눕지도 않으시며

오가는 발길마다에
귀 세우는 할머니

7. 옷 다숩게 입어라
   찻길 조심하여라

   할머니 눈길에는
   아빠도 아기실까

   사랑에, 아빠 빙그레
   발길 한결 가볍고

8. 닳도록 쓸고 닦아
   온 집안이 거울 같다

   꿀벌처럼 개미처럼
   자식 위해, 할머니

   가엽이 태운 사랑이
   햇살보다 다숩다.

(4) 글과 그림

할머니의 사랑 즉, 아무리 힘들어도 자식을 위해 끝없이 베푸시는 사랑을 최고의 기쁨으로 여기며 자신을 희생하시는 할머니의 사랑을 노래한 정형시다. 과연 오늘날의 핵가족시대에 이만큼 따사로운 할머니의 정을 느낄 만한 기회와 공간이 주어질 수 있을까? 이토록 아낌없이 주시는 할머니의 사랑으로 나이에 상관없이 아버지와 나 모두 아기가 되어 행복한 삶을 살아갈 힘을 주는 할머니의 품으로 당장 달려가고픈 동시이다.

(5) 관련 질문과 활동

☑ 관련 질문

① 전반적인 인식을 돕는 질문
- 이 시를 읽었을 때 할머니는 어떤 분이라고 느껴지니?

② 이해 및 고찰을 돕는 질문
- 왜 할머니에게는 아버지조차 아가처럼 보이게 되는 걸까?
- 왜 할머니는 고기 반찬을 밀어내고 가족에게 양보하는 것일까?
- 왜 할머니는 자기 몸을 돌보시지 않고 온 가족의 들어오고 나감을 세심히 신경 쓰며 그들의 행동에 마음을 쓰는 걸까?

③ 기존의 해결방법에 대한 다각적인 평가와 새로운 접근을 시도해 보게 하는 질문
- 만약 할머니와 나와의 관계가 이 시조처럼 정겹고 따사롭지 않을 때 그 원인은 무엇이며 우리의 관계를 좋게 하기 위한 방법은 무엇이 있을까?
- 만약 할머니와 가족간의 관계가 이 시처럼 정겹지 않다면 그 원인이 어디에 있다고 생각하는가?
- 할머니의 따사로운 염려가 오히려 가족들에게 성가신 간섭과 참견이 되어 가족에게 불편한 적이 있다면 어떤 때인가? 그런 문제를 어떻게 해결해야 하는가?

④ 자기적용을 돕는 질문
- 할머니에게 사랑한다고 말해 본 적이 있니?
- 이 시를 읽고 우리 가족과 할머니의 관계는 어떠한지 비교해 보면 무엇이 유사하고 또 다르다고 생각하니?
- 우리 할머니가 너를 사랑한다고 느끼는가? 왜 그렇다고 생각하는가? 만약 그렇지 않다면 왜 그렇다고 생각하는가?
- 우리 할머니의 사랑과 엄마의 사랑은 어떻게 다르며 또 같은가?
- 네가(가족이) 꾸준하게 할머니(할아버지)께 드릴 수 있는 작은 효도는 무엇일까?

⊘ 관련 활동

① 작은 효도 실천하기

- 할머니와 (같이 안 살 경우) 아침에 일어나 제일 먼저 조부모님께 안부인사(전화) 드리기, 전화(안부) 인사드리기, 그리고 그렇게 하기 전과 후의 나의 마음(가족의 태도)의 변화와 할머니의 반응 느끼고 기록해 보기
- (같이 살 경우) 매일 아침 조부모님의 신발/지팡이 닦아드리기

② 할머니의 앨범 전기 만들기

- 만약 자료를 구할 수 있다면 할머니의 아기/어린 시절, 유년기, 학동기, 청소년기, 청년기, 중년기, 그리고 노년기에 이르기까지의 사진과 사연을 담은 작은 소책자 형태의 앨범 전기 만들어 선물하기(편집인, 편집 년월일, 앨범 저자는 손자/손녀의 이름으로 한다.)

③ 우리 가족의 모습 진단하기

- 내가 만약 할머니/할아버지가 되었을 때 손자/손녀가 내게 찾아온다면 내가 가질 느낌은 무엇이며 내 자손들에게 어떤 모습으로 비추어지길 원하는가?
- 또 현재 부모님과 조부모님의 발자취를 따라간다면 과연 내 자녀/자손에게 내가 원하는 모습으로 기억될 수 있을까? 그렇다면 왜? 안 그렇다면 왜인가?
- 그러기 위해서 무엇이 필요한가?

(6) 연관주제

가족(일반 가족-어머니, 아버지)

3. 특수 및 위기 가족

1) 맞벌이 가족

19세기 산업화에 따른 전통적인 가족관계의 변화 중에 가장 두드러진 특징은 바로 맞벌이 부부의 출현과 여성의 경제력에 따른 이혼율 증가와 이혼 후 재혼을 통해 결합된 재혼(계부모) 가족, 사회의 성개방 문화로 인해 미혼모 출현에 따른 입양사례의 증가를 들 수 있다.

전통적인 가부장 중심의 확대 가족과는 달리 산업화 및 도시화로 인한 핵가족제도권에 속한 현대의 부부들은 자아실현과 여성의 경제활동 참여, 그리고 가정의 경제부담을 덜기 등을 이유로 부부 모두 직업을 가지고 맞벌이를 하는 경우 전체 가족의 50%를 차지하고 있다(한국통계연보, 1999). 맞벌이 부부 가족의 공통적인 문제점은 자녀양육과 교육, 대리양육의 문제, 어머니의 역할 과중으로 인한 스트레스, 가사노동 분배 및 관리, 성역할 혼돈, 양육자와 자녀 간의 상호작용의 감소, 사회적 관계망 부족 등이다(이소희 외, 2002 재인용).

유아

‘혼자 있을 때’〈파아란 꿈 고운 동시〉

(1) 기본정보

저자: 노원호 글/박요한 그림

출판사: 은하수(1999)

전체쪽수: 95쪽 중 82~83쪽

ISBN 89-7533-345-0

장르: 동시

(2) 저자소개

노원호는 1946년 경상북도 청도군 화양면에서 태어나 대구교육대학교를 졸업하였다. 1974년 1월 매일신문 신춘문예에 동시〈바다에는〉이 당선, 1975년 조선일보 신춘문예에 동시〈바다를 담은 일기장〉이 당선되어 문단에 데뷔했고 제3회 새싹문학상(1975), 제6회 한국동시문학상(1983), 대한민국문학상(1986), 세종아동문학상(1993) 등을 수상하였다. 동시집으로, 〈바다에 피는 꽃〉(일지사, 1979), 〈고향 그 고향에〉(일화당, 1984), 〈바다를 담은 일기장〉(예림당, 1996) 등이 있다.

(3) 내용

혼자 있을 때

노원호

혼자 있을 때
마음이 어쩐지
이상해진다.

가슴을 두 손으로
꼭꼭 눌러 보지만
자꾸만 콩콩거린다.

방문을 닫고
텔레비전을 보아도
어제 엄마한테 들었던
도깨비 이야기가
벌레처럼 스멀스멀 기어 나온다.

(4) 글과 그림

집을 혼자 보는 것은 유아에게 큰 심리적 부담일 텐데 그러한 유아의 불안 심리가 잘 드러나 있다. 아이의 겁먹은 듯한 표정과 아이를 덮칠 듯한 도깨비의 장난끼 어린 그림이 잘 어울리며 자칫 도깨비가 가져다 줄 과도한 공포의 느낌이 없어 적절하다.

(5) 관련 질문과 활동

☑ 관련 질문

① 전반적인 인식을 돕는 질문

- 이 시를 읽고 나니까 어떤 생각이 떠오르니?
- 이 그림 속의 아이는 몇 살쯤 되어 보이니?

② 이해 및 고찰을 돕는 질문

- 이 아이는 왜 혼자 있는 것 같애?

- 도깨비가 정말 있을까?

③ 기존의 해결 방법에 대한 다각적인 평가와 새로운 접근을 시도해 보게
  하는 질문
  - 정말 무섭거나 심심할 때 이 아이는 그냥 걱정하는 것 말고 어떻게 하는 것이 좋
    을까?

④ 자기적용을 돕는 질문
  - 너는 혼자 있어 본 적이 있니?
    그때 기분이 어땠니?
    그때 네가 무얼 하면 덜 무서워지니?

⊗ 관련 활동

① 내 마음의 비밀 상자
  - 도입: "사람들은 때때로 남들이 무슨 생각을 하는지 잘 모를 때가 있어. 가까운
    가족끼리도 말이야. 그런데 마음이 상자라면 활짝 열어 볼 수 있겠지? 오늘은
    마음의 상자를 활짝 열어서 내 마음의 글을 적어 엄마(또는 아빠)에게 내 마음
    을 전해 볼 거야. 엄마에게 꼭 하고 싶은 말을 쓰는 거야."
  - 뚜껑 윗면에 비밀상자 'ㅇㅇ이의 마음'이라고 쓴 예쁜 상자 속에서 아동이 백
    지의 카드 한 장을 꺼내게 한 다음 엄마(또는 아빠)에게 하고 싶은 말을 짧막한
    편지로 쓰게 한다. 카드가 완성되면 잘 봉하고 모형우편함에 넣고 상황에 따라
    보호자에게 전달한다(글을 못 쓰면 테이프로 녹음을 할 수도 있다.).

(6) 연관주제

나(성취감)

초등학교 저학년 어린이

 '사랑받고 싶어요' 〈엄마의 런닝구〉

(1) 기본정보

저자: 엄재희 글(한국글쓰기연구회 편)
출판사: 보리(1995)
전체쪽수: 206쪽 중 171쪽

ISBN 89-8549421-X

장르: 동시

(2) 저자소개

경북 울진 온정 초등학교 4학년 엄재희

(3) 내용

사랑받고 싶어요

엄재희

집에 가면 엄마가
"재희야. 이제 오나.
덥제. 빨리 씻고 밥 먹어라."
아빠도
"재희야, 얼른 밥 먹고
숙제하거라."
나는 이렇게 포근한 사랑받고 싶어요.

(4) 글과 그림

엄마와 아빠의 사랑을 받고 싶어 하는 주인공의 마음이 짧은 시에 듬뿍 담겨 있다.

(5) 관련 질문과 활동

☑ 관련 질문

① 전반적인 인식을 돕는 질문

– 이 시를 읽고 나서 어떤 생각이 드니?

② 이해 및 고찰을 돕는 질문

– 재희는 왜 그런 말을 듣고 싶어 할까?

– 재희 부모님은 왜 바쁘실까?

③ 기존의 해결방법에 대한 다각적인 평가와 새로운 접근을 시도해 보게 하는 질문

- 바쁜 부모님에게 이 시의 주인공이 먼저 해 드릴 수 있는 것은 무엇일까?
- 사랑받고 싶은 주인공은 부모님께 어떤 방법으로 표현할 수 있을까?

④ 자기적용을 돕는 질문
- 학교에서 돌아와 혼자 있을 때 무엇을 하면서 시간을 보내면 좋을까?
- 내가 혼자 또는 친구와 있을 때 할 수 있는 재미있고 유익한 것들은 무엇일까?

⊗ 관련 활동

① 전보 보내기
- 재희 부모님께 10자 내로 마음의 전보를 보낸다.
- 나의 부모님께 10자 내로 마음의 전보를 보낸다.

② 일주일의 방과후 계획표를 짜보기
- 재희가 혼자 있을 때 즐겁게 할 수 있는 게임, 활동에 관련된 계획표 짜기
- 내가 혼자 있을 때 즐겁게 할 수 있는 게임, 활동에 관련된 계획표 짜기

(6) 연관주제

가족(일반 가족—어머니, 아버지)

초등학교 고학년 어린이

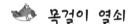 목걸이 열쇠

(1) 기본정보

저자: 황선미 글/신은재 그림

출판사: 시공주니어(2000)

전체쪽수: 191

ISBN 89-527-0901-2

장르: 생활동화

(2) 저자소개

황선미는 1963년 충남 홍성 출생으로 서울예대 문예창작과를 졸업했다. 1995년 단편 〈구슬아, 구슬아〉로 「아동문학평론」 신인문학상을, 중편 〈마음에

심는 꽃으로〉으로 농민문학상을 수상하면서 본격적인 아동문학저자로서 활동을 시작하였다. 1997년 제1화 탐라문학상 동화 부문을 수상하기도 하였다. 주요 작품으로는 〈내 푸른 자전거〉, 〈여름나무〉, 〈앵초의 노란 집〉, 〈샘마을 몽당깨비〉, 〈나쁜 어린이 표〉, 〈마당을 나온 암탉〉 등이 있다.

신은재는 1970년 서울 태생으로 추계예대 동양화과를 졸업했다. 1997년 한국출판미술대전에서 신인상을 수상했으며 현재 한국출판미술가협회 일러스트레이션 그룹 모빌의 회원으로 활동중이다. 주요 작품으로는 〈황우양씨 막막부인〉, 〈내 마음 그리스도의 집〉, 〈너무나 소중한 가족 이야기〉, 〈숲 속의 시계방〉 등이 있다.

(3) 줄거리

엄마 아빠가 맞벌이 부부이기 때문에 향기는 항상 밤늦게 텅빈 아파트 문을 목걸이 열쇠로 열고 들어와야 한다. 향기는 자칭 비밀경찰로서 체포해야 할 대상과 죄목과 형벌을 초록공책에 하나하나 기록해나간다. 그러던 어느 날 벽을 따라 들려오는 아름다운 피아노 선율을 따라 가다가 그 주인공이 누구인지 알아내게 된다. 그는 바로 자신이 집에서 키우는 병아리 집을 만들기 위해 종이상자를 구하느라 어지럽게 했다고 야단을 친 이제는 중풍환자가 된 환경미화원의 음대생 아들임을 발견하게 된다.

주인공은 사춘기 자신의 생일과 신체의 변화에도 어느 누구 관심을 가져주지 않는 바쁜 부모님에 대한 반항과 복수심으로 몰래 가출을 결심하게 된다. 그러나 시골로 이사 간 환경미화원 아저씨네의 단란한 가족 간의 사랑과 격려에 마음을 돌리게 되고 가족의 품으로 돌아오게 된다.

(4) 글과 그림

무남독녀 향기는 늘 아들이 없어 섭섭해하는 아버지의 아들에 대한 아쉬움이라도 반영하듯 짧은 머리에 바지 그리고 여자답게 보다는 남자다운 행동을 취하지만 주부인 어머니의 빈자리를 채우느라 늘 엄마가 남기고 간 시장 볼 쪽지를 들고 장을 봐야 하는 신세이다. 늘 썰렁한 집에서 병아리 때부터 키워온 수탉과 자신의 비밀 일기장과의 대화 속에서 자신의 외로움을 달래는 향기의 심리가 연필 데생으로 섬세하게 묘사되어 있다.

(5) 관련 질문과 활동

☑ 관련 질문

① 전반적인 인식을 돕는 질문
- 이 글을 읽고 생각나는 점은 무엇이니?

② 이해 및 고찰을 돕는 질문
- 향기의 비밀경찰 역할과 초록공책이 향기가 가진 문제들을 해결하는 데 어떻게 도움이 되고 또 방해가 되었을까?
- 진주네 가족은 맞벌이 부부는 아니지만 어머니와 아버지와 이별하여 할머니와 함께 살아야 하는 마음의 고통을 안고 살아야 했다. 향기의 가족과 비교해 볼 때 누가 더 부모의 사랑을 필요로 하는 사람일까?

③ 기존의 해결방법에 대한 다각적인 평가와 새로운 접근을 시도해 보게 하는 질문
- 집에 계시지 않는 엄마를 자주 보고 느낄 수 있는 대안은 무엇이 있을까?
- 맞벌이 부모님의 자녀(가족)들끼리 함께 나눌 수 있는 공통된 대화, 오락, 여가 활동은 무엇이 있을까?
- 향기가 벼르고 벼르던 가출을 성공시키지 못했던 결정적 원인은 무엇이었을까? 만약 가출이 성공했다면 어떤 일이 벌어졌을까?

④ 자기적용을 돕는 질문
- 학교 다녀온 후 아무도 없는 집에 들어올 때의 기분은 어떠한지? 그래도 견딜만 한 점과 가장 참기 힘든 부분은 무엇인가?
- 너도 향기처럼 가출에 대한 생각을 해 본 적 있는지? 있다면 그 이유는? 없다면 그 이유는?
- 너와 가족 간의 의사소통을 좀더 원활하게 할 수 있는 방법과 노력은 어떻게 이루어질 수 있는가?

⊘ 관련 활동

① 나의 초록공책을 만들기
- 평소에 엄마 아빠 그리고 내 주변 사람들과의 관계 속에서 일어나는 사건들의 원인, 경과, 결과, 그에 대한 나만의 판단을 적어보기

② 부모님과 이메일로 대화하기

- 맞벌이 부부로 바쁜 부모님의 직장에서 잠깐 잠깐 시간을 내어 대화할 수 있는 인터넷 대화방 만들기

③ 매일 부모님과 의미 있는 만남 준비하기

- 부모님과 만나는 시간을 가장 긴밀하고 행복한 만남의 시간으로 만들기 위해 내가 또는 우리 가족이 할 수 있는 실천 가능한 목록을 만들고 실천 항목들을 세심하게 가족구성원 별로 기록하여 서로 격려해 보고 실천해 보기

④ 일주일에 1~2회씩 정기적인 가족 모임을 갖고 그동안 있었던 일 이야기 나누기

- 가족 모임/ 가정 예배/ 가족 대화 시간/ 가족 회의 소집하여
- 온 가족이 어머니/아버지/아들/딸의 하루 중 가장 힘들었던 일 위로해 주기
- 온 가족이 어머니/아버지/아들/딸의 하루 중 가장 즐거웠던 일 축하해 주기

⑤ 어머니/아버지의 직업에 대해 알아보기

- 내가 예상했던 것과 전혀 예상하지 못했던 점을 인터넷, 책, 사전, 그리고 주변 사람들을 통해 알아보고 이해하기
- 어머니/아버지의 직업에 대한 가장 어려운 점, 즐거운 점, 보람된 점 등 인터뷰하기

(6) 연관주제

가족(일반 가족-어머니, 아버지), 사회문제의 이해(경제)

2) 입양 가족

입양 가족은 출생에 의하지 않고, 사회적 또는 법적인 과정을 통해 친부모와 동등한 친자관계를 형성하게 된 가족을 말한다. 즉, 입양을 통해 친부모로부터의 아동의 현재와 미래에 대한 모든 권리와 의무가 소멸되고, 행동적, 법적 권한에 의해 혈연관계가 없는 타인에게 양육권리와 의무가 이양되는 것이다. 친부모의 양육기회를 박탈당한 요보호아들에게 법적으로 친자관계를 맺어주어 가정을 이루고 자녀양육과 보호를 제공해 주는 것을 말한다(이소회 외, 2002). 입양은 주로 아동의 복지를 우선적으로 부모의 보살핌을 받지 못

하고 가정에서의 양육기회를 박탈당한 요보호 아동에게 영원한 가정을 제공해 준다는 점과 자녀가 없는 부모에게 자녀를 기를 수 있게 해 준다는 점에서 아동 및 가족 복지의 중요한 측면이다(이소희 외, 2002: 338-339).

1958년에 시작된 입양은 2000년 현재 국내 입양 1,686건, 해외 입양 2,360건에 이르며 1990년대 이후 매년 총 3,000~4000건에 이르고 국외 입양은 점차 감소하고 국내입양은 증가추세이다. 국내외 입양 가족이 적지 않게 드러났다(통계청, 2000).

입양의 원인으로는 미혼모, 기아, 결손가정 등이 있다. 입양가족이 갖고 있는 스트레스는 주로 입양 전후의 가족체계의 변화, 입양아의 부적응적 행동, 결혼관계에 대한 소홀, 지나친 혈통주의 가족 관념에 따른 사회적 지지의 부족, 양부모의 소극적 태도, 입양에 관한 정확한 통계와 사후관리부재 등의 문제를 안고 있다.

유아

 다른 세상에서 온 아이 파스텔

(1) 기본정보

저자: 도미실르 드 프레장세 글, 그림/신성미 역
출판사: 작은 책방(원작: 2000, 한국판: 2001)
전체쪽수: 38
ISBN 8989773016
장르: 그림책(환상동화)

(2) 저자소개

도미실르 드 프레장세(Domitille de Pressense)는 1952년 프랑스 낭트에서 출생하여 다섯 살 때 첫 번째 그림책을 완성했고 그 뒤에도 늘 그림을 그리는 재능을 보였다. 아직도 어린 시절의 추억을 간직한 채 열정적으로 글을 쓰고 그림을 그리고 있으며 지금은 프랑스 파리에서 입양한 두 아이를 포함하여 모두 세 아이와 함께 살고 있다.

(3) 줄거리

아이를 낳지 못하는 한 부부가 아기 파스텔을 입양한다. 파스텔과 양부모는 생긴 모습이 달랐는데 엄마 아빠는 공룡에 가까운 모습인 반면 파스텔은 아기 곰과 비슷하다. 어렸을 때는 외모 차이가 별 문제가 되지 않았으나 학교에 가게 되면서부터 혼자만 다른 모습인 것에 당황한 파스텔은 점점 심술꾸러기가 되어간다. 학교와 집에서 끊임없이 말썽을 부리던 파스텔은 부모가 자신에 대해 얼마나 인내하는지 시험해 보지만 결국 변함없는 부모의 사랑을 발견하고 자신도 있는 그대로의 부모를 사랑하고 있음을 깨닫는다.

(4) 글과 그림

이 책은 유아용으로는 활자의 양이 많긴 하나 입양으로 인해 혼란을 겪고 있는 만 5세 정도부터는 함께 읽어볼 만한 책이다. 이 책에서 입양이 가져올 수 있는 문제점 중 외모의 차이라는 문제점을 부각시킨 것은 아동들이 이해하기 쉬운 소재여서 적절하다. 파스텔이 겪는 사회적 부적응과 가정에서 말썽 부리는 것들도 아이들이 쉽게 공감할 수 있는 소재이며, 마지막에 부모들이 가장 아끼는 항아리를 깼을 때 보여준 부모의 반응이 파스텔에 대한 부모의 사랑을 단적으로 잘 보여주고 있다.

공룡과 아기 곰으로 상징되는 겉모습이 이질감을 줄 수밖에 없음에도 불구하고 작가는 부드러운 베이지색을 바탕으로 물감과 연필, 파스텔 등으로 독자에게 편안하고 잘 어울리는 느낌을 전달하고 있다. 17쪽 그림에는 친구들과 닮아지기 위해 애쓰는 파스텔의 고통이 잘 나타나 있다.

(5) 관련 질문과 활동

☑ 관련 질문

① 전반적인 인식을 돕는 질문

– 이 책을 읽고 나니까 어떤 생각이 떠오르니?

② 이해 및 고찰을 돕는 질문

– 파스텔의 엄마 아빠는 왜 파스텔을 입양하려고 했을까?

– 친구들이랑 모습이 다르다는 것을 알았을 때 파스텔의 기분이 어땠을까?

- 친구들은 왜 파스텔이 심술궂은 아이라고 생각하게 되었을까?
- 엄마와 아빠는 항아리를 깼을 때 파스텔에게 어떻게 하셨니? 왜 그렇게 말씀하셨을까?

③ 기존의 해결 방법에 대한 다각적인 평가와 새로운 접근을 시도해 보게 하는 질문
- 만약 파스텔이 자기가 생김새가 다르다는 것을 깨닫고 난 뒤 화를 내지 않고 전혀 슬프지 않은 것처럼 웃고만 다녔다면 어떤 일이 생겼을까?

④ 자기적용을 돕는 질문
- 네가 파스텔이라면 친구들이 널 쳐다보았을 때 어떻게 하겠니?
- 파스텔은 나쁜 욕을 하면서 엄마 아빠가 자기를 사랑하지 않는다고 생각했는데 그때 네가 옆에 있다면 파스텔에게 뭐라고 해 주고 싶니?
- 너는 엄마랑 아빠랑 함께 무엇 할 때가 가장 좋았니?

⊙ 관련 활동
① 우리 가족 행복 사진
- 가족끼리 가장 즐거웠던 순간을 그린다(예: 놀이동산 갔을 때, 생일잔치, 휴가 여행 등)
  (그리기가 끝나면 "○○이네 가족 소풍" 등 이름을 넣어 제목을 붙여 준다.)
② 파스텔아, 생일 축하해.
- 오늘은 파스텔의 생일날, 파스텔에게 주고 싶은 선물(그림)과 하고 싶은 이야기를 편지로 써 보자.

(6) 연관주제

나와 다른 사람들에 대한 이해(신체적 특징-외모), 친구삼기(새로운 환경에서 친구 사귀기)

초등학교 저학년 어린이

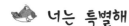

🐟 **너는 특별해**

(1) 기본정보

저자: 조앤 링가드 글/

폴 하워드 그림/서수연 역

출판사: 베틀북(원작: 1998, 한국판: 2001)

전체쪽수: 96

ISBN 89-8488-048-5

장르: 사실동화

(2) 저자소개

조앤 링가드(Joan Lingard)는 스코틀랜드 에든버러에서 태어나 지금까지 서른 권이 넘는 어린이 책을 펴냈다. 1986년에 〈바리케이드를 넘어서〉로 독일에서 권위 있는 아동상인 북스테후터 불레 상을 받았고, 1989년에는 〈치열한 전쟁〉으로 카네기 상 후보에 올랐으며, 1990년에는 랭커셔 어린이 책 클럽의 '올해의 책'에 선정되었다.

폴 하워드(Paul Howard)는 허트포드셔의 스티브니지 출생으로 현재 북아일랜드의 벨페스트에서 아내와 세 아이들과 함께 살고 있다. 어려서부터 조앤 아이켄, 로날드 달 등을 좋아했고 낙천적이면서도 자기비판적인 하워드는 미술을 좋아하여 레이체스터 폴리(Leicester Poly)에서 그래픽 디자인을 전공하였다. 영국 자연사박물관에서 전시물을 설치하고 관리하는 일에 종사하다가 학교 교재용 동화책의 그림을 그리다가 약 10년 전부터 본격적으로 아동소설과 그림책 그림을 그리기 시작했다. 현재 롤링(J. K. Rowling), 길리안 크로스(Gillian Cross), 알랜 알버그(Allan Ahlberg)를 존경하는 그는 앞으로 새로운 캐릭터와 상황을 이용한 어린이 그림책을 직접 쓰고 그리는 일에 종사할 계획을 갖고 있다. 감정표현이 솔직한 독자인 어린이 그림책을 쓰고 그리는 일이 가장 어려운 일이라고 말하는 하워드는 학교를 방문하여 어린이들이 요청하는 그림을 그려주는 일을 취미로 즐기고 있다.

(3) 줄거리

톰의 부모님은 그의 입양사실을 솔직하게 이야기하고 톰이 그 사실을 자연스럽게 받아들이게 배려해 준다. 그리고 부모님이 톰을 선택한 것이기 때문에 그 누구보다 특별하다고 말해 준다. 자신을 특별하다고 여기며 살아온 톰...

그런데 친구 샘에게 자신의 특별함을 강조하다가 샘으로부터 부모가 직접 낳은 것이 더 특별한 것이라는 이야기를 듣고 자신이 입양아라는 사실을 새롭게 받아들이게 된다. 거기다가 엄마가 동생을 갖게 되는 일이 생기면서 부모의 사랑을 의심하고 자기를 낳아 준 엄마를 그리워하게도 된다. 톰은 자기를 낳아 준 엄마의 이름이 루이스라는 걸 알게 되는데 새 선생님의 성함이 루이스라는 소리를 듣고 자기를 낳아 준 엄마일지 모른다는 상상을 하기도 한다. 혼자 나무 위에 집을 짓고 혼자 생각하는 시간을 가지던 톰. 위기에 처한 여동생을 구해 주며 '진짜' 오빠로, 부모님의 사랑의 깊이를 알고, 자신이 누구보다 특별하다는 사실을 다시금 깨닫게 된다.

(4) 글과 그림

입양아의 고민을 정면에서 다룬 동화이다. 그러나 입양된 아이의 심정을 이해시키는 데 그 목적이 한정된 책은 아니다. 엄마와 아빠가 과연 나를 사랑하는가, 내가 혹시 주어온 아이는 아닐까라는 의심을 한 번씩 품게 되는 초등학교 저학년 어린이나 부모님은 동생과 나, 둘 중 누구를 더 예뻐할까라고 심란해하는 아이들에게도 마음 따뜻한 위로를 전해 줄 수 있는 책이다. 입양 문화에 익숙지 않은 우리 실정에서 진지하게 가족의 의미를 다시 생각해 볼 수 있는 기회를 제공한다. 하지만 이 동화에서 가장 감명 깊은 것은 가족 간의 사랑을 가슴 짜릿하게 상기시키는 구절들이다. 늘 옆에 있기에 애정 표현에 서투르기 마련인 가족이지만, 이 책을 읽어가는 동안 아이들은 자신도, 자신의 가족들도 이와 똑같은 심정이라는 것을 확인하게 된다. 그림은 흑백톤의 연필화로 이야기의 내용을 담아 따뜻함을 안겨준다.

(5) 관련 질문과 활동

　☑ 관련 질문
　　① 전반적인 인식을 돕는 질문
　　　- 이 책을 읽고 나니 무슨 생각이 드니?
　　　- "특별하다"는 것이 무엇이라고 생각하니? 이 책에서의 특별함은 무엇이니?
　　② 이해 및 고찰을 돕는 질문
　　　- 톰은 왜 나무 집을 지었을까?

- 톰의 부모님들은 그런 톰을 어떻게 대해 주었니?
- 아빠가 톰에서 했던 말들에서 느껴지는 톰 아빠의 마음은 어떠하니?

> **예** "그럼! 네가 너무 걱정돼서... 네게 문제가 생기면 지구 끝에서라도 달려오지."
> "너는 우리에게 매리골드하고 똑같이 중요해!"
> "너도 진짜 우리 아이야! 핏줄이 전부가 아니야. 어떤 부모들은 자신이 낳은 아이들을 사랑하지 않기도 한단다. 하지만 우리는 너를 사랑해!" 에서

③ 기존의 해결방법에 대한 다각적인 평가와 새로운 접근을 시도해 보게 하는 질문
- 톰이 부모님들의 사랑과 특별함에 대해서 더 잘 이해할 수 있는 방법에는 어떤 것들이 있을까?

④ 자기적용을 돕는 질문
- 톰이나 톰의 부모님에게 하고 싶은 말은?
- 이 이야기 속의 톰처럼 비슷한 상황이 있었니?
- 그 상황에서 너와 네 가족은 어떻게 생각하고 행동했니?

⊗ 관련 활동

① 주인공 톰에게 편지쓰기
② 나를 키워 준 부모님에게 편지쓰기
- 그동안 부모님께 하고 싶었던 말, 궁금했던 점, 알고 싶은 점을 적는다.

(6) 연관주제

가족(일반 가족-형제), 나(자아존중감)

초등학교 고학년 어린이

 꽃바람

(1) 기본정보

저자: 이금이 글/김태순 그림
출판사: 푸른책들(1999)
전체쪽수: 205

ISBN 89-88578-12-0

장르: 사실동화

(2) 저자소개

이금이는 1963년 충북 청원 출생으로 1984년 새벗문학상과 1985년 소년중앙문학상에 그의 동화가 당선되어 동화저자로 활동하기 시작하였고 1987년 계몽사 아동문학상을 수여했다. 진솔하고 소박한 이야기꾼으로 알려진 동화저자이다. 대표작으로는 장편동화 〈너도 하늘말나리야〉 외에도, 〈밤티 마을 큰돌이네 집〉, 〈밤티 마을 영희네 집〉, 〈나와 조금 다를 뿐이야〉, 〈내 어머니 사는 나라〉 등이 있다. 대표작 〈너도 하늘말나리야〉, 〈영구랑 흑구랑〉, 〈쓸 만한 아이〉, 〈햄, 뭐라나 하는 쥐〉, 〈지붕 위의 내 이빨〉 등이 널리 애독되고 있다.

김태순은 충북 청주에서 태어나 이화여대에서 서양화를 전공하여 동화의 삽화를 그리고 있다.

(3) 줄거리

천사원이라는 고아원 출신의 인정 많은 아버지와 부모의 반대를 무릅쓰고 아버지와 결혼한 어머니가 천사원에서 정호와 정빈을 입양하여 정겹게 살아간다. 어느 날 아버지가 목장 일을 도울 목부로 낯선 할아버지를 모셔온다. 이때부터 함께 지내던 고아출신 청년 태식이형이 아버지의 통장을 갖고 집을 나간 일과 연관되어 여러 가지 안 좋은 기억을 모든 가족이 떠올리며 갈등하게 된다. 평소 내성적이며 말없이 공부를 잘하면서도 불쌍한 사람들에게 필요이상의 보살핌을 아끼지 않는 아버지에 대한 불만을 품었던 정호는 자신이 고아로서 입양되었다는 사실을 우연히 알게 된 후 가출을 한다. 그리고 아버지가 자랐던 천사원에서 일주일간을 보내며 고아들과 보모와 원장님과의 생활을 통해 부모의 사랑과 가족이 얼마나 소중한지를 배우고 한층 성숙해져 집으로 돌아오게 된다.

(4) 글과 그림

혈연을 통해서가 아닌 사랑과 필요에 의해서도 사랑과 정이 넘치는 가족이 될 수 있다는 것을 잘 묘사한 이야기이다. 글의 중간 중간에 삽입된 그림은 연필스케치와 담백한 수채화가 흑백으로 그려져 이 가족의 담백한 사랑을 잘 묘사하고 있다.

(5) 관련 질문과 활동

☒ 관련 질문

① 전반적인 인식을 돕는 질문
- 이 책을 읽고 나서 떠오르는 생각이 있니?

② 이해 및 고찰을 돕는 질문
- 아버지가 태식이 형과 노인에게 베푼 친절을 어떻게 생각하니?
- 정호가 아버지를 이해할 수 있게 된 결정적 계기는 무엇이었을까?
- 노인은 왜 행복한 가정에서 오랫동안 잘 살 수 있었는데 아무도 모르게 떠났을까?

③ 기존의 해결방법에 대한 다각적인 평가와 새로운 접근을 시도해 보게 하는 질문
- 아버지가 집에 데리고 온 사람들이 한결같이 나쁜 사람들이었다면 아버지의 그들에 대한 태도는 어땠을까?
- 만약 정호가 입양이라는 사실을 끝까지 모르고 성장했다면 정호는 어떤 사람으로 커갔을까?

④ 자기적용을 돕는 질문
- 우리들 주변에 친부모와 자식이 아닌데도 한 가족을 이루어 행복하게 사는 사람들을 알고 있니?
- 만약 네가 입양되었었다면 부모님을 어떻게 대해야 할까?

⊘ 관련 활동

① 사회학습 프로젝트(홀트 복지회 등 입양기관 방문하기)
- 우리 주변의 고아원 또는 위탁기관 방문 및 견학하기
- 입양 절차와 입양 부모와 자녀의 삶에 대한 이야기를 듣고 저널 써보기
- 입양하기까지의 절차(입양부모의 자격, 경제조건, 입양아에 대한 병력 기록 등)를 알아보고 소책자 만들어 보기
- 입양 부모로서 지켜야 할 자녀에 대한 법적 책임과 권리 그리고 부양능력은 무엇인지 알아보기

- 입양의 역사와 국내 및 국제 입양국으로서의 한국의 명성과 관련된 연구 또는 글을 찾아서 느낌 말해 보기
- 입양이 우리 사회에 미치는 긍정적 영향과 부정적 영향은 어떤 것인가?
- 누구나 누려야 할 가족의 사랑을 받을 권리와 이를 만족시킬 수 있는 혈연 집단 외의 집단은 어떤 것이 있는지 알아보기
- 우리나라의 입양의 가장 큰 문제점과 해결점은 무엇인지 알아보기
- 내가 알고 있는 입양아(자), 양부모는 누구이며 그들의 슬픔과 고통은 어떤 것인지 알아보기
- 사회 학습 전에 우리가 알았던 점과 몰랐던 점 비교해 보기

(6) 연관주제

가족(일반 가족-부모, 조부모, 형제), 친구가 없는 아이

3) 이혼(한부모) 가족

전국 그리고 전 세계적으로 위기에 처한 가족은 날로 증가 추세에 있다. 한국의 경우, 전국 이혼가정은 2001년 현재 135,014건으로 나타났다. 사회적 가치관의 변화, 부부간의 경제적 의존도 약화, 남녀의 성역할 변화, 자녀 수 감소와 결혼의 의미 변화, 취업으로 인한 여성의 경제력 향상, 자기 중심적 사고와 배금주의적 혼인관행 등의 원인으로 이혼 가족이 상당수에 이른다. 특히, 인구밀도가 높은 경인 지역에서의 이혼건수가 가장 높은 이혼율을 보이고 있다. 부모의 이혼으로 자신의 의사와는 관계없이 부모로부터 버림받은 어린이와 청소년들이 나날이 증가하고 있는 추세이다(경제활동인구연보, 1995; 도미향·최외선, 1990: 72; 한국가족학회 편, 1995; Lamanna & Riedmann, 1991).

초등학교 저학년 어린이

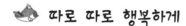 **따로 따로 행복하게**

(1) 기본정보

저자: 배빗 콜 글, 그림/고정아 역

출판사: 보림(원작: 1997, 한국판: 1999)

전체쪽수: 34

ISBN 89-433-0250-9

장르: 그림책(사실동화)

(2) 저자소개

배빗 콜(Babette Cole)은 영국의 그림책 저자로서 매우 현대적이며 고정관념을 깨는 독창적인 스타일로 주목받고 있다. 생활습관, 옛이야기, 성교육, 이혼, 죽음 등 다양한 소재를 어린이의 시각으로 정면도전하여 역설과 웃음으로 사물의 본질에 대한 이해를 돕는다. 사물을 보는 건강한 시각과 능청스러운 이야기꾼으로서의 역량이 돋보이는 저자이다. 대표작으로는 세계적 베스트셀러인 〈엄마가 알을 낳았대〉, 〈말썽꾸러기를 위한 바른생활 그림책〉, 〈강아지 의사 선생님(Dr. Dog)〉 등이 있다.

(3) 줄거리

드미트리어스와 폴라의 엄마, 아빠는 서로 조금도 맞지 않는다. 아빠가 조용히 낚시를 하고 싶어 한다면 엄마는 유람선에서 요란한 파티를 하고 싶어 한다. 원래는 서로 멋있다고 생각했었지만 날이 갈수록 서로 싫어하게 되는데, 남매는 두 사람 간의 불화가 혹시 자기들 때문이 아닐까 고민하다가 의외로 많은 친구들이 부모 때문에 고민하고 있음을 알게 되고 그것이 아이들 탓이 아니라고 결론 내린다. 드디어 보다 못한 아이들이 목사님께 끝혼 주례식을 부탁하게 되고 초청장을 보내고 이벤트를 곁들여 부모는 깨끗이 갈라서고 각각 새로운 삶을 꾸리며 행복하게 살게 된다. 남매도 이전보다 훨씬 행복해진다.

(4) 글과 그림

어린이에게 충격이 될 수밖에 없는 부모의 '이혼'을 코믹하고 가벼운 문체로 그려냄으로써 무거운 주제를 오히려 객관적으로 볼 수 있도록 한다. 특히 알림판에 '엄마 아빠 때문에 골치 아픈 사람 모이라'는 부분이나 '엄마 아빠가 다섯 살배기처럼 구는 게 아이들 잘못은 아니다' 라고 결론짓는 부분은 부모의 이혼과정에서 까닭 없는 죄의식에 사로잡힐 수도 있는 아이들에게 한 걸음 물러서 자신을 볼 수 있게 해 준다. 가벼운 코믹터치로 이혼도 돌이킬 수 없을 정도로 서로 미워하고 있다면 하나의 해결책이 될 수 있음을 아이들 눈높이에 맞게 제시하고 있다.

맑은 느낌이 나는 수채 물감을 위주로 연필과 펜 등을 이용한 세밀화의 기법도 가미해 전반적으로 밝고 유쾌한 분위기를 연출하여 글이 전하고자 하는 시각인 '무거운 주제를 가볍게 전달하기' 와 잘 부합된다.

(5) 관련 질문과 활동

☒ 관련 질문

① 전반적인 인식을 돕는 질문
 - 이야기를 읽고 나서 어떤 생각이 드니?
 - 인상깊은 부분은 어디니?

② 이해 및 고찰을 돕는 질문
 - 엄마와 아빠가 서로 싸우는 것을 보고 폴라와 드미트리어스는 기분이 어땠을까?
 - 막 싸우고 있는 주인공의 부모가 앞에 있다면 무슨 말을 해 주고 싶니?
 - 엄마와 아빠 때문에 골치 아픈 아이들이 모여서 한 가지 결론을 내렸지. 그게 뭐였지?

③ 기존의 해결방법에 대한 다각적인 평가와 새로운 접근을 시도해 보게 하는 질문
 - 이 결혼을 행복하게 유지하는 방법은 없었을까?
 - 끝혼 선물로 남매가 트랙터로 집을 싹 부수어 버리는 걸 보니 어떤 느낌이 드니? 너라면 끝혼 선물로 무엇을 준비하겠니?

④ 자기적용을 돕는 질문
 - 새로 생긴 두 집에 사는 엄마와 아빠가 꼭 만나야 할 날이 있다면 그건 어떤 날일까? 네가 한번 정해 보겠니?
 - 너희 아빠, 엄마가 싸운다면, 이렇게 끝혼식을 하고 따로따로 행복하게 사는 것이 좋다고 생각하니?

⊘ 관련 활동

① 주인공에게 편지쓰기

– 폴라와 드미트리어스에게 편지를 써 보자(아이 윤곽이 그려진 활동지).

(6) 연관주제

가족(일반 가족–아버지, 어머니, 형제), 나(성취감)

초등학교 고학년 어린이

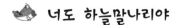 너도 하늘말나리야

(1) 기본정보

저자: 이금이 글/송진헌 그림

출판사: 푸른책들(1999)

전체쪽수: 233

ISBN 89-88578-03-1

장르: 사실동화

(2) 저자소개

이금이는 1963년 충북 청원 출생으로 1984년 새벗문학상과 1985년 소년
중앙문학상에 동화가 당선되어 동화저자로 활동하기 시작하였고 1987년 계
몽사 아동문학상을 수여했다. 저자는 진솔하고 소박한 이야기꾼으로 알려진
동화저자이다. 저서로는 장편동화 〈너도 하늘말나리야〉 외에도, 〈밤티 마을
큰돌이네 집〉, 〈밤티 마을 영희네 집〉, 〈나와 조금 다를 뿐이야〉, 〈내 어머니
사는 나라〉 등이 있다. 대표작 〈너도 하늘말나리야〉는 사춘기, 이혼, 죽음 등
이 사회의 십대들이 겪는 고통과 아픔을 다룬 무려 열곳의 사회단체로부터
추천을 받은 어린이 추천우수도서이기 하다. 그 외에 〈영구랑 흑구랑〉, 〈쓸
만한 아이〉, 〈햄, 뭐라나 하는 쥐〉, 〈지붕 위의 내 이빨〉 등이 널리 애독되고
있다.

송진헌은 1962년 전북 군산출생으로 홍익대학교에서 서양화를 전공하였다.

그린 책으로는 〈돌아온 진돗개 백구〉, 〈너하고 안 놀아〉, 〈괭이부리말 아이들〉, 〈감자꽃〉 등이 있다. 그림책으로는 〈삐비이야기〉가 있다.

(3) 줄거리

아빠와 이혼한 후 달밭으로 엄마와 함께 시골로 이사 온 미르는 아빠를 버린 엄마에 대한 미움과 아빠의 재혼소식 등 자기 고민과 상심으로 주변 사람들에게 마음의 문을 닫고 지낸다. 미르보다 더 처지가 딱하면서도 늘 언니 같은 소희와 소희 할머니, 그리고 엄마의 죽음으로 '선택적 함구증'으로 말을 하지 않는 바우와 영농회장 바우 아빠의 관심과 배려 속에 주변 사람들에게 마음의 문을 열기 시작한다. 또한 엄마와 바우 아빠의 삶에 대한 진지함과 서로 돕고 사는 모습을 엿보게 되면서 어른들도 딛고 일어서야만 하는 마음의 고통이 있다는 것을 조금씩 이해하게 된다. 결정적으로 소희 할머니의 죽음으로 인해 소희는 원치 않은 서울 숙부집으로 가게 된다. 그러나 의연하게 자신의 삶을 당당하게 딛고 일어서는 하늘말나리야꽃과 같은 소희의 야무진 처신에 바우와 미르는 모두 마음의 든든함과 아쉬움과 딱한 소희를 떠나보내야 하는 가슴 아픔을 느끼며 자신의 문제를 함께 극복할 힘을 발견하게 된다.

(4) 글과 그림

〈너도 하늘말나리야〉는 부모와의 사별, 이혼 등으로 고통당하는 세 친구가 자신들의 내면적 고통을 긍정적으로 또는 부정적으로 표현하는 가운데 서로에 대한 관심, 사랑, 위로와 격려라는 해결방법을 통해 자신들의 마음을 조금씩 열어가는 과정, 그리고 주변사람들을 오히려 배려하는 긍정적인 모습으로 변화되는 모습을 잘 묘사하고 있다. 부드럽고 잔잔한 연필 데생의 그림은 이 글의 주인공들의 애잔하면서도 어두운 심리묘사를 잘 표현해 주는 화법으로 줄거리와 잘 어울리는 분위기를 전해 준다.

(5) 관련 질문과 활동

☒ 관련 질문

① 전반적인 인식을 돕는 질문

- 이 책을 다 읽고 났을 때 떠오르는 생각이 있니?

② 이해 및 고찰을 돕는 질문

- 미르는 부모의 이혼에 대해 왜 일방적으로 엄마를 미워하였을까?
- 바우의 선택적 함구증의 원인은 어디서 찾아볼 수 있을까?
- 사랑하는 아빠(엄마)를 잃은 부모의 고통도 알게 된 결정적인 사건들은 무엇이 었니?

③ 기존의 해결방법에 대한 다각적인 평가와 새로운 접근을 시도해 보게 하는 질문

- 만약 미르의 소망대로 아빠가 재혼하지 않고 혼자 살면서 자주 미르를 찾아왔 다면 미르와 미르 엄마는 어떤 행동을 보였을까?
- 만약 달밭 동네 사람들이 새로 부임한 진료소장이 이혼녀라는 소문을 퍼뜨려 미르네 가족을 괴롭혔다면 미르는 어떻게 대처하였을까?
- 만약 친구 소희의 배려가 없었다면 바우와 미르의 닫힌 마음을 어떻게 열어야 할까?

④ 자기적용을 돕는 질문

- 네가 만일 아빠(엄마)라고 가정해 보자. 그런데 아빠(엄마)가 서로 너무 싫어서 매일 같이 지내야 하는 고통이 심해서 헤어지고 싶어. 하지만 사랑하는 아이들 은 엄마가 헤어지는 것을 원하지 않는 거야. 그렇다면 너는 헤어지는 것과 고통 을 참으며 사는 것 중 어떤 것을 택하겠니?
- 이혼한 부모님 사이에 내가 가장 견디기 힘든 것은 무엇이며 이웃에게 바라는 것은 무엇인가?
- 내가 만약 소희라면 과연 그렇게 자신의 고통을 감내하면서 자신보다 덜 고통 스런 상황의 친구들을 위해 의연하고 꿋꿋하게 어른스런 행동을 보여줄 수 있 었을까?

◉ 관련 활동

① 부모의 이혼 인정하기

- 여성복지와 아동복지 등 사회 복지관련 사이트에서 이혼 가정에 대한 정보 찾기

- 이혼 가정은 우리 가정만의 문제가 아님을 발견하기
- 이혼의 원인과 유형 등에 대한 정보 찾기
- 이혼 가정에서 내가 극복해야 할 문제와 해결점 찾아보기

② 상담기관을 통해 상담해 보기
- 이혼 가정상담소에 무료 전화번호 찾아 기록해 두기
- 이혼 가정의 이해를(가정법률상담소, 여성복지상담소 등) 다룬 정보 사이트 찾아서 이혼 사례와 해결책 다운받기
- 이혼 가정이 행복하게 살아갈 수 있는 10가지 방법 찾아보기

③ 어린이 도서관련 사이트 정보탐색
- 영풍문고, 교보문고 등 대형서점이나 어린이도서연구회 등 아동 도서관련 사이트에 가서 이혼 가정을 다루는 책을 찾아 목록을 만들어본다. 그리고 나서 자신의 문제와 비슷한 주제를 담은 책을 읽고 자신의 문제에 적용할 수 있는 방법 기록해 보기

(6) 연관주제

나(자아존중감), 친구삼기(새로운 환경에서 친구 사귀기, 아름다운 우정 쌓기)

4) 재혼 가족

계부모 가족(step family)은 재혼 가족(remarried family), 재결합 가족(reconstructed family), 혼합 가족(blended family) 등의 용어들로 혼용되어 사용되고 있는 개념으로 오늘날 가장 복잡한 가족체계의 일부를 구성하고 있는 가족의 유형이다. 계부모 가족은 두 명의 성인과 그들 중 한 배우자 혹은 양 배우자에게서 출생한 자녀들로 이루어 있어 다양한 가족 관계의 특징을 이룬다.

즉, 처음부터 부부 두 사람 사이에서 자녀가 출생된 것이 아니라, 과거의 배우자와의 관계에서 이미 이루어진 친자관계에서 출발하므로 한 사람 또는 두 사람의 친부모가 계부모 가족에 영향을 줄 뿐만 아니라 이전의 배우자와 관련되어 강력한 삼각관계가 존재한다. 그러나 계부모와 의붓자녀 간에는 법

적 관계가 없음에도 불구하고, 자녀는 두 가족의 성원으로 기능하여 복잡하고 확장된 가족관계망을 갖는다(이소희 외, 2002).

계부모들은 결혼 초기 그들이 만들고자 하는 가정에 환상을 가지게 되나, 중기 단계에 들면서 자기들의 차이점을 발견하면서 솔직하게 상대방에게 문제점들을 표현하게 된다. 이 시기에 계부모 가족생활의 느낀 바를 털어놓는 것은 계부모 가족의 문제점을 서로 파악할 수 있어서 문제해결의 중요한 실마리가 될 수 있다. 후기 단계에서는 가족원들이 더욱 친밀해져 고통스럽고 어려운 문제까지도 다루게 되어 결국에는 진실하게 대하게 되는 가족발달의 단계를 거치게 된다(Papernow, 1984).

우리나라 통계청의 2001년도 자료에 따르면 전국의 4,600만 인구 중 만 15세 이상의 320,063쌍의 결혼한 배우자들 중 초혼이 266,382쌍, 재혼이 52,543쌍으로 나타났다. 재혼한 배우자들 중에는 사별 후 재혼이 5,923쌍, 이혼 후 재혼이 46,620쌍으로 드러났다. 재혼한 배우자의 남녀 연령이 각각 42.1세와 37.5세로 드러나, 이혼과 재혼하는 부부의 자녀 연령이 유아기에서 아동 및 청소년기에 이르는 경우가 상당수에 이르는 것을 알 수 있다.

미국의 경우는 30대 이혼율이 50% 이상이 되고 전 결혼의 1/3 이상이 재혼 경험을 갖는다(Lamnna & Reidman, 1991). 또한 남성의 84%, 여성의 74%가 재혼함으로써 이혼한 남녀가 각자의 자녀를 데리고 재혼하므로 21세기의 가장 압도적인 가족유형으로 계부모가족을 들 수 있다(유영주 외, 1996).

초등학교 저학년 어린이

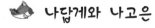 **나답게와 나고은**

(1) 기본정보

저자: 김향이 글/김종도 그림
출판사: 사계절(2001)
전체쪽수: 131
ISBN 89-7196-793-5
장르: 사실동화

(2) 저자소개

김향이는 1952년 전북 임실에서 태어나 서울에서 자라 1991년 〈세발자전거〉로 현대아동문학상을 받으면서 작품 활동을 시작했다. 1991년 계몽아동문학상, 1994년 〈달님은 알지요〉로 삼성문학상을 받았다. 1997년에는 대산문화재단 창작 지원금을 받았다. 그동안 펴낸 대표 저서로 〈다자구야 들자구야〉, 〈미미와 삐삐네 집〉, 〈내 이름은 나답게〉, 〈몽실이와 이빨천사〉, 〈시간도둑이 누구게〉, 〈촌뜨기 돌배〉 등이 있다.

김종도는 1959년에 정읍에서 태어났고 어렸을 때부터 그림 그리기를 좋아하여 전주대학교 미술교육과에서 서양화를 공부했다. 그 동안 〈화요일의 두꺼비〉, 〈원숭이 의사가 왕진을 가요〉, 〈너 먼저 울지마〉, 〈엄마 마중〉, 〈김구〉 등 동화책과 자연 생태 그림책에 세밀화를 그렸다. 주로 정겨운 자연의 모습과 어렸을 적 겪었던 아름다운 일들을 그림에 담아내고 있다.

(3) 줄거리

주인공 나답게는 새엄마가 생기기를 은근히 바랐지만 막상 현실화하면서 여동생 미나가 가족들의 귀여움을 독차지하자 심통이 난다. 게임기를 차지하려다 도자기를 깨는 등 갈등은 깊어만 간다. 아버지 친구의 제안으로 5주간의 등산학교에 입교, 힘든 훈련 끝에 인수봉을 오르다 떨어질 뻔 하는 등 고생을 한다. 포기할까 했지만 자신과의 싸움을 이겨내고 끝내 정상에 오르며 많은 것을 느낀다. 졸업식 날 미나와 진심으로 화해하며 한 가족으로 받아들인다. 미나리라는 별명을 불만스러워하는 미나에게 나고은이란 이름을 붙여준다.

(4) 글과 그림

〈나답게와 나고은〉은 교통사고로 엄마를 잃은 가운데 대가족의 울타리 속에서 구김살 없이 살아가는 나답게의 천진난만한 모습을 그린 〈내 이름은 나답게〉(1999년)의 후속편이다. 장난꾸러기 나답게가 아버지의 재혼으로 새 엄마와 여동생을 맞아들이며 빚는 갈등과 고민을 통해 성장하고, 가족의 의미를 깨닫는 과정과 함께 아이의 내면심리를 섬세하게 그려 표현하였다.

(5) 관련 질문과 활동

☑ 관련 질문

* 미완성문장 완성하기

나는 요즘 집에서 _____.

나는 (새)아빠가 _____.

나는 (새)엄마가 _____.

우리 가족은 _____.

나는 _____.

* 요즘 자신의 마음상태 말하기/쓰기/그리기

(충분히 내담자의 현재 가족상황 – 아빠와의 관계, 새로운 가족이 된 엄마와 동생과의 관계– 에 대해서 파악할 수 있도록 하기)

① 전반적인 인식을 돕는 질문

- 답게네 가족을 한 마디로 표현한다면?

② 이해 및 고찰을 돕는 질문

- 아빠가 재혼을 했을 때 답게의 마음은 어땠을까?

- 답게는 미나의 어떤 점이 마음에 들지 않았을까?

③ 기존의 해결방법에 대한 다각적인 평가와 새로운 접근을 시도해 보게 하는 질문

- 네가 새 부모님과 형제에 대해서 어떤 태도를 가지면 좋을까?

- 새 부모님과 새로운 형제가 한 가족으로 살기 위해 가장 필요한 것은 무엇일까?

④ 자기적용을 돕는 질문

- 너는 부모님이 재혼했을 때 기분이 어땠니?

- 새로운 가족이 된 너의 동생(형제)은 너랑 어떤 부분이 다르니?

- 너는 최근에 동생과 어떤 일로 싸웠니?

- 새로운 가족이 된 엄마(아빠), 형제의 좋은 점과 싫은 점을 하나씩 이야기해보자.

- 이 책의 답게처럼 동생(형제)의 이름(별명)을 지어주면 좋겠는데, 뭐라고 할까?

☑ 관련 활동

① 가족과 함께 등산 계획 세워 등산하기

- 등산계획 세우기

- 등산과정 중 즐거운 일, 힘든 일 적어보기

- 그때마다 우리 가족의 역할 · 행동 · 반응 기록하기
- 등산 하기 전/후의 가족 간의 변화 이야기하기

② 우리가족을 모빌로 표현해 보기

- 가족을 표현하는 조형물을 만들고 모빌로 완성한다.

③ 가족구성원과 함께 대그룹 활동하기

(가족 집단상담이 가능한 경우 다음과 같은 표를 작성해서 나눠 준 후 함께 활동해 본다)

(1) 이름	아빠:_____, 엄마:_____, 형제:_____
(2) 이것이 불만	아빠에게 엄마에게 동생에게
(3) 요구, 부탁	아빠에게 엄마에게 동생에게
(4) 칭찬, 장점 적기	아빠에게 엄마에게 동생에게

- 각 칸의 맨 앞에 (1), (2), (3), (4)로 번호를 붙이고, (1)번 칸에는 본인을 제외한 가족의 이름을 적는다.
- (2)번 칸에는 (1)번 칸에 적은 가족에 대해 자신이 불만이나 갈등을 느끼고 있다고 생각되는 점을 아주 구체적으로 적는다.
- (3)번 칸에는 자신이 가족에게 요구하고 싶은 것(부탁의 말)을 적는다.
- (4)번 칸에는 (2)번 칸에서 적은 불만의 내용을 역으로 생각하여 그들에 대한 긍정적인 면을 찾아 칭찬해 주는 말을 적는다. 이때 불만 내용에 대한 긍정적인 측면을 직접적으로 발견하여 칭찬하기 어려운 경우는 그 사람의 다른 장점을 적을 수도 있다.
- (4)번 칸까지 모두 완성하고 나면 원하는 사람부터 한 명씩 자신이 쓴 것을 발표하고 모든 가족은 발표한 사람의 갈등 문제에 대해 함께 생각해 본다. 이때 불만에 대한 긍정적인 측면의 칭찬은 혼자서 생각했던 것보다 함께 토의함으로써 훨씬 더 많은 대안이 있다는 것을 알게 된다.
- 원하는 구성원들의 발표와 토의가 모두 끝나면 지금까지의 전체적인 활동에 대한 느낌, 소감을 발표한다.

(6) 연관주제

가족(일반 가족-형제), 나(성취감)

초등학교 고학년 어린이

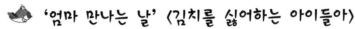 '엄마 만나는 날' 〈김치를 싫어하는 아이들아〉

(1) 기본정보

저자: 김은영 시/김상섭 그림

출판사: 창작과비평사(2001)

전체쪽수: 127쪽 중 82~83쪽

ISBN 89-364-4528-6

장르: 동시

(2) 저자소개

김은영은 1964년 전북 완주 출생으로, 전주교대를 졸업하였다. 1989년 신춘문예를 통해 동시로 등단하였고 대표 동시집 〈빼앗긴 이른 한 글자〉를 출판하였다. 십 년이 넘도록 작은 산골 시골 학교에서 소외된 아이들을 가르치면서 그들에게 기울어져야 할 관심을 모아주는 좋은 동시들을 계속 쓰고 있다.

김상섭은 1963년 경남 밀양 출생으로, 홍익대학교에서 동양화를 전공하였다. 1990년부터 여러 차례 단체전과 개인전을 열러, 지금은 경기도 양평에서 좋은 그림을 그리려고 노력 중이다. 그의 작품은 〈약은 토끼와 어리석은 호랑이〉, 〈넌 아름다운 친구야〉 등에 실려 있다.

(3) 내용

엄마 만나는 날 - 윤미의 일기

김은영

보름에 한 번씩
엄마 보러 다니던 것을

자주 오지 말래서
한 달에 한 번 갔는데
봄이 오면 엄마는
새아빠랑 결혼을 한다

엄마 어디서 살아요
차마 묻지 못하고
집에 돌아와 할머니께 여쭈면
앞으론 찾지 말라며
돌아앉아 담배만 피우신다

엄마 없어도 잘 산다는 걸
꼭 보여 주고 말테야
동생과 다짐을 해 보지만
엄마 만나는 날
앞으로는 방학 때 한 번
한 달도 먼데
어떡하나.

(5) 관련 질문과 활동

☑ 관련 질문

① 전반적인 인식을 돕는 질문

- 이 시를 읽고 어떤 생각이 드니?

② 이해 및 고찰을 돕는 질문

- 엄마를 보고 싶은 주인공의 마음을 가장 잘 드러내는 구절은 어느 구절이니?
- 엄마를 보고 싶은 마음과 만날 수 없는 상황에 대한 안타까움을 주인공은 어떻게 해결하려고 했을까?

③ 기존의 해결방법에 대한 다각적인 평가와 새로운 접근을 시도해 보게 하는 질문

- 만약 엄마가 재혼을 하더라도 주인공과 같이 살 수 있는 방법은 없을까?
- 엄마의 행복을 위해서라면 자식을 꼭 보지 않아야만 할까?
- 내가 새아빠(엄마)에 대해 가져야 할 태도는 어떤 것일까?

- 새 부모님과 한 가족으로 살기 위해 가장 필요한 것은 무엇일까?

④ 자기적용을 돕는 질문

- 내가 만약 엄마라면 자식인 나에게 바라는 점은 무엇일까?
- 부모님이 이혼 또는 사별을 할 때 다시 재혼하는 것에 찬성하는가? 왜 그런가? 만약 반대한다면 그 이유는?
- 부모님이 재혼할 경우 나에게 어떤 일이 일어날 것이며 그에 대해 나는 어떤 태도를 가져야 할까?

⊗ 관련 활동

① 사회조사

- 사회의 이혼율과 재혼율, 이혼 사유, 재혼 사유, 이혼 후 재혼하여 성공적인 삶을 살아가는 사람들과 실패한 사람들에 대한 통계 조사 및 사례 조사해보기

② 상담 기관과 인터넷 정보 도움받기

- 상담 기관에서 자신의 문제를 상담해 보고 방문할 때마다 자기의 문제와 해결 과정을 기록해보기
- 재혼으로 결합된 계부모 가족관계의 장점과 어려운 점을 찾아보고 상담기관에 가서 부모의 재혼에 대한 마음의 갈등을 털어놓아 보기
- 이를 극복하기 위한 해결 방안이 될 만한 전략을 기록하고 생활에 적용하고 실천해 보기

(6) 연관주제

가족(특수 및 위기 가족-이혼 가족), 나와 다른 사람들에 대한 이해(정서적 특징-불안과 두려움)

5) 학대 가족

아동(어린이)학대란 어린이의 양육과 보호의 책임을 가진 성인이 18세 이하의 어린이에게 신체적 · 정신적 · 성적 · 언어 학대나 무관심한 대우를 하는 것이다. 최근의 많은 연구들은 학대받은 어린이들이 부모로부터 학대를 배웠기 때문에 공격적인 행동을 보이며, 사회적 행위나 지적 성장이 손상될 수 있

다고 한다. 또한 세상 사람들을 위험스럽고 돌발적이라고 생각하기 때문에 그들과 좋은 신뢰관계를 가지려는 것에 대한 두려움을 갖는다고 한다. 그러나 위협적이지 않은 상황에서 계속적이고 신뢰감 있는 어른과의 좋은 관계는 자신의 문제를 이야기 할 수 있는 기회를 갖게 해 줄 수 있다(김영숙 · 이재연, 1997: 304).

초등학교 고학년 어린이

 내 친구에게 생긴 일

(1) 기본정보

저자: 미라 로베 글/박혜선 그림/김세은 역
출판사: (주) 크레용하우스
    (원작: 1998, 한국판: 2001)
전체쪽수: 216
ISBN 89-5547-014-2
장르: 사실동화

(2) 저자소개

미라 로베(Mira Lobe)는 1913년 독일에서 출생했다. 그녀가 글쓰기에 재능이 있다는 것은 초등학교 글짓기 시간에서부터 나타났고 평소 기자가 되고 싶어했다. 그러나 유태인인 까닭에 사회주의 국가인 독일에서는 그 꿈을 이루지 못하고 팔레스타인으로 망명하여 배우 프리드리히 로베와 결혼하여 두 아이를 낳았다. 1950년 빈에서 살다가 1995년 세상을 떠났다. 미라 로베는 거의 100여 권에 달하는 아동 도서와 청소년 도서를 집필했으며 여러 가지 상과 표창을 받았다. 그녀의 대표작으로는 〈빌레리와 자장그네〉, 〈사과나무에서 사는 할머니〉, 〈도둑의 신부〉 등이 있다. 〈내 친구에게 생긴 일〉은 안데르센 상, 오스트리아 어린이책 상, IBBY 상 등의 주목을 받았을 뿐 아니라 독일 의사 협회에서 선정한 좋은 어린이책 수상작품이다.

박혜선은 동덕여대 회화과를 졸업하였다. 대학시절부터 아동문학에 관심을 갖고 그림을 그리면서 꾸준히 공부하고 있다. 이 책은 그녀의 첫 작품으로 하인리히처럼 꿈조차 꾸지 못한 채 힘들어하고 있는 아이들을 생각하여 그림을 그린 것이라고 한다.

(3) 줄거리

하인리히는 체육을 남보다 잘하면서도 늘 말이 없고 침울하여 다른 친구들과 어울리지 못하였다. 어느 날 체육시간 탈의실에서 율리아는 하인리히 몸에서 나는 땀 냄새와 피멍자국, 상처 등을 엿보게 된다. 그가 계부로부터 아동학대를 받고 있다는 확실한 증거를 가지고 담임과 교장선생님, 그리고 부모님과 상의해 보지만 그들의 반응은 의외로 냉정하여 많은 실망을 하게 된다. 어느 소풍날 높은 나무 위에서 재주를 부리다가 떨어져 고통스러워하다가 하인리히는 율리아에게 자신의 신변에 관한 이야기를 하나 몹시 후회하고 입을 다문다. 결국 부모님과 선생님의 도움, 그리고 공원에서 사귄 친절한 경찰의 도움으로 율리아는 하인리히가 계부에게 학대당하는 장면을 목격하고 그를 고통에서 건져낼 수 있는 일에 성공하게 된다.

(4) 글과 그림

많은 아동과 청소년이 아무도 모르게 당하고 있는 학대는 오늘날 커다란 사회적 문제가 되고 있다. 사회가 아동학대 장면을 발견하고 신고하는 일은 사생활 침해라는 이유로 무관심해진 것을 지탄하고 있다. 또 한 소년과 가정이 처절히 짓밟히고 있는 가정폭력에 대하여 이웃의 세심한 관심과 배려를 호소하고 있는 글이다. 글의 전체적인 암울한 분위기를 연필 스케치로 담고 있다.

(5) 관련 질문과 활동

☒ 관련 질문

① 전반적인 인식을 돕는 질문

- 이 책을 읽고 나니 어떤 생각이 드니?

② 이해 및 고찰을 돕는 질문

3. 특수 및 위기 가족

- 왜 율리아의 교사, 교장 선생님, 그리고 뮐바흐 가 25번지 마을의 이웃은 하인 리히의 아동학대를 누구보다 먼저 알았으면서도 신고하지 않고 무관심한 태도 를 보였을까?
- 하인리히 어머니가 자신과 자녀들이 남편에게 학대당하면서도 묵인하였던 이 유는 무엇인가?

③ 기존의 해결방법에 대한 다각적인 평가와 새로운 접근을 시도해 보게 하는 질문
- 만약 뮐바흐 가 25번지 마을의 이웃들이 하인리히 가족을 일찍 신고했더라면 하인리히의 학교생활은 어땠을까?
- 선생님과 교장이 학교와 이웃을 떠들썩하지 않게 하면서도 하인리히를 도울 수 있는 방법은 없었을까? 있다면 어떻게 할 수 있을까?
- 학교에 대한 주변의 인식보다도 하인리히의 생명을 더 소중히 여기는 교장 그 리고 교사라면 어떤 행동을 취했을까?
- 이제 법적 판결을 기다리는 계부와 하인리히 가족은 다시 합쳐서 정상적인 가 족으로 살아갈 수 있을까? 만약 살아갈 수 있다면 어떻게 가능하며, 살아갈 수 없다면 이 가족이 당면한 과제는 무엇인가?

④ 자기적용을 돕는 질문
- 내가 만약 율리아라면 자신의 위험을 무릅쓰고 붙임성 없는 하인리히를 끝까지 도울 생각과 행동을 할 수 있었을까?
- 내가 (만약) 아동학대를 당했(한)다면 가장 견디기 힘든 부분은 무엇이며 이웃 에게 어떤 도움을 받기를 원했을까?
- 내가 만약 율리아의 부모님이었다면 율리아를 어떻게 도왔을까?

◯ 관련 활동

① 사회학습 프로젝트
- 아동학대 상담 및 신고기관 방문하기
- 아동학대 상담 및 신고기관 연락처 알아두기
- 아동학대의 유형과 아동학대를 발견할 수 있는 물적 증거에 대해 알아보기
- 아동학대를 통해 받은 상처를 치유하는 프로그램의 종류와 참여자, 그 효과에 대해 알아보기
- 우리가 간과하기 쉬운 행동 중에 아동학대에 속하는 것들은 무엇이 있는지 알 아보기

- 아동학대 부모는 아동기에 학대를 받고 자라서 된 경우가 많은데 이를 예방할
수 있는 프로그램과 제공처는 어디인지 조사하기

(6) 연관주제

나(자아존중감), 가족(특수 가족 및 위기 가족-이혼, 재혼 가족), 친구
삼기(새로운 환경에서 친구 사귀기, 친구가 없는 아이)

6) 알코올 중독 가족

보건복지부의 통계자료에 의하면 16~64세의 인구의 10%인 330만 명이
알코올 의존증으로, 12%인 400여만 명이 알코올 남용자로 나와 있다(중앙일
보. 9. 25.). 상당수가 음주 후 폭력 등 호전적인 행동을 보이거나, 법정소송
등의 문제를 야기하여 보건복지부는 2000년도에 알코올 중독 및 남용을 정신
질환으로 규정하였다. 이러한 가정 출신의 어린이와 청소년들은 낮은 지적 능
력과 정신병 또는 범죄 행위를 보일 가능성이 높다. 그럼에도 불구하고 다른
성인들과 또래와의 효과적인 인간관계나 독서치료 프로그램을 통해 문제 어
린이가 처한 사회 심리적 문제를 잘 극복하도록 도울 수 있다(한국어린이문학
교육학회 독서치료연구회, 2001: 264).

초등학교 고학년 어린이

▲ '문식이의 일기' 〈김치를 싫어하는 아이들아〉

(1) 기본정보

저자: 김은영 시/김상섭 그림
출판사: 창작과비평사
전체쪽수: 127쪽 중 84~85쪽
ISBN 89-364-4528-6

장르: 동시

(2) 저자소개

김은영은 1964년 전북 완주 출생으로, 전주교대를 졸업하였다. 1989년 신춘 문예를 통해 동시로 등단하였고, 대표 동시집 〈빼앗긴 이른 한 글자〉를 출판하 였다. 10년이 넘도록 작은 산골 시골 학교에서 소외된 아이들을 가르치면서 그들에게 기울어져야 할 관심을 모아주는 좋은 동시들을 계속 쓰고 있다.

김상섭은 1963년 경남 밀양 출생으로, 홍익대에서 동양화를 전공하였다. 1990년부터 여러 차례 단체전과 개인전을 열었고, 지금은 경기도 양평에서 좋은 그림을 그리려고 노력 중이다. 그의 작품은 〈약은 토끼와 어리석은 호랑 이〉, 〈넌 아름다운 친구야〉 등에 실려 있다.

(3) 내용

문식이의 일기

김은영

울 아버지는
중풍걸린 사람처럼
손을 덜덜 떨어서
술도 바지에 흘린다

의사 선생님도
제발 술 끊고
푹 쉬어야 한다고 했는데
그럼 누가 벌어서 먹여 살리느냐고
일을 하셨다

우유나 잣죽은
힘이 하나도 안 난다며
나를 주고
엄마 몰래 술을 드셨다

학교 갔다 오면

술 사 오랄까 봐

슬슬 피해 다녔는데

대문을 들어서면

불그스레 아버지의 눈빛이

나를 부르는 것 같아

눈물이 나올락 말락 한다.

(4) 글과 그림

알코올 중독으로 더 이상 술을 가까이 해서는 안 된다는 가족과 의사의 완강한 반대에도 불구하고 자신과 가족을 세우는 유일한 방법으로 계속 술을 찾는 아버지의 안타깝고 고통스런 표정이 수채화 한 편에 잘 나타나 있다.

(5) 관련 질문과 활동

☒ 관련 질문

① 전반적인 인식을 돕는 질문

- 이 시를 읽고 나니 어떤 생각이 드니?

② 이해 및 고찰을 돕는 질문

- 아버지 술 심부름을 피하려다 마주친 문식이의 심정은 어떠했을까?
- 아버지가 알코올 중독에 빠지게 된 원인은 무엇일까?

③ 기존의 해결방법에 대한 다각적인 평가와 새로운 접근을 시도해 보게 하는 질문

- 알코올 중독 이외의 일로 가족간에 서로 갈등하는 일에는 어떤 것이 있을까? 그런 일은 왜 어떻게 생길까? 그것을 건설적으로 해결할 수 있는 가능한 방법은 무엇일까?
- 사회기관의 도움을 받아 알코올 중독을 고칠 수 있도록 아버지를 설득할 수 있는 방법은 무엇일까?
- 아버지가 계속적으로 술을 드셔서 만약 돌아가신다면 가족에겐 어떤 일이 생길까?
- 온 가족이 아버지의 술 심부름을 피하고 아버지가 술을 못 드시도록 힘을 합한다면 아버지의 태도는 어떻게 변하실까?

④ 자기적용을 돕는 질문

- 만약 내가 문식이라면 아빠를 도울 수 있는 가장 지혜로운 방법은 무엇일까?

- 우리 가족 중 만약 알코올 또는 마약이나 도박 등을 습관적으로 하는 가족이 있
다면 우리는 이 문제를 어떻게 해결해야 할까?

제3장
친구삼기

제3장

친구삼기

어린이들은 성장해 나가면서 자기 자신에게 기울였던 관심을 점차 다른 대상으로 돌리게 된다. 가족 안에 머물러 있던 사회적 상호작용이 또래와의 관계로 이동하게 되는 것이다. 그러나 우정에 도달하는 길은 생각만큼 간단하지 않다. 그것은 마치 수많은 장애물과 위험이 도사린 길을 따라 걷는 것처럼 길고 힘든 과정이다. 하지만 대부분의 사람들은 우정이 상당히 자연스럽게 이루어지는 것이라고 생각하여 그것이 학습을 통해 얻어진다는 사실을 자주 잊곤 한다.

친구는 어린이가 가족을 벗어나 처음 접하게 되는 사회적 세계로서, 부모-자녀 간의 상호작용과는 구별되는 특징을 지닌다. 어린이는 평등한 입장에서 또래와 사회적 관계를 형성하게 되고, 그 과정에서 친밀한 관계를 유지하고 갈등을 해결하는 방법과 그 밖의 수많은 사회적 기술들을 배우게 된다. 친구와의 상호작용은 어린이에게 사회적 · 대인 관계적 기술을 습득하게 하고, 자아 정체감 형성에 도움을 주며, 가치와 신념을 형성하게 해 준다. 또한 친구는 치유적 효과를 지니고 있어서, 정서적 장애를 지닌 어린이도 좋은 친구를 얻게 되면 그렇지 않은 어린이에 비해 이후에 긍정적인 자아개념을 가지게 된다.

어린이들이 또래 친구들과 노는 모습을 관찰해 보면 연령에 따라 그 모습에도 차이가 있음을 알게 된다. 영아들의 경우 1분 동안 서로 안고 좋아하다가도 금방 상대 아이를 물어서 울리기도 한다. 유아들은 같은 연령의 또래 유아들과 어울리는 방법을 배운다. 이 시기에 형성된 사회적 태도나 행동은 거의 변하지 않고 지속된다(구광현 · 이희경, 2002). 3~4세 유아들은 함께 모여서 놀기 시작하며, 여러 유아들 중에서 좋아하는 유아들을 선택한다. 하지만 친한 친구가 자주 바뀌는 경향이 있다. 5~6세 유아들은 다른 유아들과 친해지려는 경향성이 높아진다. 그리고 친한 친구와의 관계의 시작과 끝이 공개적이다.

어린이들의 우정은 어린이의 기질, 신체, 언어, 정서와 인지발달과 밀접하게 연관되어 있다. 어떤 어린이들은 다양한 친구를 많이 사귀고 싶어하는 반면, 어떤 어린이들은 소수의 친구들을 깊이 사귀고 싶어한다. 어떤 어린이들은 다른 아이들에게 쉽게 말을 거는 반면, 어떤 어린이들은 수줍어 한다. 그리고 어떤 어린이들은 놀이친구들에게 더 쉽게 수용되거나 존중받는 반면, 어떤 어린이들은 또래와 상호작용하는 데 더 많은 어려움을 겪는다.

사회적으로 유능한 어린이들은 사교적이고, 협동적이며, 우호적이고, 효과적인 언어를 사용한다. 그들은 또래의 요구를 능숙하게 수용하는 능력을 보여, 갈등이 생기는 경우에도 공격적으로 반응하는 대신 우호적으로 설득하며 해결한다. 이렇게 사회적으로 유능하고 또래에게 쉽게 수용되는 아이들을 '인기아'라고 부른다. 이들 '인기아'들은 또래 집단에 참여하기 위한 적절한 말과 행동을 알고 있으며, 또래의 요구, 동기, 행동 및 자기 자신의 행동에 대한 결과 등 사회적인 상황을 정확하게 "읽는" 능력이 있다.

반면 다른 또래와 좀처럼 상호작용하려 들지 않거나, 또래와 빈번히 싸우고 논쟁을 벌이거나, 친구를 귀찮게 하거나, 아니면 별난 행동을 하는 어린이들이 있다. 이들은 성인의 특별한 도움을 필요로 하는 어린이들이다.

이들 중 또래들이 적극적으로 피하려고 하는 어린이를 '거부아'라고 한다. 이들은 학급에서 '함께 놀고 싶지 않은 아이'를 적으라고 할 때 자주 지명되는 아이기도 한다. 이들은 아주 작은 실수나 사소한 의견의 충돌에도 통제가 불가능할 정도의 폭발적인 행동을 보이거나 예측 불허한 행동을 하여 또래 친구들을 놀라게 한다. 이들은 극단적이고 파괴적인 반사회적 행동을 자주 보이기 때문에 다른 어린이들에게 배척당한다. 이들은 사회적 상황을 읽고 또래의 감정을 이해하는 데 어려움을 보이고, 때로는 또래의 행동을 의도적으로 혹은 적대적으로 잘못 해석하는 경향도 있다.

또한 교실에서 또래들에게 거의 잊혀진 아이들도 있다. 이들은 심지어 교사들에게 조차도 잊혀지기 쉽다. 이들은 '무시아'라고 불린다. '무시아'들은 주로 격리된 행동을 하는데, 좀처럼 다른 사람과 접촉하려 하지 않고 혼자 있으려 하며, 주도권이 주어질 때도 뒤로 물러서는 경향이 있다. 이들 대부분은 수줍음을 타는 성향을 가졌거나, "더딘" 기질을 가지고 태어난 경우이다. 이러한 어린이의 기질은 그들의 또래와의 상호작용과 연결되어 있다. 이들은 너무 조용하고 신중하여 잊혀지기 쉽기 때문에 놀이활동에 초대받지 못하게 되고, 결국 사회적인 기술을 개선하고 또래관계를 증진시킬 기회를 잃게 되는 것이다.

이렇듯 친구가 없거나 친구들이 기피하는 어린이들은 거의 부적절한 사회적 기술을 가지고 있는 경우가 많다. 그로 인해 이들은 사회성 발달에 심각하고 부정적인 결과를 낳고, 더 나아가 사회적 상호작용을 통해 얻게 되는 여러 가지 측면에서 발달할 기회를 잃게 된다. 그러므로 친구가 없는 아이들이 또래와 적절하게 상호작용할 수 있도록 교사나 성인의 개입이 필요하다. 성인들은 이들에게 또래와의 상호작용을 경험하고, 사회적 기술을 촉진할 수 있는 기회를 많이 제공함으로써 직접적으로 도움을 줄 수 있다. 이를 위해 먼저 성인은 목표 어린이의 행동을 관찰하고, 그 아이가 습득해야 할 사회적 기술을 밝혀내야 한다. 성인은 어린이가 사용할 수 있는 전략을 직접적으로 지도하거나, 힌트와 단서를 제공할 수도 있다(Trawick-Smith, 2001). Begun(1995)은 유치원 이전~유치원, 초등학교 1~3학년, 4~6학년, 7~12학년을 대상으로 하는「사회적 기술 향상 프로그램」을 개발하여, 사회적 기술이 결여된 어린이들에게 구조적인 학습 방법을 제안하였다.

친구 삼기와 관련된 상황은 친구 발견하기, 친구와 함께 놀기, 갈등 해결하기, 이사가기로 나뉜다(Beaty, 1993: 73). 본 장에서는 여기에 현재 심각한 문제가 되고 있는 '따돌림'을 덧붙여, 친구삼기의 상황을 세 가지의 소주제로 정리하였다. 즉, 새로운 곳에서 자신과 잘 맞는 새 친구를 발견하는 이야기, 친구와 겪게 되는 갈등과 그것을 해결하면서 아름다운 우정을 쌓아가는 이야기, 그리고 친구 사귀기에 어려움을 갖는 어린이의 이야기를 모았다. 이들 책 속에는 때론 사회적으로 유능한 어린이들이 등장하기도 하고, 또래와의 관계에 심각한 문제를 지닌 어린이들도 등장한다. 그들이 자신의 문제를 현명하게 풀어내는 모습을 통해 현재 친구삼기를 시도하거나 유지하려는 여러 어린이들에게 도움을 주고자 한다. 〈표 4〉는 '친구삼기'에서 다루어지는 자료를 소주제별로, 그리고 대상별로 분류한 목록이다.

<표 4> '친구삼기'에서 다루어지는 소주제별·대상별 자료

소주제	대 상	자 료
1. 새로운 환경에서 친구 사귀기	유아	꼬마거북 프랭클린 7-새 친구를 만나요 우리 친구하자
	초등학교 저학년 어린이	나 친구 안 사귈래 초대받은 아이들
	초등학교 고학년 어린이	괴상한 녀석 까막눈 삼디기
2. 아름다운 우정 쌓기	유아	미안해 내짝꿍 에이미 무지개 물고기
	초등학교 저학년 어린이	개구리와 두꺼비는 친구 그래서 우리는 친구가 되었어요 오줌멀리싸기 시합 너랑 놀고 싶어
	초등학교 고학년 어린이	짜장 짬뽕 탕수육 샬롯의 거미줄 깡딱지 눈이 되고 발이 되고
3. 친구가 없는 아이	유아	바바빠빠 까마귀 소년 앞니 빠진 중강새
	초등학교 저학년 어린이	불꽃머리 프리데리케 곱슬머리 내 짝꿍 내 친구 재덕이
	초등학교 고학년 어린이	문제아 모르는 척 왜 나를 미워해 양파의 왕따 일기

1. 새로운 환경에서 친구 사귀기

이사나 전학으로 낯선 공간의 낯선 사람들에게 둘러싸여 있을 때, 또는 새 학년이 되어 새로 친구들을 사귀어야 할 때 어린이들은 무척 당황한다. 어린이들의 기질에 따라 새로운 환경을 즐기는 어린이가 있는가 하면, 새로운 환경과 새로운 사람에게 불안함을 느끼는 어린이도 있다. 어린이들이 느끼는 불안의 정도가 크든 작든 새로운 공간에 적응하려면 누군가의 도움이 필요하다. 그러므로 새로운 공간에서 사귀는 새 친구는 어린이들에게 중요한 의미를 갖는다. 친구가 생김으로써 어린이들에게 그 공간은 의미를 더하게 되고, 유치원이나 학교생활 역시 더욱 유쾌해지기 때문이다.

대개 학기 초에 또래집단이 형성되고 유지되는데, 그 과정에서도 아직 자신에게 맞는 친구를 발견하지 못하는 경우도 있다. 사회적으로 더 유능한 어린이들은 새로운 환경에서 새 친구를 더욱 수월하게 발견한다. 하지만 수줍음이 많거나 친구들에게 덜 매력적인 어린이들에게는 이 과정 또한 힘겹게 넘어야 하는 장애물과 같다. 연령별로 새 친구를 사귀는 등장인물들을 통해 새로운 관계를 열어가는 방법을 경험하길 기대한다.

유아

 꼬마거북 프랭클린 7-새 친구를 만나요

(1) 기본정보

저자: 폴래트 부르주아 글/브렌다 클라크 그림/
조은수 역

출판사: 웅진닷컴(원작: 1997, 한국판: 2001)

전체쪽수: 30

ISBN 89-010-3192-2

장르: 그림책(사실동화)

(2) 저자소개

폴레트 부르주아(Paulette Bourgeois)는 기자였으나, 두 아이의 엄마가 되면서 어린이를 위한 책을 쓰기 시작했다. 〈꼬마 거북 프랭클린〉 시리즈는 TV에서 좁고 어두운 곳을 무서워하는 주인공을 보고 영감을 받아 처음 만들게 되었다고 한다. 대표작으로는 〈꼬마 거북 프랭클린〉 시리즈 30여 권 등이 있다.

브렌다 클라크(Brenda Clark)는 어릴 때부터 그림 그리기를 좋아하였고, 대학에서 일러스트레이션을 공부하고 처음에는 광고 일을 했다. 그러다 우연히 의뢰받은 프랭클린 이야기를 보고 커다란 감동을 받아 지금까지 프랭클린 시리즈에 그림을 그려 오고 있다. 대표작으로는 〈꼬마 거북 프랭클린〉 시리즈 30여 권이 있다.

(3) 줄거리

어느 날 프랭클린이 사는 동네에 무스 가족이 이사 온다. 프랭클린이 학교에 가보니 무스라는 새로운 친구가 있었고 선생님도 프랭클린에게 단짝이 되어주라고 부탁한다. 하지만 프랭클린은 몸집이 큰 무스가 겁이 나고 낯설다. 프랭클린이 무스에게 함께 놀자고 했지만 다행히도 무스는 고개를 가로젓는다. 프랭클린은 무스를 신경쓰지 않고 다른 친구들과 축구를 하던 중 여우가 찬 공이 나뭇가지에 걸리고 만다. 모두 어쩔 줄 몰라 하는데 키가 큰 무스가 조용히 다가와 공을 내려준다. 이를 계기로 프랭클린은 무스에게 도서관에서 책 빌리는 방법을, 무스는 프랭클린에게 색종이를 동그랗게 자르는 방법을 가르쳐 주며 둘은 친구가 된다. 또 프랭클린이 친구들에게 무스를 소개시켜 주자 모두들 무스를 반겨준다. 프랭클린과 무스는 학교가 끝나서도 같이 노는 단짝 친구가 된다.

(4) 글과 그림

수채화로 된 그림이 따뜻하게 그려져 정서적으로 안정감을 갖게 해 주며, 애니메이션을 보는 듯 깔끔하다. 무스가 나무 밑에서 다른 친구들이 재미있게 공놀이하는 모습을 부러운 듯 바라보는 장면에서는 친구와 같이 놀고 싶은 무스의 마음까지도 짐작하게 해 준다. 작가는 새로운 환경에서 낯설어 하는 아이들의 마음과 새 친구를 맞이하는 방법들에 관한 이야기를 차분한 어조로 진행시키며 자연스러운 방식으로 문제를 해결해 나간다. 이 시기의 유아들이 누구나 느낄 수 있는 갈등을 프랭클린을 통해서 볼 수 있으며, 무스가 프랭클린에게 "네가 내 단짝이 되어서 정말 기뻐. 아무도 나랑 놀지 않을까봐 걱정했거든"이라고 이야기하는 장면에서 새로운 친구를 사귀게 되어 편안한 마음을 읽을 수 있다.

(5) 관련 질문과 활동

☑ 관련 질문

① 전반적인 인식을 돕는 질문
  - 무스는 학교에 처음 갔을 때 어떤 기분이었을까?
  - 무스에게 해 주고 싶은 말이 있니?

② 이해 및 고찰을 돕는 질문
  - 프랭클린이 함께 놀자고 했을 때 무스가 고개를 가로 저은 이유는 무엇일까?
  - 왜 프랭클린은 무스가 함께 놀지 않겠다고 했을 때 다행이라고 생각했을까?

③ 기존의 해결방법에 대한 다각적인 평가와 새로운 접근을 시도해 보게 하는 질문
  - 공이 나뭇가지에 걸렸을 때, 무스가 못 본 척 하였다면 어떻게 되었을까?
  - 무스와 프랭클린이 서로 마음을 열지 않았다면, 무스는 학교에서 어떻게 지냈을까?

④ 자기적용을 돕는 질문
  - ○○의 유치원에도 새로 온 친구가 있니?
  - ○○는 그 아이와 이야기해 본 적이 있니? 기분이 어땠니?
  - ○○는 유치원에서 함께 노는 친구가 있니? 그 친구와 놀면 기분이 어떠니?

☞ 관련 활동

① 나를 표현해 보세요.
  - 내가 나 자신에 대해서 좋아하는 점을 한 가지 생각한 다음, '나는 ~ 때문에 매우 특별한 아이입니다.' 라는 문구에 맞추어 발표해 본다.

- 자기 자신에 대해 좋게 생각한다면 많은 친구들을 만들고 새로운 것들을 쉽게 배운다는 것을 깨달을 수 있을 거라 격려해 준다.

② 새 친구와 사이좋게 지내요.

준비물: 색지, 사인펜, 색연필

- 그림카드: 친구들에게 소개되어질 때의 무스의 표정 그림

축구를 하는데 쳐다보고만 있는 무스의 모습 등의 그림카드를 보여주고, 조별로 나누어 앉아, 새로운 친구와 사이좋게 놀이하는 방법에 대해 의논한다.

- 그림책에서 보았듯이, 새로운 친구가 왔을 때, 장난감이나 놀잇감들을 새 친구와 같이 공유하여야 한다고 이야기해 주고, '새 친구와 사이좋게 지내려면' 어떤 방법이 있는지 어떻게 도와줄 것이지, 색지에 적어보고 그림도 그려 본다.

- 좋은 결과물들은 '새 친구가 왔을 때'의 제목을 달아 게시해 준다.

(6) 연관주제

나와 다른 사람들에 대한 이해(정서적 특징 – 불안과 두려움)

🐦 우리 친구하자

(1) 기본정보

저자: 쓰쓰이 요리코 글/하야시 아키코 그림/
    한림출판사 역

출판사: 한림출판사(원작:1986, 한국판: 1994)

전체쪽수: 32

ISBN 89-709-4137-1

장르: 그림책(사실동화)

(2) 저자소개

쓰쓰이 요리코(Yoriko Tsutsui)는 1945년 동경에서 출생하여, 기옥현포화서 고등학교를 졸업하고 광고 회사에 근무하였다. 지금은 세 명의 아이를 키우며 그림책과 동화 창작 활동에 전념하고 있다. 대표작으로는 〈순이와 어린 동생〉, 〈병원에 입원한 내 동생〉, 〈이슬이의 첫 심부름〉, 〈오늘은 소풍가는 날〉

등이 있다.

 하야시 아키코(Akiko Hayashi)는 1945년 동경에서 출생하였다. 요코하마 국립대학 미술 학부를 졸업하고, 〈엄마의 친구: 후쿠 잉칸 쇼텐 발행〉 등에 컷을 그리면서 그림책에 관해 공부하였으며, 현재 일본 동경에서 그림책 창작 활동을 활발히 하고 있다. 〈오늘은 무슨 날?〉로 제2회 그림책 일본상을 수상, 〈목욕은 즐거워〉로 산케이 아동출판문화상 미술상, 〈은지와 푹신이〉로 제21회 고단샤 출판문화상을 수상하였으며, 대표작으로는 〈순이와 어린 동생〉, 〈병원에 입원한 내 동생〉, 〈이슬이의 첫 심부름〉, 〈오늘은 소풍가는 날〉 등이 있다.

(3) 줄거리

 아름이는 가족과 함께 산이 보이는 동네로 이사를 온다. 아무도 알지 못하는 낯선 곳에서 아름이는 누군가에게 우편함을 통해 제비꽃을 선물을 받는다. 다음 날은 민들레, 그리고 다음날에는 "우리 친구 하자, 네가 와서 너무 기뻐"라는 편지를 받게 된다. 아름이는 새로 다닐 유치원에 가 보지만 기분은 나아지지 않고, 제비꽃, 민들레, 편지를 누가 보냈는지 궁금하기만 하다. 어느 날 아름이는 종이인형을 몰래 두고 가려는 아이를 만나게 되고, 그 아이와 친구가 되어 민들레가 활짝 핀 들판으로 함께 자전거를 타고 놀러 나간다.

(4) 글과 그림

 아름이의 머릿결까지 표현하고 있는 그림이 사실적이고 세밀하다. 밝고 따뜻한 느낌이 들고, 책의 전체적인 분위기가 단정하다. 우편함에서 제비꽃을 발견하는 장면에서 아름이가 느낀 설레임과 유치원 놀이터에서 자기에게 아는 척도 하지 않는 낯선 아이들 앞에서의 시무룩한 표정에서 아름이의 외로움을 볼 수 있다. 그러나 새로 사귄 친구와 같이 민들레가 핀 들판으로 나갈 때는 활짝 웃는 모습으로 안정감과 생동감이 느껴진다. 주인공 아름이의 마음이 잘 나타나도록 표정을 세심하게 표현하였다. 낯선 곳에 이사가서 느낄 수 있는 유아의 감정을 어루만져 주며, 같은 상황의 유아도 쉽게 감정이입이 되도록 글과 그림이 잘 어우러진 작품이다.

(5) 관련 질문과 활동

☑ 관련 질문

① 전반적인 인식을 돕는 질문

- 〈우리 친구하자〉를 읽고 생각나는 것이 있었니?

② 이해 및 고찰을 돕는 질문

- 낯선 곳에 이사 왔을 때 아름이는 어떤 기분이었을까?
- 그 친구는 왜 아름이에게 몰래 선물을 하였을까?
- 아름이가 선물을 준 친구를 만났을 때 기분이 어땠을까?
- 아름이가 유치원에서 친구들이 재미있게 노는 것을 바라볼 때 어떤 기분이 들었을까?

③ 기존의 해결방법에 대한 다각적인 평가와 새로운 접근을 시도해 보게 하는 질문

- 몰래 선물을 주는 방법 말고 다른 방법이 있을까? 너라면 어떻게 하겠니?

④ 자기적용을 돕는 질문

- 너도 이사를 해 본 경험이 있니?
- 너희 동네에 새로 친구가 이사온다면 넌 어떻게 하겠니?
- 누군가가 너를 위해 꽃을 선물해 주고, 편지를 보낸다면 어떤 기분이 들까?

◉ 관련 활동

① 내 친구들 전화번호부

준비물: 여러 가지 색지, 사인펜

```
친구 이름:  ○ ○ ○
사는 곳:
가족 수:
전화번호:
좋아하는 놀이:
```

- 우리 반에 어떤 친구들이 있는지 '친구이름, 전화번호, 가족 수, 사는 곳, 친구가 좋아하는 놀이' 등을 조사해 보며, 친구에 대해 알아보기로 한다.
- 위의 프린트를 여러 장 나누어 주고, 자유롭게 돌아다니며, 친구들에게 자기소개를 하고 그 친구에 대한 정보를 얻어 전화번호부를 만들어 본다.
- 모여 앉아 내가 알게 된 친구들이 어떤 친구들인지 이야기해 본다.

② 후속이야기 짓기

　　준비물: 색지, 사인펜, 색연필

　　- 〈우리 친구하자〉를 다시 회상해 본다. 어떤 장면이 기억나니?

　　- 아름이에게 꽃과 편지를 전해 준 친구의 이름은 어떻게 지어 볼까?(그림책에 나
　　　오지 않음)

　　- 이 친구들은 무슨 놀이를 하고 놀까? 친구랑 같이 할 수 있는 놀이는 무얼까?

　　- 아름이와 친구와 자전거를 타고 들판으로 나간 다음의 이야기를 각자의 자유로
　　　운 생각으로 이야기를 짓고 그림을 그려 꾸며본다.

(6) 연관주제

나(다른 사람과 관계맺기)

초등학교 저학년 어린이

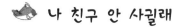 **나 친구 안 사귈래**

(1) 기본정보

　　저자: 파울 마어 글/프란츠 비트캄푸 그림/

　　　　유혜자 역

　　출판사: 아이세움(원작: 2000, 한국판: 2002)

　　전체쪽수: 68

　　ISBN 89-378-1196-0

　　장르: 환상동화

(2) 저자소개

　파울마이어(Paul Maar)는 1937년 독일 슈바인푸르트에서 출생하였다. 슈
투트가르트 예술대학에서 예술사와 회화를 공부했으며, 십여 년 동안 미술
교사로 일했다. 그는 현재 독일어권에서 가장 잘 알려져 있는 작가이다. 그동
안 독일 청소년 문학상, 오스트리아 국가상, 그림형제상, 독일 청소년 문학 아
카데미 대상, 독일 정부 문화 공로 훈장 등 유명하고 권위 있는 상을 많이
받았다. 주요 작품으로는 〈아기 캥거루와 겁쟁이 토끼〉, 〈기차할머니〉, 〈안네

는 쌍둥이가 되고 싶어〉, 〈리펠의 꿈〉, 〈마법에 걸린 주먹밥통〉 등이 있다.

그림 작가 프란츠 비트캄푸(Frantz Wittkamp)는 1943년 독일 베텐베르그에서 태어났다. 대학에서 생물학과 예술교육학을 전공했고, 1년 동안 미술교사로 일했다. 그 뒤로 그림을 그리고, 시를 쓰는 활동을 활발히 하고 있다. 1995년에는 동시로 오스트리아 국가상을 수상했다. 〈깡통소년〉과 〈기차할머니〉에 그림을 그렸다.

(3) 줄거리

새로운 곳으로 이사를 오게 된 로베르트에겐 모든 것이 낯설다. 새 집도, 새 방도, 새 벽지도 로베르트에겐 도무지 맘에 들지 않는다. 새 학교도 마찬가지다. 프랑크라는 아이는 로베르트를 못살게 굴기만 한다. 그러던 어느날, 새 벽지를 뚫어지게 바라보던 로베르트는 이상한 무늬를 발견한다. 그 무늬에 눈을 그려넣자, 무늬는 트르베로라는 아이로 변한다. 로베르트는 트르베로와 역할을 바꾸기로 하고 정글에서 신나는 하루를 보낸다. 하지만 학교에서는 여전히 혼자다. 시몬네만이 로베르트의 편을 들어줄 뿐이다. 프랑크의 장난을 계기로 로베르트는 시몬네와 친해지게 된다. 그 후 트르베로는 어떻게 되었을까?

(4) 글과 그림

새 집, 새 방, 새 벽지... 새로운 것이 좋기만 할 것 같은데 로베르트에겐 그렇지 못하다. 상상의 친구 트르베로와의 만남은 트르베로가 새로운 집에 적응하도록 도움을 주고, 진짜 세계로 나가 새 친구를 만날 수 있는 힘을 얻게 해주었다. 모든 것이 낯선 곳에서 새 친구를 발견해 나가는 로베르트의 마음이 간결한 문체와 그림에 나타나 있다.

상상의 친구 이름이 주인공의 이름을 거꾸로 한 트르베로라는 것도 흥미롭다. 펜과 옅게 채색된 수채화로 등장인물과 소품만을 간략하게 표현하고 있는 그림은 독자가 편안하고 차분한 마음으로 주인공 어린이의 이야기에 귀기울이도록 해 준다.

(5) 관련 질문과 활동

☑ 관련 질문

① 전반적인 인식을 돕는 질문

- 〈나 친구 안 사귈래〉를 읽고 나서 생각나는 게 있니?

② 이해 및 고찰을 돕는 질문

- 로베르트는 왜 친구를 사귀지 않겠다고 했을 것 같니?
- 트르베로는 어떤 아이일까?
- 시몬네는 로베르트에게 어떻게 해 주었니? 그때, 로베르트의 기분이 어땠을까?
- 로베르트는 왜 시몬네가 방에 들어갔을 때 벽지에 그려진 눈을 몰래 지웠을까?

③ 기존의 해결방법에 대한 다각적인 평가와 새로운 접근을 시도해 보게 하는 질문

- 만일 로베르트가 시몬네에게 자기가 한 일을 설명하지 않았다면, 어떻게 되었을까?
- 로베르트가 시몬네의 스카프를 프랑크로부터 빼앗아 도망가는 것 대신에 다른 방법은 어떤 것이 있었을까?
- 로베르트에게 르네라는 친구가 생기지 않았다면, 로베르트는 학교에서 어떻게 지냈을까?

④ 자기적용을 돕는 질문

- 너도 새로운 곳에 이사를 가는 바람에 전학을 간 적이 있니? 그 기분이 어땠니?
- 낯선 곳에서 낯선 아이들과 함께 있을 때의 기분이 어떨까?
- 너도 트르베로와 같은 (상상의) 친구를 만난 적이 있니? 어떤 친구였니?

⊗ 관련 활동

① 상상의 친구 만들기

준비물: 재질감이 느껴지는 벽지, 단추, 전기선, 털, 그밖에 주변의 재료

- 상상의 친구 얼굴을 콜라주로 만들어, 이름을 지어준다.
- 상상의 친구가 좋아하는 것과 싫어하는 목록들을 적어 옆에 함께 붙여준다.

② 스카프 편지 쓰기

- 스카프 형태의 여러 색깔의 편지지를 준비한 다음, 어린이가 속상했던 일과 기뻤던 일을 상상의 친구에게 편지로 쓰도록 한다.

(6) 연관주제

친구삼기(친구가 없는 아이)

🐟 초대받은 아이들

(1) 기본정보

저자: 황선미 글/김진이 그림

출판사: 웅진닷컴(2001)

전체쪽수: 95

ISBN 89-01-03346-1

장르: 사실동화

(2) 저자소개

황선미는 1963년 충남 홍성 출생이다. 서울예술대학과 광주대학교에서 문예창작을 공부하였다. 2001년 제1회 SBS 어린이미디어 대상 우수상을 수상하였고, 주요 작품으로는 〈나쁜 어린이 표〉, 〈마당을 나온 암탉〉, 〈샘마을 몽당깨비〉 등이 있다.

김진이는 1971년 서울 출생이다. 홍익대학교에서 동양화를 공부하였고, 그동안 〈허준〉, 〈초등학생이 가장 궁금해하는 놀라운 동물 이야기 30〉 외에 어린이책과 광고 및 시사 일러스트를 그렸다.

(3) 줄거리

민서는 항상 성모의 이야기만 하고 그림 공책에도 성모의 그림만 그린다. 내일은 9월 20일. 드디어 성모의 생일날이다. 하지만 민서는 성모의 생일에 초대받지 못한다. 화가 난 민서는 성모에게 주려 했던 생일 선물(그림 공책)을 휴지통에 버린다. 그런데 민서는 가방 안에서 '내 생일에 너를 초대해' 라는 낯선 카드 한 장을 발견한다. 그 카드는 다름 아닌 민서의 엄마가 보낸 것. 민서도 민서의 아빠도 까맣게 잊고 있던 엄마의 생일이었던 것이다. 민서는 엄마가 말씀하신 대로 성모에게 그림공책을 선물로 주지만, 자신의 선물을 소중히 다루지 않는 성모를 보고 실망한다. 하지만 그 대신 자기와 비슷한 기영이를 발견하게 된다.

(4) 글과 그림

어린이들이 자기와 비슷한 친구를 찾기까지 자기와 맞지 않는 친구로 인해 마음에 상처를 입는 경우가 종종 있다. 주인공 민서도 성모가 자기와 맞지 않는 아이라는 것을 알게 되기까지 혼자서 많은 좌절을 겪는다. 하지만 자기처럼 소리내지 않고 웃고, 물건을 소중하게 생각하는 새 친구 기영이를 발견하게 되는 장면은 독자의 마음을 흐뭇하게 해 준다. 민서의 성모에 대한 끊임없는 관심, 그리고 생일에 초대받지 못했을 때의 감정이 주인공 민서의 1인칭 시점으로 사실적으로 그려진다. 나중에야 친구들이 자신을 샌님이라고 불렀다는 사실을 깨닫는 장면에서, 민서와 함께 독자들도 민서가 성모에게 초대받지 못한 이유를 알게 된다. 수묵담채화 기법의 채색에 끊어질 듯 하면서도 거친 듯 그려진 선이 친밀감을 더해 준다. 민서가 찢어진 그림공책을 보는 장면은 민서의 분노와 성모에 대한 실망감이 잘 드러나 있다.

(5) 관련 질문과 활동

☒ 관련 질문

① 전반적인 인식을 돕는 질문
 - 〈초대받은 아이들〉을 읽고 나서 생각나거나 떠오르는 게 있니?

② 이해 및 고찰을 돕는 질문
 - 민서는 왜 성모의 생일에 초대받지 못했을까?
 - 민서의 엄마는 왜 민서가 버린 그림공책을 다시 꺼내어 가지고 오셨을까?
 - 민서는 그림공책이 아이들의 낙서로 찢겨졌을 때 어떤 마음이 들었을까? 왜 그럴까?
 - 기영이는 왜 가져온 선물(하모니카)을 성모에게 주지 않았을까?
 - 민서는 기영이가 소리내지 않고 씩 웃는 모습을 보고 어떤 마음이 들었을까?

③ 기존의 해결방법에 대한 다각적인 평가와 새로운 접근을 시도해 보게 하는 질문

- 만일 민서가 성모에게 생일선물로 그림공책을 건네주지 않았다면 어땠을 것 같니?
- 멋지게 화내는 방법에는 또 어떤 방법이 있을 것 같니?

④ 자기적용을 돕는 질문
- 너희 반에도 성모와 같이 인기가 좋은 아이가 있니? 그 아이는 어떤 아이니? 너도 그 아이와 친해지고 싶니? 그 아이는 어떤 아이들과 친하니?
- 네가 성모였다면, 민서의 선물을 어떻게 생각했을 것 같니?
- 민서와 기영이처럼 너와 비슷한 점을 가지고 있는 아이가 너희 반에도 있니?

⊗ 관련 활동

① 멋진 나 소개하기
- 자신이 좋아하는 것과 잘하는 것을 포함하여, 자신을 소개해 보도록 한다.

나는 ＿＿＿＿＿＿＿ 을 좋아합니다.

나는 ＿＿＿＿＿＿＿ 을 매우 잘합니다.

나는 ＿＿＿＿＿＿＿ 할 때 나 자신이 자랑스럽습니다.

② 생일선물 준비하기
- 좋아하는 친구나 친해지고 싶은 친구의 생일 날짜를 알고, 그 친구에게 줄 생일선물을 만든다. 친구가 받고 싶은 선물이 무엇인지 알아본다.

③ 친구 책 만들기
- 성격을 나타내는 단어(차분하다, 부끄럼을 잘탄다, 꼼꼼하다, 신경질적이다, 짜증을 잘낸다, 활동적이다 등)를 준비하고, 자기의 성격에 해당되는 단어 아래 이름을 써 넣도록 한다.
- 성격이 같은 친구들은 누구인지 알아본다. 그리고 성격이 다른 친구들은 또 누가 있는지 알아보고, 각 친구에게 발견한 장점과 특징을 발견하여 친구책을 만들어 보도록 한다.

(6) 연관주제

친구삼기(친구가 없는 아이)

초등학교 고학년 어린이

🐢 괴상한 녀석

(1) 기본정보

저자: 남찬숙 글/한선금 그림

출판사: 창작과 비평사(2000)

전체쪽수: 174

ISBN 89-364-4189-2

장르: 사실동화

(2) 저자소개

남찬숙은 1966년 서울에서 태어났다. 어린이 글짓기 및 독서 지도사로 있으며, 잊고 지내기 쉬운 우리 주변의 작고 소중한 사연들을 생생하게 글로 담는 일을 열심히 하고 있다. 이메일 주소는 kidreams@dreamwiz.com이다.

한선금은 1965년 청주에서 태어나 숙명여대 회화과를 졸업하고 같은 학교 대학원을 졸업하였다. 〈구멍 속 나라〉, 〈어른들만 사는 나라〉, 〈수평선으로 가는 꽃게〉 등에 그림을 그렸다.

(3) 줄거리

찬이의 엄마는 찬이가 천재 소년으로 소문난 석이와 친구가 되길 바라신다. 이런 엄마의 강요에 못이겨 시작된 찬이와 석이의 관계는 학교공부를 따라가지 못하고, 아이들에게 따돌림을 받아 학교측의 권유로 휴학을 하게 된 석이의 비밀이 밝혀지면서 새로운 국면을 맞이한다. 찬이는 6학년인 자기또래와는 다르게 엉뚱한 상상력을 발휘하는 석이에게서 소중한 장점들을 발견해내고 친해지지만, 찬이의 엄마와 주변의 시선은 변한다.

찬이랑 같은 반이 된 석이는 순진하고 엉뚱한 생각들 때문에 이번에도 따돌림을 당한다. 찬이는 그런 석이가 불쌍하기도 하고, 도와주고 싶기도 하지만, 자기 역시 따돌림을 받을까봐 외면한다. 그러다가 학교 수련회에서 아이들의 지갑이 없어지는 사건이 벌어지고, 찬이가 범인으로 몰리면서 찬이 역시 '따돌림' 경험을 하게 된다.

따돌림을 종용하는 무서운 권력을 가진 '경태'라는 아이에게 주먹을 날린 석이의 행동으로 찬이는 따돌림의 괴로움에서 벗어난다. 하지만 석이는 부모의 강요에 의해 학교를 그만두고 외국으로 유학가게 되는 것으로 끝난다.

(4) 글과 그림

새로운 학년이 시작되어 친구를 만들어 가는 과정에서 일어나는 친구 사이의 갈등이 단지 어린이들의 문제가 아니라, 잘못된 기성세대의 관념을 주입시킨 어른들의 책임임을 은연중에 드러내고 있다. 어린이들의 심리를 잘 살려내고 무거운 주제를 재기발랄한 문체에 담아 탄탄한 구성으로 엮었다. 또한 재미있는 인물 캐릭터와 편안한 연필선으로 풍부한 표정을 다소 과장되게 그린 그림이 친구 사이의 갈등과 내용 전개에 몰입하게 한다.

(5) 관련 질문과 활동

☑ 관련 질문

① 전반적인 인식을 돕는 질문

- 〈괴상한 녀석〉을 읽으면서 생각나는 것 있니?
- 새 친구가 전학 왔을 때 찬이처럼 느낀 적 있니?

② 이해 및 고찰을 돕는 질문

- 왜 반 아이들은 석이를 놀렸을까?
- 찬이가 석이의 비밀(머리가 좋아서 휴학한 게 아니고 학교공부를 따라가지 못해서 휴학한 사실)을 알았을 때 찬이는 왜 그 비밀을 엄마에게 알리고 싶지 않았을까? 그리고 그 비밀을 알았을 때 어떤 기분이었을까? 왜 그랬을까?
- 경태가 석이를 놀리고 친구들로부터 따돌림을 시킬 때 왜 찬이는 석이를 도와주고 싶었을까?

③ 기존의 해결방법에 대한 다각적인 평가와 새로운 접근을 시도해 보게 하는 질문

- 만약에 찬이가 경태에게 지갑 도둑으로 몰렸을 때 석이가 경태를 때리지 않았다면 어떻게 되었을까?

－석이가 유학가지 않고 계속 같이 공부할 수 있으려면 어떤 방법이 있을까?

－석이하고 계속 같이 공부할 수 있었다면 윤아와 찬이와 석이는 어떻게 되었을까?

④ 자기적용을 돕는 질문

－네가 만약 석이였다면 찬이가 어떻게 대해주기를 바랄까?

－네가 만약 찬이였다면 석이가 같은 반이 되었을 때 어떤 느낌이었을까?

－경태같은 아이가 우리 반에 있다면 너는 어떻게 해야 할까?

◎ 관련 활동

① 석이가 되어 보아요.

－석이가 처음 찬이 학교에 전학 온 장면을 역할극으로 표현해 본다.

 석이가 선생님과 같이 교실로 들어오고, 찬이는 석이를 아는 척 하고 싶지 않은데 석이가 찬이를 보고 반가워하며 얘기를 걸고, 경태가 석이와 얘기를 나누는 장면과 주변 아이들이 놀리는 장면

② 찬이는 도둑이 아니야!

－찬이가 지갑 도둑으로 몰렸을 때의 상황을 역할극으로 표현해 본다. 경태, 찬이, 석이, 윤아, 친구의 역할을 정한다.

③ 주인공 비교하기

－찬이와 석이의 비슷한 면과 다른 점에 대한 목록 만들이 보면서, 사람들의 개인차를 받아들일 수 있도록 한다

(6) 연관주제

친구삼기(친구가 없는 아이), 나와 다른 사람들에 대한 이해(정서적 특징-정서장애)

🐟 까막눈 삼디기

(1) 기본정보

저자: 원유순 글/이현미 그림

출판사: 웅진닷컴(2000)

전체쪽수: 92

ISBN 89-0102-918-9

장르: 사실동화

(2) 저자소개

원유순은 인천교육대학교와 인하대학교 교육대학원을 졸업했다. 1990년에 아동문학평론 신인상을 받으면서 동화를 쓰기 시작했다. 1993년 계몽아동문학상과 MBC 창작동화대상을 받았다. 제6차, 7차 교육과정 국어 교과서 및 지도서를 집필하였으며, 현재 인천 불로 초등학교에서 교사로 근무하고 있다. 주요 작품으로 〈열 평 아이들〉, 〈날아라, 풀씨야〉, 〈똘배네 도라지 꽃밭〉, 〈둥근 하늘 둥근 땅〉, 〈멋대로 가족은 지금 행복 중〉, 〈쥐구멍에 들어가 봤더니〉, 〈콩달이에게 집을 주세요〉 등이 있다.

이현미는 추계예술대학교 동양화과를 졸업했다. 1997년 한국 출판미술대전 황금도깨비상 대상을 수상했으며 한국출판미술가협회 회원이고, 일러스트레이션 그룹 모빌의 회원으로 활동하고 있다. 작품으로는 〈공기를 보았니?〉, 〈콩쥐팥쥐〉, 〈점박이와 운전수 아저씨〉 등이 있다.

(3) 줄거리

올해 아홉 살이고 초등학교 2학년생인 삼디기의 원래 이름은 삼덕이다. 어려서 부모를 잃고 할머니와 단 둘이서 충청도 산골에서 살다 도시로 이사 온 삼디기는 2학년이 되었는데도 글을 깨치지 못하여 동무들 사이에서 놀림감이 되고, 공부 시간에도 장난만 하여 선생님에게 야단을 맞는다. 그런데 새로 전학 온 씩씩한 촌뜨기 여자애 연보라가 아무도 같이 앉기 싫어하는 삼디기 옆자리에 앉게 되면서 모든 것이 달라지기 시작한다. 연보라는 전학 온 첫날부터 자기를 놀리는 아이들에게 꿋꿋하게 대하고, 아이들로부터 놀림을 당하는 삼디기를 위로해 준다. 그리고 삼디기에게 학급 문고에 있는 그림동화책을 읽어 주고 받아쓰기 공부를 도와주며, 삼디기 눈높이에서 가르치고 격려해 준다.

(4) 글과 그림

작가는 초등학교 교사의 경험을 살려 학교 상황을 잘 묘사하고 있으며 아이들의 심리 묘사가 눈에 잡힐 듯 그려지고 있다. 아울러 갈등 상황이나 해결하는 과정이 표현된 그림에서 등장인물의 표정이 풍부하게 드러나 낯선 학교 상황에서의 문제에 몰입하도록 도와준다.

(5) 관련 질문과 활동

☒ 관련 질문

① 전반적인 인식을 돕는 질문

- 〈까막눈 삼디기〉를 읽으면서 생각나는 것 있니?
- 처음으로 학교 갔을 때 기분이 어땠니?

② 이해 및 고찰을 돕는 질문

- 왜 삼디기는 글을 몰랐을까?
- 왜 아이들은 '엄삼덕'을 삼디기라고 놀렸을까?
- 친구들에게 놀림을 당하면서 삼디기는 자신에 대해 어떻게 생각했을까?
- 연보라는 어떻게 삼디기를 도와주었니? 왜 그렇게 도와주었을까?

③ 기존의 해결방법에 대한 다각적인 평가와 새로운 접근을 시도해 보게 하는 질문

- 만일 연보라가 삼디기 반으로 오지 않았다면 어떻게 되었을까?
- 만일 연보라가 삼디기 옆자리에 앉지 않았다면 어떻게 되었을까?
- 만일 보라가 삼디기에게 책을 빌려주지도 않고 글자를 가르쳐주지 않았다면 어떻게 되었을까?

④ 자기적용을 돕는 질문

- 만약 삼디기 같은 친구가 같은 반에 있다면 너는 어떻게 하겠니?
- 네가 만약 삼디기라면 친구들이 어떻게 해 주기를 바랄까?
- 만일 네가 보라였다면 어떻게 했을까?

◎ 관련 활동

① 편지쓰기

- 삼디기와 연보라에게 각각 편지를 써본다.

② 삼디기 되어 보기

- 책을 읽은 후 역할극을 해 보고 각자 맡은 역할의 입장에서 어떻게 느꼈는지 이야기를 나눈다. 특히 삼디기의 입장과 놀리는 친구의 입장을 느껴본다.

(6) 연관주제

친구삼기(친구가 없는 아이)

2. 아름다운 우정 쌓기

친구와 우정을 쌓는 일은 그리 순탄한 것만은 아니다. 우정을 돈독하게 다지고 유지하기 위해서는 서로의 노력이 요구된다. 처음엔 서로 즐겁게 참아가며 노력하던 일들도 시간이 지나면서 갈등과 싸움으로 변하게 된다. 이것은 점차 서로에게 자신이 원하는 방식을 요구하게 됨에 따라 더욱 심해진다. 우정은 행복과 고통과 혼란의 모습을 모두 가지고 있다(Sawyer, 2000:221).

친구관계를 잘 유지하는 데에는 친구의 입장이 되어 친구의 마음을 이해하는 능력과 친구와 놀잇감이나 물건을 함께 나누고, 친구를 도우며, 자신의 생각을 효과적으로 표현하며, 친구와 자신이 다름을 인식하고 인정하는 능력이 기본이 된다. 어린이들은 친구와의 갈등을 경험하는 상황에서 이러한 능력의 부조화를 절감하게 된다. 친구와의 갈등을 현명하게 해결해 나감으로써, 이러한 능력을 발달시키고 진정한 우정을 쌓게 된다. 그러므로 친구와의 갈등은 효과적인 사회적 기술을 발달시키기 위한 비계(scaffolding)의 역할을 한다.

어린이들 간의 싸움은 끊임없는 긴장에 대한 분출구로 독립과 힘을 보여주는 것이다(kuczen, 1997). 어린이들은 갈등을 경험하면서 어떻게 하면 좋은 친구가 될 수 있는지를 배워 나간다. 친구와 싸움은 가능한 피하는 것이 좋으나, 싸웠을 때는 친구에게 자신을 속상하게 하는 이유를 정확하게 표현해야 한다는 것을 알아야 한다. 자신이 틀렸을 때는 빨리 사과해야 하며, 친구가 사과할 때는 재빨리 이를 받아들이고, 친구와 함께 놀아야 한다는 것도 익혀야 한다. 또한 친구에게 자신의 마음속에 있는 것을 충분히 말하는 기회를 주고, 친구의 말을 귀담아 들어야 한다는 것도 알아야 한다.

하지만 대부분의 어린이들은 이러한 갈등상황에 대처할 준비가 되어 있지 않다. 갈등으로 인해 정신적 압박을 느끼거나, 갈등을 원만히 해결하지 못한 채 친구관계를 끝내 버리기도 한다. 이런 때 우정은 간혹 잔인한 모습으로 돌변하기도 한다. 만일 친구에게 감정적으로 상처를 입었을 때, 자신의 마음을 표현하고, 문제의 해답을 찾도록 노력하는 것이 더 효과적임을 알려주는 것이 필요하다. 어린이들이 갈등 상황에서 현명하게 해결해 나가는 모습을 그린 책은 다음과 같다.

유아

 미안해

(1) 기본정보

저자: 샘 맥브리트니 글/제니퍼 이처스 그림/
　　　김서정 역
출판사: 중앙M&B(원작: 2000, 한국판: 2002)
전체쪽수: 32
ISBN 89-837-5713-2
장르: 그림책(사실동화)

(2) 저자소개

샘 맥브래트니(Sam Mcbratney)는 세계적으로 이름난 작가로 30년 동안 어린이들을 위해 많은 책을 쓰면서 애비 상(미국)과 실버튼 그리펠 상(네덜란드), 그리고 비스토 상(아일랜드) 등 수많은 상을 받았다. 지금은 손자까지 둔 할아버지가 되어 아이들을 위한 동화를 계속 쓰고 있다. 세심하면서도 여유롭게 어린이의 일상을 관찰하며 아이들의 눈높이에 맞는 글로 쉽게 풀어 내는 능력이 뛰어나다. 대표작인 〈내가 아빠를 얼마나 사랑하는지 아세요?〉와 〈엄마는 언제나 네 친구야〉에서 보여주었던 것처럼 이 책에서도 아이들의 행동과 심리 묘사가 돋보인다.

제니퍼 이처스(Jennifer Eachus)는 영국의 리버틀 예술대학에서 그래픽 디자인을 공부했고, 5년 동안 유아 교사로 일을 하기도 하였다. 지금은 프리랜스 일러스트레이터가 되었다. 〈커다랗고 커다란 바다〉에 그림을 그렸으며 1982년 벤슨 앤드 헤지스 금메달을 받았다. 지금은 남편과 세 아이와 함께 사우스 웨일즈에 살며 어린이책을 만드는 일에 전념하고 있다. 부드럽고 세밀한 표현과 아이들의 행동과 표정에 생기를 불어넣어 주는 그림이 독자에게 공감을 불러일으킨다.

(3) 줄거리

내가 좋아하는 친구가 있다. 같이 놀면 항상 웃을 수 있는 그 친구가 참 좋다. 학교놀이를 할 때 친구는 내가 곰 인형을 가르치는 선생님을 하게 해 주고, 병원놀이에서는 친구가 내 뼈를 고쳐주는 의사가 되기도 한다. 인형 아기도 서로 돌봐 주며 물웅덩이에서 장난도 치며 서로의 집에 놀러 다닌다. 서로 바라보기만 해도 웃음이 나고 즐거워지지만, 오늘은 내가 친구에게 "너랑 이제 안 놀아" 하고 소리 질렀다. 친구도 내게 소리를 질렀다. 서로 못 본 체하지만 말과는 달리 마음에 걸려서 얼른 화해하고 싶다. 내가 지금 슬픈 것처럼 내 친구도 슬프다면 그 아이는 아마 나한테 와서 말할 것이다. "미안해"라고. 그럼 나도 말할 것이다. "미안해"라고...

(4) 글과 그림

좋아하는 친구와 사이좋게 역할을 나누어 놀다가 사소한 일로 화를 내고, 소리를 지르는 장면은 유아들에게서 흔히 보이는 또래와의 놀이와 다툼의 모습이다. 친구와 장화를 신고 뛰는 장면에서의 즐거운 표정과 소리를 지르는 장면과 금방이라도 울 것 같은 표정 등은 독자에게 감정이입이 잘 일어나도록 표현되어 있다. 주인공의 마음도 충분히 이해할 수 있도록 주변 어디에서나 볼 수 있는 아이들의 친근한 표정을 세밀하고 꼼꼼하게 표현하였다. 이 책에는 친구와 싸웠을 때의 미안함이 있지만, 선뜻 말하지 못해 갈등하는 속마음이 잘 드러나 있다. 친구와 사소한 일로 다투고 뿌루퉁해진 아이들과 같이 읽어보면 자신의 마음을 들여다보는 데 도움을 줄 수 있는 책이다. 베이지 색의 배경에 색연필과 파스텔 등으로 곱게 색칠하여 부드러운 분위기를 자아낸다.

(5) 관련 질문과 활동

☑ 관련 질문
① 전반적인 인식을 돕는 질문
  - 〈미안해〉를 읽으니, 어떤 장면이 가장 기억에 남니?

② 이해 및 고찰을 돕는 질문
  - 친구가 "너랑 이제 안 놀아"라고 이야기했을 때, 주인공의 기분은 어땠을까?
  - 같이 소리 지른 친구의 표정은 어떤 것 같니? 기분이 어땠을까?
  - 친구를 못 본 척하고 혼자 생각하는 표정에서 주인공은 무엇을 생각하고 있는 것 같니? 또 친구는 무슨 생각을 하고 있을까?

③ 기존의 해결방법에 대한 다각적인 평가와 새로운 접근을 시도해 보게 하는 질문
  - 친구랑 다시는 말을 하지 않는다면 어떻게 될까?
  - 친구가 먼저 '미안해'라고 말할 때까지 기다리고만 있었다면 어떻게 되었을까?

④ 자기적용을 돕는 질문
  - 너에게 친한 친구는 누구이니? 왜 그 친구가 좋은지 이야기해 주겠니?
  - 만약 친구가 너와는 다시는 놀지 않겠다며, 말을 하지 않는다면 넌 어떻게 해결하겠니?

◇ 관련 활동

① 공손한 단어를 사용해요.
  준비물: 그림 삼각대, 단어 카드
  - 상황그림: 웃어른께서 음식을 주실 때, 친구와 다투었을 때, 친구가 도와주었을 때, 웃어른께 인사할 때 등등
  - 여러 그림을 삼각대에 묶어두고 넘기면서 적절한 단어를 찾아 붙인다.
  - 스피드 퀴즈처럼 한 명은 그림을 보여주거나, 말로 설명하고, 한 명은 맞춰 보는 게임을 해 본다.
  - 웃어른들께, 친구들 사이에서 허락을 구할 때, 도움이 필요할 때 등등 적절한 때에 맞추어 공손한 말을 써야 한다며 격려해 준다.

② 둘이 살짝
  준비물: 음악테이프, 카세트
  - '둘이 살짝' 노래를 잘 듣고 가사를 익힌다.
  - 친구와 짝을 지어 율동을 해 본다.
  　남자와 여자친구가 서로 짝을 지어 노래에 맞추어 율동을 해 보고, 파트너를 바꿔 보기도 한다.

(6) 연관주제

나(자아존중감, 다른 사람과 관계맺기)

🦭 내 짝꿍 에이미

(1) 기본정보

저자: 스티븐 마이클 킹 글, 그림/정태선 역
출판사: 국민서관(원작: 1998, 한국판: 2002)
전체쪽수: 34
ISBN 89-11-02075-3
장르: 그림책(사실동화)

(2) 저자소개

스티븐 마이클 킹(Stephen Michael King)은 오스트레일리아의 시드니에서 태어났다. 어려서부터 귀가 나빴던 그는 소리 없이 그림의 세계에 빠져들어 자기만의 세계를 이뤄 온 작가이다. 시간의 의미, 아이들의 외로움과 우정 등의 주제를 내면화된 문장과 시적인 여운이 있는 그림으로 긍정적이고, 따뜻하게 그려내고 있다. 작품으로는 〈아멜리아 할머니의 정원〉, 〈패트리시아〉, 〈힘껏 뛰어 보자!〉 등이 있다.

(3) 줄거리

헨리는 항상 덜렁거리고, 옷도 허름하게 입는 아이이다. 어느 날, 헨리는 바람을 등지고 뒷걸음치다가 에이미와 부딪친다. 뭐든지 반듯하게 잘하는 에이미는 신발끈을 잘못 맨 적도 없고, 빵에 버터를 잘못 바른 적도 없고, 자기 이름도 또박또박 잘 쓰는 여자아이이다. 헨리는 에이미가 굉장한 아이라고 생각한다. 에이미는 헨리에게 오른쪽, 왼쪽, 앞, 뒷쪽도 가르쳐 준다. 둘은 나무 위에 집을 짓기로 하였는데, 에이미는 나무 위에 딱 맞는 집을 꼼꼼하게 짓고, 헨리는 여기저기 잡동사니를 걸어 장식한다. 둘은 재미있어 하며, 멋진 집을 완성한다. 어느 날 에이미는 자신이 너무 꼼꼼하고, 깐깐하다고 생각한다. 그래서 헨리의 자유로움을 배워 허름한 옷을 입고, 헨리와 같이 신나게 논다. 둘은 서로를 닮아 가며 친한 친구가 된다.

(4) 글과 그림

헨리에게 기초적인 것부터 차근차근 가르쳐 주는 에이미의 꼼꼼함과 나무 위에 집을 짓는 과정에서 보여주는 헨리의 자유로움... 서로 대비되는 성격을 가진 아이들이 친구가 되는 과정을 유쾌하게 보여준다. 그림의 색채가 밝고 경쾌하며, 글과 그림의 형식도 자유롭고 개방적이다. 가볍게 그려진 그림에 수채물감으로 채색하였다. 그림이 만화형식과 같이 조각그림으로 그려져 있기도 하고 전체면을 활용하기도 하였다. 그림의 상황을 설명하는 글은 마치 유아가 써 내려간 글씨처럼 글자체가 삐뚤삐뚤하거나 글씨를 진하게 표시하는 등 리듬감이 있다. 내용과 그림이 유아들이 재미있게 책을 읽어나갈 수 있도록 흥미를 유발한다. 특히 에이미도 헨리와 같은 허름한 옷을 입고 신나게 뛰어 노는 장면에서 친구가 서로의 모습을 이해하고 닮아가려는 마음을 보여준다. 나와 다른 성격을 가지고 있는 친구들과 더 깊은 우정을 쌓아가는 사회적인 기술을 생각해 볼 수 있는 재미있는 그림책이다.

(5) 관련 질문과 활동

　☑ 관련 질문
　　① 전반적인 인식을 돕는 질문
　　　- 이 책을 읽으니 무슨 생각이 들었니?
　　　- 재미있었던 부분은 어느 부분이니?
　　② 이해 및 고찰을 돕는 질문
　　　- 헨리는 어떤 아이 같니? 또 에이미는 어떤 아이 같니?
　　　- 에이미는 자기에 대해 어떻게 생각했니?
　　　- 헨리와 에이미가 나무 위의 집을 완성하였을 때, 기분이 어땠을까?
　　③ 기존의 해결방법에 대한 다각적인 평가와 새로운 접근을 시도해 보게
　　　하는 질문
　　　- 헨리가 에이미를 만나지 못했다면 어떤 아이가 되어 있을까?

- 만약 에이미가 헨리의 지저분하고 덜렁거리는 점을 싫어하였다면 어떻게 되었을까?

④ 자기적용을 돕는 질문
  - 너는 그림책의 주인공 중 누구와 닮았다고 생각하니?
  - (헨리와 닮았다면) 네가 헨리라면 에이미와 같은 친구들은 어떻게 생각할까?
  - (에이미를 닮았다면) 네가 에이미라면 헨리와 같은 친구들과 어떻게 지낼 것 같니?

○ 관련 활동
① 모래성 쌓기
  준비물: 삽, 양동이, 모래놀이 도구들, 물
  - 헨리와 에이미가 나무 위에 집을 지었듯이 모래성을 친구와 같이 만들어 본다.
  - 지켜야 할 규칙은 무엇일지 이야기해 본 후, 모래놀이장에 물을 뿌리고 어떤 모래성을 쌓을지, 무엇을 만들지 정한다.
  - 2~3명이 짝을 지어 모래성을 만들어 본다.

② 헨리 되어 보기
  준비물: 아빠셔츠, 바바리(트렌치코트), 큰 모자, 엄마구두 등의 다양한 옷과 모자, 신발
  - 그림책에서 헨리의 모습은 어떠했나? 생각해 본다.
  - 여러 가지 마련된 옷을 입어보며 헨리처럼 행동해 본다.
  - 헨리처럼 행동하고 옷을 입으니 기분이 어떠니?
  - 헨리는 어떤 생각을 하는 친구일까? 느낌을 이야기해 본다.

③ 주인공에게 편지 써 보기
  준비물: 사인펜, 편지지, 연필 또는 색연필
  - 헨리나 에이미 중 내가 편지 쓰고 싶은 주인공을 생각해 보자.
  - 쓰고 싶은 주인공에게 편지를 쓴다.
  - 편지를 전시해 주거나, 앞에 나와 읽어 보는 기회를 갖도록 한다.

(6) 연관주제
  나(다른 사람과 관계 맺기)

🐟 무지개 물고기

(1) 기본정보

저자: 마르쿠스 피스터 글, 그림/공경희 역

출판사: 시공사(원작: 1992, 한국판: 1994)

전체쪽수: 30

ISBN 89-725-9063-0

장르: 그림책(환상동화)

(2) 저자소개

마르쿠스 피스터(Marcus Pfister)는 1960년에 스위스에서 베른에서 출생하였다. 베른에 있는 한 미술학교에서 장학금을 받아 어렵게 미술공부를 시작했다. 그래픽 디자이너로 시작해 조각, 회화, 사진 등도 공부했으나 그에게 세계적인 작가라는 명성을 안겨준 것은 그림책이었다. 그는 서양사람들에게 이국적인 수묵화 기법을 살린 그림책으로 어린이 책 분야에서 최고의 베스트셀러 작가가 되었다. 화려한 홀로그램 인쇄기법을 이용한 〈무지개 물고기〉는 세계적으로 200만 부가 넘는 판매기록을 올렸고, 애니메이션으로도 제작되어 있다. 대표작으로는 〈날 좀 도와줘 무지개 물고기〉, 〈무지개 물고기〉, 〈펭귄 피트〉 외 다수가 있다.

(3) 줄거리

몸에 예쁜 반짝이 비늘이 많은 무지개 물고기는 잘난 체를 한다. 파란 꼬마 물고기가 다가와 비늘 한 개만 달라고 하자, 무지개 물고기는 뽐내며 주지 않는다. 그래서 물고기 친구들은 무지개 물고기와 놀아주지 않는다. 외로움을 느낀 무지개 물고기는 문어 할머니를 찾아가서 방법을 묻는다. 문어할머니는 아름다운 비늘을 친구들에게 나눠주라고 한다. 비늘을 하나씩 다른 물고기에게 떼어주고 나자 무지개 물고기는 이상하게도 기분이 좋아진다. 그래서 다른 물고기들과 친하게 되고, 그들과 같이 편안하고 행복함을 느끼게 된다.

(4) 글과 그림

동양적인 수묵화 기법과 화려한 홀로그램 인쇄 기법을 이용한 이 책은 아름답고 화려하여 내용 없이 그림만 감상하는 것이 가능할 정도이다. 물고기의 윤곽선이 화선지에 먹물이 번지듯 하여, 부드럽고 편안한 느낌을 준다. 반짝이는 비늘은 홀로그램 인쇄로 되어 있어 책의 화려함을 한껏 높여 준다. 무지개 비늘을 모든 물고기에게 하나씩 나누어 주는 무지개 물고기의 모습은 자기중심적인 경향의 요즘 어린이들에게 시사하는 바가 크다. 친구와 어울릴 줄 모르는 아이, 다른 사람과 물건을 공유할 줄 모르는 아이들과 읽으면 도움이 될 것이다.

(5) 관련 질문과 활동

☑ 관련 질문

① 전반적인 인식을 돕는 질문

- 이 책의 그림을 보니 느낌이 어떠니?
- 이 책에서 가장 생각나는 것은 무엇이니?

② 이해 및 고찰을 돕는 질문

- 무지개 물고기가 뽐내고 다닌 이유는 무엇일까?
- 그런데 친구들은 왜 무지개 물고기와 놀지 않았을까?
- 무지개 물고기가 예쁜 비늘을 친구들에게 나눠 주었을 때, 무지개 물고기의 기분은 어땠을까?

③ 기존의 해결방법에 대한 다각적인 평가와 새로운 접근을 시도해 보게 하는 질문

- 문어할머니가 무지개 물고기에게 비늘을 나눠주라고 했을 때, 무지개 물고기의 기분은 어땠을까?
- 무지개 물고기가 비늘을 나눠주지 않았다면 다른 물고기들과는 어떤 사이가 되었을까?

④ 자기적용을 돕는 질문

- 무지개 물고기에만 예쁜 비늘이 있는 이유는 무엇이라고 생각하니? 너에게도 그런 것이 있다고 생각하니? 있다면 무엇이라고 생각하니?
- 친구들이 갖고 싶어 하는 것을 너만 가지고 있었던 적이 있니?

– 그때 친구들은 너를 어떻게 대했니? 물고기들이 무지개 물고기에게 대한 것처럼 한다면 어떻게 문제를 해결하니?

– 너도 친구들에게 무엇인가를 나눠준 적이 있니? 그때 기분이 어땠니?

◉ 관련 활동

① 무지개 물고기를 꾸며 보아요

준비물: 자연물(나뭇잎, 조개껍질), 스팽글, 색모래, 단추, 두꺼운 종이, 본드

– 그림책에서 본 무지개 물고기를 잘 생각하고 나만의 무지개 물고기를 만든다. 두꺼운 종이에 물고기 모양을 크게 그려 오려 내거나, 물고기 본을 준비해 두어 이용하도록 한다.

– 여러 재료를 이용하여 자기만의 특징을 갖고 있는 무지개 물고기를 만들도록 격려한다.

– 커다란 물고기 본을 만들어 벽면을 구성하고, 각자 예쁜 비늘을 물고기에 붙여 함께 무지개 물고기를 완성하는 것도 좋다.

② 무지개 물고기 연극

준비물: 인형극 대본, 무대 배경, 물고기 막대인형

– 무지개 물고기 그림책의 내용을 생각하고 인형극 대본으로 다시 지어 본다.

상황) 꼬마물고기가 무지개 물고기에게 비늘 하나를 달라고 하자, 무지개 물고기가 거절하는 장면, 모든 물고기가 무지개 물고기를 따돌리는 장면 무지개 물고기가 비늘을 나누어 주자 다른 물고기들이 같이 놀아주는 장면 등을 인형극 대본으로 설정한다.

– 앞서 만들어 놓은 벽면 배경을 무대로 활용한다.

– 물고기 친구들과의 갈등을 해결하는 것을 감정이입적으로 느끼고 표현해 보는 기회를 갖는다.

(6) 연관주제

나(다른 사람과 관계 맺기), 친구삼기(친구가 없는 아이)

초등학교 저학년 어린이

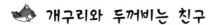 **개구리와 두꺼비는 친구**

(1) 기본정보

저자: 아놀드 로벨 글, 그림/엄혜숙 역

출판사: 비룡소(원작: 1970, 한국판: 1996)

전체쪽수: 64

ISBN 89-491-6001-374840

장르: 환상동화

(2) 저자소개

아놀드 로벨(Arnold Lobel)은 1933년 미국 로스앤젤레스에서 출생하였다. 브루클린의 플렛 인스티튜트에서 공부하였고, 〈우화들〉, 〈개구리와 두꺼비는 친구〉로 칼데콧 상을 받았고, 〈개구리와 두꺼비가 함께〉, 〈개구리와 두꺼비의 하루하루〉, 〈개구리와 두꺼비의 사계절〉, 〈생쥐 스프〉, 〈생쥐 이야기〉, 〈집에 있는 올빼미〉, 〈코끼리 아저씨〉 등을 쓰고 그렸다.

(3) 줄거리

〈봄〉, 〈이야기〉, 〈단추 찾기〉, 〈수영하기〉, 〈편지〉의 단편들로 구성되어 있다. 〈봄〉이 되자 개구리는 친구 두꺼비를 깨우러 두꺼비의 집에 온다. 하지만 두꺼비는 침대 밖으로 나오려 하지 않는다. 결국 개구리의 재치로 두꺼비를 밖에 나오게 한다는 이야기이다. 〈이야기〉에서 두꺼비는 아파서 누워 있는 개구리에게 들려 줄 이야기를 찾는다. 〈단추 찾기〉에서 두꺼비는 길을 걷다 단추를 잃어버린 것을 발견한다. 두꺼비는 친구 개구리와 단추를 찾기 위해 다니지만, 자신의 집에서 단추를 발견하게 된다. 두꺼비는 미안한 마음을 개구리에게 단추가 달린 웃옷을 선물함으로써 표현한다. 〈수영하기〉는 수영복 입은 모습이 우스꽝스럽다고 생각하는 두꺼비에게 벌어지는 해프닝이 담겨 있다. 〈편지〉는 편지를 받지 못해 우울해하는 두꺼비에게 개구리가 편지를 보낸다는 이야기이다.

(4) 글과 그림

상냥하고 부지런한 개구리와 다소 어수룩한 두꺼비의 우정이 간결하면서도 아름답게 그려진다. 개구리가 친구 두꺼비의 단추를 불평 없이 찾으러 다니는 장면이며, 두꺼비에게 편지를 보내고 달팽이가 오기를 기다리는 장면, 두꺼비가 친구 개구리에게 들려줄 이야기를 찾으려고 머리를 벽에 부딪치기도 하고 물을 붓기도 하는 장면, 친구에게 미안한 마음을 단추가 가득 달린 웃옷으로 표현한 모습 등 친구를 서로서로 아껴주는 모습은 감동적이다. 펜과 낮은 채도로 채색된 수채화가 어우러져 아련한 꿈과 같은 느낌을 주며 편안하고 친숙한 느낌을 전달해 준다.

(5) 관련 질문과 활동

☑ 관련 질문

① 전반적인 인식을 돕는 질문

- 〈개구리와 두꺼비는 친구〉를 읽고 어떤 생각이 났니? 혹은 생각나는 아이가 있니?

② 이해 및 고찰을 돕는 질문

〈봄〉

- 개구리는 왜 달력을 5월까지 넘겼을까?

〈이야기〉

- 두꺼비는 왜 개구리에게 들려줄 이야기를 찾았을까?
- 개구리는 왜 기분이 좋아졌을까?

〈단추 찾기〉

- 두꺼비는 왜 개구리에게 자기 윗도리에 단추를 가득 달아 선물했을까? 개구리는 그 이유를 뭐라고 생각했을까?

〈수영하기〉

- 두꺼비는 왜 자신이 수영복 입은 모습을 보여주지 않으려고 했을까?
- 개구리가 자신이 수영복 입은 모습을 보고 웃었을 때, 왜 두꺼비는 "나도 알아"라고 말하며 집으로 갔을까?

〈편지〉

- 개구리는 두꺼비에게 왜 편지를 썼을까?

- 개구리가 직접 두꺼비에게 편지를 전해 주는 대신에 달팽이에게 부탁한 이유는 무얼까?

③ 기존의 해결방법에 대한 다각적인 평가와 새로운 접근을 시도해 보게 하는 질문

〈봄〉

- 개구리가 달력을 5월까지 넘기지 않았더라면 어떻게 되었을까?

〈단추 찾기〉

- 개구리가 두꺼비에게 짜증이나 화를 냈더라면 어떻게 되었을까?
- 두꺼비는 자신의 미안한 마음을 또 어떻게 전달할 수 있었을까?

〈수영하기〉

- 두꺼비의 우스꽝스러운 모습을 보려고 몰려든 동물들에게 개구리는 어떻게 할 수 있었을까?
- 두꺼비가 다른 친구들이 자신의 모습을 보고 웃었을 때, 울음을 터뜨리거나 화를 냈다면 어떻게 되었을까?

〈편지〉

- 개구리가 달팽이 대신에 다른 동물에게 편지를 전해달라고 부탁했다면, 어땠을 것 같으니?

④ 자기적용을 돕는 질문

〈봄〉

- 네가 개구리였다면 두꺼비를 어떻게 깨웠을 것 같니?
- 네가 친구에게 같이 놀자고 했는데, 친구가 거절하면 어떻게 할 수 있을까?

〈단추 찾기〉

- 네가 잃어버려서 속상해하던 물건을 주변에서 찾았던 적이 있었니? 그런 과정에서 친구를 속상하게 만든 적이 있었니? 있었다면 어떻게 해결하였니?
- 친구가 때때로 자신이 원하는 것만 하려고 할 때, 너라면 어떻게 하겠니?

〈수영하기〉

- 너도 두꺼비처럼 다른 사람에게 보여주기 싫은 점이 있니?
- 네가 다른 사람들에게 보여주기 싫은 점을 다른 사람, 특히 친구가 보았을 때 기분이 어땠니?

〈편지〉

- 너도 다른 친구를 기쁘게 해 주기 위해 편지를 써서 너의 마음을 전해 본 적이

있니? 혹은 그런 편지를 받아본 적이 있니? 그때의 기분이 어땠니?

 관련 활동

① 개구리 편지 타임캡슐

- 각 친구들에게 보내는 편지를 써서, 그 편지를 커다란 개구리 모양 상자에 넣도록 한다. 미워하는 마음과 좋아하는 마음 모두 표현하도록 격려한다.
- 일정한 회기가 끝날 때 같이 편지 타임캡슐을 열어 내용을 다시 볼 수 있게 한다.

② 극본 쓰고, 역할극하기

- 〈단추찾기〉에서 물건을 잃어버리고 친구를 속상하게 했던 일들에 대해 이야기를 나눈 다음, 자신의 실수로 친구를 속상하게 했던 상황을 극본으로 만들고 역할극을 해보도록 한다. 예를 들어, 숙제를 가지고 오지 않아서, 다시 해야 하는 상황, 친구가 자신의 물건을 빌렸다가 망가뜨린 상황, 친구에게 화가 나서 친구의 물건을 부수고 혼이 난 상황 등을 번갈아 역할극으로 표현해 봄으로써 자신의 행동이 가져 온 결과를 받아들여야 함을 알게 한다.

(6) 연관주제

나(자아존중감/다른 사람과 관계 맺기)

그래서 우리는 친구가 되었어요

(1) 기본정보

저자: 다니엘라 쿨롯 글, 그림/슬기샘 역

출판사: 대원주니어(원작: 2002, 한국판: 2002)

전체쪽수: 69

ISBN 89-528-4461-0

장르: 그림책(환상동화)

(2) 저자소개

다니엘라 쿨롯(Daniela Kulot)은 1966년 독일 쇤가우에서 태어났다. 그녀는 이모에게서 선물로 받은 그림책을 보면서 '언젠가 나도 이런 그림책을 만들어야겠다'라는 결심을 했다고 한다. 아욱스부르그에서 디자인을 배웠고, 재미있고 독특한 이야기를 담고 있는 그림책을 많이 발표했다. 그동안의 작품으로는 〈코딱지 파는 것은 재미있어〉, 〈엘비라와 해적 곰〉, 〈아기 악어 이야기〉, 〈나 잡아봐라〉가 있다.

(3) 줄거리

슈노이펠 씨에겐 친구가 없다. 항상 이사다니는 나무에 살기 때문이다. 친구를 갖고 싶은 슈노이펠 씨는 자기 집 다락방에 세를 놓아 항상 함께 있을 수 있는 친구를 구한다. 단, 자기처럼 하늘을 날 수 있어야 한다. 슈노이펠 씨는 자기와 공통점이 많은 까마귀 부리와 친구가 된다. 그러던 어느 날, 슈노이펠 씨는 부리가 하늘을 날지 못한다는 사실을 발견한다. 그리고 부리에게 "거짓말쟁이 친구는 필요 없어"라고 말하고, 까마귀 부리는 슈노이펠 씨의 집을 쓸쓸히 떠난다. 하지만 슈노이펠 씨는 까마귀처럼 착한 친구를 다시는 찾을 수 없다는 것을 깨닫고 친구를 찾아 헤맨다.

(4) 글과 그림

서로 공통점이 많아 사귀게 되었던 까마귀 부리와 슈노이펠 씨에게 위기가 찾아온다. 슈노이펠 씨는 친구와 함께 날며 산책하고 싶어 했지만 까마귀 부리는 하늘을 날 수 없었기 때문이다. 슈노이펠 씨는 자기가 좋아하는 방식으로 친구를 대하려고 했고, 까마귀 부리도 그건 마찬가지였다. 하지만, 친구가 없어졌을 때 슈노이펠 씨는 깨닫게 된다. 부리처럼 자기와 잘 통하는 친구가 없었다는 것을. 서로 다른 모습의 슈노이펠 씨와 까마귀가 공통점을 발견해 나가는 모습이 아기자기하게 그려져 있다. 코끼리처럼 긴 코에 선명한 주황색 털모자를 하고 초록색 줄무늬로 된 노란색 목도리를 하고 있는 슈노이펠 씨는 어린왕자나 요정을 연상케 한다. 책을 잘 읽는 까마귀와 하늘을 잘 나는 슈노이펠 씨가 진정한 친구로 발전되어 가는 모습에서 진정한 우정이란 서로 다른 모습을 인정하고 아껴주는 것임을 다시금 깨닫게 한다.

(5) 관련 질문과 활동

☒ 관련 질문

① 전반적인 인식을 돕는 질문

- 〈그래서 우린 친구가 되었어요〉를 보며 어떤 생각이 들었니?
- 슈노이펠 씨에게 어떤 이야기를 해 주고 싶니?

② 이해 및 고찰을 돕는 질문

- 슈노이펠 씨는 왜 날 수 있는 동물과 친구가 되고 싶었을까?
- 왜 까마귀는 다른 까마귀 친구들과 어울리지 못했을까?
- 까마귀가 날 수 없다는 것을 알았을 때 슈노이펠 씨는 어떤 생각이 들었을까?
- 까마귀는 왜 슈노이펠 씨에게 처음부터 자신은 날 수 없다는 것을 말하지 않았을까?
- 슈노이펠 씨는 왜 다시 까마귀를 찾으려고 했을까?

③ 기존의 해결방법에 대한 다각적인 평가와 새로운 접근을 시도해 보게 하는 질문

- 까마귀가 슈노이펠 씨에게 자신이 날 수 없다고 말했다면 어떻게 되었을까?
- 슈노이펠 씨와 까마귀가 함께 하늘을 날려면 어떻게 하면 좋을까?

④ 자기적용을 돕는 질문

- 네가 잘 못하는 것을 잘하는 친구나, 혹은 네가 잘하는 것을 잘 못하는 친구가 있니? 그것을 볼 때 어떤 생각이 들었니?
- 친구가 되고 싶어서 거짓말을 한 적이 있니?
- 다른 친구가 거짓말을 했을 때 너는 어떻게 하면 좋을까?
- 네가 친구보다 잘 못하는 점이 있다고 해서 친구로부터 속상한 이야기를 들은 적이 있니? 혹은 다른 친구에게 그렇게 말해 본 적이 있니?

☑ 관련 활동

① 슈노이펠 씨와 까마귀 만들기

준비물: 지점토

- 슈노이펠 씨와 까마귀, 움직이는 나무집을 다른 아이들과 협동하여 만든 다음, 역할극을 해 본다. 슈노이펠 씨와 까마귀의 특징을 주의 깊게 살펴본 다음 표현해 보도록 한다.

② 나랑 달라요

- 8개로 나뉜 피자 모양의 종이를 준비한 다음, 각 피자 조각에 친구가 나와 비슷한 점, 나와 다른 점을 써넣게 한다. 친구가 나랑 같은 점이 있어서 편한 것과 불편한 것, 친구가 나랑 다른 점이 있어서 편한 것과 불편한 것을 찾아 이야기해 본다.

③ 진실게임

- 거짓말을 한 경우와 거짓말을 들은 경우와 그 이유에 대해 이야기 나눈다.
- 빨간색 카드와 파란색 카드를 준비한다.
- 순서대로 거짓말이나 진실 중에 하나를 생각하여 말하게 한다. 듣는 아이들은 그 이야기가 거짓말인지 아닌지 생각하여, 거짓말인 경우에는 빨간색 카드를 진실일 경우에는 파란색 카드를 놓는다. 아이들의 이야기를 들은 다음, 정답을 알려주고, 알아맞힌 아이는 카드를 갖는다.
- 게임이 끝난 다음, 좋은 거짓말과 나쁜 거짓말에 대해 이야기 나눈다.

(6) 연관주제

나(자아존중감), 친구삼기(친구가 없는 아이)

🐟 오줌 멀리싸기 시합

(1) 기본정보

저자: 장수경 글/권사우 그림

출판사: 사계절(2000)

전체쪽수: 136

ISBN 89-7196-676-9

장르: 사실동화

(2) 저자소개

장수경은 1970년 전라북도 남원에서 태어났다. 신탄진에서 유년시절을 보냈고, 충남대학교에서 무역학을 공부하였다. 그 후 어린이 도서연구회 창작분과에서 동화에 대한 공부를 시작하였고, 방송 구성작가로도 활동하였다.

권사우는 1966년 강원도 태백에서 출생하였다. 홍익대학교에서 회화를 공부하였으며, 주요 작품으로는 〈우리들의 일그러진 영웅〉, 〈메밀꽃 필 무렵〉,

〈나쁜 어린이 표〉가 있다.

(3) 줄거리

배꼽산을 사이에 두고 위치한 양지뜸과 음지뜸 마을에는 오랜 옛날부터 전해 내려오는 시합이 있다. 그것은 바로 오줌 멀리싸기 시합. 이 시합에서 우승한 아이는 '오장군' 또는 '오줌장군'이 되고, 상품으로 운동기구를 갖게 된다. 도채는 작년에 우승한 아이다. 도채는 선물로 받은 축구공을 한쪽 팔에 끼고는 자기 부하가 되어야 축구를 시켜주겠다는 으름장까지 놓는다. 양지뜸에 사는 갑모와 친구들은 기필코 시합에 이겨서 도채의 코를 납작하게 만들어 주리라 결심한다. 드디어 오줌 멀리싸기 시합이 열리는 날. 있는 힘껏 오줌을 싼 갑모가 새로운 오줌장군이 되고, 양지뜸 아이들과 자신들을 괴롭히려 한 음지뜸 아이들에게 통쾌한 복수를 한다. 하지만 그 일로 인해 도채가 머리를 다치게 되고, 갑모는 미안한 마음을 갖는다. 물에 빠진 도채를 구해 주는 사건으로 갑모는 도채와 친구가 된다.

(4) 글과 그림

시골을 배경으로 개구쟁이 소년들의 우정을 다루고 있다. 양지뜸과 음지뜸으로 나누어져 서로 경쟁하며 갈등하는 소년들의 모습에서 우정의 또 다른 모습을 보게 된다. 그것은 경쟁심이다. 자라면서 계속해서 비교 당해 온 갑모와 도채는 알게 모르게 서로에게 경쟁의식을 가졌으며, 이러한 경쟁적 관계는 오줌 멀리싸기 시합에서 두드러진다. 그리고 그 이면에는 아버지들 간의 갈등이 숨어 있었음을 독자들은 깨닫게 된다. 3인칭 시점의 글은 이런 갑모와 도채의 갈등, 그리고 갑모의 아버지와 도채 아버지와의 갈등을 객관적으로 바라볼 수 있도록 해 준다. 그림에서는 순박한 시골 소년들의 모습을 익살맞으면서도 생생하게 그리고 있으며, 그들의 갈등과 화해가 사실적으로 표현되어 있다.

(5) 관련 질문과 활동

☑ 관련 질문

① 전반적인 인식을 돕는 질문

– 〈오줌멀리싸기 시합〉을 읽고 어떤 생각이 났니?

② 이해 및 고찰을 돕는 질문

– 갑모는 왜 오줌장군이 되려고 했을까?

– 갑모와 도채의 아버지들은 아이들을 혼낼 때 왜 서로 비교하였을까?

– 갑모는 물에 빠진 아이가 도채라는 것을 알고 어떤 생각이 들었을까?

– 갑모는 도채가 자기 때문에 다친 것에 대한 미안한 마음을 어떤 방법으로 표현
  했니?

③ 기존의 해결방법에 대한 다각적인 평가와 새로운 접근을 시도해 보게
  하는 질문

– 도채가 자신이 머리를 다친 이유가 갑모와 양지뜸 아이들 때문이라는 사실을
  부모님께 알렸다면 어떻게 되었을까?

– 도채와 갑모의 아버지는 이 이야기 이후에 어떤 사이가 되었을 것 같니?

④ 자기적용을 돕는 질문

– 너도 갑모처럼 다른 친구에게 잘못한 적이 있니? 그때 어떻게 사과하였니?
  혹은 다른 친구가 너에게 사과한 적 있니? 그때 어떤 기분이 들었니?

– 말로 미안한 마음을 표현하려면 어떻게 하는 것이 좋으니?

– 말로 했는데 마음이 풀리지 않았다면, 어떤 방법으로 미안한 마음을 표현하겠니?

⊗ 관련 활동

① 고리 멀리 던지기

– 양지뜸과 음지뜸 두 팀으로 나눈 다음, 고리 멀리 던지기 시합을 한다.

– 시합을 하면서, 조금씩 새로운 놀이 규칙을 만들어 보도록 한다. 그 과정에서
  아이들이 서로의 생각을 듣고, 자신의 생각을 표현하며 조율해 나갈 수 있는 경
  험을 하게 해 준다.

② 미안한 마음

준비물: 말풍선이 그려진 종이, 필기도구

– 친구와 싸웠던 일을 그림으로 표현해 보게 한다.

– 상대 친구의 입장이 되어 자신이 한 말과 행동을 생각해 보게 한 다음, 말풍선
  에 자신과 친구가 했던 말을 적어 그림위에 붙여 보게 한다.

– 그 다음, 친구에게 미안한 마음을 그림으로 그리고, 말풍선에 친구에게 하고 싶
  은 말을 적어 붙이도록 한다.

(6) 연관주제

사회문제의 이해(경제)

너랑 놀고 싶어

(1) 기본정보

저자: 배봉기 글/홍선주 그림

출판사: 도서출판 산하(2001)

전체쪽수: 107

ISBN 89-7650-238-8

장르: 사실동화

(2) 저자소개

배봉기는 1956년 전라북도 남원에서 태어났다. 전북대학교 국문학과와 연세대학교 대학원 국문학과를 졸업하였다. 1981년 소년중앙 문학상과 1985년 계몽사 문학상에 동화가 당선되었다. 대표작으로는 〈흥미로운 국보 여행〉, 〈부처님은 내 친구〉, 〈우리나라 큰 스님들〉이 있다. 현재 광주대학교의 문예창작과에서 대학생들에게 희곡과 동화 시나리오 등을 가르치고 있다.

홍선주는 1972년 서울에서 태어났다. 1998년 서울 일러스트레이션전에서 동화부문에 입상하였고, 2000년 출판미술협회 공모전에서 동화 부문 은상을 받았다. 〈행복한 왕자〉, 〈부용못의 개구리〉에 그림을 그렸다.

(3) 줄거리

주인공 승미와 유진이와 화정이는 새로 전학 온 학교에서 절친한 삼총사다. 숙제도 같이 하고 등교도 같이 한다. 하지만 어느 날인가부터, 같은 반 아이들이 삼총사를 바라보는 눈빛이 조금씩 이상해진다. 심지어 삼총사를 하자고 먼저 제의했던 화정이도 승미와 유진이를 피한다. 그 이유는 유진이가 '혼혈아'이기 때문이다. 승미는 끝까지 유진이와 함께 있기로 마음먹는다. 하지만 그 바람에 다른 친구들과 놀지도 못하고 아이들의 생일에 초대받지도 못한다는 것이 억울하기만 하다. 승미는 결국 유진이를 피하고, 다른 아이들처럼 유진이의 공책에 금을 긋지만, 그 일로 심한 죄책감에 시달리게 된다.

(4) 글과 그림

우정을 지키기 위해 때로는 용기도 필요하다. 승미는 다른 아이들의 비난으로부터 친구를 보호해 주고, 옳은 생각과 행동을 하려는 용기 있는 마음을 지닌 아이다. 하지만, 그 친구로 인해, 자신이 피해를 입게 되었을 때 우정을 지키려는 노력은 그리 쉽지만은 않다. 주인공 승미는 이러한 갈등 상황에서 유진이를 배신하고 싶은 유혹을 뿌리치지 못하고, 심한 죄책감에 시달리게 된다. '승미야, 떳떳해야 해'라고 되내이는 승미의 모습은 우정을 지키려는 승미의 결심을 느끼게 해 준다. 1인칭 시점을 통해 승미의 갈등이 실감나게 그려지고 있다. 하지만 정작 따돌림을 받는 유진이의 입장이 드러나지 않아 아쉬움이 남는다.

(5) 관련 질문과 활동

☒ 관련 질문

① 전반적인 인식을 돕는 질문

- 〈너랑 놀고 싶어〉를 읽으면서 어떤 생각이 들었니?

② 이해 및 고찰을 돕는 질문

- 삼총사로 지내기로 했던 화정은 왜 유진이와 승미와 놀지 않기로 했을까?
- 승미는 유진이가 잘못이 없다는 걸 알면서도, 왜 유진이가 밉게 여겨졌을까?
- 승미가 유진이와 같은 분단이지만 두 줄 뒤에 앉은 이유는 무엇일까?
- 승미가 유진이를 진흙 속에 밀치는 꿈을 꾼 이유는 무엇이라고 생각하니?

③ 기존의 해결방법에 대한 다각적인 평가와 새로운 접근을 시도해 보게 하는 질문

- 아이들이 유진이에게 직접 혼혈아인지 물어보았다면 유진이는 뭐라고 했을까?
- 승미가 어른들에게 유진이가 아이들로부터 괴롭힘을 당하고 있다는 말을 하면 어떻게 될까? 어른들에게 말하는 방법 외에 유진이를 도울 수 있는 방법은 없을까?

④ 자기적용을 돕는 질문

- 너도 옳지 않은 이유로 괴롭힘을 당하는 아이들을 본 적이 있니? 너는 어떻게
  했었니? 그때의 마음은 어땠니?
- 네가 승미라면 유진이가 괴롭힘을 당할 때 어떻게 했겠니?
- 너도 승미처럼 친한 친구가 다른 아이들로부터 괴롭힘을 당해서 괴로워한 적이
  있니? 그때 어떻게 했었니?

⊗ 관련 활동

① 나 좀 빌려줘

- 승미가 수현이의 가위를 이야기하지 않고 가져왔던 장면에 대해 이야기하며,
  그 장면에 대해 서로 역할을 바꾸어 가며 역할극을 해본다. 그리고 나서, 서로
  의 느낌을 이야기해 보도록 하고, 다른 사람 물건은 그 사람에게 소중하기 때문
  에 물건을 빌리기 위해 허락을 받고, 빌린 다음에는 소중히 다루어야 한다는 것
  을 이야기한다.

② 거짓 소문 가리기

- 자신이 한 일이 아닌데, 잘못된 거짓 소문이 났던 적이 있는지 이야기 나눈다.
- 거짓 소문을 만들어 글로 써 본다. 그 다음 거짓 소문을 가지고 상대방에게 물
  어보는 역할극을 해 본다. 거짓 소문을 들었을 때에는 먼저 소문을 확인한 다
  음, 다시 그 소문이 퍼지지 않도록 말하지 않고, 소문을 듣지 않으며, 소문이 중
  단되도록 노력해야 한다는 것을 알려준다.

③ 안돼, 나는 할 수 없어

- 힘이 세거나 친한 친구로부터 옳지 않은 일을 하도록 요구받은 적이 있는지 이
  야기 나눈다. 각 상황에 따라 어떻게 행동하는 것이 옳은지 이야기를 나눈 다음
  역할극을 계획한다.
- 상대방이 기분 나쁘지 않게 거절하는 방법에는 어떤 것이 있는지 이야기해 본다.

(6) 연관주제

친구삼기(친구가 없는 아이), 나와 다른 사람들에 대한 이해(문화적
특징)

초등학교 고학년 어린이

🐟 짜장 짬뽕 탕수육

(1) 기본정보

저자: 김영주 글/고경숙 그림

출판사: 재미마주(1998)

전체쪽수: 42

ISB 89-8656-552-8

장르: 사실동화

(2) 저자소개

김영주는 1966년 서울에서 태어나 경인교대와 성균관대 교육대학원을 졸업하고 현재 남양주시 장현초등학교 교사로 재직 중이다. 1995년 오늘의 문학 동화부문 신인상, 우리교육 주최 문집공모에서 〈함께 하는 교실〉로 좋은 학급 문집상을 수상했으며 〈만길이의 짝 바꾸기〉(푸른나무)에 글을 썼다.

고경숙은 1972년 서울에서 태어나 단국대 동양화과를 졸업하고 숙명여대 디자인대학원에 재학 중이다. 신인답지 않게 능숙한 솜씨로 〈짜장 짬뽕 탕수육〉을 그려내 그림책 일러스트레이터로 데뷔하게 되었다.

(3) 줄거리

다른 아이들은 서로 아는 친구끼리 짝을 지어 이야기하지만 종민이는 덩그렇게 자리만 지키고 있다. 부모님이 중국집을 하는 종민이는 전학을 왔는데 새로운 학교와 새로운 친구들이 낯설기만 하다. 1교시 쉬는 시간. 화장실에 간 종민이는 한 아이가 큰소리로 "왕, 거지, 왕, 거지…"라고 외치고 아이들이 '왕'이라고 정한 자리에 가서 줄을 서는 것을 보게 되는데, 순간 '왕, 거지 자리 정하기' 놀이에서 거지가 되어 놀림을 당한다. 다음 쉬는 시간에도 마찬가지이다. 5교시 쉬는 시간, 종민에게 좋은 생각이 떠오른다. 종민이는 서열이 없는 '짜장, 짬뽕, 탕수육'이라는 자리 이름으로 바꾸어 버린다. 머뭇거리던 아이들도 종민이의 뒤에 줄을 서게 된다.

(4) 글과 그림

주인공 종민이는 친구나 어른의 도움 없이 기지를 발휘하여 새로운 학교와 친구에 적응해가는 능동적 모습을 보여줌으로써 문제를 자기 스스로 해결하고 있다. 놀이를 통해 따돌림을 극복한 친구 사귀기 과정, 특히 외톨이가 된 종민이의 표정, 종민이를 놀리는 친구들의 표정과 종민이의 불만 섞인 얼굴 표현이 사실적으로 잘 묘사되어 있다.

(5) 관련 질문과 활동

☒ 관련 질문

① 전반적인 인식을 돕는 질문

- 이야기를 읽고 생각나는 것이 있니?
- 특별히 생각나는 아이가 있니?

② 이해 및 고찰을 돕는 질문

- 종민이는 왜 혼자 자리를 지키고 있었을까?
- 아이들은 종민이를 왜 거지라고 놀렸을까?

③ 기존의 해결방법에 대한 다각적인 평가와 새로운 접근을 시도해 보게 하는 질문

- 종민이가 새로운 방법을 생각하지 않았다면 다른 친구들과 어떻게 지냈을까?
- 종민이가 생각한 놀이 방법(짜장, 짬뽕, 탕수육) 외에 다른 방법은 무엇이 있을까?

④ 자기적용을 돕는 질문

- 네가 종민이라면 어떻게 했을까?
- 학교에서 종민이처럼 놀림을 당한 적이 있는가? 그때 기분이 어땠을까?
- 다른 친구가 놀림당하고 있을 때 도와줄 수 있는 방법은?

☒ 관련 활동

① 아이들의 놀이 조사하기

- 또래 친구들이 좋아하는 놀이를 조사한 다음, 새롭게 규칙을 만들어서 놀이를 해 본다.

② 우정 콜라주

준비물: 색종이 크기의 종이, 풀

- 우정에 대해 이야기 나눈다.
- 각자 생각하는 우정을 콜라주로 표현해 본 다음, 자신이 표현하고자 하는 것을 이야기 나눈다.

③ **칭찬 릴레이**

- 교사가 아이들 중 세 명을 선발해서 각자에게 칭찬을 한다.
- 이 세 학생을 칭찬할 또 다른 세 명의 아이를 선발하여 칭찬하게 한다. 옷 입는 방식, 학업에 관련된 것, 특별한 계획이나 취미 그리고 친구들을 잘 도와주는 것 등에 대해 칭찬할 수 있다.

(6) 연관주제

친구삼기(새로운 환경에서 친구사귀기, 친구가 없는 아이)

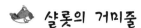 샬롯의 거미줄

(1) 기본정보

저자: 엘윈 브룩스 화이트 글/가스 윌리엄즈 그림/
　　　김화곤 역

출판사: 시공사(원작: 1952, 한국판: 1996)

전체쪽수: 242

ISBN 89-527-0953-5

장르: 환상동화

(2) 저자소개

엘윈 브룩스 화이트(Elwyn Brooks White, 1938~1985)는 미국 뉴욕 주에서 태어나 코넬 대학교 학생 시절에 「데일리 선」지의 편집장을 지냈고, 「뉴요크」지에서 작가이자 편집자로 활동했다. 화이트는 농장에서 수십 마리의 동물을 키우며 살았는데, 이들 대부분이 그의 동화에 등장한다. 대표작인 〈샬롯의 거미줄〉은 리얼리즘과 판타지를 결합한 작품으로 평가받으며 전 세계에서 사랑받고 있다.

가스 윌리엄즈(Garth Williams)는 1912년 미국 뉴욕에서 만화가인 아버지와 풍경화가인 어머니 사이에서 태어나 영국 왕립 예술 학교에서 미술을 공부했다. 1936년에는 조각 부문에서 '브리티시 쁘리 드 롬 상'을 수상했다. 미국에서 잡지사 기자로 생활하던 중 E. B. 화이트의 〈꼬마 스튜어트〉에 삽화를 그린 것을 계기로 어린이 책에 그림을 그리기 시작했다. M. W. 브라운과 L. I. 월더의 책들에 그린 그림이 유명하며, 그밖에도 뛰어난 그림책으로 평가되는 많은 그림책에 그림을 그렸다. 자신이 쓰고 그린 작품으로는 〈벤자민 핑크의 모험〉과 〈흰 토끼와 검은 토끼〉가 있다.

(3) 줄거리

월버라는 돼지와 샬롯이라는 거미가 주커만 씨의 농장 헛간에서 다른 동물들과 더불어 살아가는 이야기이다. 여러 동물 중에서도 월버와 샬롯은 서로 의지하고 도와주며 진한 우정을 나누게 된다. 샬롯은 자신의 미래를 걱정하는 월버를 농장 주인에게 죽임을 당하지 않도록 모든 정성을 기울여 가장 빛나는 돼지로 만들어 준다. 거미줄로 글자를 짜서 사람들로 하여금 월버를 기적을 일으키는 돼지로 생각하게 만든 것이다. 그에 대한 보답으로 월버는 샬롯이 죽은 뒤에 샬롯이 낳은 자손들을 끝까지 잘 돌봄으로써 우정을 지켜 나간다는 이야기이다.

(4) 글과 그림

어린이다운 상상력으로 재미있고 재치 있게 동물들의 이야기를 그리고 있으며, 돼지와 거미의 진한 우정을 통해 참다운 우정이 무엇일까를 생각하게 해준다. 섬세하고 부드러운 연필 선으로 동물들 표정과 털을 사랑스럽게 묘사하며, 그 속에서 사람들이 성장하면서 갖는 참모습들을 따뜻하고 재미있게 표현해 내고 있다.

(5) 관련 질문과 활동

☑ 관련 질문

① 전반적인 인식을 돕는 질문

- 이야기를 읽고 생각나는 것이 있니?

- 샬롯에게 해 주고 싶은 이야기가 있니?

② 이해 및 고찰을 돕는 질문

- 샬롯은 어떻게, 왜 윌버를 도와주었는가?
- 윌버는 왜 거미 알주머니를 입 속에 넣고 왔을까?

③ 기존의 해결방법에 대한 다각적인 평가와 새로운 접근을 시도해 보게 하는 질문

- 만일 윌버가 샬롯을 만나지 못했다면 어떻게 되었을까?
- 샬롯이 윌버를 위해 거미줄로 글자를 만들어 주지 않았다면 윌버는 어떻게 되었을까?
- 윌버가 살 수 있는 다른 방법은 없을까?

④ 자기적용을 돕는 질문

- 네 주변에 위기를 겪는 친구가 있다면 샬롯처럼 할 수 있을까?
- 네가 만약 윌버의 입장에 있다면 다른 친구들이 어떻게 해 주기를 바랄까?

⊗ 관련 활동

① 우리가 잘할 수 있는 일들

준비물: 활동지(어려움에 처한 사람을 잘 돕는다고 인정받는 사람
          노래를 잘 부르거나 춤을 잘 추는 사람
          어린 동생을 잘 돌보는 사람
          방학 때 책을 5권 이상 읽은 사람
          달리기 경주에서 끝까지 뛰는 사람의 목록이 포함)

- 활동지를 나누어 준 다음, 목록에 적혀 있는 일들을 할 수 있으면 그 종이에 자기 이름을 적는다.
- 다른 친구들이 적은 것을 함께 이야기 나눈 다음, 다른 친구들이 잘하는 일에 대해 칭찬해 준다.

② 칭찬의 거미줄

- 샬롯이 거미줄을 짜서 윌버의 멋진 점을 칭찬해 준 것처럼, 칭찬해 주는 새로운 방법들을 생각해 보도록 도와준다.
- 친구에게 발견한 좋은 점을 새로운 방법으로 칭찬해 준다.

③ 이럴 때 고마웠어

- 다른 친구를 도왔던 일과 다른 친구에게 도움을 받았을 때의 일을 이야기한 다

음, 그때의 기분이 어떠했는지 느낌을 나눈다.

④ 나 좀 도와줘

- 다른 사람의 도움을 필요로 하는 상황을 이야기 한다.
- 이야기를 통해 어려움을 당하는 상황을 설정하고, 다른 친구가 도와주는 모습을 보게 한 다음 역할을 바꾸어 실행하도록 한다. 이때 올바른 긍정적 강화를 할 수 있도록 한다.

(6) 연관주제

나(자아존중감)

 깡딱지

(1) 기본정보

작가: 강무홍 글/양혜원 그림
출판사: 사계절(2001)
전체쪽수: 153
ISBN 89-7196-821-4
상르: 사실동화

(2) 저자소개

강무홍은 1962년 경상북도 경주에서 태어나 한국외국어대학교에서 영어를 공부했다. 1997년에 단편동화 〈기적〉으로 아동문학평론 신인문학상에 당선되었고, 현재 어린이 책 전문 기획실 햇살과 나무꾼에서 주간으로 일하고 있다. 그동안 〈좀더 깨끗이〉, 〈아낌없이 주는 친구들〉, 〈초등학생을 위한 안데르센 동화〉, 〈선생님은 모르는 게 너무 많아〉 등을 썼고, 〈말썽꾸러기 고양이와 풍선장수 할머니〉, 〈새벽〉, 〈비 오는 날〉, 〈말론 할머니〉, 〈어린이책의 역사〉 등을 우리말로 옮겼다.

양혜원은 1971년 서울에서 태어나 서울여자대학교에서 시각디자인을 공부했다. 그동안 〈회색 오리알〉, 〈게에게 물린 해오라기〉, 〈보물 찾는 아이들〉, 〈수사자의 갈기는 왜 생겼을까?〉, 〈위대한 비행〉, 〈마지막 박쥐 공주 미가야〉

등 어린이 책에 그림을 그렸다.

(3) 줄거리

꾸밈없는 인우, 반에서 주먹대장이라고 통하지만 마음은 여린 한수, 의리 있는 부반장 대회. 처지가 다르고 환경도 다른 아이들이 서로 마음을 알아 주는 친구가 되는 이야기이다. 퉁명스럽고 어두운 얼굴의 한수와 짝이 된 인우는 조금 실망스럽다. 그러나 인우가 선도부에게 혼날 때 한수가 구해 준 후 마음이 통하는 사이가 된다. 한수가 싸운 일을 같은 반 아이가 선생님께 고자질할 때 대회가 재치 있게 화제를 돌려 야단맞지 않게 한다. 그렇게 해서 셋은 '우리 삼총사는 정의를 지키고 슬플 때나 기쁠 때나 늘 함께 할 것이다.' 라고 외치며 깡딱지를 우정의 증표로 나눠 갖는다. 그러다가 인우와 한수에게 문제가 생기고 둘은 서로 마음을 졸인다. 그러나 용기를 내어 서로 자신의 속마음을 이야기하며 우정을 확인하게 된다.

(4) 글과 그림

학년 초에 아이들이 느끼는 미세한 감정과 설레임, 그리고 아이들 나름대로 진지하게 관계를 맺어 가는 과정을 아름답고 섬세하게 그린 작품이다. 두 아이가 서로의 아픔과 상처를 보듬어 주면서 진정한 친구가 되기까지의 미묘한 내면 심리와 갈등을 세심하게 담아내어 우정과 성장의 의미를 되새기게 한다. 파스텔 톤의 색감으로 수채화 물감과 파스텔을 사용하여 그려진 그림은 아이들의 내면적 심리 묘사를 섬세하게 드러내 감동을 더해 준다. 한수의 뒷모습만 보이는 장면은 친구를 잃게 될까봐 두려워하는 마음이 잘 전달되어 책 속에 더욱 몰입하게 한다. 문제가 해결된 후, 삼총사를 위에서 내려다 본 각도로 그려진 그림 등 각 장면들은 주인공과 독자의 마음을 그대로 반영하여 동일시하게 해 준다.

(5) 관련 질문과 활동

☑ 관련 질문

① 전반적인 인식을 돕는 질문

　　－ 책을 읽으면서 떠오르는 게 있니?

　　－ 책을 덮고 나니까 어떤 기분이 드니?

② 이해 및 고찰을 돕는 질문

　　－ 선생님이 한수에게 꽃병을 깼다고 꾸중할 때 인우는 왜 바른대로 이야기할 수 없었나?

　　－ 인우가 한수와 선생님께 자기가 꽃병을 깼다고 이야기했을 때 한수의 기분은 어땠을까?

　　－ 인우가 한수를 찾아가서 솔직하게 마음을 털어놓자 한수도 '친구를 잃고 다시 외톨이가 될까봐' 무서웠다고 이야기한 부분을 어떻게 생각하니?

③ 기존의 해결방법에 대한 다각적인 평가와 새로운 접근을 시도해 보게 하는 질문

　　－ 한수가 선생님께 꾸중 듣고 있을 때 인우가 일어나서 자신이 꽃병을 깼다고 했다면 어떻게 되었을까?

　　－ 인우가 한수를 찾아가서 속마음을 이야기하지 않았다면 어떻게 되었을까?

　　－ 인우가 대회와 선생님께 자신이 꽃병을 깼다고 사실대로 이야기하지 않았다면 어떻게 되었을까?

④ 자기적용을 돕는 질문

　　－ 네가 인우였다면 한수가 선생님께 꾸중 듣고 있을 때 어떻게 했을 것 같니?

　　－ 네가 인우였다면 한수를 찾아가서 사실대로 이야기할 수 있었을까?

　　－ 네가 한수였다면 인우가 어떻게 해 주기를 바랐을까?

◇ 관련 활동

① 주인공 되어보기

　　－ 선생님이 한수에게 꽃병을 깼다고 야단칠 때의 상황을 설정하고, 선생님, 한수, 인우, 반 친구들의 역할을 하도록 한다.

　　－ 역할을 서로 바꾸어 해 본다.

　　－ 인우와 한수가 서로의 마음을 털어놓는 장면을 설정하고, 자신의 마음을 솔직히 표현하는 것 시연해 보고 상대방의 마음이 어떠했을지 이야기를 나누어 본다.

② 좋은 점과 나쁜 점

　　준비물: 오른손과 왼손이 그려진 종이, 필기도구

　　－ 한수 같은 아이가 같은 반에 있다면, 그 친구의 좋은 점을 발견해서 왼손 그림

에 그리고 자신의 단점을 오른손 그림에 그린 다음 서로 이야기를 나누어 본다.

③ 같이 나누자

- 친구들이 서로 좋아하는 것이 무엇인지 알아 낸 다음(책, 게임기, 장난감 등), 다음 시간에 그것을 가져와서 서로 빌려주거나 같이 논다.

④ 결정들, 결정들!

- Begun(2002)의 초등 4~6학년용 133쪽의 활동 종이를 나누어 주고 아이들에게 수업 중에 완성하게 한다.
- 의사결정을 할 때, 출발 - 문제에 대해 생각 - 결과들은 무엇인가? - 선택들을 생각한다 - 생각한 선택들의 장점과 단점은? - 해결 방법 선택 - 실행한다 - 정리를 기억하며 시연해 보게 한다.

(6) 연관주제

친구삼기(새로운 환경에서 친구 사귀기)

🐟 눈이 되고 발이 되고

(1) 기본정보

저자: 권정생 글/백명식 그림
출판사: 국민서관(1997)
전체 쪽수: 33
ISBN 89-11-00512-6
장르: 전승문학(민담)

(2) 저자소개

권정생은 1937년 일본 도쿄에서 태어나 해방 직후인 1946년에 귀국하여 조선일보 신춘문예에 동화가 당선되면서 작가 활동을 시작했다. 1969년엔 동화 〈강아지똥〉으로 월간 「기독교 교육」의 제1회 아동문학상을 받았다. 그 뒤 작고 보잘것없는 것들에 대한 따뜻한 애정과 굴곡 많은 역사를 살아 왔던 사람들의 삶을 보듬는 진솔한 글로 어린이는 물론 부모님들께도 많은 사랑을 받고 있다. 지은 책으로 동화집 〈강아지똥〉, 〈사과나무밭 달님〉, 〈하느님의 눈물〉, 〈바닷가 아이들〉 등과 청소년 소설 〈몽실 언니〉, 〈점득이네〉 등이 있다. 시집으로는 〈어머니 사시는 그 나라에는〉, 산문집 〈오물덩이처럼 뒹굴면서〉, 소설 〈한티재 하늘〉이 있다.

(3) 줄거리

장님과 앉은뱅이가 서로 도우며 하루하루 살았는데, 더운 여름날, 샘 가에 앉아 있다가 금덩어리를 하나 줍게 된다. 둘은 다투듯이 서로 가지라고 양보하다가 마침내는 고민의 원인인 금덩어리를 샘물에 다시 던져버리는데, 금덩어리가 물 속에서 두 개로 늘어난다. 장님과 앉은뱅이는 서로 상대방이 착해서 하느님이 상을 주셨다고 하며 말하다가 부둥켜안고 울어버린다. 결국 마을에 내려가 금덩어리를 팔아서 소원대로 초가집에서 살면서 농사도 짓고 가축들도 키우며 정답게 살았다는 이야기이다.

(4) 글과 그림

지나친 욕심을 부리지 않고 주위의 어려운 이웃을 생각하며 따뜻한 마음을 가져 볼 수 있는 옛이야기이다. 콜라주 기법을 활용하여 장님과 앉은뱅이가 서로 도와가며 우정을 쌓아가는 모습이 밝은 색조와 풍부한 표정으로 잘 묘사되고 있다.

(5) 관련 질문과 활동

　☑ 관련 질문

　　① 전반적인 인식을 돕는 질문

　　　- 이 이야기를 읽으면서 생각나는 것 있니?

　　　- 이 이야기를 읽으면서 특별히 떠오르는 사람이 있니?

　　② 이해 및 고찰을 돕는 질문

　　　- 왜 앉은뱅이는 장님을 업고 다녀야 했나?

　　　- 샘물에서 건진 금덩어리 하나를 왜 앉은뱅이는 다시 샘물로 던졌을까?

　　③ 기존의 해결방법에 대한 다각적인 평가와 새로운 접근을 시도해 보게 하는 질문

- 만일 이 친구가 서로 만나지 못했다면 어떻게 되었을까?
- 만일 이 친구 중 한 사람이 장애자가 아니었다면 끝까지 서로를 위해 줄 수 있었을까?
- 물속으로 던진 금덩어리가 둘로 늘어나지 않았다면 어떻게 되었을까?

④ **자기적용을 돕는 질문**
- 만일 같은 반에 장애어린이가 있다면, 너는 어떻게 했을까?
- 만일 네가 시각장애자라면 다른 친구들이 어떻게 대해주기를 바라니?

⊗ **관련 활동**
① **장점 발견하기**
- 주변에 몸이 불편한 친구가 지닌 좋은 점을 발견한다.
- 몸이 불편한 친구와 같이 해 보고 싶은 일을 실현 가능한 것으로 구체적으로 계획한다.

② **앉은뱅이와 장님 게임**
- 앉은뱅이 역할을 맡을 사람과 장님 역할을 맡을 사람을 나누어 각자 역할에 대해 이야기한다.
- 두 팀으로 나눈 다음 앉은뱅이와 장님이 한 조를 이루어 장애물을 돌아오는 게임을 한 후, 느낌을 이야기한다.

③ **서로 도와야 해요**
- 서로 다른 점을 가진 친구가 서로 도와서 이룰 수 있는 일들에 대해 알아본다.

(6) 연관주제

나와 다른 사람들에 대한 이해(신체적 특징-신체장애)

3. 친구가 없는 아이

호감을 주는 외모가 아니어서, 다른 사람과 다르다는 이유로 친구 사귀기에 어려움을 갖는 어린이들이 있다. 잘난 척 하는 어린이, 남들과 잘 어울리지 못하는 어린이, 정서가 불안한 어린이, 허약하거나 비정상적인 신체를 가진 어린이, 외모가 열등한 어린이, 지능이 낮거나 말을 더듬는 어린이, 교사에게 자주 혼나는 어린이, 남의 말에 지나치게 민감한 어린이, 청결하지 못하고 꾀죄죄한 차림새의 어린이, 이기적인 어린이들은 따돌림받을 가능성이 많다(가우디, 1999).

따돌림이 일어나는 상황에는 따돌림을 당하는 어린이, 따돌림을 하는 어린이, 따돌림을 동조하거나 방관하는 어린이 사이의 역동이 포함된다. 각 어린이의 특징은 다음과 같다.

따돌림을 당하는 어린이들은 안색이 좋지 않고 기운이 없어 보이는 경향이 있다. 그리고 학용품이나 소지품이 자주 없어지거나, 예전보다 용돈을 자주 달라거나 많이 요구한다. 노트나 가방에 낙서가 많이 되어 있고, 학교에 가길 싫어하고, 학교에 늦게 가려고 한다. 소풍이나 외부 견학 등 단체 활동을 피하려 한다. 그리고 친구들의 심부름을 자주 하곤 한다.

반면, 따돌림을 하는 어린이들은 대체로 타인의 결함이나 어려움, 고통에 대해 무감각한 특징이 있다. 가해자는 일종의 콤플렉스나 우월감을 지닌 아이들로, 주동자와 지지자로 나뉜다. 지지자는 주동자('짱')의 지시나 명령에 따르며 은연중에 짱의 보호를 받는다. 주동자는 수업 중에 큰 소리를 많이 치고 반 분위기를 주도한다. 수업 중에 물건을 던지거나 화를 잘 내고 쉽게 흥분하는 경향도 있다. 또한 친구들에게 물건이나 돈을 자주 빌리며, 돈거래를 하기도 한다.

이밖에 따돌림을 동조하거나 방관하는 어린이들도 있다. 이들은 가해자와 피해자 사이에서 심리적 갈등을 겪으나, 이들은 가능한 골치 아픈일에 끼여들길 꺼리는 개인주의적 성향을 갖는다. 즉, 가해자의 힘에 도전하여 괜한 고생을 하기 보다는 일시적으로 못본체하거나 동조함으로써 위기를 모면하려는 이들이다. 이들은 가해집단이 따돌림을 당하는 어린이에게 압력을 가하도록 강요할 때 일시적으로 가해자에게 동조하기도 한다. 이 과정에서 자신이 원하든지 원하지 않든지 간에 따돌림의 피해자에게 심리적 압력을 주게 된다.

이 장에서 다루어질 책에서는 위에서 말한 어린이들이 등장하여 이야기를 엮어간다. 친구가 없는 어린이, 친구에게 따돌림을 당하는 어린이, 반대로 친구를 괴롭히고 따돌리는 어린이들에게 읽히면 좋은 책은 다음과 같다.

유아

 바바빠빠

(1) 기본정보

저자: 탈루스 테일러 글/아네트 티종 그림/이용분 역

출판사: 시공사(원작: 1981, 한국판: 1994)

전체쪽수: 36

ISBN 89-725-9081-9

장르: 그림책(환상동화)

(2) 저자소개

탈루스 테일러(Talus Taylor)는 1933년 미국에서 태어난 샌프란시스코 출신의 생물학, 수학 교사이다. 우연히 파리의 어느 찻집에서 아네트 티종을 만나게 되면서 그림책 〈바바빠빠〉가 탄생하게 된다.

아네트 티종(Annete Tison)은 1942년 파리에서 태어난 평범한 건축설계사였다. 티종이 그림책 작가로 활동하게 된 것은 파리의 찻집에서 테일러와 만나게 되면서부터이다. 티종과 테일러가 장난메모를 주고받는 과정에서 만들어낸 것이 바로 〈바바빠빠〉라는 작품이다. 첫 작품이 성공하자 두 사람은 계속해서 〈바바빠빠〉 시리즈를 그려내었다. 바바빠빠의 모습은 조그마한 설탕 알갱이가 신기하게 부풀어오른 솜사탕의 모양새에서 영감을 얻었다고 한다.

(3) 줄거리

프랑수아의 집 앞 마당에서 태어난 바바빠빠는 너무 크다는 이유로 프랑수아의 집에서 동물원으로 쫓겨 난다. 바바빠빠는 자신이 몸을 자유자재로 움직일 수 있는 것을 알고, 친구를 찾으려 하였지만, 바다코끼리도, 낙타도 바바빠빠와 친하게 지내려 하지 않는다. 바바빠빠는 동물원에서도 쫓겨나 이곳저곳을 돌아다녔지만 아무도 바바빠빠를 받아주지 않자, 몹시 슬퍼한다. 그러던 중 불이 난 집을 발견하고, 자신의 몸을 사다리 모양으로 만들어, 사람들을 구해 준다. 또 동물원을 나온 사나운 표범을 우리모양을 만들어 잡는다. 그러자 사람들은 바바빠빠를 좋아하게 된다. 이제 바바빠빠는 자신의 모습에 용기를 가지게 되고, 프랑수아의 집에서 같이 살게 된다.

(4) 글과 그림

흐르는 듯한 검은 선과 엷은 색조의 수채 그림으로 깔끔하게 표현하고 있다. 배경은 백지를 그대로 살리고, 건축 투시도 같은 구도의 건물 그림과 부분적으로 밝은 수채 물감으로 채색되어 있어 전체적인 이미지가 밝고 깨끗하다. 또한 직선과 바바빠빠 몸체의 곡선들이 균형과 조화를 이루고 있어 전체 분위기를 안정감 있게 해 준다. 바바빠빠를 아무도 받아들여 주지 않자, 웅크리고 눈물을 흘리는 모습에서 시무룩한 아이의 모습을 볼 수 있고, 상황에 따른 표정이 재미있게 그려져 있다. 친구를 사귀고 싶어 해도 친구가 놀아주지 않는 경우에 많은 공감을 불어 일으키는 그림책이다. 간단한 그림으로도 글의 내용을 잘 이해 할 수 있게 표현하여 친구를 사귈 수 있는 방법을 찾게 해 준다.

(5) 관련 질문과 활동

☑ 관련 질문

① 전반적인 인식을 돕는 질문
- 〈바바빠빠〉를 읽으면서 어떤 생각을 했니?

② 이해 및 고찰을 돕는 질문
- 바바빠빠를 데리고 살지 않겠다고 하자 바바빠빠는 기분이 어땠을까?
- 바바빠빠는 왜 눈물을 흘렸을까?
- 사람들은 왜 바바빠빠를 영웅처럼 환영해 주었을까?

③ 기존의 해결방법에 대한 다각적인 평가와 새로운 접근을 시도해 보게 하는 질문
- 네가 바바빠빠와 같이 몸을 자유자재로 움직일 수 있다면 무얼 하겠니?
- 만약 바바빠빠가 표범을 잡아주지 않았다면 어떻게 되었을까?

④ 자기적용을 돕는 질문
- 너도 바바빠빠와 같이 친구들이 없었던 적이 있니? 그때의 기분은 어땠니?
- 바바빠빠처럼 친구를 사귀려고 노력한 적이 있니?

◎ 관련 활동

① 이어지는 협동 그림 그리기

　준비물: 그림책의 일부 단순한 선이 그려진 그림카드, 크레파스, 사인펜

　- 바바빠빠의 그림 중 하나가 그려진 카드를 보고 어떤 생각이 드는지 이야기를
　　해 보고 서로의 의견을 존중하여 어떤 그림을 그릴지 정한다.

　- 6, 7명씩 조를 나누어 선이 그려진 카드에 이어서 예쁘고 멋진 그림들을 완성해 본다.

　- 각자의 오른쪽 방향으로 카드를 돌려 다른 유아들이 또 하나의 선을 그려 협동
　　그림을 완성한다.

② 내가 바바빠빠가 된다면?

　- 그림책을 넘겨 가며 바바빠빠가 여러 모양으로 변하는 장면들을 유심히 관찰해
　　보고, '바바빠빠의 몸처럼 움직일 수 있다면' 표현하고 싶은 것을 표현해 본다.

③ 점토로 바바빠빠 모양 만들기

　- 컬러점토를 이용하여 독특한 나만의 바바빠빠를 만들어 보고, 어떤 바바빠빠인
　　지 친구들과 이야기해 본다.

(6) 연관주제

나(자아존중감), 친구삼기(새로운 환경에서 친구 사귀기)

🐦 까마귀 소년

(1) 기본정보

저자: 야시마 타로 글, 그림/윤구병 역

출판사: 비룡소(원작: 1955, 한국판: 1996)

전체쪽수: 44

ISBN 89-491-1026-1

장르: 그림책(사실동화)

(2) 저자소개

야시마 타로(Taro Yashima)는 1908년 일본 가고시마 출생으로 동경 예술
대학과 뉴욕 아트스튜던트 리그에서 공부했다. 1939년 반군국주의 활동으로

일본에서 살 수 없게 되어 미국으로 건너가 살게 되었다. 〈까마귀 소년〉, 〈우산〉, 〈바닷가 이야기〉 등으로 칼데콧 상을 세 번 수상한 작가이다.

(3) 줄거리

땅꼬마는 선생님도 아이들도 모두 무서워하며, 아무하고도 어울리지 못하는 아이다. 늘 뒤쳐지고 따돌림받는 땅꼬마는 혼자서 놀 방법을 궁리해낸다. 땅꼬마는 다른 사람들이 보지 않는 주변의 사물들을 혼자서 열심히 보기 시작한다. 땅꼬마와 아이들이 6학년이 되는 해 이소베 선생님이 새로 오신다. 이소베 선생님만은 땅꼬마에게 관심을 가지고 땅꼬마의 이야기를 들어 준다. 학예회 날, 땅꼬마는 모든 아이들 앞에서 까마귀 울음소리를 냈다. 그 울음소리를 듣고 모든 아이들이 감동한다. 그 뒤로 아이들은 더 이상 땅꼬마라고 놀리지 않는다. 땅꼬마는 이제 까마귀 소년으로 불린다.

(4) 글과 그림

아무도 관심을 가져주지 않는 까마귀 소년은 다른 사람과 어울리려 시도하지 않고 자기만의 방법으로 자기만의 세계에 갇힌 아이다. 이소베 선생님의 까마귀 소년을 위한 배려는 친구와 어울리지 못하는 아이에게 먼저 다가갈 수 있는 방법을 생각해 보게 하는 기회가 된다. 그림은 붓과 색연필 등을 이용해 거친 느낌으로 스케치하듯이 그려져 있다. 얼굴을 자세히 묘사하지 않다가, 아이들 표정을 필요한 부분에서 부각시켜 글과 상황에 맞도록 표현하였다. 배경색은 따로 칠하지 않았다. 이야기에 맞는 그림이 조각조각 이어져 글의 내용을 잘 설명해 주며, 학예회에서 까마귀 소년의 울음소리 발표 장면에선 보는 사람의 마음을 울려 주는 강한 매력을 지니고 있다. 거칠고 단순화된 그림이지만, 따돌림당한 아이가 좋은 선생님을 만나, 모두에게 인정받는 까마귀 소년이 되었다는 글을 읽어 내려가다 보면 가슴이 따뜻해진다.

(5) 관련 질문과 활동

☑ 관련 질문

① 전반적인 인식을 돕는 질문

- 이 책의 어느 부분이 가장 기억에 남니?

② 이해 및 고찰을 돕는 질문

- 왜 다른 아이들은 이 아이를 땅꼬마라고 불렀을까?
- 땅꼬마는 왜 사팔뜨기 놀이를 시작했니?
- 이소베 선생님은 땅꼬마에게 어떻게 해 주었니?
- 이소베 선생님이 땅꼬마에게 잘 해 주실 때, 땅꼬마는 기분이 어땠을까?
- 이소베 선생님의 말씀을 듣고, 사람들이 땅꼬마에게 "그래, 그래, 참 장한 아이야"라고 말해준 이유는 무엇일까?

③ 기존의 해결방법에 대한 다각적인 평가와 새로운 접근을 시도해 보게 하는 질문

- 만일 까마귀 소년이 이소베 선생님을 만나지 못했다면 어떻게 되었을 것 같니?
- 땅꼬마에게 친구들이 친해지려고 노력을 했다면, 땅꼬마는 어떻게 되었을까?

④ 자기적용을 돕는 질문

- 너희 반에도 땅꼬마와 같이 친구들과 어울리지 못하는 친구가 있니?
- 너도 땅꼬마와 같은 경험을 한 적이 있니?
- 네가 듣기 싫은 별명을 친구들이 부른 적이 있니? 그때 어떻게 해결했니?

☉ 관련 활동

① 관찰하여 펜화 그리기

준비물: 도화지, 사인펜

- 〈까마귀 소년〉에서 땅꼬마가 사물을 자세히 관찰하여 그린 것처럼 교실주변에서 관심 있는 것을 자세히 관찰하는 시간을 자유롭게 가진다.
- 하얀 도화지에 사인펜을 이용하여, 자세히 그려본다.
- 어떤 것을 그렸는지 친구들 앞에서 이야기 해 보고 그림에 대해 설명해 보는 시간을 갖는다.

② 동물 흉내내기

- 동물원을 견학하거나, 동물의 왕국을 시청하며, 동물의 모습을 잘 관찰한다.
- 가장 인상 깊고 관심 있었던 동물들을 몸으로 표현해 보거나, 소리로 표현한다.

③ 까마귀 소년에게 편지 쓰기

　　준비물: 편지지, 색연필 또는 연필, 사인펜

　　- 책을 읽고 나서 까마귀 소년에게, 작가선생님에게 편지를 써 보도록 준비해
　　　둔다.

　　- 하고 싶은 말을 편지로 써 보고, 벽면에 전시해 준다.

(6) 연관주제

나(자아존중감), 나(성취감), 다른 사람들에 대한 이해(정서적 특징 - 정
서장애)

 앞니 빠진 중강새

(1) 기본정보

　　저자: 작자 미상

　　장르: 전래동요

(2) 내용

앞니 빠진 중강새

앞니빠진 중강새 우물곁에 가지마라
붕어새끼 놀랄라 잉어새끼 놀랄라
웃니빠진 달강새 골방속에 가지마라
빈대한테 뺨맞을라 벼룩한테 채일라
앞니빠진 중강새 닭장곁에 가지마라
암탉한테 채일라 수탉한테 채일라

(3) 관련 질문과 활동

　☑ 관련 질문

　① 전반적인 인식을 돕는 질문

　　- 이 노래를 듣고 불러보니 어떤 기분이 드니?

　　- 이 노래는 어떤 상황에서 부르는 노래일 것 같니?

② 이해 및 고찰을 돕는 질문
  - 앞니 빠진 중강새란 누구를 말하는 것일까?
  - 앞니 빠진 중강새를 보고 왜 우물곁(골방 속, 닭장 곁)에 가지 말라고 했을까?
  - 붕어새끼와 잉어새끼가 왜 놀랐다고 했을까?

③ 기존의 해결방법에 대한 다각적인 평가와 새로운 접근을 시도해 보게 하는 질문
  - 어렸을 때의 젖니는 왜 빠질까?
  - 젖니가 빠지지 않고 어른이 될 때까지 그대로 있다면 어떻게 될까?

④ 자기적용을 돕는 질문
  - 너도 이가 빠졌을 때 다른 친구들로부터 놀림을 받은 적이 있었니?
  - 친구의 빠진 이를 보고 놀려본 적이 있니?

⊙ 관련 활동
① 노랫말 바꿔 부르기
  준비물: 노랫말을 지어 보고 써 볼 8절 색지 1장, 사인펜 또는 색연필
  - 소집단(4, 5명)으로 둘러 앉아 노랫말을 지어 본다.
  - '앞니 빠진 중강새' 대신 친구의 얼굴 중 예쁜 부분을 찾아 칭찬하는 말을 넣어서 지어본다.
    예 앞니 빠진 중강새 우물곁에 가지 마라 붕어새끼 놀랄라 잉어새끼 놀랄라
       눈이 예쁜 예림이 우물곁에 가지 마라 붕어새끼 놀랄라 잉어새끼 놀랄라
  - 노랫말을 재미있게 바꿔 적어 보고, 불러본다.
② 가면 쓰고 노래 불러보기
  - 웃니 빠진 가면, 앞니 빠진 가면 등을 재미있게 만들어 보고, '앞니 빠진 중강새' 전래동요를 틀어 놓고, 노래를 같이 불러본다.

(6) 연관주제

나(다른 사람과 관계 맺기)

초등학교 저학년 어린이

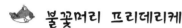 **불꽃머리 프리데리케**

(1) 기본정보

저자: 크리스티네 뇌스틀링거 글/바바라 발드슈츠 그림/
　　　김영진 역

출판사: 소년한길(원작: 1996, 한국판: 2002)

전체쪽수: 95

ISBN 89-356-5374-8

장르: 환상동화

(2) 저자소개

크리스티네 뇌스틀링거(Christine Nöstlinger)는 1936년 오스트리아의 빈에서 태어나, 빈 응용미술 아카데미에서 상업미술을 공부하였다. 1970년 동화작가로 등단하여 지금까지 백 편이 넘는 동화를 썼다고 한다. 항상 약한 사람, 그중에서도 특히 어린이의 권리를 생각하는 동화를 쓰려고 하고 있으며, 독특한 유머와 위트가 가득한 동화로 전통적인 가족 제도와 학교제도를 꼬집은 이야기들을 써 왔다. 1984년 한스 크리스천 안데르센 상을 받았고 여러 차례 독일 청소년 문학상을 수상했다.

(3) 줄거리

프리데리케는 뚱뚱한 안나 이모와 뚱뚱한 수고양이와 함께 오래된 집의 맨 꼭대기층에 살고 있다. 프리데리케의 머리카락은 딸기 주스처럼 새빨갛고, 그중 몇 가닥은 토마토색 같기도 하고 또 앞머리는 당근색이다. 게다가 얼굴은 주근깨투성이고, 엄청나게 뚱뚱하다. 아이들은 프리데리케만 보면 "불이야 불이야"라며 머리카락을 잡아당기거나 놀린다. 아무도 프리데리케와 놀아주지 않는다. 오직 우편배달부 브루노 아저씨만이 프리데리케를 이해해 줄 뿐이다. 그러던 어느 날 프리데리케는 자신의 머리카락에서 진짜 불꽃이 타오를 수 있다는 것과 자기가 날 수도 있다는 것을 알게 된다. 그리고 자신의 아빠가 다른 곳에 살아계시다는 것도. 방학이 끝날 무렵 프리데리케는 안나 이모와 수고 양이 그리고 브루노 아저씨 부부와 함께 하늘을 날아 아빠가 계신 나라로 떠난다.

(4) 글과 그림

첫 장을 넘기면 삐죽삐죽 종이 밖으로 삐져나올 것 같은 빨간 머리의 여자 아이가 보인다. 연필로 그려진 얼굴은 창백하고 온통 주근깨 투성이에 언뜻 보기에도 침울해 보인다. 머리카락과 배경은 거친 선으로 그려져 투박한 느낌 이 들 정도이다. 삐죽빼죽한 빨간 머리, 주근깨 투성이의 얼굴, 뚱뚱한 몸. 이 모든 것이 어린이들에게는 놀림감이다. 자신과 다르다는 이유로, 외모가 (어 린이들의 기준에서) 보기 좋지 않다는 외적인 이유로 이런 어린이들은 또래 집단에 참여하지 못하고 심지어 그들로부터 배척당한다. 그나마 프리데리케 는 마법을 쓸 수 있다는 놀라운 능력을 지니고 있지만, 현실 세계 속의 어린이 들은 이런 상황을 다룰 능력을 갖고 있지 못하다. 결국 현실에 적응하지 못하 고 아버지가 계신 마법의 나라로 떠나는 프리데리케의 모습에서 친구에게 따 돌림 당하는 어린이들의 현실을 발견하게 된다.

(5) 관련 질문과 활동

  ☑ 관련 질문

  ① 전반적인 인식을 돕는 질문

    - 〈불꽃 머리 프리데리케〉를 읽으며 떠오르는 생각이 있었니?

  ② 이해 및 고찰을 돕는 질문

    - 왜 아이들은 프리데리케를 놀렸을까? 그래서 프리데리케는 아이들에게 어떻게
      했니?
    - 프리데리케는 자기가 날 수 있고, 다른 아이들과 다르다는 사실을 알고 기분이
      어땠을까?
    - 프리데리케는 왜 아빠가 계신 곳으로 가려고 했을까?

  ③ 기존의 해결방법에 대한 다각적인 평가와 새로운 접근을 시도해 보게
    하는 질문

    - 만일 프리데리케가 아빠에게 가지 않고 그곳에 남았다면 어떻게 되었을 것 같니?

④ 자기적용을 돕는 질문

- 만약에 네가 프리데리케가 있는 곳에 있었다면 프리데리케에게 어떻게 했을 것 같니?
- 네가 프리데리케이라면 아이들이 어떻게 대해 주길 바라니?
- 프리데리케처럼 머리가 빨갛거나 뚱뚱하다는 이유로 놀림을 받는다면 네 기분은 어떨 것 같니?
- 네가 프리데리케라면 어떻게 했을 것 같으니?

▽ 관련 활동

① 빨간 머리 가면 만들기

- 빨간색 꽃종이와 노끈과 종이를 이용하여 빨간 머리 가면을 만들어 쓴 다음, 역할극을 해 본다.

② '너는 독특해' 목걸이

- 다른 동물과 내가 달라서, 다른 친구와 내가 달라서 좋은 점을 이야기 나눈다.
- 친구가 지닌 독특한 점을 쓴 목걸이를 만들어 친구에게 걸어준다.
- 모든 사람은 어느 정도 서로 다르며, 불친절한 말이나 타인에게 나쁜 행동을 하지 않아야 한다는 것을 알려준다. 그리고 우리 모두는 사랑받고 잘 대접받아야 한다는 것을 알려준다.

③ 마법책 만들기

- 자신의 소원을 세 가지씩 생각해 보도록 한다.
- 프리데리케의 마법책에 쓰인 글자처럼, 자신의 소원을 쓰되 글자를 거꾸로 써 넣은 마법책을 만들어 보도록 한다.

(6) 연관주제

나(자아존중감), 나와 다른 사람들에 대한 이해(신체적 특징–신체장애)

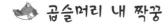 곱슬머리 내 짝꿍

(1) 기본정보

저자: 조성자 글/이승원 그림
출판사: 푸른나무(2002)
전체쪽수: 124

ISBN 89-7414-740-8

장르: 사실동화

(2) 저자소개

조성자는 1957년 경북 김천 출생이다. 1985년 전국 여성 백일장의 동화부분 장원과 아동문예 신인상에 당선되었고, 주요 작품으로는 〈겨자씨의 꿈〉, 〈난 너를 믿어〉, 〈송이네 여덟 식구〉, 〈마주보고 크는 나무〉, 〈하늘 끝 마을〉, 〈어깨에 메고 가는 태양〉, 〈날아라 된장 잠자리야〉 등이 있다.

이승원은 1977년 서울 출생이다. 서양화를 공부했고, 2001년 한국출판미술협회 공모전에서 특별상을 수상한 바 있다. 그린 책으로는 〈라라의 꿈〉이 있다.

(3) 줄거리

민성이는 예쁜 윤지 대신에 뚱뚱하고 곱슬머리인 소미와 짝꿍이 된 것이 너무 싫다. 그래서 책상에 줄을 그어 놓고서 소미가 넘어 올 때마다 소미의 허벅지를 꼬집어 주었다. 민성이는 윤지에게서 소미의 허벅지가 시퍼렇게 멍들어 있었다는 이야기를 듣고, 미안한 생각이 들었지만 그래도 미운 마음이 드는 것은 어쩔 수 없다. 그러던 어느 날 소미가 결석을 한다. 소미가 입원을 한 것이다. 민성이는 그 이유가 자기가 소미를 꼬집었기 때문이라고 생각한다. 민성이의 엄마는 민성이를 데리고 소미의 병실을 방문한다. 민성이는 소미에게 용서를 빌고, 소미가 마음씨가 착하다는 것을 발견하게 된다.

(4) 글과 그림

주인공 민성이의 1인칭 시점으로 친구를 못살게 구는 가해자의 입장을 바라보게 해 준다. 다른 친구를 따돌리고 괴롭히는 아이들은 어떤 마음을 가지고 있을까? 소미에게 미안한 마음이 들면서도 계속 소미에게 미운 마음이 드는 민성이는 심지어 자기 안에 악마가 들어 있나 보다라며 괴로워한다. 갈등하는 민성이를 통해 친구를 미워하는 것은 도리어 자기의 마음을 괴롭히는 일이라는 것을 깨닫게 해 준다. 민성이는 결국 소미가 윤지처럼 이쁘지는 않지만, 종이접기를 잘하고 마음이 착하다는 것을 깨닫게 된다. 친구의 좋은

면을 발견하는 새로운 눈을 갖게 된 것이다. 앞에서 소개한 책 〈불꽃머리 프리데리케〉의 결말과는 다르게 해피엔딩이다.

(5) 관련 질문과 활동

☒ 관련 질문

① 전반적인 인식을 돕는 질문
- 〈곱슬머리 내 짝꿍〉을 읽고 어떤 생각이 들었니?
- 민성이에게 어떤 말을 해 주고 싶니?

② 이해 및 고찰을 돕는 질문
- 민성이는 왜 소미가 싫었을까? 그리고 민성이는 왜 윤지를 좋아할까?
- 소미는 왜 민성이가 꼬집은 이야기를 다른 어른들한테 하지 않았을까?
- 민성이는 왜 자기 마음속에 악마가 들어 있나보다고 생각했을까?

③ 기존의 해결방법에 대한 다각적인 평가와 새로운 접근을 시도해 보게 하는 질문
- 민성이가 잘못된 것을 알면서도 소미를 괴롭힌 것에 대해 어떻게 생각하니?
- 소미는 민성이가 괴롭힐 때 참지 않고 행동할 수 있는 다른 방법이 없었을까?

④ 자기적용을 돕는 질문
- 네가 만일 민성이라면, 소미에게 어떻게 대해 주었을 것 같니?
- 네가 만일 소미라면, 민성이에게 뭐라고 말해 주었겠니?

⑤ 다른 책과의 비교를 돕는 질문
- 불꽃머리 프리데리케와 민성이의 이야기를 읽으면서 생각나는 것이 있니? 어떤 이야기가 더 마음에 드니? 왜 더 마음에 드니?

⊙ 관련 활동

① 코끼리 귀의 날
- 코끼리 귀 모양을 종이로 만들어 고무줄을 이용해 귀에 붙인다.
- 코끼리 귀는 다른 사람의 이야기를 잘 들어주는 귀라고 말해 준다. 코끼리 귀를 단 날은 서로 칭찬해 주는 날이라고 약속을 정한다. 친구에게 칭찬해 줄 만한 점을 찾아보도록 한다.

② 그건 싫어
- 소미의 성격에 대해 이야기 나누면서, 자기가 싫어하는 것에 대해 어떻게 표현

하면 좋을지 이야기 나누어 본 다음 역할극을 계획한다.

- 색종이로 사람을 접고 막대와 연결해 막대 인형을 만들어 준비한다.
- 자기의 생각을 상대방이 기분 나쁘지 않게 표현하는 방법에는 어떤 것이 있는 지 이야기 나누고, 역할극으로 해 본다.

③ 신문기자 스크랩

- 따돌림에 대한 신문기사를 찾아 스크랩한다.
- 스크랩한 기사를 서로 돌아가며 읽은 다음, 따돌림을 당했던 친구와 따돌리는 친구의 마음이 어땠을지 이야기 나누어 본다.

(6) 연관주제

친구삼기(아름다운 우정 쌓기), 나와 다른 사람들에 대한 이해(신체적 특징 - 외모)

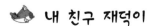 내 친구 재덕이

(1) 기본정보

작가: 이금이 글/성병희 그림
출판사: 푸른책들(2002)
전체쪽수: 72
ISBN 89-88578-74-0
장르: 사실동화

(2) 저자소개

이금이는 1962년 충북 청원에서 태어나 1984년 새벗문학상과 1985년 소년중앙문학상에 동화가 당선되어 작가로 활동하기 시작했으며, 1987년 계몽사 어린이문학상을 받았다. 저서로 동화집 〈영구랑 흑구랑〉, 〈햄, 뭐라나 하는 쥐〉, 〈쓸 만한 아이〉와 장편동화 〈꽃바람〉, 〈나와 조금 다를 뿐이야〉, 〈내 어머니 사는 나라〉, 〈모래밭 학교〉 등이 있다.

성병희는 1966년 서울에서 태어나 홍익대학교에서 서양화를 공부했고, 동화집 〈영구랑 흑구랑〉에 그림을 그리며 일러스트레이터로 활동하기 시작했다.

(3) 줄거리

아빠도 없고 엄마는 말을 못하는 재덕이는 '나' 보다 한 살 위인 아홉 살이지만, 동네에서 바보라는 놀림과 괴롭힘을 받으며 학교도 다니지 않는다. 나는 아이들이 재덕이를 괴롭히는 것을 보고 말리고 싶지만 아이들이 나까지 따돌릴까봐 함부로 나서지 못한다. 어느 날, 재덕이에게 롤러블레이드를 뺏어 탄 일을 계기로 재덕이가 나에게 관심을 보이고, 내가 친구와 싸우고 있을 때, 재덕이가 나타나 대신 맞아 주면서 우리 둘은 조금씩 친해진다. 나는 재덕이와 함께 놀고, 무언가 가르쳐 주려 하고, 더러우면 씻겨 주기도 하게 되었다. 하지만 재덕이는 재활원에 들어가고 나는 재덕이의 빈 자리를 느낀다. 그렇게 1년이 지나, 재덕이가 다시 집으로 돌아오고, 나는 그제서야 재덕이를 '바보' 가 아니라 '재덕아' 라고 부른다.

(4) 글과 그림

주인공인 나(명구)와 재덕이가 친구가 되는 과정이 콧등 시리게 전해진다. 처음에는 다른 사람의 시선때문에 쉽게 다가가지 못하고 경계하는 아이의 마음이 안쓰럽다. 더러운 사탕을 천진한 웃음을 지으며 먹고 있는 재덕이 모습을 클로즈업한 그림은 현실과 모순되어 더욱 마음을 아프게 한다. 약간은 모자라지만 친구와의 소중한 우정을 잊지 않는 순수한 마음을 지닌 재덕이와 재덕이의 외형에 가려진 순수한 마음을 발견하고 친구가 된 나(명구)의 모습이 대견하고 기특하다. 무엇보다도 재덕이를 '바보' 라고만 부르다가 1년 만에 다시 만나 '재덕아' 하고 부르는 그 한 마디는, 주인공 명구가 친구를 만나 '반가웠다든가, 좋았다든가, 진정한 친구가 되었다' 라는 등의 어떠한 표현보다도, 재덕이가 의미 있는 존재가 되었음을, 진정한 친구가 되었음을 말해 준다.

(5) 관련 질문과 활동

☑ 관련 질문

① 전반적인 인식을 돕는 질문

- 이 책을 읽으면서 생각나는 게 있었니?

- 재덕이에게 하고 싶은 말이 있니?
- 명구에게 하고 싶은 말이 있니?

② 이해 및 고찰을 돕는 질문

- 아이들은 재덕이를 왜 '바보'라고 놀렸니?
- 아이들이 억지로 재덕이에게 먹던 사탕을 먹이는데 왜 명구는 말리지 못했니?
- 재덕이가 재활원으로 갔을 때 명구는 어떻게 했니?
- 재덕이 엄마는 왜 명구에게 롤러블레이드를 주었니?

③ 기존의 해결방법에 대한 다각적인 평가와 새로운 접근을 시도해 보게 하는 질문

- 재덕이가 명구를 만나지 않았다면 어땠을까? 또 명구가 재덕이를 만나지 않았다면 어땠을까?
- 재덕이가 재활원에 가지 않았다면 재덕이는 어떻게 됐을까? 또 명구랑은 어떻게 됐을까?

④ 자기적용을 돕는 질문

- 만약 친구가 놀림이나 괴롭힘을 당하는 걸 본다면 너는 어떻게 하겠니?
- 너는 주위에 재덕이와 같은 친구가 있다면 어떻게 하겠니?

⊙ 관련 활동

① 앞 못 보는 말

- 두 친구가 한 팀이 되어 말이 된 사람은 수건으로 눈을 가리고, 다른 한 사람은 말에게 업힌다. 앞을 못 보는 말을 타고 말의 귀를 당겨서 방향을 알려 주어 정해진 길을 먼저 오는 조가 이기는 게임이다. 도중에 장애물을 놓을 수도 있다. 서로 협력하면 어려움이나 장애물을 잘 피할 수 있다는 것을 알 수 있다.

② 친구를 보면 무슨 생각이 떠오르나요?

- 각 친구의 이름이 쓰여진 종이를 준비한다.
- 그 종이에 다른 아이들이 돌아가며 하고 싶은 말을 쓴다. 그 친구를 보면 떠오르는 생각, 장점, 단점 등 친구에 대한 자신의 느낌, 앞으로 바라는 점 등을 솔직하게 익명으로 표현한다. 나중에 그 이름의 친구가 혼자 조용히 읽어보는 시간을 갖는다.

(6) 연관주제

친구삼기(아름다운 우정 쌓기), 나와 다른 사람들에 대한 이해(정서적 특징-정서장애)

초등학교 고학년 어린이

 문제아

(1) 기본정보

작가: 박기범 글/박경진 그림

출판사: 창작과 비평사(1999)

전체쪽수: 20

ISBN 89-364-4175-2

장르: 사실동화

(2) 저자소개

박기범은 1973년 서울에서 태어나 숭실대학교 국문학과에서 공부했다. 한겨레 문화센터의 아동문학 작가학교 6기를 수료했고, 1999년 창작과 비평사에서 주관하는 제3회 좋은 어린이 책 원고 공모에서 창작부문 대상을 받았다.

박경진은 1962년 서울에서 태어나 서울대학교 서양화과를 졸업했다. 〈팥죽할머니와 호랑이〉와 〈뿌뿌의 그림일기〉 등에 그림을 그렸고, 좋은 그림과 신나는 만화를 계속 그리는 것이 꿈이다.

(3) 줄거리

싸움 같은 것을 별로 좋아하지 않고 친구들과 노는 것을 좋아하는 하창수, 키가 중간 정도이고 남에게 지기 싫어하며 깡은 조금 센 편이다. 나는 6학년 깡패들에게 돈을 빼앗기지 않으려고 했고, 같은 반의 규석이에게 그 일로 아이들 앞에서 정신없이 얻어맞다가 억울하여서 얻어맞기만 하면 안 된다고 생각하여 규석이를 혼내주었는데, 그 후로 학교에서 문제아로 불린다. 하지만 처음부터 나쁜 아이였던 것은 아니었는데 친구들이나 선생님에게 오해가 생기고 자꾸 문제아 취급을 받게 되고, 나중에는 사소한 일로도 문제아의 낙인을 벗지 못한다. 나를 평범하게 보아주면 나도 문제아는 아닌데 사람들은 자꾸 나를 문제아로 생각한다. 내가 아주 평범한 아이라는 것을 알아주는 사람은 딱 한 사람 봉수형뿐이다.

(4) 글과 그림

1인칭 시점으로 사실은 문제아가 전혀 아닌데 문제아가 되어 가는 과정을 담담하게 그리고 있다. 1인칭으로 써 내려가서 읽는 사람에게 동일시가 잘 된다. 문제아로 낙인찍히는 사건을 나타내는 그림들 속에 다른 아이들과 어른들의 꺼려 하는 표정들과 외로워하는 창수의 표정이 대비되며 이야기의 이해를 도와준다.

(5) 관련 질문과 활동

☑ 관련 질문

① 전반적인 인식을 돕는 질문

– 이 이야기를 읽으면서 머리에 떠오르는 것이 있었니?

– 책을 덮고 나니 어떤 기분이 드니?

– 창수에 대해 어떻게 생각하니?

② 이해 및 고찰을 돕는 질문

– 왜 다른 아이들과 선생님은 창수를 문제아라 불렀을까?

– 창수는 왜 규석이를 그렇게 심하게 의자로 때렸을까?

– 담임선생님은 창수에게 어떻게 대해 주셨니?

– 6학년 담임선생님은 창수에게 무엇이라고 말씀하셨니? 그랬을 때 왜 창수는 웃음이 나왔을까?

– "나를 문제아로 보는 사람한테는 영원히 문제아로만 있게 될 거야"라는 창수의 생각에 대해 어떻게 생각하니?

③ 기존의 해결방법에 대한 다각적인 평가와 새로운 접근을 시도해 보게 하는 질문

– 창수가 깡패와 규석에게 맞았을 때 맞기만 했다면 어떻게 되었을까?

– 창수에게 봉수형이 없었다면 어떻게 되었을까?

④ 자기적용을 돕는 질문

– 네가 창수였다면 선생님과 다른 아이들이 규석이에게 맞았을 때 어떻게 해주기를 원했을까?

– 창수 같은 아이가 같은 반 아이였다면 너는 어떻게 했을 것 같니? 왜 그랬을까?

◇ 관련 활동

① 창수는 어떻게 문제아가 되었을까?

 - 창수가 문제아가 되기까지의 과정을 말해 본다.
 - 중심 사건 장면의 조각 그림을 이야기 순서대로 놓아보고 그때 창수의 마음을 읽어 보기

② 창수에게 편지 써 보기

 - 여러 모양의 색지를 준비해 두고, 외로운 창수에게 편지를 써 본다.
 - 위로가 될 만한 동시의 구절이나 글귀를 적어 보내준다.

③ 감정가면 만들어 보기

 - 창수가 문제아가 되어가는 과정의 그림을 보고 그때의 창수의 감정을 추측해 본다.
 - 관련되는 감정 가면을 써 보고 어떤 기분인지 말해 본다.

(6) 연관주제

다른 사람들에 대한 이해(정서적 특징 – 정서장애)

🐟 모르는 척

(1) 기본정보

저자: 우메다 요시코 글/우메다 순사쿠 그림/송영숙 역

출판사: 길벗어린이(원작: 1998, 한국판: 1998)

전체쪽수: 119

ISBN 89-86621-45-2

장르: 사실동화

(2) 저자소개

우메다 요시코(Yoshiko Umeda)는 1947년 후꾸시마 출생으로 남편인 순사쿠와 1980년부터 창작그림책을 함께 작업하였다. 남편과 다수의 공저를 출간하였다.

우메다 순사쿠(Shunsaku Umeda)는 1942년 교토에서 출생하였으며 화가이자 그림책 작가이다. 그림책 작품으로는 〈쥐들의 씨름〉, 〈그림각시〉(포프라

사) 등 다수가 있다.

(3) 줄거리

일본 초등학교 6학년 한 학급에서 일어난 이지메(집단 괴롭힘)를 다루고 있다. 제목에서 알 수 있듯이, 이 책은 한 학급 안에서 벌어지는 돈짱이라는 아이에 대한 끊임없는 집단 괴롭힘을 옆에서 보고도 모르는 척하는 '나'라는 아이의 갈등을 그렸다. '나'는 친구가 괴롭힘을 당하는 것을 보고도 모르는 척한다. 이유는 자신도 당할 수 있기 때문이다. 하지만 괴롭힘을 당하는 친구를 보고도 모르는 척하는 자신에 대한 화를 오히려 당하는 친구인 돈짱에 대한 미움과 도둑고양이에 대한 화풀이로 풀어보려 한다. 돈짱은 결국 전학을 가게 되고 돈짱을 괴롭히던 패거리 중 한 명인 야라가세가 다시 중학생들에게 집단폭행을 당했다는 소식을 듣게 된다. 졸업식 예행연습 날 결국 내가 용기가 없어서 괴롭힘을 당하고 있는 친구를 모른 척 했다는 것을 체육관의 모든 사람들 앞에서 이야기하게 된다. 그리고 야라가세로부터 잘했다는 이야기를 듣는다.

(4) 글과 그림

저자는 폭력으로부터 누구도 자유로울 수 없고, 어느 누구나 가해자인 동시에 피해자일 수 있다는 것을 암시한다. 이 책은 어떤 메시지를 강하게 내세우지는 않는다. 다만 사건을 담담하게 그려주고, 어린이들의 심정과 마음속 갈등을 드러내 보여주고 있다. 그러나 흑백으로 처리된 그림이 본문의 내용의 의미를 도와주며 강렬한 인상을 남긴다. 따돌림을 당하는 아이, 따돌림을 시키는 아이의 심정과 마지막에 용기를 내어 이야기할 때의 당혹함이 수많은 얼굴들의 표정과 겹치면서 효과적으로 표현되고 있다.

(5) 관련 질문과 활동

☒ 관련 질문

① 전반적인 인식을 돕는 질문

- 책을 덮고 나니 어떤 생각이 드니?

② 이해 및 고찰을 돕는 질문
- 돈짱은 왜 늘 괴롭힘을 당했나?
- 야라가세 패거리는 왜 돈짱을 괴롭혔을까?
- 나머지 애들은 왜 모른 척 했을까?
- 돈짱은 학예회 때 어떻게 야라가세에게 싸움을 걸 수 있었을까?
- 야라가세는 마지막에 뭐라고 이야기하고 싶었을까?

③ 기존의 해결방법에 대한 다각적인 평가와 새로운 접근을 시도해 보게 하는 질문
- 돈짱이 야라가세 패거리를 만나지 않았다면 학교생활이 어땠을까?
- 포장 마차 아저씨가 이 이야기에서 등장하지 않았다면 돈짱과 나는 어떻게 되었을까?
- 내가 졸업식 예행연습에서 이야기를 하지 않았다면 어떻게 되었을까?

④ 자기적용을 돕는 질문
- 돈짱 같은 아이가 같은 반 아이라면 너는 어떻게 했을 것 같니?
- 만약 네가 돈짱이라면 다른 아이들이 어떻게 대해 주기를 원하니?
- 네가 야라가세였다면 너 자신을 어떻게 생각했을까?

◎ 관련 활동
① 원숭이 놀이
- 책에서 나온 학예회 때의 원숭이 놀이를 직접 해 본다.

② 어떤 마음일까요?
- 모르는 척 하는 아이들의 마음이 어떤지, 왜 그럴 것인지 이야기해 본다.

③ 어떻게 이야기할까요?
- 부모님께 학교에서 당하는 일을 어떻게 이야기해야 할지 역할극을 통해 시연하고 연습해 본다.

④ 이럴 땐 이렇게
- 부정적인 집단 압력 상황에서 "싫어" 라고 말하고, 그 이유를 말하며 그 자리를 떠나는 상황을 역할놀이 한다. 잘 했을 때 칭찬하고, 치료자는 관련 상황이 발생할 때마다 저항의 필요성과 가치를 지적하고 그 방법을 시연한다.

⑤ "당신의 결정은 무엇인가요?"
- "당신의 결정은 무엇인가요?" 라는 활동 종이를 나누어 주고, 교실에서 완성한 후 토론하게 한다.

예 한 친구가 숙제를 베끼려고 한다. 여러분은 뭐라고 말하나요?

  친한 친구가 만 원을 훔쳤다. 그 친구가 너에게 그 절반을 주려고 한다. 어떻게 해야만 하나?)

⑥ 난 이렇게 극복했어요.

  - 일주일 동안 부정적 또래 압력을 어떻게 극복할 수 있었는지 기록하게 한다.

  - 못했다면 왜 못했는지 얘기를 나누고 다시 역할놀이를 통해 시연한다.

(6) 연관주제

나(다른 사람과 관계 맺기)

🐢 왜 나를 미워해

(1) 기본정보

저자: 요시모토 유키오 글/김환영 그림/

  김미혜 · 황시백 역

출판사: 보리(원작: 1986, 한국판: 1995)

페이지수: 196

ISBN 89-85494-19-8

장르: 사실동화

(2) 저자소개

요시모토 유키오(Yukio Yoshimoto)는 1950년 일본 사이타마 현에서 태어났다. 1974년 도쿄 가쿠게이 대학 사회과를 졸업하고 지금은 도쿄에 있는 초등학교에서 어린이들을 가르치고 있다. 그동안 다른 분들과 함께 〈일본어 학급 아이들〉, 〈나는 일본 사람?〉을 펴냈고 이광수의 〈유정〉을 일본말로 옮기는 일도 했다.

김환영은 1959년 충남 예산에서 태어나 홍익대학교 서양화과에서 공부했다. 그동안 '올챙이 그림책' 가운데 〈오줌싸개 누리〉, 〈아빠는 깜둥이야〉들을 그렸고 그 밖에 〈마당을 나온 암탉〉, 〈왕시경의 새로운 경험〉, 〈상계동 아이들〉, 〈나귀 방귀〉, 〈신통방통 도깨비〉에도 그림을 그렸다.

(3) 줄거리

중국에서 살다가 일본으로 온 요징이라는 아이가 9살부터 중학교 일 학년이 될 때까지의 6년 동안에 겪은 일을 일본어 학급 선생님의 이야기로 전개한다. 몸이 불편하고, 일본말을 잘 할 줄 모르기 때문에 해코지를 당하지만 요징은 '괴롭히는 사람은 외롭기 때문에 남을 괴롭히는 것이고, 그 사람도 마음으로는 괴롭히지 않아야지 하는 생각을 하고 있을지도 모릅니다' 라고 생각하며 서러워하거나 화내지 않는다. 요징은 그러는 가운데 친구도 사귀게 되고 또 일본 역사도 알고 싶고 여행도 하고 싶다는 꿈을 갖는다.

(4) 글과 그림

따돌림 문제의 막연한 상황의 나열이 아니라 구체적인 해결책을 제시해 주고 있는데, 작가가 직접 경험한 아이의 이야기로 사실적이며, 학생에 대한 애정이 자세하게 그려지고 있다. 특히 이 책에 나와 있는 요징이 하는 말들은 깊이 새겨둘 만큼 감동적이다. 그리고 해코지 당한 장면의 그림은 까맣게 처리되어 놀리고 있는 아이들과 당하는 요징의 모습이 극명하게 대비되면서 당하는 요징의 마음이 아프게 다가온다. 본문에 나온 내용에 의미를 더해 주는 그림들이 풍부한 느낌을 부각시켜 주고 있다.

(5) 관련 질문과 활동

☑ 관련 질문

① 전반적인 인식을 돕는 질문
- 책을 덮고 나니까 어떤 기분이 드니?
- 요징에 대해 어떻게 생각하니?

② 이해 및 고찰을 돕는 질문
- 일학년 아이들은 왜 요징을 피했을까? 그때 요징의 기분은 어땠을까?
- 왜 다른 아이들이 요징을 '중국놈, 나쁜 놈' 이라고 놀렸을까?
- 일본어 학급을 소개하는 날 왜 요징이 가운데에서 춤을 추었을까?

③ 기존의 해결방법에 대한 다각적인 평가와 새로운 접근을 시도해 보게 하는 질문

- 요징 아빠가 일본에 오지 않았다면 어떻게 되었을까?
- 일본어 학급 소개하는 날 요징이 춤을 추지 않았다면 어떻게 되었을까?

④ 자기적용을 돕는 질문
- 네가 만약 요징이라면 아이들이 어떻게 대해주기를 바라니?
- 네가 요징처럼 친구들에게 놀림을 당한다면 내 기분은 어땠을까?
- 네가 남과 다른 점이 있을 때 부끄럽거나 속상한 적이 있니?
- 요징이 같은 반 아이였다면 너는 어떻게 했을까?

◔ 관련 활동

① 전달해 보아요
- 말이 아닌 다른 것으로 할 수 있는 의사 전달법으로 자신의 느낌이나 생각을 표현해 본다.

② 손가락 그림 그리기
- 나의 좋은 점과 반에서 따돌림당하고 있는 친구의 좋은 점을 손가락 그림으로 그려 본다. 왼손 모양에 나의 장점, 오른손 모양에는 따돌림을 당하고 있는 아이의 장점을 적고 얘기하게 한다.

③ 가상 인터뷰 질문 만들기
- 요징 나이가 35세라고 가정하고 그 모습과 그 외에 물어보고 싶은 내용에 대한 질문지를 만들어 본다.

(6) 연관주제

다른 사람들에 대한 이해(신체적 특징 – 신체장애)

🐌 **양파의 왕따 일기**

(1) 기본정보

저자: 문선이 글/박철민 그림
출판사: 파랑새어린이(2001)
전체쪽수: 143
ISBN 89-7057-252-X
장르: 사실동화

(2) 저자소개

문선이는 1967년 서울에서 태어났다. 경희대 국어교육대학원을 졸업하고, 문화일보에 동시 〈아버지〉가 당선되었으며, 눈높이 아동문학상에 동시 〈별님〉이 당선되었다. 제8회 MBC 창작동화대상에 장편동화 〈나의 비밀 일기장〉이 당선되어 동화를 쓰기 시작했다. 지은 책으로는 〈제키의 지구 여행〉이 있다.

박철민은 추계예술대학교 동양화과를 졸업했으며, 한국출판미술대전에 특별상, 한국어린이도서상(일러스트레이션 부문)을 받았다. 그린 책으로 〈잠깨는 산〉, 〈오마니〉, 〈방정환〉 외 여러 권이 있다.

(3) 줄거리

정화는 같은 반 여자아이들 사이에 가장 인기가 있는 미희와 친해지고 싶다. 미희는 '양파'라는 것을 만들어 친한 친구들끼리만 어울리는 아이인데, 얼굴도 예쁘고 공부도 잘하고 새로운 생각도 잘 해낸다. 우연한 기회로 '양파'에 들어간 정화는 걱정이 시작되는데, 그 아이들과 어울리려면 돈도 많이 필요했고, 마음에 드는 친구와도 멀리해야 하며 엄마에게도 거짓말하는 횟수가 늘어가기 때문이다. 그러다가 양파 중 한 친구였던 정선이가 계속 괴롭힘을 당하다가 결국은 전학을 가게 되고, 그 후 정화는 용기를 내어 당당히 미희에게 자신의 의견도 내세우게 되며 새로운 친구가 전학 왔을 때도 미희로부터 보호해 주겠다는 다짐을 한다.

(4) 글과 그림

모든 이야기 하나하나가 초등학교 아이가 느낄 수 있는 심리상태를 아주 잘 나타내고 있다. 이 이야기는 무엇보다도 재미있게 읽혀 내려가게 하는 힘이 있고 아이들을 빨려들게 하는 재미와 현실감이 있다. 그리고 왕따를 시키는 아이의 입장과 당하는 아이의 입장이 같이 다루어지고 있다. 수채화 풍의 그림이 이야기 흐름을 도와주고 있고 중요한 사건이 있을 때마다의 상황이 잘 드러나 있다. 사람들의 표정이 다양하지 못한 게 흠이다.

(5) 관련 질문과 활동

☑ 관련 질문

① 전반적인 인식을 돕는 질문

- 책을 덮고 나니까 어떤 기분이 드니?

② 이해 및 고찰을 돕는 질문

- 정화는 왜 '양파'에 끼고 싶었을까?
- 그러다가 '양파'가 되었을 때, 왜 미희가 전처럼 좋아지지 않았을까?
- 미희는 왜 엄마와 전화 통화 중에 울었을까?
- 어떻게 정화는 새로 전학 온 친구를 보호해 줄 생각을 하게 되었니?

③ 기존의 해결방법에 대한 다각적인 평가와 새로운 접근을 시도해 보게 하는 질문

- 정선이가 당하는 것을 수빈이가 도와주지 않았다면 어떻게 되었을까?
- 미희가 부모와 항상 함께 살 수 있었다면 미희는 어땠을까?
- 정화가 글짓기대회에 나가지 않았다면 마음에 변화가 있었을까?

④ 자기적용을 돕는 질문

- 미희 같은 아이가 같은 반에 있다면 너는 마지막의 정화처럼 용기를 낼 수 있을까?
- 네가 정화라면 미희에게 자신의 의견을 분명히 이야기할 수 있을까?
- 경미와 정선에게 하고 싶은 이야기는 무엇이니?

⊗ 관련 활동

① '내가 잘하는 일들'

- "내가 잘하는 일들" 활동 종이를 집에서 완성해 오도록 한다.

  예 - _____는 다음과 같은 것을 잘한다.

  (가족 서명)_____

- 완성해 온 활동 종이를 가지고 친구의 좋은 점을 소집단으로 활동하며 서로 발표하기

② 정화와 미희에게 편지 쓰기

- 정화와 미희에게 따로따로 편지해 보고 정화와 미희의 마음을 읽어보기

③ 입장 바꿔 보기

- 부정적인 압력 집단에게 "싫어"라고 말할 수 있도록 역할놀이를 해 본다.
- 잘 하면 칭찬하고 서로 역할을 바꾸어서 연습한다.

④ **내가 보낸 일주일**

　- 일주일 동안 부정적인 또래 압력집단에게 '싫어'라고 얘기하고 오도록 하며 기록하게 한다. 만약 못하고 왔을 때 그 이유와 마음 상태에 대해 토의하고 다시 역할놀이를 통해 연습한다.

(6) 연관주제

친구삼기(새로운 환경에서 친구 사귀기)

제 **4** 장
나와 다른 사람들에 대한 이해

1. 신체적 특징
   1) 외모
      엄마, 난 왜 작아요
      깃털 없는 기러기 보르카
      벌렁코 하영이
      김 알렉스라는 아이 – 〈동화책을 먹은 바둑이〉
      어디 똥보 맛 좀 볼래?
      난 키다리 현주가 좋아
   2) 신체장애
      외눈박이 한세
      우리도 똑같아요
      내게는 소리를 듣지 못하는 여동생이 있습니다
      민수야 힘내
      아주 특별한 우리 형
      우리들의 노래

2. 정서적 특징
   1) 불안과 두려움
      율리와 괴물
      테오는 용감해

천둥 케이크
수영장 사건
칠판 앞에 나가기 싫어
겁쟁이
   2) 정서장애
      난 너를 사랑해
      까마귀 소년
      네 잘못이 아니야
      내 마음을 알아주세요 – 〈내 마음을 알아주세요〉
      나와 조금 다를 뿐이야
      도들 마루의 깨비

3. 문화적 특징
      쉿!
      새 가면은 어디에 있을까
      우쉬
      들소 소년
      폭죽소리
      캄펑의 개구쟁이

제 4 장
나와 다른 사람들에 대한 이해

어린이들은 본능적으로 자신이 가진 인지, 정서적인 다양한 반응 양식을 이용하여 자신을 둘러싼 세상의 여러 가지 모습을 이해하고, 성장하면서 세상의 다양한 모습을 접한다. 그 과정에서 자신이 다른 사람들과 외모, 행동, 정서 등에서 많은 차이가 있다는 것을 발견하고, 그로 인해 일상생활의 여러 가지 상황에서 갈등을 겪는다.

또 어린이들은 지금까지 자신이 경험하지 못한 다른 사람들의 여러 가지 특징을 접하면서 그 낯선 경험에 당황하며 편견을 가지거나 두려움을 느끼기도 한다. 어린이들이 자신 혹은 다른 사람들의 차이점에서 가장 편견을 많이 가지는 것은 사람들이 가지고 있는 신체적, 정서적, 문화적 특징이다.

따라서 그 세 가지 측면을 중심으로 하여 나와 다른 사람들에게 왜, 어떤 편견을 갖게 되는지를 살펴보고자 한다.

첫 번째, 어린이들은 자신이 특이한 외모를 가지거나 신체적인 장애를 가지고 있을 때, 또는 그런 독특한 특징을 가진 다른 사람을 만났을 때 불안감을 느낀다. 이는 자신이 다른 사람과 다른 독특한 외모나 장애를 가졌다고 느끼는 순간부터 스스로 소외감을 느끼고, 이와 반대로 특이한 외모나 장애를 가진 사람을 접했을 때는 자신이 그렇게 될지 모른다는 두려움을 느끼기 때문이다(Derman-Sparks & ABC Task Force, 1999 재인용).

두 번째, 어린이들은 자신이 보통 사람과 다른 특이한 행동, 정서적 특징을 가지고 있거나, 자신과 다른 독특한 정서적인 행동 반응을 보이는 사람을 만낮을 때도 두려움을 느낀다. 즉 자신이 남과 다른 정서적인 특징을 가졌을 때는 자신에 대해서 낯설어 하거나 당황해 하는 사람들의 모습과 태도 때문에 갈등을 느끼는 것이지만 그런 특징을 보이는 다른 사람을 접했을 때는 그 사람들이 보이는 낯선 반응들을 어떻게 해야 할지 몰라서 어색함과 불편함을 느끼는 것이다.

세 번째, 어린이들은 자신의 모습이 현재 자기가 살고 있는 나라(문화권)의 사람들과 다른 피부색, 옷, 언어를 가지고 있거나, 자신과 다른 문화적인 특징을 가지고 있는 사람을 만나는 경우에 불안감을 느낀다. 자신이 속한 문화권의 사람들과 다른 특징을 가진 경우에는 그 문화에 소속감과 동질성을 느끼지 못하기 때문이며, 다른 문화를 가진 사람을 만난 경우에는 어떻게 그 특징들을 이해해야 하는지 판단할 수 없는 혼란스러움 때문이다. 그래서 사람들은 자신이 접해 보지 못한 인종이나 문화권에 있는 사람들의 모습과 문화를 받아들이기 위해서 그 문화에 대한 직·간접적인 경험이 필요하다.

위의 세 가지 경우처럼, 어린이들 자신이 보편적인 사람과 다른 특징을 가졌을 때, 또는 자신과 다른 특징을 가진 사람들을 만났을 때 갖는 편견은 지극히 보편적이며 정상적인 반응이다. 사실, 우리는 다른 사람을 통해서 자신을 인식하고 또 자신을 기준으로 다른 사람을 해석한다. 그러므로 낯선 자신이나 다른 사람의 모습을 접했을 때 놀랍고 두려울 수밖에 없는 것이다. 이런 두려움과 불안감은 자신에 대해 제대로 이해를 하지 못해 생기는 것이며, 다양한 사람들을 접할 기회와 이해가 부족하여 생기는 것이다.

어린이들이 다양한 사람들의 모습을 접해 보는 직·간접적인 경험을 많이 하게 된다면, 남들과 다른 자신의 상황이나, 자신과는 다른 특성을 가진 사람을 만났을 때에도 두려움이나 공포감 없이 대할 수 있을 것이다. 그리고 그러한 편견을 없애고 그들을 보다 넓은 마음으로 이해하고 포용할 수 있을 것이다.

어린이들이 보편적으로 접할 수 있는 다양한 편견에 관련된 책, 노래, 비디오테이프 중에서 좋은 것을 엄선하여 읽고, 놀이하고 토론하는 과정에서 자신과 다른 사람의 감정을 이해할 수 있다. 이러한 활동을 통해 어린이가 느끼는 불안감이나 두려움 등의 정서를 경험하고, 표현할 수 있는 기회를 많이 가지면서 자신의 감정을 조절하고 자신 또는 다른 사람을 이해하게 된다(Hyson, 1998 재인용).

따라서 이 장에서는 자신 혹은 다른 사람들의 모습 중에서 스스로, 혹은 다른 사람으로부터 두려움이나 편견을 갖게 하는 신체적 특징(외모, 신체장애), 정서적 특징(불안과 두려움, 정서장애), 문화적 특징(다른 나라 사람의 모습이

<표 5> '나와 다른 사람들에 대한 이해'에서 다루어지는 소주제별·대상별 자료

소주제	대상		자료
1. 신체적 특징	(외모)	유아	엄마, 난 왜 작아요 깃털 없는 기러기 보르카
		초등학교 저학년 어린이	벌렁코 하영이 김알렉스라는 아이('동화책을 먹은 바둑이' 중에서)
		초등학교 고학년 어린이	어디 뚱보 맛 좀 볼래? 난 키다리 현주가 좋아
	(신체장애)	유아	외눈박이 한세 우리도 똑같아요
		초등학교 저학년 어린이	내게는 소리를 듣지 못하는 여동생이 있습니다 민수야 힘내
		초등학교 고학년 어린이	아주 특별한 우리 형 우리들의 노래
2. 정서적 특징	(불안과 두려움)	유아	율리와 괴물 테오는 용감해
		초등학교 저학년 어린이	천둥 케이크 수영장 사건
		초등학교 고학년 어린이	칠판 앞에 나가기 싫어 겁쟁이
	(정서장애)	유아	난 너를 사랑해 까마귀 소년
		초등학교 저학년 어린이	네 잘못이 아니야 내 마음을 알아주세요
		초등학교 고학년 어린이	나와 조금 다를 뿐이야 도들 마루의 깨비
3. 문화적 특징		유아	쉿! 새 가면은 어디에 있을까
		초등학교 저학년 어린이	우쉬 들소 소년
		초등학교 고학년 어린이	폭죽소리 캄펑의 개구쟁이

나 생활방식)을 지닌 인물이 등장하는 책을 소개하고자 한다. 또 책의 내용이나 주인공에 대한 다양한 질문과 활동을 제시하여 그 책을 읽고 느끼는 자신의 생각이나 감정을 보다 깊이 통찰하고 이해할 수 있는 독서치료의 과정을 경험할 수 있도록 도와주고자 한다.

독서치료를 통해서 어린이들이 위에서 예로 든 세 종류의 특징을 가진 자신이나 다른 사람이 두렵거나 불편한 대상이 아니라, 각기 다른 특징을 가지고 있지만 함께 어울려 살아가야 할 한 가족처럼 소중한 존재라는 것을 깨닫게 한다. 자신이 남과 달라서 다른 사람들로부터 회피나 두려움의 대상이 되고 있거나, 이와 반대로 자신과 다른 사람의 특징을 이해하지 못하여 놀리고, 무시하는 어린이에게, 이러한 특성이 사람들이 지닐 수 있는 모습들 중의 하나라는 것을 인식하게 하고, 나아가 자신과 타인을 이해하는 데 도움을 줄 것이다. 즉, 자신과 다른 사람에 대해 이해가 부족해서 생기는 오해와 편견이 줄어들고, 모든 사람이 똑같이 지니고 있는 인간다움에 주의를 기울이게 될 것이다.

또한 자신 또는 다른 사람과 타인을 있는 그대로 받아들이고 다양한 모습을 인정하게 하며, 나아가 여러 종류의 사람에 대해서 올바르고 깊이 이해하고 포용할 수 있는 시각을 갖도록 도와 줄 것이다.

따라서 이 장은 스스로 신체·정서·문화적 특징이 다르다는 여러 가지 편견으로 인해 심리적인 스트레스를 받고 있거나, 신체, 정서, 문화가 다른 사람에 대한 편견을 가지고 있어서 그런 사람을 접할 때 두려움이나 심리적인 불안감을 느끼는 사람들 모두를 대상으로 한다. 그러므로 이 장에 소개되는 책들을 독서치료에 사용하고자 하는 사람은 위와 같은 두 가지 경우의 어린이 상태를 고려하여 다소 융통성 있게 질문하거나 활동을 진행하는 배려가 필요하다.

1. 신체적 특징

사람은 누구나 각기 다른 신체적 특성을 가지고 있고 그 신체적 특성은 비교적 쉽게 사람들을 구분하는 하나의 잣대 역할을 한다. 이러한 기본적인 특성들은 이후 환경과 상호작용하면서 계속 유지되기도 하고, 또 자연스럽게 혹은 사고 등의 재해로 인해 급작스럽게 달라지기도 한다. 어린이들은 자신 또는 다른 사람이 지닌 다양한 모습을 접하면서 자신을 인식하고, 다른 사람을 평가하거나 바라보는 기준을 만들어 나간다. 유아의 자아개념(self-concept)을 설명할 때도 신체적 특징을 꽤 많이 언급하고 있다. 이와 같이 신체적 특징이 우리의 인격 형성에 상당히 중요한 역할을 하고 있음을 알 수 있다. 그러나 어린이들은 자라면서 자신의 외모보다는 '착하다, 엄마 말을 잘 듣는다' 등의 심리적인 특성에 대해 더 많이 격려받고, 그것이 진정한 자신의 특징을 나타내는 중요한 부분임을 인식한다.

1) 외모

사람들은 자신 혹은 다른 사람의 독특한 외모에 대해서 편견을 가지는 경우가 많다. 지나치게 작은 키, 몸무게에서부터 얼굴 모습, 피부색에 이르기까지 여러 가지 상황들이 있다.

일반적으로 사람들은 자신이 다른 사람과 비슷한 외모를 가지거나 또는 자신의 얼굴과 비슷한 모습을 가진 상대방에게서 안정감을 느낀다. 남과 다른 나의 모습, 그리고 나와 다른 타인의 모습에 대해서는 어느 정도 불안해하는 심리가 자리잡고 있기 때문에 방어적인 태도나 선입견을 가지게 된다.

따라서 자신 또는 다른 사람이 가지고 있는 다양한 외모의 특징을 다루는 이 장의 독서치료를 통해서 어린이들은 다양한 신체적인 특징을 접하면서 여러 사람들 사이에 존재하는 개별적인 외모의 차이와 다양성이 삶의 자연스러운 부분임을 알게 되고, 나아가 다양한 특징에 대해서 편견 없이 바르게 이해하는 긍정적인 태도를 지니게 될 것이다.

유아

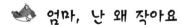 엄마, 난 왜 작아요

(1) 기본정보

저자: 김은주 글, 그림/장상영 역

출판사: 태동어린이(원작: 2001, 한국판: 2001)

전체쪽수: 24

ISBN 89-8497-107-3

장르: 그림책(사실동화)

(2) 저자소개

김은주는 홍익대학교에서 미술을 전공했다. 1997년 이태리로 유학을 떠나 유럽 디자인 센터(Instituto Europeo di Design)에서 수학했다. 한국 고유의 문화적 정서를 서양의 어린이들이 이질감 없이 자연스럽게 받아들일 수 있도록 그려내는 데 탁월한 재능을 갖추었다는 평가를 받고 있다. 현재는 밀란에서 생활하며 일러스트레이션 작업과 어린이물 집필에 몰두하고 있다. 〈엄마, 난 왜 작아요〉는 이탈리아에서 거주하는 김은주의 첫 작품으로, 원작은 한국어가 아닌 이탈리아어로 만들어졌다. 이 책은 영국의 시파노 그림책(Siphano Picture Books)들을 비롯하여 영미권 국가에서 동시에 출간될 예정이다.

(3) 줄거리

올리는 자기의 작은 키가 매우 불만스럽다. 어떻게 하면 빨리 키가 클 수 있는지 키가 큰 엄마와 형에게 물어보니 골고루 식사하고, 잠도 푹 자고, 운동을 열심히 하면 키가 클 수 있다고 한다. 그 말대로 모든 노력을 다 해 보았지만 키가 자라지 않자 올리는 매우 실망한다. 울고 있는 올리에게 형은 너무 슬퍼하지 말라며 올리를 아주 작은 아이들이 놀고 있는 곳으로 데려간다. 그리고 형은 올리도 예전에는 저 아이들처럼 아주 작았지만 지금은 이렇게 많이 커졌고, 지금도 매일 매일 조금씩 크고 있어서 언젠가는 형보다 더 커질 것이라고 이야기해 준다. 형의 말에 기분이 좋아진 올리는 가장 키가 작은 아이를 두 팔로 번쩍 안고는 그 아이에게 "너의 키가 왜 작은지 큰 비밀을 말해 줄게."라고 하면서 밝은 표정으로 웃는다.

(4) 글과 그림

수채 물감으로 표현한 그림이 전체적으로 밝은 느낌을 준다. 익살스럽고 장난스러운 올리의 표정, 친근한 가족들의 표정과 모습들이 보통 우리의 일상적인 가정 안에서 작은 키와 같은 일상적인 문제로 고민하는 아이의 심리를 잘 표현하고 있다. 책의 마지막 부분은 올리가 놀이터에서 놀고 있는 아이들 중에서 가장 작은 아이에게 "넌 네가 왜 이렇게 키가 작은지 알고 있니? 아주 중요한 비밀을 알려 줄게." 하는 글로 끝을 맺고 있지만, 구체적으로 어떤 말을 했는지는 밝히지 않고 있어서 책을 읽는 어린이가 자유롭게 상상하면서 추측해 볼 수 있도록 한다. 키가 작아서 고민을 하고, 남보다 빨리 커지고 싶어 하는 평범한 토끼 올리의 고민은 올리처럼 자신의 키가 남보다 작아서 걱정하는 아이들에게 공감을 불러일으키며 용기를 준다.

(5) 관련 질문과 활동

☒ 관련 질문

① 전반적인 인식을 돕는 질문

– 이 책을 읽고, 어떤 생각이 들었니?

② 이해 및 고찰을 돕는 질문

– 올리는 키가 커지기 위해서 어떻게 했니?

– 올리가 키 작은 아이에게 알려 준 비밀은 어떤 것일까?

③ 기존의 해결방법에 대해 다각적인 평가와 새로운 접근을 시도해 보게 하는 질문

– 올리가 작은 키로 할 수 있는 일과 키가 더 커졌을 때 할 수 있는 일은 같을까, 혹은 다를까? 만약 다르다면, 어떤 것이 다르다고 생각하니?

– 키가 큰 사람은 자신의 키가 큰 것에 대해서 불만은 없을까? 만약에 불만이 있다면 어떤 것일까?

– 너는 올리처럼 키가 작은 사람이 커질 수 있는 가장 좋은 방법이 무엇이라고 생각하니?

④ 자기적용을 돕는 질문

- 다른 사람들과 네 키를 비교해 본 적이 있니? 다른 사람들과 비교했을 때, 너는 작은 편이니 큰 편이니?
- 혹시 일상생활에서 네 키 때문에 불편하거나 속상하다고 생각한 적이 있니? 어떤 것이었니?
- 네가 키 때문에 속상해하고 있을 때 어떤 이야기를 들으면 가장 기분이 좋아지고 용기가 날까?
- 보통 사람들보다 키가 작거나 반대로 키가 큰 사람들을 본 적이 있니?, 그런 사람들을 보았을 때 너는 어떻게 행동하니?
- 다른 사람들을 키가 작거나 혹은 크다고 놀리거나 불편하게 한 적이 있었니?

⊗ 관련 활동

① 내 몸에게 하고 싶은 말을 해 보세요.

- 자신의 신체 각 부분에게 하고 싶은 말을 생각한다.
- 자신의 전신 사진을 붙인 후, 신체 각 부분의 옆에 하고 싶은 이야기를 적어 본다. 칭찬을 적거나, 불편한 점 또는 바라고 싶은 것을 적어도 좋다.

  예 손아, 너는 왜 작니? 나는 맛있는 것을 많이 집을 수가 없어.

- 자신의 신체에 대해서 불만이 많은 아이들에게는 내 몸이 편리하게 해 주거나, 좋은 점은 없는지 등을 생각하여 내 신체의 장점에 대해서 생각해 볼 수 있는 기회를 준다.

  예 작은 손 - 먹을 것을 많이 잡을 수는 없지만, 어느 크기의 장갑에나 쏙 ~ 들어간다.

  쌍커풀이 없고, 작은 눈 - 작아서 눈에 먼지나 벌레가 잘 들어오지 못한다.

  작은 키와 몸무게 - 술래잡기할 때 어디에나 숨어도 술래에게 안 잡히게 해 준다.

② 키에 대한 모든 것을 알아보아요.

- 우리반 친구들 혹은 자신이 아는 사람들 중에서 키가 작은 사람과 키가 큰 사람들을 선택하여, 키 때문에 편리한 점과 불편한 점에 대해서 조사하여 적어 본다.
- 키를 크게 하는 데 좋은 습관과 나쁜 습관(음식의 종류, 수면 시간, 생활 방식 등) 등에 대해서 책이나 부모님에게 질문하여 들은 내용을 작은 책자로 만들어 본다.

(6) 연관주제

나(자아존중감)

깃털 없는 기러기 보르카

(1) 기본정보

작가: 존 버닝햄 글, 그림/엄혜숙 역
출판사: 비룡소(원작: 1963, 한국판: 1996)
전체쪽수: 32
ISBN 89-491-1016-4
ISBN 89-491-1000-8(세트)
장르: 그림책(환상동화)

(2) 저자소개

존 버닝햄(John Burningham)은 1937년 영국에서 태어난 세계적인 그림책 작가이다. 1964년 첫 번째 그림책인 〈깃털 없는 기러기 보르카〉로 영국에서 그해 가장 뛰어난 그림책에 주는 케이트 그린어웨이 상을 받았으며, 1970년 〈검피 아저씨의 뱃놀이〉로 같은 상을 한 번 더 받았다. 간결한 글과 자유로운 그림으로 오만과 세상에 관한 심오한 주제를 표현하는 작가이다.

(3) 줄거리

보르카는 다른 형제들과 달리 깃털이 하나도 없는 기러기이다. 보르카는 엄마가 짜 준 흰 털옷을 입지만 놀림만 받는다. 보르카는 다른 기러기들의 놀림 때문에 날기와 헤엄치기를 제대로 배우지 못한다. 게다가 헤엄치기를 배우려고 노력을 해도, 털옷이 잘 마르지 않아 헤엄치기를 배우는 것도 그만둔다. 겨울이 되어 다른 기러기들은 모두 따뜻한 곳으로 날아갔지만, 날지 못하는 보르카는 가지 못한다. 보르카는 추위를 피해 다니다 크롬미 호라는 배를 타게 된다. 보르카는 크롬미 호의 선장과 선원들과 친해지지만 런던에 닿은 크롬미 호의 선장은 보르카를 큐가든에 내려놓고 다른 기러기들과 지내라고 한다. 큐가든에는 온갖 새들이 있고 누구도 보르카를 비웃지 않는다. 지금도 보르카는 큐가든에서 행복하게 살고 있고, 크롭미 호의 매칼리스터 선장과 선원인 파울러는 런던에 올 때마다 보르카를 만나러 온다.

(4) 글과 그림

그림은 종이를 덧바르고 그 위에 물감을 겹쳐 두껍게 바르는 방식을 사용하여 깊이 있고 환상적인 느낌을 자아낸다. 배경의 그림이나 색깔을 통해 주인공 보르카의 심정을 잘 표현하고 있다. 갈대 숲에서 울고 있는 보르카 위에 떠 있는 빨간 해는 타는 듯한 보르카의 마음을, 언뜻언뜻 비치는 하얀 구름은 슬픈 보르카의 마음을 잘 표현하는 듯 하다. 다른 기러기들이 모두 떠나고 혼자 남은 보르카가 비 내리는 강어귀에 다다른 장면에서는 뿌연 회색톤의 색으로 안개가 자욱하고 노을이 지는 장면을 표현하여, 암담하고 쓸쓸한 보르카의 상태를 잘 드러내고 있다. 반대로 매칼리스터 선장의 배를 타고 함께 항해하는 그림에서는 맑고 화사한 느낌으로 보르카의 밝아진 마음과 앞으로 맞이할 행복한 생활을 암시하는 듯 하다.

남과 다른 특징때문에 따돌림을 받거나, 외로움과 소외감을 느끼는 어린이에게 용기와 자신감을 주며, 다른 사람의 외모를 보고 놀리거나 거부감을 갖는 어린이에게 다른 사람을 이해하는 마음을 갖게 한다.

(5) 관련 질문과 활동

☑ 관련 질문

① 전반적인 인식을 돕는 질문

- 이 책을 읽고 나니 어떤 생각이 떠오르니?
- 큐가든에 있는 온갖 이상야릇한 새들은 어떤 특징을 가지고 있을 것 같니?

② 이해 및 고찰을 돕는 질문

- 왜 보르카는 다른 기러기들과 어울리지 못했을까?
- 보르카는 왜 가족과 함께 남쪽으로 날아갈 수 없었니?
- 왜 선장은 보르카를 함께 데려가지 않고 큐가든에 데려다 놓았다고 생각하니?

③ 기존의 해결방법에 대한 다각적인 평가와 새로운 접근을 시도해 보게
하는 질문
- 보르카가 가족과 함께 남쪽으로 날아갈 수 있었다면 보르카는 그 이후에 어떻
게 생활하게 되었을까?

④ 자기적용을 돕는 질문
- 너도 보르카처럼 몸의 모습이 친구들과 다르니? 그걸 알았을 때 기분이 어땠니?
- 네 신체적인 특징이 다른 사람과 다르다고 친구들이 놀린다면 기분이 어떨 것
같니?
- 너는 다른 친구들의 모습이 너와 다른 것을 보면 어떻게 행동하니?

◈ 관련 활동
① 보르카와 큐가든의 새를 그려 주세요
- 보르카의 모습을 그려 보고, 큐가든에서 산다는 온갖 새들의 모습과 특징을 상
상해 본다.
- 큐가든에서 보르카와 새들이 함께 행복하게 사는 모습을 그려 본다.

② 나를 따라해 봐!
- 자신의 특징을 정하고 각자 신체를 이용하여 자신이 생각하는 특별한 기러기의
모습을 만든다.
⑩ 한쪽 다리를 들고 있다. 한쪽 팔은 짧게, 한쪽 팔은 길게 등
- 술래를 정하고, 노래를 부르며 빙글빙글 돈다.
⑩ 즐겁게 춤을 추다가 그대로 멈춰라!
- 빙글빙글 돌다가 노래가 끝나는 부분에서 술래가 자신이 정한 포즈를 만들면
모두 그 모습을 똑같이 흉내 낸다.
- 동작을 똑같이 흉내 내지 못했거나 노래가 다시 시작되기 전에 움직인 사람이
술래가 된다.
- 다양한 특징을 가진 기러기들의 모습을 흉내 내며 서로 다른 특징에 대해 생각
해 보고, 신체적 특징은 달라도 친구가 될 수 있음을 알 수 있다.

(6) 연관주제
나(자아존중감), 친구삼기(새로운 환경에서 친구 사귀기, 친구가 없는
아이)

초등학교 저학년 어린이

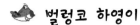

벌렁코 하영이

(1) 기본정보

저자: 조성자 글/신가영 그림

출판사: 사계절(2000)

전체쪽수: 120

ISBN 89-7196-647-5

장르: 사실동화

(2) 저자소개

조성자는 1957년 경상북도 김천에서 태어나 경기도 산정호수 근처에서 자랐다. 이때 자연 속에서 느꼈던 즐거움과 감동이 동화를 쓸 때 가장 큰 힘이 되었다고 한다. 주요 작품집으로 〈겨자씨의 꿈〉, 〈하늘 끝 마을〉, 〈송이네 여덟 식구〉, 〈날아라 된장 잠자리야〉 등이 있다.

신가영은 1962년 서울에서 태어나 이화여자대학교에서 서양화를 공부하였다. 작품으로 〈팔려가는 발발이〉, 〈꼭꼭 숨어라〉, 〈개구쟁이 노마와 현덕 동화나라〉 등이 있다.

(3) 줄거리

흥분하면 코가 벌렁벌렁거리는 버릇 때문에 벌렁코라는 별명을 가지고 있는 하영이가 무섭게 생긴 주인집 할머니를 점차 이해하게 되는 과정을 그린 이야기이다. 어느 날 하영이의 아빠는 뺑소니차에 치여서 병원에 입원하게 되고, 병원비 때문에 하영이네는 반 지하집으로 이사를 간다. 그런데 그 집 주인은 아이들을 싫어하기로 소문난 무서운 할머니이다. 사람들은 이 할머니가 눈이 빨갛고 고양이를 잡아먹는다는 소문에 근거해 '고양이 할머니'란 별명을 붙였다. 하영이는 그것이 정말인지 친구들과 쓰레기통을 뒤지면서 사실을 밝히려 애쓴다. 하지만 곧 할머니의 눈이 빨개진 건 30년 전에 꼭 하영이만한 딸을 잃어버리고 매일밤 울어서 그렇게 되었다는 것을 알게 된다. 할머니가 아픈 하영이를 보살펴 주고, 눈이 내린 겨울에 하영이와 친구들은 할머니와 눈싸움을 하면서 서로 친해진다. 사람은 겉으로 보여지는 모습뿐 아니라, 그 사람의 상황과 마음을 보려고 노력할 때 더 잘 이해할 수 있다는 것을 알게 해 주는 책이다.

(4) 글과 그림

먹으로 그린 그림이 따뜻하면서도 익살스럽다. 초등학교 1학년인 벌렁코 하영이의 깜찍하고 귀여운 캐릭터와, 고양이 할머니를 처음 만났을 때 아이들이 놀라는 표정 등이 다른 사람에 대한 두려움이나 불안감을 상징적으로 표현해 주고 있다. 아이들은 단지 말이 없고, 무섭게 생겼다는 이유만으로 할머니를 피하고 두려워한다. 이는 외모만으로 사람의 성격이나 내적인 모습을 오해하고, 그 사람의 모든 부분을 판단하려는 경향을 그대로 보여준다.

초등학교 저학년이 되면 특히 외모에 관심이 많아진다. 자신의 독특한 외모로 오해를 받고 있거나, 외모로 사람을 판단하려는 어린이들에게 사람의 외모만 보고 모든 것을 판단하는 것은 옳지 않으며, 외모뿐 아니라 마음을 볼 때 진심으로 자기 또는 다른 사람을 이해할 수 있다는 것을 가르쳐 주는 책이다.

(5) 관련 질문과 활동

  ☒ 관련 질문

  ① 전반적인 인식을 돕는 질문
    - 이 책을 덮고 나서 가장 먼저 떠오르는 생각이 무엇이니?

  ② 이해 및 고찰을 돕는 질문
    - 하영이의 별명이 왜 '벌렁코' 이니?
    - 마을 사람들은 왜 '할머니' 가 고양이를 잡아먹는다고 생각했을까?
    - 고양이 할머니는 왜 아이들에게 무섭게 대했니?

  ③ 기존의 해결방법에 대해 다각적인 평가와 새로운 접근을 시도해 보게 하는 질문
    - 할머니는 왜 다른 사람들에게 화를 내고, 친하게 지내지 않으려고 했을까?
    - 왜 하영이는 할머니에게 솔직히 물어보지 않고 할머니가 고양이를 잡아먹는다고 마음대로 생각한 걸까? 처음부터 할머니에게 솔직하게 물어봤다면 어떤 일이 일어났을까?

④ **자기적용을 돕는 질문**

- 하영이와 친구들이 할머니의 눈이 빨간 것을 보고 고양이를 잡아먹었을 것이라고 생각한 것처럼, 너도 처음 만난 사람의 겉모습만 보고 그 사람의 성격이나 행동이 어떨 것이라고 추측해 본 적이 있니? 언제 그랬었니?

- 처음에는 친구(사람)를 겉모습만 보고 나쁘게 생각했는데, 함께 지내보니까 점점 좋아지는 때가 있었니?

- 사람들은 너를 처음 만났을 때, 네 첫인상을 보고 너에 대해서 어떻게 생각할 것 같니?

- 네가 싫다고 생각되거나 무섭다고 생각하는 사람이 있니? 왜 그 사람에 대해서 그렇게 생각했니?

⊗ **관련 활동**

① **몽타주를 그려요**

- 자신, 친구, 가족의 얼굴 중에 인상 깊거나 특징적인 부분을 생각하여 몽타주를 그려 보면서 개인의 독특한 특징에 대해 인식한다.

② **친구의 아름다운 점을 찾아보아요**

- 아름다운 외모를 가진 사람이 외모를 바꾸지 않고도 아름답게 보일 때는 언제인지 이야기해 본다.

- 친구들이나 가족에게 위의 질문을 하여 그 답을 적어 오도록 한다. 외모는 내면의 모습이 표현될 때 더 아름답게 보일 수 있다는 것을 알 수 있도록 도와준다.

　예) 잘 웃을 때, 친절하고 공손하게 이야기할 때, 엄마 말을 잘 들을 때 등

③ **친구의 속상한 마음을 살펴보아요**

　준비물: 작은 상자, 쪽지(외모에 대한 기분 나쁜 말)

- 어떤 사람이 자신의 외모에 대해 하는 이야기 중에서 가장 기분이 나빴던 말, 또는 다른 사람이 들으면 기분 나쁠 것 같은 말을 쪽지에 적어서 작은 상자에 담아둔다.

- 상자에 넣은 종이를 아이들이 돌아가며 뽑아서 어떤 이야기가 적혀 있는지 함께 알아보고, 왜 그 이야기가 기분을 나쁘게 하는지 이야기해 본다.

- 그리고 그 사람이 기분 나쁘지 않도록 하려면 어떻게 이야기하는 것이 좋을지 이야기해 본다.

　예) 새우 눈, 오리 궁둥이, 짝눈, 말라깽이, 주근깨투성이, 못생겼다, 무섭게 생겼다 등

(6) 연관주제

나(다른 사람과 관계 맺기)

 '김 알렉스라는 아이' 〈동화책을 먹은 바둑이〉

(1) 기본정보

저자: 노경실 글/김명심 · 신가영 · 심은숙 그림

출판사: 사계절(2000)

전체쪽수: 120쪽 중 62~74쪽

ISBN 89-7196-724-2

장르: 사실동화

(2) 저자소개

노경실은 1958년 서울에서 태어났고 서울예술대학에서 문예창작을 공부했다. 1982년 중앙일보 신춘문예에 〈누나의 까만 십자가〉가 당선되어 작품 활동을 시작했다. 1992년 한국일보 신춘문예에 단편소설 〈오목렌즈〉가 당선되어 소설 쓰기에도 힘을 기울이고 있다. 대표작으로는 〈상계동 아이들〉, 〈지하철을 탄 천사〉, 〈아버지와 아들〉, 〈천사야 울지마〉, 〈심학산 아이들〉, 〈복실이네 가족사진〉 등 많은 동화가 있다.

(3) 줄거리

이 이야기는 박봉수라는 어린이가 알렉스라는 혼혈아를 보고 느끼는 솔직한 마음을 표현하고 있다. 아빠의 병원비 때문에 도봉동에서 미군 부대가 있는 곳으로 이사를 온 박봉수는 혼혈아인 김 알렉스와 짝이 된다. 봉수는 처음에 알렉스의 외모만을 보고 알렉스가 영어로만 말하고 외국인 같을 것이라고 생각한다. 그러나 봉수는 알렉스가 흑인 아빠와 한국인 엄마 사이에서 태어난 혼혈아이고, 사투리도 잘 할 뿐 아니라 다른 아이들과도 잘 어울린다는 것을 알게 된다. 알렉스는 봉수가 도시락을 싸오지 않으면 같이 나눠 먹자고 하고, 잡곡밥, 김치, 멸치 볶음 등도 맛있게 먹을 줄 안다. 하지만 봉수는 왠지 알렉스와 어울리는 것이 부담스럽고 싫기만 하다. 어느날 봉수는 자장면을 먹으며 알렉스에게서 "처음에는 자장면이 자신의 얼굴처럼 까매서 안 먹었다"는 이야기를 듣는다. 봉수가 "다른 친구들이 네 얼굴이 까맣다고 놀리지 않니?"라고 묻자 알렉스는 "친구들은 안 놀리고, 친구 아닌 아이들은 놀린다"고 대답을 한다. 이 말을 듣고 봉수는 자신이 알렉스와 친구가 될 수 있을지 다시 생각해 본다.

(4) 글과 그림

요즘은 그야말로 지구촌이라는 말이 무색하지 않을 정도로 우리나라에서도 세계 여러 나라의 사람들을 볼 수 있고, 다른 나라 사람들과 결혼을 하는 경우도 빈번하다. 외모가 다른 혼혈아 친구를 보며 편견을 가지던 봉수가 알렉스도 자신과 똑같은 정서를 가진 평범한 친구라는 것을 인정하고, 알렉스의 입장을 조금씩 이해하는 과정을 보여준다. 친구들 간에 서로 피부나 눈의 색깔 등 외모는 다를지라도, 친구에 대한 마음은 서로 같으며, 얼마든지 함께 좋은 친구로 우정을 나눌 수 있다는 것을 알게 해 주는 책이다. 외모로 인해 친구들 간에 따돌림을 당하거나, 독특한 외모를 가진 친구들을 피하고, 무시하려는 어린이들에게 친구 사이의 우정과 기본적인 배려에 대해서 느끼게 해 주는 책이다.

(5) 관련 질문과 활동

  ☑ 관련 질문

   ① 전반적인 인식을 돕는 질문

    - 이 책을 보고 어떤 생각이 드니?

   ② 이해 및 고찰을 돕는 질문

    - 봉수는 왜 알렉스가 불편하고 싫었을까?

    - 친구들은 얼굴이 까맣다고 놀리지 않고, 친구 아닌 아이들은 얼굴이 까맣다고 놀린다는 알렉스의 말을 듣고 어떤 생각이 드니?

    - 알렉스는 자신이 혼혈아라는 것에 대해서 어떻게 생각하는 것 같니?

③ 기존의 해결방법에 대해 다각적인 평가와 새로운 접근을 시도해 보게
하는 질문
 - 왜 사람들은 알렉스를 혼혈아라고 부르는 걸까?, 너는 그렇게 부르는 것에 대해
   서 어떻게 생각하니?
 - 봉수와 알렉스는 친구가 될 수 있을 거라고 생각하니? 왜 그러니?
 - 서로 처음 만나는 사람이 친구가 되기 위해서 필요한 조건이 있다고 생각하니?
   어떤 조건이라고 생각하니?
 - 서로 다른 언어, 얼굴 모습, 피부색을 가진 사람들끼리 서로 친해질 수 있다고
   생각하니? 왜 그렇게 생각했니?
 - 왜 사람들은 겉모습이 자신과 다르거나 이상하면 자세히 알아보지도 않고 사람
   을 싫어하거나 피한다고 생각하니?

④ 자기적용을 돕는 질문
 - 주변에서 혼혈아나 피부색이 다른 사람을 본 적이 있니? 그때 느낌이 어땠니?
 - 네가 알렉스라면 다른 사람들이 너를 어떻게 대할 때 가장 속상할 것 같니?
 - 너는 혼혈아에 대해서 어떻게 생각하니?

◎ 관련 활동

① 다양한 외모를 가진 사람들을 보았을 때의 느낌 적어보기
  준비물: 전지-다양한 외모를 가진 사람들의 모습이 그려진 그림 또는 사진과 말
      풍선이 그려져 있다.
    예 키가 작은 사람, 키가 큰 사람, 얼굴이 까만 사람, 삐삐 마른 사람, 뚱뚱한 사
      람, 얼굴에 커다란 점이 있는 사람, 얼굴이 험상궂게 생긴 사람, 대머리인
      사람, 눈이 아주 작은 사람
  - 다양한 외모를 가진 사람들의 그림이나 사진을 보고 떠오르는 생각과 느낌을
    옆의 말 풍선 안에 적는다. 그 사람이 듣고 싶은 말도 함께 적어서 붙여 볼 수
    있다.

② 봉수와 친구 알렉스의 뒷이야기 만들기
  - 봉수와 친구 알렉스의 사이가 그 이후에 어떻게 되었을지 책의 뒷이야기를 적
    어 본다.

③ 알렉스에게 띄우는 편지
  - 봉수가 알렉스에게 하고 싶은 이야기를 편지로 써 본다.

④ 혼혈아 친구 알렉스와 봉수의 이야기를 역할극 해 보기

– 역할극을 한 후, 혼혈아를 어떤 마음으로 대하는 것이 바람직한지 토론해 본다.

예 '김 알렉스라는 아이' 역할극

· 준비물: 혼혈아 역의 실감나는 분위기 연출을 위해 '알렉스'의 역을 맡은 사람
은 얼굴에 검게 분장을 한다.

· 알렉스: (가방을 싸며, 옆자리의 봉수에게 말을 건넨다.)
"봉수야, 너 지금 집에 가니? 그럼 같이 가자."

· 봉수: (알렉스의 말에 대꾸도 안 하고, 가방을 싼다.)

· 봉수: (알렉스에게는 눈길도 주지 않고, 다른 편의 옆 자리에 앉은 다른 친구에
게만 말한다.) "같이 가자."

· 알렉스: "우리 집은 너네 집에서 아주 가까워."

· 봉수: (알렉스에게 아무 말 없이 가방을 챙겨서 혼자 걸어나간다.)

· 알렉스: (봉수 옆을 뛰어가 손을 잡아끌며) "우리 집 자장면 가게 하는데 같이
가자."

· 봉수: "싫어, 안 가." (뿌리치다가 못 이기는 척 알렉스를 따라간다.)

· 알렉스: "봉수야, 자장면 좋아해? 나는 처음에는 자장면이 내 얼굴처럼 까매서
안 먹었어. 자장면 먹으면 더 까매질까봐."

· 봉수: "친구들이 네 얼굴이 까맣다고 놀리지 않니?"

· 알렉스: "친구가 아닌 아이들은 놀리는데, 친구인 아이들은 안 놀려."

· 봉수: 이때 봉수가 했음직한 말을 봉수 역을 맡은 아이가 이야기하고, 그 다음
에는 봉수 역을 맡지 않은 아이도 돌아가면서 한 마디씩 봉수가 되어 이
야기를 해 본다.

예 역할극 후의 토의활동

– 집에 가자는 알렉스의 말에 봉수가 아무 대꾸도 하지 않았을 때, 알렉스의 기분
은 어땠을까?

– 알렉스를 어떻게 대해야 한다고 생각하니? 왜 그렇게 대해 주어야 한다고 생각
하니?

(6) 연관주제

친구삼기(아름다운 우정 쌓기, 친구가 없는 아이)

초등학교 고학년 어린이

 어디 뚱보 맛 좀 볼래?

(1) 기본정보

저자: 모카 글/아나이스 보젤라드 그림/최윤정 역

출판사: 비룡소(원작: 1995, 한국판: 1999)

전체쪽수: 65

ISBN 89-491-6050-1

장르: 사실동화

(2) 저자소개

모카(Moka)는 1968년 아브르의 예술가 집안에서 태어나서 어린 시절 〈계단 C〉라는 첫 작품으로 큰 성공을 거두었다. 어린이와 청소년을 위해 많은 책을 쓴 그녀는 영화와 텔레비전 분야에서 시나리오 작가로도 활동하고 있다.

아나이스 보젤라드(Anais Vaugelade)는 1973년 파리에서 태어났다. 어린 시절 부모와 함께 목가적인 생활을 경험하기도 한 그녀는 파리로 돌아온 후엔 미술 학교 과정을 마쳤고 수십 권의 책에 그림을 그렸다.

(3) 줄거리

주인공 앙리는 뚱뚱하다는 이유로 언제나 친구들에게 놀림을 당한다. 그런 탓에 다이어트를 결심해 보지만 마음처럼 쉽지가 않다. 앙리는 삼촌이 마른 체형 때문에 오히려 열등감을 가지고 있다는 이야기를 듣고 새로운 결심과 마음가짐을 갖는다. 또 일본 스모 선수를 보게 된 이후 앙리는 자신을 놀리는 줄리앙을 번쩍 들어 내동댕이쳐버린다. 그 일 이후로는 친구들이 앙리를 놀리지 못하게 되고 앙리 스스로도 자신감을 갖고 학교생활을 하게 된다.

(4) 글과 그림

이 책은 뚱뚱한 외모로 인해서 친구 관계, 학교생활, 자기의 삶에 대한 의미를 찾지 못하던 앙리가 스스로 자신의 장점을 발견해내고, 친구 관계도 회복해 나가는 과정을 사실적으로 표현하고 있다. '앙리' 라는 이름에서조차도 바람이 잔뜩 들어간 풍선과 같은 자신의 뚱뚱한 몸이 연상된다고 생각하는 주인공의 모습, 친구들의 놀림에서 피하고 싶은 마음과 여자 친구에게 잘 보이고 싶은 마음 때문에 필사적으로 다이어트를 하는 주인공의 모습, 급격한 다이어트 때문에 수업시간에도 모든 것들이 먹을 것으로 연상되는 모습 등 다이어트를 하는 주인공의 고통이 잘 묘사되고 있다. 외모로 인한 이런 열등감은 주변 사람들이 긍정적으로 그 사람의 장점을 인정하고 격려해 줄 때 가장 잘 극복할 수 있다는 것을 보여주는 이야기이다.

(5) 관련 질문과 활동

☒ 관련 질문

① 전반적인 인식을 돕는 질문

- 이 책을 보고 어떤 생각이 드니?

② 이해 및 고찰을 돕는 질문

- 앙리가 뚱뚱해진 가장 큰 이유는 무엇이라고 생각하니?
- 왜 앙리는 스모 선수가 되어야겠다고 생각을 했을까?
- 앙리는 어떻게 해서 자신의 몸에 대해 자신감을 갖게 되었니?

③ 기존의 해결방법에 대해 다각적인 평가와 새로운 접근을 시도해 보게 하는 질문

- 앙리가 왜 음식을 비정상적으로 많이 먹는다고 생각하니?
- 앙리가 계속해서 자신이 뚱뚱하다는 것 때문에 속상해하기만 했다면 친구들은 앙리를 어떻게 대했을까?
- 앙리와 반대로 바싹 마른 사람들은 자신의 몸에 대해서 어떻게 생각할까? 속상한 점은 없을까? 어떤 것이 속상할까?
- 앙리가 굶어서 살이 빠졌다면 앙리는 그 이후에 어떻게 되었을까?

④ 자기적용을 돕는 질문

- 뚱뚱해질까봐 걱정을 해 본 적이 있니? 언제 그런 생각을 했었니?
- 뚱뚱해지지 않으려고 노력을 해 본 적이 있니? 어떻게 했었니?
- 음식을 먹을 때 먹는 양이 생각하는 것처럼 조절되지 않을 때가 있니? 언제 그

랬니?

- 주변에서 지나치게 뚱뚱한 사람을 본 적이 있니? 그런 사람을 보았을 때 그 사람에게 어떻게 행동했니?

- 만약에 네가 다른 사람에 비해서 많이 뚱뚱하다면, 어떨 때 가장 속상할까?

⊘ 관련 활동

① 난 이렇게 먹는구나!

- 다양한 음식을 섭취했을 때 칼로리 양과 운동을 했을 때의 칼로리 소모량을 조사해 본다.

- 그리고 지나치게 뚱뚱하거나 마르지 않은 건강한 체격을 유지하기 위해서 '건강을 유지하는 식습관 목록표' 를 만들어서 붙인다.

- '섭식습관 목록표' 의 실천 여부를 확인하는 란을 만들어 직접 실천할 수 있도록 한다.

② 속마음은 이거야

- 뚱뚱한 앙리와 그 친구들의 모습을 막대 인형으로 만들고, 특정한 상황을 주어 각자 그 입장에서 생각하는 속마음을 막대 인형을 이용하여 이야기해 본다.

  ⑩ 특정한 상황에 하고 싶은 말 해 보기

  앙리에게 뚱뚱하다고 친구들이 놀렸을 때 앙리가 친구들에게 하고 싶은 말, 친구들이 앙리를 놀렸을 때 앙리가 속상해하고 의기소침해 하는 모습을 보고 친구들이 앙리에게 하고 싶은 말

③ 우리 모두 잘 할 수 있어요

- 우리 주변에서 뚱뚱한 사람들이 잘 해낼 수 있는 분야, 뚱뚱하지만 여러 가지 분야에서 뛰어난 업적과 성취를 이룬 사람들에 대해서 조사해 본다(예: 씨름, 스모 등).

(6) 연관주제

나(자아존중감)

난 키다리 현주가 좋아

(1) 기본정보

작가: 김혜리 글/남은미 그림

출판사: 시공주니어(2001)

전체쪽수: 104

ISBN 89-527-0997-7

장르: 사실동화

(2) 저자소개

김혜리는 경희대학교 신문방송대학원을 졸업하고, 1995년 한국일보 신춘문예에서 동화 〈마지막 선물〉이 당선되었으며, 1996년 삼성문학상 동화 부문에서 수상했다. 작품으로는 〈보보의 모험〉, 〈은빛 날개를 단 자전거〉, 〈진희의 스케치북〉, 〈크게 웃지 마 슬퍼하지도 마〉, 〈강물이 가져온 바이올린〉, 〈달려라 미돌이〉, 〈날개 달린 아이들〉, 〈빨간 우체통〉, 〈단풍나라로 가는 배〉, 〈미루나무가 쓰는 편지〉 등이 있다.

남은미는 홍익대학교 산업미술대학원에서 광고디자인을 공부하고 현재 어린이책에 그림을 그리고 있다. 〈탈춤 추는 마을〉, 〈낡은 구두 한 짝, 무얼 할까?〉, 〈도마뱀 도 기차 기 오소리 오〉, 〈꼬보 막동이〉 등에 그림을 그렸다.

(3) 줄거리

초등학교 3학년인 승우는 새 학년 첫 날, 곤경에 빠진 자기를 도와준 현주에게 첫눈에 반한다. 현주한테 마음을 전달하는 것도 문제인데 승우한테는 한 가지 걱정이 더 있다. 현주는 같은 반 여자 아이들 중에서 키가 가장 큰데, 승우는 일명 '땅꼬마' 라고 불리는 것이다. 먹기 싫던 우유도 열심히 마시고 음식도 가리지 않고 먹고, 심지어 한약까지 먹어 보지만 크라는 키는 안 크고 살만 찌니 속상하다. 학원 맨 뒷자리에 앉아 이제나 저제나 애만 태우던 승우는 현주에게 떡볶이를 사주려고 엄마 지갑에 손을 대는 사건까지 벌인다. 당연히 엄마에게 크게 야단을 맞고 저녁밥까지 굶어야 하는 수모를 겪지만 현주는 여전히 승우의 마음을 몰라 준다. 승우는 생각다 못해 친구들에게 운동장에서 '현주야, 사랑해' 라고 쓴 플래카드를 들게 한다. 승우는 엉뚱하지만, 용기 있는 행동으로 곧 학교에서 유명인사가 되고 현주와 가장 친한 친구가 된다.

(4) 글과 그림

요즘 아이들의 성장 지수가 빨라지면서, 어려서부터 이성에게 관심이 높다는 것에 초점을 두고 글이 전개된다. 이제 막 여자 친구에게 관심을 갖게 되고, 그런 자신의 마음을 표현하고 싶은 아이의 솔직하고 순수한 마음을 잘 그리고 있다. 이야기 전개를 일인칭 주인공 시점으로 묘사하여 마치 승우의 일기장을 보는 듯한 느낌을 준다. 여자 친구한테 잘 보이기 위해 도둑질이라는 극단적인 방법을 취하지만, 그것이 오히려 외곬으로 파고드는 아이다운 모습을 잘 드러내고 있다. 또한, 그러한 아이에게 용돈을 쥐여 주며 용돈을 잘 쓸 수 있도록 격려하는 아빠의 모습에서 자녀에 대한 조용하지만 따뜻한 사랑과 믿음을 볼 수 있다. 결국 좋아하는 여자 친구에게 플래카드를 써서 사랑을 고백하는 장면은 깜찍, 발랄하면서도 솔직한 요즘 아이들의 모습을 단적으로 표현하고 있다. 가족의 따뜻한 사랑과 배려 속에서 자신의 문제를 스스로 해결해 나가면서 건강하게 성장하도록 한다.

(5) 관련 질문과 활동

☒ 관련 질문

① 전반적인 인식을 돕는 질문
- 승우에게 해 주고 싶은 말이 있니?

② 이해 및 고찰을 돕는 질문
- 왜 승우를 '땅꼬마' 라고 불렀을까?
- 승우는 한의원에서 지은 '밥맛이 생겨서 키를 크게 하는 약' 을 먹고 어떻게 되었니?
- 승우는 왜 키가 크고 싶다고 생각했니?

③ 기존의 해결방법에 대한 다각적인 평가와 새로운 접근을 시도해 보게 하는 질문
- 승우처럼 키가 작은 것이 더 좋은 경우는 언제일까?

- 현주처럼 키가 큰 것이 꼭 좋은 점만 있을까? 나쁜 점이 있다면 어떤 것이 있을까?
- 승우가 키가 작다고 속상해하기만 하면서 결국 현주에게 마음을 전하지 못했다면, 그 이후에 승우는 자신에 대해서 어떻게 생각하게 되었을까?

④ 자기적용을 돕는 질문
- 너도 네 외모 중에 마음에 들지 않은 부분이 있니? 왜 그렇게 생각하니?
- 만약 네가 좋아하는 사람이 너보다 키가 훨씬 크거나 또는 작다면 어떻게 하겠니?

♥ 관련 활동
① 깡통 말놀이
- 빈 깡통 두 개를 준비하고 깡통 바닥에 구멍을 뚫은 다음 줄을 단다.
- 각 깡통 위에 발을 올리고 줄을 손으로 잡고 걷는다.
- 빨리 달리기 또는 장애물 사이 걷기를 해 본다.
- 그냥 걸을 때와 깡통 위에 올라가서 걸을 때의 느낌을 말해 본다.
   예 멀리까지 볼 수 있다, 다른 아이보다 키가 커져서 기분이 좋다, 머리가 부딪힐 것 같아서 무서웠다.

② 나와 너무 다른 이성 친구
- 이성 친구와 동성 친구의 다른 점에 대해 이야기 나누어 본다.
- 자신과 정반대의 특징을 가진 이성친구를 상상하여 그려 본 다음, 그런 친구를 만난다면 기분이 어떨지 이야기 나누어 본다.
- 자신과 다른 이성친구를 그린 그림 옆의 말풍선 안에 이성 친구에게 하고 싶은 말을 써 본다.

(6) 연관주제

나(자아존중감) , 친구삼기(아름다운 우정 쌓기)

2) 신체장애

신체장애는 전신장애 등의 신체 전반의 불편함뿐 아니라, 시각장애, 청각장애처럼 일부기관의 장애처럼 다양한 형태로 나타날 수 있다. 이러한 장애들은 특정한 원인에 의해 혹은 여러 복합적인 원인에 의해 나타나는데, 중요한 것은 이러한 장애가 개인의 전부를 의미하는 것이 아니라 개인이 가진 단지 하나의 특징이라는 사실을 인식하는 것이다.

그러므로 독서치료를 통해 장애를 가진 등장인물을 사실적으로 다루되, 장애는 단지 그 인물이 가진 여러 특징 중의 하나임을 깨닫게 하고자 한다. 장애를 가지면 남과 달라서 조금 불편하고 어려운 점이 있지만, 얼마든지 극복할 수 있으며 다른 사람과 함께 행복하게 살 수 있다. 장애가 있는 사람들과 장애가 없는 사람들이 자신과 타인에 대한 편견을 없애고 서로 마음을 열어, 이해하려는 마음을 가져야 한다는 것을 느끼게 하는 것이다.

유아

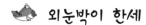 **외눈박이 한세**

(1) 기본정보

    저자 : 곽재구 글/심미아 그림

    출판사 : 미세기(1998)

    전체쪽수 : 30

    ISBN 89-7687-247-9

    장르 : 그림책(환상동화)

(2) 저자소개

곽재구는 1954년 광주에서 태어났다. 〈사평역에서〉, 〈서울 세노야〉, 〈참 맑은 물살〉 등 많은 시집이 있다. 〈서울 세노야〉로는 신동엽 창작기금을, 〈참 맑은 물살〉로는 동서문학상을 받았다. 〈내가 사랑한 사람, 내가 사랑한 세상〉이라는 기행산문집을 냈으며, 〈아기참새 찌꾸〉, 〈초원의 찌꾸〉, 〈세상에서 제일 맛있는 짜장면〉이란 동화책도 썼다.

심미아는 1966년 서울에서 태어났다. 어린이 책의 그림을 주로 그리고 있으며, 〈수염 할아버지와 모자〉, 〈브레멘 음악대〉, 〈난쟁이와 구두방〉 등이 있고, 제2회와 3회 출판미술대전에서 특별상을 받았다.

(3) 줄거리

　지리산 산골 마을의 아기 고양이 한세는 외눈박이이다. 보름달처럼 크고 동그란 눈 하나가 이마 한가운데 달려 있다. '한세'라는 이름은 '한 눈으로 보는 세상'이라는 뜻이다. 숲 속 동물들은 모두 한세를 외눈박이라고 놀린다. 한세가 두 눈을 갖고 싶다고 울자 엄마는 하늘에서 가장 아름다운 커다란 보라색 별이 외눈박이라는 전설을 한세에게 말해 준다. 외눈박이 보라색 별의 이야기를 숲 속 친구들이 아무도 믿지 않자, 한세는 조각달을 타고 보라색 별을 찾아간다. 한세가 직접 보니 보라색 별은 정말 외눈박이였다. 보라색 별은 한세에게 세상의 모든 별들은 다 외눈박이이며, 두 눈보다 더 아름다운 한 눈이 있다고 말해 준다. 한세의 눈썹 위에 보라색 별 모양의 조그만 리본을 달아 주고, 친구들에게 줄 색색의 별 리본도 선물로 준다. 한세가 숲 속으로 돌아온 후 아무도 한세를 외눈박이라고 놀리지 않게 된다.

(4) 글과 그림

　착하고 순수한 마음을 지닌 외눈박이 고양이 한세와 아름다운 숲 속 마을을 노란색, 보라색, 갈색 계통의 수채물감을 이용하여 파스텔톤으로 아름답게 묘사하고 있다. 전체적으로 따뜻하고 환상적인 분위기가 느껴진다. 외눈박이 한세와 보라색 별이 가진 하나의 눈이 정말 크고 아름답게 그려져 있고, 표정과 모습도 친근하고 귀엽게 그려져 있다. 그림을 보는 사람에게 한쪽 눈을 가진 외형적인 결점이 어색하거나 특별한 결점으로 여겨지지 않고 한세와 별이 가진 하나의 독특한 모습으로 받아들여질 수 있도록 자연스럽게 표현하였다.

　"두 눈보다 아름다운 한 눈이 있다"는 보라색 별의 말은 글을 읽는 사람에게 아름다운 것은 겉으로 보이는 것이 아니라, 그 사람이 가진 마음과 생각에 달려 있다는 것을 느끼게 한다. 장애를 가진 어린이 스스로 혹은 장애를 가진 다른 사람들을 무시하거나 잘 이해하지 못하는 어린이에게 장애에 대해서 다시 한 번 생각해 볼 기회를 주는 책이다.

(5) 관련 질문과 활동

◁ 관련 질문

① 전반적인 인식을 돕는 질문
- 이 책을 읽고 나니 어떤 기분이 드니?
- 가장 기억에 남는 장면은 무엇이니?

② 이해 및 고찰을 돕는 질문
- 왜 엄마는 한세에게 세상에서 가장 아름다운 보라색 별에 관한 이야기를 해 주었을까?
- 한세는 보라색 별을 만나기 전에 자기 모습에 대해 어떻게 생각했니? 보라색 별을 만나고 나서는 어떻게 달라졌니?
- 보라색 별은 왜 한세에게 보라색 별 리본과 다른 친구들에게 줄 색색가지의 별 리본을 주었을까?
- 한세가 두 눈을 다 가지고 있었더라면, 보라색 별이 외눈박이라는 엄마의 말에 대해서 어떻게 생각했을까?

③ 기존의 해결방법에 대해 다각적인 평가와 새로운 접근을 시도해 보게 하는 질문
- 만약 보라색 별이 외눈박이가 아니라 두 눈을 다 가지고 있었다면, 한세는 어떤 기분이 들었을까?

④ 자기적용을 돕는 질문
- 너도 한세처럼 친구들과 다른 신체적 특징이 있니?
- 너도 한세처럼 모습이 친구들과 다르다는 이유로 친구들에게 놀림을 받은 적이 있니? 그때 마음이 어땠었니?
- 만약 네가 한세라면 너를 놀리는 친구들에게 어떤 말을 해 주고 싶니?
- 너도 친구를 놀린 적이 있니? 어떤 경우에 그랬었니? 그때의 네 기분은 어땠었니?

◁ 관련 활동

① 한세에게 보내는 편지
준비물: 편지지 혹은 커다란 색지, 연필 또는 사인펜 등의 필기 도구
- 눈이 하나밖에 없어서 속상해 하고 있는 고양이 한세에게 용기를 줄 수 있는 말을 하나씩 적어서 위로의 편지를 써 본다.

② 한세 사랑 배지를 달아요

준비물: 고양이 얼굴 모양으로 오려진 다양한 색깔과 재질의 모양 종이

- 모양 종이 위에 외눈박이 한세의 얼굴과 표정을 그려 넣고, 그림 위에 옷핀을 꽂아서 배지를 만든다.
- 한세처럼 나와 다른 특징이나 모습을 가지고 있는 사람(생물)들을 이해하고, 함께 잘 지내고 싶은 사람들은 가슴 위에 배지를 단다. 하고 싶은 말을 배지에 함께 적어도 좋다.

(6) 연관주제

나(자아존중감), 질병과 죽음 그리고 생명(질병)

🐾 우리도 똑같아요

(1) 기본정보

저자: 보리기획 글/박경진 그림

출판사: 보리(2001)

전체쪽수: 21

ISBN 89-8428-075-5

ISBN 89-8428-066-6(전 50권)

장르: 그림책(사실동화)

(2) 저자소개

보리기획은 좋은 어린이 책을 만들려는 사람들이 모인 기획 집단으로 〈개똥이 그림책〉과 〈달팽이 과학동화〉를 기획하고 편집했다.

박경진은 1962년 서울에서 태어나 서울대학교에서 서양화를 공부하였고, 〈개똥이 그림책〉 가운데 〈아이쿠 아야야〉, 〈흉내쟁이 찍찍이〉, 〈아기 도깨비 네 집〉, 〈바위와 소나무〉 등을 그렸다. 〈달팽이 과학 동화〉 가운데 〈나랑 같이 놀자〉, 〈아기가 태어났어요〉, 〈더 깊이 가 보자〉, 〈다시 살아난 찌르〉, 〈나무 의사 딱따구리〉를 그렸다. 또 〈팥죽할멈과 호랑이〉, 〈뿌뿌의 그림일기〉 등을 그렸다.

(3) 줄거리

이 책에는 다양한 장애를 가진 어린이들이 많이 등장한다. 다리가 없지만 씩씩하게 사는 주인공인 나, 말은 못 하지만 손으로 수화를 하는 시내, 귀가 멀어서 들을 수는 없지만 무엇이든 잘 만드는 돌이, 앞을 못 보지만 손과 귀로는 무엇이나 알아맞히고 손가락으로 책을 읽는 가람이, 소아마비를 앓아서 잘 못 걷지만 팔씨름은 잘하는 두리, 뇌성마비를 앓아서 몸을 가누지 못하지만 착한 나리, 사고로 두 팔을 잃었지만 발로 그림도 그리고 글씨도 쓰는 정순 언니, 허리를 다쳐서 걷지 못하지만 바퀴 달린 의자를 타고 어디나 다니는 한길이 등 이 세상에는 나를 포함해서 몸을 잘 못쓰는 사람이 많지만, 모두 열심히 살아간다고 이야기한다.

(4) 글과 그림

이 책에는 주인공인 나와 나의 친구들인 여러 장애를 가진 다양한 모습의 어린이들이 등장한다. 시각장애, 청각장애, 소아마비, 뇌성마비, 팔과 다리를 잃은 장애아동들이 각자 불편하지만 그 외형적인 장애 속에서도 각자가 할 수 있는 일을 찾아서 최선을 다해 생활하고 있는 모습을 글과 그림을 통해서 보여주고 있다. '이 세상에는 우리처럼 몸을 잘 못 쓰는 사람이 많아요. 그렇지만 우리는 열심히 살아요' 라는 책의 마지막 구절과 장애를 가진 모든 아이들이 함께 밝게 웃으며 놀이를 하는 장면은 밝고 행복하게 살아가는 장애아들의 모습을 잘 표현하고 있다. 따라서 우리 주변에서 함께 살아가고 있는 장애아들의 모습에 대해서 일깨워 주며, 함께 생활을 영위하는 생활 공동체라는 인식을 갖게 해 준다.

(5) 관련 질문과 활동

☑ 관련 질문
① 전반적인 인식을 돕는 질문
- 이 책을 덮고 나서 어떤 생각이 들었니?
② 이해 및 고찰을 돕는 질문
- 여러 가지 장애가 있는 주인공들은 어떤 점이 불편할까?

> **예** 다리가 없는 아이, 말 못하는 아이, 듣지 못하는 아이, 앞을 못 보는 아이,
> 소아마비, 뇌성마비, 팔 없는 아이

- 장애를 가진 각 주인공들이 잘하는 것은 무엇이니?

③ 기존의 해결방법에 대해 다각적인 평가와 새로운 접근을 시도해 보게
하는 질문

- 장애를 가진 여러 주인공들 중에서도 어떤 친구가 가장 힘들고 불편할 것 같니?
왜 그렇게 생각했니?
- 장애를 가지고 태어나지 않았던 사람들이 장애를 갖게 되는 것은 어떤 경우라
고 생각하니?
- 장애를 가진 주인공들은 장애가 없는 사람들을 보면 어떤 생각을 할 것 같니?
- 장애를 가진 친구와 장애를 갖지 않은 친구들의 생활을 비교해 볼 때 어떤 점이
같고, 어떤 점이 다를까?

④ 자기적용을 돕는 질문

- 네 주변에서 이 책의 주인공들과 같이 장애를 가진 친구(사람)들을 본 적이 있
니? 이런 친구들을 보고 어떤 생각을 했니?
- 너에게 남과 다른 신체적인 특징이 있니?
- 만약에 네가 남과 신체적으로 다르더라도 다른 사람들이 너에게 어떻게 행동했
으면 좋겠니?
- 네가 주인공들 중의 한 명과 같은 장애를 가지고 있다면, 언제 가장 기분이 나
쁘고 속상할 것 같니?

⊘ 관련 활동

① 장애를 가진 친구는 어떤 물건이 필요할까?

준비물: 그림 카드(여러 종류의 장애를 가진 친구들 모습), 우유팩, 휴지속대, 스
티로폼 등의 다양한 폐품류

- 여러 종류의 장애를 가진 친구들의 모습이 그려진 그림 카드를 보고, 각 친구
들에게 필요한 도구를 글로 적어 보거나 다양한 폐품을 이용하여 직접 만들어
본다.

> **예** 여러 종류의 장애를 가진 친구들의 모습이 그려진 카드; 다리가 없는 아이,
> 말 못하는 아이, 듣지 못하는 아이, 앞을 못 보는 아이, 소아마비, 뇌성마비,
> 팔 없는 아이 모습.

- 현재 장애를 가진 사람들이 사용하고 있는 도구나, 현재에는 없지만 앞으로 개

발되면 장애를 가진 사람들에게 도움이 될 만한 도구를 창의적으로 만들어 볼수도 있도록 격려한다.

> 예 장애를 가진 친구들에게 필요한 여러 가지 도구들
> 앞을 못 보는 아이 - 안내견, 위험물이나 장애물을 감지하여 알려주는 인공지능 신발
> 소아마비 - 육교의 휠체어 리프트
> 말 못 하는 아이 - 다양한 형태와 그림으로 여러 가지 상황이나 위험을 미리알려 주는 교통 및 안내 표지판

② **행복한 우리 마을 그리기**

- 여러 가지 장애를 가진 사람들이 장애를 가지지 않은 사람들과 각자의 역할을하면서 함께 모여서 행복하게 사는 동네(마을)의 모습을 이야기한다.
- 그리고 그 마을의 모습을 협동 작품으로 그려 본다.
- 마을의 각 기관에서 장애를 가진 사람들이 할 수 있는 일에는 어떤 것이 있을까?

> 예 다리가 없는 사람들도 휠체어에 앉아서 슈퍼마켓이나 은행에서 사람들에게세금을 받거나 돈이나 영수증을 주는 일을 할 수 있어요.

- 다양한 종류의 장애가 있는 사람들과 장애가 없는 사람들이 같은 동네에서 화목하게 서로 돕고 살아가려면 마을 사람들이 서로 어떻게 행동하는 것이 좋은지 이야기해 본다.

> 예 다리가 없는 친구의 휠체어가 잘 굴러갈 수 있도록 마을 주변이나 학교 운동장의 돌을 치워 주거나, 겨울의 빙판길(아파트 언덕길)에 제설제를 미리 뿌려둔다.
> 팔이 없는 친구를 위해 유치원 가방을 들어준다. 팔이 없는 친구가 할 수 있는 놀이(축구)를 함께 한다.

(6) 연관주제

나(자아존중감, 다른 사람과 관계맺기), 질병과 죽음 그리고 생명(질병)

초등학교 저학년 어린이

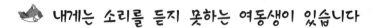 내게는 소리를 듣지 못하는 여동생이 있습니다

(1) 기본정보

저자: J. W. 피터슨 글/D. K. 레이 그림

출판사: 히말라야(한국판: 1995)

전체쪽수: 30

ISBN 89-86261-00-6

장르: 그림책(사실동화)

(2) 줄거리

내게는 여동생이 하나 있다. 소리를 듣지는 못하지만 아주 특별한 여동생이다. 내 동생은 소리를 못 듣기 때문에 노래를 부르지는 못 하지만 손가락으로 전해지는 소리를 느껴서 피아노도 칠 줄 안다. 사다리도 잘 오르고, 내 입술만 보고도 내 말을 알아듣고, 아주 작게 흔들리는 풀잎의 소리도 들을 줄 아는 특별한 동생이다. 천둥이 치고 비바람이 쳐도 무서워하지 않고 쌔근쌔근 잠이 들고, '공'을 '겅'이라고 발음하는 정도로만 말할 수 있다. 손가락으로(수화로) 혹은 쉰 듯한 목소리로 말하기도 하고, 가끔씩은 큰 소리로 외쳐서 사람들을 놀라게 하기도 한다. 하지만 나는 내 동생이 소리를 듣지는 못하지만 너무나 사랑스럽다.

(3) 글과 그림

청각장애가 있는 여동생의 언니인 주인공이 일상생활 속에서 동생을 바라보며 느끼고 생각한 것을 펜과 색연필 등을 이용하여 흑백의 그림으로 잔잔하게 표현하고 있다. 청각장애 여동생이 가족, 친구들과 함께 생활하는 모습들을 예쁘거나 과장되지 않은 글과 그림으로 사실적이면서도 따뜻하게 표현한다. 청각장애를 가진 동생을 바라보는 언니의 마음을 아주 편안하면서도 솔직하게 묘사하고 있다.

이 책은 장애아가 있는 가족의 일상의 모습들을 보여 줌으로써, 장애아와 함께 생활하면서 느끼는 기분, 어려움, 그러나 서로 사랑하며 행복하게 살아가는 방법을 잘 보여주는 책이다. 신체적인 장애를 가지고 있거나, 그런 형제·자매가 있는 가족들, 그리고 주변에서 이런 가족들을 접할 가능성이 있는 우리 모두가 편견 없이 자신이나 다른 사람들의 장애를 인정하고 이해하는 데 도움이 되는 책이다.

(4) 관련 질문과 활동

☑ 관련 질문

① 전반적인 인식을 돕는 질문
- 이 책을 덮고 나니까, 어떤 생각이 들었니?
- 주인공인 언니 또는 소리를 듣지 못하는 동생에게 어떤 말을 해 주고 싶니?

② 이해 및 고찰을 돕는 질문
- 소리를 듣지 못하는 동생과 주인공이 함께 할 수 있는 것에는 어떤 것이 있니?
- 동생이 소리를 듣지 못하기 때문에 주인공인 언니보다 더 좋고, 편리한 점에는 어떤 것이 있니?
- 소리를 못 듣는 동생과 함께 놀거나 생활할 때는 어떤 것들을 주의해야 할까?
- 왜 주인공인 언니는 소리를 듣지는 못하지만, 동생이 너무나 사랑스럽다고 이야기한 것일까?

③ 기존의 해결방법에 대해 다각적인 평가와 새로운 접근을 시도해 보게 하는 질문
- 소리를 못 듣는 동생 때문에 언니가 답답하고 화가 나는 적이 있었을까? 어떤 경우일까?
- 소리를 듣지 못하는 동생의 마음은 어떨까?

④ 자기적용을 돕는 질문
- 만약에 네게 소리를 듣지 못하는 동생이 있다면, 너는 친구들이나 다른 사람들에게 그 동생에 대해서 어떻게 소개하고 싶니?
- 주변에서 소리를 못 듣는 사람들, 수화로 이야기하는 사람들을 본 적이 있니? 그런 사람들을 보았을 때 너는 어떤 생각이 들었니?
- 네가 만약 소리를 듣지 못한다면, 어떤 것이 가장 힘들 것 같니? 사람들이 너한테 어떤 도움을 주었으면 좋겠니?

◇ 관련 활동

① 내 마음의 소리를 들어보세요

- 소리를 못 듣는 사람들에게 말하고 싶은 생각이나 사랑하는 마음을 전달하는 방법에 대해 이야기를 나눠 본다.

　예 포옹, 악수, 손잡기 등의 신체적인 접촉하기, 친근하고 따뜻한 눈빛 보내기, 간단한 수화 배우기, 글로 자신의 생각 쓰기, 인터넷이나 핸드폰의 문자 메시지 보내기

- 장애를 가진 사람들과 의사소통하며 함께 생활할 수 있는 방법에 대해서 아이들이 인식할 수 있도록 격려한다.

② 수화로 이야기해 보아요

- 형제, 자매, 친구들이 함께 할 수 있는 간단한 수화 표현들을 알아보고, 함께 해 본다.

　예 안녕, 잘 자, 밥 먹었어, 사랑해 등

③ '장애(어려움)를 극복한 사람들' 에 관한 기사 모음집을 만들어요

준비물: 여러 가지 장애(시각, 청각, 뇌성마비, 소아마비 등)를 극복한 사람들에 관한 신문 기사, 스프링 노트

- 여러 가지 장애를 가진 사람들이 시련과 어려움을 겪었던 이야기, 그 고난들을 극복하고 훌륭한 일을 해낸 사실들이 실려 있는 신문 기사를 준비하여 함께 내용을 읽어 보고, 스프링 노트에 붙여서 기사 모음집을 만든다.

- 각 기사의 위나 혹은 아래에 한두 줄로 그 기사의 주인공에게 하고 싶은 이야기, 기사를 읽은 느낌을 적어 본다.

④ 장애인의 날에 대해 알아보아요

- 우리 주변에 어떤 종류의 장애를 가진 사람들이 있는지 이야기를 나눈다.

- 장애인의 날은 언제이며, 어떤 취지로 만든 것인지, 어떤 행사를 하는지 등에 대해 함께 이야기를 나눈다.

- 장애아들이 있는 기관을 방문하여, 장애를 가진 친구들과 함께 이야기를 나누거나, 함께 놀이하기 등의 활동을 해 본다.

(5) 연관주제

가족(일반 가족-형제), 질병과 죽음 그리고 생명(질병)

🐟 민수야 힘내

(1) 기본정보

작가: 아오키 미치오 글/하마다 케이코 그림/
　　　이영준 역
출판사: 한림출판사(원작: 1996, 한국판: 2000)
전체쪽수: 32
ISBN 89-7094-252-1
장르: 그림책(사실동화, 점자책도 나와 있음)

(2) 저자소개

아오키 미치요(Aoki Michiyo)는 1933년 요코스가에서 태어나 '장애를 가진 사람들, 어린이들과 함께 걷는 네트워크'와 같이 장애인들이 정상적으로 살 수 있도록 돕기 위해서 통합적인 이벤트를 개최하는 일을 하고 있다. 대표작으로는 그림 연구 〈갓짱의 야구〉(AVACO 출판), 〈스웨덴의 마음을 찾아서〉(공저, 일본 기독교단 출판국) 등이 있다.

하마다 케이코(Hamada Keiko)는 1947년 사이다마 현 가와구치 시에서 태어나 구와자와 디자인 연구소를 졸업하고 다나카 잇코 디자인실에 근무한 후, 어린이책에 그림을 그리기 시작했다. 대표적인 그림책으로는 〈아야짱이 태어난 날〉(후쿠잉칸 쇼텐), 〈개구쟁이 유치원〉(동심사) 등이 있다.

(3) 줄거리

민수는 아기때 큰 병을 앓아 혼자서는 서지도 걷지도 못하고 말도 제대로 하지 못한다. 어느 날 아침 민수를 잘 이해하는 친구 지애는 유치원 오는 길에 숲에서 고양이 가족이 자고 있는 모습이 마치 방석처럼 보였다고 민수에게 이야기한다. 민수와 지애가 누워 있는 호두나무 아래에 모여든 친구들이 모두 함께 '고양이 방석' 놀이를 한다. 그리고 산비둘기가 호두나무 꼭대기에 앉아 있는 것을 본 지훈이가 나무에 오르기 시작한다. 지애와 친구들은 민수도 나무 위에 올려 주고 싶지만, 잘 되지 않는다. 그때 선생님이 와서 넓은 띠로 민수를 업고 나무에 오른다. 민수는 고양이 방석(고양이 두 마리)이 점같이 조그 맣게 보이는 것을 볼 수 있었고, 나무 아래서 응원하던 친구들도 덩달아 신이 난다. 나무에서 내려온 선생님을 따라 친구들은 민수의 휠체어를 번갈아 밀며 고양이 방석이 있던 풀밭으로 간식을 먹으러 간다.

(4) 글과 그림

수채화로 그린 그림 위에 크레파스로 색칠을 하여 약간은 투박하나, 그래서 더욱 소박하고 따뜻한 느낌이 든다. 마치 하얀 종이처럼 깨끗하고 편견이 없 는 아이들, 그래서 장애가 있는 친구와도 스스럼없이 일반 친구와 똑같이 놀 고 돕는 모습을 자연스럽게 그려내었다. 이 그림책에서 묘사하는 것만큼만 장애아에 대한 편견이 없다면 정말 살 만한 세상이 될 것 같다.

(5) 관련 질문과 활동

☒ 관련 질문

① 전반적인 인식을 돕는 질문
- 이 책을 읽고 기분이 어땠니?
- 민수에게 해 주고 싶은 말이 있니?

② 이해 및 고찰을 돕는 질문
- 민수는 다른 친구들과 어떤 점이 다르니?
- 지애는 왜 민수를 나무 위에 올라가게 하고 싶어 했니?

③ 기존의 해결방법에 대해 다각적인 평가와 새로운 접근을 시도해 보게 하는 질문
- 만약 지애가 민수와 놀아주지 않았다면 민수는 어땠을까?
- 최은주 선생님이 민수를 업고 나무에 오르지 않았다면 민수는 나무에 어떻게 올라갔을까?

④ 자기적용을 돕는 질문
- 네가 민수처럼 몸을 제대로 가눌 수 없다면 어땠겠니?
- 네가 민수처럼 몸이 불편한데, 나무 위에 올라갔다면 그때 기분이 어땠겠니?
- 네 친구 중에서 민수 같은 아이가 있다면 너는 어떻게 해 주겠니?

◇ 관련 활동

① 민수에게 보내는 편지

- 민수에게 해 주고 싶은 말을 편지로 쓴다.

② 앉은뱅이 놀이

- 술래를 정한 다음, 모두 자리에 쪼그려 앉는다. 이때 술래는 쪼그려 앉지 않고 서 있는다.
- 술래는 쪼그리고 앉아 있는 사람은 잡지 못하고, 술래가 아닌 사람이 일어서서 도망가면 쫓아가서 잡을 수 있다.
- 술래가 아닌 사람이 도망가다가 잡힐 것 같아 다시 쪼그려 앉으면 술래는 잡을 수 없다.
- 술래가 아닌 사람들은 쪼그린 채 돌아다녀도 상관없다.
- 일정한 시간을 두고 한 번도 일어나지 않으면 술래가 되는 규칙을 두어, 내내 쪼그린 채 돌아다니지 못하게 한다.
- 놀이를 통해 그냥 걷는 것과 쪼그려 걷는 것의 느낌이 어떻게 다른지, 어떻게 불편한지 느껴 보게 한다.

(6) 연관주제

나(성취감), 친구삼기(아름다운 우정 쌓기)

초등학교 고학년 어린이

 아주 특별한 우리 형

(1) 기본정보

저자: 고정욱 글/송진헌 그림
출판사: 대교출판사(1999)
전체쪽수: 168
ISBN 89-395-1409-2
장르: 사실동화

(2) 저자소개

고정욱은 성균관대학교 국문학과와 동대학원 석·박사 과정을 졸업하였다. 1992년 문화일보 문예사계에 단편소설 〈선험〉이 당선되었다. 저서로는 〈나의 눈이 되어 준 안내견 탄실이〉, 〈못다 핀 무궁화〉, 〈절름발이 소년과 악동 삼총사〉 등이 있다. 현재 성균관대학교에서 강의를 하며 평화방송에서 장애인 프로그램 '함께 가는 길'을 진행하고 있다.

송진헌은 1962년 전라북도 군산에서 태어나 홍익대학교 서양화과를 졸업하였다. 〈돌아온 진돗개 백구〉, 〈머피와 두칠이〉, 〈휠체어를 타는 친구〉, 〈괭이부리말 아이들〉 등의 그림을 그렸고 그림책으로는 〈삐비이야기〉가 있다.

(3) 줄거리

외아들인 줄만 알았던 종민이에게 어느 날 먼 친척 할머니가 맡아 돌보던 뇌성마비 형 종식이가 나타난다. 종민이는 형이 있다는 사실보다 일그러진 얼굴에 침을 질질 흘리고 팔은 구부러져 몸을 제대로 가누지 못하는 형의 모습에 더 큰 충격과 거부감을 갖는다. 형의 등장으로 소외감과 주변의 수근거림에 종민이는 가출까지 한다. 하지만 컴퓨터를 잘하는 형 종식이가 마음을 담은 쪽지로 의사소통을 시도하고, 또 형과 외출을 했을 때 장애인들이 받는 차별을 몸소 느끼면서 조금씩 마음을 열어 간다.

어느 날, 휠체어를 탄 종식이를 구하려다 크게 다친 종민이 일로 형 종식이는 복지관으로 간다. 퇴원을 하게 된 종민이는 형이 집에 없다는 것을 알고 복지관으로 달려가 형에게 함께 살자고 한다.

(4) 글과 그림

연필로 뇌성마비인 형 종식이가 선하게 웃고 있는 표지 그림이 눈길을 사로잡는다. 몸은 불편하지만, 정상인도 하기 힘든 일들을 해내는 형과, 처음에는 이상한 모습을 한 형의 등장으로 당황한 동생이 형을 이해하고 서로 사랑하는 모습을 소박한 글로 묘사하고 있다. 특히 마음을 닫고 형을 받아들이지 못하는 동생에게 마음을 담은 쪽지를 전하는 방법으로 의사소통을 시도하는 형의 따뜻한 마음이, 꼭 몸이 건강하다고 마음이 건강하거나 또는 몸이 불편하다고 해서 마음의 문까지 닫는 것은 아니라는 것을 잘 보여준다. 다만 군데군데 장애인을 대하는 일반인들의 편견과 그에 대한 종민이의 반응 등이 다소 신파적, 교훈적으로 흐른다. 무엇보다 장애인인 형의 특별한 재능을 부각하고, 그러한 재능으로 주변 사람들의 인정을 받고 이해를 구하는 내용이 조금은 작위적이다.

(5) 관련 질문과 활동

☑ 관련 질문

① 전반적인 인식을 돕는 질문

- 형 종식이를 보고 떠오르는 생각이 있니?
- 이 책을 읽고 어떤 생각이 들었니?

② 이해 및 고찰을 돕는 질문

- 엄마 아빠는 왜 종민이에게 형이 있다는 말을 하지 않았을까?
- 종민이는 형이 있다는 사실을 알고 왜 집을 나가려고 했니?
- 형 종식이는 왜 복지관에 가서 살려고 했니?

③ 기존의 해결방법에 대한 다각적인 평가와 새로운 접근을 시도해 보게 하는 질문

- 형 종식이가 컴퓨터를 하지 못했다면 어땠을까?
- 종민이가 휠체어를 탄 형을 구하지 못했다면 어떤 마음이 들었을까?

④ 자기적용을 돕는 질문

- 만약 너에게도 종식이 같은 가족이 갑자기 생긴다면 어떤 기분이 들겠니?

⊗ 관련 활동

① 쪽지 사탕 만들기

- 종민이와 종식이에게 하고 싶은 이야기를 색색깔의 색종이에 쓴다.
- 내용이 적힌 색종이를 접어 색끈으로 하나씩 연결하여 쪽지 사탕을 만들어 본다.

② 우리나라와 외국의 복지 시설·정책 조사하기

- 장애인들을 위한 다양한 복지 시설에 대해서 알아본다. 복지시설에는 어떤 사람들이 있는지, 그 사람들은 어떤 대우를 받고 어떻게 생활하는지 조사해 본다. 세계 여러 나라의 복지 시설·정책에 대해 알아보면서 우리나라와 비교해 본다.

③ 복지관을 방문해 보아요
- 지역사회에 있는 복지관을 방문해 본다. 복지관에는 어떤 사람들이 있는지 알아
보고, 같은 지역사회의 일원으로서 우리가 함께 할 수 있는 것들에 대해서 알아
본다.

(6) 연관주제

가족(일반 가족 – 형제), 질병과 죽음 그리고 생명(질병)

🐋 우리들의 노래

(1) 기본정보

작가: 채지민 글/이상규 그림
출판사: 길벗어린이(2001)
전체쪽수: 154
ISBN 89-86621-85-1
장르: 사실동화

(2) 저자소개

채지민은 1966년 서울에서 태어나 인하대학교 독어독문학과를 졸업하였다.
1993년 「시대문학」, 1995년 「자유문학」에 시와 소설을 발표하며 등단, 1996년
장편소설 〈그대에게 가는 길〉로 제25회 삼성문학상을 받았다. 시집 〈아직도
너를 부르고 있는 것은 I · II〉, 〈이별하기에 슬픈 시간〉, 동화 〈세상에서 가장
아름다운 아이〉, 〈그래도 나는 행복한 수건이야〉 등이 있다.
이상규는 1970년 서울에서 태어났다. 신한은행 새싹 만화 공모전에서 상을
받았으며, 〈두근두근 상담실〉, 〈제키의 지구 여행〉, 〈열 살이에요〉 등을 그렸다.

(3) 줄거리

듣지도 말하지도 못하지만 가수가 꿈인 소연이와 그 친구들의 이야기이다.
수화를 배운 대학생 지선이는 성당에서 청각장애아인 열 살짜리 소연이를 만

나 좋은 친구가 된다. 소연이는 학교를 다니지 않는 대신 집에서 몇몇 아이들과 공부를 한다. 같이 공부하는 친구들은 소연이와 민태를 제외하고 모두 말을 할 줄 안다. 지선이는 소연이와 소연이 친구들의 국어 선생님이 되어, 말이 통하지 않아 같이 놀지 않으려는 친구들에게 소연이와 민태와 이야기할 수 있는 방법을 알려 준다. 친구들과 잘 어울리지 않으려 하던 민태도 서서히 친구들에게 마음을 연다. 마침내 소연이, 민태와 다른 친구들은 모두 수화를 연습하여 작은 음악회를 연다.

(4) 글과 그림

대학생 지선이의 1인칭 시점으로 쓰여졌다. 마치 언니나 누나가 이야기를 들려 주는 듯이 정겹다. 이야기 중간 중간 '안녕하세요, 고맙습니다' 등의 간단한 수화를 그림으로 넣어 말하지 못하는 친구와 말할 수 있는 친구가 함께 할 수 있음을 호소력있게 전달하고 있다. 중간에 소연이의 일기, 민태의 일기 형식으로 글을 전개하여 장애가 없는 사람의 입장에서뿐만 아니라, 장애아 입장의 이야기를 직접 들으며 장애아들의 마음을 이해할 수 있도록 구성하였다.

(5) 관련 질문과 활동

☑ 관련 질문

① 전반적인 인식을 돕는 질문
- 이 책을 읽고 나니까 어떤 생각이 떠오르니?

② 이해 및 고찰을 돕는 질문
- 말을 하지 못하는 소연이는 어떻게 친구들과 이야기하고 노래 부를 수 있니?
- 소연이의 마음에 있는 좋은 나라는 어떤 나라니?

③ 기존의 해결방법에 대한 다각적인 평가와 새로운 접근을 시도해 보게 하는 질문
- 민태가 계속 말을 할 수 있었다면 민태는 친구들을 어떻게 대했을까?
- 지선이 누나(언니)가 작은 음악회를 준비하지 않았다면, 소연이와 민태, 다른 친구들 사이는 어땠을까?

④ 자기적용을 돕는 질문
- 네 주위에 소연이나 민태처럼 말을 하지 못하는 친구가 있다면 너는 어떻게 하

겠니?

– 네가 작은 음악회에 참여한다면 어떻게 하겠니?

⊘ 관련 활동

① 입 모양을 알아맞혀요

– 일렬로 줄을 서고 첫 번째 사람만 낱말을 쓴 종이를 본다.

– 다음 사람을 보고 입 모양으로만 설명한다.

– 맨 마지막 사람까지 입 모양으로 설명이 끝나면, 마지막 사람이 빈 종이에 답이라고 생각하는 낱말을 써서 맞춘다.

– 말을 못하는 친구의 마음과, 그 마음을 이해하려는 친구의 상황을 경험해 본다.

② 소연이나 민태가 되어 편지를 써 보아요

– 소연이나 민태의 입장에서 왜 그런 행동이나 태도를 보였는지 글을 써 본다.

– 말을 들을 수 없고 말을 잘 하지 못하기 때문에 생길 수 있는 오해에 대해서도 글을 적어 보며 상대방을 이해해 본다.

(6) 연관주제

친구삼기(새로운 환경에서 친구 사귀기, 아름다운 우정 쌓기)

2. 정서적 특징

사람들의 모습은 많은 부분에서 서로 공통점이 있지만 다른 점도 많이 있다. 다른 점은 신체나 외모와 같은 외형적인 모습에서 나타나기도 하고, 사물이나 타인을 대할 때의 정서적 표현이나 행동 방식에서 드러나기도 한다. 정서적 문제는 주로 다른 사람과 상호작용할 때 나타나는데, 일대일의 관계뿐만 아니라 여러 사람과의 상호작용에서도 나타난다. 일반적으로 정서 문제는 자기를 포함한 타인의 정서를 인식하고 이해하는 것에서부터, 다른 사람에게 자신의 정서를 조절하여 표현하는 것까지 해당된다. 이러한 정서적 문제는 상호작용에서 부적절한 반응과 부정적 결과를 낳기도 한다. 자신 또는 다른 사람들이 보이는 다양한 정서적인 표현과 여러 가지 행동방식이 묘사된 작품을 통해서 독서치료 과정이 진행된다면, 여러 가지 정서적인 문제로 어려움을 겪는 어린이들에게 도움을 줄 수 있다.

1) 불안과 두려움

어린이들은 자신 혹은 타인의 정서, 행동의 형태와 반응에서 불안과 두려움을 느끼는 경우가 많다. 불안은 대상이 어떠한 유형이든 그 대상에 대해 비합리적이거나 지나칠 정도의 두려움을 보이는 현상이다. 예를 들어, 분리 불안은 엄마처럼 애착관계가 형성되어 있는 가까운 사람과 분리되어야 할 때 두려움이 심하게 나타나는 것이고, 회피장애는 대인관계를 갖고 싶은 욕구는 있으나 친숙하지 않은 사람과 접촉하는 것을 두려워하여 계속 피하는 것이다. 또 과잉불안 장애는 특별한 걱정거리가 없는데도 두려움이 어린이의 모든 생활을 지배하는 것이다.

어린이는 자신의 감정상태를 인식하기 어렵기 때문에 대부분 무엇이 불안한 것인지 알지 못한다. 성장기 어린이의 경우, 일반적으로 어둠이나 귀신, 무서운 동물 등에 대해서 두려움을 가질 수 있다. 보통 불안이나 공포는 일시적이며 특정상황에서 나타나지만, 이러한 불안이나 공포가 가정이나 학교에서 정상적인 사회생활을 방해할 정도가 되면 그 원인을 찾아보고 이를 해결하기 위한 노력을 해야 한다.

이를 해결하도록 도와줄 수 있는 간단한 방법은 두려움의 원인에 대해서 이야기를 나눈다든지, 혹은 부모가 자신의 어린 시절의 경험을 이야기해 주는 것이다. 또 어린이와 비슷한 두려움이나 공포를 갖고 있는 주인공이 등장하는 이야기책을 읽으며 정서적 어려움을 극복하도록 도울 수도 있다.

어린이는 독서치료의 과정을 통해서 다른 어린이들도 자신과 비슷한 두려움을 갖는다는 것을 알고, 어린이 자신이 가지고 있는 두려움을 줄일 수 있다. 즉, 어린이는 다른 어린이들이 두려움을 어떻게 극복해 가는지, 그리고 그것에 어떻게 반응하는지 보면서 그들의 감정을 이해하고 그 주인공과 동일시함으로써 두려움을 해소할 수 있다(김세희, 2000).

유아

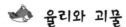 율리와 괴물

(1) 기본정보

저자: 유타 바우어 글/

크리스턴 보이에 그림/카테리나 스티크리츠 역

출판사: 문학동네어린이

(원작: 1995, 한국판: 2000)

전체쪽수: 28

ISBN 89-8281-339-X

장르: 그림책(사실동화)

(2) 저자소개

유타 바우워(Jutta Bauer)는 1995년 함부르크에서 태어났다. 함부르크 미술대학을 나와 아들과 함께 함부르크에 살고 있다. 대표작으로 〈가장 유일하고 소중한 것〉, 〈저녁 배〉 등이 있다.

크리스턴 보이(Kristen Boie)에는 1950년 함부르크에서 태어났다. 함부르크 대학과 사우스햄튼 대학에서 문학과 영문학을 전공하고 1983년까지 교직에 있다가 1985년부터 작가로 활동하고 있다. 두 자녀와 함께 함부르크에 살고 있다. 독일 청소년 문학상에 추천된 작품들이 다수 있다.

(3) 줄거리

유치원에 갈 만큼 나이가 든 율리지만, 변기 속 괴물만 생각하면 도저히 혼자 화장실에 갈 수가 없다. 결국 유치원에서 오줌을 싸 아이들에게 놀림감이 되지만, 자신의 집 화장실의 괴물을 향해 오줌을 누었더니 괴물이 도망을 갔다는 친구의 말에 위로를 얻고 용기를 낸다. 정말 변기 속의 괴물을 향해 오줌을 누자 괴물은 오줌 때문에 도망가고, 율리는 더 이상 화장실 가는 것이 두렵지 않게 된다.

(4) 글과 그림

어린이들은 누구나 조금씩 대·소변 가리기의 배변 훈련에 대한 공포를 가지고 있다. 어렸을 때 누구나 화장실 변기에서 손을 내미는 귀신에 대한 이야기를 들어 보고, 무서워해 본 경험이 있을 것이다. 움푹 패인 변기의 형태, 그리고 그 안에서 물까지 나오는 변기의 모습은 아이들에게 충분히 두려움과 공포감을 주는 대상이다. 이 책은 괴물, 귀신과 같은 상상의 대상에 대해 공포와 두려움을 가지는 아이들의 심리를 만화풍의 그림으로 재미있게 표현하고 있다. 어린이들이 대체로 경험하는 원초적인 심리인 화장실에 대한 두려움을 잘 묘사하고 있어서 책을 읽는 어린이들이 쉽게 공감할 수 있다. 자연스럽게 자신의 심리적인 상태를 표현하고, 다른 사람의 마음을 이해하는 데 도움을 주며 아이의 상태에 따라서 두려움을 극복하는 방법을 생각해 볼 수 있게 해준다.

(5) 관련 질문과 활동

☑ 관련 질문

① 전반적인 인식을 돕는 질문

－ 이 책을 덮고 나니까 어떤 생각이 드니?

－ 율리에게 해 주고 싶은 이야기가 있니?

② 이해 및 고찰을 돕는 질문

－ 율리는 왜 화장실에 가는 것을 무서워하게 되었니?

－ 율리가 어떻게 해서 화장실을 무서워하지 않게 된 것일까?

③ 기존의 해결방법에 대해 다각적인 평가와 새로운 접근을 시도해 보게 하는 질문

－ 정말 화장실에 괴물이 있었다고 생각하니?

－ 화장실에 있던 괴물은 정말 도망간 것일까? 괴물이 앞으로는 율리에게 나타나지 않을 것이라고 생각하니?

－ 율리가 계속 화장실에 가는 것을 무서워했다면 그 이후로 율리는 어떻게 되었을까?

④ 자기적용을 돕는 질문

－ 너는 화장실에 갈 때 무섭다고 느낀 적이 있니? 왜 그런 생각이 들었니?

－ 너라면 화장실에 있다고 생각되는 괴물을 어떻게 물리쳤을 것 같니?

- 너는 주로 언제 무섭니? 네가 제일 무서워하는 것은 무엇이니?
- 혹시 옛날에는 네가 무섭다고 생각했는데 지금은 하나도 안 무서운 게 있니? 왜 이젠 안 무섭게 되었니? 옛날엔 왜 무섭다고 느꼈을까?

◎ 관련 활동

① 내가 무서워하는 것 그리기
- 내가 무서워하는 것, 무서워하는 사람, 상황 등을 그림으로 표현해 본다.
- 다른 친구들의 그림의 형태, 색깔 등을 서로 보면서 이야기를 나눈다.

② 무서움을 느낄 때의 내 생각과 행동 말하기
- 여러 가지 동화나 만화 혹은 신문이나 잡지에서 두려움을 느끼는 상황에 관한 그림들을 찾아서 오린 후, 8절 혹은 4절 도화지에 붙인다.
- 도화지에 붙인 그림들 옆에 각 상황에서 두려움을 느끼는 사람이 겉으로 말하는 것과 속으로 생각하는 것들을 각기 말풍선의 색깔을 달리 하여 그린 후, 그 말 풍선 안에 말하고자 하는 내용을 적는다.

③ 방송국 귀신극 방영 장소 견학하기
- 어린이가 귀신이나 유령등 상상의 대상에 대한 두려움을 줄일 수 있도록 어린이와 함께 방송국에 마련해 놓은 귀신극 촬영 장소를 견학한다.
- 각종 귀신의 의상을 입어 보고, 각종 조명등이 있는 무대 위에 서 보고, 무서움을 유발하는 조명, 무대 장치 등을 경험해 보면서 아동은 귀신에 대한 두려움을 점진적으로 없앨 수 있는 기회를 가질 수 있다.

(6) 연관주제

나(성취감)

🐟 테오는 용감해

(1) 기본정보

작가: 에르하르트 디틀 글, 그림/이진영 역
출판사: 문학동네 어린이(원작: 1992, 한국판: 2001)
전체쪽수: 24
ISBN 89-8281-397-7
장르: 그림책(사실동화)

(2) 저자소개

에르하르트 디틀(Erhard Dietl)은 1953년 레겐스부르크에서 태어나 뮌헨에 있는 산업디자인 아카데미와 조형예술 아카데미에서 공부했다. 1981년부터 일러스트레이터이자 작가로 일하고 있다.

(3) 줄거리

테오는 무서운 것이 너무 많다. 마녀, 강도, 유령 심지어는 아빠랑 탁구할 때 탁구공이 튈까봐도 무섭다. 이발소에서는 귀가 베일까봐, 화장실에서는 누가 문을 열고 들어올까봐, 아침에 못 일어날까봐, 건반을 잘못 누를까봐 아무것도 할 수가 없다. 너무나 사소한 걱정과 겁이 많은 테오가 장난감 가게에서 킹콩 가면을 산다. 킹콩 가면을 쓴 테오는 킹콩이 되어 탁구도 치고 신나게 피아노도 치고 밤마다 단잠을 자며 즐겁게 이발소에도 갈 수 있게 되었다. 그러다 테오는 무심코 거울에 비친 킹콩의 모습을 보고 깜짝 놀란다. 테오는 킹콩 가면을 조각 조각 잘라버리고는 이제 킹콩도 무찌른 용감한 정의의 용사가 된다.

(4) 글과 그림

수채 물감과 펜으로 머리털이 한 올 한 올 드러날 정도로 섬세하게 표현하여 귀엽고 천진난만한 테오의 일상을 경쾌하게 그렸다. 지금까지 겁이 나서 못하던 일을 킹콩 가면을 쓰고 모두 해내는 장면을 두 쪽에 걸쳐 만화풍으로 표현하여 테오의 신나는 마음을 동적이고 익살스럽게 그리고 있다. 전체적으로 주인공의 마음과 행동을 약간 과장되게 표현하여 생동감 있고 만화 같으면서도 익살스러운 느낌을 준다.

소심해서 모든 것에 두려움을 느끼고 무언가에 의지하려는 어린이에게 그런 두려움은 누구나 느낄 수 있는 것이며, 스스로의 힘으로 물리칠 수 있다는 자신감을 갖게 한다.

(5) 관련 질문과 활동

☑ 관련 질문

① 전반적인 인식을 돕는 질문

- 이 책을 읽으면서 생각나는 게 있니?
- 테오에게 해 주고 싶은 말이 있니?

② 이해 및 고찰을 돕는 질문

- 테오가 무서워한 것은 어떤 것들이니? 왜 그것들을 무서워했니?
- 테오는 왜 킹콩 가면을 사서 썼을까?
- 테오가 킹콩 가면을 쓴 후 어떤 일이 일어났니?
- 테오는 왜 킹콩 가면을 조각 조각 잘라버렸을까?

③ 기존의 해결방법에 대한 다각적인 평가와 새로운 접근을 시도해 보게 하는 질문

- 만약 테오가 킹콩 가면을 발견하지 못했다면 어떻게 되었을까?
- 만약 나중에 테오가 자신의 킹콩 가면을 찢어버리지 않았다면 어떻게 되었을까?
- 테오가 킹콩 가면이 아닌 다른 방법으로 용기를 얻을 수 있는 방법은 무엇일까?
- 테오가 쓴 킹콩 가면을 다른 사람이 보고, 깜짝 놀라거나 무서워했다면 어땠을까?

④ 자기적용을 돕는 질문

- 너도 테오처럼 무서워하는 것이 있니? 네가 무서워하는 것을 이기는 방법이 있니? 있다면 어떤 것이니?

⊗ 관련 활동

① 봉투 가면 놀이

- 봉투에 눈과 코, 입 부분을 뚫고, 색종이, 크레파스 등으로 재미있게 꾸며서 무서움을 없애 주는 가면을 만들어 본다.

② 내가 무서워하는 것은?

- 자신이 무서워하는 것의 목록표를 만든다.
- 무서워하는 것들을 각각 이길 수 있는 방법을 생각하여 써 본다.
- 실제 무서움이 생겼을 때, 무서움을 이기는 방법을 활용해 보고, 무서움이 없어졌는지, 그대로인지 결과를 체크해 본다.
- 만약 무서움이 사라지지 않았다면, 다시 그 무서움을 없앨 수 있는 방법을 써 본다.

(6) 연관주제

나(성취감)

초등학교 저학년 어린이

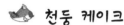 **천둥 케이크**

(1) 기본정보

저자: 패트리샤 폴라코 글, 그림/임봉경 역
출판사: 시공주니어(원작: 1990, 한국판: 2000)
전체쪽수: 31
ISBN 89-527-0951-9
장르: 그림책(사실동화)

(2) 저자소개

페트리샤 폴라코(Patricia Polacco)는 1944년에 미국 미시간의 랜싱에서 태어났다. 미국과 오스트레일리아에서 공부했으며, 예술사 특히 러시아와 그리스의 회화와 도상학 역사에 대한 연구로 박사학위를 받았다. 1989년 〈레첸카의 달걀〉로 국제 도서연합회 청소년 부분 도서상을 받았다. 작품으로는 〈보바 아저씨의 나무〉, 〈할머니의 인형〉, 〈선생님, 우리 선생님〉, 〈고맙습니다, 선생님〉, 〈바바야가 할머니〉, 〈할머니의 조각보〉 등이 있다.

(3) 줄거리

천둥이 치면 아이는 침대 밑에 숨어서 나오지 않으려고 한다. 할머니는 그런 아이에게 천둥 케이크를 굽자고 한다. 천둥이 어디쯤 오고 있는지 살펴보면서 폭풍이 몰아치기 전에 케이크를 만들어 천둥이 치는 시간에 맞춰서 케이크를 굽는 것이다. 할머니는 천둥 케이크 요리법을 찾아내어 필요한 재료를 아이와 함께 준비한다. 아이는 천둥 속을 뚫고, 요리 준비를 위해 집 밖에 있는 광과 헛간으로 달걀, 우유, 설탕, 밀가루 등을 가지러 가고, 부엌에서 재료를 넣어 밀가루 반죽을 한 후, 오븐에 넣어 천둥 케이크를 굽기 시작한다. 할머니는 아이가 폭풍 속을 헤치며 아주 용감하게 요리 준비를 도왔다는 것을 알려 준다. 폭풍이 도착하여 커다란 천둥소리가 울려 퍼지는 순간 케이크가 익는다. 가장 커다란 천둥이 치는 순간 할머니와 아이는 시럽을 얹어 맛있는 케이크를 먹는다.

(4) 글과 그림

아이들은 누구나 하늘에서 번개가 치고 천둥소리가 요란해지는 날이면 무서워 엄마 곁에 꼭 붙어 있곤 한다. 그런 아이들의 두려운 마음을 편안하게 진정시키기 위해 만들어진 책이 바로 '천둥 케이크'이다. 천둥과 폭풍을 무서워하는 어린 손녀를 위해 재미있는 케이크 만들기를 생각해 낸 할머니의 재치와 따뜻함이 느껴진다. 러시아 민속풍의 의상, 농촌 실내외의 풍경, 부엌의 요리 기구, 요리하는 모습들이 수채화로 따뜻하게 그려져 있다. 할머니의 인자한 표정, 아이와 주변동물들의 익살스러운 표정들이 글을 읽는 재미를 느끼게 한다. 아이가 두려움을 느낄 때 부모가 어떻게 아이의 마음을 이해해 주고, 안정시킬 수 있는지 알 수 있게 해 준다. 마음속의 두려움을 요리라는 일상생활의 소재를 통해 아주 자연스럽고 긍정적인 방법으로 해소할 수 있도록 도와주는 책이다.

(5) 관련 질문과 활동

☒ 관련 질문

① **전반적인 인식을 돕는 질문**
- 이 책을 보고 어떤 생각이 드니?

② **이해 및 고찰을 돕는 질문**
- 할머니는 왜 천둥 케이크를 만들자고 했을까?
- 무엇 때문에 천둥을 무서워하는 아이는 천둥이 치는데도 광으로 가서 달걀을 가지고 오려고 했을까?
- 천둥이 치는 순간에 자신이 만든 천둥 케이크를 먹을 때 아이의 기분은 어떨까?

③ **기존의 해결방법에 대해 다각적인 평가와 새로운 접근을 시도해 보게 하는 질문**
- 할머니와 함께 천둥 케이크를 만들지 않았다면 천둥이 치는 동안 아이는 어떤 행동을 보였을까?

- 천둥 케이크를 먹기 전과 먹은 후에 천둥에 대한 아이의 느낌이 같을까? 다를
까? 다르다면 어떻게 다를 것 같니?

④ **자기적용을 돕는 질문**
- 너는 천둥이 치는 소리를 들을 때 기분이 어떠니? (어떤 생각이 드니?)
- 네가 속상하거나 겁이 날 때 하는 특별한(특징적인) 행동이 있니? 왜 그런 행동
을 하니?
- 만약, 누군가가 천둥소리 때문에 무서워한다면 너는 그 사람에게 어떻게 말할
것 같니? 그 사람이 천둥소리를 무서워하지 않도록 하려면 너는 어떻게 해 줄
수 있을까?

⊘ **관련 활동**
① **무서울 때 하고 싶은 재미있는 일을 말해 보기**
- 내가 무서울 때(천둥이 치는 동안) 할 수 있거나 하고 싶은 여러 가지 재미있는
일들에 대해 이야기를 나눈다.
  예 헤드폰을 쓰고 재미있는 음악 듣기 등
- 사운드 오브 뮤직에서의 천둥 치는 장면과 그 상황을 함께 극복하는 장면을 보
여 줄 수도 있다.
  예 줄리 엔드류스와 아이들이 천둥이 칠 때 함께 노래하며 무서움을 잊고 즐거
    워하는 모습
② **천둥칠 때의 내 마음을 점토로 표현하기**
- 천둥이 쳤을 때의 내 마음과 얼굴 표정을 색색깔의 점토를 이용하여 다양하게
표현한다.
③ **무서울 때 나를 지켜 주는 나의 친구, 수호신 만들기**
준비물: 뽕뽕이, 요구르트 병, 스티로폼 공 등의 재료
- 뽕뽕이, 요구르트 병 등의 다양한 재료를 이용하여 무서울 때 나를 지켜 주는
친구, 수호신의 모습을 만든다.
④ **기분을 달래 주는 요리책 만들기**
- 여러 가지 상황에서 먹으면 기분이 좋아지고, 편안해지는 음식, 요리들의 이름
을 적어 보고, 그 음식의 요리 방법을 조사하여 적어 본다. 그 음식을 함께 만들
어 먹으며 이야기할 수도 있다.
  예 화가 날 때, 엄마한테 혼났을 때, 친구와 싸웠을 때 등 기분에 따라 먹으면
    기분이 좋아지는 요리

(6) 연관주제

나(성취감), 가족(일반 가족 – 조부모)

🐢 수영장 사건

(1) 기본정보

저자: 베아트리스 루에 글, 로지 그림/최윤정 역
출판사: 비룡소(원작: 1994, 한국판: 1996)
전체쪽수: 26
ISBN 89-491-6007-2 74860
ISBN 89-491-6005-6(전 8권)
장르: 그림책(사실동화)

(2) 저자소개

베아트리스 루에(Beatrice Roue)는 프랑스 북부 지방에 살고 있으며 신문학을 전공하였고 지금은 어린이 책 쓰는 일을 하고 있다. 대표 작품으로는 〈우리 엄마한테 이를 거야〉, 〈수영장 사건〉, 〈폭죽 하계회〉, 〈우리 아빠가 제일 세다〉, 〈머리에 이가 있대요〉, 〈이제 너랑 절교야〉, 〈수학은 너무 어려워〉, 〈내 남자 친구야〉, 〈귀여운 생쥐〉, 〈마녀 할망구와 요정 할멈〉, 〈베베르는 수영 챔피언〉 등이 있다.

로지(Rosy)는 어릴 때부터 월트 디즈니의 만화 주인공을 그리며 노는 것을 좋아했으며, 프랑스의 한 출판사에서 근무한 경력이 있다. 또, 그는 몇몇 영화의 시나리오를 쓰기도 했으며, 많은 만화 주인공을 만들어 내기도 했다. 지금은 여러 신문사와 출판사의 일러스트레이션을 담당하고 있으며, 광고 일러스트레이션도 하고 있다.

(3) 줄거리

로리타의 학교는 금요일마다 수영장에 가도록 되어 있다. 로리타는 수영을 잘 못하기 때문에 수영장 가는 것을 싫어한다. 로리타는 수영장에 가지 않을 방법을 궁리하다가 학교 수영장 문이 닫혔다고 거짓으로 학교에 전화를 하고, 학교에서 로리타가 좋아하는 체조 수업을 하게 된다. 그 다음주에도 로리타는 학교에 거짓말로 전화를 하지만, 들통이 나서 결국은 수영장에 가게 된다. 하지만, 선생님은 로리타가 수영하는 모습을 격려해 주시고 수영을 잘하는 방법을 알려 주어 로리타는 수영을 잘 할 수 있게 된다. 그래서 로리타는 이제 수영을 하는 것이 조금씩 편하게 느껴지고, 수영시간이 기다려진다. 그 다음주가 되어 선생님이 수영장 공사를 하게 되어 수영장에 갈 수 없다고 하자 로리타는 자기도 모르게 이, "선생님, 아닐 거예요. 제가 전화도 하지 않았는데요..."라고 말해 버린다. 이로 인해 그 동안 자신이 거짓 전화를 했었다는 것이 밝혀지게 되고, 로리타는 얼굴이 빨개진다.

(4) 글과 그림

이 책은 처음에는 수영을 싫어하고 무서워해서 학교에 수영장 공사를 한다는 거짓 전화까지 걸던 아이가 결국 선생님의 도움으로 스스로 용기를 내어 수영을 할 수 있게 되었다는 내용을 만화 풍의 익살스럽고 간결한 그림으로 밝고 재미있게 표현해 주는 책이다.

상황을 회피하기 위해 거짓말을 하기도 하지만, 스스로 용기를 낼 줄 아는 아이에게서 평범한 초등학교 저학년 아이들의 모습을 쉽게 발견할 수 있다. 수영장이나 스케이트장에 가는 것과 같이 일상생활에서 아주 자연스럽고, 빈번하게 일어나는 일들이 두렵고 싫은 아이들도 많이 있다. 이 책은 그런 아이들에게 상황을 피하려고만 하는 것이 아니라, 한번 부딪쳐 보려고 노력을 하면 별로 어려운 것이 아니라는 것을 알 수 있게 해 주는 책이다. 물에 대한 두려움을 가지고 있거나, 익숙하지 않은 새로운 일들에 불안이나 두려움을 느끼고, 뭔가 회피하거나 핑계를 대려는 아이들에게 도움이 될 만한 책이다.

(5) 관련 질문과 활동
☑ 관련 질문
① 전반적인 인식을 돕는 질문
- 이 책을 읽고 나서 느낌이 어땠니?

② 이해 및 고찰을 돕는 질문

- 왜 로리타는 수영장 공사를 한다고 학교에 전화를 걸었을까?
- 왜 로리타는 수영을 싫어하는 것일까?
- 어떻게 해서 로리타는 수영을 좋아하게 되었을까?

③ 기존의 해결방법에 대해 다각적인 평가와 새로운 접근을 시도해 보게 하는 질문

- 만약에 로리타의 두 번째 거짓말도 들통이 안 나서 로리타가 수영장에 가지 않게 되었다면 로리타는 수영에 대해서 어떻게 생각하게 되었을까?

④ 자기적용을 돕는 질문

- 너는 수영하는 것을 좋아하니? 왜 그러니?
- 수영장에 가면 어떤 느낌이 드니? 왜 그런 느낌이 든다고 생각하니?
- 네가 만약 수영 선생님이라면 어떻게 수영을 싫어하는 사람이 수영을 좋아하게 만들 것 같니?
- 너도 어떤 걱정이 있거나 무서울 때 거짓말을 하고 싶다는 생각이 든 적이 있니? 어떤 경우에 그랬었니?
- 네가 무섭거나 걱정하는 것은 네가 어떻게 할 때 정말 사라진다고 생각하니? 왜 그렇게 생각했니?

⊘ 관련 활동

① "물" 하면 떠오르는 여러 가지 장면들을 그림으로 그려 보아요

> 예) 물마시기, 물을 이용하여 요리하기, 설거지하기, 목욕하기, 청소하기, 빨래하기, 손 씻기, 수영하기, 피서를 가서 즐겁게 노는 모습, 물에 빠져서 허우적대는 모습, 홍수에 집들이 잠긴 모습 등

② 이럴 때의 나의 모습을 알아맞춰 보세요

나는 수영장에 가면 ＿＿＿＿＿＿＿＿＿＿＿＿＿＿을 할 수 있어서 좋습니다.

나는 수영장에 가면 ＿＿＿＿＿＿＿＿＿＿＿ 때문에 좋지 않습니다.

나는 수영장에 가면 ＿＿＿＿＿＿＿＿＿＿＿＿ 때는 무섭기도 합니다.

③ 수영장에 가서 안전하게 수영을 하기 위해서 알아야 할 것들에 대해 적어 보고, 그런 것을 지키지 않았을 때 일어날 수 있는 일과 대처 방안에 대해 조사해 보기

> 예) 식사 후 충분히 휴식하기 – 안전에 필요한 의복 갖추기 (모자 등) – 자신에게 맞는 물의 높이를 정하기 – 준비 운동 하기 등

- 두려움은 사전에 여러 가지 준비와 예방을 함으로써 없앨 수 있다는 것을 함께
  이야기해 볼 수 있다.

(6) 연관주제

나(성취감)

초등학교 고학년 어린이

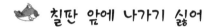 **칠판 앞에 나가기 싫어**

(1) 기본정보

저자: 다니엘 포세트 글/베로니크 보아리 그림/
　　　최윤정 역

출판사: 비룡소(원작: 1994, 한국판: 1997)

전체쪽수: 27

ISBN 89-491-6036-6

장르: 그림책(사실동화)

(2) 저자소개

다니엘 포세트(Danielle Fossette)는 여행을 다니며 보고 들은 것을 모두 기록해 둔다. 지구의 다른 곳에 살고 있는 어린이들에 대한 호기심과 애정으로 계속해서 세계 여행을 떠나고, 또 그것을 소재로 하여 어린이를 위한 글을 쓴다. 책으로는 〈칠판 앞에 나가기 싫어!〉, 〈선생님하고 결혼할 거야〉 등이 있다.

베로니크 보아리(Veronique Boiry)는 어려서부터 친구들에게 그림 그려 주기를 좋아했다. 그녀는 지금 어린이책에 그림 그리는 일을 하고 있다. 그녀의 그림에는 그녀 자신의 아이들과 세르부르에 있는 그녀 집의 물건들이 자주 등장한다. 〈칠판 앞에 나가기 싫어!〉, 〈너, 그거 이리 내놔!〉 등에 그림을 그렸다.

(3) 줄거리

학교에서는 목요일마다 수학 문제를 칠판 앞에 나와서 풀게 한다. 나는 그

래서 목요일만 되면 배가 아프다. 다 알던 문제도 칠판 앞에만 나가면 얼굴이 빨개지고, 아무 생각도 안 난다. 알던 것도 다 잊어버린다. 다른 친구들은 괜찮은 것 같은데 나만 자신이 없고 두려워하는 것 같다. 그러던 어느 날 나는 새로 부임한 수학 선생님이 수영을 할 때 자기처럼 얼굴이 빨개지고, 다른 사람의 눈도 쳐다보지 못하는 것을 보고, 그런 두려움은 누구나 느끼는 감정이라는 것이라는 것을 알게 되어 자신감을 얻게 된다. 그 이후부터는 수학 문제도 잘 풀게 되고, 목요일만 되면 아프던 배도 아프지 않게 된다.

(4) 글과 그림

에르반은 칠판 앞에 나가 구구단을 외워야 하는 목요일 아침이면 항상 배가 아프다. 처음에는 지가만 다른 사람들 앞에 나가면 긴장하고, 두려워하는 것 같아서 속상하고 답답하다. 하지만 새로 오신 선생님이 아이들 앞에서 당황해하는 모습을 보며 다른 사람도 남 앞에 서길 두려워한다는 것을 알게 된다. 자신의 두려움이 특별한 것이 아니라 누구나 느낄 수 있는 보편적인 것임을 인정하고 편하게 받아들일 때 그 두려움이 사라질 수 있다는 것을 보여준다. 칠판 앞에 나가기 싫어하는 아이의 마음이 주인공의 얼굴 표정에 유머러스하면서도 사실적으로 그려져 있다.

(5) 관련 질문과 활동

☑ 관련 질문

① **전반적인 인식을 돕는 질문**

– 이 이야기를 읽고 어떤 생각이 드니?

② **이해 및 고찰을 돕는 질문**

– 왜 에르반은 목요일만 되면 배가 아픈 걸까?

– 목요일만 되면 아프던 에르반의 배가 왜 나중에는 아프지 않게 된 걸까?

– 새로 오신 선생님이 어떻게 에르반에게 용기를 주었다고 생각하니?

③ **기존의 해결방법에 대해 다각적인 평가와 새로운 접근을 시도해 보게 하는 질문**

– 새로 오신 선생님의 모습이 에르반의 모습과 닮지 않았다면 목요일만 되면 배가 아프던 에르반의 병은 어떻게 되었을까?

④ 자기적용을 돕는 질문

- 너는 칠판 앞에 나갈 때 에르반처럼 두렵거나 걱정이 되지 않을까? 너는 그런 마음이 들 때 어떻게 생각하니?
- 네가 이 세상에서 제일 싫어하는 것은 무엇이니? 하기 싫거나 무서운 것이 있을 때 아프거나 얼굴이 빨개지는 등 몸에 어떤 증상이 나타나니? 그런 증상이 나타날 때는 어떻게 하는 것이 좋을까?
- 너도 학교에 가기 싫을 때가 있니? 어떤 경우에 그러니? 왜 그렇다고 생각하니?
- 학교에 가고 싶지 않을 때 너는 어떻게 하니? 혹시 학교에 가지 않으려고 핑계를 댄다면 어떻게 이야기 할 것 같니?

⊗ 관련 활동

① '학교' 에 대한 내 의견 주장하기

준비물: 작은 상자 2개(각 상자에 '좋아하는 학교' , '싫어하는 학교' 라고 표기)

- '좋아하는 학교' 상자에는 학교에 가야하는 이유 · 학교에 가면 좋은 이유/ '싫어하는 학교' 상자에는 학교에서 싫은 것, 학교에 가지 않아도 된다고 생각하는 이유, 학교(교육인적자원부)에 바라는 점 등을 각자 쪽지에 적어서 넣어 둔다.
- 나중에 각 상자에서 한 가지씩 꺼내어 그 내용을 읽어 본다. 그리고 친구들과 서로 회의 시간에 발표하여 각 의견들에 대해 찬 · 반 토론을 해 본다.

② 두려움과 걱정이 없는 행복한 학교의 모습 구상하기

- 내가 생각할 때 두려움과 걱정이 없는 학교의 모습은 어떤 것인지 이야기해 본다.
- 현재 우리나라에서 학교가 가지는 부작용이나 단점을 보완하여 특이한 방법으로 새롭게 운영 되고 있는 학교에는 어떤 것들이 있으며 어떤 활동을 하는지 우리나라 대안 학교 형태의 모습 등을 책, 인터넷, TV 방송 자료 등을 참고하여 조사하고 발표해 본다.
- 외국의 우수한 초등학교의 모습 등을 조사하여 이야기해 본다.
- 자신이 학교의 교장 혹은 교육부장관이 된다면 어떤 모습의 학교를 만들고 싶은지, 그런 학교가 갖추어야 할 여러 가지 특징들을 web(망)으로 표현하고, 그림으로도 그려 본다.

(6) 연관주제

나(자아존중감, 성취감)

겁쟁이

(1) 기본정보

저자: 이상권 글/유진희 그림

출판사: 비룡소(2000)

전체쪽수: 191

ISBN 89-527-0982-9

장르: 그림책(사실동화)

(2) 저자소개

이상권(1964~　　)은 전남 함평에서 태어나 한양대 국문학과를 졸업했다. 1993년 '어린이 동산' 중편 동화 공모에서 〈발자국〉이 당선되면서 작품 활동을 시작했다. 이야기책으로는 〈하늘로 날아간 집오리〉, 〈풀꽃과 친구가 되었어요〉, 〈물고기 박사 최기철 이야기〉, 〈똥이 어디로 갔을까〉, 〈파브르 식물 이야기〉 등이 있다.

유진희(1965~　　)는 전주에서 태어나 홍익대학교 미술대학에서 서양화를 전공했다. 〈도들마루의 깨비〉, 〈그림을 그리는 아이 김홍도〉, 〈뒤죽박죽 동물〉, 〈왜가리야 어디 가니?〉, 〈말이 너무 많아〉, 〈수경이〉 등에 그림을 그렸다.

(3) 줄거리

유난히 뱀이 많은 들머리 마을에서 아이들 사이에 유행하는 놀이는 바로 뱀을 잡아서 못살게 구는 것이다. 이 마을로 이사 온 수민이는 다리를 저는데다가 몸도 약하고, 무엇보다 뱀을 무서워한다. 친구들은 수민이가 뱀만 보면 개구리처럼 도망간다며 쩔룩 개구리라고 부르면서 괴롭히고 따돌린다. 수민이는 언제나 외톨이이다. 어느 날 외톨이 수민이는 숲에서 우연히 꽃뱀을 보게 된다. 수민이가 꽃뱀이 자신을 해치지 않을 것이라고 믿자, 꽃뱀도 수민이를 해치지 않는다. 수민이는 꽃뱀과 이야기 하고, 자고, 놀고, 심지어는 보리피리 연주에 맞추어 춤추게 할 수도 있게 된다. 둘은 서로 속마음을 이야기하고 이해할 수 있는 친구가 된 것이다. 하지만 수민이 반의 철식이가 수민이 몰래 땅꾼에게 꽃뱀을 팔아서 용돈을 챙기려 한다. 수민이는 갖은 노력 끝에 꽃뱀을 구하고, 구렁이에게 잡혀서 위험에 빠진 철식이를 꽃뱀과 함께 구해 준다. 결국 수민이와 철식이는 좋은 친구가 된다.

(4) 글과 그림

이 책은 겁이 많고 소심해서 뱀을 무서워하고, 친구들에게도 따돌림을 당하던 수민이가 그 두려움의 대상을 극복하고 서로 친구가 되는 과정을 보여 주고 있다. 한 아이가 커다란 나무 위에서 동네 아이들이 나뭇가지에 뱀을 감아 노는 모습을 바라보는 표지 그림에서, 아이가 두려워하는 대상을 읽을 수 있다. 아이들이 불안과 두려움을 느끼는 대상은 눈에 보이지 않는 귀신에서부터, 뱀, 쥐, 벌레 등 동물과 곤충에 이르기까지 매우 다양하다. 외적인 불안과 두려움의 대상인 뱀과 내적 공포의 대상인 자신을 따돌리는 친구들을 극복하는 수민이의 모습은, 삶의 과정에서 두려움을 쉽게 느끼는 어린이와 여러 종류의 두려움을 접하는 어린이들이 동일시를 하며, 극복할 수 있다는 용기와 희망을 준다.

(5) 관련 질문과 활동

☑ 관련 질문

① 전반적인 인식을 돕는 질문
 – 이 이야기를 읽고 말하고 싶은 것이 있니?

② 이해 및 고찰을 돕는 질문
 – 왜 수민이는 다른 아이들이 좋아하는 뱀잡기 놀이를 좋아하지 않았던 것일까?
 – 수민이는 어떻게 꽃뱀과 친해질 수 있었다고 생각하니?
 – 상상의 방은 수민이에게 어떤 의미가 있는 것일까?
 – 뱀은 수민이를 보고 왜 이제 그만 풀어달라고 했을까?

③ 기존의 해결방법에 대해 다각적인 평가와 새로운 접근을 시도해 보게 하는 질문
 – 수민이가 꽃뱀을 무서워하기만 하고, 가까이하지 않으려고 했다면 수민이는 어떻게 되었을까?
 – 뱀은 수민이에게 어떤 변화를 가져다 주었다고 생각하니?

- 수민이와 꽃뱀은 왜 철식이를 도와주었을까? 철식이를 도와주지 않았다면 수
  민이와 철식이는 어떻게 되었을까?

④ **자기적용을 돕는 질문**

- 너는 어떤 경우에 불안하고, 무섭다는 생각이 드니? 왜 무섭니?
- 너는 무서움을 느끼게 하는 것을 대했을 때 피하니? 아니면 무서워도 그냥 참
  니? 무서워도 그냥 참는다면 그렇게 하는 이유는 무엇이니?
- 너는 무서워하는 것을 다른 사람들에게 솔직하게 이야기하거나 표현하니? 그
  이유는 무엇이니?
- 어떤 경우에 무서움을 잘 잊을 수 있다고 생각하니? 왜 그렇게 생각했니?
- 네가 무서워하지 않는 것을 무서워하는 사람을 본 적이 있니? 그럴 때는 어떤
  생각이 들었니? 그런 사람들은 왜 그것을 무서워한다고 생각하니?

◉ **관련 활동**

① **불안 극복 방법에 관한 안내 책자를 제작해 보기**

- 사람들이 일반적으로 불안과 무서움을 느끼는 대상이나 사물들을 각 쪽지마다
  하나씩 적어 놓는다.
- 쪽지를 뽑아서 그 불안과 두려움을 극복하는 방법에 대한 자신의 생각을 돌아
  가면서 적어 본다.
- 가족이나 주변 사람들 혹은 학교 친구들에게 그 극복 방법에 대한 생각을 물어
  서 적어 오거나, 인터넷 등의 각종 자료를 참고하여 자신만의 "불안 극복 방법
  사전"이라는 이름으로 자신이 조사한 방법들을 일목요연하게 정리하여 불안을
  느끼는 사람들에게 도움이 될 만한 자료집을 만들어 본다.
- 그림이나 신문 자료 등을 덧붙여서 아주 상세하고 자세히 만들어 보는 과정을 통
  해서 불안감을 느끼는 원인을 정확하게 알고, 그 극복 방법에 대한 다양한 견해
  를 접하면서 자신만의 극복 방법을 스스로 터득할 수 있다.

② **불가능에 도전한 사람들에 관해 조사하기**

- 에베레스트 산 정복, 올림픽에서 불가능의 한계에 도전한 사람들 등 세계의 다
  양한 기록에 관한 자료를 모아 본다. 그리고 사람들은 어떻게 이런 업적을 이루
  었는지 함께 이야기를 나누어 본다.
- 그리고 하나의 사례를 설정하여 만약 자신이 이런 불가능한 상황에 접했다면 어
  떤 방법으로 도전했을지, 자신의 불가능 도전 방법에 대해서도 함께 이야기해
  본다.

(6) 연관주제

나(자아존중감, 성취감), 친구(친구가 없는 아이)

2) 정서장애

주의력 결핍, 충돌조절에 어려움을 갖는 과잉행동, 사회적 상호작용 장애, 자폐 등의 특별한 정서장애를 가지고 있는 경우는 정상적인 발달상에서 나타날 수 있는 일반적인 불안이나 두려움을 보이는 어린이들과는 매우 다른 특성을 가지고 있다. 일반적인 불안이나 두려움을 보이는 어린이들은 성인이나 전문가의 비교적 간단한 중재에 의해 어느 정도 그러한 어려움을 극복하지만, 위에서 언급한 특별한 정서장애를 가진 어린이의 경우에는 치료에 오랜 시간이 요구되거나 혹은 치료가 거의 불가능한 경우도 있다. 그러므로 특별한 정서장애를 보이는 어린이들과 상호작용할 때에는 보통의 일반적인 어린이를 대할 때와는 다른 의사소통 방법이 필요하며, 더 많은 배려와 이해가 요구된다. 그들의 문제에 대한 구체적인 이해와 대처 방법뿐 아니라 이와 같은 증상을 가지고 있는 자신 또는 그런 문제점을 가진 타인들에 대해서 편견을 가지고 두려움을 느끼는 사람들에게 가장 필요한 것은, 많은 사람들이 그러한 증상을 보이는 사람들과 더불어 생활하고자 노력하고 있다는 것을 보여 주는 것이다.

유아

 난 너를 사랑해

(1) 기본정보

저자: 사토우 도시나오 글/미야모토 타다오 그림/
김소운 역
출판사: 작은 책방(원작: 1996, 한국판: 2002)
전체쪽수: 34
ISBN 89-89773-04-0
장르: 그림책(사실동화)

(2) 저자소개

사토우 도시나오(Dosinao Satou)는 1955년 일본 야마가카에서 태어나 아동문학 연구지 〈수(樹)〉에서 활동하며 야마가타 시장상을 수상하기도 했다. 현재, 쓰루오카 양호 학교에서 선생님으로 근무 중이다.

미야모토 타다오(Tadao Miyamoto)는 1947년 일본 도쿄에서 태어나 〈아저씨의 파란 우산〉으로 스바루 서방 창작 그림동화 신인상을 수상하였다. 〈굴뚝에 올라간 후우〉로 일본 그림동화상을, 〈눈이 온다〉로 산케이 아동출판문화상을 수상하였으며 여러 편의 그림동화가 있다.

(3) 줄거리

친구 타로는 손을 잡아도 항상 도망치기만 하고, 세숫대야를 돌리고, 갑자기 소리를 지르고, 자기 머리를 때리기도 하고, 가끔씩 이해가 안 되는 이상한 말을 하기도 한다. 타로는 엄마가 곁에 가도 도망친다. 하지만 엄마는 타로가 자폐증에 걸린 것이라고 말해 준다. 타로 엄마도 다른 엄마들처럼 타로를 사랑하지만, 타로에게는 엄마의 사랑을 느끼는 안테나가 고장나서 엄마의 마음의 전파를 느끼지 못하기 때문이라는 것이다. 타로는 머릿속 깊은 곳에 있는 안테나가 고장나서 주위 사람들의 마음이 전달되지 않고, 타로도 자신의 마음을 다른 사람들에게 전달할 수 없으며, 마음이 힘들거나 울고 싶을 때도 투정을 부릴 수가 없기 때문에 마음이 항상 불안한 상태에 있다고 이야기한다.

(4) 글과 그림

이 책을 열면 '자폐증으로 어려움을 겪고 있는 어린이들과 그 가족들, 친구들에게' 바친다는 말이 적혀 있다. 이 책은 자폐증에 걸린 아이를 보는 다른 또래 친구의 시선을 통해서 자폐아에 대해서 이해할 수 있게 해 주는 책이다.

이 책의 첫 장면에서부터 손을 잡은 두 명의 남자 아이가 나온다. 하지만 한 명은 멀리 떨어진 채 다른 곳을 보고 있다. 한 친구는 다른 친구를 향해 "타로! 넌 내가 싫으니? 내가 손을 잡아도 넌 매일 도망치기만 하잖아." 라고 말한다. 책에는 자폐증의 증상과 이유에 대해서 아이가 묻고 부모가 대답하는 형태로 자세하게 설명이 되어 있어서, 자폐증 어린이 자신이 스스로를 이해하는데 도움이 된다. 그리고 자폐아에 대해 편견을 가진 사람들이 주변에 있는 자폐아나 자폐아가 있는 가족들을 이해하도록 도와준다.

(5) 관련 질문과 활동

☒ 관련 질문

① 전반적인 인식을 돕는 질문

- 이 책을 다 읽고 나서 어떤 생각이 들었니?

② 이해 및 고찰을 돕는 질문

- 왜 타로는 내가 손을 잡아도 도망가기만 하는 걸까?
- 타로는 자폐증 때문에 어떤 행동을 보이니?
- 타로는 왜 엄마가 옆에 다가와도 도망가는 것일까?

③ 기존의 해결방법에 대해 다각적인 평가와 새로운 접근을 시도해 보게 하는 질문

- 사람들이 타로의 안테나가 고장났다는 사실을 알 수 있는 방법에는 어떤 것이 있을까?
- 안테나가 고장난 타로를 위해서 주변에 있는 가족이나 친구는 어떻게 해주면 좋을까?

④ 자기적용을 돕는 질문

- 너는 마음이 불안할 때는 어떤 행동을 하니?
- 만약 네 안테나가 타로처럼 고장이 난다면 다른 사람들이 어떻게 해 주면 좋을 것 같니?
- 자폐증을 가진 친구를 본 적이 있니? 그때 어떤 느낌이 들었니?
- 자폐증을 가진 친구에게는 어떻게 마음을 전하는 것이 좋을까?

⊘ 관련 활동

① 내 마음을 색깔로 표시해 주세요

- 여러 가지 상황이 적힌 쪽지들 중에서 선택한다. 이러한 상황에서 내가 느끼는 기분을 여러 가지 색깔의 색종이나 물감을 이용하여 자기 마음의 색깔을 나타내 보도록 한다.

📖 엄마가 할머니집에 가기로 약속을 하고는 지키지 않았을 때, 유치원에 갔다 왔는데 엄마가 집에 안 계실 때, 나는 말하고 싶지 않은데 다른 사람들이 자꾸 말을 시킬 때 등

② 사랑의 안테나를 읽어 주세요

- 나의 기분과 상태를 상대방에게 말하지 않고, 얼굴과 손, 발 등의 신체만을 이용하여 이야기를 한다. 상대방이 어떤 마음을 표현한 것인지 서로 이야기해 본다.
- 어느 정도 거리를 두고 떨어져서 다른 사람의 표정 등을 잘 살핀다. 그리고 그 사람의 상태와 기분을 이해하려고 노력하는 활동을 통해 다른 사람에게 관심을 기울이고, 마음을 나누려고 노력하는 태도를 갖게 된다.

(6) 연관주제

가족(일반 가족 – 어머니), 질병과 죽음 그리고 생명(질병)

유아

🐦 까마귀 소년

(1) 기본정보

작가: 야시마 타로 글, 그림/윤구병 역

출판사: 비룡소(원작: 1955, 한국판: 1996)

전체쪽수: 36

ISBN 89-491-1026-1

ISBN 89-491-1000-8

장르: 그림책(사실동화)

(2) 저자소개

야시마 타로(Taro Yashima)는 1908년 일본 가고시마에서 태어났다. 동경 예술 대학과 뉴욕 아트 스튜던트 리그에서 공부했다. 1939년 반군국주의 활동으로 일본에서 살 수 없게 되어 미국으로 건너갔다. 〈까마귀 소년〉, 〈우산〉, 〈바닷가 이야기〉로 칼데콧 상을 세 번이나 받은 뛰어난 작가다.

(3) 줄거리

아이들이 처음 입학한 날부터 학교 마룻바닥에 숨은 아이가 있었다. 사람들은 그 아이를 아주 작은 아이라는 뜻으로 '땅꼬마' 라고 불렀다. 땅꼬마는 선생님과 아이들을 무서워해서 제대로 배우지도, 누구하고 어울리지도 못했다. 얼마 지나지 않아 땅꼬마는 사팔뜨기 흉내를 내기 시작했고, 시간을 보내며 심심풀이할 방법들을 하나둘 궁리해 냈다. 땅꼬마는 아이들과 다른 행동으로 점점 더 학교 전체 아이들의 놀림감이 되었다. 모두가 6학년이 되었을 때, 다정한 이소베 선생님이 새로 오셨다. 선생님은 땅꼬마가 학교 뒷산에 대해서, 꽃에 대해서 죄다 아는 것을 알아차렸고 땅꼬마가 그린 그림과 붓글씨를 좋아했으며, 땅꼬마랑 자주 이야기를 나누곤 했다. 그 해 학예회 무대에서 이소베 선생님의 배려로 무대에 오른 땅꼬마가 온갖 까마귀 울음소리를 흉내 내자 모두들 땅꼬마를 괴롭힌 6년간을 생각하며 울었다. 졸업한 후 가끔 구운 숯을 팔러 땅꼬마가 읍내로 나왔을 때, 이제 모두 그 애를 '땅꼬마' 대신 '까마귀 소년' 이라고 불렀다.

(4) 글과 그림

목탄과 수채를 절묘하게 섞어 1950년대 이전의 일본 산골마을의 느낌을 뭉클하게 표현하고 있다. 목탄의 터치는 거친 듯 하면서도 까마귀 소년의 슬픔과 외로움이 깃든 표정을 더욱 절묘하게 드러낸다. 땅꼬마(까마귀 소년)의 주위를 흰 여백으로 처리하거나 혼자 덩그마니 노란 배경에 떨어져 있는 모습이 친구들과 떨어져 외톨이라는 땅꼬마의 처지를 잘 보여준다.

목탄과 수채 그림이 한편으론 차가운 느낌이 들다가도 책장을 넘길수록 따뜻함으로 마음속에 감겨 들어와 가슴 깊이 뭉클함을 느끼게 한다. 독특한 정서적인 특징을 가진 사람에게도 그 나름대로의 장점이 있다는 것을 알게 해, 다른 사람에 대해 이해하는 마음을 기르게 한다.

(5) 관련 질문과 활동

☑ 관련 질문

① 전반적인 인식을 돕는 질문

- 땅꼬마(까마귀 소년)를 보고 나서 떠오르는 생각이 있니?
- 까마귀 소년에게 해 주고 싶은 말이 있니?

② 이해 및 고찰을 돕는 질문
- 아이들은 까마귀 소년을 왜 '땅꼬마'라고 불렀니?
- 땅꼬마는 시간을 보내거나 심심풀이할 방법으로 어떤 것들을 궁리해 냈니?
- 까마귀 소년은 어떻게 그렇게 많은 까마귀 소리를 흉내 낼 수 있었니?
- 아이들은 땅꼬마의 까마귀 소리를 듣고 왜 모두 울었을까?

③ 기존의 해결방법에 대한 다각적인 평가와 새로운 접근을 시도해 보게 하는 질문
- 왜 까마귀 소년은 입학 첫날부터 학교 마룻바닥에 숨어 있었을까?
- 까마귀 소년이 자신의 마음을 이해해 주는 이소베 선생님을 만나지 못했다면 어떻게 되었을 것 같니?
- 이소베 선생님은 까마귀 소년에게 잘 해 주고 많은 이야기를 나누었는데, 선생님은 왜 그랬다고 생각하니?
- 까마귀 소년이 학예회 날 친구들 앞에서 까마귀 울음소리를 흉내 내지 않았다면 친구들은 까마귀 소년에 대해서 어떻게 생각했을까?

④ 자기적용을 돕는 질문
- 땅꼬마와 같은 친구가 너와 같은 반에 있다면, 너는 어떻게 할 것 같니?
- 너도 친구를 따돌린 적이 있니? 어떤 때 그랬니?
- 친구들과 어울리지 않고 혼자 행동을 하는 때가 있니? 주로 어떤 때 그러니? 그때 마음이 어떠니?

◉ 관련 활동

① 너를 알고 싶어!
- 나를 소개하는 책을 만들어 본다.
- 먼저 골판지나 두꺼운 종이를 예쁜 포장지로 싸거나 색종이로 꾸며 표지를 만든다.
- 색깔 종이로 본문을 만들어 표지와 함께 구멍을 뚫고 예쁜 종이 끈 등으로 묶어 책을 만든다.
- 가장 좋아하는 내 사진을 붙이고 내 소개 글, 내가 잘 하는 것 등을 쓴다.
- 내가 좋아하거나 아끼는 물건의 사진 또는 해당 물품을 붙인 다음, 간단한 설명을 덧붙인다.
- 친구가 아는 나에 대해서도 물어 보고 그 내용도 적어 둔다.

② 내가 가장 잘 하는 것은...

- 각자 자신의 장기를 이야기한다.

 노래 부르기, 악기 연주하기, 시 쓰기, 카드 만들기 등

- 자신이 좋아하는 친구나 잘 지내고 싶은 친구, 그동안 한 번도 이야기를 해 보지 않은 친구를 정한 후, 깜짝 선물을 전달하는 시간을 가져 본다. 직접 얼굴을 보여 주지 않고 테이프나 편지를 이용하여 목소리, 자신의 노래, 악기 연주 등을 녹음하거나 자신이 좋아하는 것, 색깔, 얼굴 표정, 성격 등의 특징을 이야기해 주면 어떤 친구가 보낸 선물인지 맞춰 보면서 친구들에게 관심을 가질 수 있다.

(6) 연관주제

나(자아존중감, 성취감), 친구삼기(친구가 없는 아이)

초등학교 저학년 어린이

네 잘못이 아니야

(1) 기본정보

저자: 고성욱 글/최문수 그림

출판사: 황금두뇌(2001)

전체쪽수: 22

ISBN 89-88972-29-5 77370

장르: 그림책(사실동화)

(2) 저자소개

고정욱은 성균관대학교 국문과 및 동대학원 석사, 박사 과정을 졸업하고 현재 성균관대학교에서 학생들을 가르친다. 1992년 문화일보 문예사에 〈선험〉이라는 단편소설이 당선돼 소설가가 되었다. 어린이들에게 좋은 글을 읽히고 싶다는 염원으로 〈절름발이 소년과 악동 삼총사〉, 〈안내견 탄실이〉, 〈아주 특별한 우리 형〉, 〈세상에서 가장 소중한 약속〉, 〈엄소리의 아이들〉 등을 펴냈다.

최문수는 홍익대학교 서양학과를 졸업하고 현재 21세기 청년작가협회 회원

으로 활동 중이다. 많은 기획전과 개인전을 열었으며 현재 좋은 그림을 그리기 위해 노력하고 있다.

(3) 줄거리

초등학교 1학년인 강혁이는 정신지체를 가지고 있는 친구다. 태어날 때 뇌에 손상을 입어 발음이 정상인과 다른 구음 장애와 이상 운동 증상을 겪고 있다. 말도 잘 못하고 똑바로 걷지도 못한다. 그리고 대답할 때에도 "네"가 아니라, "에, 에"라고 부정확한 발음으로 말한다. 그리고 갑자기 "아아아악"이라며 학교가 떠나도록 소리를 지르기도 하고, 자리를 박차고 일어나 자기도 모르게 마구 돌아다니고 벽을 쾅쾅 두들기기도 한다. 하지만 강혁이는 속으로 "내 잘못이 아니야."라고 말한다. 선생님은 아이들에게 교통사고로 머리를 다치거나 태어날 때 오랫동안 울지 않았거나 물에 빠져 숨이 막힌 채 기절하면 우리도 강혁이처럼 될 수 있고 강혁이가 장애인이 된 건 강혁이 잘못이 아니므로 한마음으로 감싸 주어야 한다고 말한다. 아이들도 처음에는 강혁이를 비웃지만, 결국에는 강혁이를 이해하고, 강혁이의 병은 강혁이의 잘못이 아니라 누구나 겪을 수 있는 병(증상)이라는 것을 알게 된다.

(4) 글과 그림

정신지체아인 초등학교 1학년 강혁이의 신체적인 모습, 얼굴 표정, 말도 잘 못하고 똑바로 걷지도 못하는 모습, 갑자기 소리 지르고 벽을 쾅쾅 두들기는 모습, 갑자기 몸을 떨고 거품을 일으키는 간질 증세를 보이는 모습, 강혁이의 돌발적인 행동을 보고 아이들이 비웃는 모습 등을 색연필과 수채물감을 이용한 그림을 통해서 매우 사실적으로 묘사하고 있다.

책의 마지막 부분에는 장애가 있다고 친구를 무서워하거나 놀려서는 안 되며, 강혁이가 친구가 없고, 슬퍼해야 하는 것은 우리 모두가 함께 고쳐야 할 잘못이라고 이야기한다. 정서장애아를 대하는 사람들이 가져야 할 자세에 대해서 책을 통해 직접적으로 정서장애아를 대하는 사회의 공동체적인 책임감을 일깨워 주는 책이다.

(5) 관련 질문과 활동

☒ 관련 질문

① 전반적인 인식을 돕는 질문

- 강혁이에 대해 어떤 생각이 들었니?

② 이해 및 고찰을 돕는 질문

- 친구들은 왜 강혁이를 비웃고 놀려고 하지 않고 무서워할까?
- 왜 강혁이는 이런 병에 걸렸을까?

③ 기존의 해결방법에 대해 다각적인 평가와 새로운 접근을 시도해 보게 하는 질문

- 강혁이가 이런 병에 걸리지 않았다면, 강혁이는 어떤 생활을 할 수 있을까?
- 강혁이가 자신과 비슷한 친구들만 모여 있는 곳에서 함께 생활하는 것이 더 좋을까? (혹은 나쁠까?) 어떤 면에서 좋을까? (나쁠까?)
- 강혁이가 주변 사람들과 함께 즐겁게 살 수 있도록 사람들이 해 줄 수 있는 일은 무엇일까?

④ 자기적용을 돕는 질문

- 만약 너에게 강혁이와 같은 병이 있다면 어떤 것이 제일 힘들 것 같니?
- 네 친구가 강혁이와 같은 처지였다면 너는 어떻게 해 주었을 것 같니?

⊙ 관련 활동

① 마음을 전하는 편지 쓰기

- 내가 강혁이에게 하고 싶은 말을 편지로 쓴다.
- 강혁이가 부모님께 하고 싶은 말을 대신 편지로 써 볼 수도 있다.

② 건강 진단표 만들기

- 자신의 건강 진단표를 만들어 본다.
- 자신이 자주 걸리는 질병의 종류(유형), 간단한 증상 등을 적고 그 이유와 예방책을 적어 본다.

③ 현장 인터뷰 - 힘든 친구를 돕는 방법

- 강혁이 같은 친구를 돕는 방법에 대해서 생각해 보고, 왜 도와야 하는지 자신이 생각하는 이유뿐 아니라 가족이나 친구들 등에게도 인터뷰를 하여 그 이유를 적어 본다. 그대로 이 과정에서 친구의 어려움을 공감하고, 함께 방법을 찾으려고 노력하는 공동체적인 자세가 형성될 수 있다.

(6) 연관주제

친구삼기(친구가 없는 아이), 질병과 죽음 그리고 생명(질병)

🐋 '내 마음을 알아주세요' 〈내 마음을 알아주세요〉

(1) 기본정보

저자: 표시정 글/현은영 그림
출판사: 푸른나무(2000)
전체쪽수: 120쪽 중 57~75쪽
ISBN: 89-7414-774-2
장르: 사실동화

(2) 저자소개

표시정은 1972년 경남 거창에서 태어났다. 동화와 국내외 여행 기사를 쓰고, 1993년 계간 「어린이문학 평론」 동화 부문 신인상과 1995년 제3회 MBC 창작 동화 장편 부문 대상을 수상하였다. 현재 중앙대 예술 대학원 문학예술 학과에 재학 중이며, 〈고대리 아이들〉, 〈쇠똥구리와 장수하늘소〉, 〈영어기행 180일〉 등이 있다. 이 땅의 모든 어린이들이 밝고 건강한 마음으로 자라나길 바라며 이 책을 썼다고 한다.

현은영은 서울 산업대학교와 동 대학원에서 시각디자인을 공부하고 현재 남서울 대학에서 학생들을 가르치며 어린이를 위한 그림을 그리고 있다.

(3) 줄거리

이 책은 정서장애 아이들만 모아 놓은 특수반인 풀잎반 아이들의 이야기인 〈열쇠 목걸이〉, 〈자장면 먹는날〉, 〈내 마음을 알아주세요〉, 〈별아의 얼룩 나무〉, 〈껍데기를 벗은 달팽이〉 등 다섯 편의 이야기를 담고 있다. 그중에서도 〈내 마음을 알아주세요〉 라는 책만을 소개하기로 한다.

진우는 언제나 "난 아기예요. 혼자서는 아무 것도 할 수 없어요."라고 이야기하고, 손가락을 무는 버릇이 있다. 이런 진우의 습관은 동생이 생기면서부터 시작된 것이다. 동생이 태어나자 진우는 모든 관심이 동생 진영에게 향하는 것이 속상해서 가족들의 관심을 끌려고 손가락을 빨기 시작했다. 진우가 손가락을 빨면 엄마는 그만두라며 진우를 혼내지만, 진우는 엄마가 이렇게 화를 내는 것도 관심이라고 생각한다. 진우는 아기가 되고 싶고, 가족들이 제발 내 마음을 알아주었으면 하는 생각이 든다. 동생의 볼을 꽉 꼬집어 동생이 울자 혼날까봐 장롱에 들어가 문을 잠그고 숨기도 한다. 이렇게 진우는 동생이 생긴 후부터 손가락을 입에 넣고 있으면 마음이 편해져서 학교에서도 지루하거나 답답하거나 긴장되는 일이 있으면 손가락을 입에 물곤 한다.

(4) 글과 그림

이 책은 정서장애 특수반인 풀잎반 아이들 혁이, 경숙이, 상우, 진우, 별아의 이야기를 소개하고 있다. 풀잎반 아이들은 수업 시간에도 서로 바닥에서 뒹구는 아이, 주머니에 손을 넣고 뭔가를 만지는 아이, 뚱한 얼굴로 서로 쳐다보는 아이 등 부모의 잘못된 양육 태도나 유전적 요인 때문에 다양한 정서장애 현상을 보이는 아이들의 특징이 간략한 그림으로 묘사되어 있다. 각 페이지마다 페이지 표기 바로 위에 다섯 아이의 모습이 작게 그려져 있어서 책이 묘사하려고 하는 아이들의 특징적인 모습을 알 수 있다. 다양한 정서적인 문제를 가지고 있는 아이들의 모습과 왜 이런 문제를 가지게 되었는지의 과정들을 자세하게 묘사하여, 정서장애아 자신이나 주변에서 정서장애아들을 접하는 사람들에게 이런 아이들을 이해할 수 있도록 많은 도움을 주는 책이다.

(5) 관련 질문과 활동

☑ 관련 질문
① 전반적인 인식을 돕는 질문
– 이 책의 진우에게 해 주고 싶은 말이 있니?

② 이해 및 고찰을 돕는 질문
– 언제부터 진우에게는 손가락을 입에 넣고 빼는 습관이 생겼니?
– 왜 진우는 손가락을 입에 넣고 빼는 행동을 하는 걸까?
– 왜 가족들은 진우보다 동생에게 더 관심을 기울이는 것일까?

③ 기존의 해결방법에 대해 다각적인 평가와 새로운 접근을 시도해 보게
하는 질문

- 진우는 "가족들이 제발 자기 마음을 알아주었으면 좋겠다."고 이야기하는데,
진우의 마음은 어떤 것일까?

- 자신의 마음을 모르는 가족들이 자기의 마음을 이해할 수 있도록 손가락을 빠는
것 말고 진우가 할 수 있는 다른 행동은 없었을까? 혹시 있다면 어떤 것이 있을
것 같니? 왜 그렇게 생각했니?

- 진우의 엄마가 어떻게 해 주었다면 진우가 손가락을 입에 넣고 빠는 행동이 생
기지 않았을까?

- 진우가 손가락을 입에 넣고 빠는 행동이 없어질 수 있도록 가족들은 어떻게 행
동하면 좋을까?

④ 자기적용을 돕는 질문

- 혹시 너는 동생(형이)이 좋거나 싫다는 생각이 들 때가 있니? 있다면 언제니?
그럴 때 너는 어떻게 행동하니?

- 가족들이 나와 동생(형)에게 보이는 관심이 다르다고 생각될 때가 있니? 언제
그러니?

- 네가 진우라면 가족들이 네 마음을 이해해 주기 위해서 어떻게 하는 것이 좋을
것 같니?

⊗ 관련 활동

① 가족 인터뷰하기

- 가족을 대상으로 하여 가족에게 생긴 여러 가지 사건들에 관해서 인터뷰를 하
고, 그 내용을 글로 적거나 녹음을 한다.

- 디지털 카메라나 비디오 카메라 작동방법을 배워서 녹화를 해 볼 수도 있다.

- 이렇게 기록된 인터뷰 결과를 혼자 혹은 가족들과 함께 보거나, 지금까지 촬영
되어 있던 가족들의 모습이 담긴 비디오를 보면서 함께 이야기를 나누어 본다.

예 가족들이 각자에 대해서 하고 싶은 말, 가족과 함께 있었던 재미있었던 일,
동생이 태어났을 때의 기분, 상황 등에 대해서 이야기한다.

② 우리 가족 소개 점토 인형 만들기

- 우리 가족의 특징적인 모습을 점토를 이용하여 자유롭게 만들어 본다. 가족 개
개인의 모습, 집의 모습 등을 점토를 이용하여 만들고, 그 인형 앞에 각자의 특
징을 푯말로 적어 놓고 소개한다. 이 과정은 가족에 관한 관심, 각 구성원에 대

한 자신의 느낌을 자연스럽게 점토를 이용하여 표출하고 표현할 수 있는 기회
가 된다.

(6) 연관주제

가족(일반 가족 – 형제)

초등학교 고학년 어린이

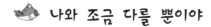 **나와 조금 다를 뿐이야**

(1) 기본정보

저자: 이금이 글/원유미 그림

출판사: 푸른책들

전체쪽수: 179

ISBN 89-88578-19-8

장르: 사실동화

(2) 저자소개

이금이는 1962년 충북 청원에서 태어나 1984년 새벗문학상과 1985년 소년
중앙문학상에 동화가 당선되어 작가로 활동하기 시작했으며, 1987년 계몽사
어린이문학상을 받았다. 작은 책으로 동화집 〈햄, 뭐라나 하는 쥐〉, 〈영구랑
흑구랑〉과 장편동화 〈너도 하늘말나리야〉, 〈꽃바람〉, 〈밤티 마을 영미네 집〉,
〈땅은 엄마야〉 등이 있다.

원유미는 1968년 서울에서 태어나 서울대학교에서 산업디자인을 공부했다.
그린 책으로는 〈500원짜리 동전 속의 은빛 학〉, 〈가만 있어도 웃는 눈〉, 〈전봇
대 아저씨〉 등이 있다.

(3) 줄거리

수아는 도시에서 살다가 시골로 전학 온 영무의 고종 사촌이다. 수아는 정
서장애라는 마음의 병을 앓고 있다. 그래서 아주 이상한 행동을 많이 한다.

공부 시간에도 마음대로 교실을 돌아다니고, 선생님 허락도 안 받고 화장실에 가곤 한다. 아이들은 그런 수아를 바보라고 놀린다. 그래서 영무는 수아를 보살피느라 친구들과 잘 놀지도 못하고 수아의 엉뚱한 행동 때문에 속상해한다. 그래서 부모님께 투정도 부리고, 수아를 미워하기도 한다. 하지만 수아는 다른 친구들보다 잘 하는 것도 많다. 동시도 잘 외우고 춤도 잘추고 상상력이 풍부하고 감성이 빼어나다. 아이들은 수아와 점점 친해지면서 수아가 단지 나와 조금 다른 특징을 가지고 있는 평범한 아이라는 사실을 깨닫고 수아를 이해하고 사랑하게 된다. 수아가 다시 도시로 가게 되자, 아이들은 수아와 함께 있었던 모습을 떠올리며 그리워한다.

(4) 글과 그림

정서장애를 앓고 있지만 천진한 모습을 지닌 도시 아이 수아가 시골로 전학을 와서 그 곳 친구들과 겪는 여러 가지 일상을 과장됨 없이 솔직하게 묘사하고 있다. 시골 아이들의 눈에 비친 수아의 '맘대로 병'의 모습들, 수아를 사랑하는 가족들이 겪는 갈등과 고민들이 따뜻한 필체로 섬세하게 묘사되어 있다. 시골 소년들과 수아의 순수하고 맑은 모습, 어린이들의 시각에서 보는 수아의 모습들이 검은색의 색연필을 이용한 흑백의 그림으로 잘 표현되고 있다. 정서장애를 겪는 수아와 처음 접하는 수아의 모습에 때로는 갈등을 겪기도 하지만 순수한 마음으로 친구를 잘 이해하는 아이들의 모습이 정서장애아를 대하는 우리들의 태도와 자세에 대해서 알려 준다.

(5) 관련 질문과 활동

☑ 관련 질문

① 전반적인 인식을 돕는 질문

– 이 책의 '수아' 에게 해 주고 싶은 말이 있니?

② 이해 및 고찰을 돕는 질문

– 왜 친구들은 수아의 행동을 보고, '맘대로 병' 이라고 이름을 붙였을까?

– 맘대로 병에 걸린 수아가 다른 아이들보다 잘 하는 것은 무엇이니? 잘 못하는 것은 무엇이니?

- 수아는 왜 '맘대로 병'에 걸린 걸까?

③ 기존의 해결방법에 대해 다각적인 평가와 새로운 접근을 시도해 보게 하는 질문
- 수아가 다른 친구들과 함께 행복하게 지내려면 다른 사람들은 어떤 마음을 가져야 할까?
- 친구들은 어떻게 해서 수아와 친해지고, 수아를 이해할 수 있게 되었을까?

④ 자기적용을 돕는 질문
- 너도 수아처럼 마음대로 행동한 적이 있었니? 왜 그렇게 행동했니?
- 네 친구가 수아처럼 자기 마음대로 행동을 한다면 너는 어떤 생각이 들었을까?
- 수아와 너는 어떤 점이 다르다고 생각하니? 수아와 네가 닮은 점이 있다고 생각하니? 어떤 면에서 그러니?

⊙ 관련 활동

① 작은 정서장애 의학 사전(백과) 만들기
- 정서장애란 무엇인지, 어떤 행동들을 보이는지, 이런 아이들을 도와주려면 어떻게 해야 하는지 정서장애와 관련된 다양한 인터넷 사이트를 찾아서 글, 그림 사진 등을 곁들여 증상, 대처 방법 등까지 표시하여 일목요연하게 정리된 사전을 만들어 보면서 정서장애 어린이를 이해할 수 있는 시간을 가진다.

② 정서장애 증상이 있는 주인공이 등장하는 비디오 보기
- 〈카드로 만든 집〉 등 정서장애 증상이 있는 주인공이 가족이나 주변 사람들과 갈등을 겪다가 서로 이해하게 되는 내용의 비디오를 보면서, 왜 주인공이 자폐 증상을 갖게 되었는지, 어떻게 그런 증상을 가진 주인공과 가족이 서로의 마음을 이해할 수 있는지를 이야기한다.

(6) 연관주제

친구삼기(아름다운 우정 쌓기), 죽음과 질병 그리고 생명(질병)

🐟 도들마루의 깨비

(1) 기본정보

작가: 이금이 글/유진희 그림

출판사: 시공주니어(1999)

전체쪽수: 196

ISBN 89-527-0102-X

장르: 사실동화

(2) 저자소개

이금이는 1962년 충청북도 청원에서 태어났다. 1984년 단편동화 〈영구랑 흑구랑〉이 새벗 신인 문학상에 당선되면서 동화 작가로 등단했고, 1987년 계몽 아동문학상에 장편동화 〈가슴에서 자라는 나무〉가 당선되면서 동화 작가로서 그 위치를 굳혔다. 작품으로는 〈밤티 마을 큰돌이네 집〉, 〈지붕 위의 내 이빨〉, 〈나와 조금 다를 뿐이야〉 등이 있다.

유진희는 1965년 전주에서 태어나 홍익대학교 미술대학에서 서양화를 전공했다. 〈겁쟁이〉, 〈바둑이는 어느 곳에〉, 〈그림 그리는 아이 김홍도〉, 〈뒤죽박죽 동물〉, 〈감동이 하나씩 우리나라 대표 창작동화〉 등에 그림을 그렸다.

(3) 줄거리

도들마루에 사는 인우는 엄마가 집을 나간 사이, 아빠가 사주신 큰 자전거와 씨름한다. 아빠는 혼자 큰 자전거 타기를 배워 보라고 하지만 은우에게는 쉽지가 않다. 그때 스무살이지만 어린아이 지능을 가지고 있고 혼자서만 지내는 깨비형이 은우의 자전거를 잡아 주며 자전거를 가르쳐 준다. 그렇게 깨비형과 친구가 된 은우는 깨비형에게 자전거를 배우고 함께 놀게 된다. 그런 은우에게 엄마는 깨비형과 놀지 말라는 엄포를 하지만 은우는 몰래 몰래 깨비형을 만나며 엄마에게 거짓말을 하게 된다. 그 죄책감으로 은우는 자신의 엉덩이에 난 종기가 거짓말을 한 벌로 난 것으로 생각하고 깨비형에게 화풀이를 한다. 이제 은우는 깨비형을 만나지 않고, 그 사이 깨비형은 엄마를 찾아 마을을 떠난다. 시간이 흘러 여름 방학이 되었을 때, 깨비형이 문득 은우 앞에 나타났다가 다시 길을 떠난다.

(4) 글과 그림

모자라서 '모질이'라고 불리는 깨비형과 아이의 우정을 담은 이야기이다. 은우가 깨비의 마음 나이가 천천히 자라는 것은 작은 사물, 생명 하나에도 관심을 갖고 이야기를 나누기 때문이라고 생각하는 것이 참 예쁘다. 다시 찾아온 깨비형에게 은우가 미처 미안하다는 말을 하지 못하고 이야기가 끝나, 읽는 이로 하여금 언젠가 깨비형을 다시 만날 수 있다는 기대감과 여운을 나누어 주고 있다. 정서장애 어린이에 대한 어른들의 편견과는 달리, 아이들은 정서장애가 있는 사람과 서로 순수한 마음을 나눌 수 있다는 것을 보여 준다. 정서장애를 가진 사람들이 보이는 독특한 행동 때문에 장애를 가진 사람들을 무서워하고 피하려 하는 사람들에게, 정서장애를 가진 사람들은 보통 사람들과 사물을 느끼고 표현하는 방식이 조금 다를 뿐이지 서로 사랑하는 마음을 나누는 것에는 아무런 어려움이 없다는 것을 알려 준다.

(5) 관련 질문과 활동

☒ 관련 질문

① 전반적인 인식을 돕는 질문

 - 이 책을 보았을 때 가장 인상에 남는 부분은 무엇이니?

② 이해 및 고찰을 돕는 질문

 - 은우는 깨비형과 어떻게 친하게 되었니?

 - 깨비형은 왜 마을을 떠났니? 그때 은우의 마음은 어땠을까?

 - 깨비가 자신의 엄마를 영원히 찾을 수 있는 방법이 뭐였니?

③ 기존의 해결방법에 대한 다각적인 평가와 새로운 접근을 시도해 보게 하는 질문

 - 다른 사람들은 모두 깨비형이 바보라며 놀지 말라고 했는데, 왜 은우는 깨비형과 놀고 좋아하게 되었을까?

 - 은우가 깨비형을 만나지 않았다면 어떻게 되었을까?

 - 은우가 엄마에게 다른 사람들이 알지 못하는 깨비형의 좋은 점을 솔직히 말했

다면, 엄마가 깨비형을 어떻게 생각했을까?

④ 자기적용을 돕는 질문

- 너도 다른 사람들과 어울리지 않고 혼자만 있으려는 사람을 본 적이 있니? 그런 사람을 보았을 때 어떤 생각이 들었니? 그런 사람은 왜 그렇게 행동한다고 생각하니?
- 이상한 행동을 보인다고 사람들이 피하는 사람이나 친구와 친해 본적이 있니? 어떻게 해서 친해지게 되었니? 친해지기 전과 후에 그 사람에 대한 생각이 변했니? 어떻게 변했니?

⊘ 관련 활동

① 아동복지시설 방문하기

- 영아나 또래 아이들이 있는 아동복지시설을 방문하여 봉사하는 경험을 해 본다.
- 그 곳의 친구들과 이야기하거나 함께 놀고 돌아온 후, 그 느낌이나 생각을 적어 본다.

② 나의 보물 목록표

- 나의 보물 목록을 적어 보고, 그 이유도 함께 적어 본다(사람, 동물, 사물).

    예 애완견: 언제나 내가 집에 도착하면 뛰어나와 반갑게 맞아 준다.

    선인장: 물을 주고 사랑을 표현하면 무럭무럭 잘 자라면서 기쁨을 준다.

    친구 ○○: 언제나 같이 놀아 주고 내 이야기를 잘 들어 준다.

(6) 연관주제

친구삼기(친구가 없는 아이)

3. 문화적 특징

인종과 민족, 서로 다른 문화는 외모뿐 아니라 사고방식에서 매우 큰 차이를 가져온다. 어린이들도 지구는 매우 넓고, 그 안에는 다양한 모습과 생각을 가진 사람들이 살고 있다는 것은 알고 있다. 그러나 직접 혹은 간접적인 경험이 부족해서 그런 특징을 가진 사람들이 어떻게 생활하고, 어떤 문화를 가지고 있는지 이해하지 못하고 있는 경우가 많다. 특히 우리가 보편적으로 접하는 유럽이나 아메리카 대륙의 사람들이 아닌, 아프리카의 오지에 사는 부족이나 인디언 등과 같이 독특한 문화를 가진 사람들에 대해서는 더욱 그 이해가 부족하다.

따라서 다른 나라(문화권) 사람들에 대한 독서치료 자료와 그 과정을 통해서 어린이들에게 다양한 사람들의 삶의 모습을 접하게 하는 것만으로도 특별하고 가치가 있다. 이러한 경험을 통해 어린이는 서로 다른 특징과 문화를 가진 사람들을 존중해야 한다는 것을 이해하는 마음과 태도를 가질 수 있다.

유아

 쉿!

(1) 기본정보

작가: 민퐁 호 글/홀리 미드 그림/윤여림 역

출판사: 삼성출판사(원작: 1996, 한국판: 2000)

전체쪽수: 32

ISBN 89-15-02046-4 74800

ISBN 89-15-02028-6(세트)

장르: 그림책(사실동화)

(2) 저자소개

민퐁 호(Minfong Ho)는 태국에서 태어났으며 코넬대학에서 경제학 석사학위를 받았다. 향수병을 달래기 위해 글을 쓰기 시작하였다. 데뷔작인 〈Sing to the Dawn〉은 'Council of Interracial Books for Children'에서 최우수상을 받았고 〈Rice without Rain〉은 Parents' Choice 상을 수상했다.

홀리 미드(Holly Meade)는 태국 미술 양식에 자극을 받아 종이 오리기와 먹물을 해용해 〈쉿!〉을 그렸다. 〈John Willy and Freddy McGee〉로 1999년에 샬럿 졸로토우 상을 받았고, 〈쉿!〉으로 칼데콧 명예상을 받았다. 〈Steamboat〉는 LA타임즈가 뽑은 2000년도 우수 도서에 선정되었다.

(3) 줄거리

엄마(태국의 전통 의상과 가옥이 전체 그림풍)가 아기를 재우려고 하는데 작은 모기가 옆에 날아들고, 긴꼬리 도마뱀, 잿빛 쥐, 개구리, 오리, 물소 등이 자꾸 아기의 잠을 방해한다. 엄마가 모두에게 아기가 자고 있으니 조용히 하라고 하자, 어느새 동물들도 새근새근 잠들고 엄마도 잠들고 세상도 조용해진다. 다만 아기만 잠이 깨어 동그란 눈을 반짝이고 있다.

(4) 글과 그림

종이 오려붙이기와 먹물(한지에 먹을 이용한 것보다는 훨씬 진한 느낌)을 이용한 그림과 붉은 색의 선들이 어우러져서 여름 저녁의 풍경을 떠오르게 한다. 아기를 잠재우기 위한 엄마의 노력이나 사랑은 세계 어느 곳이나 똑같다는 공감대를 갖는 일반적인 내용이지만, 엄마나 아이의 옷차림, 주변 경관 등이 이국적인 느낌을 물씬 풍겨 준다. 예를 들면, 태국의 전통 의상을 입은 엄마와 전통 가옥의 모습, 긴 꼬리 도마뱀, 물소 등은 태국의 시골 마을에서 볼 수 있는 독특한 소재로 독특한 태국의 문화적 향기를 가득 느낄 수 있다. 한 장 한 장 이야기와 그림을 보며 우리나라 생활 모습과의 공통점과 차이점을 스스로 느끼고 다른 문화권 사람들의 생활과 문화적 특색에 대해 이해할 수 있다.

(5) 관련 질문과 활동

☒ 관련 질문

① 전반적인 인식을 돕는 질문
- 이 책을 읽으면서 생각나는 게 있었니?
- 엄마에게 해 주고 싶은 말이 있니?
- 아기에게 해 주고 싶은 말이 있니?

② 이해 및 고찰을 돕는 질문
- 엄마는 왜 동물들에게 조용히 하라고 했니?

③ 기존의 해결방법에 대한 다각적인 평가와 새로운 접근을 시도해 보게 하는 질문

- 동물들이 시끄럽게 하지 않았다면 엄마는 어땠을까?
- 아기가 혼자 깨어나 자고 있는 엄마를 본 후에는 어떻게 할 것 같니?

④ 자기적용을 돕는 질문
- 아기는 어디서 자고 있니? 너는 잘 때 어디에서 자니?
- 너랑 생김새가 다른 외국 아기를 본 적이 있었니? 기분이 어땠니?
- 이 책에서 아기를 재우는 엄마와 아기의 모습을 우리 집의 모습과 비교해 볼 때, 같거나 혹은 다르다고 생각되는 모습이 있니? 있다면 어떤 것이니?
- 이 책에서 보여 주는 태국의 모습을 보고 나서 어떤 느낌이 들었니?
- 이 책을 읽은 후에, 태국의 모습은 우리나라와 비교할 때 어떤 점이 다르니? 또는 어떤 점이 같니? 있다면 어떤 것이니?

⊙ 관련 활동
① 태국에는 어떤 친구들이 살고 있을까?
- 태국에 관한 여러 가지 사진(전통의상을 입은 모습, 가옥, 절 등)을 모아 스크랩을 하고 이야기 나누어 본다.

(6) 연관주제

가족(일반 가족-어머니)

🐟 새 가면은 어디에 있을까

(1) 기본정보

저자: 클로드 클레망 글/디디에 장 · 자드 그림/신선영 역
출판사: 문학동네 어린이(원작: 1998, 한국판: 2001)
전체쪽수: 34
ISBN 89-8281-437-X
장르: 그림책(환상동화)

(2) 저자소개

클로드 클레망은 모로코에서 태어나 파리에서 법률학과 체코어를 전공했다. 글쓰기 외에도 작곡과 번역에 큰 관심을 갖고 있다. 세 아이의 어머니이기도

한 그녀는 1986년에 프랑스학회 상을 수상한 데 이어 1989년 프랑스 서점 경영인 협회로부터 상을 받았다. 주요 작품으로 〈릴리의 크리스마스〉, 〈줄타기 곡예사와 돌새〉, 〈요정들의 굴뚝〉, 〈파타클루 시리즈〉 등이 있다.

디디에 장·자드는 일상에서 일어나는 단순한 이야기들을 크고 화려한 그림으로 담고 있다. 글과 그림, 책의 디자인까지 늘 함께 작업하는 이 부부는 이번에 삽화만을 맡았다. 작품으로는 〈시몬과 아가트〉, 〈이웃 남자, 이웃 여자〉, 〈정말 싫어〉, 〈썰매 끄는 고양이 줌〉, 〈콘디토르에 온 걸 환영합니다〉 등이 있다.

(3) 줄거리

어느 날, 아프리카 숲 속 마을에 살고 있는 므완다네 마을에 큰 일이 생긴다. 도시에 살고 있는 허풍쟁이가 숲 속 마을에 찾아와 도시 이야기를 들려주는 바람에 므완다는 도시 구경을 위해 두 친구와 함께 마을을 떠난다. 그 사이 마을 한가운데에 있는 나무에 벼락이 떨어져서 도시 부족의 수호신인 나무 가면이 불에 타버린 것이다. 비 내릴 때를 알려 주고, 씨와 곡식을 거둬 들일 때를 알려 준다는 가면이 불에 타자 마을 사람들은 절망에 빠진다. 슬픔에 빠진 마을 사람들을 위해 므완다는 새 가면을 찾아오겠다며 홀로 길을 떠난다. 도마뱀을 구해 주고 조약돌을 얻고, 뱃사공으로부터 나무로 만든 작살, 물소 가죽 망토, 그물을 받는다. 가면을 만들기 위해 마녀의 소굴로 들어간 므완다는 마녀의 뱀을 물소 가죽 망토로 막고, 물속의 물고기를 작살로 찌르고, 그물을 덮어 씌워서 마녀를 이긴다. 므완다는 여행에서 얻게 된 커다란 통나무 조각을 깎아서 새 가면의 얼굴을 새기고 마을로 돌아온다.

(4) 글과 그림

어려운 모험을 위해 집을 떠나고, 그 과정에서 얻게 되는 작살, 물소 가죽 망토, 그물로 마녀를 물리치고 다시 집으로 돌아오는 이야기는 전래동화의 전형적인 구조를 가진다. 문명에 길들여져 있지 않고 수호신과 자연물 등을 숭배하는 토속적인 아프리카 민족의 전통을 알려준다. 고갱의 그림을 닮은 듯한 강렬한 색채의 유화를 통해 아프리카 대자연의 모습과 아프리카의 토속적인 느낌을 효과적으로 표현한다. 우리와 다른 아프리카의 문화를 부족의 신앙 등 글과 그림을 통해 접하는 과정에서 종교적 신념, 가치 등이 다른 문화적 특징을 가진 사람들을 이해하게 되고, 각기 다른 문화적 양상을 포용할 수 있게 된다.

(5) 관련 질문과 활동

☒ 관련 질문

① 전반적인 인식을 돕는 질문
- 이 책을 읽으면서 생각나는 게 있었니?

② 이해 및 고찰을 돕는 질문
- 므완다가 사는 마을의 사람들은 무엇을 수호신으로 생각하니?
- 왜 므완다는 가면을 찾으러 갔을까?

③ 기존의 해결방법에 대해 다각적인 평가와 새로운 접근을 시도해 보게 하는 질문
- 지금도 마을의 수호신을 정하고 그것을 믿는 곳이 있다고 생각하니?
- 왜 아프리카 부족은 나무 가면을 수호신으로 모신다고 생각하니?
- 마을의 수호신이 불타서 므완다가 가면을 찾으러 가는 동안, 마을에는 정말 사람들이 걱정한 것처럼 안 좋은 일들이 일어났을까?

④ 자기적용을 돕는 질문 유형
- 너도 너의 마을을 지켜 주는 수호신이 있다고 생각하니?
- 네가 만약 므완다라면 가면을 찾으러 갔을 것 같니? 가면을 찾는 동안 여러 가지 어려움을 겪었을 때 너는 어떤 생각을 하면서 가면을 찾았을 것 같니?
- 아프리카 부족에 대해서 알고 있는 것이 있니? 아프리카 부족들의 생활은 우리와 어떤 점이 특별히 다를 것이라고 생각하니?

⊗ 관련 활동

① 가면 만들기
준비물: 가면 제작에 필요한 재료(종이 접시, 끈, 색종이, 모루, 인형 눈 등)
- 다양한 재료를 이용하여 아프리카 부족의 수호신인 가면을 독특한 형태로 만든다.
- 자신이나 가족 또는 우리나라를 보호하고 지켜 주는 가면을 만들 수도 있다.

② 아프리카 부족의 특징에 대해서 조사하기

– 아프리카의 기후, 부족의 종류 및 특성, 풍습(의 · 식 · 주 · 종교 · 춤)에 대해 알아본다.

(6) 연관주제

나(성취감), 질병과 죽음 그리고 생명(생명의식 – 생명존중, 환경보존)

초등학교 저학년 어린이

 우쉬

(1) 기본정보

저자: 프레드 베르나르 글/프랑수아 로카 그림/
심재중 역
출판사: 한마당(원작: 1983, 한국판: 1997)
전체쪽수: 30
ISBN 89-85512-50-1
장르: 그림책(전승문학 – 전설)

(2) 저자소개

프레드 베르나르(Fred Bernard)는 프랑스에서 태어나 오래전부터 어린이들을 위한 작품을 써 왔다.

프랑수아 로카(Francois Roca)는 프랑스의 리용에서 태어나 에밀 콜 미술학교에서 그림과 일러스트레이션을 전공하였다. 두 사람은 주로 생명과 환경, 자연의 신비, 미지의 세계에 대한 모험 등을 주제로 한 그림책을 만들고 있다. 두 사람이 함께 작업한 주요 작품들로는 〈우쉬〉, 〈여왕개미가 사라졌어요〉, 〈공포의 정원(원제: 막스와 가르데니아의 정원)〉, 〈구름의 비밀〉, 〈코스모스〉 등이 있다.

(3) 줄거리

황금에 눈이 먼 백인에게 부족이 몰살당한 뒤, 할아버지는 앞을 보지 못하는 인디언 소년 우쉬에게 신성한 담뱃대를 건네준다. 그리고 황금에 눈이 먼 백인들이 부족을 죽이고 몰살시킬 것이니 담뱃대의 열기를 쫓아 세상 꼭대기를 찾아가라고 한다. 세상 꼭대기에 다가가면 곰의 정령이 우쉬가 가야 할 곳을 알려줄 것이라고 한다. 백인들을 피해 숨어서 지내라는 노인의 유혹, 독수리의 괴롭힘, 늑대, 바다코끼리의 침입을 물리치고, 우쉬는 마침내 어려움과 절망을 딛고 세상 꼭대기에 도달한다. 그 곳은 백인들과 멀리 떨어져서 평화롭게 살고 있는 이누이 족이 있는 곳이다. 우쉬는 인디언들이 택할 수 있는 마지막 피난처이며, 미래와 희망을 나타내는 이 곳에서 생활하게 된다.

(4) 글과 그림

금을 찾는 백인들에게 부족이 몰살당한 뒤에, 앞을 못 보는 한 인디언 소년이 살아남기 위해서 겪는 모험과 시련의 이야기이다. 유화를 이용한 부드러우면서도 강렬한 느낌을 주는 그림, 숲 속의 원시적인 풍경, 동물들의 모습 등이 감동적으로 표현된 이야기로 어린이들에게 인간과 자연에 대한 많은 생각을 일깨워 준다. 전체적으로 느껴지는 그림의 색조는 강렬하면서도 조금 어둡지만, 따뜻함이 느껴지는 터치로 묘사되어 있다. 자연의 일부로 살았던 인디언의 세계관이 담긴 감동적인 이야기로, 인간과 자연과 백인들이 인디언에게 한 행동에 대해 많은 생각을 하게 한다.

인디언의 문화와 역사에 대해서 다시 한 번 생각해 보며, 이 세상의 다른 문화권에 사는 사람들의 생활에 대해 관심을 갖게 한다. 그리고 서로 다른 문화권의 사람들이 서로의 문화적 특징을 이해하고 포용하면서 함께 살아가는 것의 의미, 방법에 대해서 생각해 보게 한다.

(5) 관련질문과 활동

☑ 관련 질문

① 전반적인 인식을 돕는 질문

- 책을 읽고 난 후의 느낌이 어떠니? 생각나는 것이 있니?

② 이해 및 고찰을 돕는 질문

- 우쉬는 왜 세상 꼭대기로 가려고 하는 것이니?

- 왜 백인들은 '우쉬'의 부족을 몰살하려고 했을까?

- 왜 우쉬는 노인의 말처럼 백인을 피해 숨지 않고, 세상 꼭대기까지 찾아가려고 한 걸까?

③ 기존의 해결방법에 대해 다각적인 평가와 새로운 접근을 시도해 보게 하는 질문

- 왜 우쉬는 곰의 정령이 세상 꼭대기까지 가는 길을 알려주고, 도와줄 것이라고 생각하고 그 곳을 찾아간 것일까?

- 백인들에게 발각되었다면 우쉬는 어떻게 되었을까?

- 우쉬가 세상 꼭대기로 가지 않았다면 우쉬에게는 어떤 일이 벌어졌을까?

- 우쉬는 이누이 족이 있는 마을인 세상 꼭대기에서 어떻게 생활하기를 바라면서 찾아간 것일까?

④ 자기적용을 돕는 질문 유형

- 네가 만약 우쉬 같은 인디언으로 태어났더라면 어떻게 살았을 것이라고 생각하니?, 세상 꼭대기까지 찾아갔을 것 같니?

- 너는 백인들과 멀리 떨어져서 평화롭게 살아가는 이누이 족이 사는 마을이 어디엔가 있을 것이라고 생각하니? 이 사람들은 어떤 모습으로 살아갈 것 같니?

⊘ 관련 활동

① 인디언의 역사 알아보기

- 인디언의 유래, 과거와 현재의 생활 모습, 역사, 백인들과의 관계, 현재의 생존 여부에 대해 알아본다. 인디언의 우수성, 세계 문화 속에서의 인디언의 위치 등에 대해서 알아본다.

② 평화로운 이누이 족의 마을 상상하기

- 인디언들이 평화롭게 살아가는 이누이 족 마을의 모습을 상상하여 글로 적거나, 그림으로 그려 본다.

(6) 연관주제

나(성취감), 질병과 죽음 그리고 생명(생명의식 - 생명존중, 환경보존)

🐄 들소 소년

(1) 기본정보

작가: 올라프 베이커 글/스티븐 개멀 그림/이상희 역

출판사: 소년한길(원작: 1981년, 한국판: 2001년)

전체쪽수: 44

ISBN 89-356-5328-4

장르: 그림책(전래동화)

(2) 저자소개

스티븐 개멀(Stephen Gammell)은 고흐와 마찬가지로 정식 미술교육을 받지 못했지만 어릴 때부터 줄곧 혼자서 그림을 그렸다. 고등학교 졸업 후, 다방면에 예술적인 재능이 많아 한동안 길을 정하지 못하고 방황하다가 뉴욕의 한 출판사와 인연이 닿으면서 본격적으로 그림책 작가의 길을 내디뎠다. 주로 수채 물감과 연필만을 사용하지만, 실험적인 스타일의 그림은 재료의 한계를 뛰어넘는 표현력을 보여주고 있다. 색연필로만 작업한 〈노래하고 춤추는 사람〉으로 칼데콧 상을 받았으며, 버팔로와 인디언의 환상적인 모습을 담은 이 책으로 칼데콧 명예상에 선정되었다.

(3) 줄거리

리틀 울프는 이제 열 살밖에 되지 않았지만 또래 중에 가장 빨랐고 무엇보다 두려움을 모르는 인디언 소년이다. 리틀 울프는 자신의 하얀 조랑말을 데리고 들소떼를 만나기 위해 대초원을 향해 떠난다. 리틀 울프는 자기네 부족의 적인 애시니보인 부족이 자기네 마을로 가는 것을 알아차리지 못한 채, 오직 들소 생각만 하고 길을 간다. 마침내 리틀 울프는 엄청난 들소 떼를 만나게 되고 그 순간 온몸에서 피가 뛰는 것을 느낀다. 리틀 울프는 조랑말에 올라타 달리고 또 달린다. 그 뒤를 들소 떼들이 뒤쫓고 어느새 한 무리가 된 듯 리틀 울프와 들소 떼들이 섞여 달린다. 리틀 울프가 들소 떼들과 한 몸이 된 듯한 기쁨을 느끼는 순간, 자신의 마을로 다가가기 위해 숨어 있는 애시니보인 족을 발견한다. 리틀 울프는 들소 떼들을 더욱 흥분시켜 애시니보인 부족을 따라잡아 내동댕이치도록 한다. 노간주 나무와 전나무 숲으로 불길한 바람이 불어올 때면 인디언들은 언제나 이 전설을 이야기하곤 한다.

(4) 글과 그림

연필로 그린 흑백 그림은 인디언 소년의 전설을 더욱 환상적으로 묘사하고 있다. 형체가 불분명한 그림에서 오히려 소년을, 들소떼의 흥분한 모습을 생생하게 느낄 수 있다. 특히 그림책을 넘기면서 점차 구름인듯, 나무 덩이인듯 불분명한 형체가 들소떼로 구체화되는 그림에서 작가의 풍부한 표현력이 유감없이 발휘되고 있다. 또 그러한 표현에서 인디언 소년의 불안감이 점차 극대화되고 있음을 실감나게 느낄 수 있으며, 마침내 들소 떼임을 감지했을 때의 전율까지도 생생하게 느낄 수 있다. 또한 연필로 전체적으로 면을 채워 나가는 듯한 부드러운 터치는 인디언 소년의 전설을 환상적인 느낌으로 전달하고 있다.

(5) 관련 질문과 활동

☑ 관련 질문

① 전반적인 인식을 돕는 질문
- 이 책을 읽으면서 생각나는 게 있니?
- 리틀 울프에게 하고 싶은 말이 있니?

② 이해 및 고찰을 돕는 질문
- 리틀 울프가 들소 떼를 찾아 길을 가는 내내 본 흐릿한 반점은 무엇이었니?
- 리틀 울프가 들소 떼를 만났을 때 어떻게 했니?
- 리틀 울프는 들소 떼가 달려오자 어떤 기분이었겠니?
- 들소 떼가 리틀 울프를 완전히 에워쌌을 때 리틀 울프는 기분이 어땠을까?
- 리틀 울프가 적인 애시니보인 부족을 발견하고 어떻게 했니?

③ 기존의 해결방법에 대한 다각적인 평가와 새로운 접근을 시도해 보게 하는 질문
- 인디언들의 생활이 지금의 우리 생활과 어떤 점에서 크게 다르다고 생각하니?
- 왜 인디언들은 자연과 어울려서 생활한다고 생각하니? 어떤 점이 좋겠니? 어떤 점이 나쁘겠니?

④ 자기적용을 돕는 질문

- 너는 문명사회가 아닌 자연 속에서 자유롭게 사는 사람들에 대해서 어떻게 생 각하니?
- 네가 인디언처럼 생활할 수 있다면, 어떤 것들을 해 보고 싶니? 왜 해 보고 싶니?

◇ 관련 활동

① 활동명: 들소 떼를 찾아라

- 동물원에 가거나 백과사전을 찾아 들소들의 모습을 관찰한다.
- 자연 속에서 들소 떼의 역할에 대해 알아본다.
- 들소의 생김새나 그들의 행동 중에 인상 깊은 것을 그려 본다.

② 나도 인디언!

- 인디언의 머리띠를 도화지와 색종이, 색연필 등을 이용하여 그리고 오려 만 든다.
- 머리띠를 하고, 얼굴에 물감으로 인디언처럼 분장을 한 다음, 손바닥으로 입을 두드려 소리를 내거나 인디언 춤을 추면서 인디언 놀이를 한다.

(6) 연관주제

나(성취감), 질병과 죽음 그리고 생명(생명의식 – 생명존중)

초등학교 고학년 어린이

 폭죽소리

(1) 기본정보

저자: 리혜선 글/이담 · 김근희 그림

출판사: 길벗어린이(1996)

전체쪽수: 44

ISBN 89-86621-12-6

ISBN 89-86621-90-8(세트)

장르: 그림책(사실동화)

(2) 저자소개

리혜선은 1956년 중국 길림성 연길에서 태어난 조선족 이민 2세대 작가이다. 1981년 연변대학교에서 한어학부를 졸업하고 연변일보사, 길림신문사에서 기자로 일하다 북경 노신문학원을 거쳐 작품 활동을 시작했다. 중국에서 출간된 대표적인 작품으로는 〈눈내리는 새벽길〉, 〈서울종횡만기〉, 〈동화의 슬픔〉, 〈나무 한 그루〉 등이 있다.

이담은 1959년 서울에서 태어나 서울대 서양화과를 졸업하고 뉴욕의 스쿨 오브 비주얼 아트(School of Visual Arts) 대학원을 졸업했다. 뉴욕의 리 엔 로우(Lee & Low)에서 발간한 그림책 〈야구가 우리를 살렸다〉의 그림을 맡으면서 그림책 일러스트레이션을 시작하여 현재 활발한 작품 활동을 하고 있다.

김근희는 이담과 부부 사이로 1959년 서울에서 태어나 서울대 서양화과를 졸업하고 뉴욕의 스쿨 오브 비주얼 아트(School of Visual Arts) 대학원을 졸업했다. 1994년에는 파올라 로데 기념상을 수상하였다.

(3) 줄거리

너무 가난해서 중국 사람에게 팔려간 조선족 소녀의 슬픈 운명을 그린 이야기다. 1894년 겨울, 청나라 동부에 있는 왕씨 집에서 붉은 관 속에 잠들어 있는 조그만 여자아이가 발견된다. 그 여자아이는 그날 아침 조선족 부부가 다음 해 농사 지을 씨앗을 얻기 위해 씨앗 대신 왕씨에게 판 옥희라는 아이다. 옥희는 자신이 왜 낯선 곳에 와 있는지도 모르는 채, 친구도 없이 말도 통하지 않는 왕씨 집의 하녀가 된다. 옥희는 왕씨 부인과 그녀의 쌍둥이 딸들에게 구박을 받으면서도 꿋꿋하게 생활해 나간다. 두 해가 지나 옥희가 열다섯 살이 되었을 때, 쌍둥이들은 결혼을 해서 떠나고 옥희는 자신의 옷차림과 같은 사람들이 상발원이라는 곳에서 화전민으로 산다는 이야기를 듣고 그곳으로 길을 떠난다.

(4) 글과 그림

그림 작가 이담이 밀랍을 녹여 종이 지면에 바른 후 이를 정교하게 긁고 닦아가며 그림을 그리면, 김근희가 이담의 그림에 흑갈색톤으로 채색하여 삽화를 완성하였다고 한다. 한 장면 한 장면이 담고 있는 놋그릇 같은 구릿빛 색감은 황토빛 중국을 그대로 느낄 수 있다. 동시에 밝게 살아가려고 하지만 주변의 상황과 사람들로 인해 피폐된 삶을 살 수 밖에 없는 옥희의 어두운 삶을 암담하고 침울하게 보여준다.

글과 그림을 보는 내내 무언가 무거운 것이 짓누르는 듯한 느낌이 마치 옥희로 대표되는 조선족의 힘든 삶을 그대로 보는 듯하여 마음이 편하지 않다. 옥희가 조선족을 찾아가는 마지막 부분은 옛날 우리 조선족들의 고단한 삶을 매우 사실적으로 묘사하면서 희망의 메시지를 놓치 않고 있다. 책을 읽으며 우리나라의 역사와 더불어 현재 우리가 주변에서 접하는 조선족 동포의 삶과 문화에 대해 관심을 가지고 진지하게 생각해 보게 한다.

(5) 관련 질문과 활동

☑ 관련 질문

① 전반적인 인식을 돕는 질문
- 이 책을 보았을 때 어느 부분이 가장 기억에 남니?

② 이해 및 고찰을 돕는 질문
- 옥희는 어떻게 왕씨 집에 가게 되었니?
- 옥희는 왜 왕씨 집을 떠났니?

③ 기존의 해결방법에 대한 다각적인 평가와 새로운 접근을 시도해 보게 하는 질문
- 옥희가 조선족이 아니고 중국아이였다면 사람들은 어떻게 대해 주었을까?
- 옥희가 왜 상발원으로 떠났다고 생각하니? 만약 옥희와 같은 조선족이 주변에 있었다면 옥희는 떠나지 않았을까?

④ 자기적용을 돕는 질문
- 주변에서 조선족을 본 적이 있니? 어떤 때였니? 그때 어떤 생각이 들었니?
- 만약 조선족 사람과 함께 생활하게 된다면, 너는 그 사람에 대해 어떤 것을 알고 싶니?
- 네가 다른 나라 사람을 보았을 때, 가장 먼저 떠오른 생각은 무엇이었니?

◈ 관련 활동

① 제기차기

- 동전이나 자석을 일정한 간격으로 자른 종이에 싸서 제기를 만든다.
- 누가 많이 제기를 차는지 겨뤄 본다.
- 두 사람 이상이 서로 마주 보고 서로 제기를 차서 주고받는다.
- 상대방과 어떻게 조화를 이루어 제기를 주고받을 수 있는지 그 방법에 대해서 이야기해 보며, 다른 사람과 상호작용하는 방법에 대해 생각해 보는 기회를 갖는다.

② 한국과 중국의 전통 의상을 모아요

- 한복의 저고리, 치마, 댕기, 고무신, 중국 전통 치마, 신발 등의 사진을 모은다.
- 중국과 연변 사람의 의상에 대해서도 알아본다.
- 각각 어떻게 입는지, 어느 때 입는지 이야기를 나누어 본다.
- 색종이 접기를 이용하여 전통 의상을 만들어 본다.

(6) 연관주제

사회문제의 이해(정치), 친구삼기(아름다운 우정 쌓기)

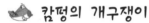

캄펑의 개구쟁이

(1) 기본정보

저자: 라트 글, 그림/김경화 역
출판사: 오월(1993)
전체쪽수: 138
ISBN 89-88345-03-7
장르: 사실동화

(2) 저자소개

라트(Lat)는 1951년 말레이시아 서해안 페라 주 캄펑에서 태어났다. 본명은 모하마드 누리르 칼리드이다. 고교 졸업 후 1970년에 쿠알라룸프에 있는 말레이시아 최고의 영자신문사 「뉴스 트레이즈 타임즈」에 입사하였다. 1974년

부터 전속 만화가로서 시사만평을 그려 대단한 인기를 누렸다. 베스트셀러인
〈캄펑의 개구쟁이〉와 그 속편인 〈도시의 개구쟁이〉를 비롯한 다수의 만평집
과 카툰집이 있다.

(3) 줄거리

나는 세계에서 가장 큰 주석 채광지의 중심부인 말레이시아의 서해안 페라
주 킨타 발리 마을에서 태어났다. 캄펑(Kampung)은 말레이시아어로 '시골'
이라는 뜻이나, '고향'이라는 의미로도 널리 쓰인다. 나는 아빠의 첫아들이
다. 아빠는 아기를 얻은 이슬람교도답게 '아이를 주셔서 감사합니다'라고 인
사를 하고, 통닭 한 마리, 쌀밥 한 공기, 바틱 싸롱 한 장을 할머니에게 준다.
내 하루하루의 일상생활은 고무 농장의 준설기에 호기심을 가지고, 마을을
돌아다니며 노는 것이다. 마을의 일요일의 풍경, 여섯 살이 되어 학교에 가서
공부를 하면서 겪는 일들, 친구인 메오르 유소프 형제들과의 재미있는 일들,
사촌 형의 결혼식, 아홉 살이 되어 코란을 읽고, 기도했던 일들, 동생의 탄생,
열 살 때의 할례의식, 중학교 입학을 위해 캄펑을 떠나기까지의 생활이 아주
솔직하고 재미있게 그려져 있다.

(4) 글과 그림

말레이시아 화가 라트가 자전적인 어린 시절을 만화기법으로 엮었다. 말레
이시아에서의 자신의 어린 시절을 있는 그대로 보여줌으로써 말레이시아 사
람들의 삶의 모습, 문화를 잘 보여주고 있다. 라트가 그리는 주인공들은 대
체로 눈이 작고 코와 이가 튀어나왔으며 입이 큰 꼬마들이 많이 등장하는 것
이 특징적이다. 라트는 입과 이로도 사람의 특징적인 모습을 재미있게 묘사
하기 위해, 나타낼 수 있다는 생각으로, 회색을 사용하지 않고 흑과 백을 이
용한 단순한 색상대비를 통해 선명한 이미지를 보여주고 있다. 흑백 그림책
이지만 화사한 원색 그림책이 흉내 낼 수 없는 생생한 생동감이 살아 숨쉬고
있다. 작가 자신의 생활을 기록한 자전적인 성장 동화여서 독자에게 말레이
시아인들의 생활 모습이 사실적으로 다가온다. 이 책은 다른 문화권 특히,
동남아시아에 사는 사람들에 대한 이해의 폭을 넓혀 줄 수 있을 것이다. 같

은 아시아에 살면서도 아시아계 사람들에 대한 이해가 부족한 어린이들, 또는 외국 사람이나 외국 문화에 대해 편협된 시각을 가진 어린이들에게 다른 문화권에 대해 수용적 태도를 갖도록 도와줄 수 있다.

(5) 관련 질문과 활동

☑ 관련 질문

① 전반적인 인식을 돕는 질문

- 〈캄펑의 개구쟁이〉를 읽고 난 후의 느낌이 어떠니?

② 이해 및 고찰을 돕는 질문

- 이 책의 주인공은 자신의 고향에 대해서 어떻게 생각하는 것 같니?
- 이 책의 주인공의 어린 시절은 어떤 것 같니?

③ 기존의 해결방법에 대해 다각적인 평가와 새로운 접근을 시도해 보게 하는 질문

- 주인공이 말레이시아에서 태어나지 않았다면 어땠을까? 어떤 좋은 점 혹은 어떤 나쁜 점이 있을까?
- 말레이시아라는 나라와, 그 나라의 생활 모습에 대해 알고 있었니? 몰랐다면 책을 통해서 어떤 것을 알게 되었다고 생각하니?

④ 자기적용을 돕는 질문 유형

- 네가 말레이시아 사람이라면 자신의 나라(말레이시아)에 대해서 어떻게 생각했을까?
- 네가 말레이시아에서 태어났다면 그곳에서 우리나라에 대해 어떻게 생각했을까?
- 너는 지금 이곳에서 태어나고 자란 것에 대해 어떻게 생각하니? 혹시 싫다고 생각해 본 적이 있니? 그러면 어디에서 살고 싶니? 그 이유는 무엇이니?
- 너는 주변에서 외국 사람들을 본 적이 있니? 보통 어느 나라 사람들이니? 말레이시아와 같은 동남아시아 계통의 사람들을 보면 어떤 생각이 드니?
- 다른 나라 · 민족의 사람들의 생활에 대해서 알고 있거나, 알고 싶은 것이 있니?
- 세계 여러 나라의 다양한 민족과 문화 등에 대해서 어떻게 생각하니?

⊙ 관련 활동

① 말레이시아의 이모저모 알아보기

- 말레이시아의 국기, 기후, 지리적 · 역사적 · 지리적 특징, 생활 · 경제 수준 등

을 인터넷, 책자 등 다양한 자료를 참고로 하여 자료를 수집한 후, 말레이시아를 소개하고 홍보하는 작은 팸플릿을 만들어 본다.

- 이 과정에서 말레이시아라는 나라에 대해서 잘못 알고 있었던 사실, 새로이 알게 된 사실들에 대해서 깨달으면서 그 나라에 대한 이해의 폭을 넓힐 수 있게 된다.

② 다양한 소수 민족들의 생활에 대해 조사하기

- 세계 여러 나라에 있는 소수 민족, 난민들과 종류에 대해 알아본다.
- 세계 여러 나라 혹은 우리나라에 있는 소수 민족들의 생활환경과 대우에 대해 알아본다.

　예　현재 우리나라에서 일하는 소수 민족에 대해 조사한다. 필리핀, 연변계 등 어떤 사람들이 우리나라에서 일하고 있으며 그 사람들의 생활 상태, 처우들은 어떤지 알아본다.

현재 우리나라에서 소수민족 근로자들과 미국 또는 유럽계 근로자들과의 직업 유형, 처우 등은 어떤지 비교해 본다.

③ 세계에 있는 다양한 나라와 민족들이 서로 함께 어울리며 사는 모습(이상 세계)을 그림으로 표현한다.

- 세계에 있는 다양한 민족들이 서로 함께 어울려 살 수 있는 세계의 모습(이상 세계)에 대해서 이야기한다.
- 자신이 생각하는 모습을 개별적으로 혹은 공동으로 그려 표현해 본다.

　예　국제회의 테이블에 앉아 있는 다양한 피부색, 의상을 입은 민족의 대표들, 다양한 모습의 세계인들이 모여서 하는 축제 등

(6) 연관주제

나(자아존중감), 가족(일반 가족 – 아버지, 어머니, 형제)

제 **5** 장

질병과 죽음 그리고 생명

제 5 장
질병과 죽음 그리고 생명

죽음과 질병은 대부분 사람들이 두려워하는 삶의 한 부분이다. 아이들에게 있어서 죽음과 질병이라는 부분은 어른들에 비하여 이해하기 어렵기 때문에 그 두려움은 더 클지 모른다. 그러므로 다른 분야에 비하여 죽음이라는 주제는 강력한 감정의 방아쇠가 될 수 있다. 최근에 사랑하는 가족을 잃거나 주변에서 누군가가 죽은 경우라면 더 심각할 것이다. 이러한 이유로 이 주제를 다룰 때는 특별히 민감해야 한다. 예를 들면 최근에 기르던 애완견이 죽은 아이에게 이 영역의 감정 수준을 줄이면서 탐색할 기회를 제공해 주는 것이 필요하다(Beaty, 1993: 73).

죽음과 질병이란 주제는 분명 다루기 힘든 주제다. 그렇다고 지나치게 조심스럽게 다루어서는 안 된다. 죽음도 생명의 다른 한 부분으로 받아들이게 하는 것이 중요하다. 그렇다고 지나치게 자세하고 정확한 설명으로 과도한 부담을 주어서도 안 될 것이다. 올바른 방법은 아이가 질문을 하면 짧고 간략하며 명료한 대답을 해 주는 것이다. 가족끼리 죽은 사람에 대한 좋은 기억이나 같이 겪었던 일들을 주고받으며 먼저 어른들이 아픈 가슴을 자유롭게 표현할 수 있는 좋은 분위기를 만들어 줄 때 아이들도 자신의 불안한 감정을 진정으로 해소할 수 있다. 진정 슬플 때는 마음껏 슬퍼하게 하자. 애써 감정을 눌러서 '사랑하는 사람의 죽음'이라는 주제를 피해서는 안 된다(Ortner, 1995: 253).

어린이 문학이 어린이에게 베풀어 주는 것은 아주 다양하다. 특정 분야의 지식, 환경 사랑 · 생명 존중 · 우애와 효도와 우정 등의 덕목, 더불어 사는 사회인으로서의 협동심 · 민주적 태도 · 예절 등 많은 항목을 한데 묶자면 결국은 '잘 살기'라고 말할 수 있을 것이다. 물질적 차원에서만이 아니라 정신적 · 정서적 차원에서도 잘 살기인데 어떤 삶이 잘 사는 삶이며 어떻게 사는 길이 잘 사는 길일까? 그래서 어린이의 삶에도 죽음을 떼어놓고 생각할 수 없다. 삶의 끝은 죽음이고, 죽음으로써 인간의 생은 마감되고 완성되기 때문이다.

그동안 어린이 문학에서는 죽음을 이야기하는 것이 금기시되어 왔다. 어린이 문학이 본격 문학으로 인정을 받지 못하고 문학의 주변에서만 맴돌고 있었던 이유도 이처럼 삶의 한 면만을 조명하는 불완전한 세계였기 때문이라고 생각된다(김서정, 2002: 2).

자신이 죽으리라는 생각은 손톱만큼도 없이 눈앞의 이익과 욕망만을 쫓아 불 속에 뛰어드는 나방처럼 사는 인간의 허망한 삶을 우리는 역사를 통해, 현실을 통해 숱하게 목격한다. 아이들이라고 해서 죽음이 비켜간다는 법이 없기에 어린이에게도 삶을 사는 여러 방법과 마찬가지로 죽음의 실체와 의미를 익힐 필요가 있고 그럴 능력도 있다고 보인다. 그러기에 어른들은 아이들의 능력에 맞춰 그 필요와 욕구를 채워 줄 의무가 있다.

이 장에 제시된 책과 관련자료를 통하여 어린이들이 교사, 부모와의 진정한 만남에 의해 모든 사람과 사물을 단순한 지식으로 받아들이는 단계에서 다양한 생명력을 발견하는 어린이로 발전할 수 있는 계기가 마련되었으면 한다. 그래서 현재 자신의 생명 속에 선조의 중요한 생명코드가 입력되어 전해 내려가는 것을 깨닫게 되기를 바란다. 이 장의 중요한 목표는 다음과 같고 이를 책 선정의 준거로 삼았다.

① 무엇보다도 자기가 가진 생명성에 의해 자신의 소중함을 깨닫고 따라서 다른 생명에 대한 경외감을 가지도록 한다.
② 어린이들이 죽음과 질병까지도 삶의 한 부분으로 여기며 보다 충만한 삶이 되도록 깨달음을 갖게 한다.
③ 자신뿐만 아니라 다른 생명체까지도 깊은 애정을 가지게 한다. 즉 보이는 사물과 함께 보이지 않는 것에서도, 외면적인 것보다 내면적인 것에서, 또한 강한 것과 함께 약한 것, 부드러운 것도 중요하다는 것을 깨달

도록 한다.

④ 세상을 당당하게 살아갈 힘이 유형의 자산이 아니라 내면의 변화를 통한 무형의 자산에서 비롯되는 것임을 알도록 도와준다.

〈표 6〉에서는 '질병과 죽음 그리고 생명'에서 다루어지는 자료를 소주제별, 대상별로 나누어 정리하였다.

<표 6> '질병과 죽음 그리고 생명'에서 다루어지는 소주제별 · 대상별 자료

주 제		대 상	자 료
1. 생명 의식	1) 생명존중	유아	사과와 나비 강아지가 태어났어요
		초등학교 저학년 어린이	너는 특별하단다 아가야 안녕?
		초등학교 고학년 어린이	강낭콩 해일
	2) 환경 보존	유아	잭과 못된 나무 숲을 그냥 내버려 둬!
		초등학교 저학년 어린이	땅은 엄마야 피터의 바다
		초등학교 고학년 어린이	미나마타의 붉은 바다 콩달이에게 집을 주세요
2. 질병		유아	병원에 입원한 내 동생 수두에 걸린 아서
		초등학교 저학년 어린이	셀레스틴느는 훌륭한 간호사 네 잘못이 아니야
		초등학교 고학년 어린이	어린이를 위한 초승달과 밤배 1, 2 사자왕 형제의 모험
3. 죽음		유아	살아 있는 모든 것은 언제나 널 사랑할 거야
		초등학교 저학년 어린이	다롱이꽃 죽으면 아픈 것이 나을까요?
		초등학교 고학년 어린이	할아버지의 빨간 손수건 트리갭의 선물

1. 생명의식

1) 생명존중: 동식물뿐만 아니라 우주 삼라만상에 대한 애정, 생명존중에
   대한 인식을 키워 주고, 호기심을 해결해 주는 내용, 자기 희생적 인류애
   도 포함된다.
2) 환경보존: 동·식물의 보호, 핵전쟁의 위험, 자연생태학적 인식

2. 질병

감기, 충치 등과 같이 치료가 가능한 병인 경우와 사고로 인한 신체의 변형
을 겪는 경우 등을 다룬다(장애에 대한 것은 제4장에서 다루었다).

3. 죽음

사랑하는 사람이나 주변사람(선생님, 친구), 애완동물의 죽음을 다룬 경우
등으로 나누어질 수 있다. 물론 몇몇 책들은 여러 가지 문제들을 복합적으로
다루게 된다.

"중요한 것은 단지 아이들이 재미있어하고, 예술적인 감동을 받아 불행했는
데 책을 읽고 행복을 맛 본 아이가 단 한 명이라도 있다면 내 인생은 성공한 것
이라고 할 수 있다."(http://iobook.co.kr/html/main/author/ author04.htm)
고 한 린드그렌의 말처럼 책을 읽는 가운데 맛본 행복감에 의해 질병과 죽음
에 대한 두려움과 공포도 극복될 수 있다고 믿는다.

1. 생명의식

1) 생명존중

오랜 시절, 동화의 원형인 이야기들은 아름다운 상징과 비유 및 유사점을
발견하게 함으로써 치료적 기능을 가지고 할머니들의 무릎을 통하여 전해져
왔다. 이야기 속에는 늘 '인간이란 존재가 자연생태계의 일부' 라는 메시지가
반복된다. 생명존중의 문제는 생태적 감수성을 회복하는 차원에서 시작되어

야 한다고 생각된다. 그러므로 이 장에서 소개하는 책으로 어린이를 지도하려 하는 교사나 부모에게 부탁하고 싶은 것은 인간중심적 사고방식인 이원주의, 계급질서주의, 남에게 보이기 위한 자율성과 추상적 합리주의에서 탈피하여 어린이들의 생각 속에 '인간에게 삶의 의미를 부여하는 생태적 관계의 시각' 을 갖게 하자는 점이다.

높은 아파트 옥상에서 병아리를 떨어뜨리는 어린이가 있다면 생명존중에 대하여 별다른 인식이 없었다는 것이다. 다른 존재의 소중함을 깨닫지 못하고 있다는 현상은 주로 공격성으로 나타난다. 어린이의 공격성은 말과 행동, 즉 '욕하기와 대들기'로 나타나는데 대개 자신을 진정시키기 위한 말로 공격하는 것으로 끝이 난다.

이렇게 공격성이 드러나는 경우 자신감과 확신을 얻도록 인정받을 만한 좋을 장점이 많다는 사실을 강조하는 것이 필요하다. 또한 다음과 같이 다양하게 자연을 접하게 함으로써 다른 생명도 자신처럼 소중하다는 것을 깨닫도록 한다.

① 화초재배를 통하여 생명의식을 발견하도록 돕는다.
② 애완동물을 통하여 생명체에 대한 애정을 기르도록 한다.
③ 아침 해나 석양, 달, 별의 관측을 통하여 자연의 신비감을 발견하게 한다.
④ 사계절의 변화감을 통하여 자연의 아름다움을 발견하게 한다.
⑤ 기억에 남는 즐거운 교외활동을 통하여 생명의 소중함을 발견하게 한다.

즉, 자연의 생명 속에서 자연스럽게 생성된 감정이입능력은 건전한 자의식과 자기통제능력을 갖추는 데 큰 도움이 되고 자기동기부여를 지니게 한다. 그러므로 이런 아이는 실수를 하더라도 쉽게 용기를 잃지 않고 불안감이나 거부감을 잘 극복하며 장기적 목표를 세워 고지를 향하여 나아갈 힘을 얻게 되는 것이다.

유아

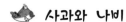 사과와 나비

(1) 기본정보

저자: 이엘라 마리 글/엔조 마리 그림

출판사: 보림(원작: 1969, 한국판: 1996)

전체쪽수: 40

ISBN 89-433-0226-6

장르: 그림책

(2) 저자소개

지은이 이엘라 마리(Iela Mari)는 이탈리아 밀라노에서 태어났으며, 그림책 작가이자 디자이너로 활동하고 있다. 이엘라 마리는 일러스트레이션과 커뮤니케이션의 관계에 대해 깊이 생각하는 작가이다. 그녀는 매우 독창적인 글 없는 그림책의 작가로 널리 알려져 있으며, 특히 그림을 통해 어린이들이 알아야 할 개념들- 동식물의 탄생과 죽음, 성장들을 전달하는 데 주력하고 있다. 그 밖에 〈달걀과 닭〉, 〈빨간 풍선의 모험〉 등의 작품이 있으며 독일 청소년 도서상 등의 권위 있는 여러 상을 수상하였다.

엔조 마리(Enzo Mari)는 1955년부터 이엘라 마리와 함께 일하고 있다.

(3) 줄거리

그림만으로 이루어진 그림책으로 사과나무에 열매가 맺히고 그 열매를 먹고 살던 나비의 유충이 성장하여 나비가 되고 다시 사과나무에 유충을 낳는다.

(4) 글과 그림

원색적이고 단순한 그림으로 이루어져 글 없이도 강렬한 메시지 전달이 이루어진다. 나비, 또는 벌레에 대하여 관심과 호기심을 지닌 어린이들에게 더불어 사는 생물과 생물의 공생 관계에 대한 이해를 도와 생명에 대한 통찰이

가능하게 한다.

생동하는 각 계절의 느낌을 잘 살리고 있으며 사과와 나비도 자연에 순응하는 존재라는 메시지가 잘 표현되고 있다. 순환하는 자연의 법칙과 생명자체가 주는 기쁨을 어린이들의 이해방식인 그림 속에 쉽고 자연스러운 각인을 남긴다.

(5) 관련 질문과 활동

☑ 관련 질문

① 전반적인 인식을 돕는 질문
- 이 책을 보면서 떠오르는 생각은 무엇이니?
- 애벌레를 보면서 가장 인상 깊었던 장면은 무엇이니?

② 이해 및 고찰을 돕는 질문
- 애벌레는 번데기 속에서 무슨 생각을 하면서 겨울을 지냈을까?
- 알이 애벌레로 그리고 애벌레가 나비로 변한 것을 보니 무슨 생각이 나니?

③ 기존의 해결 방법에 대한 다각적인 평가와 새로운 접근을 시도해 보게 하는 질문
- 사과는 자기 몸을 갉아먹는 애벌레를 어떻게 생각했을까?
- 주변에 나비와 사과처럼 서로 도와주면서 생명을 이어가는 것에 어떤 것이 있을까?
- 우리 주위에 변하는 것은 또 무엇이 있지?

④ 자기적용을 돕는 질문
- 너는 화가 날 때 무엇으로 변신하고 싶니?
- 너는 행복할 때 무엇으로 변신되고 싶니?
- 네가 사과라면 나비에게 해 주고 싶은 말은?
- 만약 벌레 먹은 사과를 본다면 무슨 생각이 떠오를까?

⊙ 관련 활동

① 벌레 먹은 사과, 나비 그림 그리기
- 사과를 먹은 만큼 벌레는 점점 더 커지고 드디어 벌레는 잠시 번데기가 된 후 드디어 아름다운 나비가 된다.

사과의 벌레먹은 부위는 커진다. 한 생명의 희생에 의해 또 다른 생명이 힘을 얻게 됨을 알게 한다. 그러므로 쓸데없는 낭비나 장난에 의해 생명이 사라지게 하는 일은 좋은 일이 아님을 어린이들의 입으로 발표하도록 유도한다.

② 벌레 먹은 사과가 더 맛있는가? 알아보기

  - 약의 유독성을 알리고 어떻게 과일을 먹어야 안전한지 알아본다.

③ 〈나비의 일생〉에 대해 알아보기

  - 나비의 알, 유충, 애벌레, 성충에 대해 알아본다(엄마 뱃속의 아기, 갓난아기,
    아동, 소년, 청년, 성인 등으로 비교해서 생명의 순환을 이야기한다).

④ 각 과일의 씨앗과 나무, 피는 꽃 모양, 열매 맺는 계절 알아보기

⑤ 벌레 먹은 과일이나 채소와 서식하는 벌레 사진 전시

⑥ 사과로 요리하기

  - 사과, 애벌레, 나비를 그린 카드를 만들어 엄마를 유치원에 초대한다.

(6) 연관주제

나(자아존중감, 성취감)

🐾 강아지가 태어났어요

(1) 기본정보

저자: 조애너 콜 글/제롬 웩슬러 사진/이보라 역

출판사: 비룡소(원작: 1973, 한국판: 2000)

전체쪽수: 40

ISBN 89-491-5015-8

ISBN 89-491-5000-X(세트)

장르: 정보그림책

(2) 저자소개

조애너 콜(Joanna Cole)은 미국 뉴저지 주 뉴어크에서 태어났다. 뉴욕 시립대학에서 심리학을 전공했으며 초등학교 선생님과 사서로 있다가 어린이 책을 쓰는 전업 작가가 되었다. 〈닥터 체인지〉, 〈어떻게 태어났니?〉, 〈성 프란시스의 선물〉, 〈애너 바나나〉 그리고 가장 널리 알려진 〈신기한 스쿨버스〉의

작가로 논픽션 상과 데이비드 맥코드 문학상을 받았다.

제롬 웩슬러(Jerome Wexler)는 1923년 뉴욕에서 태어나 스탠포드에서 성장했다. 그는 주로 식물이나 벌레, 작은 동물들의 사진을 특색 있게 찍는다. 현재 아이들을 위한 자연 과학책 만드는 일을 하고 있다. 〈햄스터〉〈개구리의 몸〉〈꽃, 과일, 열매〉〈생쥐〉 등의 사진을 찍었다.

(3) 줄거리

이웃집의 강아지가 태어나길 기다리고 있는 나. 왜냐면 나한테도 강아지를 한 마리 주겠다고 했기 때문이다. 엄마 개는 상자 안으로 들어가 강아지를 맞이할 준비를 한다.

정말 힘겹게 첫 번째 강아지가 태어난다. 엄마개는 탯줄을 물어 끊고 강아지를 정성껏 핥아준다. 젖을 먹이고 편안하고 안전하게 지켜준다. 막 태어난 토토는 아직 앞을 볼 수도, 소리를 들을 수도, 먹을 수도 없다. 그러나 곧 엄마의 젖을 빨고 무럭무럭 자라기 시작한다. 몇 주가 지나 첫걸음을 떼고 이빨이 나오면 차츰 엄마개랑 떨어져 상자 밖으로 나오기 시작한다. 드디어 토토와 나는 신나게 놀게 된다.

(4) 글과 그림

아이들이 가장 좋아하는 동물인 강아지는 어떻게 태어날까? 강아지가 태어나는 출산 장면과 출산 후 엄마개의 뒤처리 과정, 새끼 강아지가 조금씩 커가는 모습들이 섬세하고 생생하게 잘 표현되어 있다. 사진을 한 장 한 장 들여다보듯 넘기면 아이들은 어느 사이에 생명 탄생의 신비로움과 소중함을 스스로 깨우쳐 나갈 것이다. 흑백사진의 효과를 잘 살린 정보 그림책이다.

(5) 관련 질문과 활동

☑ 관련 질문

① 전반적인 인식을 돕는 질문
- 이 책을 보고 떠오르는 게 있니?
- 이 책에서 가장 기억에 남는 한 장을 고른다면 어느 장면이니?

② 이해 및 고찰을 돕는 질문

- 엄마개의 뱃속에 강아지가 많이 들어 있어. 엄마개의 모습이 어떻게 느껴지니?
- 강아지를 정성껏 핥아주는 엄마개의 모습에서 무엇이 생각나니?
- 갓 태어난 새끼는 아무것도 할 수가 없단다. 엄마개가 하는 일이 무엇일까? 또한 사람들은 어떻게 행동해야 할까?
- 토토가 스스로 생활 할 수 있을 때까지 필요한 어떤 도움이 필요했니?
- 엄마개의 정성으로 제 모습을 갖춰가는 토토가 어떻게 생각되니?

③ 기존의 해결 방법에 대한 다각적인 평가와 새로운 접근을 시도해 보게 하는 질문

- 엄마개가 없었다면 토토는 어떻게 되었을까?
- 내가 수의사가 된다면 엄마개의 출산을 위하여 어떤 식으로 도와줄 수 있을까?

④ 자기적용을 돕는 질문

- 새끼 강아지가 태어나는 걸 본 적이 있니?
- 동물들과 다른 모든 살아 있는 것을 볼 때 우리가 어떻게 해야 한다고 생각하니?
- 혹시 모르고 생명을 무시했거나 다치게 한 경우가 있었는지 생각해 보자.

◉ 관련 활동

① 역할놀이- "자꾸 만지면 싫어요"

- 엄마개, 강아지, 사람의 역할을 정하고 강아지가 태어나는 상황에서 각자 하고 싶은 말을 한다.

엄마개 : 강아지가 태어날 땐 가까이 오지 마세요. 난 강아지들을 보호해 주어야 해요.

강아지 : 추우니까 상자 안을 푹신하고 따뜻하게 해 주세요.

어린이 : 강아지가 귀여워서 안아주고 싶은데 그래도 되니?

엄마개 : 갓난 강아지는 면역성이 약해서 자꾸 만지면 병에 걸리기 쉬우니 조심해 주셔야 해요.

어린이 : 그래, 빨리 엄마 젖 많이 먹고 커서 나랑 재미있게 놀자꾸나.

② 애완 동물을 키울 때 우리가 주의해야 할 점들 알아보기

③ 동물들은 어떤 환경에서 태어나는지 조사해서 발표하기

④ 자연 다큐멘터리 비디오 보기(환경 스페셜, 내셔날 지오그래픽)

⑤ "사과의 편지쓰기"

- 혹시 잘 몰라서 나로 인해 죽게 된 생명체들에게 사과의 편지를 쓰고 자신의 각
오를 다짐해 본다. 그리고 그, 편지를 불에 태우거나 땅에 묻는다.

📙 물을 안 줘서 죽게 된 꽃, 부주의로 죽게 된 병아리, 애완동물들에게

(6) 연관주제

가족(일반 가족-어머니)

초등학교 저학년 어린이

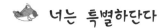 너는 특별하단다

(1) 기본정보

저자: 맥스 루카도 글/세르지오 마르티네즈 그림/

아기장수의 날개 역

출판사: 고슴도치(원작: 1997, 한국판: 2002)

전체쪽수: 32

ISBN 89-893-1515-8

장르: 그림책(환상동화)

(2) 저자소개

맥스 루카도(Max Lucardo)는 미국에서 태어나 브라질에서 선교활동을 하
는 동안 글로써 하나님의 사랑을 전하기 위하여 글을 쓰기 시작했다. 15년간
수많은 책을 써 베스트셀러 작가가 되었다. 세 딸에게 밤마다 들려 주었던 이
야기를 묶은 〈아주 특별한 너를 위하여-아빠가 밤마다 들려 주는 사랑 이야기〉
는 우리나라에서도 출간되어 베스트셀러가 되었다. 이 외에도 〈절름발이 양〉,
〈친절한 천둥〉 등이 있다.

세르지오 마르티네즈(Sergio Martinez)는 멕시코 시티에서 태어나서 파리
에서 미술 공부를 하였다. 미국 여러 출판사에서 아트디렉터, 일러스트레이터
로 활약했다. 〈피노키오〉, 〈피터팬〉 등에 그림을 그렸다.

(3) 줄거리

웸믹이라는 작은 나무 사람들이 모여 사는 곳이 있었다. 웸믹은 모두 엘리 목수 아저씨가 만든 사람으로 제각기 다른 웸믹들에게 별표와 잿빛 점표를 붙여주는 것으로 하루를 보낸다. 재주가 뛰어나면 별표를 받고 나무 결이 거칠거나 재주가 없으면 잿빛 점표를 받는다.

주인공 펀치넬로는 항상 잿빛 점표만을 받아 기분이 좋지 않았다. 그런데 어느 날, 펀치넬로는 점표도 별표도 없는 루시아를 만나게 된다. 루시아는 펀치넬로를 엘리 아저씨에게 가 보라고 한다. 아저씨는 펀치넬로에게 그런 별표와 점표는 아무 의미가 없다는 것을 알려준다. 펀치넬로를 만들어 준 아저씨의 사랑과 생명 그 자체로서의 의미를 깊이 깨닫게 된다.

(4) 글과 그림

부드럽고 환상적인 그림과 따뜻함이 느껴지는 대화체의 글에서 이 책의 주제인 사랑을 한층 더 느낄 수가 있다. 특히 나무의 질감에서 오는 친근함이 잘 살아 있어 읽는 이로 하여금 쉽게 펀치넬로와의 교감을 이루어 낼 수 있게 한다.

무엇보다도 학교에서 착한 어린이표, 나쁜 어린이표 따위로 분류되어 상처를 받은 아동들이 동일시 되기 쉽다. 펀치넬로의 몸짓과 표정에 점표가 하나씩 붙을 때마다 느끼는 불안과 좌절, 외로움이 잘 표현되어 감정이입을 일으킨다. 펀치넬로의 상처는 보통 아이들이 갖는 상처와 비슷하다. 펀치넬로가 루시아를 만나고 조금씩 느껴가는 자신의 존재에 대한 의미를 어린이들도 똑같이 느끼는 가운데 자신의 존재가 생명성만으로도 큰 가치를 지님을 알게 된다. 특히 외모에 자신이 없어 의기소침해 있거나 아무도 자신을 사랑하지 않는다고 생각하는 어린이, 친구나 다른 사람과 비교하여 자신을 낮게 평가하는 어린이들이 떨어져 나가는 점표에 의해 펀치넬로와 함께 자신의 존재에 대한 깊은 사랑과 모든 생명의 가치와 의미를 알게 되는 변화가 일어나게 한다. 정성어린 글과 그림은 어린이 독자뿐 아니라 성인에게까지도 깊은 반향을 불러일으킬 것이다.

(5) 관련 질문과 활동

⊠ 관련 질문

① 전반적인 인식을 돕는 질문

- 이 책을 보면서 떠오른 생각은 무엇이니?
- 가장 마음에 드는 장면이나 말은 무엇이니?

② 이해 및 고찰을 돕는 질문

- 루시아는 왜 표가 붙지 않았을까?
- 엘리 아저씨는 왜 점표나 별표를 상관하지 않으셨을까?

③ 기존의 해결 방법에 대한 다각적인 평가와 새로운 접근을 시도해 보게 하는 질문

- 펀치넬로가 루시아와 아저씨를 만나지 않았다면 점표를 떨어뜨릴 방법을 찾을 수 있었을까?
- 표 붙이는 일로 하루를 보내는 웸믹들이 다른 일을 한다면 어떤 것을 할 수 있을까?

④ 자기적용을 돕는 질문

- 네가 다른 친구들보다 특별하다고 느낀 적이 있니? 있다면 어떤 점이 특별하다고 생각하니?
- 네가 몰랐던 너의 특별한 점은 무엇이니?

⊘ 관련 활동

① 점표와 별표 붙여주기

- 처음엔 서로 별표만 붙여 준다.
- 다음엔 서로 점표만 붙여 준다.
- 별표를 받았을 때의 느낌과 점표를 받았을 때의 느낌을 차례로 돌아가며 이야기 한다.

② 내가 만든 '특별한 표' 붙여주기

- 각자 어떤 표를 만들지 결정해서 이야기한다.
  (표에 각 친구들의 특별한 점을 간단하게 쓰도록 지도한다.)
- 시간을 정해서 친구들에게 표를 붙여준다(내가 만든 표를 자신에게 붙여주어도 좋다).
- 각자가 자신에게 붙어 있는 표를 모두 모아서 도화지에 붙이고 전시해서 돌아

가며 읽는다.

③ **친구의 장점쓰기**

- A4용지 맨 위에 각자의 이름을 쓴다.
- 한 장씩 옆으로 돌리면서 A4 용지의 주인에게 칭찬하는 말을 한마디씩 쓴다.
- 자신의 용지가 다시 자기에게로 돌아오면 읽고, 칭찬받았을 때의 느낌을 차례로 이야기한다.

④ **다른 대상으로 확대하기**

- 자기 주위의 생명체(사람, 식물, 동물 등)에게 특별한 표 만들어서 붙여 주기
  준비물: 포스트 잇, 도화지, 풀, 가위

(6) 연관주제

나(자아존중감)

아가야 안녕?

(1) 기본정보

저자: 제니 오보렌드 글/줄리 비바스 그림/김장성 역
출판사: 사계절(원작: 1999, 한국판: 2000)
전체쪽수: 32
ISBN 89-7196-709-9
장르: 그림책(사실 동화)

(2) 저자소개

제니 오보렌드(Janni Overend)는 교사이자 작가로 오스트레일리아 빅토리아 주에서 살고 있다. 아기를 병원에서 데려오는 줄로만 알고 있는 아이들에게 경험을 나눠 주기 위해서 이 책을 썼다고 한다.

줄리 비바스(Julie Vivas)는 풍부하고 부드러운 색채로 자신이 볼 수는 없지만 느끼는 것을 표현하고자 하는 일러스트레이터이다. 작가와 독자, 주인공의 감성과 자신의 느낌을 일치시키고자 애쓴다고 한다. 그는 이 책이 놀라운 생명 탄생의 광경과 그것을 바라보는 아이의 감정을 잘 보여주었으면 하는 바람

을 가지고 그렸다.

(3) 줄거리

아기가 태어나는 날. 주인공은 온 집안 식구들과 함께 새 아기의 탄생에 대한 준비를 한다. 엄마는 진통을 시작하고 가족들이 따뜻한 사랑으로 지켜보는 가운데 건강한 동생이 태어난다.

(4) 글과 그림

가족이 함께 보는 출산 그림동화로 아기가 태어나는 과정을 정확하고 자연스럽게 받아들이게 하는 그림의 묘사가 돋보인다. 무엇보다도 출산 과정을 사실 그대로 표현하여 오히려 그 감동을 진지하게 받아들일 수 있게 한다. 아기가 태어나는 과정을 가족이 모두 함께 지켜보며 감동하는 모습이 아기의 탄생과 생명의 경이로움을 더욱 소중하게 느끼게 한다. 아기를 맞이하는 가족들의 기쁜 마음과 새 아기에게 자신의 자리를 내주는 주인공의 성숙한 모습을 통하여 동생의 탄생이 낯선 아이들에게 새로운 생명에 대하여 더 많은 통찰이 가능하도록 돕는다.

(5) 관련 질문과 활동

☒ 관련 질문

① 전반적인 인식을 돕는 질문

– 이 책을 보고 어떤 생각이 떠올랐니?

– 이 책 중 가장 마음에 남는 장면은 어떤 장면이니?

② 이해 및 고찰을 돕는 질문

– 아기가 나오는 걸 볼 때 주인공은 어떤 느낌을 느꼈을까?

– 엄마와 아빠 그리고 누나들은 왜 우셨을까?

– 만약 아기가 볼 수 있다면 아기는 자신을 반갑게 맞이하는 가족들을 보면서 어떤 느낌이 들까?

③ 기존의 해결 방법에 대한 다각적인 평가와 새로운 접근을 시도해 보게 하는 질문

- 탄생의 순간에 엄마와 아기를 위해서 네가 할 수 있는 일은 무엇일까?
- 만약 병원에서 아기를 데려왔다면(아기가 태어나는 장면을 보지 못했다면) 주인공은 아기에 대한 마음이 지금과 어떻게 다를까?

④ 자기적용을 돕는 질문
- 아기가 나오는 걸 볼 때 너는 어떤 느낌이 들었니?
- 네가 태어났을 때 식구들은 기분이 어땠을까?
- 동생이 태어났을 때 맨 처음 해 주고 싶은 말은 뭐니?

◉ 관련 활동
① 편지 쓰기와 선물 그리기
- 새로 태어난 동생이 있다면 그 동생에게 해 주고 싶은 말을 편지로 쓰고 선물을 그림으로 그린다.

② 가족들의 출생과 성장에 관한 사진 액자 만들기
- 엄마, 아빠, 형제의 백일, 돌날, 유치원 입학식날, 졸업식날과 같은 주제로 가족 사진을 함께 모아 비교해 보면 같은 가족의 핏속에 흐르는 동질감, 생명성을 발견할 수 있어 특색 있고 재미있는 액자가 될 것이다.
준비물: 가족들의 어린 시절 사진, 도화지, 가위, 풀, 빈 액자, 인형, 편지지, 색연필 등

③ "아기가 태어나요!" - 이야기를 나눈 다음, 역할극을 해 본다.
  예 아빠: "자! 우리 모두 아기 탄생을 위해 무엇을 해야 하지요?"
    아동들: "돈을 준비해 두어야 해요." "손을 꼭 잡아줘요."
    "우유병이요, 이불이요, 기저귀를 준비해야 되요."
    "집안일 할 사람을 구해 두어야 해요." 등
  - 각자가 말한 것을 준비하고 행동으로 표현하기.
  - 서로 마음을 돌아가면서 얘기한다.
    준비물: 아기인형, 돈, 앞치마, 이불, 기저귀, 우유병 등

(6) 연관주제

나(자아존중감), 가족(일반 가족)

초등학교 고학년 어린이

 강낭콩

(1) 기본정보

저자: 에드몽드 세샹 글, 그림/이미림 역
출판사: 분도 출판사(원작: 1982, 한국: 1984)
전체쪽수: 64
ISBN 89-419-8418-1
장르: 그림책(사실동화)

(2) 저자소개

에드몽드 세샹(Edmond Séchan)은 〈금붕어〉 등 많은 수상작 영화를 제작하였고 〈빨간 풍선〉은 직접 촬영했다. 1962년 세샹은 그의 영화 〈강낭콩〉으로 칸영화제 금상을 탔다.

(3) 줄거리

어두컴컴한 빌딩에서 외롭게 살아가는 노부인은 어느 날 우연히 죽은 진달래가 심겨진 화분을 줍는다. 유일한 연장인 포크로 진달래를 캐내고 저녁 식사 때 쓰려고 골라놓은 흰 콩을 심는다. 그리고 노부인은 날마다 잊지 않고 화분에 물을 준다. 어느 날 아침, 노부인은 자기 눈을 믿을 수가 없었다. 강낭콩이 자라기 시작한 것이다. 외로운 노부인, 커가는 강낭콩, 커가는 사랑과 생명의 이야기이다.

(4) 글과 그림

이 이야기는 에드몽드 세샹이 만든 영화를 사진으로 엮어 만든 책이다. 구부정한 모습으로 재봉틀 앞에 앉아 일하는 노부인의 쓸쓸한 모습이 가슴 아프다. 싹을 틔우는 강낭콩과 새로운 생명력을 느끼는 노부인의 모습에서 독자들도 함께 강낭콩의 생명을 걱정하고 애태우게 된다. 강낭콩을 지키려고 애쓰는 노부인의 종종걸음에서 강낭콩을 사랑하는 마음이 잘 전해진다. 강낭콩이 겪는 위기와 죽음, 그러나 절대 끝이 아님을 안다. 새로운 시작을 위해 강낭콩 꼬투리를 힘 있게 움켜쥔 노부인의 모습에서 생명의 강인함을 느낄 수 있다.

(5) 관련 질문과 활동

☑ 관련 질문

① 전반적인 인식을 돕는 질문

- 〈강낭콩〉을 읽을 때 떠오른 생각은 무엇이니?

② 이해 및 고찰을 돕는 질문

- 노부인에게 강낭콩의 존재는 어떤 것이었을까?
- 노부인은 왜 강낭콩을 데리고 산책하기로 결심했니?
- 노부인은 자신의 비밀 정원을 돌보며 어떤 마음이었을까?

③ 기존의 해결 방법에 대한 다각적인 평가와 새로운 접근을 시도해 보게 하는 질문

- 만약 강낭콩을 공원에 옮겨 심지 않았다면 어떻게 되었을까?
- 강낭콩이 위험을 겪지 않을 수 있는 더 안전한 곳은 어디일까?

④ 자기적용을 돕는 질문

- 네가 노부인이라면 뽑혀진 강낭콩을 보며 어떻게 했을까?
- 죽은 강낭콩의 씨앗을 손에 들고 있다면 어떤 마음일까?

◉ 관련 활동

① 화분에 강낭콩 심어보기

준비물: 강낭콩 씨앗, 흙 담긴 화분, 포크, 물뿌리개

- 강낭콩 씨앗을 관찰한다.
- 포크로 흙 고르기, 손가락으로 구멍 파기, 씨앗 심기, 물주기
- 관찰하며 하루하루 강낭콩에게 편지쓰기
- 싹튼 강낭콩 화분을 가지고 산책해 보기

② 식물소재를 다룬 비디오 감상하기

- 칸영화제 금상을 받은 영화 〈강낭콩〉 비디오 준비하여 보기

(6) 연관주제

친구삼기(친구가 없는 아이)

해일

(1) 기본정보

저자: 펄 벅 글/류충렬 그림/강유하 역
출판사: 내 인생의 책(원작: 1936, 한국판: 2002)
전체쪽수: 145
ISBN 89-952969-2-5
장르: 사실동화

(2) 저자소개

펄 벅(Pearl S. Buck)은 웨스트버지니아 주에서 출생하여 선교사인 부모를 따라 중국에서 자랐다. 아버지는 전도사업에 열중했고 어머니의 뜻대로 펄벅은 1914년 랜돌프 매콘 여자 대학교를 우등으로 졸업하고 중국으로 돌아가, 1917년, 중국농업연구의 세계적 권위자가 된 John Lossing Buck 박사와 결혼을 한다. 큰 딸이 정신박약아였기에 〈자라지 않는 아이(The Child Who Never Grew)〉(1950)에 술회하듯이 이 사실이 그녀를 작가로 만든 주요한 동기가 된다. 특히 아시아, 미국 태생의 아이들을 위한 재단을 설립하고 아이들의 건강과 교육, 복지를 위한 일에 열정을 다한다. 중국, 일본, 한국 등에서 산 그녀의 경험이 글의 기반이 되었고 〈해일〉로 Children's Book Award를 수상했고 소설, 〈대지〉로 퓰리처상, 노벨문학상을 수상했다. 6·25전쟁 후에는 한국의 수난사를 그린 〈갈대는 바람에 시달려도(The Living Reed)〉(1963)와 한국의 혼혈아를 소재로 한 소설 〈새해〉(1968), 영원한 모성상을 그린 〈어머니〉(1934), 아버지의 전기인 〈싸우는 천사들(Fighting Angels)〉(1936), 어머니의 전기인 〈어머니의 초상(The Exile)〉(1936), 자서전인 〈나의 가지가지 세계(My Several Worlds)〉(1954) 등이 있다.

류충렬 님은 한국화 화가이며, 민족미술인협회의 회원으로 세 차례의 개인전과 여러 차례의 단체전을 통해 우리민족의 정서와 고유한 우리 미술의 참모습을 보여주려고 노력해 왔다. 그의 그림에는 사람과 세상에 대한 따뜻함이 묻어 있다. 그리하여 미국인들이 그려내고자 하였지만 할 수 없었던 〈해일〉의 그림을 몇 차례 일본을 왕래하며 실증적으로 그려내기 위하여 많은 노력을 하였다.

(3) 줄거리

키노와 지야는 일본 작은 어촌에 사는 친한 친구다. 키노는 산비탈 농장에서 농사를 짓고 지야네 아버지는 바다에서 고기를 잡는 어부다. 더운 날이면 둘은 사슴이 사는 작은 섬까지 헤엄쳐 놀곤 했다. 그러나 키노는 늘 지야가 바다를 살피며 바다를 두려워하는 것을 이해하지 못했다. 키노는 땅에서도 무서운 것으로 화산이 있음을 알게 되고 그렇다고 그것에 얽매이지 말고 살아 있다는 것을 즐길 것과 죽음을 미리 걱정할 필요는 없다는 것, 그것이 멋있게 사는 방식임을 아버지로부터 배운다. 그러나 키노가 순무를 심고 있을 때 화산이 폭발하고 큰 해일이 몰려와 어촌마을을 덮친다. 다행히도 지야는 키노 부자가 돌담 위에서 흔든 오비(허리띠)를 보고 언덕을 기어올라 생명을 구한다. 그러나 치고 올라온 해일에 의해 가족과 마을은 눈앞에서 사라져버린다. 키노의 식구는 넋을 잃고 잠만 자는 지야를 한 가족으로 받아들여 구완한다. 한편 자식이 없는 영주가 지야를 수양아들로 삼고자 몸소 찾아와 지야가 잠이 깨면 직접 생각을 밝히기를 바란다고 말한다. 지야와 키노는 성으로 찾아가게 되고 지야는 의외로 '아니요.'라고 정중하게 영주의 아들되기를 거절한다. 지야는 돌아왔을 때 반기는 키노의 누이, 세쯔에게서 처음으로 위안을 느끼며 삶의 의욕을 회복한다. 그 후 지야는 어느덧 훌륭한 농부로 되어 돈을 모아 배를 사고 해변에 집을 짓고 해일이 가져다 준 고통을 잊게 해준 세쯔와 결혼을 한다. 가족이 살던 터에 바다로 향한 창을 낸 신혼집에서 해일을 대비하며 맞설 각오를 한 지야는 새 삶을 시작한다.

(4) 글과 그림

화선지에 그린 듯한 수묵화에 가까운 그림은 이 책의 죽음과 두려움까지도 극복하는 생명에 대한 강렬한 메시지를 효과적으로 잘 표현하고 있다. 해일전과 후로 나누어지는 이야기 속에 무엇보다도 일본의 토속적 바다 풍토와 정취를 잘 살려 내고 있으며 인간은 결국 자연에 순응하며 극복하는 존재로 그려내는 데 성공하고 있다.

해일이 자주 출몰하는 일본의 한 어촌이야기를 통하여 조금 나중에 죽든지 조금 일찍 죽든지 중요한 것은 용감하게 사는 것, 삶을 사랑하는 것, 아름다운 나무와 산을 보는 것, 일을 즐기는 것도 포함된다는 어려운 설명을 어린이들이 이해하기 쉽게 해일이라는 불가항력적 사건 속에서 풀어나가고 있다. 삶과 죽음에 대하여 특별한 호기심이 없었던 어린이 또는 자연재해 등으로 가족을 잃고 두려움을 가진 어린이들에게 작가는 아래와 같은 메시지로 대응할 힘을 길러준다.

'죽음을 두려워하지 않은 진짜 이유는 죽음을 자주 보기 때문이며 위험 속에서 살기에 삶을 더 사랑하게 된다'. 역설을 통하여 삶과 죽음은 우리에게 꼭 필요하다는 메시지가 글과 그림의 조화로움 속에 전달된다.

(5) 관련 질문과 활동

☑ 관련 질문

① 전반적인 인식을 돕는 질문
- 작가가 이 책에서 나에게 가장 하고 싶은 말, 귀절을 찾아본다면 어떤 것일까?
- 이 책을 다 보고 마지막 책장을 덮고 난 느낌이 어땠니?
- 이 책에 나오는 가장 큰 마음의 아픔은 어떤 것일까?

② 이해 및 고찰을 돕는 질문
- 지야는 해일 후 왜 계속 잠만 잤을까?
- 지야가 왜 영주의 아들이 될 기회를 승낙하지 않았을까?
- 지야가 농사를 짓다가 배를 사서 어부가 된 것을 보면서 무슨 생각이 들었니?
- '삶은 죽음보다 강하다'고 한 키즈 아버지 말씀은 과연 무슨 뜻일까?

③ 기존의 해결 방법에 대한 다각적인 평가와 새로운 접근을 시도해 보게 하는 질문
- 만약에 지야가 영주의 양아들이 되었다면 정말 행복하였을까?
- 만약에 해일이 일어난 곳이 일본이 아니고 우리나라라면 어떤 일이 벌어졌을까?
- 우리 주위에 해일만큼 큰 위험을 가진 것이 있다면 또 무엇이 있으며 어떻게 대처해야 할까?
  - 예) 산불, 태풍, 홍수, 폭설, 산사태, 전쟁

④ 자기적용을 돕는 질문

-네가 지야라면 영주의 아들이 될 기회에 어떤 대답을 했겠니? 그 이유를 설명해
  줄 수 있겠니?

- 너의 성격은 키노와 지야, 그리고 세쯔 중 어느 편에 가까운 사람이라고 보니?

- 네가 겪은 죽음에 대한 경험은 어떤 것이 있었니?

- 지야가 겪은 일만큼 지금 너에게 고통스러운 일은 무엇일까?

- 너는 바다에서 살고 싶니, 땅에서 살고 싶니? 그 이유는 무엇이니?

- 네가 만약에 지야 아버지라면 과연 마지막에 지야에게 무슨 말을 하고 싶었
  을까?

- 너도 키노처럼 친구를 위하여 정성으로 무슨 일을 해 줄 수 있을까?

- 네가 만약 세쯔라면 어떤 방법으로 지야를 행복하게 해 줄 수 있을까?

- 키노와 지야 같은 친구를 사귀려면 어떻게 해야 할까?

○ 관련 활동

① 바닷가를 구경하고 그림으로 그려보기

② 어촌, 산꼭대기 밭에서 농사를 짓는 곳을 찾아가 보거나 사진을 구하
  여 보고 구체적으로 그 어려움들에 대하여 이야기 나누기

③ 바다에서 나는 산물과 밭에서 나는 농산품을 조사하여 비교하여 표를
  만들어 보고 그 산물을 만들어 내기 위하여 겪는 어려움에 대하여 의
  견을 나누어 보기

④ 일본의 엽서, 우표 등을 통하여 일본문물 조사해 보기

⑤ 해일에 대한 비디오들을 보고 해일이 일어나는 원인에 대하여 조사하
  여 발표하기

⑥ 작가, 펄벅 여사의 일생을 조사하여 보고 이 책을 쓰게 동기에 대하여
  이야기 나누기

⑦ 내가 앞으로 쓰고 싶은 책에 대한 목록 발표하기

예 나의 아버지, 나의 어머니, 나의 형제들, 나의 친구들

(6) 연관주제

가족(특수 및 위기 가족)

2) 환경보존

환경보존의 문제는 환경오염만의 문제가 아니라 생명운동, 인간성 회복운동의 차원에서도 고려되어야 한다. 이 장에서 소개하는 책으로 어린이를 지도하는 교사나 부모가 유의할 점은 무엇보다도 인간 중심적 사고방식인 이원주의, 계급질서주의, 경직된 자율성과 추상적 합리주의에서 인간에 삶의 의미를 부여하는 생태적 관계로 시각을 돌려야한다는 점이다(방영준, 2000: 16).

어떻게 어린이들에게 환경을 존중하는 의식을 길러줄 수 있을까? 우선 부모님이 그리고 주변 어른들이 모범을 보여주어야 된다. 즉 생활 속에서 자연을 접하고 그 속에서 기쁨을 느끼게 되면 저절로 자연에 해를 입히는 행동을 결코 용납하지 않게 되는 것이고 이런 적극적 모범을 보일 때 어린이에게 본보기학습이 되어 환경보존의 올바른 자세를 배우게 된다.

일상의 삶에서 어린이와 함께 생명존중을 이해하기 위해서는 무엇보다도 다음과 같은 훈련이 필요하다고 본다(Ortner, 1995: 247).

① 자연에 대한 감각을 일깨워 주기
② 여러 동물, 곤충들의 생활습관들과 존재의 필요성을 발견하고 그들이 지닌 아름다움과 쓸모를 주의 깊게 관찰하도록 한다.
③ 동식물을 보호하고 사랑하는 본을 보이기
  - 야생동물에게 먹이주기, 어린이가 환경을 보존하는 법을 실천하였을 때 칭찬하기 등 자연에 대한 감수성을 발전시켰을 때 격려와 칭찬을 아끼지 말아야 한다.
④ 동식물 세계에 대해서뿐만 아니라 사람들에 대해서도 부드럽고 예의바르게 행동하는 모범을 보인다.

유아

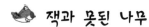 잭과 못된 나무

(1) 기본정보

저자: 브라이언 와일드 스미스 글/

리베커 와일드 스미스 그림/김선애 역

출판사: 시공주니어(원작: 1994, 한국: 1996)

전체쪽수: 24

ISBN 89-7259-417-2

장르: 그림책(환상동화)

(2) 저자소개

브라이언 와일드 스미스(Brian Wildsmith)는 존 버닝햄, 찰스 키핑과 더불어 영국 그림책 3대 작가의 한 사람으로 꼽힌다. 색채의 마술사라 불릴 만큼 아이들의 눈을 단번에 휘어잡는 천상의 색채로 이름을 떨치고 있다. 1960년대에 첫 선을 보인 그림책들은 지금까지 전 세계적으로 800만 부가 넘게 팔려나갔다. 최근에는 딸인 리베커(Rebeca Wildsmith)와 함께 작업한 여러 작품들을 선보이고 있다.

(3) 줄거리

잭 박사는 채소를 빨리 자라게 하기 위해 화학 약품을 섞어 액체를 만들고 씨앗에 뿌린다. 다음날 그 씨앗은 지붕을 뚫고 나와 오존층을 뚫고 나가고 뿌리는 땅속에서 식물들과 도시들을 파괴한다. 소방차와 전투기들이 출동해도 없애지 못하는데, 설상가상으로 우주괴물까지 나무를 타고 지구로 쳐들어온다. 동물들은 비상회의를 통해 나무의 뿌리를 잘라서 나무를 없앤다. 잭 박사는 다시 채소를 기르지만 이번에는 자연스럽게 자라도록 둔다.

(4) 글과 그림

무엇보다도 현란하고 원색적인 색채로 아이들의 눈길을 사로잡는 표현이 돋보인다. 특히 잭 박사의 실험실 장면은 다양한 실험 도구들과 실험 식물들로 하여금 호기심을 자극하고 있다. 못된 나무와 우주괴물을 표현한 다양한 색은 파괴적인 성격을 역설적으로 잘 나타내고 있다. 또한 우주괴물과 거대한 나무뿌리라는 자연을 파괴하는 존재를 형상화시켜 위기를 현실감 있게 표현하고 있다.

(5) 관련 질문과 활동

⊠ 관련 질문

① 전반적인 인식을 돕는 질문

- 이 책을 읽으니 어떤 생각이 드니?

② 이해 및 고찰을 돕는 질문

- 잭 박사님이 잘못 생각한 것은 무엇일까?
- 못된 나무를 없애기 위해 사람들이 선택한 방법과 동물들이 선택한 방법은 어떻게 달랐니?
- 잭 박사님은 더 이상 아무 실험도 하지 않았어. 그 이유는 무엇일까?
- '자연은 그렇게 했습니다'는 무슨 말일까?

③ 기존의 해결 방법에 대한 다각적인 평가와 새로운 접근을 시도해 보게 하는 질문

- 만약 못된 나무를 없애지 못했다면 어떤 일이 일어났을까?
- 잭 박사님이 포기하지 않고 계속해서 화학 약품을 나무와 채소들에게 뿌리면 과연 어떤 일이 벌어질까?

④ 자기적용을 돕는 질문 유형

- 네가 과학자라면 어떤 기술을 발달시키겠니?
- 과학자가 과학기술을 발달시키는 것보다 더 중요한 것은 무엇이니?
- 어떤 과학자가 잘못된 발명을 한다면, 이를 막기 위하여 과연 나는 어떤 일을 할 수 있을까?

◇ 관련 활동

① 못된 나무를 없애는 방법 찾기

- 못된 나무를 동물들이 없애지 못했다면 어떻게 하면 없앨 수 있는지 방법을 찾아본다.

② 유전자 식물의 좋은 점과 나쁜 점(목록 표 만들기)
- 유전자 식물의 좋은 점과 나쁜 점을 적어보고 서로 비교해 본다.

③ 유기농법에 대해 알아보기
- 농약이나 화학 성분을 전혀 쓰지 않고도 식물이 자라는 방법에 대해 알아본다.

④ 우리 주위에서 환경오염물질 찾아 어떤 점이 해로운지 알아보기
- 합성세제, 자동차 유독가스, 샴푸, 일회용품들(이쑤시개, 종이컵, 스티로폴 용품)

(6) 연관주제

질병과 죽음 그리고 생명(생명의식 – 생명존중)

🐭 숲을 그냥 내버려 둬!

(1) 기본정보

저자: 다비드 모리송(Davide Morison) 글, 그림
출판사: 크레용하우스(한국: 1998)
전체쪽수: 30
ISBN 89-86385-49-X
장르: 그림책(환상동화)

(2) 줄거리

쥐돌이는 새로운 발명품을 만드는데 발명품에서 끈적끈적한 보라색 물이 떨어진다. 쥐돌이는 오염물질을 싣고서 멀리 갖다 버리는데 오염물질은 번번이 되돌아온다. 쥐돌이는 한 번 생긴 물질은 쉽게 없어지지 않는다는 사실을 배우면서 편리한 물건을 만들어도 신중히 생각해서 우리의 삶이 파괴되지 않도록 주의하게 된다.

(3) 글과 그림

전체적으로 수채화풍의 밝고 경쾌한 그림으로 그려져 있고, 주인공 쥐의 다

양한 표정과 움직임을 관찰하는 것이 이 그림책을 읽는 재미를 더해 주며, 상황에 따라 글씨가 커지고 작아지면서 아이들에게 흥미를 끌 수 있도록 되어있다. 자칫 무거워질 수 있는 소재를 즐겁게 따라 가면서 생각해 볼 수 있도록 색감이 부드럽고 편안한 가운데 보라색 숲, 보라색 비에 대한 생각을 통해 생활 속에서 환경에 대한 생각주머니를 확장하는 힘을 기르게 한다.

(4) 관련 질문과 활동

☒ 관련 질문

① 전반적인 인식을 돕는 질문

- 숲을 생각하면 무엇이 생각나니? 그 속에는 어떤 동물이 살까?

② 이해 및 고찰을 돕는 질문

- 쥐돌이는 왜 발명품을 만들려고 했을까?
- 이 책에서 보라색 숲을 보면서 어떤 느낌이 드니?
- 숲 속 동물들이 쥐돌이의 발명품을 왜 반대를 했을까?
- 쥐돌이는 왜 오염물질을 묻고 꽃을 심었을까?

③ 기존의 해결 방법에 대한 다각적인 평가와 새로운 접근을 시도해 보게 하는 질문

- 만약에 보라색 비가 내렸다면 어떻게 되었을까?
- 만약에 쥐돌이가 만든 기계에서 나온 물질이 세상에 퍼진다면 무슨 일이 생길까?
- 어떻게 하면 쥐돌이가 만든 오염물질을 없앨 수 있을까?

④ 자기적용을 돕는 질문

- 우리 주변에서도 이런 일이 일어나는 것을 본 적이 있니?
- 네가 만일 과학자가 된다면 너는 어떤 과학자가 되고 싶니?

⊙ 관련 활동

① 설계도 그리기

- 환경을 보호할 수 있는 기계를 생각해 보고, 그 기계를 만들 수 있는 설계도와 사용법을 적어 본다(초등학교 저학년과 고학년 아동에게 읽혔을 경우).

② 재활용품 로봇 만들기

준비물: 플라스틱, 비닐봉지, 건전지, 알루미늄 캔 등을 이용해서 로봇이나 자동차를 만들어 본다.

③ 재생비누를 만들어 본다. 그 재료인 폐식용유가 그냥 버려지면 물과 토양이 어떻게 오염되는지 이야기해 본다.

　　준비물: 폐식용유, 가성소다, 비누를 굳힐 틀(비닐통)

(6) 연관주제

질병과 죽음 그리고 생명(생명의식 - 생명존중)

초등학교 저학년 어린이

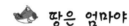 땅은 엄마야

(1) 기본정보

　　저자: 이금이 글/한지희 그림
　　출판사: 푸른 책들(2000)
　　전체쪽수: 83
　　ISBN 89-88578-16-3
　　장르: 환상동화

(2) 저자소개

이금이는 1962년 충북 청원에서 태어나 1984년 새벗 문학상과 1985년 소년중앙문학상에 동화가 당선되어 작가로 활동하기 시작했으며, 1987년 계몽사 아동문학상을 받았다. 지은 책으로는 동화집 〈영구랑 흑구랑〉, 〈맨발의 아이들〉, 〈지붕 위의 내 이빨〉과 장편동화 〈솔모루 목장의 아이들〉, 〈밤티마을 큰돌이네 집〉, 〈도들마루의 깨비〉, 〈너도 하늘말나리야〉 등이 있다. 농촌에 살며 동화를 쓰다 최근에 도시로 나와 출판사, 푸른책들에서 운영하는 동화창작교실에서 동화창작법 강의도 진행하고 있다.

한지희는 1960년에 서울에서 태어나 홍익대학교에서 서양화를 공부했다. 그린 책으로는 〈임금님 귀는 당나귀 귀〉, 〈아빠 꽃밭을 만들러 가요〉, 〈장롱 속의 사자와 마녀〉 등이 있다.

(3) 줄거리

참나무 숲 외딴 집에는 몸이 불편한 아이, 강이가 이사를 오고 참나무 숲 작은 연못에는 등이 몹시 굽은 아기 붕어가 살고 있다. 아기 붕어는 공장의 폐수 때문에 등이 굽어서 태어나고 엄마 붕어도 그 물 때문에 죽고 만다. 아빠 붕어는 맑은 물을 찾으러 떠나다 그물에 걸려 죽게 되고 아기 붕어는 혼자 남게 된다. 강이는 강가에 놀러 왔다가 아기 붕어를 발견하고 집으로 데려가지만 아기 붕어의 생명을 위해 놓아 주기로 한다. 연못가에서 친구들이 쓰레기를 줍고 있고 강이가 아기 붕어를 놓아주는 모습을 달님이 지켜본다. 달님은 강이의 아기 붕어의 좋은 친구로 이들을 계속 지켜본다.

(4) 글과 그림

〈땅은 엄마야〉는 등이 굽은 아기 붕어를 중심으로 환경오염에 대해 이야기한다. 이 책은 '자연을 사랑하자'는 구호를 외치지 않지만 아이들의 감성에 호소하는 힘으로 공감을 끌어낸다. 시선이 달님으로 시작하면서 전체적으로 잔잔하고 차분하게 글을 풀어내고 있으며, 섬세하게 묘사되어 있는 선과 투명한 수채 물감이 부드럽고 따스한 느낌을 준다. 물고기 한 마리, 나무 한 그루, 나뭇잎 하나까지 자세하게 묘사된 그림은 정감어린 우리의 산하를 보는 것 같다. 엷은 색을 사용한 수채화 그림이 눈을 시원하게 하고 글보다 더 많은 느낌을 전해 준다. 환경에 대한 지식을 전달하거나 고발을 담은 책과는 달리 문학성 있는 글로 어린이들에게 환경파괴에 대한 경각심을 일깨워 준다.

(5) 관련 질문과 활동

  ☒ 관련 질문

  ① 전반적인 인식을 돕는 질문

  - 이 책을 읽고 나서 그림을 그린다면 무엇을 그리고 싶니?

  ② 이해 및 고찰을 돕는 질문

  - 아기 붕어는 왜 등이 굽게 되었을까?

  - 강이가 '땅은 엄마라고 했어'라고 말한 이유는 무엇일까?

  - 등이 굽은 물고기가 엄마도 잃고 아빠도 잃었을 때는 어떤 기분이었을까?

③ 기존의 해결 방법에 대한 다각적인 평가와 새로운 접근을 시도해 보게
하는 질문

- 아기 붕어 같은 일이 일어나지 않으려면 어떻게 하면 좋을까?
- 아기 붕어 가족이 살던 곳에서 그대로 살 수 있는 방법은 없을까?

④ 자기적용을 돕는 질문

- 네 주변에서 아기 붕어 같은 동물을 본 적 있니?
- 네가 아기 붕어를 만나면 무엇이라고 위로해 주겠니?
- 네가 달님이라면 누구에게 빛을 나눠주고 안아주고 싶니?
- 참나무에게 무슨 말을 해 주고 싶니?

◉ 관련 활동

① 아기 붕어에게 편지 쓰기

- 아기 붕어에게 위로하는 편지를 써 본다.

② 깨끗한 물 속 세상 그리기

- 아기 붕어가 행복하게 살 수 있는 깨끗한 물 속 세상을 그려본다.

③ 일급수에서 사는 동물 찾아보기

(일급수는 생물이 살 수 있는 가장 깨끗한 물이며 우리가 끓이지 않고 그냥 마셔
도 되는 물이란 것을 미리 설명해 준다.)

- 일급수에서만 사는 동물을 찾아보고 이제는 왜 보기가 어려워졌는지 함께 생각
해 본다.

(6) 연관주제

질병과 죽음 그리고 생명(생명의식 – 생명존중)

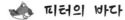 피터의 바다

(1) 기본정보

저자: 셜리 그린드레이 글/마이클 폴먼 그림/이성실 역
출판사: 정인출판사(원작: 1995, 한국판: 2002)
전체쪽수: 30
ISBN 89-89432-03-0
장르: 그림책(사실동화)

(2) 저자소개

셜리 그린드레이(Sally Grindley)는 영국 어린이 북 클럽(Books for Children)에서 어린이 책을 만드는 편집자로 일하면서 이 책을 썼다. 1995년 본격적으로 어린이 책을 내기 시작했으며 이 책으로 영국의 스마티스상과 케이트 그린어웨이상의 후보로 추천을 받았다. 지금은 글로세스테쉬어에서 세 명의 자녀와 살고 있다. 주요 작품으로는 〈쉿-ABC〉, 〈아빠 일어나세요〉, 〈똑똑 누구세요〉, 〈왜, 하늘은 파란 색일까?〉 등이 있다.

마이클 폴먼(Michael Foreman)은 미술 편집자로 활동해 오고 있으면 영국 BBC의 애니메이션을 그리기도 했다. 스마티스 상과 케이트 그린어웨이상을 수상했고 주요 작품으로는 〈작은 순록〉 외에 〈바다표범과 파도타기〉 등이 있다.

(3) 줄거리

어느 날 바다에 폭풍우가 치고 거센 파도에 유조선이 바위에 부딪힌다. 흘러나온 기름으로 바다 동물 친구들이 위험에 빠진다. 그러나 마을 주민들의 노력으로 동물들은 살아나고 바다는 다시 제 모습을 찾게 된다.

(4) 글과 그림

따뜻하고 감성적인 글로 어린이들이 자연스럽게 자연과 환경에 대해 생각하게 해 주는 책이다. 바다를 사랑하는 마음이 피터의 표정과 모습에서 잘 드러나고 있다. 기름을 덮어 쓴 바다 동물들의 비참한 모습에서 환경을 파괴하는 인간에 대한 분노를 느낄 수 있으며, 환경을 지켜야 하는 책임의식을 강하게 전달하고 있다.

(5) 관련질문과 활동

　☒ 관련 질문

　① 전반적인 인식을 돕는 질문

　　- 이 책을 읽고 떠오르는 생각은 뭐니?

　　- 기억에 남는 장면은 어떤 장면이니?

② 이해 및 고찰을 돕는 질문

- 유조선이 바위에 부딪혀 어떤 일이 벌어지니?

- 기름이 바다를 오염시키면 바다에 사는 동물들은 어떻게 될까?

③ 기존의 해결 방법에 대한 다각적인 평가와 새로운 접근을 시도해 보게 하는 질문

- 바다의 동물들이 오염되지 않은 바다에서 살게 하기 위해서는 어떤 방법이 필요할까?

- 오염된 바다를 깨끗하게 할 수 있는 방법은 무엇이니?

④ 자기적용을 돕는 질문 유형

- 만약 네가 시꺼먼 기름을 덮어 쓰게 된다면, 무슨 말을 하게 될까?

- 깨끗한 자연을 유지하기 위해서 네 스스로부터 할 수 있는 일은 무엇일까?

- 자기도 모르게 네가 환경을 더럽히는 일은 무엇일까?

⊙ 관련 활동

① 해양 오염으로 인해 고통받는 바다 생물 비디오 감상

- 감상 후 그 생물들을 구해 줄 방법들을 표로 만들어 보기

② 수조에 물을 채우고 폐식용유를 약간 넣어 기름 걷어내는 방법 고안해내기

- 투명한 수조(혹은 어항)에 물을 넣고, 그 위에 폐식용유를 떨어뜨린다.

- 각자 기름을 걷어 낼 수 있는 도구를 생각해서 실험하고 그 결과를 관찰하여 기록한다.

- 가장 효과적인 방법을 서로 발표하고, 사후처리 방법에 대해서도 생각해 보게 한다.

(아이들이 생각하지 못할 경우 교사가 몇 가지 방법을 제시하여 생각을 끄집어 낼 수 있도록 도와준다.)

(6) 연관주제

질병과 죽음 그리고 생명(생명의식-생명존중)

초등학교 고학년 어린이

 ## 미나마타의 붉은 바다

(1) 기본정보

저자: 하라다 마사즈미 글/오애영 역
출판사: 우리교육(원작: 1994, 한국판: 1995)
전체쪽수: 206
ISBN 89-8040-505-7
장르: 사실동화

(2) 저자소개

하라다 마사즈미는 1934년 일본 가고시마 현에서 태어났다. 구마모토 대학 의학부를 졸업하고 신경정신과 의사로 일하고 있다. 특히 태아성 미나마타병의 연구에서부터 각종 중독성 질환, 환경문제에 관심을 갖고 연구하고 있다. 현재 구마모토 대학 의학부 유전의학연구시설 역학부 조교수이며, 〈미나마타병〉, 〈미나마타병을 배우는 여행〉, 〈미나마타병은 끝나지 않았다.〉 등의 책을 썼다. 1994년에는 유엔 환경상인 글로벌 500상을 받았다.

(3) 줄거리

조용하고 아름다운 미나마타만에 화학 공장이 들어선다. 몇 년 후 고양이가 바다로 뛰어들고, 마을 사람들이 하나, 둘 쓰러져간다. 화학 공장에서 무책임하게 바다에 흘려보낸 폐수 때문에 병에 걸려 주변 사람들에게 냉대받고 죽어가는 아이들 이야기가 전개된다.

(4) 글과 그림

일본에서 실제로 있었던 미나마타병을 소재로 하여 일본의 의사가 쓴 동화이다. 화학 공장에서 무책임하게 바다에 흘려보낸 폐수 때문에 병에 걸려 주변 사람들에게 냉대받고 죽어가는 아이들 이야기가 서정적으로 묘사되고 있다. 그들의 생활과 함께 환경오염의 실태를 알리기 위해 얼마나 눈물나는 싸움을 했는지도 감동적으로 그리고 있다. 깨끗한 환경이 인간에게 얼마나 소중한 것인지를 독자에게 자연스럽게 알게 해 준다.

(5) 관련 질문과 활동

☑ 관련 질문

① 전반적인 인식을 돕는 질문

- 이 책을 읽으면서 기분이 어땠니?

② 이해 및 고찰을 돕는 질문

- 왜 미나마타병과 같은 병에 걸리게 되었다고 생각하니?
- 의사인 작가는 왜 이런 이야기를 썼다고 생각하니?

③ 기존의 해결 방법에 대한 다각적인 평가와 새로운 접근을 시도해 보게 하는 질문

- 미나마타 같은 무서운 병이 생기지 않도록 하기 위해서 어떻게 하면 좋을까?
- 만약 비료공장 사장이 그곳에 살았다면 공장폐수를 버릴 수 있었을까?

④ 자기적용을 돕는 질문

- 환경보호를 하기 위해서는 어떤 일을 할 수 있을까?
- 너는 미나마타병에 걸린 사람들에게 뭐라고 위로해 주겠니?
- 만약에 네가 대통령이 된다면 미나마타병과 같은 일이 벌어지지 않게 하기 위하여 어떤 환경정책을 쓰겠니?
- 우리나라에 일본의 미나마타병과 같은 일이 생기지 않게 하기 위하여 과연 너는 어떤 종류의 공부를 열심히 해야 할까?

◇ 관련 활동

① 공장 사장에게 편지 쓰기

- 미나마타 화학공장 같은 한국의 공장 사장에게 느낀 점을 편지로 써 본다.

② 깨끗한 세상 그리기

- 오염되지 않은 깨끗한 세상을 그려본다.

③ 오염물질인 수은, 납 등을 찾아보기

- 오염물질이 무엇인지 찾아보고, 오염원인을 찾아본다.

(6) 연관주제

나와 다른 사람들에 대한 이해(신체적 특징 – 신체장애)

 ## 콩달이에게 집을 주세요

(1) 기본정보

저자: 원유순 글/정태련 그림

출판사: 대교출판(1999)

전체쪽수: 201

ISBN 89-395-0876-9

장르: 환상동화

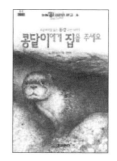

(2) 저자소개

원유순은 강원도에서 태어나 어린 시절을 보냈다. 인천교육대학과 인하대학교 교육대학원에서 공부했고 1990년에 아동문학평론 신인상을 받으면서 동화를 쓰기 시작했다. 1993년에는 계몽아동문학상과 MBC창작동화대상을 받았다. 그동안 펴낸 책으로는 〈열 평 아이들 날아라〉, 〈풀씨야〉, 〈똘배네 도라지 꽃밭〉 등이 있다. 초등학교 선생님으로 어린이들을 가르치면서 어린이의 심리세계와 생활세계, 그리고 자연에 대한 깊은 관심을 바탕으로 글을 쓰고 있다.

정태련은 1963년 전라남도 광주에서 태어났다. 서울대학교 서양화과에서 공부했고, 졸업 후에는 MBC에서 4년 동안 일하기도 했다. 지금은 강원도 춘천에 살면서 농사도 짓고, 자연의 아름다움과 동·식물의 생태를 그림으로 그리는 데 힘쓰고 있다. 그동안 〈달팽이 과학 동화〉, 〈보리 아기그림책〉, 〈세밀화로 그린 보리 어린이 동물도감〉, 〈식물도감〉 등에 그림을 그렸다.

(3) 줄거리

동강의 어라연 계곡, 수달 콩달이와 꽃달이가 평화롭게 살아가고 있다. 어느 날 엄마가 덫에 걸려 잡혀가 콩달이와 꽃달이는 엄마를 찾아 나선다. 둘은 외로움과 배고픔에 날로 야위어 가고, 엄마의 빈 자리를 채워 꽃달이를 보살피나 동생 꽃달이가 오염된 물로 인해 끝내 세상을 떠난다. 긴 장마로 물에 잠긴 보금자리를 버리고 수달들은 떠나기 시작하고 강 하구 쪽에는 콘크리트로 된 거대한 댐이 모습을 갖추어 간다. 친구, 달달이도 콘크리트에 묻힌 새 보금자리를 떠나지만, 자동차가 다니는 큰 길로 올라서는 순간 사고를 당하고 만다. 엄마를 기다리며 여전히 어라연에 남아 있던 콩달이는 어느 날 낯선 사람의 인기척과 함께 사람 손에서 자란 예쁜 달이와 만나게 된다. 날이 갈수록 물이 더러워져 먹이가 사라지고, 강 하구에는 거대한 댐이 완성되어 어라연 계곡은 이미 물에 잠겨 보이지 않는다. 맑게 흐르던 강이 마치 거대한 호수처럼 변한 것이다. 콩달이와 달이는 예전의 어라연처럼 아름답고 평화로운 보금자리를 찾겠다는 믿음을 가지고 태어날 아기 수달을 위해서 할 수 없이 동강을 떠나기로 결심하며 마지막으로 어라연을 돌아보면서 콩달이는 마음속에 살아 있는 엄마에게 인사를 한다.

(4) 글과 그림

수달이 현재 처해 있는 실제 상황, 그리고 생태 습성 등이 매우 사실적이면서도 충실하게 표현되어 있어 자연과 생명의 소중함이 절로 느껴진다. 자연의 아름다움과 동·식물의 생태를 그리는 그림으로 책의 완성도를 높였다. 때묻지 않은 자연 속에서 평화롭게 뛰노는 수달의 모습과 동강의 아름다운 자연환경이 생동감 있으면서도 서정적으로 표현되어 있다.

(5) 관련 질문과 활동

☑ 관련 질문

① 전반적인 인식을 돕는 질문
- 이 책을 읽고 떠오르는 생각은 뭐니?
- 가장 기억에 남는 장면은 어떤 장면이니?

② 이해 및 고찰을 돕는 질문
- 보금자리를 버리고 수달들은 떠나기 시작하지만 콩달이는 왜 변해가는 어라연을 떠날 수 없었을까?

　　　- 강에 댐을 만드는 일로 생길 수 있는 일은 무엇이 있을까?

　③ 기존의 해결 방법에 대한 다각적인 평가와 새로운 접근을 시도해 보게
　　하는 질문

　　　- 콩달이가 동강을 떠나는 대신 다른 방법을 찾는다면 어떤 방법이 있을까?

　　　- 동강을 살리려면 어떻게 할 수 있을까?

　④ 자기적용을 돕는 질문

　　　- 네가 콩달이라면 변해가는 동강을 보고 어떤 생각이 들까?

　　　- 네가 환경부에서 일한다면 동강을 살리기 위하여 어떤 일을 할 수 있을까?

　　　- 네가 작가라면, 환경보존을 위해 어떤 소재의 동화를 쓸 것 같니?

　⊗ 관련 활동

　① 동강으로 이행시 짓기

　　　- 동강이라는 단어로 환경 보존을 알리는 이행시를 지어서 발표하기

　② 댐의 이로운 점과 해로운 점 비교하기

　　　- 댐을 만들었을 때의 이로운 점과 해로운 점을 비교해 본다.

　③ 내가 깨끗한 물을 아끼는 방법 등을 찾아보고 실천에 옮긴다.

　　　- 물을 아껴 사용하는 방법과 실천할 수 있는 방법을 알아본다.

　　　예 화장실이나 급수대에 물 절약 포스터를 만들어 붙이기, 화장실 탱크에 빈
　　　　병을 넣어 물 절약하기, 옷을 깨끗이 입어 세탁 횟수 줄이기

(6) 연관주제

　질병과 죽음 그리고 생명(생명의식 - 생명존중), 가족(일반 가족 - 어머니)

2. 질병

　역사 이래로 어린이들의 지적 생활은 가족들과의 직접 경험을 빼면 신화,
민담 등 옛이야기에 의존되어 왔다. 이런 전승문학은 어린이들에게 상상력
을 길러주고 그들의 공상을 자극했다. 그리하여 어린이 스스로 자신의 문제
를 해결하게 하기 때문에 치료의 효과를 가져왔다. 그때 주어진 옛이야기는

환자의 외부생활과 아무 관계가 없고 언뜻 이해될 수도 없어 보이는 그의 내적 문제와 관련되어 있다. 그러나 옛이야기의 비현실적인 면이 바로 옛이 야기가 지닌 중요한 장치이다. 바로 그 장치를 통하여 외부세계에 대한 유용한 정보보다는 개인의 내면 심리로 관심을 이끈다. 동시에 가장 중요한 문제에 대한 해답을 제시함으로써 어린이의 사회화를 중개해 왔다. 이야기를 묵상하는 동안 심리적 질병을 앓고 있던 어린이는 자기 괴로움의 본질과 해결방법이 머리에 떠오르게 된다. 인간의 절망과 희망, 고난의 극복법을 담고 있는 특정한 이야기에서 환자는 고통에서 벗어나는 방법론만 아니라 이야기 속 주인공처럼 자기 자신을 발견하는 방법까지 알아낼 수 있게 된다 (Bettelheim, 1998: 42).

한 어린이가 병에 걸렸을 때 그 병이 감정에 의해 생겼을 가능성은 50% 이상이다. 감정에서 생긴 병은 정신적 질환이 아니라 몇 천 종의 육체적 증상이 되어 나타난다. 모든 병의 증상은 신경계통과 내분비선 중 어느 하나를 통하여 나타나는데 육체에 물리적 화학적 변화를 가져다주는 감정에 의한 것임이 드러나고 있다(Schindler, 1995: 54).

질병은 크게 감염성 질환과 비감염성 질환으로 나눌 수 있는데 여기에서 중요한 것은 병원체가 인간이나 동물인 숙주에 접촉하였다 해도 모두 질환을 일으키는 것이 아니라는 점이다. 즉 인간의 병원체에 대한 저항력 정도가 질병에 전염되느냐에 중요한 요소가 되는데 그것이 정서적인 면에서 큰 영향을 받는다는 점이다. 이점이 바로 우리가 관심을 가져야 할 과제로 보여진다.

비감염성 질환은 대표적 성인병인 고혈압이나 당뇨와 같이 병원체 없이 일어날 수 있으며, 대부분 발현기간이 길어 만성적 경과를 밟는 경우가 많다. 비감염성 질환이 감염성 질환보다 중요성이 더욱 커지고 있는 이유는 항생제의 발견으로 감염성 질환의 치료가 쉬워졌고, 인구구조의 변화로 노인인구가 증가하였으며, 의학 분야의 진단기술 발달로 과거에 발견하지 못하였던 비감염성 질환의 진단을 가능하게 하였다는 점을 들 수 있다. 비감염성 질환의 원인은 명확히 밝혀지지 않은 경우가 많으며 여러 가지 위험인자가 복합적으로 질환을 유발시키는 데 관여하는 것으로 알려져 있다.

특히 비감염성 질환의 치료에 있어서도 생활방식의 변화 등 위험인자를 제거하는 측면과 예방적 차원에서의 질병관리가 더 중요해졌다. 과거에는 질병에 대한 관리를 질병이 발생한 후 치료하는 데 그쳤으나, 이제는 어려서 부터 질병이 발생하기 전에 올바른 식습관, 환경개선과 운동 등으로 육체의 저항성 강화를 강조하게 된 것이다.

특히 교실에서 기르던 애완물이 죽었다거나 친구가 아파서 입원했을 때 이 영역에서 감정 수준을 줄이면서 탐색을 할 기회를 제공해 줄 수 있을 것이다. 반면에 선정된 관련도서들에서 보여지듯이 치과방문, 병원과 관련하여 두려움을 줄이는 도서발행이 늘고 있다. 이 영역은 크게 암, 뇌성마비 등으로 일반적으로 난치병으로 판명이 난 경우의 질병과 감기와 같은 가벼운 질환, 그리고 사고로 인한 장해와 선천성 장해를 겪는 경우를 다룰 수 있다고 보는데 일선 의사의 말에 따르면 신체건강에 문제를 일으키는 원인은 다음과 같다 (Brocket & Schreiber, 2000: 20).

첫째, 어린이들이 너무 오랫동안 텔레비전이나 컴퓨터 앞에 앉아 있고 또한 만화를 보고 있다.

둘째, 인스턴트 식품과 패스트푸드 그리고 지나치게 단 음식 등의 식단이 문제이다.

그러므로 결과적으로 점점 더 많은 어린이들이 육체적 결함과 영양부족, 집중력이나 창조력 결여, 로이노제와 과다흥분증상, 혼자만의 생활로 인한 정서적 불안에 시달리면서 공격적인 성향을 띠게 되고 소위 탈진증후군과 알레르기, 만성피로에 노출되게 된다.

어린이들은 이러한 육체적 질병으로 드러난 내면의 어려움을 책읽기를 통하여 누군가와 대화하는 법을 배우게 된다. 뿐만 아니라 동화의 환상세계는 영혼을 치유해 주고 어린이의 정서를 밝게 해 주며 자신감을 불어 넣어준다. 그러므로 어린이의 '정서적 면역체계'를 강화시켜 주는 데 동화를 들려주는 것보다 좋은 것은 없다고 본다(Brocket & Schreiber, 2000: 33).

유아

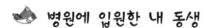 병원에 입원한 내 동생

(1) 기본정보

저자: 쓰쓰이 요리코 글/하야시 아키코 그림/

이영준 역

출판사: 한림출판사(원작: 1983, 한국판: 1989)

전체쪽수: 32

ISBN 89-7094-026

장르: 그림책(사실동화)

(2) 저자소개

쓰쓰이 요리코(Yoriko Tsutsui)는 1945년 동경에서 태어났다. 기옥현포화서 고등학교를 졸업하고 광고 회사에 근무하였고 지금은 세 명의 아이를 키우며 그림책과 동화창작에 전념하고 있다. 작품에는 〈순이와 어린 동생〉, 〈병원에 입원한 내 동생〉, 〈이슬이의 첫 심부름〉, 〈오늘은 소풍가는 날〉 외 다수가 있다.

하야시 아키코(Akiko Hayashi)는 1945년 동경에서 태어났다. 요코하마 국립대학 미술학부를 졸업하고 그림책 창작 활동을 활발히 하고 있다. 저서로는 〈순이와 어린 동생〉, 〈병원에 입원한 내 동생〉, 〈이슬이의 첫 심부름〉, 〈오늘은 소풍가는 날〉, 〈은지와 푹신이〉, 〈혼자 가지마〉, 〈오늘은 무슨 날?〉, 〈목욕은 즐거워〉, 〈달님 안녕〉, 〈손이 나왔네〉, 〈싹싹싹〉, 〈구두구두 걸어라〉 외 다수가 있다.

(3) 줄거리

자매간의 다툼과 화해를 따뜻하게 그린 이야기로 순이는 자기의 '납작코 인형'을 탐내던 동생 영이가 아파서 병원에 입원하자 걱정으로 밤을 지샌다. 다음날 영이를 위해 접은 종이와 편지, 그리고 납작코 인형을 가지고 아빠와 함께 병원으로 간다. 빨리 낫기를 바라는 순이의 따뜻한 마음과 형제간의 사랑을 나타낸 이야기다.

(4) 글과 그림

축 늘어진 영이의 모습에 순이는 차마 크게 놀라지도 못하고 영이가 어디 아프냐고 조심스레 묻는다. 순이의 표정은 실제 아이가 느끼는 놀라움과 두려움을 과장되지 않게 표현함으로써 보는 사람이 실제 상황을 겪는 듯한 느낌을 갖게 해 준다. 여기에서 순이와 동일시된 독자는 이제 상황의 전개가 마치 자신의 일처럼 느껴지게 된다. 급하게 서둘러서 영이의 옷가지를 챙겨가는 엄마, 친구마저 가 버리고 혼자 남게 된 순이의 두려움이 그대로 가슴에 전달된다.

천둥 번개 소리에 이불 속으로 기어 들어가 납작코 아가씨만 껴안고 있는 순이는 커다란 위기감을 겪는다. 천둥 번개로 표현된 위기는 순이가 영이의 병에 대해 겪는 마음속의 두려움과 같다. 아빠가 나타나 안정을 되찾는 순이는 영이의 안전을 바라며 선물을 준비한다.

수술이 잘 되었다는 소리에도 순이는 쉽게 웃음 짓지 못한다. 생글거리는 영이의 얼굴을 보고서야 선물 꾸러미를 건네주며 살짝 입가에 안도의 미소를 띤다. 이 모든 걸 무사히 겪은 순이가 한 단계 성숙하며 사랑스러운 눈길로 동생을 바라보는 그림은 질병으로 두려움을 느끼고 있는 아이에게 회복에 대해 긍정적 태도로 작용될 것이다.

(5) 관련 질문과 활동

☑ 관련 질문

① 전반적인 인식을 돕는 질문
- 어떤 장면이 제일 인상적이니?
- 책 뒷표지의 그림을 보니 네 마음속에 어떤 느낌이 남지?

② 이해 및 고찰을 돕는 질문
- 순이와 영이는 평소에 어떤 사이였을까?
- 영이를 만나러 가기 위해 순이는 생각하고, 생각하고, 또 생각했어. 왜 그랬을까?

③ 기존의 해결 방법에 대한 다각적인 평가와 새로운 접근을 시도해 보게 하는 질문

- 영이가 아프지 않았다면 순이는 납작코 인형을 영이에게 주었을까?
- 순이가 영이를 병원에서 만났을 때 무슨 말을 할 수 있을까?
- 만약 말이나 글로 표현할 수 없고 행동으로만 한다면 어떤 행동을 할 수 있을까?

④ 자기적용을 돕는 질문

- 네 동생이 아프다면 너는 무슨 선물을 줄까?
- 너에게 소중한 사람이 아프다면 네가 그들을 위해 할 수 있는 일은 무엇일까?

◈ 관련 활동

① 영이(동생 혹은 아픈 형제)를 생각하며 학과 개구리와 장미 접기

종이 접기를 하면서 전래 동요 같은 노래를 만들어 부른다.

예) 영이야, 영이야 빨리 나아라.

나아서 집에 오면 뽀뽀해 줄게('두껍아 두껍아' 노래에 맞춰서).

② 영이(동생)에게 가져갈 편지 쓰기

- 내가 미안했던 일,
- 진짜로 하고 싶었던 말,
- 영이(동생)에게 힘을 주는 말,
- 영이(동생)를 웃게 해 줄 수 있는 말들을 생각해서 편지에 쓰도록 한다.

③ 비밀 선물 꾸러미 만들기

- 내 동생이 평소에 갖고 싶어 했던 내 물건들을 생각하며 조각 종이에 쓴다.
- 위에서 접은 학, 개구리, 장미와 편지를 함께 상자에 넣어 예쁘게 포장한다.

④ '문병하기' (역할극)

상황: 영이는 병실에 누워 있고 아빠와 순이가 선물 꾸러미를 들고 병실로 들어
      가서 서로 만나는 장면을 연기해 보게 한다.

- 순이와 영이 역할을 서로 바꾸어서 해 보고 그때의 마음을 이야기하게 한다.

⑤ 미완성 문장 완성하기

예) _____ 말을 들으니까 내 마음이 _____ 하다.

너의 _____한 행동은 _____ 기분이 든다.

(6) 연관주제

가족(일반 가족–형제)

🐭 수두에 걸린 아서

(1) 기본정보

저자: 마크 브라운 글, 그림/양명선 역

출판사: 에이콤프로덕션(원작: 1980, 한국판: 2001)

전체쪽수: 34

ISBN 89-89488-01-X

장르: 그림책(환상동화)

(2) 저자소개

마크 브라운(Mark Brown)은 펜실베이니아 주 에리 근처의 한 마을에서 세 누나와 같이 자랐다. 그때 할머니에게서 들었던 아름다운 이야기들은 마크 브라운이 베스트셀러를 만드는 어린이 책 작가 겸 화가가 되는 데 큰 바탕이 되었다. 그는 클리블랜드 예술 학교에서 공부를 했고, 100권 이상의 어린이 그림책을 집필했다. 그는 트럭 운전사, 가게 점원, 배우, 양계장 농부, TV 아트 디렉터, 즉석 요리사 그리고 대학교수까지 많은 경험을 통해 창작력을 높였다. 그의 책 속에 있는 대부분의 등장인물들은 그가 생활에서 겪은 한 사람 또는 여러 사람들을 합쳐서 만든 것이다. 현재 마크 브라운은 매사추세츠에서 일러스트레이터이며 작가인 로리 크레스니 브라운(부인)과 그의 딸인 엘리자와 같이 살고 있다.

(3) 줄거리

토요일에 서커스를 구경을 가기로 한 아서는 월요일 아침부터 열이 난다. 수두에 걸린 아서는 어쩌면 서커스 구경을 못할지도 모른다. 할머니, 친구들, 아빠 모두가 아서에게 신경을 쓰고 친절하게 대하자 동생 도라는 샘이 난다. 분홍색 색연필로 얼굴에 수두 자국을 그려 자신에게 관심을 돌리는 데 성공하지만 목욕을 하다가 꾀병인 것이 들통난다. 아서는 수두가 다 나아 서커스 구경을 가게 되지만 오히려 도라는 진짜로 수두에 걸려 집에 있게 된다.

(4) 글과 그림

아서와 도라는 어린이들 모습 그대로이다. 기대에 부풀어서 서커스 구경 가는 날만 기다리는 아이들, 열이 나고 아프게 되자 구경 못 가게 될까봐 걱정하는 모습, 가족과 친구들이 아픈 오빠만 걱정하고 위로해 주며 보살피자 토라지는 모습까지 아이의 모습 그대로이다. 오빠가 서커스 구경을 못하게 될 거라는 말에 오히려 신이 나서 떠드는 도라의 모습은 평소 형제간의 경쟁과 다툼이 있었던 남매 사이를 솔직하게 표현하고 있다. 오빠에 대한 가족들의 관심이 점점 커지자 급기야 도라는 자신도 수두인 것처럼 연극한다. 손자들을 보살피는 할머니, 토라지는 도라, 앙증맞은 거짓말을 시도하는 도라, 결국 아서는 다 낫고 도라는 진짜 수두에 걸려 서커스 구경을 가지 못하게 된다. 아픈 아이는 아서의 입장에서 생각하게 되고, 아픈 아이의 형제는 도라의 입장에서 책을 읽게 된다. 병이 나면 누구나 보살핌을 받아야 되며, 주변 사람들은 최대한 정성껏 환자를 보살펴 주어야 함을 알게 해 준다. 병은 어떤 경우에도 부러워할 대상이 아닌 것도 알게 될 것이다.

(5) 관련 질문과 활동

☑ 관련 질문

① 전반적인 인식을 돕는 질문
- 이 책에서 가장 재미있고 기억에 남는 장면은 무엇이니?
- 다 읽고 나서 어떤 생각이 드니?

② 이해 및 고찰을 돕는 질문
- 도라는 아픈 아서를 왜 부러워했을까?
- 도라는 왜 수두에 걸린 흉내를 냈을까?

③ 기존의 해결 방법에 대한 다각적인 평가와 새로운 접근을 시도해 보게 하는 질문
- 아서가 아프지 않았다면, 도라는 아서를 부러워했을까?
- 아서를 놀리는 일 말고 도라가 할 수 있는 일은 무엇일까?

④ 자기적용을 돕는 질문
- 만약 오빠나 언니가 아프다면 우리 가족들은 어떻게 할까?
- 내가 아서라면 잘 돌봐 주는 가족과 친구들에게 어떤 생각이 들까?

– 아픈 나를 부러워하는 동생이 있다면 뭐라고 얘기해 주고 싶니?

◇ 관련 활동

① 역할극하기

(아서의 할머니, 아픈 아서, 옆에서 지켜보는 도라되어 보기)

– 선물 가지고 나타나기

– 특별한 목욕물 만들어 주기

– 등을 문질러 주면서 옛날이야기 해 주기

– 꿀차 만들어 주기

역할극이 끝난 다음 자기 역할에 대한 느낌을 서로 얘기한다.

② 도라에게 편지쓰기

– 꾀병 부리다 진짜로 병이 나서 서커스 구경을 못 가게 된 도라에게 위로의 편지 쓰기

– 편지를 쓰고 나서 친구들과 돌려 읽는다.

(6) 연관주제

가족(일반 가족–조부모)

초등학교 저학년 어린이

 셀레스틴느는 훌륭한 간호사

(1) 기본정보

저자: 가브리엘르 벵상 글, 그림/김미선 역

출판사: 시공주니어(원작: 1994, 한국판: 1997)

전체쪽수: 25

ISBN 89-7259-584-5

장르: 그림책(환상동화)

(2) 저자소개

가브리엘르 벵상(Gabrielle Vincent)은 브뤼셀에서 태어났다. 그녀는 소박한 삶을 영위하는 사람들의 일상을 잔잔하게 잘 그려내는 작가이다. 그녀의

그림은 글만큼이나 따뜻하면서도 간결하고 깨끗하다.

　김미선은 한국 외국어대학교 스페인어과를 졸업하고 같은 학교 대학원에서 불문학 석사학위를 받았다. 옮긴 책으로는 〈크리스마스 파티〉, 〈박물관에서〉, 〈비 오는 날의 소풍〉, 〈시메옹을 찾아주세요〉 등이 있다.

(3) 줄거리

　셀레스틴느의 아저씨가 병이 났다. 의사선생님은 움직이지도 말고 푹 쉬라고 한다. 어린 셀레스틴느는 아저씨의 간호사가 되어 따분해하는 아저씨를 위해 웃기기도 하고 약도 드리고 밥도 해 드린다. 생각만큼 잘 되지는 않지만 최선을 다한다. 아저씨가 다 낫자 무척 흐뭇해 하지만 실수가 많아서 쑥스러워한다.

(4) 글과 그림

　아저씨가 아프자 의사선생님이 오시고 셀레스틴느는 다른 곳에 맡겨져야 한다. 그러나 셀레스틴느는 아저씨 곁을 떠나고 싶지 않다. 아저씨를 돌볼 사람은 자신밖에 없다고 생각한다. 그 순간부터 셀레스틴느는 더 이상 어린 아이가 아니다. 셀레스틴느는 따분해하는 아저씨를 위해 연극도 하고, 춤도 추고, 악기도 연주하고, 책도 읽어 드린다. 음식도 만들고, 때로는 엄격한 간호사가 되기도 한다. 보호할 대상이 생기면 아이에게도 어른과 똑같은 보호 본능이 발현된다. 아이의 심리가 무척 잘 나타나 있다.

　아저씨가 다 낫자 셀레스틴느는 당황하기 시작한다. 어린애 같은 자신의 모습, 실수 많은 아이다운 모습을 들키고 싶어 하지 않는다. 아픈 아저씨 옆에서 아저씨를 돌보며 한 단계 커가는 아이의 예쁜 모습이 아픈 가족으로 힘든 아동에게 모델링의 효과를 불러일으킬 것이다. 가족의 아픔이 다른 가족이 한 걸음 성장하는 계기가 되기도 한다는 것을 가족의 사랑과 함께 자연스럽게 잘 표현하고 있다.

(5) 관련 질문과 활동

　☑ 관련 질문

　① 전반적인 인식을 돕는 질문

- 다 읽고 나서 무슨 생각이 드니?
- 어떤 장면이 제일 재미있니?

② **이해 및 고찰을 돕는 질문**
- 셀레스틴느는 왜 자기가 아저씨를 간호할 것이라고 했을까?
- 셀레스틴느는 따분해서 어쩔 줄 몰라 하는 아저씨를 위해서 어떤 일을 했니?

③ **기존의 해결 방법에 대한 다각적인 평가와 새로운 접근을 시도해 보게 하는 질문**
- 셀레스틴느가 다른 곳에 맡겨졌다면 어떤 기분이었을까?
- 다른 간호사가 와서 아저씨를 돌보았다면 어떻게 되었을까? (좋은 점과 좋지 않은 점은?)

④ **자기적용을 돕는 질문 유형**
- 네가 셀레스틴느라면 아저씨를 위해서 어떤 음식을 만들어 줄 수 있을까?
- 셀레스틴느가 한 일들 말고 아저씨를 즐겁게 해 주기 위해서 할 수 있는 일은 무엇일까?
- 네가 아저씨라면 셀레스틴느가 간호해 준 것에 대해 어떻게 생각하실 것 같니?

◎ **관련 활동**

① **아픈 가족을 위해 음식 만들기**
- 가족이 아프다면 내가 해 줄 수 있는 음식을 생각해 보고 실제로 만들어 본다.
- 음식의 종류를 잘 선택하지 못할 경우 교사가 쉽고 적당한 음식을 제시해 준다.
  예 죽, 스프, 계란 프라이 등

② **아픈 가족을 즐겁게 해 줄 방법 찾아서 해 보기**
- 구성원들이 각자 자기가 할 수 있는 행동들을 생각한다.
- 노래, 춤, 연극, 책 읽어주기 등 각자가 생각한 행동들을 발표하고 친구들은 환자의 입장에서 반응을 이야기해 준다.

③ **사랑의 편지 쓰기**
- 아픈 가족에게 자신의 마음을 담은 사랑의 편지를 써서 보낸다.

(6) 연관주제

나(성취감), 가족(특수 및 위기 가족)

🐢 네 잘못이 아니야

(1) 기본정보

저자: 고정욱 글/이은천 그림
출판사: 황금두뇌(2001)
전체쪽수: 24
ISBN 89-88972-29-5
장르: 그림책(사실동화)

(2) 저자소개

고정욱은 성균관대학교 국어국문학과를 졸업했으며, 동대학원에서 석사와 박사학위를 받았다. 1992년 문화일보에 단편소설 〈선험〉이 당선되어 문단에 나왔으며 대표작으로 〈안내견 탄실이〉, 〈아주 특별한 우리 형〉으로 많이 알려지게 되었다. 현재 소년 동아일보에 글짓기 교실을 운영하고 있으면 평화방송에서 장애인 프로그램을 진행하고 있다.

이은천은 충청남도 옥천에서 태어나 중앙대학교 한국화과를 졸업했다. 아동 일러스트레이터로 활약하고 있으며 〈까치의 아파트〉, 〈겨레 아동 문학 선집〉, 〈까치 우는 아침〉 등의 그림을 그렸다.

(3) 줄거리

정신지체 장애아인 강혁이는 발작을 일으키기도 하고 보통 아이들은 이해할 수 없는 여러 가지 행동을 한다. 장애를 가진 친구가 같은 교실에서 공부를 하는 과정에서 일어날 수 있는 에피소드를 통해서 그 친구를 이해해 가는 과정을 담고 있다.

(4) 글과 그림

정신지체아의 여러 가지 행동이 그 어린이 책임이 아니라는 것을 어린이들에게 쉽게 알려주고 있다. 무엇보다도 과학적인 이해를 돕는 논리적인 글로 교실에서 벌어질 수 있는 장애를 가진 가족이나 아동들에게 일어날 수 있는 갖가지 상황들을 간결한 문장과 그림으로 묘사하고 있다. 질병에 따른 문제와 함께 오는 편견을 없애는 데 크게 도움이 될 만한 책이다.

(5) 관련 질문과 활동

☑ 관련 질문

① 전반적인 인식을 돕는 질문
- 강혁이는 어떤 행동을 하니?
- 책을 읽고 가장 마음에 남는 생각은 뭐니?

② 이해 및 고찰을 돕는 질문
- 강혁이가 이런 행동을 하는 이유는 뭘까?
- 민정이와 지혜가 모르고 있었던 것은 뭘까?

③ 기존의 해결 방법에 대한 다각적인 평가와 새로운 접근을 시도해 보게 하는 질문
- 친구들이 강혁이를 이해하고 있다고 생각하니?
- 강혁이가 친구들과 생활하기 위해서 친구들이 할 수 있는 일은 무엇일까?
- 너라면 강혁이가 발작하고 난 후에 무슨 말을 해 주겠니?

④ 자기적용을 돕는 질문 유형
- 지하철 옆 자리에 강혁이같은 장애아가 있다면 솔직히 그 아이에 대하여 어떤 느낌을 가지게 될까? 다른 자리로 피하지는 않니?
- 강혁이가 집에 가지 못하고 있을 때 너는 어떻게 할까?
- 너희 반에 강혁이와 같은 친구가 있다면 우리가 미리 알아야 할 것은 무엇일까?
- 만약에 네가 강혁이와 같은 장애아라면 친구들이 어떻게 해 주면 좋을 것 같니?

⊙ 관련 활동

① 자신의 주위에 있는 장애를 가진 친구나 가족이 있는 어린이의 이야기 듣기
- 불편한 점, 도와주고 싶은 점, 힘든 점

② 1일 장애 체험, 눈 가리기, 말하지 않기, 귀마개하기 등
- 장애 체험하고 난 뒤 자기가 알았던 점과 몰랐던 점을 표로 그려서 생각해 보기

(6) 연관주제

나와 다른 사람에 대한 이해(신체적 특징 – 신체장애)

초등학교 고학년 어린이

🐋 어린이를 위한 초승달과 밤배 I. 2

(1) 기본정보

저자: 정채봉 글/김재홍 그림

출판사: 파랑새어린이(원작: 1995, 개정판: 2002)

전체쪽수: 209

ISBN 89-7057-558-8/89-7057-556-1

장르: 사실동화

(2) 저자소개

정채봉은 1946년 전남 승주에서 태어나 '샘터' 편집부 기자에서 시작하여
주간으로 재직 중 2001년 12월 간암으로 별세한다. 은사의 도움으로 입학한
'광양농고' 도서관에서 세계고전을 섭렵한 것이 계기가 되어 동국대국문과를
졸업하고 1973년 동아일보 신춘문예에 동화, 〈꽃다발〉로 등단하여 작품활동
을 시작한다.

어머니는 스무 살에 여동생을 낳다 돌아가시고 아버지는 일본으로 이주하
여 할머니 손에 자랐다. 대한민국문학상 〈물에서 나온 새〉, 한국잡지 언론상
(편집부문), 새싹문학상 〈오세암〉, 동국문학상 수상 〈생각하는 동화〉, 세종아
동문학상 수상 〈바람과 풀꽃〉, 동국대 예술대학 문예창작과 겸임교수, 소천아
동문학상 수상 〈푸른 수평선은 왜 멀어지는가〉, 동아, 조선, 세종일보 신춘문
예 심사위원, 초등학교 교과서 집필위원, 동국대학교 문예창작과 겸임교수를
역임하였다. 그외 〈물에서 나온 새〉, 〈오세암〉, 〈멀리가는 향기〉, 〈내 가슴 속
램프〉, 〈향기 자욱; 샘터〉, 〈바람과 풀꽃〉, 〈간장종지; 샘터〉, 〈처음의 마음으
로 돌아가라〉, 〈눈을 감고 보는 길〉, 〈푸른 수평선은 왜 멀어지는가〉, 〈너를
생각하는 것이 나의 일생이었지〉 등 사후에 〈하얀 사랑〉, 〈하늘새 이야기〉,
〈그대 뒷모습〉, 〈스무 살 어머니〉가 출간되었다.

김재홍은 1958년 경기도 의정부에서 출생하여 홍익대 서양화과를 공부했
으며 10여 차례의 개인전과 60여 차례의 단체전을 통해 평소 자연과 인간은

하나라는 생각을 꾸준히 펼쳐 왔다. 그린 책으로 〈쌀뱅이를 아시나요〉, 〈동강의 아이들〉 외 여러 권이 있으며 어린이를 위한 좋은 그림으로 많은 사랑을 받고 있다.

(3) 줄거리

주인공에게는 엄마가 없다. 그래서 주인공의 이름도 '난나'. 첫마디가 '엄마'가 아닌 '난나'이어서다. 즉, '나는 나'라는 뜻이다. 맑은 눈빛을 지닌 천진한 난나는 친구들과 진흙싸움을 하고 노는 개구쟁이지만 배다른 동생인 꼽추, 옥이를 돌보면서 할머니와 단촐하게 산다. 좌우의 이념 대립이 남긴 상처, 시골의 몰락, 군사독재와 그것에 대한 저항, 졸부 재벌 등 해방과 분단 이후 어두웠던 우리나라의 역사를 작가만의 독특한 방법으로 풀어 나간 성장이야기이다.

(4) 글과 그림

눈앞에서 등장인물들이 실제로 말하는 것과 같이 살아 숨쉬는 문체 속에 단순히 어린이들만이 아니라 성인까지도 즐겨 읽도록 독자영역을 확대하고 있다. 난나의 모험담은 밝고 화창한 빛깔이 아니라 우수의 빛을 띤다. 결코 아름답다고 볼 수 없는 모순덩어리의 현실 속에서 나타나는 천진함과 순수함 속 아름다움이다. 아이 하나로 인하여 세계가 아름다워질 수 있음을 확인하게 하는 작품이다. 난나가 작가의 반사경이라면 이러한 영혼의 세계에서야말로 곧 이러한 작품을 빚어낼 수 있다는 증언이 되기도 하는 것이다.

자연 속에서 억세게 성장한 강한 생명의지가 불의의 교통사고로 기억상실증에 걸린 난나를 치유하게 하고 있으며 또한 동심이라는 같은 공통분모를 지닌 독자들의 상처를 치유하게 한다. 작가가 구현하려고 하는 자연 속에 깃든 치유력을 파스텔 톤의 수채화로 표현한 그림은 동심이라는 그릇에 적합한 따뜻한 그림이다. 무엇보다도 원작의 느낌과 잘 어울린 붓끝의 정성이 어려운 환경 속에서 좌절하기 쉬운 어린이들에게 감동으로 성큼 다가온다.

(5) 관련 질문과 활동

☑ 관련 질문

① 전반적인 인식을 돕는 질문

- 이 책을 다 읽고 책을 덮은 후 느낌이 어땠니?
- 가장 기억에 남는 장면을 꼽는다면 어떤 장면이니?

② 이해 및 고찰을 돕는 질문

- 이 책을 끝까지 읽게 한 이유가 무엇이라고 보니?
- 난나는 언제가 가장 행복했을까?
- 난나는 언제가 가장 힘들었을까?
- 난나의 꿈에서 모처럼 찾아온 아빠를 만나지 않은 이유가 무엇이었을까?
- 꼽추인 옥이가 왜 서울에 일하러 가야만 했을까?
- 난나와 할머니는 어떤 때 기도를 하게 되었니?
- 옥이가 성당에 다니게 된 이유가 무엇이라고 생각되니?

③ 기존의 해결 방법에 대한 다각적인 평가와 새로운 접근을 시도해 보게 하는 질문

- 난나는 대정공민학교 말고 다른 방식으로 공부를 할 수 있었을까?
- 난나가 신문배달로 일하면서 학교를 다녔는데, 또 다른 방법은 무엇이 있었을까?
- 부모가 있는 아이와 달리 난나와 옥이는 할머니 밑에서 어떤 점이 가장 힘들었을까?

④ 자기적용을 돕는 질문 유형

- 난나와 달리 너는 부모님과 살기에 어떤 점이 행복한지 구체적으로 세 가지만 이야기해 보렴.
- 만약에 네가 난나처럼 늙으신 할머니와 병든 동생과 살아야 한다면 어떻게 살아갈 수 있을까?
- 만약 네가 불의 사고로 기억상실증에 걸린다면 어린 시절 어떤 추억들이 너로 하여금 네 기억을 돌이킬 만큼 중요한 일이 될지 생각해 보렴.

⊗ 관련 활동

① 난나가 자란 것과 같은 바닷가 찾아가 보기, 그리고 그림 그려보기, 그 지방의 얽힌 여러 이야기 알아보기

② 〈초승달과 밤배〉 영화나 비디오 감상하고 이야기해 보기

③ 입체낭송하기

－ 세 명 정도 아동을 선정하여 다음과 같은 문장을 감정을 넣어 읽게 한 후 가장 멋지게 읽은 아동을 뽑아 상을 준다.

예

A: 난나는 우연히 담 밑의 돌 하나를 뒤집어 보았다.

B: 그런데 거기에서는 놀라운 일이 벌어져 있었다.

C: 풀씨들의 여린 발. 그 허연 새싹이 살아나 보려고 기를 쓰고 발목을 뻗치고 있었던 것이다.

A: "저렇게 무거운 돌 밑에서도 눈을 뜨고 있었다니....."

B: "그럼, 생명이 든 씨앗인데 돌에 눌려 있다고 해서 목숨을 포기하니?"

C: "미안해. 돌에 비해 풀씨 네가 너무 약해 보여서 그랬어."

A: "몸집이 아무리 커도 생명이 들어 있지 않으면 담배씨만도 못한 거야."

B: "그럼 너는 돌보다 위대하단 말이니?"

C: "그렇지, 나는 작지만 의지를 가지고 있는 생명이거든."

A: "그렇지만 고통스럽게 돌 밑에 깔려 있는 것보다는 일찍 포기하는 게 편하지 않아?"

B: "그건 죄야. 생명은 주어진 힘을 다 써야 하는 거야."

A+C: 난나는 풀씨의 말뜻을 곰곰이 생각하며 걸었다.

(6) 연관주제

가족[일반 가족－아버지, 형제, 조부모, 특수 및 위기 가족－이혼(한부모 가족)]

🦁 사자왕 형제의 모험

(1) 기본정보

저자: 아스트리드 린드그렌 글/

일론 비클란드 그림/김경희 역

출판사: 창작과 비평사(초판: 1983, 개정판: 2000)

전체쪽수: 301

ISBN 89-364-4046-2

장르: 환상동화

(2) 저자소개

린드그렌(Astrid Lindgren, 1907~2003)은 스웨덴 스모랜드, 빔멜비에서 부지런하고 이야기하기를 좋아하던 농부, 사무엘 오거스트 에릭슨과 부지런했지만 말이 없던 한나에게서 태어났다. 아버지를 닮아서 말이 많고 쾌활한 아이였던 린드그렌은 어린 시절을 '안심과 자유의 시절'이었다고 회상한다. 13세 때 지은 글 〈우리 농장의 정원〉이 스모랜드 지방신문에서 주최하는 상을 받아서, 일약 조그만 마을 빔멜비의 유명인이 되기도 했다. 모르는 사람까지도 "네가 이번에 신문에 난 아이냐? 넌 아마 제2의 셀마 라겔레프가 될 거야."라고 말하곤 했다고 한다. 그러나 린드그렌은 '글의 힘이 무섭다는 것을 깨달으면서 '절대로 작가가 되지 않을 거야.' 라고 결심했었다고 한다.

린드그렌은 열여섯 살 무렵 문제아 대열에 끼게 되고 열여덟 살에 미혼모가 되어 덴마크에 가서 혼자 딸을 낳아 키우며 비서 일을 한다. 린드그렌은 슈튜레 린드그렌이라는 친절한 남자와 결혼해서 두 아이를 낳고 에릭슨이라는 옛날 성을 버리고 린드그렌이라는 성을 갖게 된다. 린드그렌은 1941년 겨울, 폐렴으로 앓아 누운 딸 카린을 위해서 '삐삐 롱스타킹'의 이야기를 해주게 되고 그 다음 해 열린 라벤 앤 쉐그렌이라는 출판사의 어린이 책 공모에 현모양처가 꿈인 얌전한 여자아이 이야기인 〈브릿마리가 안심하다〉라는 이야기를 써서 당선이 된다. 그 후 린드그렌은 라벤 앤 쉐그렌 사의 편집자로 일하면서 1958년에는 〈라스무스와 방랑자〉로 아동문학의 노벨상이라고 할 수 있는 한스 크리스천 안데르센 상, 스웨덴 문학상, 독일 서적 평화상, 노벨문학상에 버금가는 라이트 라이버리후드 상을 수상하며 스웨덴 아동문학의 정신적 지주가 된다. 1991년 〈콩을 코에 올린 엘리자베스〉를 마지막으로 린드그렌은 어린이와 동물들을 위한 활동에 힘쓰다 2002년 봄 95세의 나이로 스톡홀름 아파트에서 생을 마감한다.

(3) 줄거리

요나탄과 카알 형제가 겪는 모험이 이야기의 기둥을 이루고 있지만 그 기둥을 받치고 있는 것은 두 형제의 지순한 사랑이다. 집에 불이 나 동생을 업고 2층에서 뛰어내린 형은 숨지고 만다. 형 없이 카알은 더욱 외롭다. 그때 낭기열라에서 온 비둘기에게서 카알은 낭기열라에 있다는 형의 목소리를 듣게 된다. 그리고 카알은 '엄마, 울지 마셔요! 우리 낭기열라에서 다시 만나요!' 라는 편지를 남기고 떠난다. 카알은 자살을 한 게 아니라 죽는다는 것을 알고 엄마에게 편지를 쓴 것이다. 카알은 낭기열라 기사의 농장에서 형을 만나게 되고 튼튼해져서 함께 말도 탈 수 있게 되었지만 그곳에도 악은 있었다. 낭기열라의 또 다른 마을 들장미 골짜기는 과거의 산에 살고 있는 텡일의 지배를 받고 있었다. 텡일은 괴물 용, 캬틀라를 앞세워 들장미 골짜기를 지배하고, 벚나무 골짜기까지 지배하려고 한다. 결국 들장미 골짜기를 해방시키기 위해 전쟁을 치르기로 한다. 그 대전쟁에서 승리는 하였지만 돌봐주던 마티아스 할아버지를 잃고, 형은 캬틀라의 불길에 맞아 몸이 마비된다. 그러자 요나탄은 또 다른 세계이며 행복한 곳인 낭길리마에 대해 이야기한다. 그리고 마비되어 사느니 낭길리마로 가겠다고 한다. 겁쟁이였던 카알이지만 형을 업고 용감하게 계곡에서 떨어져 드디어 그들은 낭길리마의 햇살을 본다. 아이들에게 가장 필요한 것은 사랑하는 사람과 함께 살고 싶은 소망이라는 메시지가 강렬하다.

(4) 글과 그림

주인공 카알은 병약한 한 어린이의 표본으로 그려진다. 그의 내면세계는 세상의 시공간에 대한 궁금함과 자신의 운명에 대한 두려움으로 가득차고 있다. 그리고 어떻게든 강한 사람으로 거듭나고 싶어 한다. 구원자가 되어줄 형 요나탄이 곁에 있다는 사실을 알지만 그 사실을 완전히 믿지 못한다. 카알의 이런 점이 질병으로 고통받는 어린이들의 마음에 호소한다. 대조적으로 요나탄은 역동적인 희망을 상징한다. 늘 자기 확신에 차 있으며, 단순하면서도 모두에게 열려 있어 모두를 자유롭게 한다. 그래서 질병 가운데 힘들어하는 아이들에게 치유의 언어로 작동한다.

형이 쓰고 있는 신화적인 언어, 판타지 나라와 백성들이 쓰는 언어는 결국 작가의 깊은 정신에서 나오는 힘의 언어이다. 낭기열라에서 카알형제는 이 세상에서 가난하게 사는 동안 이루지 못한 소원들을 모두 이룬다. 이야기에

빨려 든 어린이들의 아프고 가렵던 마음을 구석구석 어루만지며 후련하게 씻어준다. 여기에 〈산적의 딸 로냐〉를 그린 일론 비클란드의 흑백대비의 정밀펜화는 요나탄과 카알 형제의 사랑이미지를 적절하게 표현하고 있다. 작가의 내면에 들어 있는 정신의 힘이 바탕이 되어 흡입력 있으며 변화를 일으키는 판타지이다.

(5) 관련 질문과 활동

☑ 관련 질문

① 전반적인 인식을 돕는 질문
- 책을 다 읽고 난 후 느낌은 어땠니?
- 가장 신나는 부분과 슬픈 부분이 어느 부분이니?

② 이해 및 고찰을 돕는 질문
- 카알은 왜 엄마에게 편지를 썼을까?
- 요나탄이 불에 타 죽은 후 카알과 엄마의 마음은 어땠을까?
- 카알과 요나탄이 다른 점이 무엇일까?
- 불뿜는 용인 카틀라를 조절하게 하는 것은 무엇이었나?
- 카틀라는 어떻게 하다가 바다뱀 캬름과 마지막으로 싸우다 죽었을까?
- 왜 카알은 형 요나탄을 좋아했을까요?
- 마지막에 형 요나탄이 겁쟁이 동생을 사자왕, 스코르빤이라고 부른 이유가 무엇일까?

③ 기존의 해결 방법에 대한 다각적인 평가와 새로운 접근을 시도해 보게 하는 질문
- 만일 카알이 낭기열라에서 형을 만나지 못했다면 어떻게 살았을까?
- 어떻게 카알과 요나탄은 서로에게 자신들의 사랑을 표현했을까요?
- 아프고 나약한 카알에게 새로운 변화가 일어났다면 어떤 점이 도움이 되었을까?

④ 자기적용을 돕는 질문 유형
- 너도 카알처럼 아팠던 적이 있니? 네가 카알처럼 항상 아프기만 하다면 어떻게 할까?
- 네가 요나탄이라면 아픈 동생에게 어떤 도움을 줄 수 있을까?
- 네가 요나탄이라면 어려움을 무릅쓰고 동생을 위하여 불 속에 뛰어들어 구해낼 수 있을까?

- 네가 카알이라면 두려움을 각오하고 형과 낭길리마로 향하여 뛰어내릴 수 있을까?
- 만약 낭떠러지에서 뛰어내리지 못하여 카알인 네가 혼자 남겨져 있다면 어떻게 할 것가?

⊗ 관련 활동
① 칠판에 그림으로 현세와 낭기열라, 낭길리마 지도를 그려보기
② 이 작품을 쓴 린드그렌 할머니가 살던 스웨덴, 스톡홀름 등에 대하여 알아보기
③ 주위에서 카알처럼 아픈 친구나 이웃을 찾아보기, 줄 선물 써보기, 편지 써 보기
④ 글쓴이에게 궁금한 것에 대하여 질문하는 편지 써 보기
⑤ 우리가 죽은 다음의 세계에 대하여 알아보기- 목사님, 스님, 할아버지, 할머니 등에게 물어보기
⑥ 부모님 초대하여 〈린드그렌 할머니로 분장하여 연설하기〉
  작가처럼 분장하고 작가의 말인 아래와 같은 말을 부모님을 초대하여 발표하게 한다.

  예

  사회 : 삐삐롱스타킹을 쓴 린드그렌은 다음과 같은 말을 하였답니다.
  분장한 아동 : "사랑하는 부모가 있다는 것은 안심을 뜻합니다. 게다가 우리 부모님은 마음껏 놀게 해 주셨어요. 우리는 주변의 멋진 자연을 마음껏 돌아다니며 놀고, 놀고, 또 놀았지요. 어찌나 신나게 놀았던지 놀다가 죽지 않은 게 신기할 정도였지요."
  일동 : "우리는 모두 린드그렌처럼 사랑하는 부모님이 계셔서 감사해요."
  "저희들도 린드그렌처럼 멋진 사람이 되도록 마음껏 돌아다니며 놀고, 놀고, 또 놀게 해 주세요. 노는 것이 우리에게 공부랍니다!!!"
⑦ '병에 걸리지 않으려면 구체적으로 어떻게 해야 하나?' 조사하여 표만 들기
  준비물 : 사인펜, 자, 켄트지, 전화걸기, 인터넷 찾기, 의학백과사전 찾기
  – 음식, 운동습관, 청결습관 등

(6) 연관주제
  나와 다른 사람들에 대한 이해(신체적 특징–신체장애)

3. 죽음

생명활동이 정지되어 다시 원상태로 돌아오지 않는 생물의 상태를 죽음이라고 한다. 이러한 죽음에 대하여 어린이에게 이야기해 준다는 것은 어린이 문학에서 성에 대해 말하는 것과 함께 오랫동안 금기시되어 왔다. 그러나 오늘날 시대적 필요에 따라 성에 대하여 전체적, 혹은 부분적 소재로 한 이야기책이 출판되고 있다. 그러나 죽음에 대해서 말하는 것은 성에 대해서 말하는 것보다 더 어렵고 곤혹스럽다. 왜냐하면 어른들도 죽음을 직접적으로 체험할 수는 없고, 다른 사람의 죽음을 통해서 간접적으로 체험하기 때문이다. 그리고 이 간접적 체험을 고찰함으로써 죽음의 뜻을 이해하여 왔다.

이럴 때 요긴하게, 아니 거의 유일하게 기댈 수 있는 매개체가 바로 문학이다. 문학을 통해서 아이가 죽음을, 어떤 막연하게 추상적인 명제나 집단적 운명이 아니라 구체적이고 개인적인 삶의 한 부분으로 체험할 수 있을 때, 그리고 자신의 죽음과 삶을 생각할 수 있을 때 우리가 의도하고 바라는 마음의 통찰과 적용은 올바로 이루어질 수 있을 것이다(Fitzpatrick, 1997: 209).

그렇게 죽음을 구체적이고 개별적으로 체험할 수 있게 해 주는 문학 작품은 의외로 많다. 이 작품들이 다루는 죽음의 양상과 그것을 맞이하는 사람들의 태도는 다양하며 깊이 있는 울림을 준다. 그런 다양하고 깊은 죽음에 대한 인식을 통해 아이들은 삶에 대해 좀더 진지하고 폭넓은 자세를 가질 수 있을 것이다. 참고로 아이들이 죽음에 대해 갖는 인식 단계를 소개한다(송명자, 1995: 122).

1단계: 대략 5세 이하. 죽음에 대한 인식은 잠이나 이별에 대한 인식과 비슷하다. 슬픈 이별, 뭔가를 빼앗아 가는 공격적 행위 같은 것이다. 이 시기에 죽음은 불가피하거나 결정적인 것으로 여겨지지 않는다. 잠에서 깨어나거나 여행에서 돌아오는 것처럼 죽음에서 다시 돌아올 수 있다고 생각하는 것이다. 죽음은 잠을 자는 것처럼 눈을 감고 움직이지 않는 것이며, 인체 기능의 완전한 정지라는 인식은 없다. 아이들은 죽음의 원인을 이해하지 못한다. 병이나 사고는 알지만, 죽음과 병 그리고 죽음 사이의 메커니즘을 그려 볼 수는 없다.

2단계 : 대략 초등학교 저학년 시기. 죽음에 대한 인식이 과도기적인 성격을
       띠며, 서로 다른 연구에서 서로 다른 결과가 나온다. 그러나 대부분
       의 작가들은 이 시기의 아이들이 죽음의 최종성을 이해하며, 죽은
       사람은 더 이상 존재하지 않는다는 사실을 안다는 데 동의한다. 그
       러나 아이들은 여전히 죽음이 외부적인 사건에서 비롯된다고 생각
       한다. 그런 외부적 사건의 결과로 신체 내부에서 일어나는 일과 죽
       음의 개념을 연결시키지는 못한다.
3단계 : 대략 9세내지 10세경의 아이들은 죽음을 불가피한 생물학적 과정으
       로 이해한다. 죽음의 원인에 대한 질문에 대해 한 열두 살짜리 아이
       는 이렇게 대답했다.
       "심장이 멈추고요, 피돌기도 멈추고요, 숨도 안 쉬어요. 그거예요.
       시작하는 방법은 많지만, 진짜로 일어나는 일은 그거예요."

  누구나 벗어날 수 없는 죽음의 뜻을 묻고 가르치는 일은 실은 어떻게 살 것
인가? 하는 근원적 물음과 일치하는 것이고 삶과 죽음을 전체적·통일적으로
뜻을 부여하려고 시도함으로써 죽음에 깊은 뜻을 주고 삶에 충만된 내용을 갖
게 하는 것이다. 여기에 단순히 생물적 생명의 차원을 넘어선 영원한 생명에
대한 새로운 물음이 생겨난다. 그러므로 죽음은 다음과 같은 것들을 가르쳐
주며, 이것이 이 장의 목표가 될 것이다(정선혜, 2001: 321).
 ① 다른 사람의 생명을 존중하며 이웃과 더불어 사는 가치관에 바탕을 두
    어야 산다는 이타성에 대한 깨달음을 가져다 준다.
 ② 각 개인이 인간들로서 공통성을 가졌다고 의식하고 그들 가운데 자신
    도 소속되었다고 강하게 느낄 때 발생하는 사회성을 길러질 수 있고 참
    여의 욕구도 충족될 수 있다.
 ③ 혼자서가 아니라 모두가 힘을 합하여 사람이 사람답게 사는 공동체사
    회를 설립하고자 하는 데 뜻을 두고 있으며 사회봉사를 통해 공동체의
    식을 높일 뿐 아니라 그러한 삶을 실현하게 한다.

유아

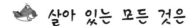 살아 있는 모든 것은

(1) 기본정보

저자: 브라이언 멜로니 글/로버트 잉펜 그림/이명희 역

출판사: 마루벌(원작: 1983, 한국판: 1999)

전체쪽수: 30

ISBN 89-85675-68-0

장르: 그림책

(2) 저자소개

브라이언 멜로니(Bryan Mellonie)는 로버트 잉펜(Robert Ingpen)과 함께 〈Lifetimes〉 시리즈 세 권을 연작했다. 아이들에게 삶과 죽음에 대해 쉽게 가르쳐줄 수 있는 이 세 권의 책 제목은 각각 〈The Beautiful Way to Explain Death to Children〉, 〈Beginnings and endings with Lifetimes in Between〉, 〈A Beautiful Way to Explain Life and Death to Children〉이다. 〈살아 있는 모든 것은〉은 이 중 두 번째 책을 번역한 것이다. 일러스트레이터가 다작을 한 반면, 브라이언 멜로니는 현재 인터넷 서점인 아마존을 통해서도 이 세 권 밖에 발견되지 않는다.

로버트 잉펜(Robert Ingpen)은 자연사랑과 세계평화, 인류 문화의 다양성, 생명 존중 등을 주제로 그린 그림책으로 1986년 한스 크리스천 안데르센 상을 수상한 호주 출신의 화가다. 사실적이고 세련된 그림을 그리며 특히 생명의 시작과 끝을 다룬 이 책은 영어, 불어, 일어, 중국어 등 여러 나라에 번역 소개되었다. 이외에 국민서관에서 발행한 〈곰곰이와 곰돌이〉(2001) 외에 〈Conservation〉(1987), 〈Religious Worlds〉(1985), 〈Peace Begin With You〉(1994), 〈The Dreamkeeper〉(1998) 등이 있다.

(3) 줄거리

"살아 있는 모든 것은 시작이 있고 끝이 있단다. 그 사이에만 사는 거지."라

는 글과 함께 등장하는 여러 생물의 세밀한 묘사가 곁들여진다. 이 책은 생명에는 반드시 끝이 오는 날, 즉 죽음이 있다는 사실을 설명하고 있다. 둥지 속에 갓 낳은 알, 부서진 총알고둥의 껍질, 모래 위의 죽은 게 등의 그림을 시처럼 짧은 글과 함께 싣고 있다. 이 책을 읽고 나면 인간만의 죽음이 더 특별하다거나 가치 있다는 생각보다는 자연의 한 부분으로서의 인간, 다른 생물체들과 같이 태어나고 죽음을 맞이하는 지구의 생물 가운데 한 종류인 인간의 존재를 느끼게 된다.

(4) 글과 그림

글은 마치 시를 읊고 있는 느낌이 드는 아름다운 어귀와 말을 아끼는 간결하고 담백한 문장으로 이루어지고 있다. 쉼표가 적절하게 들어간 글은 글자 하나하나를 읽어 내려갈 때마다 생각하고 음미할 수 있는 여유를 준다. 사진을 보고 있는 것보다 더 사실적으로 보이면서 살아 움직이는 것 같은 착각이 들 정도의 세밀한 그림이 사실성을 돋보이게 한다.

살아 있는 모든 것이 그렇듯이 인간도 시작과 끝 사이에서 살아 있는 것임을 담담하게 받아들일 수 있게 한다. 특히 죽음에 대한 호기심과 질문이 많은 어린이, 생물과 주위의 자연에 대한 호기심이 많은 어린이들에게 살아 있는 동안의 시간들에 대한 소중함과 생명에 대한 존중감이 자연스럽게 생겨나게 하는 작품이다. 한 권의 책으로 왜 살고 어떻게 사는 것이 좋은가 하는 철학적 주제까지 다룸으로써 여러 가지 정서를 동시에 접근해 볼 수 있는 열린 가능성의 책이다.

(5) 관련 질문과 활동

☑ 관련 질문

① 전반적인 인식을 돕는 질문

- 무슨 이야기를 하고 있는 것 같니?
- 이 책을 읽고 난 뒤 어떤 기분이 드니?
- 가장 마음에 와 닿는 부분은 어디였니? 그 이유는 무엇이니?

② 이해 및 고찰을 돕는 질문

- 이 책에 등장하는 죽음을 맞이하는 것에는 어떤 것이 있니?

- 그것들의 공통점은 무엇이니?

③ 기존의 해결 방법에 대한 다각적인 평가와 새로운 접근을 시도해 보게 하는 질문
- 살아 있는 동안 어떤 모습이 가장 아름다울까?
- 죽음 다음에 남는 것은 무엇일까?
- 생명에 끝이 없다면 그것이 좋은 일일까? 나쁜 일일까?
- 바꾸고 싶은 내용이 있다면 어떤 부분이니?

④ 자기적용을 돕는 질문
- 네 주변에서 죽거나 돌아가신 분들이 있니? 그때 기분을 이야기해 줄 수 있니?
- 그들이 다시 살아남는다면 네가 꼭 해 주고 싶은 일과 말은 무엇이니?
- 왜 그런 말(행동)을 해 주고 싶니?

⊗ 관련 활동

① 〈나는 ~ 란다〉 역할놀이
- 지구에 살고 있는 생물들의 수명을 알아보고 그 생명체가 되어 자기를 소개한다. 예를 들면 우리 집 할아버지, 할머니, 동네에서 가장 오래 사신 분, 생물 중 수명이 가장 짧은 생물, 관심 있는 곤충이나 생물의 평균 수명을 알아보고 비교표를 만들어 보여주며 자기를 소개한다.

② 내 기억 속의 작은 이별(생명에 대한 여러 경험 등)들에 대하여 그림 그려보기

③ 숲 속에서 나의 나무 키우기(나무 이름 정하기, 팻말달기, 사진 찍기, 돌보아주기, 그림그리기, 동시 짓기, 나무에게 편지쓰기)

④ 감정 그물(가면) 만들기- 기쁨이나 슬픔을 나타내는 가면이나 밭을 만들어 그때 상황을 이야기해 본다.

⑤ 〈자서전 쓰기〉: 가족사, 자기집안의 역사를 적어보기
30여 분정도 시간을 내어 자기 가족이 지내온 시간, 몇 년 동안에 일어난 가장 중요한 사건이라고 생각되는 것들을 적어보게 한다(아이가 글이 서투르면 대신 적어준다).
적은 후 각각의 사건을 고른 배경과 이유를 설명하고 들어본다. 왜 그 사건이 중요한 사건이 되는지 설명하게 한다. 이런 것들에 대하여 토론하면서 현재의 내가 있게 된 배경을 이해하게 한다.

예 우리 할아버지는 이북에서 피난 오셔서 할머니와 결혼하셨고 우리 아버지를 낳으셨다. 우리 어머니는 제주도에서 태어나셨지만 서울에서 자라 친구 집에 강아지를 얻으러 갔다가 아버지를 만나 결혼하게 되어 나와 동생을 낳고 사셨다.

(6) 연관주제

질병, 죽음 그리고 생명(생명의식 – 생명존중)

🐟 언제나 널 사랑할 거야

(1) 기본정보

저자: 한스 빌헤름 글, 그림/이주희 역

출판사: 정인출판사(원작: 1985, 한국판: 2002)

전체쪽수: 32

ISBN 89-89432-05-7

장르: 그림책(사실동화)

(2) 저자소개

한스 빌헬름(Hans Wilhelm)은 서부 독일 브레멘에서 태어나고 자랐으며 지금은 코네티컷 웨스트포드에 살고 있다. 이 작품 외에도 〈다시 친구가 되자〉, 〈나처럼 멋있는 아이〉 등이 있다.

(3) 줄거리

주인공은 엘피라는 개와 가족같이 지내고 있다. 주인공은 소년이지만 엘피는 사람으로 치면 할아버지에 해당하기 때문에 날로 쇠약해진다. 늙은 엘피를 돌보며 잠들기 전에 항상 돌보며 '언제나 널 사랑할 거야'라고 말한다. 엘피는 더 이상 일어나지 못하고 죽음을 맞이하게 된다. 하지만 슬픔을 극복하고 이웃의 꼬마에게 엘피가 사용했던 바구니를 준다. 마음속으로는 변치 않는 엘피와의 사랑을 간직한다.

(4) 글과 그림

엘피를 사랑하는 소년의 아름다운 마음이 부드러운 그림과 문장 안에 스며들어 있다. 엘피와의 아름다운 추억을 동요의 가사처럼 풀어 놓은 글이 스펙트럼처럼 묘사되어 독자가 마치 자신이 엘피란 개를 기른 것과 같은 공감을 불러일으킨다. 나아가 어떤 생명체도 결국은 죽음을 맞이하게 되고 죽음도 삶의 한 형태임을 받아들이는 데 도움이 된다. 특히 갑자기 자기 집에서 키우던 애완동물의 죽음을 경험한 어린이나 앞으로 애완동물의 죽음을 예비해야 하는 어린이에게 도움이 될 것이다.

(5) 관련 질문과 활동

☑ 관련 질문

① 전반적인 인식을 돕는 질문
- 이 책을 보았을 때 가장 인상에 남는 부분은 무엇이니?
- 소년에게 엘피는 어떤 존재이니?

② 이해 및 고찰을 돕는 질문
- 소년은 엘피에게 왜 사랑한다는 말을 해 주었을까?
- 엘피가 쓰던 바구니를 이웃의 꼬마에게 준 이유는 무엇일까?
- 소년은 점점 약해지는 엘피를 보면서 어떻게 행동했나?

③ 기존의 해결 방법에 대한 다각적인 평가와 새로운 접근을 시도해 보게 하는 질문
- 형과 동생은 왜 엘피에게 아무 말도 안 했을까?
- 언젠가 다른 동물을 키운다면 어떤 말들을 해 줄까?

④ 자기적용을 돕는 질문
- 네가 소년이라면 엘피를 위해 할 수 있는 일은 무엇일까?
- 네가 엘피라면 소년에게 무슨 말을 해 줄까?

⊙ 관련 활동

① 하늘나라로 간 애완동물에게 편지쓰기
② '언제나 널 사랑할 거야' 라고 유성펜으로 손수건에 써서 선물주기
③ 여러 동물들의 수명을 조사하여 표를 만들어 보고 동물과 인간이 나눈

우정에 대한 책이나 비디오를 찾아서 감상하고 발표하게 한다.

　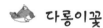 아기고래, 윌리, 침팬지, 곰, 사자,

④ 애완동물센터에 가서 강아지들을 보면서 애완견이 죽게 되면 어떻게 해야 하는지 물어보게 한다.

⑤ 지금 내가 강아지로 죽어 땅에 묻혀 있다고 상상해 보기

　－만약에 내가 죽어서 지금 땅에 묻혀 있다면 과연 내가 사랑하는 주인이 슬픔에 잠겨 있기만을 바랄 것인가? 아니면 내 몫의 생명까지 더 열심히 잘 살아주기를 바랄 것인가?

　10여 분 정도 조용한 장소에 가서 작은 이불을 덮고 땅에 묻혔다고 상상하면서 지난 시간들을 회상해 보며 상상에 잠겨 본다.

초등학교 저학년 어린이

🐟 다롱이꽃

(1) 기본정보

　저자: 정선혜 글/전남규 사진

　출판사: 코람데오(2002)

　전체쪽수: 66

　ISBN 89-88238-50-8

　장르: 동시("한영 이중언어본")

(2) 저자소개

　정선혜는 1981년 「아동문학평론」지에 평론으로 등단하였고 성신여대 국어국문학과에서 1981년 "한국유년동화연구"로 석사, "한국기독교아동문학연구"로 박사학위를 받았다. 저서로 〈엄마가 딸에게 주는 사랑의 편지〉 등이 있고 〈한국아동문학의 탐색〉으로 9회 방정환 문학상을 수상했다. 서울여대, 가천길대학, 한국독서교육대학 전임교수에 이어 현재 성신여대에서 '신화의 세계'와 '문학읽기'를 강의하고 있으며, 성균관대 생활과학연구소 독서치료전문가과정에서 '어린이문학의 이해'를 가르치고 있다. 한국어린이문학교육학회 이사, 한국 기독교문학 평론분과 위원장, 현대아동문학가협회 부회장, 「아

동문학평론」의 편집차장이다.

전남규는 1984년 서울 출생이며 사진찍기를 즐겼다. 현재 성균관대 1학년으로 판타지를 좋아하며 음악 CD 모으기를 즐기는, 저자의 아들이다.

(3) 줄거리

작가가 키우던 강아지를 교통사고로 잃고 남겨진 강아지똥을 화분에 심어 핀 꽃이 바로 다롱이꽃이다. 즉 동물성의 죽음이 식물성 꽃으로 새로 태어남으로써 생명순환의 비밀을 전해 준다. 이 책을 쓴 동기는 사고 후 마음을 추스리게 할 만한 소재의 책을 간절히 찾아보았지만 없기에 컴퓨터 앞에 붙여 두었던 다롱이의 사진들을 보면서 시를 쓰게 되었고 그 사진을 떼어 사진시집을 만들게 된다. 그러다 즐겨 다니던 애완견 센터에서 첫눈에 반한 토끼를 사오게 되고 '코로'란 이름을 붙이고 기르게 된다. 이는 토끼가 소리를 전혀 못 내고 코만 씰룩거리기 때문이다.

(4) 글과 그림

이 작은 사진시집은 5월 8일 어버이날, 어머니를 뵈러 갔다가 어머님을 기리는 선물로 제작하게 된다. 부치는 시에 등장하는 첫 사진은 작가의 작고한 아버님이 자동카메라로 찍었던 것이다. 이제는 안 계신 아버님과 남은 일곱 식구의 이야기가 무지개의 일곱 가지 빛으로 묘사된다. 작가의 아들이 틈틈이 찍었던 다롱이와 토끼 코로의 사진은 어린이들의 일상 속에 함께 교류되는 소중한 정서를 엿보게 한다.

모두의 마음에 '나도 책 한번 만들어 볼 거야'란 용기가 새로운 생명으로 태어날 수 있도록 하는 것이 작가의 의도다. 파스텔 톤의 자연스런 사진과 딸아이의 종이접기를 이용한 그림활용, 편지지를 활용한 센스가 돋보인다. 사진 몇 장에 의해 자기 뿌리에 대한 인식을 도와 자신을 당당하게 하게 만들어 주는 연두빛 책이다. 이 책은 강아지를 가지고 싶으나 여러 이유로 강아지를 기르지 못하는 어린이, 또한 현재 강아지를 기르고 있는 어린이, 강아지를 잃은 어린이들에게 위로와 회복을 기대한다. 또한 이 책은 독자 자신이 강아지, 토끼보다 몇 배나 귀중한 존재임을 이야기한다. 강아지 한 마리 그리고 토끼, 이

어서 뒤에 게재된 작가의 할머니, 어머니, 작가, 딸, 4대의 얼굴은 단군할머니
에까지 확장되고 이것이 작가의 메시지인 생명의 흐름이다. 공항에서 책을 사
간 어떤 미국 소녀가 자기도 나이가 들면 엄마에게 자기 사진을 넣어 책을 만
들어 드리겠다는 편지내용으로 시작하는 〈다롱이꽃〉 카페도 독서치료를 위한
정보교환처로 자리잡고 있다.

(5) 관련 질문과 활동

☑ 관련 질문

① 전반적인 인식을 돕는 질문
- 이 책에서 가장 재미있게 기억되는 부분이 어디니?
- 기르던 강아지가 죽는다면 어떤 기분일까?

② 이해 및 고찰을 돕는 질문
- 다롱이가 왜 죽게 되었을까?
- 네가 다롱이라면 아파트에서 사는 것과 죽어서 아름다운 산 속에 묻힌 것 중 어
  느 것이 나을까?
- 왜 책 제목을 〈다롱이꽃〉 이라고 하였을까?
- 왜 토끼를 '인어공주' 라고 생각했을까?
- 토끼 코로가 크게 자랐을 때 왜 유치원으로 보냈을까?

③ 기존의 해결 방법에 대한 다각적인 평가와 새로운 접근을 시도해 보게
하는 질문
- 다롱이에게 교통사고가 나지 않도록 할 방법은 없었을까?
- 만약 너의 강아지가 죽는다면 산에 묻는 것 말고 다른 방법은 무엇이 있을까?
- 내가 기르는 강아지가 행복하게 하려면 어떻게 할 수 있을까?

④ 자기 적용을 돕는 질문 유형
- 너도 이제껏 찍은 사진이 있다면 그것으로 시집을 만들어 보면 어떨까?
- 너는 강아지보다 얼마나 더 귀한 존재일까?
- 강아지보다 몇 배나 귀한 네가 과연 어떤 일을 하며 어떻게 살면 좋을지 직업,
  취미에 대하여 이야기해 보렴.

☑ 관련 활동
① 〈나의 강아지, 나의 토끼〉 이름 지어보기

－애완동물과 얽힌 이야기를 나누어 본다.

② 강아지를 기를 때의 이로운 점과 해로운 점 비교하기

　－토끼를 기를 때의 이로운 점과 해로운 점을 비교해 본다.

③ 다른 동물을 기른 경우 발표해 보기－이구아나, 새, 고양이 등

　－여러 동물들을 건강하게 기르는 방법과 병이 난 경우의 처치법을 알아본다.

④ 〈나의 책 만들기〉

　－어린 시절 성장기의 사진을 가지고 와서 사진에 어울리는 시나 글을 지어 나의 책을 만들어 제목을 지어 보고 서로 바꾸어 본다.

　－나도 어머니나 아버지께 〈나의 책〉을 어떻게 만들어 선물해 볼 것인가 계획을 세워본다.

　　예 할아버지, 할머니, 고모, 이모, 삼촌 조카들의 사진을 구하여 이들과 얽힌 이야기를 글로 써본다.

(6) 연관주제

질병, 죽음, 그리고 생명(생명의식－생명존중), 가족(일반 가족－조부모)

🐦 죽으면 아픈 것이 나을까요?

(1) 기본정보

저자: 유리 브레이바르트 글/피트 브레이바르트 그림/
　　　김현희 역

출판사: 느림보(원작: 1993, 한국: 2002)

전체쪽수: 38

ISBN 89-87504-57-3

장르: 그림책(환상동화)

(2) 저자소개

유리 브레이바르트(Joeri Breebaart)는 다섯 살 반에 동생 레미의 죽음을 경험한다. 죽음과 임종에 대한 개념을 알지 못해 불안해하다가 동생이 죽은 지 6주 후에 레미에게 들려주던 '조'라는 토끼의 죽음에 관한 이야기를 만들

기 시작한다. 이 이야기를 만드는 4주 동안 유리는 스스로 상처 입지 않고 아픔과 죽음에 대해 터놓고 이야기할 수 있게 된다.

피터 브레이바르트(Piet Breebaart)는 유리와 레미의 아빠이다. 유리의 이야기를 받아 적으며 유리가 생각하는 내용들을 그림으로 그렸다.

(3) 줄거리

네덜란드의 다섯 살짜리 남자아이가 실제로 겪은 이야기이다. 어느 날 아침 두 살 8개월인 동생의 죽음으로 혼란에 빠진 형 유리 브레이바르트가 아빠와 함께 만든 그림책이다. 형은 자신의 이야기를 토끼가족에 비유하여 아빠에게 들려주었고 자신의 느낌을 표현하는 과정에서 아이는 죽음에 대하여 이해하고 마음의 상처가 점차 아물게 된다.

프레드와 조는 형제다. 조가 많이 아프다. 올빼미 의사 선생님이 내일은 훨씬 좋아질 거라고 하셨지만 조는 너무 많이 아프기만 하다. 동물친구들이 모두 모여 조를 걱정하고 있다. 그러나 그날 밤 조는 죽었다. 프레드는 아직도 의사선생님이 낫게 해 줄 거라고 믿는다. 조는 고슴도치 할아버지에게 묻는다. "죽으면 아픈 것이 나을까요?"

꿈에서 조를 만난 프레드는 잠을 깬 뒤 쓸쓸해진다. 프레드는 조에게 뭔가 할 말을 적는다. 조의 장례식에서 프레드는 편지를 읽는다, 눈물도 많이 나고 모두에게 화가 난다. 그러나 친구들이 함께 있어 주는 게 도움이 된다. 어느 맑게 갠 날 프레드는 친구들과 조가 묻힌 작은 들판으로 가서 재미있게 논다. 조가 죽은 후 들을 수 없던 웃음소리가 다시 들리게 된 것이다.

(4) 글과 그림

유리에게 '조'는 레미였다. 유리는 레미가 죽었기 때문에 더 이상 조에 대한 이야기를 만들 순 없을 거라 했지만 아빠가 권한 대로 조가 죽게 되는 이야기를 만들게 된다. 유리는 항상 아빠에게 무엇을 그리고 싶은지 말해 주었고 아빠는 그의 지시를 따라 그렸다. 이 이야기는 레미가 어떻게 아팠으며, 어떻게 죽었는지, 장례식과 상실, 슬픔에 길들여지는 것에 대한 이야기이다. 꾸밈없이 어린이답게 써 내려간 글과 그림이 단조로움 가운데 따뜻함이 엿보이는 색연필로 그려졌다. 가까운 이의 죽음이라는 강렬한 스트레스에 노출된 어린이에게 부담 없이 다가와서 아픔과 죽음에 대해 터놓고 이야기하기에 도움이 되는 책이다. 가족 가운데서 아프거나 죽음을 맞이한 아이에게 적극적인 치유를 일으키는 효과를 불러일으킨다. 죽음의 과정과 죽고 난 후 남겨진 사람들의 구체적인 심리적 표현과 모습들을 토끼 가족의 은유 속에 자세히 다루고 있어 죽음에 관련된 정보가 부족한 어린이에게 상처를 주지 않고 담담하게 간접경험의 효과를 나누도록 한다.

(5) 관련 질문과 활동

　☒ 관련 질문

① 전반적인 인식을 돕는 질문

- 프레드에게 어떤 일이 생겼니?
- 책을 덮고 나니 어떤 기분이 들었니?
- 나중에 프레드와 친구들은 조가 묻힌 들판에 가서 노는데 이때 프레드는 어떤 마음이었을까?

② 이해 및 고찰을 돕는 질문

- 책 속 동물 친구들의 표정을 보세요. 무엇을 알 수 있니?(조가 아플 때, 죽었을 때, 조의 장례식에서, 조가 묻힌 들판에서 놀 때)
- 프레드가 조에게 쓴 편지엔 어떤 내용이 담겨 있니?
- 조가 죽기 전이나 죽은 다음에도 변하지 않은 감정이나 기억은 무엇일까?

③ 기존의 해결 방법에 대한 다각적인 평가와 새로운 접근을 시도해 보게 하는 질문

- 아픈 조에게 프레드가 할 수 있는 일은 어떤 것들이 있을까?
- 동물 친구들이 토끼 가족을 도와주고 싶어 한다. "먹지 않아도 배가 고프지 않지만 그래도 친구들이 같이 있는 것이 좋다. 그것이 도움이 되니까."라는 비슷한 말이나 도움을 받아 본 적이 있니? 그리고 그 말의 뜻은 무슨 뜻일까?
- 네 주변에 고슴도치 할아버지 같이 힘든 문제를 함께 이야기해 줄 어떤 사람이 있니?
- 조가 묻혀 있는 작은 들판에서 레미가 친구들과 할 수 있는 일들은 무엇일까?

④ 자기적용을 돕는 질문 유형

- 가족 중에 돌아가신 분이 계신다면 네가 어떤 모습이길 바랄까?

- 너도 안 좋은 일을 겪은 후 꾸었던 꿈들이 생각나니? 생각난다면 이야기해 보렴.

- 그와 네가 함께 가진 추억이나 기억이 담긴 어떤 물건이 있니?

- 네가 만약 죽는다면 꼭 남기고 싶은 물건으로 어떤 것이 있을까? 친구들에게(가족에게) 남기고 싶은 물건을 생각해 보렴.

⊙ 관련 활동

① 찰흙으로 장면 만들기

- 조가 누워있는 관 속에 프레드가 장난감과 책을 넣어주는 장례식 장면

- 꿈을 꾸었던 장면

- 조가 묻힌 들판에서 친구들과 노는 프레드를 지켜보는 고슴도치 할아버지

② 미완성문장 만들어 보기

예 함께 하고 싶은 일 써보기

나는 지금 _____와 _____을 함께 하고 싶습니다.

나는 _____와 5년 뒤에 _____을 꼭 하고 싶습니다.

나는 _____와 10년 뒤에 _____을 꼭 하고 싶습니다.

나는 _____와 어른이 되고 나서 _____을 꼭 하고 싶습니다.

③ 타임캡슐 만들기

편지와 추억의 물건 넣어 두고 5년 뒤, 10년 뒤에 꺼내 보기

④ 부모님께 소중했던 돌아가신 분들의 유품(사진, 안경, 편지, 장신구) 이야기들을 듣고 그림 그려보기

⑤ 지금 내가 죽어 땅에 묻혀 있다고 상상해 보기

- 만약에 내가 죽어서 지금 땅에 묻혀 있다면 내가 사랑하는 살아있는 사람들이 끝없이 슬픔에 잠겨 애통하기만을 바랄 것인가? 아니면 내 몫의 생명까지 더 열심히 잘 살아주기를 바랄 것인가?

20여 분 동안 편안하게 누울 수 있는 조용한 장소에 가서 뱃속까지 숨을 들이마시고 상상에 잠겨본다.

(6) 연관주제

질병, 죽음, 그리고 생명(생명의식-생명존중), 가족(일반 가족-형제)

초등학교 고학년 어린이

 할아버지의 빨간 손수건

(1) 기본정보

저자: 베터 베스트라 글/ 하르멘 반 스트라튼 그림/
조수경 역

출판사: 여명 미디어(원작: 2000, 한국판: 2002)

전체쪽수: 40

ISBN 89-801-9705-5

장르: 그림책(사실동화)

(2) 저자소개

베터 베스트라(Bette Westera, 1958~)는 현재 아머르스포르트 근처의
작은 마을 스타우튼뷔르흐에서 세 명의 자녀와 함께 살고 있다. 레이든 대학
에서 심리학을 공부하였으며, 여러 가지 주제의 공동 연구회를 조직하여 활
동하고 있다. 그녀는 주로 아이들을 위한 노래와 시, 이야기들을 쓴다. 이 작
품으로 네덜란드 아동작가상과 BIB 골든 애플상을 수상했다.

하르멘 반 스트라튼(Harmen van Straaten)은 교사직을 그만두고, 어린
이 책을 만드는 데 열정을 쏟고 있다. 60개 이상의 일러스트 작품을 탄생시
켰으며, 신선하고 재미있는 스타일로 주목받고 있다. 베터 베스트라와 함께
그림책 〈나랑 결혼해 주실래요?〉를 작업했다.

(3) 줄거리

"엄마, 하늘나라로 가는 게 뭐예요?" 사람은 누구나 죽음을 맞이한다. 그러
나 너무 빨리 혹은 갑자기 다가온 가까운 이의 죽음을 어린 아이들은 어떻게
받아들일까. 〈할아버지의 빨간 손수건〉은 손자를 너무나 사랑하는 할아버지와
그 할아버지의 사랑을 먹고 살던 손자의 따뜻한 사랑을 담은 이야기다. 할아
버지의 죽음 앞에서 요스트는 할아버지와 카우보이 놀이, 해적 놀이를 하고
식빵을 준비해 멀리 둑까지 소풍 갔던 기억을 더듬어 본다. 잠시 후 할아버지

의 시신을 담은 관을 하관하고 요스트가 흙 한 줌을 뿌릴 차례다. 그러나 아이는 엄마 뒤에 숨고 만다. 차마 할아버지를 보낼 수 없는 아이는 끝내 참았던 눈물을 감추지 못한다. 그때 엄마가 건네준 할아버지의 빨간 손수건. 그 손수건을 보고 요스트는 할아버지가 자신의 곁을 떠난 것이 아니라 언제나 함께한다는 것을 알게 된다.

(4) 글과 그림

절제된 글 속에 할아버지와 손자가 나눈 사랑이 소곤소곤 말을 건네듯 전해진다. 차분한 갈색, 맑고 투명한 초록색 그림이 어렴풋한 추억을 더듬게 한다. 그림이 사실적이고 세세하게 따뜻하게 그려져 있다. 하얀 종이와 그림이 따로 분리되어 있어, 이야기는 하얀 백지 위에 씌어져 있어 깔끔하고 단정하다. 할아버지와 손자가 사랑하며 생활해 가는 모습에서 서로의 애정을 따뜻하게 느낄 수 있다. 빨간 손수건에 얽힌 할아버지와의 추억이 요스트에겐 할아버지를 잃어버린 데서 오는 상실감을 견딜 수 있게 하는 힘이 되어 준다. 빨간 손수건을 보고 있으면 할아버지의 목소리가 들리는 듯하다. 사랑하는 가까운 이의 죽음을 겪는 아이들에게 그 추억을 소중히 간직하게 하고 슬픔을 딛고 일어설 수 있는 힘을 주는 그림책이다.

(5) 관련 질문과 활동

☑ 관련 질문

① 전반적인 인식을 돕는 질문

– 〈할아버지와 요스트〉를 보고 어떤 생각이 났니?

– 요스트에게 해 주고 싶은 말이 있니?

② 이해 및 고찰을 돕는 질문

– 할아버지와 요스트는 함께 어떤 놀이를 했지?

– 요스트는 할아버지와 노는 걸 어떻게 생각했지?

③ 기존의 해결 방법에 대한 다각적인 평가와 새로운 접근을 시도해 보게 하는 질문

– 빨간 손수건이 없었다면 요스트는 어떻게 할아버지를 기억할까?

– 만약에 우리 할아버지가 돌아가신다면 어떤 기억이 가장 먼저 떠오를까?

④ 자기적용을 돕는 질문
- 너희 집에 할아버지나 할머니께서 남기신 물건이 있다면 어떤 것이 있지?
- 할아버지가 네게 하신 말씀 중 기억에 남는 말은?

◎ 관련 활동
① 할아버지, 할머니께 편지쓰기(가장 기억나는 일 적고 감사하기)
② 조상이 남긴 여러 물건들 찾아보기
(할아버지의 안경, 편지, 수첩, 사진 등을 찾아보고 그 속에서 느낀 그분에 대하여 이야기를 나눈다).
③ 할아버지가 돌아가셨을 때 기분을 상상하여 추상화나 악기 등으로 표현해 보기
④ 할아버지, 할머니를 주제로 한 가족 신문 만들기
내용 : 할머니와 할아버지와 함께 할 집안일에 대한 목록 만들어 보기
(목욕, 소풍 사진 찍기, 편지 쓰기, 쇼핑, 이야기듣기, 전화하기, 안마해 드리기)
집안 행사일정표 만들기(생일, 제사, 입학, 졸업, 기념일에 참석하기)
식구들의 특기나 장점을 하나씩 들어 조부모와 닮은 점을 들어 칭찬해 주기, 할머니, 할아버지의 어린 시절의 사진이나 친한 친구들 사진, 존경하는 사람 사진, 최근에 읽은 책 감상문, 기행문 편지문 등을 게재할 수도 있다.

(6) 연관주제
가족(일반 가족 – 조부모)

🐢 트리갭의 샘물

(1) 기본정보
저자 : 나탈리 배비트 글, 그림/최순희 역
출판사 : 대교출판(원작 : 1975, 한국판 : 1992)
전체쪽수 : 204
ISBN 89-395-1432-7
장르 : 환상동화

(2) 저자소개

나탈리 배비트(Natalie Babbit)는 1932년 미국 오하이오 주에서 태어나 스미스 대학에서 미술을 전공하였다. 일러스트레이터로 유명하기도 한 그녀는 수차례 미국 도서관 협회 도서상과 뉴베리상을 수상한 작가다. 현재는 컬크랜드 대학에서 아동문학과 일러스트에 대한 강의를 하고 있다.

(3) 줄거리

우연히 숲 속의 샘물을 마시고 영원한 삶을 얻게 된 한 소년과 소녀의 이야기다. 인생은 즐기기 위한 것이라는 제시, 자연의 질서대로 변하고 죽는 것이 삶이라는 아버지, 자기에게 주어진 운명을 받아들이고 최선을 다하는 어머니를 통해서 진지한 삶과 죽음의 의미를 생각해 보는 기회를 가지게 한다.

(4) 글과 그림

아이들은 물론 어른도 죽음에 대해서는 막연한 두려움을 가지고 있다. 늙은 몸을 이끌고 죽지도 못하고 영원히 사는 것은 끔찍한 고통이겠으나 젊음과 건강을 지닌 나이로 영원히 산다면 그건 괜찮은 일이 아닐까 하는 생각을 한다. 그러나 생명의 수레바퀴에 다시 올라탈 수만 있다면 무엇이라도, 심지어는 생명까지도 기꺼이 내어놓겠다는 터크의 외침을 들은 후 영원한 삶에 대해 많이 생각하게 된다.

작가는 우리에게 끊임없이 이런 질문을 던진다.

"여러분은 트리갭의 샘물을 마시겠습니까?"

"당신이 위니라면 어떻게 하시겠습니까?"

대답이 쉽지 않은 질문이다. 우리 아이들은 어떻게 대답할까?

우리 동화에서는 그리 많이 다뤄지지 않는 굉장히 무겁고 심각한 주제이긴 하지만 삶의 무게가 점점 더 가벼워져 가는 요즘의 우리 아이들에게 옮긴이의 말대로 잠시나마 시간과 영원의 문제, 생명의 진정한 의미를 생각해 볼 수 있는 기회가 될 것이다.

(5) 관련 질문과 활동

☑ 관련 질문

① 전반적인 인식을 돕는 질문

- 이 책을 처음 보았을 때 느낌과 다 읽은 후 느낌은 어땠니?

- 이 책을 읽은 느낌을 추상화로 그린다면 어떤 색으로 표현하고 싶니?

② 이해 및 고찰을 돕는 질문

- 위니는 무엇 때문에 집을 나가겠다는 생각을 하게 되었을까?

- 오래 사는 것이 꼭 중요할까? 아니라면 왜 그러니?

- 너는 여기 나오는 등장인물 중 누구와 가장 닮았니?

③ 기존의 해결 방법에 대한 다각적인 평가와 새로운 접근을 시도해 보게 하는 질문

- 몸은 죽지만 영원히 사는 방법에는 어떤 방법이 있을까?

- 만약에 네가 시나리오 작가로 영화대본이나 드라마를 제작한다면 어떻게 이야기를 다르게 써보겠니?

④ 자기적용을 돕는 질문

- 너에게도 우연히 특별한 일이 일어난 적이 있니? 있었다면 어떤 일이었니? 고통스러웠던 일, 괴로웠던 일, 기쁨을 준 일, 어떤 일이 너를 변하게 만들었니? 변하게 만들었다면 어떻게 변화시켰니?

- 너도 트리갭의 샘물을 먹고 영원히 살고 싶니? 아니면 포기하겠니? 만일 영원히 산다면 어떻게 하겠니?

- 결국은 죽는 것이 사람이지만 역사 속에 자취를 남긴 사람들을 찾아보렴. 그리고 너는 과연 어떤 일을 하고 싶니?

- 너에게 가장 소중한 것은 무엇일까?

- 이야기 속 등장인물을 살펴보면서 그들에게서 배울 점이 무엇이라고 생각하니?

⊗ 관련 활동

① 내가 존경하는 위인 세 명을 찾아 위인전을 읽고 다음과 같이 비교표를 만들어 보고 공통점을 찾아서 이야기해 본다.

② 영원한 삶, 바람직한 삶에 대하여 토론하기

③ 노인정의 어르신네, 부모님의 의견을 조사하여 발표하기

　트리갭의 샘물을 판매하는 광고문의 카피, 포스터 만들기

④ '이야기지도' 만들기

	우리나라의 존경하는 위인	다른 나라의 존경하는 사람	공통점
	( )	( )	
부모			
말			
습관			
음악			
직업			
건강			
독서			
종교			
취미			
극복한 점			
수명			

'이야기지도'란 동화의 내용을 잘 기억하기 위한 한 방법으로 큰 종이나 칠판에 동화의 뼈대를 추려 동화내용을 정리하는 것이다. 그러면 그 지도에 의해 인쇄된 활자에서 벗어난 이야기가 어린이 마음속에 생생하게 살아 움직이기 시작하여 모두가 그 이야기를 전달할 이야기꾼으로 만들어 줄 수 있게 된다.

⑤ "여러분은 트리갭의 샘물을 마시겠습니까?" 역할극 하기

　– 아버지(영생보다는 쓸모 있는 사람되기를 강조하는 인물유형), 매(하루하루 살아갈 뿐을 강조하는 유형), 터크, 제시 등의 인물유형이 되어 줄거리대로 역할극을 해 본다.

⑥ 찰흙놀이 '상상의 샘물' 만들기

　준비물: 영원한 우정을 상징하는 증표로 친한 친구들이나 형제들끼리 서로를 칭찬하는 말과 함께 자기를 상징하는 그림이나 소지품을 조그만 상자에 넣은 후 상상의 샘물가에 묻는다.

　친구, 또는 형제가 학교 뒷마당이나 동네 한구석, 또는 친구 집 마당이나 아파트 한구석에 공동으로 찰흙으로 '상상의 샘물'을 만들어 본다. 그곳에서 영생을 얻는다는 상상을 해 보며 10년 뒤, 20년 뒤 친구들과 만날 것을 약속하는 편지를 써서 나누어 가진다.

제6장
사회문제의 이해

　어린이들은 어려서부터 직접적으로 혹은 간접적으로 사회문제에 직면하면서 성장한다. 그렇지만 어린이들은 세상으로부터 오는 많은 정보를 감당할 능력이 부족할 뿐 아니라 사회문제의 옳고 그름을 판단할 향상된 시각을 갖기도 어렵다.

　사회문제를 다루는 어린이의 능력은 나이, 경험, 지적 능력 등 여러 요인들에 의해 결정된다. 추상적인 사고를 하기 시작하는 어린이들에게 사회문제를 소개하는 것은 어린이의 호기심을 돋울 수 있지만, 아직 어려운 영역일 수 있다. 초등학교 고학년 정도의 어린이들이라면 어떤 문제에 대한 어른들의 말과 행동사이의 모순 때문에 다소 혼란을 겪기는 하지만, 일반적으로 자신의 계획을 수정하고 결정을 내릴 수 있다. 어린이들이 이해할 수 있는 사회적 문제에 대한 간접적인 소개는 이러한 능력을 확장시킬 수 있으며, 어린이들이 자신의 생각과 행동을 평가하도록 도와줄 수도 있다.

　제7차 초등학교 사회과 교육과정 목표에 '사회 현상과 문제를 파악하는 데 필요한 지식과 정보를 획득, 조직, 활용하는 능력을 기르며, 사회생활에서 나타나는 여러 문제를 합리적으로 해결하기 위한 탐구 능력, 의사 결정 능력을 기른다'로 명시되어 있다. 사회 문제의 올바른 인식과 해결능력은 더불어 사는 사회를 지향하는 현대 사회에서 개인적으로는 다른 문화 속에 살고 있는 사람들과의 바람직한 상호작용을 할 수 있도록 하고, 사회적으로는 서로를 이해하는 바람직한 사회를 만들어 가는 데 중요한 능력이라 할 수 있다(교육부, 2000).

어떤 부모들은 자녀들이 어려운 사회적 문제에 직면하면서 겪을 갈등과 고통을 염려한 나머지, 자녀들이 그러한 문제를 감당할 능력을 갖출 수 있다고 생각되는 나이가 될 때까지 사회적 문제로부터 자녀를 격리시키고자 한다. 어린이가 사회적 문제를 이해하고 감당할 능력은 어린이의 나이가 들어가면서 자연스럽게 조금씩 증가되기도 하지만, 사회 문제를 다루는 문학작품을 통해 간접적으로 경험함으로써 자녀들이 앞으로 사회 문제에 접했을 때 올바르게 인식하고 해결할 능력을 증진시킬 수 있다.

사실 어린이와 어른은 같은 세상에서 살고 있지만 어린이들은 어른과는 다르게 세상을 인식한다. 어린이들은 살아온 시간이 짧기 때문에 사회에 대해 배울 기회가 적었고, 복잡한 현대 생활을 이해할 능력도 부족하다. 어린이들은 뉴스나 어른들의 말을 통하여 전쟁, 전쟁난민, 탈북자, 폭력, 환경오염, 범죄, 노숙자들에 대해 알게 된다. 그리고 한편으로 그러한 세계에 대해 두려움을 가지게 되고 자신들의 두려움을 표현하기도 한다. 어린이들은 그러한 사회 문제에 대한 어른들의 대답이 만족스럽지 못할 경우 매스미디어의 폭력적인 해결책에 관심을 갖게 될 수도 있다. 그러므로 어린이들이 책을 통해 세계의 복잡성이나 위험성을 이해하는 것은 좋은 방법이다.

이 장에서 소개하는 책으로 어린이를 지도하는 교사나 부모가 유의할 점은 모든 문제의 구조를 남과 여, 부자와 가난한 자, 가해자와 피해자 등으로 나누는 것은 피해야 한다는 것이다. 독서치료라는 장을 통하여 어린이들이 모든 사람과 사물을 흑백으로 나누는 단순한 사고에서 다양한 면을 고려하는 종합적 사고를 할 수 있는 어린이로 발전할 수 있는 계기를 마련하는 것이 더 바람직하기 때문이다. 그리고 현재의 모순과 불합리 등은 현재일 뿐, 미래에 어린이들이 만들어갈 바람직한 사회는 어린이들의 손에 달려 있다는 것을 인식시킬 필요가 있다. 그리하여 어린이들이 사물을 좀더 넓고 깊게 볼 줄 알게 되고, 두려워하지 않고 세상을 살아갈 힘을 키워가도록 해야 할 것이다. 그러한 기본 방향에서 책을 선정하려고 노력했다. 따라서 소개하는 책들은 특정 어린이의 문제를 해결하도록 돕기보다는 일반 어린이들이 올바른 사회적 태도를 형성하고 사회 참여를 증진시키는 데 도움을 주는 책들이라 할 수 있다.

사회문제를 주제별로 선정한 대부분의 책들이 유아보다는 초등학교 어린이를 주 대상으로 하고 있다. 이것은 사회문제를 인식하는 유아의 경험과 능력의 한계 때문이며, 주제 특성상 유아들이 어렴풋이 이해하는 내용이라 할지라도 토론을 포함한 다양한 관련활동에 참여하기에는 다소 무리가 있을 수 있기 때문이다. 또 유아들이 이해할 수 있는 그림책의 경우에는 유아/초등 저학년으로 분류하였으나, 원칙적으로 이 장에서의 연령 구분은 초등 저학년과 초등 고학년으로 나눈다.

이 장에서는 현대 사회의 정치, 경제, 성 편견, 직업의식에 관한 사회적 문제를 다룬 책을 소개한다. 정치면에서는 전쟁과 폭력, 통일, 민주화 항쟁, 민족정신 등을 다루는 책을 소개하며, 몇몇 책은 여러 가지 문제를 복합적으로 다룬다. 경제면에서는 빈부격차에 따른 어린이들이 겪는 심리적 갈등이나 소외계층의 가족과 어린이에 대해 다룬 책들을 소개한다. 작품 속에서의 어린이들은 현실에 안주하는 어른들과 달리 내재된 희망과 사랑으로 현실의 빈부격차나 갈등을 넘어 밝은 미래에 대한 가능성을 보여준다. 성 편견 면에서는 성에 따

<표 7> '사회문제의 이해'에서 다루어지는 소주제별·대상별 자료

소주제	대 상	자 료
1. 정치	유아 초등학교 저학년 어린이	왜? 곰인형 오토
	초등학교 고학년 어린이	나는 평화를 꿈꿔요 나라를 버린 아이들 신라 할아버지 민들레의 노래
2. 경제	초등학교 저학년 어린이	종이밥 우동 한 그릇
	초등학교 고학년 어린이	우리반 깡띠기 아빠를 닮고 싶은 날 아빠와 큰아빠 〈문제아〉 상계동 아이들
3. 성 편견	초등학교 저학년 어린이	돼지책 종이봉지 공주 닉아저씨의 뜨개질
	초등학교 고학년 어린이	난 이제부터 남자다 우리나라 최초의 여성변호사 이태영 축구왕과 발레리나 〈예나의 비밀〉
4. 직업 의식	초등학교 저학년 어린이	선생님, 우리 선생님
	초등학교 고학년 어린이	목수들의 전쟁 마지막 숨바꼭질 〈열두 사람의 아주 특별한 동화〉

른 불평등과 편견, 성폭력에 관한 다양한 책들을 소개하겠다. 직업면에서는 직업의식에 관한 책들이 많아서 주로 이를 다루는 책을 소개하려고 한다.

〈표 7〉은 '사회문제의 이해'와 관련하여 독서치료를 위해 선정된 도서목록이다.

1. 정 치

정치적인 문제는 어린이들이 이해하고 감당하기에 어려운 사회적 주제일 수 있다. 그러나 사회 구성원인 어린이들도 전쟁과 폭력, 통일, 민주화 항쟁, 민족정신의 문제를 비켜갈 수는 없다. 나아가 어린이들은 성장하면서 직접적으로 혹은 뉴스나 이야기 등을 통해 간접적으로 이러한 사회적 문제를 더 가까이 접하게 될 것이다. 여러 작품들이 전쟁과 폭력은 왜 일어나며, 그 결과는 어떤 것인지를 보여준다. 어떤 작품들은 4.19혁명, 6.25사변, 5.18민주화 항쟁까지 한국 현대사에 얽힌 이야기까지를 다루는 작품도 있다. 그리고 북한의 식량난으로 탈북하는 어린이들에 관한 작품도 소개한다. 이 책을 통해서 어린이들이 북한 문제를 진지하게 생각해 볼 기회를 갖게 될 것이다. 뿐만 아니라 독립 운동 등 잃어버린 나라 혹은 잃어버린 민족정신을 되찾으려는 사람들의 이야기를 문학으로 승화시킨 작품들을 소개하고자 한다.

유아, 초등학교 저학년 어린이

 왜?

(1) 기본정보

저자: 니콜라이 포포프 그림

출판사: 현암사(원작: 1995, 한국판: 1997)

전체쪽수: 38

ISBN 89-323-06117-7

장르: 그림책(환상동화)

(2) 저자소개

니콜라이 포포프(Nikolai Popov)는 1938년 사라토프(러시아의 옛 도시)에서 태어났다. 그는 전쟁을 경험하고 지하 대피소에서 유년을 보냈던 경험이 있다. 폭탄 파편을 주워서 장난감처럼 갖고 놀다가 사고를 당하는 친구도 있었고, 전쟁에 나갔다가 장애인이 되어 고향으로 돌아온 농부를 목격했다고 후기에 쓰고 있다.

(3) 줄거리

평화롭게 풀밭에서 놀던 개구리 옆에 쥐가 나타난다. 쥐는 개구리의 자리와 꽃을 탐내서 갑자기 개구리를 공격해 쫓아낸다. 그러자 개구리는 친구들을 데리고 와서 쥐를 쫓아낸다. 다시 쥐는 친구들을 데리고 와서 개구리를 쫓아내고, 개구리와 쥐의 지원군은 탱크까지 동원해 공격을 하면서 풀밭을 폐허로 만들어 버린다. 폐허가 된 풀밭에서 개구리와 쥐는 서로를 슬프게 바라보며 앉아 있다.

(4) 글과 그림

이 책은 글 없는 그림책으로 평화로운 상황에서 어떻게 전쟁이 발생되고 진행되며 세상이 파괴되어 가는지를 우화적이면서도 사실적으로 묘사하고 있다. 전쟁이란 주제가 유아에게 접근하기 어려운 주제인데도 불구하고 유아들이 쉽게 전쟁의 참상을 잘 느낄 수 있게 주제가 간결하게 표현되어 있다. 특히 폐허가 된 전쟁터의 모습은 너무나 사실적이어서 전쟁의 느낌을 효과적으로 전달하고 있다. 또한 전쟁이 일어나는 이유와 과정을 쉽게 이해하도록 그려서 그림만 보고도 쉽게 이야기를 꾸밀 수 있다는 장점이 있다.

(5) 관련 질문과 활동
☑ 관련 질문
① 전반적인 인식을 돕는 질문
- 이 이야기를 보니 어떤 생각이 드니?
② 이해 및 고찰을 돕는 질문

- 개구리와 쥐는 왜 싸우게 되었지?
- 전쟁이 왜 일어나는지 생각해 본 적 있니?

③ 기존의 해결방법에 대한 다각적인 평가와 새로운 접근을 시도해 보게 하는 질문

- 만약에 시간을 처음으로 되돌린다면 어떻게 하는 것이 좋을까?
- 개구리와 쥐가 싸우지 않을 수 있는 방법에는 어떤 것이 있을까?
- 만약에 쥐가 처음에 개구리들에게 자리를 양보해 달라고 혹은 꽃을 주도록 하거나 부탁했으면 어떻게 되었을까?

④ 자기적용을 돕는 질문

- 쥐가 개구리의 꽃을 갖고 싶을 때 빼앗지 않고 얻을 수 있는 방법에는 어떤 것이 있을까?
- (폐허가 된 장면을 보면서) 네가 개구리라면 쥐에게 무슨 말을 해 주고 싶니?
- 너도 친구의 물건을 빼앗아본 적이 있니? 빼앗고 난 후 어떻게 되었니? 지금도 다른 친구들의 것을 빼앗고 싶을 때가 있니? 왜 그럴까?

○ 관련 활동

① 전쟁이 무엇이라고 생각하는지 생각가지 만들기

- 유아들과 전쟁하면 생각나는 말들을 찾아본다.
  예 '전쟁' 이라는 말을 들으면 어떤 생각이 드니?
  요즘 텔레비전에서(또는 신문) 사람들이 전쟁 때문에 많이 다치는 사진을 보면 어떤 생각이 드니?
  (신문이나 잡지에서 전쟁의 그림을 오려서 직접 보여주면 전쟁에 대한 개념 이해도 쉽고 구체적인 생각이 나올 수 있다. 예를 들어 이라크 전쟁)
- 방사선 모양으로 생각가지를 만들어 유목화시킨다.
- 커다란 종이(전지)에 적어본다.
- 각 항목을 색을 다르게 적으면 더욱 보기가 편하다.

② 쥐의 입장에서(혹은 개구리의 입장에서) 상대편에게 편지 쓰기

- 쥐나 개구리의 입장에서 본인이 왜 그런 행동을 하게 되었는지에 대해 글을 쓴다.
- 상대편에게 바라는 점이나 오해의 부분에 대해서도 글을 적어 서로를 이해하는 기회를 만들 수 있다.
  예 장면: 폐허가 된 들판에 개구리와 쥐가 있는 장면
  "만약 네가 여기에 있는 개구리라면 지금 무슨 생각을 하고 있을까?"

네가 개구리라고 생각하고 쥐에게 화해의 내용을 담은 편지를 써 보자.

③ **전쟁을 하는 사람들에게 평화의 글 보내기**

- 이 세상에서 전쟁을 그만두게 하려면 어떻게 하면 좋을지 의견을 모은다.

🔵 미국 대통령 부시, 오사마 빈 라덴, 이라크 지도자, 후세인, 김정일, 팔레스타인 지도자 등에게 전쟁을 그만두라는 내용의 편지 보내기

"세상에는 전쟁을 하는 사람들이 있어. 이 사람들에게 전쟁을 그만두라는 말을 전하려면 어떻게 하면 좋을까?"

서로 사랑하고 용서했으면 좋겠다는 우리의 마음을 표현해 보자.

④ **전쟁에 관한 사진이나 신문기사를 오려 붙이고 제목 만들고 기사 써보기**

준비물: 신문, 잡지, 가위, 풀, 필기구

- 9.11 테러사건 그림이나 이스라엘 - 팔레스타인 분쟁 사진, 이라크 전쟁 사진 등을 오려서 종이에 붙인다.
- 기사의 제목을 붙이고 그림을 잘 묘사하는 기사를 나름대로 적어본다

🔵 여기 여러 그림이 있어. 어떤 그림인 것 같으니? 어떤 느낌이 드니?

네가 생각한 것을 그림 옆에 적어보고 그중에서 가장 중요하다고 생각되는 부분으로 제목을 만들어 보자.

⑤ **전쟁이 난다면 어떻게 될까?**

준비물: 종이, 크레파스나 물감

- 만약에 전쟁이 나면 우리가 사는 세상이 어떻게 변할지 이야기를 나누어 본다.
- 평온한 도시의 사진을 한쪽에 붙이고 전쟁이 나면 어떻게 될지 변한 모습을 그 옆에 그려보거나 폐허가 된 모습 옆에 그전의 모습을 상상해서 그려본다.
- 전쟁이 갖고 있는 문제점에 대해 이야기를 나눈다.

⑥ **행복한 지구 마을 꾸미기**

준비물: 전지, 크레파스(색연필), 세계 여러 나라 사람 그림

- 커다란 전지를 이용해서 지구를 그리고 거기서 사이좋게 지내는 사람들을 그리거나 꾸며 보면서 평화의 의미를 생각해 본다.
- 여러 친구가 모여서 소그룹으로 활동을 전개하면 협동작업하는 의의가 있다.

(6) 연관주제

질병과 죽음 그리고 생명(생명의식-생명존중), 친구삼기(새로운 환경에서 친구 사귀기)

🐻 곰인형 오토

(1) 기본정보

저자: 토미 웅거러 글, 그림/이현정 역
출판사: 비룡소(원작: 1999, 한국판: 2001)
전체쪽수: 31
ISBN 89-491-1073-3
장르: 그림책(환상동화)

(2) 저자소개

토미 웅거러(Tomi Ungerer)는 1931년 프랑스와 독일 접경지대인 스트라스부르크에서 태어났다. 1957년 첫 번째 그림책인 〈멜롭스 하늘을 날다〉를 발표한 이래, 지금까지 100권이 넘는 그림책을 쓰고 그렸다. 작품들로는 〈달사람〉, 〈꼬마구름 파랑이〉, 〈세 강도〉, 〈크릭터〉 등이 잘 알려져 있다. 한스 크리스천 안데르센 상을 비롯해 여러 상을 수상했다.

(3) 줄거리

곰인형 오토는 다비드와 오스카와 함께 행복한 날들을 보내지만, 다비드가 노란색 별을 가슴에 단 이후부터 모든 것이 달라진다. 그리고 다비드 가족은 어디론가 잡혀간다. 그리고 오스카의 가족은 전쟁으로 인한 폭격으로 헤어지게 된다. 전쟁 중 오토는 우연히 한 군인의 목숨을 구하고 영웅이 된다. 오토는 우여곡절 끝에 골동품 가게에 진열되어 오스카를 만나게 된다. 그리고 다비드도 만나게 되어 한집에서 살면서 오토는 그들의 이야기를 글로 쓸 계획을 세운다.

(4) 글과 그림

'제2차 세계 대전'과 '유태인 학살'을 소재로 한 책으로 오토의 눈과 입을 통해 전쟁이 얼마나 잔혹한가를 보여준다. 특히 15~19쪽의 참혹한 전쟁터 장면은 어린이들을 그림에서 쉽게 눈을 뗄 수 없게 만든다. 그리고 어린이들은 다비드 가족이 가슴에 달게 된 노란색 별의 의미(유태인이라는 표시)도 이해하기 힘든 내용이다. 영화나 다른 책들을 통해 알고 있는 어린이들도 유태인이라는 이유로 그렇게 핍박받아야 하는 이유를 논리적으로 이해하기 어려울 것이다. 그러나 어린이들은 이 책을 통해서 인간이 인간에게 가했던 불공평한 핍박의 역사가 있었음을 이해하게 될 것이다. 그러한 잘못된 전쟁 속에 다비드, 오스카, 오토는 모두 뿔뿔이 헤어지지만, 가족들을 잃은 채 상처를 안고 다시 재회하는 따뜻한 결말은 어린이들에게 다소 안정감을 준다.

그림 속에서 오토는 때로는 인형 본연의 모습을, 때로는 사람처럼 말하고 생각도 하지만 전혀 어색하지 않다. 토미 웅거러의 섬뜩한 그림들은 전쟁의 참상, 그로 인한 인간들과 환경의 피폐함을 잘 표현하고 있다. 어린이들은 이 그림책 속의 그림을 통해서도 전쟁의 참상을 잘 느낄 수 있을 것이다. 이 책은 '제2차 세계 대전'과 '유태인 학살'이라는 참담한 전쟁의 이야기를 곰 인형을 통해 감동적으로 전한다.

(5) 관련 질문과 활동

☑ 관련 질문

① 전반적인 인식을 돕는 질문

 - 이 이야기를 보니 어떤 생각이 드니?
 - 오토에게 해 주고 싶은 말 있니?

② 이해 및 고찰을 돕는 질문

 - 오토의 눈에 비친 세상은 어땠을까?
 - 다비드 가족이 왜 가슴에 별을 달게 되었을까?
 - 오토, 다비드와 오스카는 다시 만나 어떻게 살게 되었을까?

③ 기존의 해결방법에 대한 다각적인 평가와 새로운 접근을 시도해 보게 하는 질문

 - 다비드가 오토를 오스카에게 주지 않고 계속 가지고 있었다면 오토에게는 무슨 일이 일어났을까?

④ 자기적용을 돕는 질문

- 네가 오토라면 나중에 이야기를 어떻게 쓸까?
- 전쟁이 일어나지 않게 하려면 어떻게 하면 좋을까?
- 너도 누군가와 싸우고 싶은 적이 있었니?
  그럴 때는 어떻게 하는 것이 더 좋을 것 같니?

◇ 관련 활동

① 오토에게 편지 쓰기

- 오토를 읽고 오토에게 하고 싶은 말을 자유롭게 써 본다.
- 책을 읽고 난 느낌을 자연스럽게 편지 형식을 빌어서 써 본다.

② 전쟁이 일어나지 않는 세상 그리기

준비물: 종이, 크레파스나 색연필

- 만약에 오토가 살았을 때 전쟁이 일어나지 않았다면 세상의 모습이 어땠을지 이야기해 본다.
- 전쟁이 일어나지 않는 행복한 세상(오토와 그의 친구들의 모습)을 그려본다.

  예 만약에 전쟁이 일어나지 않았다면 다비드와 오토도 헤어지지 않고 살았겠지? 그랬다면 오토와 다비드의 생활은 어떻게 변해 있을까? 지금과 어떻게 달랐을까?

③ 실제로 있었던 전쟁이나 진행 중인 전쟁 혹은 정치적 사건에 대해 이야기 나누기

- 다른 나라의 전쟁이나 분쟁 지역 혹은 우리나라 정치적 사건을 선정한다.

  예 6.25 전쟁, 4.19 혁명, 광주 민주화운동, 팔레스타인 분쟁, 뉴욕의 테러사태, 미국과 이라크 전쟁 등등

- 특정 전쟁이나 정치적 사건에 대해 이야기 나누며 배경을 알아본다.
- 소그룹으로 조사해서 발표한다.

(6) 연관주제

친구삼기(아름다운 우정 쌓기), 질병과 죽음 그리고 생명(생명의식 – 생명 존중)

초등학교 고학년 어린이

 나는 평화를 꿈꿔요

(1) 기본정보

저자: 유니세프

출판사: 비룡소(원작: 1994, 한국판: 2001)

전체쪽수: 76

ISBN 89-491-0036-3

장르: 그림책(어린이들의 글과 그림)

(2) 저자소개

유니세프(http://www.unicef.or.kr, 한국유니세프 홈페이지)는 어린이를 돕는 유엔기구로 1946년 설립된 이래 지난 반세기 동안 전 세계 개발도상국에서 어린이를 위하여 영양, 보건, 식수공급 및 위생, 기초교육, 긴급구호, 특별히 어려운 처지의 어린이 보호 등의 기본 사업을 펼쳐 왔다.

(3) 줄거리

이 책은 줄거리 없이 유고슬라비아에서 벌어지고 있는 전쟁의 포화 속에서 사는 5세부터 12세까지의 어린이들이 쓴 글과 마케도니아의 브라즈다 난민수용소의 코소보 난민 어린이들이 그린 60여 점의 그림이 편집되어 있다. 피를 흘리며 쓰러져 있는 아빠, 불타는 학교와 집, 탱크가 진을 치고 있는 마을을 황급히 빠져나가는 가족, 활활 불타는 집과 이를 바라보고 서 있는 세르비아군의 모습, 가족을 집밖으로 쫓아내려는 세르비아 경찰에 반항하던 아빠가 얻어맞고 피를 흘리며 쓰러진 모습 등이 전쟁의 비참함을 생생하게 전달한다. 아직 전쟁이 무엇인지도 모르는 이 어린이들은 총탄이 날아다니고 포탄이 떨어지는 전쟁의 한 가운데서 부모님이 총탄을 맞고 피를 뿌리며 쓰러지는 장면을 낱낱이 목격한다. 이 어린이들은 왜 자신들이 이런 전쟁 속에 놓이게 되었는지 알지 못한다. 당장 날아오는 총탄을 피해 달아나기도 바빠서 자신의 삶을 생각할 겨를이 없다. 이 책은 이 어린이들이 얼마나 처참한 삶의 현장에 있었는가를 생생하게 보여준다. 그리고 이들이 이토록 애타게 갈구하는 평화를 위해 우리는 무엇을 했는지, 또 무엇을 해야 하는가를 생각하게 한다.

(4) 글과 그림

이 책은 전쟁을 실제로 겪은 아이들에 의해 그려지고 쓰여진 것으로 그 현실감이 그림의 표현이나 제목만 보아도 면면히 느낄 수 있다. '파괴된 도시', '공포와 비명', '수용소에 끌려가는 여자들과 아이들', '엄마와 아기', '다쳐서 병원에 입원한 아이들', '폐허 속을 걷다'와 같이 아이들의 상처가 너무나 커서 쏟아내고 싶은 말과 감정이 많은 탓도 있겠지만 그림 하나하나가 마음에 남고 전쟁을 겪은 아이들의 마음을 보여준다.

전쟁을 겪은 아이들이 자신들이 느낀 모든 기억과 감각으로 사실적으로 전쟁의 참상을 그림으로 그리고 글도 썼다. 이 책을 본 아이들은 그들의 목소리를 충분히 듣고 느끼면서 전쟁과 평화에 대한 뚜렷한 생각을 갖게 될 것이다. 전쟁을 직접 겪지 않은 우리의 아이들에게도 간접경험의 기회가 되면서 전쟁에 대해 다시 한 번 생각해 볼 기회를 제공한다. 유고슬라비아의 많은 학교와 수용소에서는 전쟁을 겪은 아이들에게 글과 그림을 그리게 해서 마음을 치료하도록 돕는다고 한다. 때문에 이 책은 전쟁과 평화에 대한 가장 뛰어난 교육서라 할 수 있다.

(5) 관련 질문과 활동

☑ 관련 질문

① 전반적인 인식을 돕는 질문
- 이 책을 읽고 어떤 생각이 나니?

② 이해 및 고찰을 돕는 질문
- '평화'의 뜻은 무엇일까?
- 세계 곳곳에서 크고 작은 '전쟁'이 끊임없이 일어나는 까닭은 무엇이라고 생각하니?
- 유고의 친구들이 바라는 세상은 어떤 세상일까?

③ 기존의 해결방법에 대한 다각적인 평가와 새로운 접근을 시도해 보게 하는 질문

- 이런 전쟁을 겪지 않았다면 아이들은 어떤 그림을 그렸을까?(각각의 그림에 따라 이런 방식의 질문을 적절히 활용한다)

④ **자기적용을 돕는 질문**

- 우리가 직접 친구들을 도울 수 있는 방법이 있을까?
- 우리가 세계 평화를 위해 할 수 있는 일은 무엇이 있을까?

◇ **관련 활동**

① **신문에서 전쟁에 관한 사진첩 만들기**

- 신문에서 전쟁 기사나 난민의 기사가 있으면 모아 스크랩을 만들어 본다.
- 인터넷으로도 기사를 찾아볼 수 있다.
- 사진첩의 첫 장에 제목, 만든 이, 출판사 이름을 적어본다.

② **신문기사 만들기**

준비물 : 신문 또는 잡지, 종이, 필기구, 풀

- 신문에서 전쟁에 관련된 사진을 오려 붙이고 자신이 기자처럼 기사를 작성해 본다.

③ **세계의 어린이에게 평화의 편지 쓰기**

- 책에서 특정한 그림을 선택한다.
- 그림을 보면서 느낌을 나눠보고 전쟁으로 힘들어하는 친구에게 위로의 편지를 쓴다.

  예 '다쳐서 병원에 입원한 아이들' 장면을 보며

    이 친구들이 왜 병원에 입원해 있을까?

    이 친구들의 아픔을 달래주기 위해서 우리가 편지를 써서 위로해 주자.

④ **'전쟁' 하면 떠오르는 장면을 그려보기**

- 우리가 생각하는 전쟁의 이미지를 알아본다.
- 내가 생각하는 전쟁의 이미지를 그림으로 표현한다.

⑤ **그림을 보고 평화 표어 만들기**

- 책에 있는 전쟁그림을 보고 평화의 표어를 만들어 본다.

  예 '전쟁이 없으면 좋으련만' 장면을 보고

    이 그림을 보니 어떤 생각이 드니?

    세계의 사람들에게 이 그림을 보고 전쟁이 끝났으면 좋겠다는 말을 할 수 있게 한 줄의 표어로 만들어 보자.

⑥ 세계지도에서 현재 분쟁 지역을 찾아보기

준비물 : 세계지도, 사인펜

– 세계지도를 이용해서 지금도 전쟁이나 분쟁을 통해 슬픔을 겪고 있는 곳을 찾아 표시해 본다.

– 전쟁이나 분쟁이 일어난 배경에 대해 이야기 해본다.

⑦ 전쟁관련 기념관 견학하기

– 전쟁에 관한 기념관 견학이 자칫 구경거리로 끝나지 않도록 사전에 그 의미에 대해 충분히 이야기를 나누고 견학을 다녀와서도 서로의 느낌을 나누어 본다.

(6) 연관주제

나와 다른 사람들에 대한 이해(문화적 특징), 질병과 죽음 그리고 생명 (생명의식 – 생명존중, 죽음)

🐚 나라를 버린 아이들

(1) 기본정보

저자 : 김지연 글/강전희 그림

출판사 : 진선 출판사(2002)

전체쪽수 : 94

ISBN 89-7221-298-9

장르 : 사실동화

(2) 저자소개

김지연은 서울에서 태어나 프랑스 에꼴데 보자르 생떼띠엔느, 이화여자대학교 디자인대학원 사진과를 졸업하고, 현재 경원대학교 강사, 시민방송(주) 프로듀서로 일하면서 사진작가로 활동하고 있다. 사진집 〈연변으로 간 아이들〉, 〈노동자에게 국경은 없다〉를 펴냈다.

강전희는 부산에서 태어나 디자인을 전공했으며, 현재 그림책 작가로 활동하고 있다. 〈할아버지 아주 어렸을 적에〉, 〈기준이네 가족일기〉의 그림을 그렸고, 그림책으로는 〈한이네 동네 이야기〉, 〈어느 곰 인형 이야기〉가 있다.

(3) 줄거리

북한의 식량난으로 탈북을 한 동철이는 같은 처지의 아이들을 만나고 두만강을 건너 중국에 도착하게 된다. 아이들은 시장을 떠돌면서 구걸을 하며 처참한 생활을 한다. 어느 날 동철이는 고향 친구를 만나게 되어 '나눔의 집'으로 가게 되면서 희망을 얻게 된다.

(4) 글과 그림

행복하고 구김 없이 뛰어놀아야 할 어린이들이 굶주림을 견디다 못해 탈북해서 구걸하며 사는 생활을 사실적으로 그리고 있다. 가슴 뭉클한 이야기와 그림이 풍족하게 조화를 이룬다. 분단된 현실은 우리가 직면한 현실적인 문제이면서도 어린이를 위한 작품이 거의 없는 것이 우리 실정이고, 특히 요즘 사회 문제로 대두되고 있는 탈북자의 문제에 관한 작품은 거의 없다. 탈북이나 북한 난민문제는 단지 탈북 당사자의 문제일 뿐만 아니라 우리 민족 모두가 고민하며 함께 풀어가야 할 문제이다. 또한 통일을 준비하는 우리에게는 북한의 어린이를 한민족 친구로 받아들이고 편견이나 왜곡 없이 수용하는 열린 자세가 필요하다. 이 책은 현실적인 문제를 과장되거나 희화함 없이 담담하게 적으면서 우리를 돌아보게 해 주며, 그림도 세심하게 정성을 쏟은 흔적이 보인다. 어린이들에게 북한 문제를 진지하게 고민하게 만들 수 있는 기회가 될 것이다.

(5) 관련 질문과 활동

☑ 관련 질문

① 전반적인 인식을 돕는 질문

  - 이 이야기를 읽으니 어떤 생각이 나니?

② 이해 및 고찰을 돕는 질문

  - 이 이야기 속의 아이들은 왜 북한을 떠났을까?
  - 이 이야기 속의 아이들처럼 배고파 본 적이 있니?
  - 북한아이들에 대한 이야기를 TV에서 본 적이 있니? 그것에 관해서 이야기해 보자.

- 왜 북한아이들이 헐벗고 굶주리며 산다고 생각하니?

③ 기존의 해결방법에 대한 다각적인 평가와 새로운 접근을 시도해 보게 하는 질문

- 남북한이 통일되는 것에 대해 어떻게 생각하니?

  찬성한다면 그 이유는?

  혹은 반대한다면 그 이유는?

- 남북한이 통일이 된다면 어떤 점이 좋을까?

- 통일 후에 나타날 수 있는 문제점은 어떤 것일까?

④ 자기적용을 돕는 질문

- 너는 북한 아이들을 위해 어떤 일을 해야 할까?

- 네가 '나눔의 집' 친구들을 만난다면 무슨 말을 해 주고 싶니?

◎ 관련 활동

① 남북한 단일 국기 만들기

준비물: 크레파스, 종이, 물감

- 남북한이 통일되었다고 가정하고 통일된 국기를 그려본다.

- 기존의 한민족 국기 말고 서로 하나라는 마음이 잘 표현될 수 있도록 국기를 그려보고 국기에 담긴 의미에 대해 서로 이야기해 본다.

- 혼자서 하거나 소그룹으로 진행해서 전시한다.

② 통일을 앞당기는 방법 토의 해 보기

- 통일을 앞당길 수 있는 방법에 대해 토의해 본다.

- 우리가 할 수 있는 일과 가져야 할 태도들을 생각해 보고 직접 실천할 수 있는 일은 약속을 만들어 실천하도록 노력한다.

③ 북한 아이들을 만나면 하고 싶은 일들을 적어보기

- 만약에 북한 아이들을 만난다면 어떤 일 또는 어떤 말을 하고 싶은지 서로 이야기 해 보고 적어 본다.

- 이 활동을 할 때는 북한 아이들을 도와주는 존재로 인식하지 않고 서로 동등한 관계를 가질 수 있도록 지도한다.

  예 만약에 북한의 어린이들을 만난다면 어떻게 인사할까?

    무슨 놀이를 하면서 놀까? 어떤 기분이 들까?

    무슨 말을 가장 먼저 하고 싶니?

    북한 친구들을 만나면 함께 할 수 있는 놀이를 만들어 보자.

④ 통일된 나라의 모습 중계방송해 보기

　　준비물: TV 모양틀, 마이크,

　　– 통일이 되었다고 생각하고 축제 분위기의 거리 모습을 구성해서 대본을 써 본다.

　　– 친구들과 함께 통일된 모습을 중계해 본다.

　　　예 지금 서울과 평양의 시민들이 통일된 것을 기뻐하며 거리로 나와 축제를 벌이고 있습니 다. 기쁨에 차 있는 시민을 한 명 인터뷰 해 보겠습니다.

(6) 연관주제

친구삼기(새로운 환경에서 친구 사귀기)

신라 할아버지

(1) 기본정보

저자: 박경선 글/정승각 그림

출판사: 지식산업사(1995)

전체쪽수: 249

ISBN 89-423-7822-6

장르: 사실동화

(2) 저자소개

박경선은 1954년 대구에서 출생하고 한국글쓰기연구회, 우리말 살리는 겨레 모임, 한국문인협회, 어린이문학협의회, 가톨릭문인협회 회원으로서, 현재 경북대학교 사범대학 부속 초등학교 교사이며, 영남대 평생교육원, 대구교육대학교 사회교육원, 대구교육대학에서 강의 중이다. 저서 〈너는 왜 큰소리로 말하지 않니〉, 〈개구쟁이 신부님과 해를 맞는 부처님〉, 〈하늘을 덮는 천막〉, 〈신라 할아버지〉, 〈재미있는 글쓰기〉, 〈자신 있는 글쓰기〉, 〈열린 교실의 글쓰기〉가 있다.

정승각은 1961년 충북 덕동에서 태어나 중앙대학교 서양화과를 나왔다. 〈물오리 이원수 선생님 이야기〉, 〈어머니 사시는 그 나라에는〉, 〈까막나라에서 온 삽사리〉, 〈오소리네 집 꽃밭〉들에 그림을 그렸다. 해마다 어린이들과 함께 벽화 작업을 하고 있고, 우리 옛 그림이 지닌 아름다움을 그림책에 담는 일에 힘쓰고 있다.

(3) 줄거리

'신라 할아버지'라는 별명을 가진 이수동 선생님은 매주 토요일 오후 세 시에 동네 어린이들을 모아 놓고 재미있는 이야기를 해 준다. 할아버지는 일제 침략기에 일본으로 건너가 인형 만들기를 배우게 되는데 조선인이라는 이유로 일본인들에게 설움을 당하기도 하지만 어려움을 참아가며 노력한 끝에 일본인 스승에게도 인정을 받는 성실한 도예인이 되어 간다. 어머니의 사망으로 고국으로 돌아온 할아버지는 자신의 인형에서 일본의 냄새가 난다고 조언 해 준 박물관 선생님의 이야기를 듣고 진정한 한국의 인형을 만들기 위해 남은 생을 바치게 된다. 그리고 우리 문화의 아름다움을 알리기 위해 어린이들에게 이야기도 들려주면서 우리 문화의 정신을 이어가기 위해 노력한다.

(4) 글과 그림

이 책은 어린이들에게 우리의 문화와 정신 등 우리 것을 소중히 여기고 지켜나가야 한다는 생각을 심어주기 위해 한평생 우리 문화를 지켜오신 실제 인물인 한 할아버지의 이야기를 동화로 꾸며 놓은 것이다. 작가는 시종일관 진지한 태도로 일본인과 한국인을 이분법으로 놓고 평가하기보다는 시대를 살았던 한 인간으로서의 갈등을 잘 표현하고 있으며, 인물을 보는 시각도 극단적인 이분법적으로 흐르지 않고 객관적인 태도를 취하려고 노력하고 있다. 조선인과 일본인이라는 배타적인 편협함에 머무르지 않고 예술 속에서 일본과 조선이 화해하기를 바라는 작가의 마음이 잘 나타나 있다. 우리 문화를 억지로 강요하기보다는 자연스러운 예술로서 두 나라의 문화를 비교해 볼 수 있도록 하는 진지함도 갖고 있다. 동시에 어린이들에게 우리 문화유산에 대한 자긍심을 다시 생각해 볼 수 있게 한다.

(5) 관련 질문과 활동

☑ 관련 질문
① 전반적인 인식을 돕는 질문

- 이 책을 읽고 가장 기억에 남는 이야기는 무엇이니?

② 이해 및 고찰을 돕는 질문
- 할아버지 손끝에 있다던 일본 독은 무엇을 말하는 것일까?
- 할아버지와 함께 했던 일본인 고모와 가와바다 선생에 대해 어떻게 생각하니?
- 우리 민족의 아름다움은 어떤 것일까?
- 이수동 선생님에게 '신라 할아버지'가 아닌 다른 별명을 붙여준다면?

③ 기존의 해결방법에 대한 다각적인 평가와 새로운 접근을 시도해 보게 하는 질문
- 만약에 이수동 할아버지가 일본에 가지 않고 우리나라에 계속 살았다면 어떻게 살았을까?
- 수동의 형들(수명, 수철)이 일제 식민지나 전쟁이 없는 세상에 살았다면 어떤 삶을 살았을까 상상해 보자.

④ 자기적용을 돕는 질문
- 일본과 우리나라의 관계가 어떻게 되면 좋을까?
  그러기 위해서는 네가 할 수 있는 무엇일까?

⊗ 관련 활동
① 점토로 만들기
준비물: 점토나 찰흙
- 점토나 찰흙을 이용해서 여러 가지 소품을 만들어 본다.
- 항아리 모양이나 컵 모양은 아이들이 부담 없이 만들 수 있다.
- 재료를 충분히 탐색한 후엔 우리나라 청자나 백자의 사진을 보면서 함께 만들어 보거나 직접 도예방을 방문해서 만들어 보는 것도 좋은 경험이 된다.

② 신라 할아버지와 그의 스승 가와바다 선생 비판하고 옹호해 보기
예 주인공과 가와바다 선생이 의견충돌하는 부분(인형들의 폭동)에서 서로의 입장이 되어 본다.
- 주인공과 그의 스승의 행동을 비판해 보기도 하고 옹호해 보기도 한다.
- 주인공이나 주변 인물이 그렇게 행동 할 수밖에 없었던 이유에 대해 설득력 있게 진짜 그 사람이 된 것처럼 표현해 본다.

③ 우리나라 문화유산 조사하기
준비물: 역사책, 지도, 인터넷 등

- 우리나라를 대표하는 문화유산을 조사해서 발표해 본다.
- 어떤 면에서 그 문화유산이 우수하고 독특성이 있는지 알아본다.
- 조사한 내용을 전시해서 조그만 박물관을 꾸며 볼 수 있다.

④ 우리나라 문화유산 지도 만들기

준비물: 전지, 사인펜, 문화유산 그림

- 커다란 전지에 우리나라 지도를 그린다.
- 문화유산에 대한 자료를 찾아서 그것이 어디에 있는지 표시하면서 지도를 만든다.

⑤ 우리나라 관광 안내책자 만들기

준비물: 색 도화지, 필기구, 풀, 가위, 스테플러

- 우리나라에서 외국인에게 소개하고 싶은 문화유산을 찾아본다.
- 다른 나라 사람들에게 우리나라 방문을 알리는 안내책자를 만들어 본다.
- 색 도화지를 잘라서 책처럼 묶는다.
- 우리나라 관광 안내 그림을 오려서 붙이고 제목이나 설명을 적어본다.

> 예 무궁화를 붙이고 나서
>
> 이 꽃은 대한민국의 꽃입니다.

⑥ 상장 만들기

준비물: 두꺼운 도화지, 사인펜

- 이수동 할아버지에게 상장을 준다면 어떤 글귀를 넣으면 좋을지 글귀를 생각한다.
- 두꺼운 도화지로 상장 모양을 만들고 이수동 할아버지에게 줄 상장을 만든다.

> 예 이수동 할아버지는 한국의 인형의 맥을 지키는 데 큰 공을 세웠으므로 이 상장을 수여합니다.
>
> 이수동 할아버지의 나라를 사랑하는 마음을 기리며 이 상장을 수여합니다.

(6) 연관주제

나(성취감), 사회문제의 이해(직업의식)

민들레의 노래

(1) 기본정보

저자: 이원수 글/양상용 그림

출판사: 사계절(2001)

전체쪽수: 전 2권(1편 242쪽, 2편 227쪽)

ISBN 89-7196-831-1

장르: 사실동화

(2) 저자소개

이원수는 1911년 경남 양산에서 태어나 1981년에 돌아가셨다. 「어린이」지를 보며 방정환 선생님에게 깊은 영향을 받았고, 어린이 문학에 큰 뜻을 두게 되었다. 마침내 열여섯 살 되던 1926년 「어린이」 지에 우리가 잘 아는 동요 '고향의 봄'을 발표했고, 그 뒤로 많은 동시와 동화를 썼다. 특히 장편동화와 소년소설 분야를 개척했고, 어린이 문학 이론을 확립하는 데도 힘을 써, 우리 어린이 문학이 튼튼한 기반을 잡는 데 큰 역할을 했다. 주로 6.25 전쟁이나 4.19 혁명 등을 배경으로 우리 겨레의 비극적이고 불행한 역사, 자유와 민주 정신 등을 작품 속에 담아냈고, 그 뒤로는 시대정신보다는 우정, 형제애, 부모애 등 사랑을 주제로 한 작품을 많이 썼다. 동시집으로 〈너를 부른다〉, 〈나무야 나무야 겨울나무야〉가 있고 동화책으로는 〈꼬마 옥이〉, 〈해와 같이 달과 같이〉, 〈숲 속 나라〉, 〈잔디 숲 속의 이쁜이〉, 〈엄마 없는 날〉, 〈도깨비와 권총왕〉, 〈밤 안개 호수 속의 오두막집〉 등이 있으며, 평론집으로 〈아동 문학 입문〉 등이 있다.

양상용은 1963년 전라남도 화순에서 태어나 홍익대학교에서 동양화를 공부했다. 그린 책으로 〈아, 호동 왕자〉, 〈이쁘 언니〉, 〈바람의 아이〉, 〈아, 발해〉, 〈김치는 영어로 해도 김치〉, 〈고구마는 맛있어〉, 〈순복이 할아버지와 호박순〉, 〈무서운 학교 무서운 아이들〉 등이 있다.

(3) 줄거리

부유한 집의 응석받이로 자란 정미는 고아인 현우와 함께 산다. 어느 날 정미는 현우가 지은 동시 '민들레의 노래'를 신문사 공모에 응모해서 당선된다. 그리고 노래로까지 만들어진다. 정미는 죄책감으로 오히려 현우를 미워하고 멀리한다. 한편, 정미 아버지 한경렬은 6.25전쟁 때 아무 죄 없는 현우 아버지와 마을 사람들을 총살한 책임자이다. 그리하여 정미 아버지는 죄책감에 현우를 데려다 길렀다. 거기에 4.19혁명 때 죽은 오빠를 늘 그리워하는 경희와 의협심이 강한 명탐정 호야 등의 등장인물이 겪는 사랑과 우정, 미움과 질투, 화해와 용서를 담고 있다. 사건의 전말은 현우의 삼촌 박철보에 의해 밝혀지지만 모함을 받아 감옥에 갇히게 된다. 이렇게 어른들의 과거는 풀리지 않은 상태지만 아이들은 화해를 한다.

(4) 글과 그림

우리나라 현대사는 참으로 이해하기도 설명하기도 어려운 역사적 사건이 많다. 바로 남한과 북한이라는 서로 다른 정치 집단의 이해관계와 이념(이데올로기) 문제가 도사리고 있기 때문이다. 남북한 간의 이념 문제와 4.19혁명 등은 아직도 어린이들조차 자유로울 수 없는 사회문제이다.

이 소년소설의 시대적 배경은 '6.25전쟁'과 '4.19혁명'이다. 이 역사적 사건들은 어린이들은 선생님에게서, 부모로부터, 언론 매체로부터 흔하게 듣거나 보았던 사건들이긴 하지만 어린이들에게 어려운 화두를 던지고 있다. 그러나 이 책은 꽤 오래전에 쓰여졌음에도 흡인력이 대단해서 지금 읽어도 사건이 일어나고 있다는 착각을 느끼게 할 만큼 흥미진진하다. 이러한 재미는 우리가 자연스럽게 주인공들과 동일시되어 주인공들이 느끼는 갈등을 함께 느끼고 고민하게 해 주며 진실이 무엇이고 정의가 무엇인지를 생각해 보게 한다.

어린이들에게 한국 현대사의 문제를 단지 덮어두기보다는 밖으로 끌어내서 정확하게 알리는 동시에 우리가 이 문제를 어떻게 매듭지어야 하는지, 어떤 시각을 가져야 하는지 또 다른 질문을 던지는 것이다. 현 시대를 살고 있는 어린이들이 지금 이 시간을 위해 존재했던 과거의 시간을 돌이켜 보고 반성하면서, 앞으로 어떻게 나아갈지를 생각해 보게 하는 것은 어른들의 책임이다. 어린이들이 어른들의 힘든 역사를 딛고 똑같은 실수를 되풀이하지 않도록 도와줄 수 있다. 우리가 만든 부끄러운 역사는 미래를 살아가는 아이들의 새로운 청사진이 될 수 있으므로 이 책은 어린이들이 현대사를 이해하는 데 도움이 될 것이다. 어린이들은 어른들이 만들어 낸 세상에서 어른들에게 끊임없이 영향을 받으며 살아간다. 어린이들이 살아갈 세상도 지나온 역사와 동떨어질 수는 없기 때문이다.

(5) 관련 질문과 활동

☑ 관련 질문

① 전반적인 인식을 돕는 질문

– 이 이야기를 읽고 나서 어떤 기분이 드니?

② 이해 및 고찰을 돕는 질문

– 부정축재로 돈을 모은 정미 아버지가 잘 사는 것에 대해 어떻게 생각하니?

– 현우 외삼촌 박철보가 진실을 밝히려 했는데 오히려 감옥에 가게 된 것에 대해 어떻게 생각하니?

– 호야가 '악당들과 약속을 한 것이라고 지키지 않아도 된다'라고 말했는데 너도 그렇게 생각하니?

– 6.25전쟁 때 정미 아버지의 행동에 대해 어떻게 생각하니?

③ 기존의 해결방법에 대한 다각적인 평가와 새로운 접근을 시도해 보게 하는 질문

– 만약에 이 책이 다르게 끝나기를 원한다면 어떻게 끝났으면 좋을까?

④ 자기적용을 돕는 질문

– 키워준 부모가 자신의 부모를 죽인 사람이라는 것을 알았을 때 현우의 마음은 어땠을까? 너라면 어떻겠니?

– 네가 만약 현우의 입장이라면 정미 아빠를 용서할 수 있을까?

◇ 관련 활동

① 주인공 중 한 인물을 비판하고 옹호해 보기

- 등장인물 중 성격이 분명한 인물을 고른다.
- 정미, 현우, 정미 아빠, 현우 삼촌 등의 입장에서 자신을 비판하거나 옹호해 본다.
- 소그룹으로 나누어서 각자의 역할을 맡아서 그 사람처럼 이야기할 수도 있다.

② 주인공의 입장에서 상대편에게 편지 보내기
- 자신의 입장을 해명하고 화해하자는 내용(정미 혹은 현우, 정미 아빠나 현우 삼촌)
- 마지막 장에서 어른들의 문제는 풀리지 않은 채 아이들만 화해를 하게 되는데 이 점에 대해 서 주인공 각각의 생각을 표현해 본다.

③ 중요한 장면에서 주인공인 것처럼 일기 써 보기
> 📝 정미가 현우의 동시를 가지고 당선되어 갈등을 겪는 부분, 자신의 아버지를 죽인 사람이 정미 아버지라는 사실을 안 현우나, 불합리하게 현우의 삼촌이 잡혀 들어가는 부분
- 갈등이 극명하게 드러나는 부분을 골라 등장인물의 입장에서 사실적으로 일기를 써 본다.

④ 6.25전쟁과 4.19혁명이 일어난 원인과 그 당시 상황에 대해 알아보고 역사신문 만들기
준비물: 전지, 필기구
- 6.25전쟁이나 4.19혁명에 대해 알아보고 사건이 일어난 배경부터 사건이 진행되는 과정을 한 장의 종이에 시간 순서대로 구성해 본다.
> 📝 6.25 전쟁에 대하여
> 6.25전쟁이 발생한 원인과 상황, 전쟁의 경과, 휴전협정을 하게 된 계기, 여러 나라의 관계, 현재의 상태 등을 시간대별로 주요한 사건을 연결해서 역사신문을 만들고 나의 생각이나 느낌도 적어본다.

⑤ 6.25전쟁이나 4.19혁명에 경험이 있는 사람을 찾아 인터뷰해 보기
준비물: 녹음기, 수첩, 필기구
- 주변에서 6.25전쟁이나 4.19혁명에 경험이 있는 사람을 찾아 인터뷰하면서 당시의 상황을 현실적으로 이해할 수 있다.

⑥ 책을 추천하는 광고지 추천문안 만들기
준비물: 색상지, 풀, 가위, 필기구
- 색상지 가운데에 책표지 사진을 붙인다.
- 이 책을 모르는 사람들에게 알린다고 생각하고 이 책을 광고하는 문구와 그림

을 만들어 꾸며본다.

예 '민들레의 노래'를 읽어보지 않은 사람들에게 광고를 해 보자.

이 책에서 특히 재미있는 장면은 무엇일까?

마음에 남는 문구는?

네가 생각하는 이 책의 느낌을 한마디로 표현한다면?

중요한 장면을 생각해서 그려보자.

⑦ 전쟁기념관, 4.19혁명 기념관 견학 가기

(6) 연관주제

나(자아존중감), 친구삼기(아름다운 우정 쌓기), 사회문제의 이해(경제)

2. 경제

어느 사회에서나 빈부격차가 존재하고 가난 때문에 소외되는 가족과 어린 이들이 있게 마련이다. 소외된 집단의 어린이들은 잘못된 자의식과 열등의식을 갖게 되고, 왜곡된 심리 때문에 부유한 아이들과 갈등도 빚는다. 그러나 어린이들은 어른들 보다 쉽게 마음을 열 수 있고, 또 변화할 수 있으며 선입 견이 없는 존재들이기 때문에 많은 작품에서 부유하건 가난하건 어린이들은 서로 사랑하고 이해할 수 있다는 것을 보여준다. 또한 가난은 극복할 수 있 으며, 가난을 극복할 수 있는 힘은 가족들의 따뜻한 격려와 사랑에서 나온다 는 것을 보여주는 작품들이 있다. 더 나아가 정리해고와 같은 경제 한파로 인한 사회문제를 겪는 가족의 심리적·경제적 어려움을 다루는 작품도 있다. 이러한 문제는 가족구성원으로서 어린이들에게 영향을 미치기 때문에 어린 이들도 외면할 수 없는 문제이다.

초등학교 저학년 어린이

 종이밥

(1) 기본정보

　　저자: 김중미 글/김환영 그림

　　출판사: 낮은산(2000)

　　전체쪽수: 106

　　ISBN 89-89646-02-2

　　장르: 사실동화

(2) 저자소개

　김중미는 1963년 인천에서 태어났다. 방송통신대학교 교육학과를 졸업했다. 1987년부터 인천 만석동의 괭이부리말에서 살아 왔고, 공부방을 운영하고 있다. 대표작으로는 〈괭이부리말 아이들〉 등이 있다.

　김환영은 경기도 가평에서 고양이들과 함께 살고 있다. 대부분의 작품들이 담채화로 그려져 따뜻한 느낌을 전해 준다. 대표작으로는 〈마당을 나온 암탉〉, 〈나비를 잡는 아버지〉 등이 있다.

(3) 줄거리

　산꼭대기 판자촌에 부모 없는 오누이가 병든 할아버지와 청소부 할머니와 함께 힘겹게 살아간다. 할머니가 일을 나가고 오빠가 학교에 가면 송이는 종이를 씹어 먹으면서 배고픔을 달래고 시간을 보낸다. 할머니는 송이를 절로 보내면 덜 배고플 거라고 생각하고 송이를 절로 보내려 한다. 할머니는 송이를 데리고 절로 떠나고 오빠 철이는 송이가 보고 싶지 않게 해 달라고 기도하게 된다. 다음날 할머니는 차마 송이를 두고 오지 못하고, 송이는 다시 가족의 품으로 돌아오게 된다.

(4) 글과 그림

　이 책은 우리 사회의 소외된 계층의 현실을 어린이들의 시점으로 보여주면서도 소박하고 따뜻한 시선과 함께 감동을 전해준다. 가난하지만 서로 아끼고 사랑하는 가족애를 느낄 수 있으며 할머니를 사랑하는 할아버지의 마음과 송이와 오빠의 순수한 마음이 잘 전달하여 이웃에 대해 다시 한번 생각해 볼 수 있게 한다. 나이가 어린 어린이에게 가난을 이해시키거나 주위의 가난한 이웃의 일상을 설명하는 것은 힘들지도 모른다. 하지만 〈종이밥〉은 가난한 아이의 일상의 모습과 섬세한 감정 상태를 잘 묘사함으로써 쉽게 주인공에게 감정이입이 될 수 있다는 장점이 있다. 전깃줄이 어지럽게 얽혀 있고 집들이 다닥다닥 붙어 있는 달동네 (16쪽, 26쪽)의 풍경과 송이네 집의 단출한 일상 (19쪽)들은 가난한 주인공이 살아가고 있는 모습을 사실적으로 보여주지만, 한편으로는 따뜻한 느낌이 전달되면서 작가가 말하고자 했던 작은 희망을 보여주고 있다.

(5) 관련 질문과 활동

☑ 관련 질문

① **전반적인 인식을 돕는 질문**
- 이 이야기를 읽고 어떤 생각이 드니?
- 송이에게 해 주고 싶은 이야기는 무엇이니?

② **이해 및 고찰을 돕는 질문**
- 송이가 왜 종이밥을 먹는 걸까?
- 철이는 왜 송이가 보고 싶지 않게 해 달라고 기도했을까?
- 할머니는 송이를 왜 절에 데려 가려고 했을까?
- 집에 돌아오게 된 송이는 기분이 어떠 했을까?

③ **기존의 해결방법에 대한 다각적인 평가와 새로운 접근을 시도해 보게 하는 질문**
- 송이를 절에 보내지 않고 해결할 수 있는 방법이 있을까?
- 송이가 지금과 다른 가정에서 태어났다면 어땠을까?

④ **자기적용을 돕는 질문**
- 네가 철이의 입장이라면 넌 어떻게 하겠니?
- 너도 송이와 같은 어려운 환경에 처했다면 어떻게 생활하겠니?
- 왜 세상에는 가난한 사람과 부자가 존재한다고 생각하니? 그러한 차이를 어떻게 극복할 수 있을까?

⊘ 관련 활동

① 철이와 송이에게 편지 쓰기

  – 철이와 송이에게 하고 싶은 이야기를 담아 편지를 쓴다.

    예 송이에게 종이밥을 씹어 먹으면서 어떤 생각이 들었는지, 물어보고 싶은 이
야기, 느낀 점, 해 주고 싶은 이야기 등을 대상자를 선정하여 편지를 써본다.

② 이야기 중 가장 생각이 나는 장면 그림 그리기

  준비물: 도화지, 크레파스

    예 – 송이와 철이의 미래가 어떻게 될지 상상해 보고 그림을 그려본다.

      – 그림을 그린 후 같은 장면을 그린 사람끼리 소그룹을 형성하여 서로 이야
기를 나누어 본다.

③ 생활선 만들기

  준비물: 8절지 종이, 필기도구

  – 종이에 선을 그리고 생활의 이동경로를 그려본다.

  – 송이가 즐겁고 행복했을 때의 일들을 생각해 보고 언제였는지 종이에 표시해
보게 한 후 왜 즐거웠는지, 왜 행복했는지 이야기해 보게 한다.

  – 같은 방법으로 가장 슬펐을 때, 가장 안타까웠을 때를 표시하고 왜 슬펐는지, 왜
안타까웠는지 이야기해 보게 한다.

  – 생활선을 바탕으로 상상하여 송이는 앞으로 어떻게 살아갈지를 이야기해 본다.

    예 생활선의 이동경로를 그려보고 이 글 전체적인 느낌과 주인공에 대해 이야
기 나누어 본다.

(6) 연관주제

  가족(특수 및 위기 가족)

🍜 우 동 한 그 릇

(1) 기본정보

  저 자: 구리 료헤이 글/서윤석 그림

  출판사: 청조사(2000)

  전체쪽수: 156

  ISBN 89-7322-1957

  장르: 사실동화

(2) 저자소개

구리 료헤이는 일본의 북해도에서 출생하였고, 종합병원에서 10년간 근무하였다. 동화창작에 전념하기 위해 직장도 그만두고 구연동화 창작에 몰두하였다. 주요작품으로는 〈베짜는 공주〉, 〈기적이 들리다〉 등이 있다.

서윤석은 영남대학교 회화과를 졸업하였다. 중앙미술대전 등에 입상하였으며 현재 공간행, 앙데팡당전 전시 등 활동을 하며 출판 일러스트레이터로 일하고 있다.

(3) 줄거리

음식점에 아들과 함께 온 어머니는 돈이 없어서 우동 한 그릇을 시키고, 해마다 세 식구는 돈이 없어서 우동 한 그릇만 시켜 나누어 먹는다. 이를 눈치챈 음식점 주인은 세 식구에게 3인분을 내주고 싶지만 그렇게 하면 불편해 할까봐 반 인분을 더 얹어준다. 그러나 어느 해부터 모자는 나타나지 않는다. 몇 해가 지나 아들이 의사가 되어서야 다시 음식점을 찾은 가족은 우동 세 그릇을 시킨다.

(4) 글과 그림

우동 한 그릇만 시키는 모자에게 사리를 더 얹어 주는 음식점 주인의 사려 깊은 행동을 통해 가난한 사람들을 돕는 방법에 대해서 생각해 볼 수 있게 하면서 주인의 깊은 마음이 독자에게 잔잔한 감동을 주는 작품이다. 그 가족은 몇 해 후 다시 음식점을 찾게 되는데, 아들이 의사가 되어 우동 세 그릇을 시키는 장면은 가난을 딛고 일어섰다는 강한 의지를 느끼게 한다. 이 글은 한 가난한 가족의 사랑과 가난을 극복하는 의지와 그것을 지켜보는 음식점 주인의 사려 깊은 배려가 읽는 이의 마음을 따뜻하게 해 준다. 그림은 편안하고 따뜻한 느낌을 주며, 이야기 전체의 주제를 잘 나타내고 있다.

(5) 관련 질문과 활동

☑ 관련 질문

① 전반적인 인식을 돕는 질문

- 이 이이야기를 읽고 어떤 생각이 나니?
- 가장 기억에 남는 장면은 무엇이니?

② 이해 및 고찰을 돕는 질문

- 음식점 주인이 음식을 반 인분만 더 준 이유는 무엇일까?
- 가족에게 우동 한 그릇의 의미는 무엇일까?
- 너는 의사가 되어 음식점을 찾은 아들을 어떻게 생각하니?

③ 기존의 해결방법에 대한 다각적인 평가와 새로운 접근을 시도해 보게 하는 질문

- 음식점을 찾은 어머니와 아들에게 음식점 주인이 선뜻 3인분의 우동을 내주었다면 어떤 일이 일어났을까?

④ 자기적용을 돕는 질문

- 만약 네가 음식점 주인이었다면 이 책에서와 같이 하였을까?
- 주인공처럼 경제적으로 힘든 친구가 있으면 어떤 이야기를 해 주고 싶니? 어떻게 하겠니?
- 너도 돈이 없어서 먹고 싶은 것을 마음껏 먹어 보지 못했던 적이 있니? 그 때 어떤 마음이 들었니?
- 너도 도움을 받아 본 적이 있니? 너에게 도움을 주었던 사람에게 어떤 마음이 들었니? 네가 만일 도움을 주는 입장이었다면 어떻게 도와주었을 것 같니?

⊗ 관련 활동

① 등장인물에게 편지 쓰기

- 등장인물 중 이야기를 나누고 싶은 인물을 선정하여 편지 쓰기

② 가난을 주제로 한 책을 찾아보고 이야기 나누기

- 가난에 대한 여러 이야기를 선정하여 이야기 나누어 본다.
- 소집단으로 나누어 선정한 책에 대한 내용과 가장 감명 깊었던 장면 등을 발표하며 이야기 나누기
  - 예 〈괭이부리말 아이들〉, 〈상계동 아이들〉 등

③ **역할극하기**

　– 가장 기억에 남는 장면을 골라 역할극을 해 본다.

　　예 장면: 세 식구는 음식점에서 우동을 시키기 위해 식탁에 앉아 있다.

　　엄마: "여기, 우동 1인분만 주세요."

　　　주문을 받은 주인아저씨는 그릇을 정리하다 말고 놀라서 잠깐 일행 세 사람에게 눈길을 보내다가 곧 이렇게 대답했습니다.

　　주인: "네! 우동 1인분!"

　　　그는 아내 모르게 1인분의 우동 한 덩어리와 거기에 반 덩어리를 더 넣어서 삶았습니다. 원래는 우동 한 덩어리가 1인분의 양입니다. 그러나 그는 세 사람의 행색을 보고 우동을 한 그릇 밖에 시킬 수 없는 이유를 짐작할 수 있었던 것입니다.

　　주인: "자, 여기 우동 나왔습니다. 맛있게 드세요."

　　　가득 담긴 우동을 식탁 가운데 두고, 이마를 맞대며 오순도순 먹고 있는 세 사람의 이야기 소리가 계산대 있는 곳까지 들려왔습니다.

　　형: "국물이 따뜻하고 맛있네요." (형이 국물을 한 모금 마시며 말했습니다.)

　　동생: "엄마도 잡수세요." (동생은 젓가락으로 국수를 한 가닥 집어서 어머니의 입으로 가져갔습니다.)

　　　비록 한 그릇의 우동이지만 세 식구는 맛있게 나누어 먹었습니다.

④ **가장 인상적인 장면 그림 그리기**

　준비물: 도화지, 크레파스, 물감

　– 가장 인상적이었던 장면을 상상하여 그림을 그린다.

　– 완성된 그림들을 주제별로 나누어 같은 주제의 그림끼리 서로 비교해본다.

(6) 연관주제

　나(자아존중감), 가족(일반 가족)

초등학교 고학년 어린이

 우리반 깜띠기

(1) 기본정보

　저자: 권민수 글/강효숙 그림

　출판사: 대교출판(1995, 2002)

전체쪽수: 232
ISBN 89-395-1419-X
장르: 사실동화

(2) 저자소개

　권민수는 1962년 서울에서 태어났다. 1983년 교육방송국 어린이 프로그램 〈즐거운 생활〉을 진행하였고, 같은 해에 연극 〈굿닥터〉, 〈맥베드〉 등에 출연하였다. 1995년 제3회 눈높이 아동 문학상 장편동화 부문에 〈깜띠기〉로 당선되었으며, 〈어머니의 등〉으로 (주)꿈나무 주최 드라마 공모전에서 은상을 수상하였다. 현재 준현 유아 학교를 운영하고 있다. 저서로는 〈둘리 공룡 일기〉, 〈날아간 우산〉, 〈미안해〉 등이 있으며, 인터넷에 장편동화 〈라라의 꿈〉을 연재하고 있다.

　강효숙은 1962년 전라북도 군산에서 태어났다. 서울대학교 회화과를 졸업하고 현재 프리랜서로 활동하고 있다. 작품으로는 〈서울로 간 어린 왕자〉, 〈진희의 스케치북〉, 〈쇠를 먹는 쥐 〉, 〈7일간의 영어여행〉 등이 있다.

(3) 줄거리

　'깜띠기' 는 시골에서 서울로 전학 온 장우라는 어린이이며 얼굴이 까맣다고 깜띠기라는 별명을 얻는다. 아이들은 경상도 사투리를 쓰는 장우를 놀리지만, 장우의 신선함과 용감성 때문에 그를 좋아하게 된다. 같은 반에는 주거지가 철거될 지역인 뚝방에 사는 아이들도 있다. 아파트에 사는 부모들은 자녀들이 뚝방 아이들과 어울리지 말기를 원한다. 아파트에 사는 아이들과 뚝방 아이들 사이에는 잠재된 갈등이 있으나, 깜띠기와 이 글 속의 '나' 준서의 역할로 그 갈등을 풀고, 아이들은 서로 이해하며 사랑하는 친구들이 된다.

(4) 글과 그림

　이 작품을 통해 어린이들은 자신이 직접 경험하여 배운 것처럼 희망을 발견한다. 어린이들은 이 작품을 읽으면서 자신들이 꿈꾸던 세계를 등장인물들이 통쾌히 이루어 줌으로써 대리만족을 느끼고 기쁨을 얻을 것이라 생각한다. 즉 깜띠기에 등장하는 용감하고 자신감 있는 또래들의 신선한 모습에서 미래 자신의 모습을 발견하며 희망을 갖게 될 것이다. 즉 이 책에서는 어린이들은 선입견에 가득찬 어른들의 편 가르기(가난한 사람과 잘 사는 사람)에서 벗어나 서로를 배려하고 화합하는 과정을 보여준다. 그리고 어린이들은 어른들의 자녀에 대한 빗나간 사랑도 비판하는 눈을 갖고 있다는 것을 보여준다. 나아가 어른들로 하여금 소외된 최대장의 가족을 돕게 만든다. 여기서 매사에 소심한 준서가 깜띠기 장우의 영향을 받아 최대장 돕는 일을 계획하고 성공시킨다는 데 이 책의 매력이 있다. 어린이들은 친구를 사귀면서 많은 영향을 받는데, 행동 뿐 만 아니라, 사회에 대한 인식 등 생각까지도 변화할 수 있음을 보여준다. 이 책을 통해 사회 계층의 고정된 틀을 깰 수 있고 서로 도움이 될 수 있는 사람은 이미 선입견에 빠진 어른들보다는 미래의 어린이 자신이라는 희망을 어린이들에게 심어 줄 수 있다.

이 작품에서 작가는 남녀라는 성에 관계없이 각기 특성을 가진 어린이(예: 용감한 여자 어린이, 섬세하고 연약한 남자 어린이)의 장점들이 이야기를 극적으로 이끌어 가게 함으로써 상투적인 성 고정관념에서 벗어나려는 노력을 하고 있다. 이는 현대 교육이 지향하는 반편견적 나아가 다문화적 경향을 반영한다.

이 작품의 그림은 흑백으로 되어 있지만, 흑백의 강도를 다양하게 사용함으로써 여러 가지 색을 사용한 것과 같은 효과를 보이고 있다. 그림이 이야기의 분위기를 잘 보완하고 있으며, 특징적 장면도 잘 묘사하고 있다. 예를 들어 아파트촌과 대조되는 가난한 뚝방촌 모습의 그림은 서울 곳곳에 자리했던 부촌과 빈촌의 대조적 모습을 보여주며, '깜띠기'의 갈등요인이 되었던 사회적 환경을 묘사하고 있다.

(5) 관련 질문과 활동

☑ 관련 질문
① 전반적인 인식을 돕는 질문
- 이 이야기를 읽고 가장 좋았던 내용은 무엇이니?
② 이해 및 고찰을 돕는 질문
- 문제의 원인을 모두 뚝방 아이들 탓으로 돌리는 어른들의 태도에 대해 어떻게

생각하니?

– 담임선생님인 홍 선생님을 어떻게 생각하니? 주변에도 그런 선생님이 계시니?

– 준서의 마지막 아이디어는 어떠했다고 생각되니?

③ 기존의 해결방법에 대한 다각적인 평가와 새로운 접근을 시도해 보게 하는 질문

– 사람이 살고 있는 집을 주변 환경을 좋게 한다는 이유로 철거하는 것에 대해 어떻게 생각하니?

이런 상황에서 결과가 좋다면 어떤 수단과 방법을 사용해도 되는지 이야기해 보자.

– 법이 항상 공평한 것일까? 법대로 하다보면 소외되는 사람들은 없을까?

④ 자기적용을 돕는 질문

– 네가 깜띠기라면 어떻게 행동했을까?

– 이 이야기 속의 친구들속에 너와 비슷한 아이가 있니? 어떤 점에서 비슷하니?

⊗ 관련 활동

① 기사문 만들기

– 이 책을 읽고 깜띠기와 친구들의 일을 자신이 신문기사를 쓴다고 생각하고 기사를 작성한다. 육하원칙이 모두 드러나도록 구성한다.

② 재판관 되어보기

– 뚝방 아이들과 아파트 아이들 등 갈등이 나타내는 부분을 선정해서 자신의 입장을 변론해 본다. 다른 친구들을 배심원으로 선택해서 설득해 본다.

③ 주인공 성격 비교하기

– 책 속의 주인공 두 명을 벤다이어그램으로 같은 점, 다른 점을 비교해 본다.

   예 깜띠기와 준서는 서로 서로 성격이 다른 것 같아. 어떤 점이 다른 것 같니? 그렇다면 두 친구의 성격 중에 서로 닮은 점은 무엇일까?

④ 주인공이 되어 일기 써보기

– 갈등이 극명하게 드러나는 부분을 골라 주인공이 되어 사실적으로 일기를 써본다. 예) 아파트 아이들과 뚝방아이들 간에 갈등이 있는 부분에서 한 아이의 입장에서 일기를 써 본다.

(6) 연관주제

나(자아존중감, 성취감), 친구삼기(새로운 환경에서 친구 사귀기, 아름다운 우정쌓기), 사회문제의 이해(성 편견)

🐟 아빠를 닮고 싶은 날

(1) 기본정보

저자: 이붕 글/이웅기 그림
출판사: 계림닷컴(2002)
전체 쪽수: 181
ISBN 89-533-0351-6
장르: 사실동화

(2) 저자소개

이붕은 1956년 목포에서 태어났고 유치원을 경영하면서 아이들을 위한 동화를 쓰기 시작하였다. 제4회 눈높이 아동문학상에 장편 동화 〈교감 선생님은 청개구리〉와 제1회 한우리 청소년문학상에 소년 소설이 당선되면서 작품성을 널리 인정받았다. 지금은 사단법인 어린이 문화진흥회 사무국장으로 독서, 논술 길라잡이 「생각이 저요, 저요!」 편집장으로 활동 중이다. 지은 책으로는 〈엉뚱이의 모험〉, 〈호호 병원〉, 〈할머니의 생일날〉, 〈전철 타고 가는 날〉, 〈교감 선생님은 청개구리〉, 〈산성비는 정말 무서워요〉, 〈물꼬 할머니의 물 사랑〉 등 많은 작품이 있다.

이웅기는 1967년 서울에서 태어났고 동양화를 공부하였다. 발랄하고 귀여운 그의 그림이 실린 책으로는 〈나보다 작은 형〉, 〈자라는 돌〉, 〈반딧불이 똥구멍에 빛이 나〉, 〈엄마 신발 신고 뛰기〉, 〈옹고집전〉, 〈그리스 신화〉 등이 있다.

(3) 줄거리

푸름이는 4학년이 되면서 '큰 달 삼총사'인 초등학교 동창인 아빠 친구 분들의 아들과 딸인 한나, 명수와 같은 반이 된다. 부자인 한나와 우등생인 명수를 보면 괜히 화가 나고 가난하고 못생긴 자신과 아빠를 원망한다. 아빠는 항상 남에게 도움을 주지만, 푸름이 가족에게 돌아오는 것은 없다고 생각한다. 설상가상으로 친구의 사업에 빚보증을 잘못 선 아빠 탓에 어렵게 장만한 집이 남의 손에 넘어가고, 푸름이 네는 옥탑 방으로 밀려난다. 푸름이의 불만이 점점 커가고 있을 때, '하바 선생님'을 만난다. 그리고 아빠의 어릴 적 일기장을 본 푸름이는 가난했지만 우정을 소중히 여겼던 아빠를 알게 된다. 뿐만 아니라 어렵게 살면서도 나누며 사는 할아버지에 대한 아버지의 불만이 쓰여진 일기를 읽으며 자신을 되돌아보고, 어려운 가운데도 계속 남을 돕는 아빠를 다시 평가하는 계기를 얻게 된다. 그리고는 질투심으로 미워했던 친구들과 '작은 달 삼총사'로 잘 지내게 된다.

(4) 글과 그림

지금 우리 사회에는 끼니를 잇지 못할 정도로 가난한 경우보다는 아버지의 사업 실패나 실직 등으로 경제적으로 힘든 위기를 맞는 가족들이 현실적으로 더 많은 것 같다. 그런 점에서 이 작품은 현 사회 현실을 잘 반영하고 있어, 글을 읽는 어린이들이 공감하기 쉬울 것이다. 그리고 이 글에서는 그런 어려운 상황에서도 부모를 원망하기보다는 이해하려고 노력하며 밝은 마음으로 살아가는 푸름이를 통해 비슷한 처지에 있는 어린이들은 힘과 용기를 얻을 수 있을 것이다. 주인공 푸름이의 불만에 쌓인 모습과 그것을 풀어 가는 과정을 통해 어린이들은 푸름이와 함께 성장하게 될 것이다.

가족이 경제적 위기에 빠지게 되면 친구에게서 심적으로라도 도움을 받아야 하지만, 현실적으로는 숨기고 싶어 한다. 여기서 푸름이도 친한 친구 은미에게 그 사실을 숨기려 하지만, 결국 은미는 사실을 알아내고 여러 가지로 푸름이를 돕는다. 특별히 푸름이 할아버지와 아버지 사이에 있었던 '들쥐에게 돌려준 벼이삭' 이야기는 교육적으로 훌륭한 이야기이다. 나아가 이를 본받아 푸름이 아버지도 사회에서 얻은 이익을 봉사 활동으로 되돌리는 '반사활동'을 한다. 이것은 푸름이에게뿐만 아니라 이기주의적인 현대 어린이들에게 자연과 사회 구성원들이 더불어 사는 세상에 대한 인식을 높이는 계기가 될 수 있다.

그림이 많은 책을 좋아하는 어린이의 성향에 맞추어 기획된 이 책은 초등 고학년 어린이들에게도 그림책을 보는 즐거움을 주고 있다. 그리고 한 쪽 혹은 두 쪽을 모두 할애한 해학적인 그림은 이 책을 더욱 재미있게 만들고 있다. 28~29쪽의 푸름이가 아기를 돌보고 있는 장면, 51쪽의 푸름이의 옥탑

방, 68~69쪽의 옥탑에서 본 동네의 저녁풍경, 170~171쪽, 173쪽의 큰달 삼총사의 사이좋고 행복한 모습으로 이어지는 그림이 보여주는 분위기 변화는 푸름이의 기분과 의식변화를 잘 보여주고 있다.

(5) 관련 질문과 활동

☑ 관련 질문

① 전반적인 인식을 돕는 질문

– 이 이야기를 읽고 어떤 생각이 나니?

– 푸름이에게 해 주고 싶은 이야기는 무엇이니?

② 이해 및 고찰을 돕는 질문

– 푸름이 할아버지의 들쥐 쌀 돌려주기 사건에 대해 어떻게 생각하니?

– 푸름이네처럼 정직하고 열심히 사는데도 점점 가난해지고 어렵게 사는 이유는 무엇일까?

③ 기존의 해결방법에 대한 다각적인 평가와 새로운 접근을 시도해 보게 하는 질문

– 푸름이가 아빠를 이해할 수 있도록 하는 데 아빠의 일기장은 어떤 도움을 주었을까?

– 푸름이가 아빠를 이해할 수 있는 다른 방법은 무엇이 있을까?

④ 자기적용을 돕는 질문

– 네가 사고 싶은 물건을 부모님이 돈이 없다고 사주지 않았을 때는 없었니? 그때 기분은 어땠어? 지금 돌이켜 생각해 보면 어떤 생각이 드니?

– 아버지에게 불만스러웠던 때는 없었는지?

– 너도 한나와 명수에게 가졌던 열등의식 때문에 비뚤어진 푸름이와 비슷한 생각과 태도를 가진 적이 있니?

– 친구들의 가족과 비교해서 자신의 가족의 좋은 점은 무엇일까?

◎ 관련 활동

① 사고 싶은 물건 가계부 만들기

– 작은 저금통을 만들어서 자신이 사고 싶은 물건의 종류와 가격, 어떤 방법으로 돈을 모아서 살 것인지를 적어서 붙여둔다.

– 그 물건을 사기 위해 돈을 모으면서 가계부에 그 물건을 사기 위해 모으는 돈의

내역서를 적어 보면서 상자에 돈을 저금한다.

– 물건 한 가지를 사기 위해 돈을 관리하는 방법에 대해 배울 수 있다.

② '오천 원'으로 부모님을 기쁘게 해드리는 방법 계획하기

– 돈 오천 원을 가지고 부모님이 기쁘게 생각하실 방법을 생각해 본다.

– 적은 돈의 가치와 함께 다른 사람을 위해 준비하는 정성이 중요하다는 개념을
알 수 있다.

③ 경제와 관련된 어린이 경제 동화 읽고 토론하기

 〈열두 살에 부자가 된 키라〉, 〈유태인들은 왜 부자가 되었나〉, 〈초등학생이
꼭 배워야 할 어린이 경제〉 등

(6) 연관주제

나(다른 사람과 관계맺기), 가족(일반 가족), 친구삼기(아름다운 우정 쌓
기)

'아빠와 큰아빠', 〈문제아〉

(1) 기본정보

저자: 박기범 글/박경진 그림

출판사: 창작과 비평사(1999)

전체쪽수: 15

ISBN 89-364-4175-2

장르: 사실동화

(2) 저자소개

박기범은 1973년 서울에서 태어나 숭실대학교 국문학과에서 공부했다. 한겨
레 문화센터의 아동문학 작가학교 6기를 수료했고, 1999년 창작과 비평사에서
주관하는 제3회 좋은 어린이 책 원고 공모에서 창작부문 대상을 받았다.

박경진은 1962년 서울에서 태어나 서울대학교 서양화과를 졸업했다. 〈팥죽
할머니와 호랑이〉, 〈뿌뿌의 그림일기〉 등에 그림을 그렸고, 좋은 그림과 신나
는 만화를 계속 그리는 것이 꿈이라고 한다.

(3) 줄거리

큰아빠와 아빠는 같은 회사에 다니면서 사이가 좋았었는데 정리해고가 시작되면서 둘 중의 하나는 회사를 그만두어야 하는 상황이 생긴다. 큰아빠는 회사에 남고 아빠는 쫓겨나게 되는데 그 일로 큰아빠는 괴로워하고, 큰아빠 집과 우리 집의 사이도 서먹해진다. 두 집의 아이들도 갈등을 겪게 되고, 나는 빨리 정리해고가 없어져서 예전처럼 행복하게 지냈으면 좋겠다고 생각한다.

(4) 글과 그림

IMF로 인해 우리는 예전에 경험하지 못했던 가족관계나 사회 분위기를 만나게 되었다. 부모들의 실직이나 정리해고 등과 같은 경제적 이유로 인한 가족의 붕괴가 그것이다. 사회 전반에 나타난 이러한 문제들은 기존의 사회 구조를 바꾸고 있으며 어린이들에게도 또 다른 아픔을 안겨주고 있다. 이 책은 정리해고가 시작되면서 겪게 되는 두 집안의 갈등을 통해 우리 사회가 겪고 있는 가족의 위태로운 모습을 보여준다. 회사에 남기로 하는 결정을 한 큰아빠와 정리해고 된 아빠의 갈등뿐 아니라 그런 아빠들을 힘들어하며 바라보고 있는 사촌형의 모습은 가족을 위해 선택을 했어도 결코 자유롭지 못하는 우리네 아버지들의 힘든 모습을 보여준다. 아직 이 이야기의 결말은 없다. 우리 사회의 경제 한파가 아직 정리가 되지 않은 것처럼 말이다. 우리는 이 책을 읽으면서 모두 힘든 이 시기에 가족 모두가 어떤 모습으로 함께 헤쳐 나가야 할지 생각해 볼 수 있으며 이 시대를 살아가는 아버지들의 고민에 대해 한번 생각해 볼 수 있는 기회가 될 것이다.

(5) 관련 질문과 활동

☑ 관련 질문

① 전반적인 인식을 돕는 질문

- 이 이야기를 읽고 어떤 생각이 나니?
- 각 등장인물에게 해 주고 싶은 이야기는 무엇이니?

② 이해 및 고찰을 돕는 질문

- 아빠와 큰아빠가 갈등을 느끼는 이유가 무엇일까?

- 정리해고라는 것에 대해 어떻게 생각하니?

③ 기존의 해결방법에 대한 다각적인 평가와 새로운 접근을 시도해 보게 하는 질문

- 아빠와 큰아빠의 문제를 해결하려면 좋은 방법이 없을까?
- 정리해고 없이 아빠와 큰아빠가 한 회사에 다녔다면 어떤 일이 있었을까?

④ 자기적용을 돕는 질문

- 네 주변에 이런 문제를 겪는 사람들을 본 적이 있니?
- 네가 큰아빠, 아버지라면 어떻게 행동하겠니?
- 네가 어른이 되어 정리해고를 당했다면 어떻게 하겠니? 이에 대한 해결책은 무엇이라 생각하니?

◎ 관련 활동

① 엄마, 아빠 도와드리는 쿠폰 만들기

준비물: 도화지, 가위, 필기구

- 힘든 시기의 엄마, 아빠를 도와드리는 쿠폰을 만들어서 부모님을 기쁘게 해 드린다.
- 쿠폰에는 내가 할 수 있는 일을 작성해 본다.

  예 안마해 드리기, 구두 닦아드리기, 뽀뽀해 드리기, 집안청소 등의 상품을 적고 쿠폰을 만들어 실행해 본다.

② 내가 절약할 수 있는 방법 찾기

- 가족 모두가 조금씩 절약할 수 있는 방법을 적어서 실천 해 본다.

  예 수돗물, 전기, 휴지 등 절약 담당자를 선정하고 일주일이나 월 단위로 사용량을 체크해 본다.

(6) 연관주제

가족(일반 가족)

🐟 상계동 아이들

(1) 기본정보

저자: 노경실 글/심은숙 그림

출판사: 시공주니어(2002)

전체쪽수: 187

ISBN 89-527-0103-8

장르: 사실동화

(2) 저자소개

노경실은 1958년 서울에서 태어나 서울예술대학 문예창작과를 졸업했다. 1982년에 〈누나의 까만 십자가〉로 중앙일보 신춘문예 동화 부문에 당선되면서 동화를 쓰기 시작했고, 1992년에 〈오목렌즈〉로 한국일보 신춘문예 소설 부분에 당선되면서 작가로서의 자리를 굳혔다. 그녀의 작품은 탄탄한 구성에 현실감 있는 묘사, 빠른 글 전개로 어린이들의 마음을 사로잡고 있다. 대표작으로는 〈아버지와 아들〉, 〈지하철을 탄 천사〉, 〈떡볶이 동네 이야기〉, 〈복실이네 가족사진〉, 〈동화책을 먹은 바둑이〉 등이 있다.

(3) 줄거리

상계동 산동네 무당집 깐돌이네 집에 딸 넷을 가진 은주네 식구가 이사를 온다. 은주네 부모님은 모두 장님이다. 상계동에는 다양한 사람들이 모여 산다. 언제나 즐거운 정박아 형일이는 종칠이가 던져 주는 오백 원을 주우려고 비탈길을 내려가다 오토바이에 치어 다리를 다친다. 광철이는 본드를 마시고 소년원에 가지만 거기서 그림을 잘 그리는 재능을 발견하기도 하고, 무당집 아들 깐돌이는 무당의 아들이라는 이유로 친구들에게 놀림을 받는다. 착한 윤아는 생선 장수 엄마를 잘 도우며, 은주는 가정의 가난 때문에 시골의 장애가 있는 아저씨에게 시집을 가려고 한다. 상계동 아이들은 가난하지만 따뜻한 마음을 갖고 살아간다.

(4) 글과 그림

이 책에는 상계동에 사는 가난한 사람들의 모습을 다양하게 그렸다. 등장인물로 나오는 아이들이 소외되고 부족한 환경에서 자라고 있는 것으로 그려져 있지만 결코 감성적인 시선으로만 보고 있지 않다. 사실 그들은 이웃에게 거부당해 변두리로 쫓겨나 모여 사는 우리 사회의 또 다른 모습인 것이다. 무당 아들이나, 장님 부모, 부모 없이 고리대금을 하는 할머니 밑에서 크는 아이, 생선 장수집 딸, 정박아 등 아이들의 모습은 한결같이 상처를 가지고 있다. 그러나 그들은 자신을 한탄하지도 않고 기회만 된다면 남을 도와주려는 따뜻한 마음도 지니고 있다. 이 책은 우리가 잊고 살아가는 소외된 삶의 군상들을 잘 보여주면서 쉽게 희망이나 절망을 제시하지 않는다. 이러한 글 속에 따뜻하게 느껴지는 그림이 펼쳐지고 있다.

(5) 관련 질문과 활동

☑ 관련 질문

① 전반적인 인식을 돕는 질문
- 이 이야기를 읽고 어떤 생각이 나니?

② 이해 및 고찰을 돕는 질문
- 엄마가 무당이라는 이유로 깐돌이가 놀림을 받는 것에 대해 어떻게 생각하니?
- 상계동 아이들의 생활에 대해 어떻게 생각하니?

③ 기존의 해결방법에 대한 다각적인 평가와 새로운 접근을 시도해 보게 하는 질문
- 우리가 상계동 아이들의 삶을 변화시키려면 어떤 일을 해야 할까?(어린이들, 사회 기관, 국가의 입장에서 진술)
- 만약에 상계동 아이들이 지금과 다른 환경에서 태어났다면 아이들의 삶은 어떻게 변했을까?
- 가난은 무엇 때문에 생긴다고 생각하니? 가난을 해결할 수 있는 방법은 무엇일까?
- 상계동 아이들의 삶은 앞으로 어떠할까?

④ 자기적용을 돕는 질문
- 주변에 상계동 아이들 같은 친구가 있다면 어떻게 대하겠니? 어떤 이야기를 해 주고 싶니?

　　－상계동 아이들 중 기억에 남는 아이는 누구니? 네가 그 아이라면 어떻게 행동했을까?

　　　　예 네가 상계동에 사는 광철이라면 어떻게 행동했을까? 어떠한 삶을 살았을까? 네가 상계동에 사는 은주라면 어떻게 행동했을까? 가난을 극복하는 방법으로 어떤 방법을 선택했을까?

○ 관련 활동

① 주인공 성격 도표 만들기

　　준비물: 8절지, 필기도구, 자

　　－각각의 주인공 아이들 이름을 쓰고 도표를 만든다.

　　－주인공의 이름이 적힌 도표에 장·단점을 기재하여 주인공의 성격을 알아본다.

　　－가난한 아이들도 보통 아이들처럼 성격상 장단점을 가지고 있다는 데 초점을 둔다.

② 주인공 입장에서 일기 써 보기

　　－한 인물을 정해서 주인공이 되어 일기를 써 본다.

　　－가장 인상적인 장면, 갈등이 극명하게 드러난 부분, 가난으로 인해 힘든 상황 등 사실적으로 묘사해 본다.

③ 이야기 속의 인물을 비판하고 옹호해 보기

　　－주인공 중 한 인물을 선정해서 토의해 본다.

　　－각 소집단별 인물을 선정하여 옹호하고, 상대 집단의 인물과 행동을 비판하며 토론한다.

　　　　예 네가 만약 광철이라면 어떻게 행동했을 것 같니?

　　　　　광철이의 본드 먹은 행동에 대해 생각하니?

　　　　　가난을 이유로 광철이가 그런 행동을 하는 것이 정당하다고 할 수 있을까?

④ 가난을 주제로 한 책 토의하기

　　－집단별로 선정된 책을 발표, 토의한다.

　　　　예 －〈아빠와 큰 아빠〉와 〈상계동 아이들〉의 차이점 및 공통점 비교 분석하기

　　　　　　－여러 책의 내용을 파악하여 문제점 및 해결방안 모색하기

(6) 연관주제

친구삼기(아름다운 우정 쌓기), 가족(특수 및 위기 가족), 나와 다른 사람들에 대한 이해(신체적 특징－신체장애)

3. 성 편견

현대 한국 사회는 과거에 비해 여성의 지위가 많이 높아졌고, 성에 대한 편견과 차별도 감소하였다. 그러나 아직도 곳곳에 뿌리 깊은 남존여비사상이 남아있고, 남성은 물론 여성들에게도 성에 대한 편견이 아직도 자리하고 있다. 이러한 왜곡된 사고와 편견은 자라나는 어린이들이 사소한 감정과 의사를 표현하려고 할 때는 물론 장래를 계획하는 데에도 걸림돌이 되고 있다. 그리하여 남자와 여자가 불평등한 상황이나 잘못된 남존여비사상에 도전하는 여자 어린이 혹은 여성에 관한 책을 소개하고자 한다. 그리고 기존의 사회가 요구하는 전통적인 남녀 성격을 거부하는 어린이와 그로 인해 전통적인 남성상과 여성상 때문에 갈등하는 남녀 어린이들이 등장하는 이야기들을 소개하기로 하겠다. 이러한 이야기를 통해 어린이들은 여성과 남성의 다면적인 생활과 성격을 인식하게 되고, 자신들이 주인공으로 살아갈 남성과 여성이 조화롭고 행복하게 살아갈 세상에 대한 청사진을 그려볼 기회를 갖게 될 것이다.

초등학교 저학년 어린이

 돼지책

(1) 기본정보

저자: 앤서니 브라운 글, 그림/허은미 역

출판사: 웅진닷컴(원작: 1986, 한국판: 2001)

전체쪽수: 29

ISBN 89-01-03351-8

장르: 그림책(환상동화)

(2) 저자소개

앤서니 브라운(Anthony Browne)은 1946년 영국 셰필드에서 태어났다. 리즈 미술대학(Leeds College of Art)에서 그래픽 디자인을 공부한 후에 3년 동안 맨체스터 왕립 병원에서 의학 전문 화가로 일했다. 그는 병원에서 세밀한 수채화로 괴기스러운 장면을 그리는 일을 했다. 이 일은 그의 그림책에 색다른 장면을 그리는 계기가 되었다. 리즈 미술대학에서 시간제로 학생들을 가르쳤고, 15년 동안 골든 프레저(Gordon Fraser) 갤러리에서 연하장을 디자인했다. 이 시기동안 그는 다양한 스타일과 주제를 경험하게 되었다. 아주 우연히 〈마술 거울을 통해서(Through the Magic Mirror)〉를 그리게 되면서 본격적인 그림책 작가가 되었다.

1983년 〈고릴라〉로 영국 도서관 협회에서 그 해 최고의 그림책에 주는 케이트 그린어웨이상과 커트 매쉴러상을 받았고, 〈동물원(Zoo)〉로 두 번째 케이트 그린어웨이상을 받았다. 2000년에는 한스 크리스천 안데르센 상을 수상했다.

앤서니 브라운의 대표적인 작품으로는 알록달록한 조끼를 입은 귀여운 침팬지 윌리를 주인공으로 등장시킨 〈꿈꾸는 윌리(Willy the Dreamer)〉, 〈마법사 윌리(Willy the Wizard)〉, 〈윌리와 휴(Willy and Hugh)〉 등이 있다. 그리고 가부장적인 가정의 불행을 그린 〈동물원〉, 가정에서 가사노동에 시달리는 여성들의 불평등한 현실을 정면으로 다룬 여기에 소개한 문제작 〈돼지책 Piggybook〉, 그리고 〈터널〉이 있다. 국내에 출간된 책으로는 〈돼지책〉, 〈고릴라〉, 〈미술관에 간 윌리〉, 〈동물원〉, 〈터널〉 등이 있다.

(3) 줄거리

피곳 씨 부부는 두 아들과 살고 있었다. 피곳 부인은 남편과 두 아들의 모든 시중을 들고 식구들이 어질러 놓은 것을 치우며, 모든 집안일을 하며, 직장에도 다녔다. 저녁시간에도 마찬가지로 식구들은 피곳 부인에게 모든 것을 요구하고 자신들은 쉬기만 하였다. 그러던 어느 날 식구들이 집에 돌아왔을 때, 식구들은 피곳 부인이 '너희들은 돼지야'라는 메모를 남기고 사라져 버린 것을 발견한다. 피곳 씨와 두 아들은 식사준비를 하기도 하지만, 집안일은 미룬 채 보내는 동안 집안은 쓰레기통이 된다. 피곳 부인이 나타나자, 피곳 씨와 두 아들은 이전까지 했던 자신들의 잘못을 반성하고 피곳 부인을 돕게 된다. 피곳 부인과 식구들은 모두 행복해진다.

(4) 글과 그림

이 글은 가정에서 가사노동에 시달리는 여성들의 불평등한 현실을 보여주고, 다른 가족들이 어떤 역할을 해야 모두 행복한 생활을 할 수 있는 지 보여준다. 자라나는 어린이들에게 가족 공동체에 대한 올바른 인식을 키워줄 수 있는 좋은 그림책이다. 이 이야기의 플롯은 군더더기 없이 견고하고, 글과 그림의 조화로운 보완 관계가 두드러진다. 이는 한 작가가 글과 그림을 함께 다룬 이점을 잘 살린 경우라 할 수 있다.

그림에는 앤서니 브라운 특유의 비유적 시각화(Metaphoric Visualization)가 사용되고 있다(Schwarz & Schwarz, 1991: 68). 예를 들면 아침식탁 위의 시리얼 박스, 피곳 부인이 서 있는 정류장의 담장, 피곳 씨의 양복 윗저고리의 브로치, 신문, 그림자, 저금통, 방문 손잡이, 꽃병, 사진틀 속 등에 그려진 돼지 문양은 피곳 씨와 두 아들의 돼지 같은 삶을 투사하고 있다. 이야기 중반부터는 피곳 씨와 두 아들의 얼굴과 손까지 돼지의 얼굴과 손으로 바뀐다. 달, 시계, 벽지, 수도꼭지, 전화기, 전등 갓, 액자 속의 그림까지도 돼지의 모습을 담고 있다. 현관 창 너머로 보이는 늑대의 그림자는 위기에 봉착한 피곳 씨와 두 아들의 상황을 전래동화 속 〈아기 돼지 세 마리〉의 상황에 비유하여 그들의 어려운 상태를 대변해 주고 있다.

현대의 기술공학적인 산물인 일, 신문, 텔레비전이 이 이야기에서도 잘 표현되어 있다. '중요한 회사', '중요한 학교'라는 표현은 진정으로 중요하다기 보다는 중요한 것처럼 보이는 현대의 정서적으로 냉담하고 불만족스러운 일을 반어적으로 암시하고 있다. 그리고 아침 식탁에 아버지가 펼쳐든 신문은 아버지와 아이들 사이를 갈라놓고 있다. 신문에서의 그림은 두 아들의 벌린 입과 같이 모두 입을 벌리고 소리 지르고 있다. 엄마에 대한 폭력적인 외침을 묘사하고 있다.

특별히 표지 그림에서 엄마는 아버지와 두 아들을 모두 업고 있다. 실제로 있을 수 없는 일이지만, 가족구성원들이 나누어서 할 수 있는 일을 모두 엄마가 떠맡아 힘겨운 삶을 지탱해 가는 엄마의 모습을 비유하고 있다.

(5) 관련 질문과 활동

☑ 관련 질문

① 전반적인 인식을 돕는 질문

- 이 책을 읽고 난 후, 생각나는 것이 있으면 이야기해 보자.

② 이해 및 고찰을 돕는 질문

- 엄마는 왜 집을 나갔을까?
- 왜 아빠와 아이들이 돼지로 변했을까?

③ 기존의 해결방법에 대한 다각적인 평가와 새로운 접근을 시도해 보게 하는 질문

- 만약에 엄마가 계속 이렇게 산다면 엄마는 어떻게 될까?
- 엄마가 집을 나가지 않고 가족의 태도를 바꾸려면 어떤 방법이 있을까?

④ 자기적용을 돕는 질문

- 만약에 엄마가 이 책처럼 사라진다면 너는 무엇을 해야 할까?
- 만약에 네가 엄마, 아빠가 된다면 가족의 일은 어떻게 나누어서 할까?
- 엄마나 아빠를 도와드린 적이 있니? 어떤 마음으로 도와주었니? 그 때 마음은 어땠니? 엄마나 아빠는 너의 도움을 받고 어떠셨니?

⊘ 관련 활동

① 미래의 가정생활 상상해 보기

- 2025년의 나의 생활을 상상해 본다.
- 결혼을 하고, 자녀를 두었다면 어떻게 살고 있을까?
- 어느 하루 혹은 일요일의 생활을 이야기해 보거나 글로 써본다.

② 집안일 중에 함께 할 수 있는 일 찾아보기

- 집안일 중에 가족들이 함께 나누어서 할 수 있는 일을 찾아서 목록을 써본다.

③ 엄마의 일, 아빠의 일로 역할극 하기

- 하루 동안 종일 엄마가 하는 일과 아빠가 하는 일을 나열해 기록해 보고 직접 역할극을 해본다.
- 돼지책의 간단한 줄거리로 역할극을 해 본다.
- 가정생활에서 일어나는 비슷한 사건들을 이야기로 꾸며 소집단으로 역할극을 발표한다.

④ 각자 엄마, 아빠 인터뷰해보고 친구들과 발표와 토론해 보기

- 엄마, 아빠가 여자로서 혹은 남자로서 힘든 점이 무엇인지 인터뷰해 본다.
- 소집단으로 나누어 토론한 다음, 집단의 대표가 발표한다.

(6) 연관주제

나(자아존중감, 다른 사람과 관계맺기), 가족(일반 가족)

🐟 종이 봉지 공주

(1) 기본정보

저자: 로버트 문치 글/마이클 마첸고 그림/김태희 역
출판사: 비룡소(원작: 1980, 한국판: 1998)
전체쪽수: 24
ISBN 89-491-1047-4
장르: 그림책(환상동화)

(2) 저자소개

로버트 문치(Robert N. Munsch)는 미국 펜실베이니아 주 피츠버그에서 태어났다. 예수회 소속의 사제로 7년 동안 신학 공부를 하다가 어린이 교육으로 관심의 방향을 돌려 초등교육학을 연구하면서 유치원 교사로 활동했다. 캐나다로 거처를 옮겨서는 구엘프 대학 가정학과의 조교수로 연구 활동을 계속하면서 같은 대학 부속 유치원에서 어린이 교육실무 경험도 함께 쌓았다. 1991년에 캐나다 서적상 연합회에서 주관하는 '올해의 작가상'을 받았다. 마이클 마첸코와 함께 현재 캐나다 어린이 책에서 가장 영향력 있는 작가로 평가받고 있다.

마이클 마첸코(Michael Martchenko)는 프랑스에서 태어나서 일곱 살에 캐나다 시민이 되었다. 온타리오 예술대학에서 수학했고, 광고 디자이너로 경력을 시작했으나 최근에는 자신의 스튜디오에서 어린이 책 작업만 하고 있다. 원고를 보면 즉석에서 스토리보드를 만들어 낼 수 있을 만큼 원고를 읽어내는 눈이 뛰어나다는 평을 받고 있다.

(3) 줄거리

어느 날 성에 무서운 용이 쳐들어와, 공주와 결혼하기로 한 왕자를 잡아간다. 공주의 많은 옷도 용의 불길 때문에 모두 타버린다. 공주는 할 수 없이 종이봉지를 입고 왕자를 구하러 가서 지혜롭게 용을 물리치고 왕자를 구한다. 그러나 왕자는 엉망이 된 공주의 꼴을 비웃으며, 공주답게 챙겨 입고 오라고 한다. 하지만 공주는 자신의 노력과 마음보다 자신을 외모로 평가하는 왕자를 거절하고 희망찬 모습으로 길을 떠난다.

(4) 글과 그림

멋진 왕자가 공주를 구한다는 전통적인 양식을 뒤엎고 공주가 왕자를 구해주는 재미난 이야기 구조를 가지고 있다. 그리하여 이 이야기는 어린이들에게도 익숙한 〈신데렐라〉, 〈백설공주〉, 〈숲 속의 잠자는 미녀〉 등과 같은 전래동화에서 보여주는 여성상과 남성상과는 판이하게 다른 여성상과 남성상을 보여주는 페미니즘적인 책이다. 현대의 남녀 어린이 모두에게 남성관, 여성관에 대한 새로운 관점을 가져보게 하는 데 유용한 책이라 하겠다. 그림은 공주의 밝은 성격과 당찬 모습을 보여 주는 듯 하고 특히 마지막 장면에서 왕자를 버리고 공주가 길을 떠나는 뒷모습은 희망에 차 있는 여성의 자신감 있는 모습을 보여주고 있다. 용을 물리치고 왕자 앞에 선 공주와 공주의 모습을 보고 꾸짖는 왕자가 있는 장면은 어린이들에게 많은 토의 거리를 제공해 준다.

(5) 관련 질문과 활동

☑ 관련 질문

① 전반적인 인식을 돕는 질문

– 이 책을 보고 어떤 생각이 나니?

② 이해 및 고찰을 돕는 질문

– 이야기에 나오는 공주(왕자)에 대해 어떻게 생각하니?

– 네가 생각하는 공주와 왕자의 모습은 어떤 모습을 하고 있니?

③ 기존의 해결방법에 대한 다각적인 평가와 새로운 접근을 시도해 보게 하는 질문

- 이 이야기의 결말(끝)을 어떻게 생각하니?

- 이 이야기의 결말을 다시 쓴다면 어떻게 쓸까?

- 네가 만약 공주라면 외모를 중요하게 생각하는 왕자에게 무슨 말을 해 줄 수 있을까?

- 우리가 새로운 공주와 왕자의 모습을 만든다면 어떤 모습일까?

④ 자기적용을 돕는 질문

- 네가 공주(왕자)라면 이 이야기처럼 할 것 같니? 그렇지 않다면 어떻게 했을까?

⊙ 관련 활동

① 역할을 정해서 극 해 보기

- 공주, 왕자, 용 세 등장인물로 나누어 극을 구성한다.

- 성별을 바꾸어 극을 해 본다.

- 극을 통해 느낀 점들을 이야기해 본다.

- 동화의 내용이 길지 않으므로 아이들과 함께 대본을 만들어 공연하면 더욱 의미가 있을 것이다.

② 이야기 바꾸어 보기

- 같은 등장인물로 다른 이야기 꾸며보기

예 네가 종이봉지 공주라면 너는 어떤 모험을 하고 싶니?

네가 왕자라면 넌 어떻게 행동했을까?

③ 전래동화(신데렐라, 백설공주, 잠자는 숲 속의 미녀)와 비교해 보기

예 우리가 알고 있는 동화에 나오는 공주들과 종이봉지 공주는 어떻게 다른 것 같니?

'신데렐라'나 백설공주는 어떤 모습의 공주인 것 같니?

종이봉지 공주는 어떤 모습의 공주인 것 같니?

너라면 어떤 모습의 공주였으면 좋겠니?

④ 교과서에서 왜곡된 남녀의 역할 내용에 찾아보기

- 도서에 나타난 성역할에 관한 평가준거를 참고로 검토해 본다.

• 소년과 소녀가 같은 신체적이거나 지적 활동에 참여하는가?

• 소년과 소년이 모두 각자의 노력에 대해 같은 대가를 받는가?

• 가정 일에 아빠, 엄마, 소년, 소녀가 모두 참여하는가? 전통적인 역할에서 벗어났는가?

• 남, 여에 관계없이 즉 성이 아니라 개인 성향에 따라 다양한 선택 기회를 갖는가?

- 남, 여 양성이 모두 독립적인 성향을 갖는가?
- 어른 남자, 여자가 전통적이 아닌 다양한 직업을 가지고 있는 것으로 나타나는가?
- 인물들이 그들의 성 때문에 비난받지는 않는지? 혹은 이점에 있어 모욕하는 언어가 사용되지 않았는가? 편견이 포함된 단어를 사용하지는 않았는가?
- 글과 일치한 그림인가 혹은 아닌가를 고려하면서, 그림 속에서 필요 이상으로 인물들을 상투적으로 묘사하지는 않았는가?

(6) 연관주제

나(자아존중감)

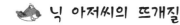 닉 아저씨의 뜨개질

(1) 기본정보

저자: 마가렛 와일드 글/디 헉슬리 그림/
　　　창작집단 바리 역
출판사: 중앙출판사(원작: 1988, 한국판: 2002)
전체쪽수: 16
ISBN 89-451-1869-1
장르: 그림책(사실동화)

(2) 저자소개

마가렛 와일드(Margaret Wild)는 호주에서 가장 재능 있고 성공한 그림책 작가이다. 〈축하행사 시작!〉, 〈파자마 파티〉, 〈토비〉, 〈우리 할머니와 늙은 돼지〉 등을 비롯하여 스무 권도 넘는 책을 썼다. 1990년 줄리 비바스가 그림을 그린 〈최고의 친구〉로 호주 어린이 도서관 협회에서 선정한 올해의 호주 그림책 상을 수상했다. 현재는 시드니에서 두 자녀와 함께 살고 있다.

디 헉슬리(Dee Huxley)는 동 시드니의 국립 예술 학교에서 디자인과 공예를 공부했다. 학업을 마치고 호주와 런던의 중등학교에서 시각 예술을 가르쳤으며, 그 뒤 텔레비전 방송국에서 그래픽 디자이너로 활동했다. 현재 여러 학교와 대학의 실습 강좌에 출강해 디자인과 그림을 지도하고 있으며, 국내외의 여러 갤러리에서 작품을 선보인 바 있다. 1989년 〈닉 아저씨의 뜨개질〉은 호주 어린이 책 위원회 선정 '올해의 그림책'에 추천되었다. 또한 직접 이야기를 쓰고 그린 〈놀라고 싶어요〉와 그림을 그린 〈나를 기억해 줘〉가 호주 어린이 책 위원회의 우수 목록에 오르기도 했다.

(3) 줄거리

매일 아침 일곱 시에 도시로 가는 기차 안에서 만나는 닉 아저씨와 졸리 아줌마는 뜨개질을 좋아했다. 어느 날 졸리 아줌마는 입원을 하고, 닉 아저씨는 다시 기차를 못 타게 될까봐 슬퍼하는 아줌마를 위해 지나가는 기차의 창 밖 풍경을 뜨개질해 선물한다. 선물을 받은 졸리 아줌마는 행복해하며 병실에서 기차에서 보이는 창 밖 풍경을 생각하며 뜨개질을 시작한다. 동시에 기차를 탄 닉 아저씨도 뜨개질을 한다.

(4) 글과 그림

닉 아저씨와 졸리 아줌마는 기차에서 뜨개질과 창 밖 구경하기를 좋아하는 좋은 친구이다. 닉 아저씨는 남자이면서도 취미가 뜨개질이고 다른 사람을 진심으로 사랑하고 위로할 줄 아는 다정한 사람이다. 닉 아저씨는 보통의 남자들보다 훨씬 섬세한 모습으로 우리에게 남자와 여자의 진정한 우정에 대해 생각하게 해 준다. 그리고 이 책은 남자, 여자의 취미가 기존의 남성관, 여성관에 기초하여 각 성에 적합한 것이어야 한다는 관점을 바꾸는 좋은 계기를 제공해 줄 수 있다.

수채화 그림은 이런 아름다운 글과 잘 어우러져 포근한 느낌과 진한 감동을 준다. 그리고 그림 속에 잘 표현된 독특한 인물들의 표정은 그림책을 보는 이에게 인물들의 마음을 잘 전달해 주고 있다. 이 책에서는 아저씨가 뜨개질하는 모습이 전혀 어색해 보이지 않는다. 몇몇 그림들(특히 3~4쪽)에는 구석구석 어린이들이 좋아하는 동물과 물건이 그려져 있어 '숨은 그림 찾기'에서와 같은 즐거움을 준다.

(5) 관련 질문과 활동

☒ 관련 질문

① 전반적인 인식을 돕는 질문

- 이 책을 읽고 생각나는 것이 있으면 이야기해 보자.

② 이해 및 고찰을 돕는 질문

- 뜨개질하는 닉 아저씨를 어떻게 생각하니?
- 닉 아저씨와 졸리 아줌마의 우정에 대해 어떻게 생각하니?

③ 기존의 해결방법에 대한 다각적인 평가와 새로운 접근을 시도해 보게 하는 질문

- 아저씨가 뜨개질을 할 수 없었다면, 졸리 아줌마에게 어떤 선물을 하면 아줌마가 기뻐하셨을까?
- 졸리 아줌마도 닉 아저씨에게 선물을 한다면, 어떤 것을 선물했을 것 같니?
- 우리가 흔히 여자가 하는 일, 남자가 하는 일을 구분하는 것에 대해 어떻게 생각하니?

④ 자기적용을 돕는 질문

- 네(남아나 여아 모두에게, 특히 남아에게)가 닉 아저씨처럼 뜨개질을 할 수 있다면 어떤 것을 뜨개질로 만들고 싶니?
- 네가 뜨개질로 무엇을 만들어 선물하고 싶은 사람이 있니? 있다면 무엇을 만들어 누구에게 주고 싶니?

☒ 관련 활동

① 졸리 아줌마의 입장에서 닉 아저씨께 감사의 편지쓰기

예 졸리 아줌마가 닉 아저씨에게 세상의 풍경을 수놓은 선물을 받은 마지막 부분에서 닉 아저씨에게 편지를 쓴다면 어떤 내용일지 적어본다.

② 소개글 쓰기(추천 도서 만들기)

- 이 책이 남자친구와 여자친구의 아름다운 우정이 담긴 책이라는 것을 추천하는 글을 구성한다.
  닉 아저씨의 멋진 모습에 대해 진술해 보고 자신의 생각을 보태어 본다.

(6) 연관주제

친구삼기(아름다운 우정쌓기)

초등학교 고학년 어린이

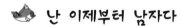 난 이제부터 남자다

(1) 기본정보

저자: 이규희 글/신은재 그림

출판사: 세상모든책(2002)

전체 쪽수: 119

ISBN 89-5560-020-8

장르: 사실동화

(2) 저자소개

이규희는 충남 천안에 출생했다. 성균관대학교 사서교육원과 방송대 일본 학과를 졸업하고, 보성여고에서 사서교사로 재직했다. 1978년 중앙일보 소년 중앙문학상에 동화 〈연꽃〉 등이 당선되어 문단에 나왔다. 그리고 어린이문화 대상, 한국아동문학상, 한국동화문학상을 수상하였다. 현재 한국아동문학인 협회, 한국문인협회, 국제펜클럽 회원으로 활동하고 있다. 지은 책으로는 〈엄 마, 엄마 이야기해 주세요〉, 〈곰돌이 엄마는 몇 명일까요?〉, 〈뾰족지붕 아이들〉, 〈대장이 된 복실이〉, 〈아빠나무〉, 〈참 이상한 달리기〉, 〈구름 위의 큰 새〉, 〈달 팽이는 이제 울지 않아요〉, 〈우리 집 행복은 자전거를 타고 왔다〉, 〈깔끔이 아 저씨〉 등이 있다.

신은재는 동양화를 전공하였고, 1997년에 한국출판 미술대전에서 신인상을 받았다. 1998년에 어린이 그림책 워크숍 수료 후, 1998년과 1999년에 모빌 일 러스트 전시에 참가했다. 그리고 2000년에 영국 킨스톤 대학에서 일러스트 워 크숍 수료 후, 2001년에 캐나다 토론토로 유학, 현재 토론토에 거주하면서 공 부와 작품 활동을 하고 있다. 그동안 그림을 그린 책으로는 〈황우양씨 막막부 인〉, 〈도르르 굴렸더니〉, 〈목걸이 열쇠〉, 〈영희네 집 시리즈〉 등이 있다.

(3) 줄거리

종가집의 맏딸로 태어난 수지는 삼대독자인 동생 재형이에게 모든 걸 빼앗기면서 자란다. 결혼기념일에 아빠가 엄마에게 선물한 반지를 장래 재형이의 아내 것으로 결정 내려 버리는 엄마, 꽃게 껍데기를 먹으려는 수지에게서 꽃게를 빼앗아 재형이에게 주는 할머니, 엄마 뱃속에 있을 때 여자아이 태몽을 꾸고 자신을 지우려 했던 엄마, 수지가 태어났을 때와 재형이가 태어났을 때 가족들이 나누었던 기쁨의 차이를 이야기하는 고모, 이 모든 가족구성원들에게 화가 나고 슬픈 수지는 자신의 존재를 찾기 위해 자신의 이름 문패를 대문에 단다.

할머니에게 혼이 난 수지는 문패를 자기 방 앞에 달고 차별대우를 받는 것이 너무 억울하여 그 순간부터 남자가 되고 싶어 한다. 수지는 남자가 할 수 있는 것이면 여자도 할 수 있다는 것을 보여주고 싶어 한다. 그리하여 머리카락을 싹둑 자르고 남장을 한 뒤 여자 화장실에서 쫓겨나자 오히려 기뻐하며, '진정한 남자'가 되기 위해 아빠와 남동생이 목욕하는 욕실에 옷을 훌렁 벗고 뛰어 들기도 한다. 수지는 반 대항 축구대회에 여자도 선수가 될 수 있다고 우기며 남자들 사이에 끼어들어 신우염에 걸려 앓아누울 정도로 연습하며 자신을 학대한다. 결국 수지 엄마는 수지 담임선생님이 보여주신 수지의 일기장을 통해 수지의 마음을 알게 된다. 가족들은 수지의 억울한 마음을 달래고, 정상적인 어린이로 돌아가도록 도와주게 된다. 수지는 첫 생리를 하게 되고 다시 자신이 여자라는 것을 인정하고 여자인 자신을 사랑하기 시작한다.

(4) 글과 그림

시대가 많이 변하고, 자녀도 적게 가지는데도 불구하고, 현대 한국사회에서는 아직도 남아선호사상이 구석구석에서 고개를 든다. 작가는 가족 내에 있을 법한 남녀 차별의 상황들을 실감나게 표현하고 있다. 오랜 작가 생활의 결과에 힘입어 어색한 문장 없이 쉬운 문장으로 어린 독자들에게 글을 쉽게 읽도록 해준다. 이 책을 통해 수지와 비슷한 상황을 경험한 여자 어린이들은 수지와 동일시할 수 있으며, 한편으로 여러 면에서 과잉 대우를 받고 있는 남자 어린이들은 여자 어린이들에 대해 올바르게 인식할 수 있는 계기를 가질 수 있을 것이다.

그림은 이야기의 내용과 잘 조화를 이루며, 이야기를 재미있게 이끌어 가는

요인이 되고 있다. 기본적으로 스케치가 우수한 수채화로 된 삽화라 할 수 있
겠다. 뿐만 아니라 그림의 양이 많아, 그림책을 읽는 것처럼 재미있고, 수지의
감정을 잘 표현하고 있다. 그림으로 그려진 장면들은 여성차별에 대해 이야기
를 나눌 수 있는 자료로도 사용할 수 있다.

(5) 관련질문과 활동

☑ 관련 질문

① 전반적인 인식을 돕는 질문

- 수지에게 이야기하고 싶은 것이 있니?

② 이해 및 고찰을 돕는 질문

- 이 책에서 수지가 당한 성차별은 어떤 것이 있었지?
- 우리 사회에서 여자만이 누리고 있는 것과 남자만이 누리고 있는 것이 있는지
  이야기 해 보자.

③ 기존의 해결방법에 대한 다각적인 평가와 새로운 접근을 시도해 보게 하는 질문

- 여자(남자)가 되고 싶을 때는 언제일까?
- 여자(남자)가 좋을 때는 언제일까?

④ 자기적용을 돕는 질문

- 수지가 남자가 되려고 머리도 자르고, 남자 같이 입고, 축구는 하는 것에 대해
  어떻게 생각하니? 너라면 그렇게 하겠니? 그렇게 하지 않겠다면 너는 어떻게 하
  겠니?

◉ 관련 활동

① 주인공 입장에서 일기 쓰기

- 주인공 수지의 입장에서 자신의 일기를 써본다.

② 내가 겪은 성차별에 대해 이야기해 보기

- 가족 내에서 겪은 성차별 상황을 이야기해 보자.
- 학교에서 겪은 성차별 상황을 이야기해 보자.
- 가정이나 학교 밖 사회에서 겪은 성차별 상황을 이야기해 보자.

③ 수지의 입장에서 다른 등장인물에게 편지 쓰기

- 할머니, 엄마, 아빠, 재형이, 고모

④ 광고나 드라마에서 성 편견 사례 찾아보기

　－광고나 드라마에는 은연중에 성 편견을 나타내는 부분들이 들어 있다. 그런 부분을 함께 찾아보면서 개선했으면 하는 점을 서로 이야기해 본다.

(6) 연관주제

나(자아존중감), 가족(일반 가족)

 ## 우리나라 최초의 여성 변호사 이태영

(1) 기본정보

저자: 박정희 글/오영아 그림
출판사: 아이세움(2001)
전체쪽수: 153
ISBN 89-378-1169-3
장르: 전기

(2) 저자소개

　박정희는 전북 정읍에서 태어났다. 서울대학교 소비자 아동학과를 졸업하고 오랫동안 어린이 책을 만들었다. 지금은 세 아이, 지원, 지인, 윤재를 키우는 엄마이며, 모든 어린이들이 세상을 좀더 아름다운 곳으로 만들겠다는 꿈을 갖고 자라나길 간절히 바라는 사람이다. 쓴 책으로는 〈거미의 거미줄은 고기잡이 그물〉, 〈호박이랑 박치기를 했어요〉, 〈티타늄 다리의 천사 애덤 킹〉 등이 있다.

　오영아는 전남 광주에서 태어났다. 전남대학교 의류학과와 한겨레 일러스트레이션 학교에서 공부했다. 어린이들과 함께 그림 그리는 일을 하면서 어린이들의 생각, 고민, 주변의 이야기에 관심을 갖게 되었다. 어린이가 어른이 된 뒤에도 마음에 남는 그림을 꼭 한 장쯤은 그리고 싶은 것이 소망이다. 작품으로는 〈딱지, 딱지, 코딱지〉가 있다.

(3) 줄거리

우리나라 최초의 변호사였던 이태영은 한국사회에서 여성 평등이라는 생각 자체가 생소했던 시대에 태어났다. 여자로 태어났다는 이유만으로 주변에서 구박받는 여자들 속에서 여성에 대한 여러 생각을 하면서 자랐다. 이태영은 어릴 때부터 가정이나 사회에 만연한 남존여비사상과 남녀차별을 보면서 자신이 법률공부를 하여 여성의 지위를 높이고 차별 받는 여성을 돕겠다는 꿈을 키워간다. 이태영의 이런 생각은 세 번의 웅변대회에서 그녀의 원고 제목만 보아도 알 수 있다. 보통학교 때는 '딸', 고등보통학교 때는 '아들 딸 똑같이 공부시켜 주세요.', 전 조선여자전문학교 웅변대회 때에는 '제2의 인형' 이었다.

이태영은 남녀가 평등하다는 생각을 가진 정일형 목사와 결혼을 한다. 그러나 결혼 후 시어머니, 두 아이, 남편의 옥바라지로 온갖 고생을 하다 해방을 맞는다. 1946년 서울대학교 법대에 입학을 하고, 고등고시에 합격을 하였으나 판사 임명이 나지 않는다. 그 이유는 여성이라는 것과 야당 국회의원 아내라는 이유로 이승만 대통령이 반대를 하였기 때문이다. 그리하여 판사 되기를 포기하고 변호사가 되어 여성을 위한 법률상담을 하게 된다.

이태영은 1956년 여성문제 연구원 부설 '여성법률상담소'(현재 한국 가정 법률 사무소)의 문을 열고, '이동 무료 법률상담활동'도 하게 된다. 필리핀에서 이태영에게 막사이사이상을 시상하자, 그 상금과 여러 여성들의 도움으로 '여성백인회관'을 짓는다. 1956년부터 이태영을 중심으로 한 가족법 개정 운동은 1989년까지 세 번의 개정을 고쳐 현재의 가족법으로 결실을 보았다. 그리고 어려운 가운데 남편의 이해와 도움으로 미국 초청 유학을 가서 법률상담소와 가정법원에서 연수를 받고 돌아온 이태영은 가정법원을 열 것을 제안하여 1963년 가정법원이 문을 열게 된다.

이화여대 법정대학 학장을 맡게 되어 법정대학의 분위기를 쇄신하고 평생교육 프로그램도 시작한다. 동시에 자신도 공부하여 서울대학교에서 박사학위를 받았다. 야당 국회의원인 남편 정일형과 독재정권에 항거하고 박해를 받으며, 여성을 위해 일하는 고단한 삶을 살다가 1998년 12월 이 세상을 떠났다.

(4) 글과 그림

여러 여성 인물 이야기를 쓴 박정희의 글은 인물을 범접하기 어려운 위인으로 만들기보다 살아 있는 한 생활인으로 그리고 있다. 그런 점에서 진솔하고 어린이들이 쉽게 동일시할 수 있으며, 특히 여자 어린이들이 자신의 장래에 대한 계획을 세우는 데 도움을 줄 수 있다. 우리나라 여성들의 지위가 과거보다는 향상된 것은 많은 부분 이태영과 같은 여성들의 노력과 희생의 결과라고 할 수 있다. 여성에 대한 차별이 극심한 시대를 살면서도 최선을 다하여 여성에 대한 사회적 한계를 극복하려 했던 이태영의 삶은 여자 어린이뿐만 아니라 남자 어린이에게도 귀감이 될 수 있다. 뿐만 아니라 사회적 성공이 사회봉사로 이어지는 이태영의 삶은 이기주의가 만연된 현대 사회를 사는 어린이들에게 올바른 인식을 심어 줄 수 있다. 그림은 한 여인의 일생을 잘 표현하고 있다. 그러나 나이에 따른 얼굴 표현이 조금 어색한 점이 아쉽다.

(5) 관련 질문과 활동

☑ 관련 질문

① 전반적인 인식을 돕는 질문

- 이 책을 읽고 어떤 생각이 드니?

② 이해 및 고찰을 돕는 질문

- 이태영은 왜 어릴 적부터 남녀평등의 꿈을 키우며 성장했을까?
- 이태영이 여자라는 이유로 판사 임명이 나지 않는 것에 대해 어떻게 생각하니?
- 이 책에 실린 이태영의 웅변 원고 "제2의 인형"에 대해 어떻게 생각하니?
- 이태영은 결혼을 해서 어떤 고생을 했지?

③ 기존의 해결방법에 대한 다각적인 평가와 새로운 접근을 시도해 보게 하는 질문

- 이태영의 결혼이 그녀의 인생에 어떤 영향을 주었을까?
- 이태영이 결혼을 했기 때문에 고생을 많이 했는데 결혼을 하지 않고 살았다면 법관으로 서 빠른 성공을 할 수 있었을까?
- 이태영이 결혼을 했기 때문에 좋았던 점은 무엇이었을까?

④ 자기적용을 돕는 질문

- 이태영 선생님 같이 가정이나 사회에서 여성차별을 느껴본 적이 있으면 이야기

해 보자.

– 앞으로 여성들도 직업을 갖고, 결혼하고, 자녀도 길러야 할 텐데, 이 모든 것을
하려면 어떻게 해야 할까?(본인은? 가족은? 사회는?)

⊘ 관련 활동

① 역사적으로 최초의 길을 개척한 여성 찾기

– 각자 인물을 찾아본다.

– 교실에서 토의하여 몇 인물을 정하여 집단 구성을 한다.

– 각 집단에서 맡은 인물에 대해서 정해진 기간 동안 조사한다.

– 각 집단의 대표가 발표하고 토의한다.

② 이태영 선생님 유언장 만들기

– 이태영 선생님이라고 생각하고 유언장을 써 본다.

③ 가족법의 변화에 대해 알아본다.

– 세 번의 가족법 개정에서 그 변화에 대해 정리해 본다.

– 자료를 찾아 토의해 보고 더 개정되어야 할 부분이 있는지 검토해 본다.

– 호주제에 대해서 알아본다.

(6) 연관주제

나(자아존중감, 성취감), 사회문제의 이해(직업의식)

🐢 '축구왕과 발레리나' 〈예나의 비밀〉

(1) 기본정보

저자: 한예찬 글/최경숙 그림

출판사: 대원사(1999)

전체쪽수: 18

ISBN 89-369-0636-4

장르: 사실동화

(2) 저자소개

한예찬은 1968년 전주에서 태어나 1992년 장편 창작동화 〈천사가 부르는

노래〉로 대교문학상을, 1993에는 월간 문학 신인상을 수상하며 문단에 나왔다. 현재는 국민대 국문과 박사 과정 재학 중이다. 새벗문학상, 대교문학상, 월간문학 신인상에 당선되었으며, 매월 한 번씩 어린이 문화운동을 위한 소식지 「해바라기」를 발간하고 있다. 동화집 〈예나의 비밀〉, 〈꿈꾸는 만큼 크는 아이들〉, 〈천사가 부르는 노래〉, 〈발해를 꿈꾸며〉, 〈태조 왕건과 삼국통일〉, 〈해별이의 모험〉 등의 동화 소년소설과 '아기다람쥐 또미', '노래로 세상을 아름답게' 등의 동요와 동시가 다수 있다.

(3) 줄거리

다은이는 축구를 좋아해서 반대표 축구선수에 끼고 싶지만 축구는 남자만 하는 운동이라는 이유로 거부당하고 지수는 발레를 한다는 이유로 여자애 같다고 놀림을 당한다. 그러나 말하는 새 꾀꼬리의 도움으로 어떤 일에 남자, 여자를 나누는 것은 좋지 않으며 무엇이든지 자기가 하고 싶은 일은 열심히 하는 것이 중요하다는 것을 배우게 된다.

(4) 글과 그림

요즘 어린이들은 어릴 때부터 성과 폭력문제에 부딪힌다. 딸뿐 아니라 아들을 둔 부모들도 걱정이 많다. 무엇보다도 중요한 것은 어린이들이 문제를 알고, 적절하게 대처할 수 있는 능력을 길러주어야 한다는 것이다. 동화작가 한예찬 씨가 펴낸 〈예나의 비밀〉은 초등학생 나이에서 어린이들이 만날 수 있는 성 문제들을 솔직하면서 알기 쉽게 풀어냈다.

이 책에 나오는 〈축구왕과 발레리나〉는 발레를 하고 싶어 하는 남자 어린이가 '여자 같다'는 놀림을 극복하고, 축구를 좋아하는 여자 어린이가 친구들과 의논 끝에 당당하게 축구팀에 끼게 된다. 아이들에게 접근하기 어려운 성 편견에 관한 문제를 동화의 형식을 빌어 풀어가고 있다. 다가오는 새 시대에는 남성, 여성이 아니라 자신의 개성에 따라 자신의 직업을 선택하게 될 것이다. 이러한 인식을 자라나는 어린이들에게 길러주는 데 도움을 주는 글이다.

(5) 관련 질문과 활동

☑ 관련 질문

① 전반적인 인식을 돕는 질문

- 이 글을 읽고 어떤 생각이 드니?

② 이해 및 고찰을 돕는 질문

- 여자나 남자만 할 수 있는 일이 있을까?
- 우리 주변에서 전형적인 여성 직업, 남성 직업관에서 벗어난 경우는 어떤 것이 있는지 찾아볼까?

③ 기존의 해결방법에 대한 다각적인 평가와 새로운 접근을 시도해 보게 하는 질문

- 이 책에서처럼 남자라는 이유로 혹은 여자라는 이유로 무엇인가를 반대하는 사람들에게 무슨 말을 해 주면 좋을까?
- 고정적인 직업관이 미래에는 어떻게 변할까?

④ 자기적용을 돕는 질문

- 너도 이렇게 남자라는 이유로 혹은 여자라는 이유만으로 이 책에서와 같은 경험을 한 적이 있니? 그때 기분이 어땠니?

☑ 관련 활동

① 여자(남자)로서 좋은 점 찾기

- 어떤 직업을 두고 여자가 하면 좋은 점과 남자가 하면 좋은 점을 이야기해 본다.
  - ⑩ 의사, 요리사, 미용사, 유치원 교사 등

② 성차별 반대 연설문 만들기

- 자신이 성차별 반대 연설을 한다고 생각하고 간단한 연설문을 만들어 본다.

③ 주변에서 성차별 사례 찾아서 고발 신문 만들기

- 주변에서 성차별 사례를 찾아서 기사를 만든다.
- 내가 주변에서 느꼈던 점이나 주위 사람들을 인터뷰하면서 불편했던 일을 조사해 본다.

④ 역할극 하기

- 남자나 여자라는 이유로 차별 받는 상황을 대본으로 만든다.
- 역할극을 해 본다.
- 남녀 성별을 바꾸어 역할극을 한다.

　- 역할극 후 느낀 점 토의한다.

(6) 연관주제

　나(자아존중감), 사회문제의 이해(직업의식)

4. 직업의식

　일반적으로 현대 사회에서 직업에 대한 편견은 성 편견만큼이나 많을 것이라 생각된다. 그러나 어린이 문학작품에는 직업에 대한 편견보다는 자신의 직업에 대한 긍지와 투철한 직업의식을 보여주는 책이 많다. 그중에 몇 작품을 자세히 소개하고자 한다.

초등학교 저학년 어린이

 선생님, 우리 선생님

(1) 기본정보

　저자: 패트리샤 폴라코 글, 그림/최순희 역

　출판사: 시공주니어(원작: 2001, 한국판: 2002)

　전체쪽수: 19

　ISBN 89-527-2353-8

　장르: 그림책(사실동화)

(2) 저자소개

　패트리샤 폴라코는 1944년 미국 미시간 주의 랜싱에서 태어났다. 그는 러시아에서 건너온 부모님을 비롯하여 이야기 작가가 많은 집안에서 그 분들이 들려 주는 이야기를 들으며 자랐다. 지금은 미시간 유니온 시티에 살며 작품 활동을 하고 있다. 미국과 오스트레일리아에서 공부했으며, 예술사 특히 러시아와 그리스의 회화와 도상학 역사에 대한 연구로 박사학위를 받았다. 1989년 〈레첸카의 달걀〉로 국제 도서연합회 청소년부문 도서상을 받았다. 그녀의 작품은 대부분 가족의 역사에 바탕을 둔 이야기들이며, 러시아 민속풍의 그림이 많다. 작품으로는 〈보아 아저씨의 나무〉, 〈천둥 케이크〉, 〈할머니의 인형〉, 〈고맙습니다, 선생님〉, 〈바바야가 할머니〉 등이 있다.

(3) 줄거리

학교에서 문제아로 찍힌 유진 에스터하우스는 친구들을 괴롭히고 선생님들에겐 말대꾸를 한다. 유진을 좋아하는 사람은 아무도 없지만, 단 한사람 학교에서 제일 어르신인 교장 선생님만은 유진의 마음을 열려고 노력한다. 유진은 다가오는 교장 선생님도 다른 사람과 마찬가지로 인종, 지위, 계층 등을 따지는 사람으로 자신과는 다른 조건을 가진 존재로 여길 뿐이다. 링컨 선생님은 유진과 함께 꽃밭을 가꾸면서 새들이 꽃밭에 많이 찾아올 수 있는 방법을 궁리했고, 결국 두 사람의 노력으로 꽃밭에는 많은 새들이 둥지를 틀게 된다. 그리고 그때부터 유진은 조금씩 달라진다. 더 이상 아이들을 괴롭히지도, 선생님을 약 올리지도 않게 된다. 유진은 꽃밭에 날아든 새들처럼, 서로 달라도 자연스레 어울려 살아가는 법과 그 까닭을 알게 되고 사람들은 모두가 서로 다르기 때문에 특별하고 소중하다는 것을 깨닫게 된다. 교장 선생님은 그런 유진에게 유진이 좋아하는 새 이야기로 마음을 얻고 화단을 꾸며가며 유진은 닫힌 마음을 연다. 유진은 교장 선생님의 참다운 사랑으로 마음의 문을 열고 밖으로 나온다.

(4) 글과 그림

마음의 문을 닫고 심술을 부리는 한 소년을 세상 밖으로 인도해 내는 이야기인 〈선생님, 우리 선생님〉은 미시간 해스레트에 있는 머피초등학교에서 실제로 일어났던 일을 바탕으로 한 것이다. 선생님의 역할은 지식전달뿐 아니라, 어린이들의 인격형성에 지대한 영향을 미친다는 불변의 진리를 이 책에서 보여주고 있다. 진정한 스승의 모습은 투철한 직업의식에서 나올 수 있다. 이 책은 어린이들에게 올바른 직업관을 심어주며 훌륭한 교사상을 보여준다. 그림은 연필선이 그대로 드러나는 따뜻한 수채화와 크레용화로 소년의 변화되는 과정을 잔잔하게 보여주어 감동을 준다. 뿐만 아니라 흑백의 어린이들이 함께 어울리는 장면은 어린이들에게 인종 간의 차별이 없는 세상을 보여준다. 결국 유진도 좋은 선생님이 되었다는 것을 앞, 뒤 면지를 통해 알 수 있다.

(5) 관련 질문과 활동

☑ 관련 질문

① 전반적인 인식을 돕는 질문

- 이 책을 읽고 어떤 생각이 드니?

② 이해 및 고찰을 돕는 질문

- 유진이가 마음을 열도록 선생님이 하신 일은 어떤 것이었지?
- 만약에 유진이가 어른이 된다면 어떤 사람이 될까?
- 유진이는 커서 어떤 직업을 갖게 되었을까?
- 교장 선생님과 다른 선생님들의 차이점은 무엇일까?

③ 기존의 해결방법에 대한 다각적인 평가와 새로운 접근을 시도해 보게 하는 질문

- 유진이가 교장 선생님을 만나지 않았다면 어떻게 되었을까?

④ 자기적용을 돕는 질문

- 너도 선생님의 마음을 알고 싶은데 그럴 수 없었던 적이 있니?
- 네가 선생님이라면 어떤 방법으로 유진이를 도와주었을까?
- 네가 만난 선생님 중에 가장 좋았던 선생님은?
  어떤 점이 좋았니?

◎ 관련 활동

① 우리 담임선생님 좋은 점 찾아보기

- 우리 담임선생님의 좋은 점을 찾아보면서 내가 만약 선생님이 된다면 어떤 점을 본받고 싶은지 이야기해 본다.

② 선생님이라는 직업의 좋은 점, 힘든 점 적어보기

- 모든 직업은 장 · 단점의 양면을 지니게 된다. 아이들이 가장 쉽게 접할 수 있는 교사라는 직업을 통해 사물과 사건을 여러 각도에서 보는 비판적인 사고를 기를 수 있다.

③ 미니 수업 진행해 보기

- 소집단으로 간단한 수업을 계획해서 선생님처럼 수업을 해 본다.

(6) 연관주제

나(다른 사람과 관계 맺기), 나와 다른 사람들에 대한 이해(신체적 특징-신체장애)

초등학교 고학년 어린이

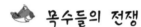 목수들의 전쟁

(1) 기본정보

저자: 김진경 글/최달수 그림

출판사: 문학동네(2000)

전체쪽수: 111

ISBN 89-8281-275-X

장르: 환상동화

(2) 저자소개

김진경은 1953년 충남 당진에서 태어나 서울대학교 국어과와 동 대학원 국문과를 졸업하였다. 1974년 한국문학 신인상에 시가 당선되어 등단했으며 '5월시' 동인으로 활동했다. 작품으로는 시집 〈갈문리의 아이들〉, 〈광화문을 지나며〉, 〈우리 시대의 예수〉, 〈슬픔의 힘〉 등이 있다. 어른을 위한 동화 〈은행나무 이야기〉도 썼다. 어린이 책으로 〈한울이 도깨비 이야기〉, 〈스스로를 비둘기라고 믿은 까치〉, 〈김진경 선생님의 한자동화〉 시리즈가 있다.

최달수는 1952년 강원도에서 태어나 경향신문과 중앙일보에서 근무하였다. 현재는 프리랜서 일러스트레이터로 활동 중이다. 작품으로 〈최달수의 과학 탐험〉, 〈우리나라 좋은 나라〉, 〈세상을 바꾼 경제학〉, 〈사업을 성공시키는 34가지 전략〉, 〈인체 여행〉 등 다수가 있다.

(3) 줄거리

노반과 묵적이 살았던 때는 중국이 여러 작은 나라로 나누어져 서로 싸우던 이른바 춘추전국시대였다. 주로 성을 공격하고 지키는 싸움이었기 때문에 성을 쌓는 일을 하는 목수들이 매우 중요한 역할을 했다. 노반과 묵적은 목수들의 우두머리인 묵자의 가장 뛰어난 두 제자였으며, 실력에 있어 쌍벽을 이루는 당대 최고의 목수들이었다. 목수 노반은 하늘을 나는 까마귀, 스스로 달리는 마차 등을 만들어내지만, 바로 그 기술로 인해 부모님을 잃고 만다. 그런데도 노반은 깨닫지 못하고, 자신의 기술을 이용하여 남의 나라를 침략하는 데 쓰도록 초나라 왕을 도와 공격 무기 등을 개발해내고 높은 지위와 많은 재물을 얻는다. 이와는 달리, 묵적은 스승에 이어 묵자의 자리에 오른 목수로 각 나라 왕들의 불필요한 침략 전쟁을 통해 무고히 피 흘리며 고통당하는 민중들을 위하여 전쟁을 방지하는 일에 열심을 다한다. 그래서 무한한 겸손과 사랑을 가르치고, 전쟁을 막기 위하여 성을 쌓고 외적을 방어하는 기술을 개발하는 데 모든 노력을 기울인다.

결국 노반은 초나라 왕을 충동질하여 송나라를 치려고 하늘을 나는 정찰용 까마귀, 성을 공격할 때 쓰이는 구름사다리 등을 만들어내고, 바야흐로 초나라는 정복 전쟁 준비에 혈안이 된다. 노반의 기본 생각은, 춘추전국시대의 전쟁을 완전히 끝내려면 강대국인 한 나라가 천하를 통일해야 한다는 것이었다. 하지만 묵적은 각 나라들이 모두 세력 균형을 이루어 전쟁 없는 평화를 지켜나가야 한다고 생각한다.

전쟁 발발이 코앞에 닥쳤을 때, 묵적은 목숨을 걸고 초나라에 단신으로 건너가 노반을 만나 그를 설득해내는 데 성공한다. 그러나 초나라 왕은 한 번 내린 전쟁 결정을 다시 번복하려 하지 않으려 한다. 묵적은 노반과 함께 가상 전쟁을 보여주면서, 아무리 전쟁을 벌인다고 해도 묵적은 자신과 자신의 제자들이 철저히 대비해 둔 것들로 인해 초나라가 송나라를 눌러 이길 수는 없다는 주장을 피력한다. 마침내 초나라 왕은 이것을 받아들여 정복 전쟁을 포기하는 것으로 결말이 난다.

(4) 글과 그림

첨단 과학 기술의 성과와 결과, 폐해를 옛날 전설 이야기를 끌어와 어린이들에게 들려주기 위한 동화이다. 즉 이 동화는 오랜 옛날에 중국 목수들의 이야기를 통하여, 오늘날 펼쳐지고 있는 기술정보 전쟁 시대의 빛과 그림자를 말하고 있다. 첨단 과학 기술을 이용하여 인류의 평화와 공존을 위해서 일하는 사람들이 있는가 하면, 전쟁을 일삼는 국가 기관에 예속되어 자신의 뛰어난 기술로 엄청난 재앙을 초래하는 사람들도 있다. 저자는 중국의 춘추 전국 시대에 실존했던 묵적과 '신의 손'이라 불리던 노반이라는 인물을 주인공으로 하여, 과학 기술자들이 어떠한 삶을 살아야 하는지에 대해 말하고 있다. 이 작품을 통하여 현대 과학기술자들의 역할과 책임에 대한 어린이들의 사회적 인식을 높일 수 있다.

이 이야기는 속도감이 있고, 플롯이 견고하고, 사건 중심이어서 책을 좋아하지 않는 어린이들도 쉽게 읽어낼 수 있으며, 책에 대한 흥미도 유발할 수 있는 책이기도 하다. 뿐만 아니라 어린이들은 이 이야기 속의 재미있는 발명품들에 약간 당황하리라 생각되지만, 오히려 컴퓨터 속의 가상세계에 익숙하므로 재미있게 받아들이는 것 같다. 그림은 어린이들이 좋아하는 만화 양식으로 이야기를 잘 전달하고 있어, 이야기의 흥미도를 높여 주고 있다.

(5) 관련 질문과 활동

☒ 관련 질문

① 전반적인 인식을 돕는 질문

 – 이 책을 읽고 가장 기억에 남는 것은 무엇이니?

② 이해 및 고찰을 돕는 질문

 – 노반이 2500년 전에 만들었던 발명품이 지금 사용되고 있는 것은 어떤 것이라고 생각되니?(하늘을 나는 까마귀, 스스로 달리는 마차, 구름사다리)

 – 노반이나 묵적이 살았던 시대에 '목수'라는 직업은 현대에는 구체적으로 어떤 직업이라고 생각되니?

 – 인류의 행복을 위해 첨단과학기술(예: 핵, 생명공학 등)을 다루는 사람들은 어떤 올바른 생각과 태도를 가져야 할까?

③ 기존의 해결방법에 대한 다각적인 평가와 새로운 접근을 시도해 보게
하는 질문

- 만일 노반이 결국 전쟁을 일으켰다면 어떻게 되었을까?

- 이 이야기에서는 전쟁에 대한 방어(성을 쌓는 것)만으로 전쟁을 피하기는 어렵
다는 것을 보여주고 있지? 전쟁에 대한 철저한 대비가 우선이 되어야 하고, 후
에 대화로 상대에 대한 설득이 있어야 된다는 것을 말해 주고 있어. 이것을 우리
나라의 상황에 대비시켜서 이야기 해 볼 수 있겠니? 그리고 이 이야기에서와 다
른 해결방법은 없을까?

④ 자기적용을 돕는 질문

- 네 주변에 노반 같은 인물이 있니? 그리고 네 주변에 묵적 같은 인물이 있니? 이
야기해 보자.

- 미국이 이라크 전쟁을 일으킨 이유를 '대량 살상 무기의 제거'라고 하는데 정
말 대량 살상 무기가 있다면 너는 그것을 만든 과학자들에 대해 어떻게 생각하
니? 왜 그렇게 생각하니?

- 너는 전쟁을 일으키려는 사람(초나라 왕, 노반 같은 사람)과 전쟁이 일어나지
않도록 노력하는 사람(묵적 같은 사람) 중 어떤 편의 사람이 되고 싶니? 왜 그렇
게 생각하니?

⊙ 관련 활동

① 첨단과학기술을 다루는 과학자의 모습 그려보기

준비물: 종이, 크레파스, 물감 등

예 "네가 생각하는 과학자는 어떤 모습이니?"

"만약에 과학자의 모습을 그림으로 표현한다면 어떻게 표현하면 좋을까?"

"네가 생각하는 과학자의 모습을 한번 그려보자."

② 첨단기술의 발달이 인간에게 주는 혜택과 폐해에 대하여 토의하기

예 원자력이나 세균은 인간이 만들어 냈으면서도 인간을 죽이는 무기로 사용
되고 있다는 점이나 컴퓨터 자동화로 생길 수 있는 인간성 상실에 대해 논
의해 본다.

③ 투철한 직업관 갖기

- 투철한 직업관과 관련해 미래에 자신이 가질 직업에 대하여 글로 써보거나 이
야기해 본다.

(6) 연관주제

친구삼기(아름다운 우정 쌓기), 질병과 죽음 그리고 생명(생명의식 – 생명존중), 사회문제의 이해(정치)

🐟 '마지막 숨바꼭질' 〈열두 사람의 아주 특별한 동화〉

(1) 기본정보

저자: 백승자 글/한태희 · 신동옥 그림

출판사: 파랑새 어린이(2002)

전체쪽수: 14

ISBN 89-7057-250-3

장르: 사실동화

(2) 저자소개

백승자는 1960년 예산에서 태어났으며 동화작가로 아동문예 신인작품상에 동화가 당선되었으며 한국아동문학상을 받았다. 동화집 〈어미새가 사랑하는 만큼〉, 〈호수에 별이 내릴 무렵〉 등이 있고, 현재 동화 창작에 전념하고 있다.

(3) 줄거리

경민이는 아빠가 쉬는 날 자기와 잘 놀아주지 않아서 속이 상한다. 아빠는 소방대원으로 휴일도 없이 일을 하시는데 며칠 전 화재 현장에서 동료가 죽어가는 것을 보고 슬퍼한다. 경민이는 아빠가 살아서 돌아온 날이 다시 태어난 날이라고 케이크를 사서 생일축하를 해 주며 아빠를 위로해 준다. 아빠는 어릴 적 동생과 숨바꼭질을 하다가 실수로 불이 났고 동생을 잃게 되서 소방관이 된 이야기를 들려주고 경민이는 아빠를 자랑스럽게 생각한다.

(4) 글과 그림

저마다 일은 다르지만 꿈을 갖고 열심히 살아가고 있는 사람들, 세상에서 가장 소중한 사람들의 이야기를 담은 동화책이다. 뇌에 피가 모자라 생긴 모야모야 병을 앓고 있는 수빈이와 수빈이에게 로봇을 선물해 주고 따뜻한 마음으로 감싸주는 간호사 소정 씨의 사랑을 그린 '로봇을 좋아하는 수빈이'를 비롯해 '늙은 기관사', '아빠의 까만 얼굴' 등 12인의 작가가 쓴 12편의 동화를 담았다.

그 중에서 '마지막 숨바꼭질'은 소방관의 이야기를 다룬 책으로 소방관이란 직업으로 겪는 어려움, 가족과 함께 지낼 수 없는 시간들과 화재현장에서의 위험한 순간을 잘 표현해내고 있다. 소방관의 직업을 단순히 훌륭하다는 관점으로 보여주기보다는 그 직업이 갖고 있는 어려움과 고민까지도 함께 보여주면서 소방관이란 직업을 깊게 이해하도록 도움을 준다. 특히 화재 현장을 그려 낸 부분(124쪽, 130쪽)은 진짜 현장에 있는 것처럼 생동감이 있으며 소방대원의 위험스러운 구조활동을 잘 묘사함으로써 긴박한 순간을 잘 알 수 있게 한다. 수채화로 부드럽게 표현된 그림은 주인공의 섬세한 심리 상태를 잘 그리고 있으며 따스한 가족애와 소방관의 얼굴에서 삶의 진실을 느끼게 한다.

(5) 관련 질문과 활동

☑ 관련 질문

① 전반적인 인식을 돕는 질문
- 이 글을 읽고 어떤 생각이 드니?

② 이해 및 고찰을 돕는 질문
- 소방관이란 어떤 일을 하는 직업일까?
- 주변에서 이렇게 다른 사람을 위해 일하는 직업에는 무엇이 있을까?

③ 기존의 해결방법에 대한 다각적인 평가와 새로운 접근을 시도해 보게 하는 질문
- 이 책을 읽고 소방관이라는 직업에 대해서 새로운 생각을 갖게 되었다면 어떤 것이 있니?

④ 자기적용을 돕는 질문
- 너도 아빠(엄마)의 일이 부끄럽게 느껴진 적 있니?
- 나중에 너는 어떤 직업을 갖고 싶니? 왜 그 직업을 갖고 싶니?

-아빠의 직업이 다른 것이었다면(혹은 엄마의 직업) 더 보람이 있었겠다고 생각
하는 것이 있니? 어떤 것일까?

⊘ 관련 활동

① 자신이 커서 하고 싶은 일

-자신이 커서 어떤 일을 하고 싶은지 적어본다.

-10년 뒤에나 20년 뒤에 자신의 모습이 어떨지 생각해 본다.

-타임캡슐을 만들어서 보관해 보는 것도 재미있다.

-10년 뒤, 15년 뒤, 20년 뒤처럼 일정한 간격을 두고 변하는 모습을 구체적으로
적어본다.

> 예 나는 10년 뒤에는 대학생이 되어있을 것이다. 전공은 ○○일 것이다.
> 나는 15년 뒤에는 군대에 있을 것이다.
> 나는 20년 뒤에는 결혼을 했을 것입니다. 부인과 두 명의 아이가 있고 내 직
> 업은 ○○입니다. 내 생활은 ....

② 여러 가지 직업 인터뷰해 보기

-여러 가지 직업을 가진 사람을 찾아서 그 직업의 특징과 어려움, 보람에 대해 인
터뷰를 해 본다.

-특히 자신이 되고 싶은 직업을 찾아서 직접 체험해 보고 그 느낌을 적어보는 것
도 좋다.

③ 부모님의 직장 방문해 보기

-부모님이 다니시는 직장에 직접 방문해서 어떤 일을 하시는지 함께 체험해 본다.

-자신이 생각했던 부모님의 모습과 실제 경험한 내용을 비교해 본다.

-직장을 방문해 보고 느낀 점을 부모님께 편지로 전해드린다.

④ 직업의 장, 단점 표 만들기

-한 직업을 선택해서 그 직업의 좋은 점과 힘든 점을 비교해 본다.

-인터뷰하는 활동과 연계해서 직접 그 직업을 가진 사람을 찾아 우리가 생각한
점과 같은 점과 다른 점을 비교해 본다.

-벤다이어그램을 그리거나 표로 만들면 보기가 좋다.

⑤ 명함 만들기

준비물: 종이, 색연필, 사인펜, 가위

-내가 만약 직업을 가지고 있다면 어떻게 명함에 나타낼지 직접 문구를 만들어
본다.

- 종이를 명함크기로 잘라서 그 안에 들어 갈 수 있도록 축약해서 표현해 본다.
- 글귀와 함께 예쁘게 디자인을 해서 그림을 그려도 좋다.
- 친구들과 서로의 명함을 바꿔보고 비교해 본다.

예 내 이름은 ○○○ 입니다. 내가 잘 하는 일은 ○○○ 입니다.

나는 ○○ 일을 잘 하는 기술자입니다. 저에게 일을 맡기시면 ○○ 방법으로
멋지게 해내겠습니다.

(6) 연관주제

가족(일반 가족)

부 록

제1장

부록

⚠ 함께 읽으면 좋은 책

자아존중감

고릴라야, 힘내! / 조은수 글, 이혜리 그림 / 웅진닷컴 / 1997 / 유아

나도 무늬를 갖고 싶어! / 조남주 글, 김복태 그림 / 웅진닷컴 / 1997 / 유아

난 크고 싶어 / 안드레아 샤빅 글, 러셀 이토 그림, 이연수 역 / 그린북 / 2002 / 유아

날아라 오라프 / 폴커 크리겔 글 · 그림, 이진영 역 / 문학동네 / 2002 / 유아

내 이름은 프레즐 / 마가렛 레이 글, 한스 아우구스토 레이 그림, 김원숙 역 / 비룡소 / 2002 / 유아

너는 특별하단다 / 맥스 루카도 글, 세르지오 마르티네즈 그림 / 아기장수의 날개 역 / 고슴 도치 / 2002 / 유아

당나귀 덩키덩키 / 로저 뒤봐젱 글 · 그림, 서애경 역 / 웅진닷컴 / 2002 / 유아

대포 알 심프 / 존 버닝햄 글 · 그림, 이상희 역 / 비룡소 / 2001 / 유아

땅꼬마 벌레 / 빌 마틴 주니어 · 마이클 샘슨 글, 패트릭 코리건 그림, 엄혜숙 역 / 청솔출판 사 / 2002 / 유아

마르따와 녹색 자전거 / 알베르틴 제르마노 쥘로 글 · 그림 / 새솔 / 2000 / 유아

목이 길어진 사자 / 최정훈 글 · 그림 / 보림 / 1994 / 유아

못난이 내 친구 / 야마자키 요코 글, 이모토 요코 그림, 정근 역 / 언어세상 / 2002 / 유아

물고기는 물고기야! / 레오 리오니 그림 · 글, 최순희 역 / 시공주니어 / 2000 / 유아

세상에서 가장 뜨거운 아이 / 애너 피엔버그 글, 킴 갬블 그림, 이은석 역 / 문학동네 / 2001 / 유아

세상에서 가장 소중한 보물은 나 / 니나 쉰들러 글, 앙엘라 켈렌베크 그림, 전재민 역 / 중앙

출판사 / 2001 / 유아

세상에서 가장 아름다운 달걀 / 헬메 하이네 글 · 그림, 김서정 역 / 시공주니어 / 1998 / 유아

아기 곰 비디 / 돈 프리먼 글 · 그림, 이상희 역 / 비룡소 / 2001 / 유아

아주 특별한 너를 위하여 / 맥스 루카도 글, 토니 고프 그림, 아기장수의 날개 역 / 고슴도 / 2001 / 유아

알록달록 코끼리 엘머 / 데이비드 맥키 글 · 그림, 김양미 역 / (주)아가월드 / 2001 / 유아

엄마 아빠 그리고 나 / 이미영 글 · 그림 / 논장 / 2001 / 유아

영원한 세 친구 / 헬메 하이네 글 · 그림, 황영숙 역 / 중앙M&B / 2001 / 유아

외뿔이 사슴 올라프 / 폴커 크리겔 글 · 그림, 이진영 역 / 문학동네 / 2002 / 유아

우당탕탕, 할머니 귀가 커졌어요 / 엘리자베트 슈티메르트 글, 카롤리네 케르 그림, 유혜자 / 비룡소 / 1999 / 유아

토끼야, 토끼야 / 피터 매카티 글 · 그림, 지혜연 역 / 시공주니어 / 2000 / 유아

행복은 네 곁에 있단다 / 맥스 루카도 지음, 세르지오 마르티네즈 그림, 아기장수의 날개 역 / 고슴도치 / 2002 / 유아

나는 내가 좋아요 / 노경실 글, 박향미 그림 / 푸른나무 / 1999 / 초등저

내 이름이 담긴 병 / 최양숙 글 · 그림, 이명희 역 / 마루벌 / 2002 / 초등저

너는 유일해 / 루드비히 아스케나지 글, 헬메 하이네 그림, 이지연 역 / 베틀북 / 2002 / 초등저

너는 특별해 / 조운 링가드 글, 폴 하워드 그림, 서수연 역 / 베틀북 / 2001 / 초등저

야곱 너는 특별해! / 가브리엘레 하이저 글, 카타리나 요아노비치 그림, 권세훈 역 / 문학과 지성사 / 2002 / 초등저

우리, 그림자 바꿀래? / 미리암 프레슬러 글, 사라 발 그림, 김경연 역 / 국민서관 / 2002 / 초등저

바보 이반의 이야기 / 톨스토이 글, 이만익 그림, 이종진 역 / 창작과비평사 / 1990 / 초등고

다른 사람과 관계 맺기

내 친구 루이 / 에즈라 잭 키츠 글 · 그림, 정성원 역 / 비룡소 / 2001 / 유아

마르따와 녹색 자전거 / 알베르틴 제르마노 쥘로 글 · 그림 / 새솔 / 2001 / 유아

새 친구가 이사 왔어요 / 레아 골드버그 글, 슈무엘 카츠 그림, 박미영 역 / 중앙M&B / 1999 / 유아

왜 도와야 하나요? / 클레어 레웰린 글, 마이크 고든 그림, 정유진 역 / 함께 읽는 책 / 2002 / 유아

외딴 마을 외딴 집에 / 이상교 글, 김세현 그림 / 아이세움 / 2002 / 유아

우리 마을 멋진 거인 / 줄리아 도널드슨 글, 액셀 셰플러 그림, 고정아 옮김 / 웅진닷컴 / 2002 / 유아

우체부 아저씨 고마워요 / 오보 마코토 글 · 그림 / 대교 / 2002 / 유아

너와 나는 정말 다를까? / 로라 자페 외 글, 레지 팔러 외 그림, 장석훈 역 / 푸른숲 / 2002 / 초등저

버찌가 익을 무렵 / 이오덕 글, 이태호 그림 / (주)효리원 / 2002 / 초등저

세계의 어린이 우리는 친구 / 유네스코 아시아 문화 센터 기획 / 한림 / 1991 / 초등저

너는 유일해 / 루드비히 아스케나지 글, 헬메 하이네 그림, 이지연 역 / 베틀북 / 2002 / 초등고

넌 아름다운 친구야 / 원유순 글, 김상섭 그림 / 푸른책들 / 2001 / 초등고

우리 동네에는 아파트가 없다 / 김중미 글, 유동훈 그림 / 도깨비 / 2002 / 초등고

성취감

구두 구두 걸어라 / 하야시 아키코 원작 / 한림 / 1990 / 유아

꼬마 거북 프랭클린 1 – 어둠이 무서워요 / 폴레트 부르주아 글, 브렌다 클라크 그림, 조은수 역 / 웅진닷컴 / 2000 / 유아

나 혼자서 잘 거야! / 제라르 프랑캥 글 · 그림, 홍은주 역 / 문학동네 / 1999 / 유아

날고 싶지 않은 독수리 / 제임스 애그레이 글, 볼프 에를부르흐 그림, 김경연 역 / 풀빛 / 2000 / 유아

아빠, 엎드려! / 미레이유 달랑세 글 · 그림, 임혜정 역 / 파랑새어린이 / 1999 / 유아

이슬이의 첫 심부름 / 쓰쓰이 요리코 글, 하야시 아키코 그림, 이영준 역 / 한림 / 1991 / 유아

혼자서 집 보는 날 / 유혜광 글 · 그림 / 지경사 / 1999 / 유아

꼭 하고 말 테야! / 원유순 글, 이다현 그림 / 여명미디어 / 2001 / 초등저

나는 내가 좋아요 / 노경실 글, 박향미 그림 / 푸른나무 / 1999 / 초등저

레나는 축구광 / 키르스텐 보예 글, 질케 브릭스–헨커 그림, 박종대 역 / 계림북스쿨 / 2001 / 초등저

세상에서 가장 소중한 약속 / 고정욱 글, 이은천 그림 / 두산동아 / 2001 / 초등저

이자벨 / 예수스 발라즈 글, 프란시스꼬 인판떼 그림, 유동환 역 / 푸른나무 / 2000 / 초등저

진정한 용기가 필요해! / 사라 보세 글, 수산네 벡히도른 그림, 유혜자 역 / 중앙출판사 / 2001 / 초등저

혼자서도 할 수 있어요 / 노성두 글, 황지영 그림 / 사계절 / 2002 / 초등저

난 너하고는 달라 / 김자환 글 / 문공사 / 2001 / 초등고

난 뭐든지 할 수 있어 / 아스트리드 린드그렌 글, 강일우 역 / 창작과비평사 / 1999 / 초등고

백조의 트럼펫 / 엘윈 브룩스 화이트 글, 프레드 마르셸리노 그림, 윤여숙·김경희 역 / 중
앙M&B / 2001 / 초등고

손도끼 / 게리 폴슨 글, 김민석 역 / 사계절 / 2001 / 초등고

작은 어릿광대의 꿈 / 손춘익 글, 김환영 그림 / 창작과비평사 / 1990 / 초등고

함께 살펴보면 좋은 사이트

인터넷시청자 옴브즈만 http://www.watchtv.or.kr/
　　kbs2 tv tv동화 행복한 세상(다시보기)

엄지북 http://www.umjibook.co.kr/
　　도서, 독서정보와 주제별, 상황별에 따른 사이버 도서관이용과 독서상담을 할 수
　　있다.

멤 폭스의 홈페이지 www.memfox.net 책(현명한 아이로 키우는 독서 육아법)의 저자

함께 보면 좋은 비디오

자아존중감

애니 / 존 휴스턴 감독 / 해롤드 그레이의 연재만화 〈고아소녀 애니〉가 원작으로 인기 브로
드웨이 뮤지컬을 각색한 작품. 1930년대 중반, 폭군 같은 해니건 원장(캐롤 버넷)이
운영하는 고아원에서 비참한 생활을 하고 있는 어린 소녀 애니(아일린 퀸)는 임시 입
양을 통하여 새롭게 자신을 바라보고 다른 사람에게도 희망을 준다는 이야기 / 전체가

나무를 심은 사람 / 프레데릭 바크 감독 / 인간의 탐욕이 어떻게 자연을 파괴하는지, 또 그
것은 어떻게 되살아나 생명의 땅으로 바뀔 수 있는지를 보여준다. 20세기의 대표적
환경 문학작품의 하나다. 앙드레 말로가 20세기 프랑스 문학의 제1인자로 꼽았고, 그
리고 12개 국어로 번역되어 읽힌 장 지오노의 문학과 세계적인 애니메이션 화가 프
레데릭 백의 그림이 결합되어 만들어낸 계시적인 예술작품 / 초등고

하얀 꼬마곰 라스 / WDR TV 제작 / 북극에 사는 호기심 많은 꼬마곰 라스, 토끼 레나, 거위
픕스가 벌이는 일상의 모험이 매 5분 남짓한 에피소드 안에 사랑스레 그려지는 순백
의 동화 같은 애니메이션 / 유아

페이지마스터 / 모리스 헌트, 조 존스톤 감독 / 우연히 도서관에서 책 속의 환상으로 들어간
소년이 책의 지혜를 깨우치고, 용기도 갖게 된다는 성장 모험 영화 / 초등저

너는 특별하단다 / 안드레아 조브 감독 / 맥스 루카도 글, 세르지오 마르티네스 그림의 그림
책으로도 나와 있다. 주인공이 새로운 친구의 도움으로 다른 사람들의 평가나 시선

은 전혀 중요한 것이 아니며, 중요한 것은 자신이 어떻게 생각하는가라는 것, 또한 나무 사람의 세계를 만든 조각가(창조자)가 자신을 매우 사랑하고 특별하게 여긴다는 것을 깨닫게 되는 이야기 / 초등저

샘 많은 카멜레온 / 앤드류 고프 감독 / 지루한 하루하루를 보내던 카멜레온이 어느날 동물원 구경을 가게 된다. 카멜레온은 동물원에 있는 많은 동물들을 부러워하다가 그 동물들이 자신의 모습을 불행이라고 생각한다는 것을 깨우친다는 내용 / 초등저

다른 사람과 관계맺기

소년과 흰 기러기 / 게일 토마스 감독 / "화해의 선물" 중 / 어린 소년과 철새인 흰 기러기의 우정을 통해 서로 돕고 살면서도 각자 다른 삶의 방식을 인정함으로써 전체 생명의 조화와 질서가 유지된다는 깨달음을 다룬 내용 / 초등저

굿바이 마이 프렌드 / 크리스볼드 감독 / 12세 소년 크리스와 서커스 단원인 남장 소녀 조가 우연히 만나 우정을 싹틔우는 내용 / 초등고

우리 할아버지 / 프레데닉 바크 감독 / 존 버닝햄의 그림책 우리 할아버지의 그림책 비디오. 어느 날부터 할아버지와 함께 살게 된 한 소녀와 할아버지의 이야기. 죽음이라는 무거운 소재를 다루면서도 아름답고 훈훈한 이야기가 잔잔히 펼쳐지는 내용 / 초등저

길은 멀어도 마음만은 / 루이스 루시아 감독 / 세계적으로 전통과 가문을 중시하는 이태리의 상류 사회에서 성장한 찰스는 정열의 나라 스페인에서 가난하지만 티 없이 맑은 헤렌을 만나 사랑에 빠진다. 하지만 찰스의 아버지는 헤렌과의 결혼을 반대하고 허락을 얻기 위해 비행기에 오른 찰스는 저세상 사람이 되고 만다. 혼자남은 헤렌은 찰스와의 사랑의 결실인 마리솔을 정성스럽게 키우지만, 끝내 이태리의 할아버지 품으로 보내고 만다. 한편, 완고하기 이를 데 없는 할아버지와 귀여운 손녀 마리솔과의 만남으로 큰 변화를 가져온다. 가정에 한 사람의 중요성을 알 수 있는 내용 / 초등저

성취감

레오 니오니의 동물우화 / 레오리오니 / 잠잠이, 물구나무서는 악어, 내꺼야, 물고기는 물고기, 으뜸헤엄이의 작품을 유명한 애니메이션 화가 지울리오 지아나니가 그려 새로운 차원의 재미있는 애니메이션 비디오로 탄생시켰다. 조화 속에서 함께 살아감의 중요성을 다시금 깨닫게 해 주는 내용 / 초등저

너는 할 수 있어 / 콜럼비아 트라이스타 텔레비전 / 6살짜리 여자아이 에이미와 4살 된 남동생 맥스가 모험과 신비의 세계이자 마법의 공간인 드래곤 랜드로 떠나면서 이야기가 시작된다. 가시고기 모양의 산들과 노래하는 샘물, 속삭이는 나무와 숲이 있는 드래곤 랜드에서, 에이미와 맥스는 드래곤 친구들과 함께 서로 돕고, 의지하며 문제를

해결하는 새로운 방법들을 배운다. 어린이들에게 친구를 사귀고 존중하는 법, 낯선
경험에 대한 두려움을 극복해 가는 에피소드를 경험하도록 구성 / 초등저

✿ 부모가 보면 좋은 책

자아존중감

갈매기 조나단 / 리처드 바크 / 범우사 / 2000

나는 누구인가 / 손봉호 / 샘터 / 1994

왜 나를 말하기를 두려워하는가? / 존 포웰 / 자유문학사 / 1990

자부심을 키워주는 50가지 원칙 / 재클린 밀러 · 잭 캔필드 / 물푸레 / 2001

자존감 / 데이비드 칼슨 / 두란노 / 2002

다른 사람과 관계맺기

사랑과 우정의 비결 / 알랜로이 맥기니스 / 크리스찬다이제스트 / 2000

사랑받는 날에는 / 마저리 윌리엄스 / 분도출판사 / 1978

아름다운 삶, 사랑 그리고 마무리 / 헬렌 니어링 / 보리 / 1997

아직도 가야 할 길 / M. 스콧 펙 지음, 신승철 역 / 열음사 / 2002

여자는 차마 말 못하고 남자는 전혀 모르는 것들 / 존 그레이 / 프리미엄북스 / 1999

저만 알던 거인 / 오스카 와일드 / 분도출판사 / 1992

You, Excellent! : 칭찬의 힘 / 짐 발라드, 처크 톰킨스, 케네스 블랜차드, 타드 라시나크
/ 21세기북스 / 2002

성취감

50년 후의 약속 / 이원설 / 한언출판사 / 2001

내 딸에게 성공의 날개를 달아 주자 / 사라 림-카우프만, 실비아 림 / 대산출판사 / 2003

쓰러지지 않는 영혼을 위한 닭고기 수프 / 잭 캔필드 외 / 해냄 / 2001

우리가 오르지 못할 산은 없다 / 강영우 / 생명의 말씀사 / 2000

처음 그 설렘으로 아이들을 만나고 싶다 / 파멜라 심스 / 양철북 / 2003

제2장
부록

❗ 함께 읽으면 좋은 책

일반 가족

· **가족사랑**

곰 사냥을 떠나자 / 마이클 로젠 글, 헬렌 옥슨버리 그림, 공경희 역 / 시공주니어 / 1994 /
유아

내 귀염둥이, 너를 사랑한단다 / 낸시 테퍼리 글 · 그림, 창작집단 바리 역 / 중앙출판사 /
2002 / 유아

말괄량이 기관차 치치 / 버지니아 리 버튼 글 · 그림, 홍현미 역 / 시공주니어 / 1993 / 유아

부르퉁한 스핑키 / 윌리엄 스타이글 글 · 그림, 조은수 역 / 비룡소 / 2001 / 유아

솔이의 추석 이야기 / 이억배 글 · 그림 / 길벗어린이 / 1995 / 유아

이 세상에서 제일 큰 아이 / 케빈 행크스 글, 낸시 태퍼리 그림, 이경혜 역 / 비룡소 / 1999 /
유아

펭귄 피트와 패트 / 마르쿠스 피스터 글 · 그림, 김미경 역 / 시공사 / 1993 / 유아

아가야 안녕 / 제니 오버랜드 글, 줄리 비바스 그림, 김장성 역 / 사계절 / 2000 / 유아, 초등저

멋진 우리 가족 / 로랑스 질로 글 · 그림, 에밀리 숄라 그림, 이윤영 역 / 여명미디어 / 2001
/ 초등저

인사 잘하고 웃기 잘하는 집 / 윤수천 글, 이현미 그림 / 시공사 / 2001 / 초등저

오줌으로 만든 무지개 다리 중 "사랑" / 김용택 글 / 열림원 / 2000 / 초등저, 초등고

나를 있게 한 모든 것들 / 베티 스미스 글, 김옥수 역 / 아름드리 / 1996 / 초등고

꼭 한 가지 소원 / 황선미 글, 이형진 그림 / 낮은 산 / 2002 / 초등고

래모나는 아빠를 사랑해 / 비벌리 클리어리 글, 정회성 역 / 지경사 / 2001 / 초등고

· 아버지

고릴라 / 앤터니 브라운 글 · 그림, 장은수 역 / 비룡소 / 1998 / 유아

내가 아빠를 얼마나 사랑하는지 아세요? / 샘 맥 브래트지 글, 아니타 제람 그림, 김서정 역 / 한국프뢰벨 / 1997 / 유아

신발장에서 / 문삼석 글(파아란 꿈 고운 동시 中) / 은하수미디어 / 1999 / 유아

아빠 돼지의 멋진 방귀 / 가도노 에이크 글, 사사키 요코 그림 / 지경사 / 2000 / 유아

아빠시계 / 문삼석 글(우산 속 中) / 아동문예사 / 2000 / 유아

아빠는 지금 하인리히 거리에 산다 / 네레 마어 글, 베레나 발하우스 그림, 이지연 역 / 아이세움 / 2001 / 초등고

아주 특별한 너를 위하여 / 맥스루카도 글, 토니 고프 그림, 아기장수의 날개 역 / 고슴도치 / 2001 / 유아

우리 아빠는 내 친구 / 노경실 글, 심은숙 그림 / 시공주니어 / 2002 / 초등고

책 읽어 주세요, 아빠! / 니콜라 스미스 글, 그림, 김서정 역 / 한국프뢰벨주식회사 / 2001 / 유아

· 어머니

그래도 엄마는 너를 사랑한단다 / 이언 포크너 글 · 그림, 서경애 역 / 중앙출판사 / 2001 / 유아

네가 보고 싶어 우리 아기꼬질이 / 리자맥콜트 글, 시드무어 그림, 김현주 역 / 신인류 / 2002 / 유아

엄마는 언제나 네 친구야 / 로버트 먼치 글 / BB아이들 / 2001 / 유아

엄마손 / 윤석중 글(윤석중 전집 9권 中) / 웅진출판사 / 1988 / 유아

엄마 어디 있어요 / 이렌느 쉬바르츠 글, 프레드릭 슈테어 그림, 홍성혜 역 / 마루벌 / 2000 / 유아

자장자장 엄마 품에(한국전래자장요) / 임동권 글 감수, 류재수 그림 / 한림출판사 / 2001 / 유아

이쁜 못난이(동시) / 이송은 / 유아를 위한 문학활동 / 정민사 / 1997 / 유아

아가 웃음 / 윤수천 글(잠들기 전 엄마가 들려주는 동시) / 지경사 / 2000 / 유아, 초등저

엄마손 / 윤석중 전집 9권 / 웅진출판사 / 1998 / 유아, 초등저

어머니의 감자밭 / 아니타 로벨 글, 그림, 장은수 역 / 비룡소 / 2003 / 초등저

엄마를 위한 선물 / 모니카 하르티히 글, 우슐라 키르히베르 그림, 이현정 역 / 베틀북 /

2001 / 초등저

엄마 잃은 아기 참새 / 루스 에인워스 글, 호리우치 세이치 그림, 이영준 역 / 한림출판사 / 2001 / 초등저

우리 엄마 데려다 줘 / 김옥 글, 김재홍 그림 / 파랑새어린이 / 2001 / 초등저

언제까지나 너를 사랑해 / 로버트 먼치 글, 안토니 루이스 그림, 김숙 역 / 북뱅크 / 2002 / 부모

· 형제

나도 갈래 / 쓰쓰이 요리코 글, 하야시 아키코 그림, 이영준 역 / 한림 / 2001 / 유아

나한테 동생이 생겼어요 / 줄리 사이키즈 글, 팀 윈즈 그림, 최종수 역 / 문학동네 / 1999 / 유아

내게도 동생이 생긴대요 / 줄리아 맥클랜드 글, 론브룩스 그림, 서애경 역 / 중앙출판사 / 2002 / 유아

병원에 입원한 내 동생 / 쓰쓰이 요리코 글, 하야시 아키코 그림, 이용준 역 / 한림출판사 / 1990 / 유아

순이와 어린 동생 / 쓰쓰이 요리코 글, 하야시 아키코 그림, 이영준 역 / 한림 / 1995 / 유아

엄마 배가 커졌어요 / 토머스 스벤슨 글, 그림, 이희건 역 / 계림출판사 / 1994 / 유아

장난감 형 / 윌리엄 스타이그 글 · 그림, 이경임 역 / 시공주니어 / 2002 / 유아

혼자 가지마 / 쓰쓰이 요리코 글, 하야시 아키코 그림, 이용준 역 / 한림출판사 / 1990 / 유아

아가야 안녕 / 제니 오버랜드 글, 줄리 비바스 그림, 김장성 역 / 사계절 / 2000 / 유아, 초등저

터널 / 앤서니 브라운 글 · 그림, 장미란 역 / 논장 / 2002 / 형제 / 초등저

· 조부모

나는 너랑 함께 있어서 좋을 때가 더 많아 / 구드룬 멥스 글, 로트라우트주나자 베르느 그림, 문성원 역 / 시공주니어 / 1999 / 유아

빨간 모자 / 그림형제 글, 베너뎃 와츠 그림, 우순교 역 / 시공사 / 2000 / 유아

할머니 / 최재숙 글(우리 아이 좋은 버릇 길러주는 동화 中) / 삼성출판사 / 1999 / 유아

할머니의 선물 / 조 엘렌 보가르트 글, 바바라 레이트 점토, 강인 역 / 사계절 / 2000 / 유아

우리 할아버지 / 릴리스 노만 글, 노엘라 영 그림, 최정희 역 / 미래 M&B / 2002 / 유아, 초등저

우리 할아버지 / 존 버닝햄 글 · 그림, 박상희 역 / 비룡소 / 1995 / 유아, 초등저

할머니의 조각보 / 패트리샤 플라코 글, 그림, 이지유 역 / 미래 M&B / 2003 / 유아, 초등저

엄마 생각 / 이상권 글, 김병하 그림 / 우리교육 / 2001 / 초등저

종이밥 / 김중미 글, 김환영 그림 / 낮은 산 / 2002 / 초등저

할아버지의 안경 / 김성은 글, 윤문영 그림 / 마루벌 / 2001 / 초등저

할아버지의 하모니카 / 헬렌 그리피스 글, 제임스 스티븐슨 그림, 서필봉 역 / 새터 / 1999 / 초등저

0에서 10까지 사랑의 편지 / 수지 모건스턴 글, 이정임 역 / 비룡소 / 2002 / 초등고

애니의 노래 / 미스카 마일즈 글, 피터 패놀 그림, 노경실 역 / 새터 / 2002 / 초등고

할머니 / 페터 헤르틀링 글, 페터 크노르 그림, 박양규 역 / 비룡소 / 1999 / 초등고

할머니를 따라간 메주 / 오승희 글, 이은천 그림 / 창비 / 2000 / 초등고

할아버지와 마티아 / 로베르토 피우미니 글, 체코 마리니엘로 그림, 이현경 역 / 문학과 지성사 / 1999 / 초등고

특수 및 위기 가족

세 강도 / 토미 웅거러 글 · 그림, 양희전 역 / 시공사 / 1995 / 입양 / 유아

크릭터 / 토미 웅게러 글 · 그림, 장미란 역 / 시공주니어 / 시공주니어 / 2001 / 입양 / 유아, 초등저

너를 사랑한단다 / 맥스 루케이도 글, 세르지오 마르티네즈 그림, 편집부 역 / 두란노 / 2002 / 입양 / 초등저

다른 세상에서 온 아이 파스텔 / 도미실르 드 프레장세 글 · 그림, 신성미 역 / 작은 책방 / 2001 / 입양 / 초등저

진희의 스케치북 / 김혜리 글, 강효숙 그림 / 산하 / 1998 / 입양 / 초등고

누리에게 아빠가 생겼어요 / 소중애 글, 전혜령 그림 / 중앙 M&B / 2002 / 재혼 / 초등저

그냥 갈까, 아니 아니 손잡고 가자 / 이미애 글, 한유민 그림 / 푸른책들 / 2000 / 이혼, 재혼, 조부모 / 초등고

함께 살펴보면 좋은 사이트

http://my.dreamwiz.com - 410329 동시 관련 홈페이지

http://www.ppfk.or.kr - 대한 가족보건 복지협회 홈페이지

http://adong.snu.ac.kr - 서울대학교 가족 아동학과 홈페이지

http://living.snu.ac.kr/~childfamily - 서울대학교 아동학과 홈페이지

http://www.bhfamily.com - 가족세우기 연구소 홈페이지

http://www.familyhealing.org - 가족 치유연구소 홈페이지

http://www.consult.or.kr - 한국 가족상담교육연구소
http://www.iffeminist.or.kr - 한국여성상담센터
http://www.childfamily.or.kr - 가톨릭대학교 아동청소년 가족상담센터
http://www.familycounseling.co.kr - 김영애가족치료연구소
http://myhome.nate.com / kft4599 - 한국 가족치료연구소

◉ 함께 보면 좋은 비디오(유아 이상 전 가족)

· 어머니

로렌조 오일 / 조지 밀러 감독 / 오돈 부부의 아들이 불치병 ALD 진단을 받자 치료법을 찾
아내며 자식을 살리기 위해 애쓰는 부모의 사랑/ 유아

마르셀의 추억 / 이브 로베르 감독 / 마르셀 빠뇰의 아름다운 어린 시절 엄마에 관한 추억 /
초등저

· 아버지

피노키오 모험 / 루이지 코멘치니 감독 / 인형에 불과했던 피노키오가 진정한 소년이 되기
까지의 과정에서 일어나는 여러 가지의 흥미진진한 에피소드와 모험담을 그린 따뜻
한 가족 영화 / 유아

로렌조 오일 / 조지 밀러 감독 / 오돈 부부의 아들이 불치병 ALD 진단을 받자 치료법을 찾
아내며 자식을 살리기 위해 애쓰는 부모의 사랑 / 유아

마르셀의 여름 / 이브 로베르 감독 / 마르셀 빠뇰의 아름다운 어린 시절의 여름방학 중 아버
지와의 소풍을 통해 아버지를 이해하는 과정 / 초등저

세 남자와 아기바구니 / 콜린느 세로 감독 / 브에나비스타 제작 / 초등저

아이엠 샘 / 제시 넬슨 감독 / 엄마 없이 딸을 키운 지능이 낮은 아빠 샘은 딸이 성장하면서
양육능력의 한계에 부딪쳐 딸을 입양시킴 / 초등저

마뇽의 샘 / 끌로드 베리 감독 / 자신의 친아들인 줄 전혀 모른 채 소작농에게 홀대한 한 귀
족이 나중에 그가 과로로 죽은 뒤 아들임을 발견하고 죄책감에 괴로워하는 아버지
모습을 그린 내용 / 초등고

빅 대디 / 데니스 듀간 감독 / 룸펜 소니에게 꼬마소년 줄리안이 어느 날 문득 찾아온다. 당
분간 보호하기로 작정했지만 어느덧 소니는 줄리안에게 따뜻한 부성애를 느낀다는
내용 / 초등고

· 형제

작은 아씨들 / 길리안 암스트롱 감독 / 미국 남북전쟁에 참전한 집안의 가장 대신 부인이 어려운 생활을 꾸려나가는데 이 집에는 네 명의 자매가 있다. 개성이 각각 다른 자매들이 어려운 환경 속에서도 화목하게 살아가는 모습을 보여준다는 내용 / 초등저

천국의 아이들 / 마지드 마지디 감독 / 너무 가난한 알리는 귀여운 여동생과 함께 운동화 한 켤레를 함께 신어야 하는 사태가 벌어졌다. 오전반, 오후반 둘은 신발 하나를 두고 열심히 학교와 집 사이를 뛰어다닌다. 3등 상품인 운동화 한 켤레를 타기 위해서 동생을 위해 마라톤 게임을 나간다는 내용 / 초등저

검정고무신 / 송정율 감독 / 하루 종일 오빠가 사다줄 검정 고무신을 기다리는 여동생을 생각하며 집으로 고무신을 가지고 오는 길에 그만 고무신을 잃어버리고 돌아와 마음 아파하는 오빠의 심정 이야기 / 전체가

· 조부모

우리 할아버지 / 다이앤 잭슨 감독 / 세상을 아주 많이 살아본 할아버지와 이제 막 세상을 알아가기 시작하는 손녀의 다정한 대화와 꿈이 현재와 과거, 현실과 환상을 서로 넘나들며 이어지는 이야기 / 유아

집으로 / 이정향 감독 / 갑자기 시골오지 외할머니 댁에 맡겨진 도시 아이 상우가 벙어리 할머니의 사랑을 확인하고 자신도 사랑하게 되기까지의 과정이 감동적으로 그려져 있다 / 초등저

· 입양 가족

스튜어트 리틀 / 롭 민코프 감독 / 리틀 씨 부부가 스튜어트라는 생쥐를 입양한 후 가족으로 적응하기까지의 에피소드 / 전체가

스튜어트 리틀2 / 롭 민코프 감독 / 평화롭게 가족의 일원으로 갈던 생쥐 스튜어트에게 여자친구가 생기면서 팔콘으로부터 그녀를 구하는 모험 / 전체가

애니 / 존 휴스턴 감독 / 1930년대 중반 폭군 같은 해니건 원장이 운영하는 고아원에서 비참한 생활을 하는 어린 소녀(애니)가 임시 입양을 통하여 새롭게 자신을 바라보고 다른 사람에게도 희망을 준다는 이야기 / 전체가

이집트 왕자 / 브렌다 챔프만, 사이먼 웰스, 스티브 히크너 감독 / 전체가

수잔 브링크의 아리랑 / 장길수 감독 / 네 살 때 스웨덴으로 입양된 유숙은 수잔이라는 이름으로 살게 되는데 양모의 매질과 가족에 대한 그리움으로 자살을 시도할 정도로 절망 속에 빠졌으나 가족과 조국에 대한 사랑을 놓치지 않는다는 내용 / 초등고

아이엠 샘 / 제시 넬슨 감독 / 만 7세아의 지능을 가진 아버지가 자신보다 지적능력이 뛰어

난 딸을 혼자 기르려고 애쓰다 결국 일중독에 빠진 변호사에게 입양시켜 돌보게 된다는 아버지의 사랑 / 초등고

· 이혼(한부모) 가족

퍼펙트 월드 / 클린튼 이스트우드 감독 / 홀어머니 슬하에서 엄격하고도 비정상적인 교육을 받으며 자란 필립 페리에게 어느날 우연히 만난 탈옥수와 아버지와 아들의 정을 쌓아 가는 이야기 / 전체가

크레이머 대 크레이머 / 로버트 벤튼 감독 / 평범한 소시민 크레이머 부부의 파경으로 인한 가족 모두 아픔과 아들을 혼자 힘으로 키워 보려고 실직하면서까지 법적 투쟁을 하나 결국 아내에게 아이를 떠나보내야 하는 부성애를 나타내는 이야기 / 초등저

아름다운 세상을 위하여 / 미미 래더 감독 / 알코올 중독자 아버지가 가출한 뒤 어머니와 혼자 사는 중학생 트레버는 세상을 좀더 나은 곳으로 바꾸는 숙제를 심각하게 받아들이고 심사숙고 끝에 괜찮은 방법을 생각하는 내용 / 초등고

· 재혼 가족

사운드 오브 뮤직(Sound of Music) / 로버트와이즈 감독 / 오스트리아의 짤스부르그 수도원의 견습 수녀인 마리아는 미사도 잊을 정도로 노래를 좋아하다가 수녀원에서 나와 7자녀를 둔 홀아비인 트랩 대령가의 가정교사가 되어 아이들에게 아름답고 즐거운 노래를 통해 가족 간의 따뜻한 사랑을 확인하게 한다는 내용 / 전체가

스텝 맘(Step mom) / 크리스콜럼버스 감독 / 죽어 가는 생모가 계모에게 자리를 양도하는 색다른 가족분위기 속에 계모와 의붓딸 간의 사랑 이야기 / 초등고

❀ 부모가 보면 좋은 책

아동심리

아동심리 바로알면 자녀양육 예술이 된다 / 유명희 / 학지사 / 2001
학생, 교사 및 학부모를 위한 아동의 심리 발달 / 폴 뮤센 / 서원 / 1996
한국인의 탈무드시리즈 5: 너 아직도 철부지 소리 듣니? / 유창근 / 학지사 / 1998

부모-자녀관계

젊은 엄마를 위하여 / 이원영 / 샘터 / 1980
사랑에도 노하우가 있다 / 이원영 / 경향신문사 / 1996
들어주자 들어주자 / 박문희 / 지식산업사 / 1998

보든 자녀 교육시리즈 / 루스 보든 / 웅진출판 / 2001

현명한 부모들은 아이를 느리게 키운다 / 신의진 / 중앙 M&B / 2000

꾸짖기 전에 읽는 책: 하고자 하는 어린이로 기르려면 / 히라이 노부요시 지음, 문기정 역 /
학지사 / 1999

준비된 접촉이 인생을 바꾼다 / 이요섭 / 미래 M&B / 1998

좋은 아빠 / 로즈 D. 파크, 김성봉 역 / 샘터 / 1990

아빠와 아이 / 피츠휴 닷슨 / 샘터 / 1991

아버지가 주신 가장 소중한 선물 / 조안 라이언, 박광순 역 / 미래 M&B / 1998

이상적인 엄마의 지혜로운 유아교육: 가정 유치원 / 유안진 / 보육사 / 1981

어머니가 주신 가장 소중한 선물 / 조안 라이언, 박광순 역 / 미래 M&B / 1998

성숙한 부모 유능한 교사 / 연문희 / 양서원 / 1997

아이들은 무엇으로 크는가 / 조남근 / 학지사 / 1998

믿는 만큼 자라는 아이들 / 박혜란 / 웅진닷컴 / 2002

맞벌이 엄마 아빠의 자녀교육 / 김영의 / 샘터 / 1989

사랑하는 가족에게 읽어 주고 싶은 이야기 / 잭 캔필드 · 빅터 한센 외 지음, 박혜경 역 / 두
란노 / 2000

한국인의 탈무드시리즈 4: 너 항상 엄마 아빠 생각하니? / 유창근 / 학지사 / 1998

아동학대 및 성폭력

한 아이 / 토리 L. 헤이든 지음, 주정일 · 김승희 역 / 샘터 / 1984

그것은 아동학대예요(개정증보판) / 숙명아동가족복지연구회 / 동문사 / 2002

영유아를 위한 성폭력 예방교육프로그램 / 박은미 외 / 동문사 / 2002

가정과 학교에서 활용할 수 있는 안전교육 지침서 / 한국안전생활교육회 / 웅진출판 / 1994

이혼

그래, 네 맘 알아 엄마 얘기 들어볼래? / 도리스 브렛, 박찬옥 등 역 / 한울림 / 2000

상담

책 읽기를 통한 치유 / 이영애 / 홍성사 / 2002

이럴 땐 이런 얘기 / 유창근 / 서원 / 1996

제**3**장

부 록

⚠ 함께 읽으면 좋은 책

새로운 환경에서 친구 사귀기

나랑 같이 놀자 / 마리 홀 예츠 글 · 그림 / 시공사 / 1994 / 유아

외톨이 사자는 친구가 없대요 / 나카노 히로카주 글 · 그림 / 한림출판사 / 1990 / 유아

친구 / 야마구치 다오 글, 다마루 요시에 그림 / 문학동네 / 2002 / 유아

폴린 / 게오르그 할렌슬레벤 글 · 그림 / 시공사 / 2002 / 유아

플로리안과 트렉터 막스 / 비네테 슈뢰더 글 · 그림 / 시공사 / 1996 / 유아

펭귄피트의 새 친구들 / 마르쿠스 피스터 글 · 그림 / 시공사 / 1993 / 유아

피터의 편지 / 에즈라 잭 키츠 글 · 그림 / 비룡소 / 1996 / 유아

햄스터 덩이와 고양이 리옹 / 박신식 글, 안은진 그림 / 파랑새 어린이 / 2001 / 유아

나 친구 안 사귈래 / 파울 마어 글, 프란츠 비트캄푸 그림 / 아이세움 / 2002 / 초등저

초대받은 아이들 / 황선미 글, 김진이 그림 / 웅진닷컴 / 2001 / 초등저

꼴찌를 하더라도 달려 보고 싶어 / 홍기 글, 정수영 그림 / 여명미디어 / 2002 / 초등고

너도 하늘말나리야 / 이금이 글, 송진헌 그림 / 푸른책들 / 1999 / 초등고

아름다운 우정 쌓기

구리랑 구라랑 놀자 / 나카가와 리에코 글, 야마와키 유리코 그림 / 한림출판사 / 1998 / 유아

내 배꼽이 더 크단 말이야 / 김완기 글, 민들레 그림 / 여명미디어 / 2001 / 유아

내 이름은 멍구 / 야마구치 다오 글, 다마루 요시에 그림 / 문학동네 / 2002 / 유아

내친구 커트니 / 존버닝햄 글 · 그림 / 비룡소 / 1996 / 유아

너, 정말 이러기야? / 러셀 호번 글, 릴리언 호번 그림 / 비룡소 / 2001 / 유아

마들린느와 개구쟁이 / 루드비히 베멀먼즈 글·그림 / 시공사 / 2004 / 유아

멋진 뼈다귀 / 윌리엄 스타이그 글·그림 / 비룡소 / 1995 / 유아

사랑하는 내 친구들 / 게르트하우케 글·그림 / 시공사 / 2003 / 유아

세친구 / 헬메 하이네 글·그림 / 시공사 / 1998 / 유아

아모스와 보리스 / 윌리엄 스타이거 글·그림 / 시공사 / 1996 / 유아

아씨방 일곱동무 / 이영경 글·그림 / 비룡소 / 1998 / 유아

알도 / 존 버닝햄 글·그림 / 시공사 / 1996 / 유아

앤디와 사자 / 제임스 도허티 글·그림 / 시공사 / 1995 / 유아

웬델과 주말을 보낸다고요? / 케빈 행크스 글·그림 / 비룡소 / 2000 / 유아

외뿔이 사슴 올라프 / 폴커 크리겔 글·그림 / 문학동네 어린이 / 2002 / 유아

친구가 올까 / 우치다 린타로 글, 후리야 나나 그림 / 중앙 M&B / 2001 / 유아

친구가 된 악어와 두꺼비 / 디디에 레비 글, 꼬랄리 갈리부르 그림 / 유정림 역 / 사계절 / 1997 / 유아

카이는 사라를 사라는 팀을 좋아해 / 에디트 슈라이버-빅케 글, 카롤라 홀란드 그림 / 문공사 / 유아

털털이와 깔끔이 / 한스 게르트너 글, 한스 포펠 그림 / 문학동네 어린이 / 2002 / 유아

내 친구 해리는 아무도 못말려 / 수지 클라인 글 / 논장 / 1998 / 초등저

아툭 / 미샤 다미안 글, 요쳅 빌콘 그림 / 한마당 / 1995 / 초등저

오줌 멀리싸기 시합 / 장수경 글, 권사우 그림 / 사계절 / 2000 / 초등저

옥이야 진메야 / 김용택 글, 최영주 그림 / 한양출판 / 1996 / 초등저

축구가 좋아 / 크리스티네 뇌스틀링거 글, E. 디틀 그림 / 비룡소 / 2002 / 초등저

화요일의 두꺼비 / 러셀 에릭슨 글, 김종도 그림 / 사계절 / 1997 / 초등저

내 친구가 마녀래요 / E. L. 코닉스버그 글, 윤미숙 그림 / 문학과지성사 / 2000 / 초등고

내친구 비차 / 노소프 니콜라이 니콜라예비치 글, 김병일 역 / 사계절 / 1993 / 초등고

동무 / 정명남 / 물딱총 中 / 보리 / 1937 / 초등고

동무동무 / 임홍은 / 물딱총 中 / 보리 / 1937 / 초등고

물딱총 / 현덕 / 물딱총 中 / 보리 / 1937 / 초등고

샤롯의 거미줄 / E. B. 화이트 글 / 시공사 / 2000 / 초등고

세상에서 가장 친한 친구 / 이경혜 글, 권문희 그림 / 푸른나무 / 1998 / 초등고

위니 더 푸 / 시공사 / 2000 / 초등고

친구끼리는 닮는 거야 / 이소완 글, 김계희 그림 / 소년한길 / 2002 / 초등고

환상의 나라 오즈 / L. 프랭크 바움 글, 존 R. 닐 그림 / 문학세계사 / 2000 / 초등고

친구가 없는 아이

날 좀 도와줘 무지개 물고기 / 마르쿠스 피스터 글 · 그림 / 시공사 / 1996 / 유아

달사람 / 토미웅거러 글 · 그림 / 보림 / 1996 / 유아

목이 길어진 사자 / 최정훈 글 · 그림 / 보림 / 1994 / 유아

겁쟁이 / 이상권 글 · 그림 / 시공사 / 2001 / 초등저

곱슬머리 내짝꿍 / 조성자 글, 이승원 그림 / 푸른나무 / 2002 / 초등저

내 짝꿍 최영대 / 채인선 글, 정순희 그림 / 재미마주 / 1997 / 초등저

짜장 짬뽕 탕수육 / 김영주 글, 고경숙 그림 / 재미마주 / 1999 / 초등저

겁쟁이 / 이상권 글, 유진희 그림 / 시공주니어 / 2001 / 초등고

괴상한 녀석 / 남찬숙 글, 한선금 그림 / 창작과비평사 / 2000 / 초등고

넌 아름다운 친구야 / 원유순 글, 김상섭 그림 / 푸른책들 / 2001 / 초등고

애벌레가 애벌레를 먹어요 / 이상근 글, 윤정주 그림 / 웅진닷컴 / 2002 / 초등고

함께 살펴보면 좋은 사이트

인표어린이 도서관 http://www.inpyolib.or.kr
문화적, 경제적 혜택을 받지 못하는 어린이들에게 재미있게 독서하며 생각하는 문화공간을 마련해 어린이의 꿈을 키워 주고자 설립한 도서관이며 홈페이지도 운영하여 유익한 정보를 제공하고 있다.

아이나라 http://www.inara.co.kr/
매일신문사 클리오드 운영 어린이 전용 웹진. 어린이 뉴스, 게임, 동시, 과학, 동물, 미스테리, 생활영어 정보등 다양한 정보를 얻을 수 있다.

어린이 서울포커스 http://www.kid.metro.seoul.kr/
서울시 어린이 홈페이지. 서울 600년 역사, 현재모습, 문화유적지, 시청 사이버견학, 외국인 친구를 위한 서울소개 동영상 및 학부모교실 등을 운영하고 있다.

차일드 http://www.child.co.kr/
어린이를 위한 인터넷공간. 어린이 전용 이메일, 사이버캐릭터 키우기, 채팅, 친구찾기 서비스 등이 있다.

어린이세상 http://www.childpi.com
어린이 정보 제공, 상담실, 상담자료, 이야기나라, 동화 등 다양한 정보를 제공한다.

한국도서관협회 http://column.daum.net/booklove, http://www.libro.co.kr
국민독서문화 진흥을 위한 독서서지 목록 시스템: 상황별 도서목록-아동 · 청소년 편 등의 정보를 제공한다.

🏵 함께 보면 좋은 비디오

새로운 환경에서 친구 사귀기

사이좋게 지내요 / EBS교육방송 박성웅 PD / 친구들과 사이좋게 지내는 방법에 대한 모여라 딩동댕의 공개방송 / 유아

해곰이의 하루 / (주)초록배미디어 / 돌아온 옛친구, 새친구 부시 등 Jane Hissey의 그림동화를 비디오로 제작한 것으로 1편, 2편으로 나누어져 친구사귀기와 우정에 관한 내용을 다루고 있다. / 유아

몬스터 주식회사(Monsters, Inc) / 데이빗 실버만 감독 / 괴물 도시를 움직이는 에너지원은 어린이들의 비명소리이다. 괴물도시에 살고 있는 설리와 어린 인간 소녀 부는 처음에는 서로 친해질 수 없는 사이였으나, 여러 모험을 겪으면서 서로 우정을 쌓아간다. / 유아, 초등저

아름다운 우정 쌓기

리틀베어 / 비엠코리아 / 호기심 많은 작은 곰과 그의 친구들이 엮어가는 사랑과 우정을 그린 애니메이션 비디오 1, 2, 3편 / 유아

보노보노 / 난바 히토시 감독 / 아기 해달 '보노보노'와 보노보노의 친구인 숲 속에 사는 다람쥐 '포로리', 너구리 '너부리'가 펼치는 아기자기하고 천진한 동요 같은 이야기로 48부의 에피소드가 이어져 있고 각각 10분씩 진행된다. 여러 주제 중 '보노보노와 놀자', '놀지 못하는 너부리' 등 친구와 관련된 내용도 들어 있다. / 유아

사이좋은 친구들 / EBS교육방송 박성웅 PD / 모여라 딩동댕의 공개방송 친구들과의 우정에 관한 내용 / 유아

서로 도와요 / EBS교육방송 이은미 PD / 딩동댕 유치원의 한 주제로 가족, 친구들과 일을 할 때 서로 돕는 장면과 상황을 연출하여 협동의 중요성과 아름다움을 느낄 수 있는 내용 / 유아

꼬마기관차 토마스와 친구들(친구사랑 이야기편) / C4U / 친구와의 소중한 우정과 모험을 즐기는 유아교육용 애니메이션 / 유아

꼬꼬마 텔레토비(종합편) / KBS영상사업단 편집 / 네 명의 텔레토비 보라돌이, 뚜비, 나나, 뽀가 펼치는 재밌는 이야기들이 영국 BBC에서 유아들의 눈높이에 맞추어 제작되었다. 유치원 교육과정의 생활영역별 내용들이 적절히 들어가 있으며, 그중 크리스마스트리 만들기는 크리스마스트리를 4명의 친구들이 협동하며 만드는 내용, 그네타기는 그네를 사이좋게 차례대로 타는 과정의 내용 / 유아

릴로와 스티치 / 월트디즈니 / 릴로와 스티치의 아름다운 우정과 가족의 소중함을 그린 애니메이션 / 유아, 초등저

토이 스토리 / 존 래스터 감독 / 우디는 낡은 카우보이 인형이지만 6살짜리 주인 앤디가 가장 아끼는 장난감이다. 그런데 앤디가 생일선물로 받은 최신형 장난감은 첨단의 우주복을 입은 인형 버즈는 금세 앤디의 사랑을 독차지한다. 버즈를 제거하려던 우디의 계획은 예기치 못하던 일로 확대되면서 우디는 버즈와 함께 장난감 세상보다 훨씬 큰 바깥세상으로 나와 헤매게 된다. 집으로 돌아가기 위해 노력하면서 그들은 차츰 서로를 이해하고 우정이 싹트게 된다는 내용 / 유아, 초등저

이상한 친구·미안해 / 성바오로딸 출판 / ① 이상한 친구: 버릇없이 자라난 부잣집 아이 태현이는 욕심쟁이, 심술꾸러기이다. 유치원에 들어간 태현이는 용돈을 모아 가난한 친구들을 도와주는 수희의 착한 행동을 보면서 자신의 잘못을 뉘우치며 가난한 이웃과 나누는 것이 얼마나 소중한 가를 깨닫게 된다는 내용; ② 미안해: 귀염이는 아빠의 서재에 있는 유리동물을 만지지 않기로 약속했지만 '한 번만...' 하고 만지는 순간 바닥에 떨어져 깨뜨린다. 귀염이의 잘못을 너그러이 용서하시는 아빠를 통해 용서와 화해를 배울 수 있는 내용 / 초등저

굿바이 마이 프랜드 / 피터 호튼 감독 / 어느 날 옆집에 쿨럭거리며 기침을 해대는 에이즈가 걸린 병약한 아이 덱스터와 이혼 후 신경이 날카로워진 엄마와 함께 살아가는 에릭 두 소년의 순수한 우정을 그린 감동적인 영화 / 초등고

친구가 없는 아이

인형의 집으로 오세요 / 토드 솔론즈 감독 / 두꺼운 안경, 촌스러운 옷차림의 여중생 도온은 점심시간에 같이 앉아 먹을 친구조차 없는 왕따이고, 집에서도 요정같이 예쁜 여동생에게 치이는 왕따이다. 그러나 왕따당하는 상황을 담담히 참아내기로 결심한 도온의 이야기가 담담히 그려진다는 내용 / 초등고

우리들의 일그러진 영웅 / 박종원 감독/ 초등학교 남학생인 병태는 이미 형성된 권력에 순응하지 않았기 때문에 왕따당한다. 병태는 엄석대의 독재를 인정하지 않고 선생님의 도움을 받거나 공부로 엄석대를 눌러 보려 하지만 실패하고 그에게 순응하는 방법으로 왕따를 벗어난다는 내용 / 초등고

내 책상 위의 천사 / 제인 캠피온 감독 / 한껏 부풀어진 양배추 빨강머리의 뚱보 자넷은 친구들 사이에서 항상 왕따이다. 그녀의 유일한 도피처는 소설과 시 속에만 존재하는 문학세계이다. 책만 파고드는 그녀는 교원학교를 졸업한 뒤 잠시 선생으로 일하지만 결국 정신분열증이라는 오진을 받고 정신병원에서 몇 년간 전기충격 치료를 받으며 힘든 시련을 겪기도 한다. 그녀가 쓴 자서전이 주목받고 단편소설이 상을 수상하면서

자넷은 작가로 성공한다는 내용 / 초등고

🏵 부모가 보면 좋은 책

새로운 환경에서 친구 사귀기

반쪽이네 딸 학교에 가다 / 최정현 글·그림 / 김영사 / 1998

친구삼기

그림책 육아 어떻게 시작할까 / 문윤아 지음 / 샘터사 / 2004

말 한마디에 우리 아이가 확 달라졌어요 / 호시이치로 지음, 김수진 역 / 프리미엄북스 / 2004

아이의 마음에서 시작하는 육아 / 아리나 프레코프 글, 크리스텔 슈바이처 그림 / 웅진닷컴 / 2002

어린이와 그림책 / 마쓰이 다다시 글, 이상금 역 / 샘터 / 1990

우리 아이에게 좋은 친구를 찾아 주는 27가지 방법 / 프레드 프랭클 글, 윤규상 역 / 미래 M&B

친구가 많은 아이로 키워라 / 나탈리 M 엘만, 에일린 케니디-무어 지음, 김우열 역 / 가야넷 (주) / 2003

친구가 따르는 아이 친구를 따라가는 아이 / 데일카네기 지음, 공병호 역 / 청솔출판사 / 2003

제4장

부록

! 함께 읽으면 좋은 책

신체적 특징-외모

난 크고 싶어 / 안드레아 샤빅 글, 러셀 이토 그림, 이연수 역 / 그린 북 / 2002 / 유아

내 귀는 레몬빛 / 카챠 라이더 글, 안겔라 폰 로엘 그림, 이진영 역 / 문학동네어린이 / 2001 / 유아

당나귀 덩키덩키 / 로저 뒤바쟁 글 · 그림, 서애경 역 / 웅진닷컴 / 2002 / 유아

뚱뚱해도 넌 내 친구야 / 크리스티네 뇌스틀링거 글, 박혜선 그림, 최진호 역 / 크레용하우스 / 2001 / 유아

슈렉! / 윌리엄 스타이그 글 · 그림, 조은수 역 / 비룡소 / 2001 / 유아

암소 로자의 살빼기 작전 / 크리스텔 데무아노 글, 유정림 역 / 사계절 / 2000 / 유아

알록달록 코끼리 엘머 / 데이비드 맥키 글 · 그림, 김양미 역 / 아가월드 / 2001 / 유아

키 큰 아이가 되고 싶어요 / 우리 올레브 글, 약키 글라익 그림, 유혜자 역 / 여명미디어 / 1998 / 유아

뚱보 은땡이 / 원유순 글, 백명화 그림 / 세손교육 / 2003 / 초등저

신체적 특징-신체장애

또또의 음악회 / 나까에 요시오 글, 유노에노 노리코 그림, 이재은 역 / 세상모든책 / 1999 / 유아

마티유의 까만색 세상 / 질 티보 글, 장 베르네슈 그림, 이정주 역 / 어린이 작가정신 / 2003 / 유아

바바빠빠 / 아네트 티종 글, 탈루스 테일러 그림, 이용분 역 / 시공사 / 1994 / 유아

반쪽이 / 이미애 글, 박경진 그림 / 보리 / 2001 / 유아

엄마, 내가 자전거를 탔어요! / 이노우에 미유키 글, 카리노 후키코 그림, 이정선 역 / 베틀북 / 2002 / 유아

외뿔이 사슴 올라프 / 폴커 크리겔 글·그림, 이진영 역 / 문학동네어린이 / 2002 / 유아

프리다 / 조나 윈터 글, 아나 무안 그림, 박미나 역 / 문학동네 / 2003 / 유아

에디에게 잘해 주렴 / 버지니아 플레밍 글, 플로이드 쿠퍼 그림, 강연숙 역 / 느림보 / 2003 / 유아, 초등저

가방 들어 주는 아이 / 고정욱 글, 백남원 그림 / 사계절 / 2002 / 초등저

경찰 오토바이가 오지 않던 날 / 고정욱 창작동화, 윤정주 그림 / 사계절 / 2004 / 초등저

괜찮아 / 고정욱 글, 최호철 그림 / 낮은산 / 2002 / 초등저

그래도 나는 꿈이 있어요 / 고정욱 글, 오수부 그림 / 그린북 / 2003 / 초등저

나보다 작은형 / 임정진 글, 이웅기 그림 / 푸른숲 / 2001 / 초등저

내 마음의 선물 / 오토다케 히로타다 글, 사와다 도시카 그림, 전경빈 역 / 창해 / 2000 / 초등저

내동생 아영이 / 김중미 동화, 권사우 그림 / 창작과비평사 / 2002 / 초등저

네 손가락의 피아니스트 / 고정욱 글, 원유미 그림 / 대교 / 2003 / 초등저

세상에서 가장 소중한 말 / 클로드 클레망 글, 실비 몽물리넥스 그림, 장석훈 역 / 배동바지 / 2003 / 초등저

우리 아빠 / 고정욱 글, 신민재 그림 / 시공주니어 / 2004 / 초등저

외눈박이 한세 / 곽재구 글, 심미아 그림 / 미세기 / 2000 / 초등저

장애를 딛고 선 천재화가 김기창 / 심경자 글 / 나무숲 / 2002 / 초등저

특별한 여동생 / 클로드 엘프 글, 마들렌 브뤼넬드 그림, 신상미 역 / 작은책방 / 2003 / 초등저

헬렌켈러-세계의 위인 / 윤형복 글 / 국민서관 / 2001 / 초등저

정서적 특징 - 정서장애

갑수는 왜 창피를 당했을까? / 노경실 글, 이형진 그림 / 계림북스쿨 / 2001 / 유아

겁쟁이 꼬마 유령 부우 / 브리짓 민느 글, 리스케 레멘스 그림, 장미란 역 / 웅진닷컴 / 2002 / 유아

꼬마 한스가 혼자 되었어 / 베르너 홀츠바르트 저, 엄혜숙 역 / 아이세움 / 2002 / 유아

무서움을 이겨낸 구스타보 / 리카르도 알칸타라 글, 구스타 그림, 권미선 역 / 세손교육 / 2002 / 유아

선생님은 모르는 게 너무 많아 / 강무홍 글, 이형진 그림 / 사계절 / 2001 / 유아

수상한 궤짝 / 메르세 컴퍼니 글, 아구스틱 아센시오 그림, 유동환 역 / 푸른나무 / 2001 /
　　유아

수학은 너무 어려워 / 베아트리스 루에 글, 로지 그림, 최윤정 역 / 비룡소 / 1996 / 유아

어두운 집은 무서워 / 베르너 홀츠바르트 저, 크리스티나 브레츠슈나이더 그림, 엄혜숙 역 /
　　아이세움 / 2002 / 유아

어둠을 무서워하는 꼬마 박쥐 / 게르다 바게너 글, 에밀리오 우르베루아가 그림, 최문정 역 /
　　비룡소 / 1997 / 유아

올가는 학교가 싫다 / 준비에브 브리작 글, 미셸 게 그림, 김경온 역 / 비룡소 / 1997 / 유아

침대 밑에 괴물이 있어요 / 안젤리카 글리츠 글, 임케 죄니히젠 그림, 김라합 역 / 웅진닷컴
　　/ 2000 / 유아

토미는 이제 겁쟁이가 아니에요 / 클라우스 바움가르트 글·그림, 사랑이 역 / 아가월드 /
　　2001 / 유아

프레드가 겁쟁이라고? / 린다 제닝스 저, 바시아 보그다노비츠 그림, 이승희 역 / 문학동네
　　/ 2002 / 유아

학교 안 갈 거야 / 토니 로스 글·그림, 양희진 역 / 베틀북 / 2000 / 유아

바보갑수 천재갑수 / 소중애 글, 이태호 그림 / 효리원 / 2002 / 초등저

문화적 특징-다른 나라(문화권)의 사람들

시애틀 추장 / 수잔 제퍼스 글·그림, 최권행 역 / 한마당 / 2001 / 유아

수호의 하얀말 / 오츠카 유우조 글, 수에키치 그림, 이영준 역 / 한림 / 2001 / 초등저

아툭 / 미샤 다미안 글, 요쳅 바본 그림, 최권행 역 / 한마당 / 1995 / 초등저

지붕 위의 꾸마라 아저씨 / 조대현 외 9명 글, 원유미 윤지연 그림 / 문공사 / 2003 / 초등저

펠릭사랑 결혼할 거야 / 한나 얀센 글, 바바라 코르투에스 그림, 박원영 역 / 반딧불이 /
　　2003 / 초등저

히어와서의 노래 / 헨리 워즈워스 롱펠로우 시, 수잔제퍼스 그림 / 보림 / 1997 / 초등저

⚙ 함께 살펴보면 좋은 사이트

신체 및 정서적 특징

SOS 아동복지센터(http://sosed.koreasos.or.kr)
SOS 어린이마을에서 운영, 문제 행동 아동의 치료와 정서 및 발달장애 아동에게 다각적인
　　방법으로 임상적 치료를 도모하는 센터

❀ 함께 가 보면 좋은 곳

문화적 특징-다른 나라(문화권)의 사람들

중남미박물관(경기도 고양시 덕양구 고양동)
아즈테카, 잉카 문명 등 중남미 각국의 고대 문화유산 등을 볼 수 있는 박물관(031)962-9291

◉ 함께 보면 좋은 비디오

신체적 특징-외모

슈렉 / 비키 잰슨 감독 / 보기 흉한 초록색 괴물 슈렉과 그 보기 흉한 외모에 감춰진 슈렉의 따뜻하고 순수한 마음을 다시 한 번 들여다보게 하는 이야기 / 전체가(연소자 관람가)

미녀와 야수 / 게리 트라우스데일 감독 / 월트 디즈니의 애니메이션 / 아주 다른 외형적인 모습을 가진 미녀와 야수가 서로를 이해하고, 사랑하게 되는 이야기 / 전체가(연소자 관람가)

그린치 / 론 하워드 감독/ 외톨이로 항상 사람들의 따돌림을 당하는 괴상한 외모의 그린치가 꼬마 소녀 신디의 초대로 마을의 크리스마스 축제에 초대되면서, 마침내 따뜻한 마음의 사랑스런 그린치로 재탄생된다는 이야기 / 전체가

뮤리엘의 웨딩 / P. J. 호건 감독 / 못생기고 뚱뚱한 주인공 뮤리엘이 삶에 있어서 진정한 아름다움이 무엇인가를 찾아가는 이야기 / 15세 이상가

25살의 키스 / 라자 고스넬 감독 /고등학교 시절 우등생이었으나 우스꽝스런 외모와 엉뚱한 행동으로 따돌림받았던 주인공이, 취재를 위해 다시 고등학생으로 위장 입학하여 외모로 인해 느꼈던 자신의 열등감을 극복해 나가는 이야기 / 12세 이상가

신체적 특징-신체장애

포레스트 검프 / 로버트 저맥키스 감독 / I.Q 70의 저능아이며 다리까지 불편한 포레스트 검프는 다른 사람들에게는 모자란 듯 보이지만 남들보다 빠르게 달리기를 할 수 있는 특기를 가지고 있다. 그 특기로 타인의 부러움과 존경도 받고 나름대로 성공적인 삶을 살게 되는 모습을 다룬 이야기 / 15세 이상가

제8요일 / 자코 반 도마엘 감독 / 다운증후군인 조지를 통해서 신체장애인의 모습과 생활

을 이해하고, 삶을 진실하게 살아나가는 이런 조지의 모습을 통해 자신의 인생의 의미를 이해해나가는 과정을 담은 이야기 / 전체가

나의 왼발 / 짐 쉐리단 감독 /선천적인 뇌성마비를 극복한 아일랜드의 작가겸 화가인 크리스티 브라운의 자전소설을 영화한 것으로, 장애를 극복하고 작가로서의 자신의 삶과 사랑을 성취해 가는 장애인의 모습을 다룬 이야기 / 전체가

비욘드 사일런스 / 카롤리네 링크 감독 / 청각장애자인 부모를 둔 주인공의 가족에 대한 사랑, 오해와 용서를 다룬 이야기 / 12세 이상가

정서적 특징-정서장애

카드로 만든 집 / 마이클 레작 감독 / 아버지의 죽음을 목격하고부터 세상에 마음을 닫고 말을 안 하고 카드로만 집을 짓는 소녀 샐리와 샐리를 인정하지 않으려던 부모가 서로의 상처를 이해하고 인정하면서 다시 마음을 열고 이야기를 하게 된다는 이야기 / 전체가

아이 엠 샘 / 제시 넬슨 감독 / 지적 장애로 7살 지능밖에 갖지 못한 샘과 그 주변 사람들과의 우정, 정상적인 자녀인 딸 루시와의 사랑을 다룬 이야기 / 12세 이상가

레인 맨 / 배리 레빈슨 감독/ 정상적인 동생이 자폐증 환자인 형을 이해해가는 가족간의 이해와 사랑을 다루는 이야기 / 18세 이상가

에이미 / 나디아 태스 감독 / 아빠가 죽은 것이 자신 때문이라는 죄책감에 자폐증과 실어증에 걸린 여덟 살 주인공 에이미가 노래와 사랑으로 마음의 상처를 치유하는 이야기 / 전체가

✻ 부모가 보면 좋은 책

신체적 특징-신체장애

발달이 늦은 우리 아이도 잘 할 수 있어요: 시각장애아 편 / 박태희 / 형설출판사 / 1998

발달이 좀 늦는 우리아이 어떻게 키울까: 청각장애아 편(내일을 준비하는 가정교육 4) / 박태희 / 혜성출판사 / 1995

아담을 기다리며 / 마사 베크 지음, 김태언 역 / 녹색평론사 / 2002

앞 못 보는 저를 이렇게 키워 주세요 / Sherry and Droutllard, Richard Rayner 저, 김은숙 역 / 2001

오체불만족 / 로토다케 히로타다 저, 전경빈 역 / 창해(새우와 고래) / 2001

정서적 특징-정서장애

난독증의 이해: 읽기장애아를 둔 부모와 치료자를 위한 지침서 / 매리온 샌더스 저, 신민섭
    역 / 학지사 / 2003

발달장애 영유아 바로 키우기 / 정보인 외 저 / 교육과학사 / 2000

의사소통장애 / M. N. Hedge 저, 김선희 외 공역 / 학지사 / 2002

장애아동 부모 어떻게 도울 것인가 / 이영호 / 학문사 / 2000

주의력 결핍장애 / 박형배 · 서완석 공역 / 하나의학사 / 2002

특수교육학학술도서시리즈 003 / 신현기 편저 / 양지 / 2001

제**5**장

**부
록**

⚠ 함께 읽으면 좋은 책

생명의식

갓난 송아지 / 이원수 / 여명 / 1997 / 초등저

괭이 씨가 받은 유산 / 조장희 / 중앙일보사 / 1995 / 초등저

동물들이 사라져 가고 있어요 / 실비 지라르데 · 피그 로사도 / 동아 / 1993 / 초등저

바구니에 담은 별 / 권태문 · 이미라 / 한국독서지도회 / 1995 / 초등저

삼촌과 함께 자전거 여행 / 채인선 · 김동성 / 재미마주 / 1998 / 초등저

생명이 들려 준 이야기 / 위기철 / 산하 / 1991 / 초등저

아가 까치의 생일 / 신지식 / 성 바오로 / 1990 / 초등저

은지와 푹신이 / 하야시 아키코 / 한림 / 1994 / 초등저

작은 집 이야기 / 버지니아 리 버튼 / 시공사 / 1993 / 초등저

지하철을 탄 천사 / 노경실 / 대원사 / 2000 / 초등저

도도새와 카바리아 나무 / 손춘익 · 이영원 / 웅진 / 1998 / 초등고

환 경

뒷뚜르 이렁지의 하소연 / 이완 · 원유미 / 현암사 / 1994 / 초등고

별이 된 다람쥐 / 강정규 / 동아 / 1992 / 초등고

별이 몰려온 마을 / 박상규 / 대원사 / 1989 / 초등고

아기 개미와 꽃씨 / 조장희 · 이동진 / 오늘 / 1993 / 초등고

여보세요, 거기 누구 없어요? / 요슈타인 가아더 / 현암사 / 2000 / 초등고

이 방이 고래 뱃 속이야? / 안순혜 / 꼬마나라 / 1999 / 초등고

차돌이는 환경 박사 / 김현아 / 산하 / 1991 /초등고

죽 음

넌 내 멋진 친구야 / 메기 스미스 / 중앙 / 2001 / 유아, 초등저

별이 된 시로 / 이노우에 유우카 · 요 쇼메이 / 태동 / 2001 / 유아, 초등저

수호의 하얀 말 / 오츠카 유우조 · 아카바 수에키치 / 한림출판사 / 2001 / 유아, 초등저

아기 토끼의 소원 / 조나단 런던 · 실비아 롱 / 크레용 하우스 / 1998 / 유아, 초등저

우리 할아버지 / 릴리스 노만 / 미래 M&B / 2002 / 유아, 초등저

우리 할아버지 / 존 버닝햄 / 비룡소 / 1995 / 유아, 초등저

죽으면 아픈 것이 나을까요? / 유리 브레이바르트 글, 피트 브리에바르트 그림, 김현희 역 /
    느림보 / 2002 / 유아, 초등저

코끼리똥 / 헬메 하이네 / 베틀북 / 2001 / 유아, 초등저

100만 번 산 고양이 / 사노 요코 / 비룡소 / 2001 / 초등저

굿바이 마우지 / 로비 해리스 · 잔 오머로드 / 언어세상 / 2002 / 초등저

일곱 개의 숟가락 / 노경실 · 김수정 만화 / 대교 / 1998 / 초등저

창너머 / 찰스 키핑 / 시공사 / 1998 / 초등저

할아버지 양복 입고 있어요 / 아멜리에 프리드 · 약키 글라익 / 여명(위드 북스 시리즈) /
    2000 / 초등저

미라가 된 고양이 / 재클린 윌슨 글 / 시공주니어 / 2002 / 초등고

아빠가 내게 남긴 것 / 캐럴 캐릭 · 패디 부머 / 베틀북 / 2000 / 초등고

아툭 / 미샤 다미안 · 요첩 빌콘 / 한마당 / 2001 / 초등고

안녕 할아버지 / 엘피 도넬리 / 창비 / 1990 / 초등고

할아버지와 마티아 / 로베르토 피우미니 · 체코 마리니엘로 / 문학과 지성사 / 1999 / 초등고

질 병

병원에 입원한 내 동생 / 쓰쓰이 요리코 / 한림 / 1989 / 유아

예방주사 무섭지 않아 / 후카미 하루오 / 한림 / 1996 / 유아

멍멍의사 선생님 / 배빗 콜 / 보림 / 2000 / 유아, 초등저

치과의사 드소토 / 윌리엄 스타이그 / 비룡소 / 2001 / 유아, 초등저

나보다 작은 형 / 임정진 · 이웅기 / 푸른숲 / 2002 / 초등저

너 먼저 울지 마 / 안미란 · 김종도 / 사계절 / 2000 / 초등저

여울 각시 / 이중현 / 우리교육 / 2001 / 초등저

강가의 토토 / 구로나야기 테츠코 · 이와사키 치히로 / 프로메테우스 / 2001 / 초등고

말의 미소 / 크리스 도네르 · 필립 뒤마 / 비룡소 / 1999 / 질병 / 초등고

함께 살펴보면 좋은 사이트

동강 살리기 운동 홈페이지 http://www.dongriver.com
환경운동연합 http://www.kfem.or.kr
환경관리공단 http://emc.or.kr
환경디지털 도서관 http://lib.me.go.kr/lib

함께 보면 좋은 비디오

생명의식

잭 / 프란시스 포드 코폴라 감독 / 성장 속도가 4배 정도 빠른 잭의 특이한 삶을 통하여 우리 삶에 진정 필요한 가치가 무엇인지 되묻는다. / 전체가
나무를 심은 사람 / 프레데릭 백 감독 / 한 사람의 의지에 의해 죽은 자연이 되살아나 생명의 땅으로 바뀔 수 있음과 어떤 삶을 살아야 할 것인가를 생각하게 해 준다. / 전체가
패치 아담스 / 톰 새디악 감독 / 헌터 아담스란 의사에 관한 실화를 다룬 영화로 심리적 내면의 치유의 중요성을 알게 해 준다. / 전체가
마이크로 코스모스 / 끌로드 누리드사니 감독 / 신비한 우주를 이루고 있는 파란만장한 곤충세계의 이야기 / 전체가

환 경

헤에세이 너구리 전쟁 폼포코 / 다카하다 이사오 감독 / 숲을 파괴하는 인간에 대해 둔갑술을 연마해 전쟁을 벌이는 너구리들의 이야기로 환경파괴의 인간의 탐욕에 일침을 가한다. / 전체가
아름다운 비행 / 캐롤 발라드 감독 / 교통사고로 엄마를 잃은 에이미가 거위를 통해 아빠와 주변 사람들과의 신뢰를 회복하여 인간성에 대한 확신과 자연에 대한 소중함으로 느끼게 하는 영화 / 전체가

죽 음

우리 할아버지 / 할아버지와 손녀가 만든 아름다운 추억이 특별한 기쁨을 만드는 환상적인 동화 같은 세계 / 전체가
에이미 / 나디아 테스 감독 / 가수였던 아빠의 죽음이 자신의 탓으로 생각하고 그 상처에서

벗어나지 못했던 에이미가 노래를 통해 세상 밖으로 다시 나온다는 이야기 / 전체가

질 병

로렌조 오일 / 조지 밀러 감독 / 불치의 유전병, ALD에 걸린 아들을 둔 부부가 의사들의 절
망적인 선고를 거부하고 자신들의 힘으로 치료약을 개발해내는 '80년대 미국 의학
계에 기적 실화 / 전체가

✻ 부모가 보면 좋은 책

환경

21세기 세계의 대기환경 / 조윤승 · 황규호 / 신광출판사 / 2000
놀이로 배우는 지구사랑 / 김옥이 · 이해창 / 도서출판 양서원 / 1999
성서의 녹색 언어 / 최영길 / 가톨릭출판사 / 1999
쉽게 찾는 우리 곤충 / 김진일 · 이원규 / 현암사 / 1999
아름다운 세상을 / 한국여성문화인협회 / 도서출판 답게 / 1999
우리나라 해양문화 / (재)해양문화재단 / (주)실천문학 / 2000
육식, 건강을 망치고 세상을 망친다 / 존 로빈스 / 아름드리미디어 / 2001
재미있는 물 이야기 / 류재근 / 환경타임즈출판사 / 1999
친환경농업의 이론과 실제 / (사)흙살림연구소 / (주)흙살림연구소 / 2000
한국인의 환경문화 / 이규태 / (주)신원문화사 / 2000

생명의식

두루미 / 배성환 / 도서출판 다른세상 / 2000
숲이 있는 학교 / 전영우 / 도서출판 이채 / 2000
춤추는 물고기 / 김익수 / 도서출판 다른세상 / 2000
피어라 풀꽃 / 이남숙 · 여성희 / 도서출판 다른세상 / 2000

죽음

49일간의 비밀 / 작크 팡스텐 / 문원 / 1996
그리운 메이 아줌마 / 산시어 러일런트 / 사계절 / 1999
돼지가 한 마리도 죽지 않던 날 / 로봇 뉴턴 팩 / 사계절 / 2000
모리와 함께한 화요일 / 미치 엘봄 / 세종서적 / 1998
어떤 솔거의 죽음 / 조정래 / 다림 / 2001

제**6**장

부록

① 함께 읽으면 좋은 책

정치

여섯 사람 / 데이비드 매키 글 · 그림, 김중철 역 / 비룡소 / 1997 / 전쟁 / 유아, 초등저

전쟁 / 아나이스 보즐라드 글 · 그림, 최윤정 역 / 비룡소 / 2001 / 전쟁 / 유아, 초등저

치로노푸 섬의 여우 / 타카하시 히로유키 글 · 그림, 사람주나무 역 / 정인출판사 / 2002 /
　　전쟁 / 유아, 초등저

'광포 아니 야요' 남북공동초등학교 / 신천희 글, 백명식 그림 / 문원 / 2001 / 통일 / 초등고

내 친구는 국가기밀 / 크리스 도네르 글, 이방 포모 그림, 김경온 역 / 비룡소 / 2002 / 폭력 /
　　초등고

니코오빠의 비밀 / 알키 지 글, 유연복 그림 / 창작과 비평사 / 1999 / 민족정신 / 초등고

마사코의 비밀 / 손연자 글, 이은천 그림 / 푸른책들 / 2001 / 민족정신 / 초등고

마지막 왕자 / 강숙인 글, 한병호 그림 / 푸른책들 / 2002 / 민족정신 / 초등고

말하는 나무와 두 사람의 이이다 / 마쯔따니 미요코 글, 쯔까사 오사무 그림, 민영 역 / 창작
　　과 비평사 / 1996 / 전쟁 / 초등고

목수들의 전쟁 / 김진경 글, 최달수 그림 / 문학동네 / 2000 / 전쟁 / 초등고

부처님 일어나세요('쌀뱅이를 아시나요' 중) / 김향이 글, 김재홍 그림 / 파랑새 어린이 /
　　2001 / 민주화항쟁 / 초등고

초가집이 있던 마을 / 권정생 글, 홍성담 그림 / 분도 / 1997 / 전쟁 / 초등고

경제

엄마의 의자 / 베라 윌리엄스 글 · 그림, 최순희 역 / 시공주니어 / 1999 / 유아, 초등저

괭이부리말 아이들 / 김중미 글, 송진헌 그림 / 창작과 비평사 / 2002 / 초등고

늘푸른 나의 아버지 / 황선미 글, 김병하 그림 / 두산동아 / 2001 / 초등고

독후감 숙제('문제아' 중) / 박기범 글, 박경진 그림 / 창작과 비평사 / 1999 / 초등고

돼지가 한 마리도 죽지 않던 날 / 로버트 뉴턴 펙 글 · 그림, 김옥수 역 / 사계절 / 2000 / 초등고

일곱 번째의 기적('생명이 들려 준 이야기' 중) / 위기철 글, 이의재 그림 / 사계절 / 2002 / 초등고

성 편견

긴머리 공주 / 안너마리 반 해링언 글 · 그림, 이명희 역 / 마루벌 / 2001 / 유아, 초등저

세상에서 가장 큰 여자아이 안젤리카 / 앤 이삭스 글, 폴 젤린스키 그림, 서애경 역 / 비룡소 / 2001 / 유아, 초등저

아기돼지 세 자매 / 프레데릭 스테르 글 · 그림, 최윤정 역 / 파랑새어린이 / 1999 / 유아, 초등저

꿈을 찾아 한 걸음씩 / 이미애 글, 백영식 그림 / 문학사상사 / 2000 / 초등고

속죄양의 아내 / 아네스 데자르트 글, 윌리 글라조에르 그림, 김경온 역 / 비룡소 / 1997 / 초등고

아이스께끼는 성폭력, 목걸이 / 한예찬 글('예나의 비밀' 중) / 대원사 / 1999 / 초등고

애벌레가 애벌레를 먹어요 / 이상권 글, 윤정주 그림 / 웅진닷컴 / 2002 / 초등고

직업의식

때묻지 않은 옷을 만드는 디자이너('내가 커서 이 다음에' 중) / 선안나 글, 임연옥 그림 / 두산동아 / 1997 / 유아, 초등저

질베르 삼촌 / 브누아 글 · 그림, 최내경 역 / 마루벌 / 2002 / 유아, 초등저

치과의사 드소트 선생님 / 윌리엄 스타이그 글 · 그림, 조은수 역 / 비룡소 / 2001 / 유아, 초등저

행복한 청소부 / 모니카 페트 글, 안토니 보라틴스키 그림, 김경연 역 / 풀빛 / 2000 / 유아, 초등저

우리 선생님 폐하 / 수지 모건스턴 글, 카트린 르베이롤 그림, 이은민 역 / 비룡소 / 2002 / 초등고

🏵 함께 살펴보면 좋은 사이트

정치

한국전쟁관련 사이트

http://www.warmmemo.co.kr - 한국전쟁 자료 수집, 보존전시, 호국정신교육, 전쟁역사 자료 소장.

http://user.chollian.net / ~prokhr / war / index.htm - 한국전쟁 - 6.25전쟁 이전상황, 전투사진, 김일성, 이승만, 맥아더 등 전쟁인물, 한국전쟁 일지.

http://www.nogunri.org - 노근리사건 - 6.25전쟁 노근리 양민학살 관련사례, 근거자료 모음.

4.19관련 사이트

http://www.april419.or.kr - 4.19회 - 4.19혁명 유공 건국 포장 수여자들 단체, 4.19 배경 및 단체별 선언문(일시정지).

http://library.419revolution.org - 4.19혁명 기념도서관 - 서울 종로구 평창동 위치, 도서관 안내 및 4.19 발생요인, 진행과정, 동영상, 사진 제공.

http://419.bohun.go.kr - 국립4.19묘지 - 서울 강북구 수유동 위치, 모역현황, 참배절차 및 4.19 정의, 전개과정, 정신과 의의.

5.18관련 사이트

http://www.518.org 5.18 광주민중항쟁 - 5.18 광주민주화운동 민중항쟁사 자료, 묘역순례, 영령참배.

http://www.cyber518.kwangju.kr - 5.18가상체험관 - 5.18민중항쟁 발생배경, 전개과정, 문헌자료실, 인명자료실, 성지순례, 묘역참배.

http://altair.chonnam.ac.kr / ~cnu518 - 전남대 5.18 연구소 - 전남대학교 연구소 현황과 5.18 관련 정보와 사진, 관련 기사, 학술연구 보고, 논문, 관련 단체 소개.

🏵 함께 보면 좋은 비디오

정치

전쟁과 축구 / 데이비드 언원 감독 / 제1차 세계 대전 중에 대치하던 전쟁터에서 영국군과 독일군의 우정을 담은 축구 이야기 / 전체가

희망으로 그리는 세계 3 / 삐에르 M. 뜨루도 외 12인 / 유머와 환상을 동반한 아름다운 애니메이션들은 전 세계 어린이들에게 평화, 관용과 연대에 대한 의식을 싹틔워 줌으로써 자연스럽게 인권의 세계로 인도해 주는 이야기 / 전체가

마틴루터 킹 / 애비 만 감독 / 인종차별 반대운동의 첫 도화선이 되었던 사건의 실제 주인공 로자 팜이 흑백분리 버스에서 있었던 수모를 들려줌으로써 킹 목사가 힘든 운동권 목사의 길을 걷게 되는 운명과 일생에 관한 이야기 / 전체가

마더 데레사의 사랑 / 세계가 기피하고 소외시켰던 사람들에게 사랑과 평화, 기쁨을 가져다 준 데레사 수녀의 삶 / 전체가

간디 / 리처드 아텐보로 감독 / 인도의 민족주의 운동가. 비폭력 무저항 정신 / 전체가

역사스페셜 북한문화 유산 시리즈 / 우종택 · 신재국 · 김영선 PD / 북한에 있는 문화유산을 소개 / 전체가

닥터 코르작 / 안제이 바이다 감독 / 제2차 세계 대전 당시 폴란드 고아들의 생명을 구하기 위해 일생을 바쳤던 야니쉬 코르작의 감동적 삶을 그린 이야기 / 12세 이상

경제

TV동화 행복한 세상 / 김광태 PD / 이 시대를 살고 있는 따뜻한 우리 이웃의 이야기 / 전체가

성 편견

슈렉 / 비키 잰슨 감독 / 외모로 평가되는 여성의 정체성에 대해 돌아볼 수 있는 사랑이야기 / 전체가

빌리 엘리어트 / 스티븐 달드리 감독 / 발레를 하는 남자 무용수 이야기 / 12세 이상

직업의식

와일드 어드벤쳐 / 윌리엄 디어 감독 / 세 형제가 다큐멘터리 영화제작 연습을 위해 미국의 밀림지역에서 모험하는 이야기. 후에 그들은 다큐멘터리 영화제작의 일인자들이 되었다. / 와일드 아메리카 / 12세 이상

✹ 부모가 보면 좋은 책

정치

다리건너 저편에서 / 게리 폴슨 글, 김옥수 역 / 사계절 / 1999
반쪽의 고향 / 이상금 글 / 샘터 / 1996
우리들의 일그러진 영웅 / 이문열 글 / 민음사 / 1992
임꺽정 / 홍명희 글 / 사계절 / 1991

장길산 / 황석영 글 / 창작과비평사 / 1995
전태일 / 위기철 글 / 사계절 / 1999
태백산맥 / 조정래 글 / 해냄 / 1995
토지 / 박경리 글 / 솔 / 1993
혼불 / 최명희 글 / 한길사 / 1990
흔들리는 분단체제 / 백낙청 글 / 창작과 비평사 / 1998

경제

난장이가 쏘아 올린 작은 공 / 조세희 글 / 문학과 지성사 / 1976

성 편견

도전하는 여성의 삶은 아름답다 / 시고니 위버 외 글, 이용해 · 장여경 역 / 청어 / 2001
세상은 내게 모든 것을 가지라 한다 / 메이브 하란 글, 한기찬 역 / 도서출판 둥지 / 1991

직업의식

닥터 노먼 베쑨 / 테드 알렌, 시드니 고든 글, 천희상 역 / 실천문학사 / 1991
닥터스 / 에릭 시걸 글, 석은영 · 정성희 역 / 김영사 / 1988
한국의 지성 100년 / 강만길 글 / 민음사 / 2001

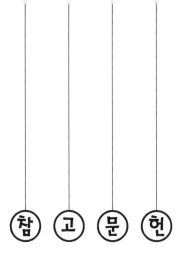

참 고 문 헌

서 문

김현희(2001). 독서치료란 무엇인가? -독서치료의 가능성 탐색-. 한국 어린이 문학교육학회 제3차 학술대회, 15-50.

김현희(2003). 독서치료의 나아가야 할 방향. 한국독서치료학회 창립총회 자료집.

한국 어린이 문학교육학회 독서치료연구회(2001). 독서치료. 서울: 학지사.

Beaty, J. J. (1993). Picture Book Storytelling: Literature Activities for Young children, N.Y. New York: Harcourt Brace College Publishers.

Breebaart, J. (2002). 죽으면 아픈 것이 나을까요?(Piet Breebaart 그림, 김현희 역). 서울: 느림보.

Crothers, S. M. (1916). A Literary clinic, Atlantic Monthly. In M. T. Moody & H. K. Limper (1971). Bibliotherapy: Methods and Materials. Chicago: American Library Association.

Doll, B., & Doll, C. (1997). Bibliotherapy with Young People: Librarians and Mental Health Professionals Working together. Englewood, Colorado: Libraries Unlimited, Inc.

Dorland's Illustrated Medical Dictionary (19th ed.). (1941). Philadelphia; Saunders. In M. T. Moody & H. K. Limper (1971). Bibliotherapy: Methods and Materials. Chicago: American Library Association.

Hebert, T. P. (1991). Meeting the affective needs of bright boys through bibliotherapy. In B. Doll & C. Doll (1997). Bibliotherapy with Young People: Librarians and Mental Health Professionals Working together. Englewood, Colorado: Libraries Unlimited.

Hynes, A. M., & Hynes-Berry, M. (1994). Biblio/poetry Therapy– The Interactive Process: A Handbook. St. Cloud, MN: North Star Press of St. Cloud.

Pardeck, J. T. (1994). Using literature to help adolescents cope with problem. In B. Doll & C. Doll (1997). Bibliotherapy with Young People: Librarians and Mental Health Professionals Working together. Englewood, Colorado: Libraries Unlimited.

Rosen, G. M. (1987). Self-helf treatment books and commercialization of psychotherapy. In B. Doll & C. Doll (1997). Bibliotherapy with Young People: Librarians and Mental Health Professionals Working together. Englewood, Colorado: Libraries Unlimited.

Shrodes, C. (1949). Bibliotherapy: A Theoretical and clinical experimental study. In S. B. Gornicki (1981). Using Fairy Tales to Change Perceptions of Self and Others. Paper presented at the annual conventions of the American Personnel and Guidance Association.

Shrodes, C. (1960). Bibliotherapy: An Application of psychoanalytic theory. American Imago, 17, 311-319.

Spirt, D. L. (1990). Introducing Bookplots 3: A Book Talk Guide for Use with Readers Ages 8-12, N.Y. & London: R. R. Bowker Company.

Widroe, H., & Davidson, J. (1961). The use of directed writing in psychotherapy, Bulletin of the Menninger Clinic, 25, 110-119. In N. Mazza, Poetry Therapy: Interface of the Arts and Psychology, N.Y.: CRC Press (재인용). p.12.

http://www.journaltherapy.com

http://www.bibliotherapy.pe.kr

제 1 장

박찬옥 · 김영중 · 황혜경 · 엄정례(2001). 유아사회교육. 서울: 교문사.

이영자 · 유효순 · 이정욱(2001). 유아사회교육. 서울: 교문사.

이은화 · 김영옥(1993). 유아사회교육. 서울: 양서원.

장선철(1993). 유아사회교육. 서울: 동문사.

Beaty, J. (1993). Picture Book Storytelling: Literature Activities for Young Children. NY, New York: Harcourt Brace College Publishers.

Sawyer, W. E. (2000). Growing up Literature (3rd ed.). Albany, NY: Delmar.

제 2 장

경제활동인구연보(1995).

김양희(2000). 가족관계학. 서울: 수학사

김영숙 · 이재연 편역(1997). 아동을 위한 상담이론과 방법. 서울: 교육과학사.

도미향 · 최외선(1990). 비전문직 취업주부의 결혼적응과 부부간 의사소통 양식 및 그 상호관계에 대한 연구. 한국가정관리학회지, 8(2), 69-85.

유영주 · 김경신 · 김순옥(1996). 가족관계학. 서울: 교문사.

유영주 · 이순형 · 홍숙자(1990). 가족발달학. 서울: 교문사.

이소희 외 8인(2002). 현대가족복지론. 서울: 양서원.

통계청(2001). 인구통계연보.

한국가족학회 편(1995). 한국 가족문제: 진단과 전망. 서울: 하우.

한국어린이문학교육학회 독서치료연구회(2001). 독서치료. 서울: 학지사.

Beaty, J. (1993). Picture Book Storytelling: Literature Activities for Young Children. NY, New York: Harcourt Brace College Publishers.

Greenberg, P. (1989). Parents as partners in young children's development and education: A new American Fad? Why does it matter? Young Children, 44(4), 61-75.

Lamanna, M. A., & Riedmann, A. (1991). Marriage and Families (4th ed.). Wadsworth Publishing Co.

제 3 장

가우디 엮음(1999). 왕따 리포트. 서울: 우리교육.

구광현 · 이희경(2002). 유아사회교육. 서울: 동문사.

Beaty, J. (1993). Picture Book Storytelling: Literature Activities for Young Children. NY, New York: Harcourt Brace College Publishers.

Begun, R. W. (1995). 사회적 기술 향상 프로그램. 서울: 시그마프레스.

Hartup, W. W., & Moore, S. G. (1990). Early peer realtions: Developmental significance and prognostic implication. Early Childhood Research Quarterly, 5, 1-17.

Kuczen, B. (1997). 아동의 스트레스(강영자 · 박성옥 · 양명숙 편역). 서울: 양서원.

Sawyer, W. E. (2000). Growing up with Literature (3rd ed.). Albany, NY: Delmar.

Trawick-Smith, J. (2001). 놀이지도: 아이들을 사로잡는 상호작용(송혜진 역). 서울: 다음세대.

제 4 장

김세희(2000). 유아교사를 위한 유아문학교육. 서울: 양서원.

Derman - Sparks, L., & ABC Task Force (1999). 반 편견 교육과정: 어린이에게 대응능력을 길러주는 도구(이경우 · 이은화 역). 서울: 창지사.

Hyson, C. M. (1998). 유아를 위한 정서교육(정미라 · 박경자 · 배소연 역). 서울: 이화여자대학교출판부.

제 5 장

김서정(2002. 3). 어린이문학과 죽음, 한국 어린이 문학교육 연구 15호. 2002-1호, 한국어린이문학교육학회 소식지.

방영준(2000). 문학과 환경, 생명. 돈암어문학회, 제13집. 서울: 도서출판박이정.

송명자(1995). 발달심리학. 서울: 학지사.

이윤주 · 신동미 외(2000). 초심 상담자를 위한 집단상담기법. 서울: 학지사.

정선혜(2001). 한국아동문학을 위한 탐색. 서울: 청동거울.

주계영(1996). 기독교 상담의 이론과 실제. 서울: 베드로서원.

한기채(2001). 삶을 변화시키는 책읽기. 서울: 두란노.

Acroyd, E. (1993). 심층심리학적 상징어사전. 서울: 한국심리치료연구소.

Beaty, J. (1993). Picture Book Storytelling: Literature Activities for Young Children. NY, New York: Harcourt Brace College Publishers.

Bettelheim, B. (1998). 옛이야기의 매력 (김옥순 · 주옥 역). 서울: 시공주니어.

Brockert, S., & Schreiber, G. (2000). 마음을 치유하는 동화세계 (곽노의 역). 서울: 종문화사.

Fitzpatrick, J. G. (1997). 동화로 배우는 E.Q. (김숙영 역). 서울: 웅진출판.

Golowin, S. (2001). 세계신화이야기(이기숙 · 김이섭 역). 까치.

Ortner, G. (1995). 엄마 이럴 땐 이런 동화를 들려주세요(김경연 역). 사계절.

Schindler, J. A. (1995). 감정클리닉(서현봉 엮음). 박우사.

http://www.childrenbook.org/news_1_15.html

린드그렌 http://iobook.co.kr/html/main/author/author04.htm

제 6 장

교육부(2000). 제7차 교육과정 사회과.

김태훈(2002). BOOK. 조선일보 5. 25.

Schwarz, J. H., & Schwarz, C. (1991). The Picture Book Comes of Age. Chicago: American Library Association.

찾아보기

내 용

도서명

저 자 약 력

● 김현희 ●

이화여자대학교 대학원 교육심리학과(석사)
미국 University of Illinois(Urbana-Champaign) 초등 및 유아교육과(철학박사)
現 열린사이버대학교 예술상담학과 교수, 한국 독서치료학회 회장

저서: 영유아보육개론(공저), 유아문학교육(공저), 환상 그림책으로의 여행(공저), 독서
     치료(공저) 外 다수
논문: 아동문학 읽기의 새로운 현상과 접근(독서연구), 우리나라 유치원 영어교육의 현
     황(유아영어교육의 오늘과 내일, 한국어린이 육영회), 정보를 제공하는 방식에 따
     른 정보 그림책에 대한 유아의 반응(어린이문학교육), 독서치료란 무엇인가? 外
     다수
역서: 죽으면 아픈 것이 나을까요?(느림보)

● 김세희 ●

이화여자대학교 대학원 유아교육전공(석사)
미국 Boston University 대학원 유아교육전공 박사과정 수학
이화여자대학교 대학원 유아교육전공(박사)
現 한국어린이문학교육학회 전임회장, 국제아동도서협의회한국위원회(KBBY) 회장

저서: 유아문학교육(양서원), 유아문학의 전달매체(공저), 환상그림책으로의 여행(공
     저), 독서치료(공저) 外 다수
논문: 전래동화와 이솝우화의 인물에 대한 유아의 반응(유아교육연구), 그림이야기책을
     통해 어머니가 지각하는 성인의 바람직한 양육행동(열린유아교육연구), 그림책과
     영상기술의 만남: 그림책비디오를 중심으로(어린이문학교육연구) 外 다수
역서: 자녀와 더불어 성장하는 부모(양서원), 동화로 읽는 그리스 신화(파랑새어린이),
     잃어버린 강아지(파랑새어린이), 그리스신화(열림원) 外 다수

● 강은주 ●

미국 University of Iowa(석사, 철학박사)
現 총신대학교 유아교육과 교수, 총신유아교육연구회 회장

저서: 독서치료(공저), 유아를 위한 언어교육의 이론과 실제(공저) 外 다수
논문: 기독그림책의 필요성에 관한 연구(어린이 문학교육), 기독교 유아문학교육 방법
     에 관한 고찰(어린이문학교육연구), 교육적 이슈가 되는 그림 이야기책에 대한
     유아와 교사의 평가적 반응(열린유아교육) 外 다수

● 강은진 ●

성균관대학교 대학원 아동학전공(석사, 박사)
現 숭의여자대학교 유아교육과 교수

저서: 환상 그림책으로의 여행(공저), 그림책의 그림 읽기(공저)
논문: 환상동화와 사실동화에 대한 유아의 반응 비교연구(아동학회지), 유아 미디어 리
      터러시교육 프로그램의 개발 및 적용, 유아교사의 애니메이션 활용실태 및 인식-
      디즈니 애니메이션을 중심으로(유아교육연구) 外 다수

● 김재숙 ●

덕성여자대학교 대학원 유아교육전공(교육학석사, 교육학박사)
現 호원대학교 유아교육학과 겸임교수, 한국사이버대학교 상수청소년독서실 관장

저서: 동화 및 언어교육(공저), 독서치료(공저), 유치원 교사를 위한 실외활동(공저) 外
      다수
논문: 독자반응이론에 의한 동시지도가 유아의 동시 감상 및 짓기에 미치는 영향, 유치
      원 교사의 동시지도에 관한 인식과 실제 사례 분석을 통한 동시지도 방안에 관한
      기초 연구(어린이문학교육연구) 外 다수

● 신혜은 ●

성균관대학교 대학원 아동학전공(문학박사)
Florida Atlantic University 심리학과 Post-Doc
現 숭의여자대학교 유아교육과 전임강사

저서: 환상 그림책으로의 여행(공저), 내 배꼽 보았니? 호박산 할머니 外 다수
논문: 책략 이용결여 현상에 대한 미시발생적 연구, 아동의 유추추론과정의 발달적 차이
      外 다수

● 정선혜 ●

성신여자대학교 대학원 국어국문학과(석사, 박사)
現 성균관대학교 생활과학연구소 및 성신여자대학교 국어국문학과 강사, 아동문학평론
편집차장, 한국기독교문인협회 평론분과위원장

저서: 엄마가 딸에게 주는 사랑의 편지(문공사), 한영 동시집 다롱이꽃(코람데오), 한국
      아동문학을 위한 탐색(청동거울) 外 다수
논문: 한국유년동화연구, 한국기독교 아동문학연구, 해리포터에 나타난 양면성, 주홍동
      화에 나타난 독서치료적 접근, 한국 아동문학에 나타난 과학인식 外 다수

◉ 김미령 ◉

중앙대학교 교육대학원 사서교육전공(석사)
성균관대학교 독서치료 전문가 과정 수료
중계도서관, 남산도서관, 안산 초당초등학교 도서관, 인표어린이도서관 사서
前 서울지방경찰청 도서관 사서, 성균관대학교 부설 한국사서교육원 강사

◉ 박연식 ◉

한국외국어대학교 물리학과 및 한국방송통신대학 교육학과 졸업
現 한국심성교육개발원 상담실장, 온누리교회 도서관 운영간사

◉ 배옥선 ◉

한국외국어대학교 교육대학원 유아교육전공(석사)
前 김포대학 평생교육원 강의, 백화점 문화센터 영유아 독서지도 강의
現 독서교육, 자녀독서지도 강사

논문: 그림책을 통한 토의활동이 유아의 자아개념과 조망수용에 미치는 영향

◉ 신창호 ◉

우석대학교 아동복지학과 졸업
국제 아동도서센터 아동문학과정 수료(문학사 자격)
한국외국어대학교 교육대학원 유아교육학과 졸업
現 시립신목종합사회복지관 사회복지사

◉ 이송은 ◉

중앙대학교 교육대학원 유아교육전공(석사, 박사)
現 덕성여자대학교 평생교육원 강사, 경기대학교 사회교육원 강사, 부천대학교 강사 및
색동어머니 동화구연가회 회원

저서: 유아를 위한 문학 활동(공저), 표현력과 창의성을 키우는 손유희 101가지(동심),
우리 아이 말 배울 때 들려주는 동시(공저) 外 다수
논문: 통합적인 동시짓기 활동이 유아의 동시짓기와 감상 및 교사의 동시인식에 미치는
영향, 2세 영아의 책에 대한 의미 탐색

◎ 이임숙 ◎

성균관대학교 대학원 아동학과(석사)
한국아동발달지원센터 통합발달클리닉 팀장, 어린이도서연구회 출판위원회,
성북정보도서관 어머니독서지도교실 강사
現 맑은숲독서치료 연구소 소장

◎ 전방실 ◎

성균관대학교 교육대학원 유아교육전공(석사)
화계유치원, 상원유치원 교사
前 래미안새싹어린이집 원장, 한국방송통신대학교 유아교육과 강사

논문: 그림책을 활용한 토의활동이 유아의 정서지능에 미치는 영향

◎ 정 순 ◎

성균관대학교 교육대학원 유아교육전공(석사)
現 웅진닷컴 영유아개발부 책임연구원(영유아도서 기획 편집 업무)

저서: 〈똘비의 마술병〉, 〈초록빛이 아니면 어때요〉 등의 그림책 집필 및 교원 프리스쿨,
    웅진 곰돌이, 재능 등의 유아학습지 원고 집필

◎ 최 경 ◎

성균관대학교 대학원 아동학과(박사)
現 (주) 아이북랜드 연구개발팀 선임연구원

저서: 환상 그림책으로의 여행(공저), 독서치료(공저)
논문: 이솝우화를 이용한 아동의 정의 신념(Just-World Belief) 발달에 관한 연구

◎ 홍근민 ◎

이화여자대학교 교육대학원 교육학전공(석사), 덕성여자대학교 대학원 유아교육학과
(박사)
現 백합어린이집 원장, 여주대학 겸임교수

독서치료의 실제

2003년 9월 5일 1판 1쇄 발행
2024년 3월 25일 1판 9쇄 발행

지은이 • 김 현 희 外
펴낸이 • 김 진 환
펴낸곳 • (주) **학지사**

  04031 서울특별시 마포구 양화로 15길 20 마인드월드빌딩 5층

대표전화 • 02) 330-5114   팩스 • 02) 324-2345

등록번호 • 제313-2006-000265호

홈페이지 • http://www.hakjisa.co.kr
인스타그램 • https://www.instagram.com/hakjisabook

ISBN 978-89-7548-893-1 93370

정가 **20,000원**

출판미디어기업 **학지사**

간호보건의학출판 **학지사메디컬** www.hakjisamd.co.kr
심리검사연구소 **인싸이트** www.inpsyt.co.kr
학술논문서비스 **뉴논문** www.newnonmun.com
원격교육연수원 **카운피아** www.counpia.com